Christian-J. Guyonvarc'h
Françoise Le Roux

DIE DRUIDEN

Mythos, Magie und Wirklichkeit der Kelten

Arun-Verlag

CIP-Titelaufnahme der Deutschen Bibliothek

Roux, Francoise le:
Die Druiden : Mythos, Magie und Wirklichkeit der Kelten / Francoise Le Roux ; Christian-J. Guyonvarc´h. [Übers.: Christian Schweiger]. - Engerda : Arun-Verl., 1995
Einheitssacht.: Les druides <dt.>
ISBN 3-927940-23-2
NE: Guyonvarc´h, Christian-J.:

Arun-Verlag, Ortsstr. 28, D-07407 Engerda, T. & F.: 036743/30083.
Text- und Umschlaggestaltung: Arun-Verlag.
Gesamtherstellung: WB-Druck, Rieden
Titel der französischen Originalausgabe: *Les Druides*;
Éditions Ouest-France, Rennes.

ISBN 3-927940-23-2

Die deutsche Übersetzung
dieses Werkes erhielt den Förderpreis
des französischen Kulturministeriums.

Les Druides
wurde aus der französischen Sprache übersetzt von
Mag. Christian Schweiger

Inhaltsverzeichnis

Einleitung 11

Erstes Kapitel
Der Druide 19
I. Die Druiden in der Literatur der Antike 19
II. Das terminologische Verwirrnis 28
III. Druiden in Geschichte und Mythos 30
IV. Bedeutung des Wortes "Druide" 37
V. Definitionen und Unterscheidungen: Druide, Vate und Barde 39
VI. Die dreigeteilte Ideologie Irlands und Galliens 42
Rollen der irischen Priesterklasse 50

Zweites Kapitel
Der Druide und die Gesellschaft 59
I. Hierarchie, Rekrutierung und Lehre 59
II. Das Priesteramt und seine Aufgaben 77
1. Opfer und Opfernder 83
2. Der Druide als Richter 96
3. Der Druide als Botschafter 107
4. Der Druide als Erzähler und Historiker 107
5. Der Druide als Arzt 118
6. Der Druide als Architekt 122
7. Der Druide als Pförtner 123
III. Der Druide und der Krieg 124
IV. Der Druide und der König.
Spirituelle Autorität und weltliche Macht 128
V. Die drei "Sünden" des Druiden 143
Hierarchien des irischen Königtums 146
Tafel der Aufgaben des Druiden und des Königs 147

Drittes Kapitel
Rituelle und Magische Handlungen des Druiden 161
I. "Druidentaufe" und Verbote. Vorzeichen und Wahrsagung 162
1. "Taufe" und Namengebung 162
2. Vorzeichen und Wahrsagung 164
3. Das Verbot 167
4. Der Schwur 171

II. Pflanzenmagie und Zaubermedizin 174
1. Die Mistel 174
2. Die Heilpflanzen 177
3. Das Vergessenselixir 178
4. Medizin und Schlaf. Die Musik 179
5. Der Gesundbrunnen 180
6. Die Eibe und die Blindheit des Druiden 184
7. Der Pflanzenkrieg 187
8. Die Eiche, die Eberesche und der Haselnußstrauch; die Eibe und der Apfelbaum 190
9. Der Apfel 196
III. Die Macht der Druiden über die Elemente 201
1. Die Macht über das Wasser 201
2. Das reinigende Wasser 202
3. Die prophetische Woge 204
4. Der Druide als Herr des Feuers 205
5. Der druidische Wind 208
6. Die Macht über die Erde 211
7. Der druidische Nebel 212
IV. Der Zaubergesang 216
1. Der *glam dicinn* 216
2. Der *imbas forosnai* und der *dichetal do chennaib* 219
3. Der *teinm laegda.* Verschiedene Zaubergesänge 222
4. Der *feth fiada* oder "Die Gabe der Unsichtbarkeit" 225
5. Die Gottesurteile 227
Tafel der irischen Gottesurteile 236
6. Die Hecke des Druiden. Die *devotio* 237
7. Irisches *cetal* und gallisches *cantalon* 238
8. Der Druide bei Bestattungen 239
V. Weissagung und Satire 244
1. Wissenschaft und Weissagung 244
2. Lob- und Schmählied. Die Satire und ihre Folgen 251
3. Anrufung und Interpretation 259
Gebrauch der Sprache in rituellen und magischen Techniken durch den Druiden 264

Viertes Kapitel

Raum und Zeit des Druidentums 279
I. *Omphalos* und *nemeton* 279
1. Der Begriff des Zentrums und der höchsten Königswürde 279
2. Das Heiligtum oder *nemeton* 289
3. Der heilige Wald 290
II. Die Feste 293
1. *Imbolc,* das Fest des Frühlings 294
2. *Beltaine,* das Fest der Priester 295
3. *Lugnasad,* das Fest des Königs 299
4. *Samain,* das Fest der Krieger und des Alls 313
III. Die Zeit und der Kalender 324
1. Die menschliche und die mythische Zeit 324
2. Der Kalender 325

Fünftes Kapitel

Lehren und Ursprünge des Druidentums 337
I. Die Schrift 337
1. Die Oghamschrift 339
2. Der Wert der Schrift 341
II. Die Unsterblichkeit der Seele
Seelenwanderung und Verwandlung 344
1. Die Metempsychose 346
2. Die Metamorphose 348
III. Die Andere Welt und das *Sid* 356
1. Die Vögel des *Sid* 365
2. Die göttliche Musik 370
3. Die Zeit und die Ewigkeit 373
4. Der Raum des *Sid* 375
5. Die Vollkommenheit des *Sid* 376
IV. Die Orientierung 378
1. Die Rechtsdrehung 379
2. Die Umschreitung 382
3. Die vier Himmelsrichtungen 382
V. Die Inseln im Norden der Welt 384
VI. Die Wasserpassage 394
VII. Der erste Mensch 401
VIII. Das Seeigelfossil 408
IX. Triaden und Druidengruppen 411
X. Der Gottdruide 414

Schlusswort 433

Bibliographie der irischen und walisischen Erzählungen und Manuskripte des Mittelalters 447

Glossar gallischer, irischer und anderer Fachausdrücke 457

Etymologischer Anhang 576

I. Der Name des Druiden 576

II. Der Name des Barden 583

III. Die *Weleda* der Brukteren und der Name des *File* 588

IV. Der Name des Vaten 591

V. Der Name des *Gutuater* 594

EINLEITUNG

Das vorliegende Buch stellt die Übersetzung der vierten[1], überarbeiteten und stark erweiterten Auflage von *Les Druides* dar, die in der deutschen Fassung ebenfalls als CD-Rom erscheinen soll. Ziel eines solchen Buches ist nicht, alle Bereiche auszuschöpfen - was sich beim vorliegenden Thema in noch bedeutenderem Umfang niederschlagen würde -, sondern vielmehr möglichst vollständig zu sein und dabei klar und genau zu bleiben.

Wir wollen hier die Druiden als religiöses Phänomen untersuchen und als verständliche, nachvollziehbare und zusammenhängende Wirklichkeit, weit von Mysterien und oberflächlichen Bewertungen nachzuvollziehen suchen. Wir versuchen dabei so wissenschaftlich wie möglich vorzugehen: Wir stützen uns daher auf Dokumente und bewußt nicht auf Hypothesen und nachträgliche Erfindungen. Hier wird also die Rede von den Druiden der Antike sein, wie sie in lateinischen oder griechischen Texten - deren deutsche Übersetzung meist auf bereits existierende Übertragungen zurückgreifen konnte -, am besten jedoch durch ihre eigenen Worte und Handlungen beschrieben wurden, wie wir sie in den Epen und Mythologien im Irland des Mittelalters wiederfinden.

Diese Doppelnatur der Quellen verpflichtet nicht nur zu einer aus Untersuchung und Vergleich bestehenden Methodik, sondern sie ist letztlich auch für den unaufhörlichen Wechsel zwischen Mythos und Geschichte, zwischen Religionsgeschichte und Geisteswissenschaft, zwischen Antike und Mittelalter und zwischen den britischen Inseln und dem Festland verantwortlich. Wir wollen alle Vorbereitungs- und kritischen Arbeiten[2] aus diesem Werk ausklammern, doch legen wir Wert darauf festzuhalten, daß die Thematik der Druiden nur im Wissen um die altkeltischen Texte zu bewältigen ist, die dazu gelesen, verstanden, interpretiert und kommentiert werden müssen. Wir finden, daß der Leser diese Grundlage unserer Arbeit kennen sollte.

Wir sind überdies der Ansicht, daß dieses Thema den vergleichenden Blick auf die indoeuropäischen Gegebenheiten nicht vernachlässigen sollte. Wir wollen diesen Punkt deshalb erwähnen, da es uns aus Gründen wissenschaftlicher Objektivität am Herzen liegt, mit der unhaltbaren Hypothese aufzuräumen, die besagt, der Druide sei Erbe und Weiterführer megalithischer Kulte, halb keltischer Priester, halb Hexer oder neusteinzeitlicher Schamane.

Wir wollen schließlich an dieser Stelle noch einmal kurz und einfach festhalten, was wir zu anderen Anlässen bereits ausführlicher behandelt haben: Die Problematik der Druiden, wie sie sich uns heute darstellt, ist ein geisteswissenschaftlicher und textueller Vergleich zuerst auf der Ebene der Kelten, dann auf der der

Indoeuropäer. Einige unserer britischen Kollegen glaubten uns vorwerfen zu müssen, daß wir den archäologischen Aspekt ("the archaeological evidence") vernachlässigten. Wir müssen dem entgegensetzen, daß es keine druidische Archäologie gibt, da uns die archäologischen Funde der Hallstatt- sowie der La Tènezeit oder aus jeder anderen vorgeschichtlichen Kultur, keinerlei Aufschlüsse über die Druiden geben. Übrigens geschieht der Vorwurf, wir hielten uns nicht an diese nicht-existente Archäologie, meist, um einer Stellungnahme zur dreiteiligen Ideologie auszuweichen, ohne die das Druidentum nur Vorstellung und Chaos wäre. Die Zeitlosigkeit der mythischen Druiden Irlands erspart es uns, sie in einen fortschreitenden, geschichtlichen bzw. vorgeschichtlichen Rahmen zu zwängen. Wir schicken voraus, daß sich unsere Studien auf die drei grundlegenden Achsen keltischer Tradition stützen:

Mythologie
Theologie
Ideologie

wobei wir letztere im eigentlichen Wortsinn verstehen, d.h. - gemäß der bemerkenswerten Definition Georges Dumézils - als "unaktuelle Studie von Gedankengut." Und da wir uns außerhalb der Geschichte befinden, weil die Tradition ewig ist, kennt auch die Existenz des idealen Druiden, den wir zu finden suchen, weder Anfang noch Ende.

Das **erste Kapitel** behandelt zuerst die antiken Quellen, die von sehr unterschiedlichem Wert und ungleicher Bedeutung sind. Da gibt es Augenzeugen wie Cäsar, glaubwürdige Geschichtsschreiber wie Tacitus, Liebhaber der Philosophie, die im Namen Pythagoras' alles glaubten, so wie drei Jahrhunderte nach Cäsar einen Clemens von Alexandrien, und gegen Ende des Römischen Reiches liebenswerte Provinzpoeten wie Ausonius, einen wahren Künstler universitärer Höflichkeit. Aus diesen ungeordneten und vagen Allgemeinheiten zeichnen sich die geschichtlichen Druiden ab: Bei Cäsar ist es der einzige in Gallien seinem Namen nach bekannte, Diviciacus der Häduer, bei Tacitus finden wir die Druiden von Anglesey, und schließlich sind da die mythischen Druiden, die in den folgenden Kapiteln die Szene beherrschen werden. Durch die verschiedenen Unterschiede von Form und Bedeutung - wie auch durch einen kurzen etymologischen Einschub - wird bereits ersichtlich, welches heilige Wissen der Name des Druiden verkörpert. Eine gegliederte Analyse hebt in der Folge die ersten Details der bei Cäsar beschriebenen Rangordnung und die Unterscheidungen der Aufgabenbereiche hervor, wie sie sich bei Strabo und Diodor von Sizilien finden, die wiederum wesentlich genauer und umfangreicher in der irischen Literatur geschildert werden.

Das **zweite Kapitel** betrachtet den Druiden in seinem sozialen Umfeld und untersucht die inneren und äußeren Tätigkeiten der Priesterklasse. Wir versuchten hier die Grade der Hierarchie - die eher spiritueller als herrschaftlicher Natur ist - klar herauszuarbeiten. Auch die feinsinnigen Methoden der Rekrutierung und die Besonderheiten des Unterrichts werden hier behandelt, der in Gallien laut Cäsar 20 Jahre, in Irland gemäß spezialisierter Abhandlungen 12 Jahre dauerte. Als erste Bedingung hatte der Druidenlehrling der Autorität seines Meisters völligen intellektuellen Gehorsam zu leisten. Der unverkennbare Unterschied zum heutigen Professoren-Studenten-Verhältnis wird schon alleine durch das irische Wort klar, mit welchem der Druide seinen "Schüler" zu bezeichnen pflegte: *dalta* "Adoptivsohn, Pflegekind". Die Rolle des Druiden als Priester ist offenkundig, da er derjenige ist, der das Opfer vollzieht, für welches im Irischen, Walisischen und Bretonischen das gleiche Wort steht. Im Altirischen wird jenes sicher ab dem 6. Jahrhundert zur Eucharistie. In der Folge untersuchen wir die zahlreichen Fachbereiche, die dem Druiden erlaubten, tatsächlich den Ablauf der Gesellschaft zu kontrollieren. Danach soll von den manchmal recht komplexen Beziehungen die Rede sein, welche die Druiden zum Militär und zum König besaßen, wobei letzteres Verhältnis einen bedeutenden Pfeiler der keltischen Gesellschaft darstellte. Es ist sicher bezeichnend, daß dem König nicht vor dem Druiden zu sprechen gestattet war und er auch keine Entscheidung traf, ohne seinen Druiden zu Rate zu ziehen. Die Wirksamkeit dieser Verbindung nützte sich keineswegs mit der Zeit ab und verlor erst durch das aufkommende Christentum an Bedeutung.

Das **dritte Kapitel** behandelt die zahlreichen und verschiedenartigsten Ritual- und Zaubertechniken, die alle Bereiche betreffen, von der Medizin über die Zauberei und die Wahrsagerei zur Predigt. Der Stoff ist reichlich, oft widersprüchlich, doch - zumindest heute - relativ leicht einordenbar, da zahlreiche Informationen identifiziert und geklärt werden konnten. Der Druide ist hier vor allem Meister über Leben und Tod, über Taufe und Bestattung, aber auch über die Elemente, Luft, Erde, Feuer, Wasser (und Nebel), zu denen der Mensch in einem engem Abhängigkeitsverhältnis stand. Er ist es, der die Bruchstücke der Überlieferung wiederbelebt und koordiniert und überdies, neben seinen Techniken der Gestik, eine enorme, zwingende Macht über das Wort besitzt, der niemand auszuweichen imstande ist. Er erteilt Verbote und Weisungen, predigt, lobt oder tadelt.

Das **vierte Kapitel** ist das der Feierlichkeiten und Heiligtümer. Die vier Festtage teilen das Jahr symmetrisch auf. Doch allen anderen voran steht das *Samainfest* am ersten Novembertag, welches einen gigantischen Augenblick außerhalb der Zeit darstellt, an dem alle mythischen Ereignisse geschehen. Hier begegnet, sei es freundlich oder feindlich, wohlwollend oder argwöhnisch gesinnt, die Welt der Menschen der Welt der Götter. Die Vermittler sind die Druiden.

Im **fünften Kapitel** schließlich geht es um die Ursprünge und Lehrsätze der Druiden: Zuerst erörtern wir die Schrift, die hier keine archivarische Funktion besitzt oder der Übertragung von Informationen oder Wissen dient, sondern ein Mittel magischer Bindung darstellt. Dann kommen wir zu Bereichen, die sich nur äußerst schwer durch menschliche Logik einordnen lassen, weil sie sich derart überschneiden und verflechten. Dabei handelt es sich um grundlegende Vorstellungen nordischen Ursprungs, die Ewigkeit des *sid*, das kosmische Ei, die Unsterblichkeit der Seele sowie die Entstehung Irlands und der Erde überhaupt. Über all diese Fragen unterrichteten Druiden von größter Bedeutung den heiligen Patrick und seine unmittelbaren Nachfolger.

Vielleicht mag es erstaunen, daß wir unsere Untersuchungen zur Religion der Kelten nicht bei den Göttern, sondern bei den Kulten beginnen. Doch verfügen wir im keltischen Bereich nicht über Überlegungen wie wir sie in den indischen *Upanishaden* bzw. den *Brahmanas* finden können. Die Druiden hätten uns sicher helfen können, klarer zu sehen und die Verwirrung auf diesem Gebiet zu vermeiden. Außerdem wäre es ein nutzloses, ja utopisches Unterfangen gewesen, die Götter vor den Druiden untersuchen zu wollen, da wir, zumindest bei den Kelten, erst durch das Studium der Priester in den Bereich der Götter vorstoßen können. Es hieße die Grundlagen der keltischen Traditionen zu verkennen, hier anders vorzugehen.

Wir haben hier also kein eigenes Kapitel für die Götterwelt erstellt und behandeln diese nur in Zusammenhang mit den Druiden, den irischen Erzählungen und der Mythologie im allgemeinen. Es war nur seit einigen Jahrzehnten dringend an der Zeit, die Ursprünge, die Rangordnung und die Aufgaben sowohl der Druiden als auch der Götter zu definieren, da die Strukturen erst in diesem klar umrissenen Rahmen deutlich werden. Das vorliegende Werk ist vor allem eine Erklärung der Züge und Tendenzen der göttlichen und menschlichen Organisation, in der dem Druiden rechtmäßig der oberste Rang zusteht.

Die anderen Bereiche, die über unsere Studie hinausgehen, bedürfen kaum eingehender Erklärung :

- Wir behandeln nicht die Problematik des Verschwindens des Druidentums. Seit Fustel de Coulanges, dessen Schlüsse heute natürlich überholt sind, wurde nichts oder fast nichts zu dieser Thematik geschrieben.[3] Die geschichtlichen Fakten sind bis heute nicht klar, was beim heutigen Stand der Wissenschaft kaum anders möglich wäre. Den Übergang vom Druidentum zum Christentum werden wir erst gänzlich verstehen können, wenn wir näheren Einblick in das keltische Urchristentum gewonnen haben werden. Die gegebenen Tatsachen sind äußerst komplex, einerseits in Gallien, wo die Druiden durch die offiziell-römische Religion ausgelöscht wurden, ohne eine Spur zu hinterlassen, andererseits in

Irland, wo einige hundert Jahre später die *Filid* sich auf den Ruf des heiligen Patrick und seiner Nachfolger hin, bekehrten und so die Grundlagen der nationalen Mythologie retteten.

- Wir vermeiden ebenso jegliche Erwähnung des sogenannten Neodruidismus. Dieser Stoff gehört seit der Renaissance zu dem Bild, welches man sich von den Kelten machte und welches nichts zum Verständnis der antiken Druiden beiträgt.

- Wir greifen nicht auf die Folklore zurück, außer in gerechtfertigten Ausnahmefällen; aus dem einfachen Grund, da die Druiden in der Volksüberlieferung, ebenso wie in den Heiligengeschichten, meist nichts mehr mit ihrer priesterlichen Funktion zu tun haben. Außerdem stellt die Folklore ein relativ unsicheres und sich ständig veränderndes Gebiet dar, auch wenn es auf der Hand liegt, daß sie in manchen Fällen mythologische Erinnerungen und archaische Details bewahrt, wie das besonders im Bretonischen der Fall ist, wovon wir zwei oder drei Beispiele anführen werden. Der Charakter des keltischen Volkstums, welches man seit dem 19. Jahrhundert zu sammeln begonnen hatte, unterscheidet sich kaum von der übrigen europäischen Folklore: Es handelt sich dabei um eine Art verfallener bzw. wieder aufflackernden Mythologie, von der wir keine direkte, unmittelbar verwendbare Information erwarten können.[4] Dazu benötigt man viel Kenntnis und Geduld.

- Im Gegensatz dazu greifen wir immer wieder auf die um "druidische" Einzelheiten erweiterten Heiligengeschichten zurück, da jene wesentlich älter sind als die überlieferte Volkskunde. Dies geschieht vor allem um den Prozeß des Verfalls der keltischen Mythologie und der ursprünglichen Strukturen aus "erster Hand" zu erläutern und zu bestätigen. Dies soll jedoch in keinem Fall die Möglichkeit einer Einheit bzw. Solidarität des keltischen Christentums und des Druidentums mit dem kontinentalen Christentum bedeuten. Wir konnten keinerlei Hinweise auf christliche "Druiden" noch auf ein in Psalmenbücher eingebettetes "druidisches Evangelium" im mittelalterlichen Irland finden, auch wenn es dort noch so viele Wunderlichkeiten und Archaismen gegeben haben mochte. Die Bekehrung Irlands, sowie der anderen Kelten, mag man sie nun fünfzehn Jahrhunderte später bedauern oder nicht, bezeichnet ohne Zweifel einen entscheidenden und definitiven Bruch mit der alten Doktrin.

Unsere Arbeit ist daher nicht, die Druiden so darzustellen, wie sie einigen Vorstellungen gemäß hätten sein sollen, sondern so wie sie wirklich waren. Unsere einzige Doktrin ist die der Wahrheitssuche, und die beste Methode ist und bleibt die, die auf dem kürzesten Wege dorthin führt.

Bleibt schließlich nur noch - gleich in welcher Periode er anzusetzen sein sollte - der unserer Namengebung unerbittlich fremde Druide als Hexer, Schamane, Totemist oder Animist. Seine Existenz beruht lediglich auf Einbildung und

Illusionen, deren Unhaltbarkeit jede wissenschaftliche Studie sofort widerlegt. Diese Frage wird in der Folge nicht in diesem Buch auftauchen, da der Schamanismus in anderen, sibirischen oder zumindest nicht-indoeuropäischen Religionen ein Mittel spiritueller Verwirklichung war und auch heute noch ist. In der keltischen Überlieferung finden sich jedoch keinerlei Spuren davon, und es hieße das religiöse Leben der Kelten in allen Epochen schwerwiegend mißzuverstehen, diesen Aspekt mit ihrem Glaubenssystem zu vermengen. Es scheint uns augenscheinlich, daß das intellektuelle Niveau der keltischen Druiden vielmehr dem der indischen Brahmanen entsprach als dem der europäischen Hexer des Mittelalters oder der Neuzeit. Weder ihre religiösen Vorstellungen, noch ihre Kulte waren primitiv oder in irgendeiner Form "prälogisch". Das wußte man schon in der Antike, auch wenn dies nicht deutlich zur Sprache kam. Nur manchen modernen Forschern will dies nicht einleuchten, da sie völlig gelähmt sind vom Widerspruch, der ihrer "gelehrten Meinung" gemäß zwischen dem Druiden als Philosoph und dem grausamen und mörderischen Druiden besteht, der seine Opfer auf Dolmen opfert.

Tatsächlich müssen wir zugeben, daß die Kelten einen Bereich darstellen, der sich völlig von der klassischen Welt abhebt, und müssen daher einsehen, daß dieser wesentliche Unterschied auch eines anderen Ansatzes bedarf. Es gibt eine keltische Tradition, doch ist die Philosophie griechisch und die Rhetorik lateinisch. Allein die Weltsicht ist nicht dieselbe. Die religiöse und gesellschaftliche Organisation war solcher Art beschaffen, daß sie keine fremde Eroberung überleben konnte. Hierin lag wohl auch ihr einziger Fehler. Und jedesmal sind es die Druiden, die sich im Kern des ausschlaggebenden Unterschiedes befinden.

Es soll hier nicht darum gehen, ihr Andenken subjektiv zu verherrlichen - das haben bereits andere vor uns getan - sondern, der Wahrheit gerecht zu werden: Die Druiden waren die Bewahrer der einzigen traditionellen Überlieferung, die die westliche Welt je kannte, was schließlich auch das Interesse an dieser Studie ausmacht. Die mittelalterlichen irischen Texte, die wir so oft heranziehen, erklären und beleuchten *a posteriori* auch das unabhängige Gallien ziemlich vollständig, da es kaum Einzelheiten des gallischen Lebens gibt, die nicht durch die Irlands bestätigt würden. Auf alle Fälle gibt es keine, die durch die irischen Texte widerlegt werden.

Cesson-Sévigné, am 15. März 1986

ERSTES KAPITEL

DER DRUIDE

Eines der Bilder, welches wir am häufigsten in unseren Geschichtswerken antreffen, ist das des mistelschneidenden Druiden: *"Gekleidet in einem weißen Umhang"*, schreibt Plinius, *"steigt der Priester in einen Baum, wo er mit einer goldenen Sichel eine Mistel abschneidet, die in einem weißen Leintuch aufgefangen wird". (Hist. Nat.* XVI, 249). Kaum eine andere Stelle der griechisch-lateinischen Literatur über die Kelten, ist so bekannt wie diese. Seltsamerweise hat eine andere Frage, die hinsichtlich moderner Kriterien wesentlich schwerwiegender ist, nämlich die, ob die Druiden nun Menschenopfer vollzogen oder nicht, die damaligen Gelehrten weniger beeindruckt, als dieses Sammelritual einer Heilpflanze, welches auf den ersten Blick ziemlich banal anmutet. Darüber hinaus scheint es ohnehin eher unwahrscheinlich, daß diese hier von Plinius übermittelten Informationen von ihm selbst wie auch von den modernen Geschichtswissenschaftlern richtig interpretiert wurden.

Den Keltenforschern und Historikern stehen indes einige griechische und lateinische Texte zur Verfügung, in denen die Druiden genauer erwähnt werden. Wie wir bereits ansprachen, wird der Vergleich bzw. die Gegenüberstellung dieser Texte mit den Dokumenten der Inselkelten, fast ausschließlich irischer Herkunft, einen wichtigen Bestandteil unserer Arbeit darstellen. Doch bevor wir dazu übergehen wollen, müssen wir nicht nur diese Texte vorstellen, sondern auch die Grenzen unserer Untersuchung festlegen und vor allem den Begriff des Druiden selbst definieren. Jener war kein einfacher Philosoph oder ein spiritueller Meister einer Geheimlehre, sondern ein Priester mit zahlreichen Aufgaben, weitreichenden Machtbefugnissen und einem universellen Wissen, welcher einer Priesterklasse angehörte, die ebenso definiert und organisiert war wie die der indischen Brahmanen.

Aus diesem Grund setzen wir von vornherein das Druidentum über jener Religionsform an, die ihm häufig in offenkundigster Verkennung der Sachlage in den Handbüchern zugeschrieben wird: Demnach sei er eine keltische Form des Heidentums gewesen, welche zum einen Teil aus einer auf Sonnengöttern und zu Geschichte gewordenen Mythen basierenden Naturreligion und zum anderen Teil aus magischen Kulthandlungen bestanden haben soll, die ein Gemisch vorindoeuropäischer Riten und religiöser Vorstellungen gewesen sein sollen, die von den der Geschichte bekannten europäischen Völkern mitgebracht wurden.[5]

I. Die Druiden in den Texten der Antike

Die meisten klassischen Autoren geben eher theoretische als praktische Hinweise, Informationen, von denen oft behauptet wird, sie seien ohnehin nicht nachprüfbar, und die unablässig von Generationen von Geschichtsschreibern wiederholt wurden; Wunderlichkeiten und exotische Eigenheiten, die durch pausenloses Wiederkäuen unschmackhaft wurden. Auf Grund der enormen Bedeutung, die den Kelten in der Geschichte der Antike zukommt, sind wir immer wieder vom geringen Interesse überrascht, welches ihnen entgegengebracht wird, und befremdet von der Verschwommenheit der sie betreffenden Begriffe und Beschreibungen. Eine Vielzahl allgemeiner Tatsachen wurde so gut wie möglich in einige wenige genaue Angaben zusammengepfercht, welche wir nicht auszuschöpfen versäumen werden. Doch auch im vagen Rest, in all diesen glanzlosen, ja fast substanzlosen Schriften, sind noch ein paar verwendbare Auskünfte zu finden. Vor allem zwei, drei große Autoren wiegen mit ihrem reicheren, besser organisierten Wissen die Verschwommenheit und die Schwächen der anderen auf.

Wir möchten also zuerst in chronologischer Reihenfolge die wichtigsten Auszüge aus den antiken Texten zitieren, die die Druiden beschreiben:

- Cäsar, *De Bello Gallico* VI, 13:

"In ganz Gallien gibt es zwei soziale Schichten von Menschen, die bestimmte Achtung und Ansehen genießen, denn das Volk wird fast wie Sklaven behandelt: es unternimmt nichts aus eigenem Antrieb und wird keiner Beratung beigezogen. Da die meisten von Schulden oder von der Höhe der Abgaben oder von Ungerechtigkeiten der Mächtigeren unterdrückt werden, begeben sie sich freiwillig in die Sklaverei. Die hohen Adeligen haben ihnen gegenüber dann alle Rechte wie Herren gegenüber ihren Sklaven. Von diesen zwei Schichten ist nun die eine die der Druiden, die andere die des Reiteradels. Die Druiden sind bei den Kulthandlungen zugegen, besorgen die staatlichen und privaten Opfer und legen die religiösen Lehren und kultischen Vorschriften aus. Eine große Anzahl junger Leute kommt zur Fachausbildung von überall her, und sie werden bei den Galliern hoch geachtet, denn sie treffen in fast allen staatlichen und privaten Streitfällen die Entscheidung, und wenn ein Verbrechen begangen worden ist, wenn es einen Erbschafts- oder Grenzziehungsstreit gibt, fällen ebenfalls sie das Urteil und setzen Entschädigungen und Strafen fest. Wenn eine Einzelperson oder ein Stamm ihrem Beschluß nicht Folge leistet, schließen sie sie von der Teilnahme an den Kulthandlungen aus. Das ist bei ihnen die schwerste Strafe. Die so Ausgeschlossenen werden als Frevler gegen göttliches und menschliches Recht angesehen, diesen weichen alle aus, meiden den Umgang und das Gespräch mit ihnen, um nicht aufgrund des Kontakts mit ihnen schlimmen Schaden zu erleiden; weder wird ihnen, selbst wenn sie darum bitten, die frühere rechtliche Stellung wiedergegeben noch irgendeine Ehrenstellung zuerkannt. An der Spitze aller dieser Druiden aber steht einer, der den größten Einfluß unter ihnen hat. Wenn dieser gestorben ist, rückt entweder derjenige nach, der die übrigen an Ansehen übertrifft, oder es wird, wenn es mehrere gleichwertige gibt, einer in einer Abstimmung der Druiden gewählt; bisweilen kämpfen sie um den Vorrang sogar mit Waffen. Sie versammeln sich zu einer bestimmten Zeit des Jahres im Gebiet der Karnuten - diese Gegend gilt als die Mitte ganz Galliens - an einem geweihten Ort. Dorthin kommen von überall her alle, die einen Streitfall haben, und fügen sich ihren Entscheidungen und Urteilen. Die Lehre der Druiden ist, wie man glaubt, in Britannien entstanden und soll von dort nach Gallien gelangt sein, und auch jetzt noch gehen diejenigen, die sie genauer erforschen wollen, meist dorthin, um sie zu erlernen. Die Druiden nehmen für gewöhnlich am Krieg nicht teil und zahlen auch nicht wie die übrigen Abgaben. Sie sind vom Militärdienst befreit und überhaupt frei in allen Belangen. Durch so große Privilegien ermuntert, begeben sich viele aus eigenem Antrieb in die Ausbildung der Druiden oder werden von den Eltern und Verwandten zu ihnen geschickt. Dort lernen sie, wie es heißt, eine große Anzahl von Versen auswendig. Daher bleiben einige 20 Jahre in Ausbildung. Sie sind der Meinung, daß es nicht richtig ist, das, was sie gelernt haben, schriftlich festzuhalten, auch wenn sie sich in fast allen übrigen Belangen, in öffentlichen und privaten Angelegenheiten, der griechischen Schrift bedienen. Das scheinen sie mir aus zwei Gründen eingeführt zu haben: weil sie es weder wollen, daß die Lehre im Volk verbreitet werde, noch, daß die Lernenden sich auf die Schrift verlassen und das Gedächtnis weniger trainieren; das widerfährt ja in der Regel den meisten, daß sie im Vertrauen auf die Schrift in der Sorgfalt beim Auswendiglernen und im Training des Gedächtnisses nachlassen. Vor allem wollen sie davon überzeugen, daß die Seele nicht untergehe, sondern vielmehr nach dem Tode von einem zum anderen übergehe, und sie glauben, daß dadurch die Tapferkeit ganz besonders geweckt werde, da die Todesfurcht ihre Wirkung verliert. Viel disputieren sie auch über die Gestirne und deren Bewegung, über die Größe des Weltalls und des Erdkreises, über das Wesen der Dinge, über Gewalt und Machtbereich der unsterblichen Götter und vermitteln das alles der Jugend."[6]

- Diodor von Sizilien, *Historien* V, 31, 2-5:

"Es gibt bei ihnen Liederdichter, die sie Barden nennen. Dieselben tragen ihre Gesänge unter Begleitung von Instrumenten vor, welche der Lyra ähnlich sind; und zwar sind dies teils Lobgesänge, teils Schmählieder. Überaus geehrt sind bei ihnen einige Philosophen, die auch der göttlichen Dinge kundig sind und Druiden genannt werden. Auch Wahrsager haben sie, denen gleichfalls große Ehre erwiesen wird. Diesselben weissagen aus dem Vogelflug und aus der Beschauung der Opfertiere, und alles Volk glaubt und gehorcht ihnen. Besonders haben sie für gewisse wichtige Fälle eine höchst auffallende und kaum glaubliche Art, das Zukünftige zu erforschen. Sie weihen nämlich einen Menschen und stoßen ihm dann ein Schwert in die Brust, oberhalb des Zwerchfells, und indem das Opfer getroffen zusammenstürzt, erkennen sie aus der Art und Weise, wie er niederfällt, sowie aus den Zuckungen der Gliedmaßen und dem Ausströmen des Blutes das Zukünftige, wobei sie einer alten und durch lange Beobachtungen erprobten Erfahrung Glauben schenken. Es ist bei ihnen Sitte, ohne Zuziehung eines Philosophen überhaupt kein Opfer zu bringen; denn, sagen sie, man müsse seine Dankbezeugungen den Göttern durch solche Männer darbringen, welche des göttlichen Wesens kundig seien und gleichsam dessen Sprache verstünden, und durch eben derselben Vermittlung müsse man sich auch das Gute erbitten. Aber nicht nur in Angelegenheiten des Friedens, sondern auch in den Dingen des Krieges folgen sie meist dem Rate dieser, sowie den Gesängen ihrer Dichter, und zwar nicht nur die befreundete Partei, sondern auch die feindliche. Oft, wenn schon in der Schlachtaufstellung die beiden Heere gegeneinander anrücken mit gezogenen Schwertern und vorgestreckten Lanzen, treten diese in die Mitte und bewegen die Heere vom Angriff abzustehen, gleich als wenn sie durch ihren Gesang wilde Tiere bezauberten. So weicht auch bei den wildesten Barbaren die Leidenschaft der Weisheit, und Ares scheut sich vor den Musen."[7]

- Strabo, *Geographie* IV, 4:

"In der Regel stehen bei ihnen im Ganzen drei Klassen in vorzüglichem Ansehen: die Barden, die Vaten und die Druiden. Die Barden sind Hymnensänger und Dichter, die Vaten opfern und erforschen die Natur; die Druiden beschäftigen sich neben der Betrachtung der Natur auch mit der Sittenlehre. Sie werden für die Gerechtesten gehalten, weshalb man ihnen die Privat- und die öffentlichen Streitigkeiten zur Entscheidung überläßt; so daß sie früher Kriege beendigten, und zwischen Heeren Frieden stifteten, die sich schon zur Schlacht rüsteten. Auch die Entscheidung wegen eines Mordes wurde ihnen meistens anvertraut. Und wo diese Priester in Menge beisammen sind, das achten sie als einen Segen für die Gegend. Sie halten und damit sind sie nicht die Einzigen - die Seele und die Welt für ewig; einst aber werde Feuer und Wasser sie zerstören."[8]

- Pomponius Mela, *De Chorographia* III, 2, 18:

"Ihre Roheit besaß einst einen solchen Grad, daß sie als das beste und den Göttern wohlgefälligste Opfertier den Menschen erachteten. Noch heute bestehen Spuren dieses sonst bereits abgeschafften rohen Brauches: sie enthalten sich zwar der schließlichen Schlachtung, bringen aber den den Göttern Geweihten, so oft sie sie zu den Altären schleppen, Verletzungen bei. Jedoch besitzen sie eine natürliche Redegabe und haben die Druiden als Lehrer ihres Wissens.

Diese geben vor, von der Größe und Gestalt der Welt, den Bewegungen des Himmels und der Gestirne sowie vom Willen der Götter Kenntnis zu haben. Sie unterweisen die Edlen ihres Volkes in vielerlei Dingen, heimlich und lange Zeit hindurch - zwanzig Jahre - und zwar entweder in einer Höhle oder in abgelegenen

Waldhainen. Ein Punkt ihrer Lehre ist zu allgemeiner Kenntnis gedrungen: um nämlich das Volk für den Kampf recht geeignet zu machen, lehren sie, die Seele sei unsterblich und nach dem Tode beginne bei den Verstorbenen ein neues Leben. Daher verbrennt und bestattet man mit den Toten zugleich auch Dinge, die für Lebende passen. Einst schrieb man auch die Sorge für geschäftliche Angelegenheiten und das Eintreiben von Schulden den Unterirdischen zu, und mancher Gallier stürzte sich freudigen Herzens in den Scheiterhaufen der Seinen, um gleichsam mit ihnen weiterzuleben."[9]

- Lucanus, *De Bello Civili* I, 454-462:

"Nach ihrer Lehre suchen die Totenseelen nicht das stille Land der Finsternis, das Geisterrreich des Höllenfürsten drunten auf, sondern atmet und lebt der Körper unverändert in einer anderen Sphäre weiter. Künden sie Wahrheit, so steht der Tod nur in der Mitte eines langen Lebens; jedenfalls sind die Völker, auf die der Große Bär herniederschaut, glücklich in ihrem Wahn, weil sie der größte aller Schrecken nicht bedrängt, die Todesfurcht. Daher stürzen sich die Männer mit Begeisterung einem Schwert entgegen, hat der Tod in ihren Herzen Raum und scheint es ihnen feige, ein Leben zu schonen, das doch wiederkommen soll."[10]

- Plinius der Ältere, *Historia Naturalis* XVI, 249:

"Bei dieser Gelegenheit dürfen wir auch die Bewunderung der gallischen Provinzen für diese Pflanze nicht übergehen. Die Druiden - so nennen sie ihre Magier - halten nichts für heiliger als die Mistel und den Baum, auf dem sie wächst, wenn es nur eine Eiche ist. Sie wählen an sich schon die Eichenhaine und verrichten kein Opfer ohne das Laub dieses Baumes, so daß sie ihren Namen "Druiden" nach einem griechischen Wort (*drys*: "Eiche") erhalten haben könnten. Sie glauben nämlich wirklich, daß alles, was an den Eichen wächst, vom Himmel komme und ein Zeichen dafür sei, daß der betreffende Baum von einem Gott selbst erwählt sei. Man findet aber die Mistel in Gallien sehr selten; und hat man sie gefunden, so wird sie mit großer Ehrfurcht abgenommen, vor allem am sechsten Tag des Mondes, der bei ihnen den Anfang der Monate und Jahre und nach 30 Jahren einen neuen Zeitabschnitt bildet, ein Tag, an dem der Mond schon genügend Kräfte hat und noch nicht halbvoll ist. Sie nennen die Mistel in ihrer Sprache "die alles Heilende". Sie bereiten nach ihrer Sitte das Opfer und das Mahl unter dem Baum und führen zwei große Stiere herbei, deren Hörner da zum ersten Mal umwunden werden. Der Priester, bekleidet mit einem weißen Gewand, besteigt den Baum und schneidet die Mistel mit einem goldenen Messer ab: Sie wird mit einem weißen Tuch aufgefangen. Dann schlachten sie die Opfertiere und bitten den Gott, er wolle sein Geschenk denen, welchen er es gegeben hat, zum Glück gereichen lassen. Sie meinen, daß die Mistel, in einem Getränk genommen, jedem unfruchtbaren Tier Fruchtbarkeit verleihe und ein Heilmittel gegen alles Gift sei. So groß ist die Ehrfurcht der Völker meistenteils in ganz unbedeutenden Sachen."[11]

- *Historia Naturalis* XXX, 13:

"Bei den Galliern hat die Magie auf jeden Fall ihren festen Platz, sogar noch bis auf unsere Zeit. Denn erst die Herrschaft des Kaisers Tiberius unterdrückte ihre Druiden und diese Art von Wahrsagern und Ärzten. Doch was muß ich dies von einer Kunst erwähnen, die sogar den Ozean überschritten hat und bis ans Ende der Welt vorgedrungen ist? Britannien feiert auch heute noch begeistert mit solchen Zeremonien, daß es den Anschein haben könnte, Britannien habe sie den Persern übermittelt. Darin herrschte solche Übereinstimmung auf der ganzen Welt, obgleich sie sonst widersprüchlich ist und einander nicht kennt. Es kann nicht genügend gewürdigt werden, wieviel man den Römern Dank schuldet, welche die frevelhaften Bräuche aufhoben, bei denen das Töten eines Menschen als sehr fromm, das Verspeisen aber auch als sehr heilsam angesehen wurde."[12]

Timagenes in Ammianus Marcellinus XV, 9:

"In diesen Gegenden entwickelte sich eine hohe menschliche Kultur, und die Beschäftigung mit den freien Wissenschaften blühte auf, angeregt von den Barden, Euhagen und Druiden. Die Barden besangen die Heldentaten berühmter Männer in Heldengedichten zu lieblichen Weisen der Lyra, während die Euhagen Opferdeuter waren und die Geheimnisse der Natur zu erklären versuchten. Die Druiden, die auf höherer geistiger Stufe standen, schlossen sich in Bruderschaften zusammen, wie es die Autorität des Pythagoras bestimmt hat, und erhoben sich zur Erforschung verborgener und hoher Dinge. Sie blickten auf alles Menschliche verächtlich herab und lehrten die Unsterblichkeit der Seele."[13]

Gehen wir nun weiter zu den Einzelheiten der verschiedenen Texte:

Der älteste und wichtigste Zeuge, Cäsar, unterteilte die gallische Gesellschaft in drei Klassen: *druides, equites* und *plebs*, doch berichtet er lediglich von den ersten beiden. Es ist offensichtlich, daß die *druides* dabei für die Priesterklasse, die *equites* (Reiter) für die Militärklasse und die *plebs* bei ihm für den Rest stehen, d.h. für die Bauern, Handwerker und Sklaven. D'Arbois de Jubainville täuschte sich also grundlegend, wenn er der Meinung war, daß Cäsar lediglich einen Teil der gebildeten Gesellschaft Galliens mit dem Namen Druiden bezeichnet hatte.[14] Erstens handelte es sich nicht um eine "gebildete Klasse", und zweitens verschmähte Cäsar in seiner Beschreibung nicht zwei der drei Bestandteile: er faßte lediglich die drei Elemente der Priesterklasse in einer allgemeinen Definition zusammen.

Dem Wirkungsfeld der Druiden wird also alles zugeschrieben was folgende Bereiche betrifft:

- die Religion (Glauben, Opfer, Kulte),
- die Rechtsprechung (öffentliches und privates Recht),
- der Unterricht und die Übermittlung traditionellen Wissens.

Sie sind gegen die Schrift, doch lassen sie sie (in griechischen Buchstaben) bei öffentlichen und privaten Angelegenheiten zu. Sie lehren die Unsterblichkeit der Seelen und geben sich eingehenden theologischen und wissenschaftlichen Betrachtungen hin, die um das Wesen der Götter, die Astronomic und die Physik kreisen.

Im Gegensatz zu Cäsar stellen Diodor von Sizilien, Strabo und die anderen antiken Schriftsteller dem Rest der Gesellschaft nicht nur eine allgemeine Priesterklasse gegenüber, sondern sie beschreiben ihre innere Unterteilung (die sie überdies mißverstanden hatten).

Laut Diodor von Sizilien gab es:

- die **Barden**: sie sangen Hymnen und Satiren und begleiteten sich dabei auf der Harfe (Leier);
- die **Philosophen und Theologen** (Druiden): ihnen werden die größten Ehren entgegengebracht; sie sind bei den Opfern zugegen und sind Vermittler zwischen Menschen und Göttern; Barden und Philosophen beruhigen die kampfbereiten Armeen; sie fürchten keinen Tod und lehren die Unsterblichkeit;
- die **Wahrsager**: sie besitzen große Autorität und halten die gesamte Bevölkerung in Abhängigkeit; sie können hellsehen und sagen die Zukunft durch Vogelschau und durch Menschenopfer voraus. In lateinischen Worten betreiben sie das *augurium* und die *haruspicina.*

Strabo unterscheidet zwischen:

- den **Barden**, Hymnensängern und Dichter;
- den **Vaten**, Opferern und Naturinterpreten;
- den **Druiden:** sie studieren die Naturwissenschaften und die moralischen Aspekte der Philosophie; sie lehren die Unsterblichkeit der Seele und prophezeien, daß eines Tages Feuer und Wasser herrschen werden.

Pomponius Mela gemäß, bei dem sich alle Definitionen auf die Priesterklasse beziehen:

- sind die Gallier allgemein **redegewandt**;
- sind die Druiden die **Meister der Moral**;
- kennen die Druiden: **die Größe der Erde und der Welt,**
die Bewegungen der Gestirne,
den Willen der Götter.

Laut Ammianus Marcellinus:

- feierten die **Barden** die großen Taten in Heldengesängen;
- studierten die **Eubagen**[15] die Mysterien der Natur.

Über ihnen:

- gehörten die Druiden Gemeinschaften an, dessen Statuten durch Pythagoras beeinflußt wurden;
- beschäftigten sich die Druiden mit okkulten Fragen;
- lehrten die Druiden die Unsterblichkeit der Seele.

Diese Beschreibungen werden hier äußerst schematisiert wiedergegeben. Doch genügt dies, zu einem ersten Schluß zu gelangen: wir können die keltische Priesterklasse also in drei Hauptgruppen unterteilen, die Cäsar, der in den großen Zügen genau, doch wenig detailliert ist, allgemein unter "Druiden" zusammenfaßt:

- Druiden
- Barden
- Vaten (Wahrsager).

Jede dieser Unterteilungen gehört zu einem bestimmten Aufgabenbereich:

	DRUIDE	**BARDE**	**VATE**
Cäsar	**Druide:** Religion, Recht, Unterricht		
Diodor	**Druide,** **Philosoph,** **Theologe:** Religion	**Barde:** Lobreden Satiren Schiedsgericht	**Wahrsager:** Hellseherei Wahrsagerei Opfer
Strabo	**Druide:** Naturwissen- schaften, Philosophie, Recht	**Barde:** Gesang, Poesie	**Vate:** Opfer, Naturinter- pretation

Doch bleiben sie bei all ihrer Genauigkeit etwas vage: Strabo und Diodor schreiben das Opfer den Vaten zu, auch wenn es sich eigentlich um den Bereich der Druiden handelt. Diodor nennt die Druiden, die zwischen zwei feindlichen Armeen scheiden Barden. Auch in der irischen Literatur werden wir vielen solcher Fälle begegnen. Es handelt sich hierbei um keine schwerwiegenden Fehler, sondern vielmehr um ein Zeichen, daß die Klassen durchlässig waren und die Aufgabenbereiche sich oft überschnitten: Die Barden und Vaten sind praktisch und faktisch Druiden. Ihre Titel bezeichnen verschiedene Spezialgebiete, welche einer allgemeinen Rangbezeichnung untergeordnet sind, die ihnen zusteht, gleichgültig, welchen Rang sie in der Hierarchie einnehmen und welche Aufgaben sie zu verrichten haben.

Bleiben uns nur noch zwei kleinere, spätere Texte zu zitieren - die jedoch deswegen nicht von minderem Interesse sind -, die die Druiden als direkte geistige Erben des Pythagoras sehen und ihnen so ein Ansehen verleihen, welches man nach den Dekreten des Tiberius und Claudius zwei Jahrhunderte zuvor kaum noch für möglich gehalten hätte :

- Hippolytus, *Philosophumena* I, XXV:

"Die keltischen Druiden studierten eifrig die Philosophie des Pythagoras. Diese Studien wurden ihnen von Zalmoxis, dem Sklaven des Pythagoras, einem gebürtigen Thraker, überliefert, der ihnen etwa zwanzig Jahre nach dem Tod des Pythagoras die Gelegenheit bot, dessen philosophisches System zu studieren. Die Kelten halten nun ihre Druiden für Hellseher und Propheten, da sie dank der Berechnungen der pythagoräischen Arithmetik bestimmte Ereignisse voraussagen können. Wir wollen die Ursprünge ihrer Lehrsätze nicht verschweigen, denn einige glaubten bei ihnen mehrere philosophische Schulen erkannt zu haben. Tatsächlich betätigen sich die Druiden auch in den bildnerischen Künsten."[16]

- Clemens von Alexandrien, *Stromata* I, XV, 71, 3ff.:

"Alexander schreibt in seinem Buch über die Symbolik des Pythagoras, daß jener ein Schüler des Nazaratus von Assyrien war, und behauptet weiter, daß er auch bei den Galatern und den Brahmanen studiert hatte."[17]

"Die Philosophie, die eine Wissenschaft von höchstem Nutzen ist, blühte in der Antike auch bei den Barbaren und verbreitete so ihr Licht über mehrere Staaten aus. Danach erst kam sie zu den Griechen. Ihre wichtigsten Propheten waren bei den Ägyptern, den Chaldäern, den Assyrern, den gallischen Druiden, den baktrischen Samanäern, den Philosophen der Kelten und den Weisen Persiens zu finden."[18]

Diese Texte stammen aus dem dritten nachchristlichen Jahrhundert. Die hier niedergeschriebenen Informationen stützen sich eher auf Legenden als auf Beweise. Es handelt sich um gelehrte Kommentare, die von den Druiden in der Vergangenheit sprechen. So sind z.B. die Beziehungen letzterer zu Pythagoras oder Zalmoxis nicht historisch belegt, und wir werden diese Spur in diesem Rahmen auch nicht weiterverfolgen, da es sich um schwer beweisbare Einzelinformationen handelt. Was jedoch feststeht, ist, daß die Griechen mit ihrer gewohnheitsmäßigen

Neugier für fremdes Gedankengut fühlten, daß sie es hier mit einer Lehre zu tun hatten, deren Verständnis ihnen entging, oder vielmehr mit einer Tradition, einem Wissen, welches sie in keines der ihnen bekannten Gedankengebäude einordnen konnten.

II. Das terminologische Verwirrnis

Durch diese Dehnbarkeit der Bezeichnungen, die in den heutigen Studien oft zu großer Verwirrung führt, können wir nicht um eine direkte Betrachtung der antiken Bezeichnungen der Druiden umhin, die im Lateinischen oder Griechischen mit Worten übersetzt wurden, die die Priesterschaft bzw. -aufgabe oder magische Fähigkeiten benannten.

Das erste Beispiel finden wir im sechsten Buch von Cäsars *Kommentaren*, wo er mehrere Male das Wort *druides* anwendet (während er sich für die anderen Klassen der lateinischen Worte *equites* und *plebs* bedient), aber dennoch das lateinische Wort *sacerdos* benutzt, da, wo es um politische Fragen und die Schlichtung eines Wahlkonflikts bei den Eduern geht: "Er zwang Cotus dazu, auf sein Amt zu verzichten und ließ Convictolitavis die Befehlsgewalt übertragen, welcher nach dem Brauch der Stadt durch die Priester für die freie Stelle des höchsten Amtes benannt worden war" *(per sacerdotes more civitates)*[19]. Bei diesen *sacerdotes* kann es sich nur um Druiden gehandelt haben.

Von anderer Art, doch nichtsdestoweniger lehrreich, ist der Satz, mit dem Plinius seine Beschreibung vom Sammeln der Misteln beginnt:

"Bei dieser Gelegenheit dürfen wir auch die Bewunderung der gallischen Provinzen (Gallarium admiratio) für diese Pflanze nicht übergehen. Die Druiden (druidae) - so nennen sie ihre Magier (ita suos appellant magos) - halten nichts für heiliger als die Mistel und den Baum, auf dem sie wächst, wenn es nur eine Eiche ist." [20]

Die Druiden und Weisen, bzw. Magier bezeichnen als verstreute und undeutliche Synonyme die Mitglieder der Priesterkasse. Allein ihre Nebeneinanderstellung in ein und demselben Satz zeigt, wie vage die Vorstellungen Plinius' bezüglich der Kelten waren - oder aber wie sehr er sie verachtete.

Einen ähnlichen Fall finden wir in seiner Beschreibung der Seeigelfossilien wieder (siehe Kapitel 5): "Die Druiden sagen, dieses Ei würde durch Pfiffe in die Höhe geschleudert" *(druidae sibiles id dicunt in sublime jactari)* und im folgenden Satz: "Und eine der eifrigsten Feinsinnigkeiten der Magier ist die, ihre Betrügereien zu verbergen" *(Atque, ut est magorum sollertia occultandis fraudibus sagax)*.[21] Er wendet also das Wort "Magier", welches schon damals den negativen Beigeschmack des Hexers trug, als Synonym für "Druide" an.

Beim Studium der religiösen Hintergründe bezüglich der Druiden bzw. der keltischen Priesterklasse ist es notwendig, möglichst alle Berichte zu berücksichtigen, in denen ein spezialisierter Aufgabenbereich wie Priester, Dichter, Philosoph, Wahrsager, Auguren oder Haruspex erwähnt wird. Für die Druiden gilt ebenso wie für die Götter, daß die Aufgabe entscheidender ist als die Benennung.

Wir können nun zu einem Beispiel weiterschreiten, welches über die Druiden, die im allgemeinen also als keltische Priester verstanden wurden, berichtet wird. So erzählt Titus Livius vom Tod des Konsuls Postumius, welcher den Bojern Norditaliens zum Opfer gefallen worden war und dessen Schädel "verziert mit einem Goldrand ihnen als heiliges Gefäß bei festlichen Gelagen diente. Es war dies auch der Kelch der Tempel- und Oberpriester, und die Gallier schenkten dieser Beute nicht weniger Bedeutung als dem Sieg selbst."[22] Diese "Tempel- und Oberpriester" *(sacerdotes et antistites templi)* sind Druiden, die Titus Livius mit lateinischen Worten bezeichnet.[23]

In einem späten, aber für die Klassendefinition nützlichen Dokument schreibt Ausonus im 4. nachchristlichen Jahrhundert seinen Meistern, sicherlich aus universitärer Höflichkeit, druidische Abstammung zu:

Attius Patera, Rhetoriker:
"Du stammst aus einer Druidenfamilie der Bajokassen,
und wenn der Ruf nicht das Vertrauen trügt,
so liegt dein heiliger Ursprung im Tempel des Belenus"[24];

Phoebicius, Grammatiker:
Auch den Greis werde ich nicht vergessen,
der Phoebicius heißt
und der als Hüter des Belenus,
keinen Gewinn schlug,
sondern indes, so sagt man,
aus einem Druidengeschlecht
des Landes Armoricum stammt,
und dank der Unterstützung seines Sohnes
einen Stuhl in Bordeaux erhielt."[25]

Von Phoebius heißt es, er sei *Beleni aedituus*, "Verwalter oder Hüter des Belenus" gewesen, ein bescheidener, vielleicht zu bescheidener Titel, doch steht er in Bezug zur druidischen Rolle, die der Familie zugeschrieben wird. Dadurch nimmt Ausonus stillschweigend an, daß es in Armoricum Druiden gab, woran wir keinen Zweifel hatten: Es gab sie dort wie überall, wo es Kelten gab. Trotzdem ist es interessant zu sehen, daß man sich noch im 4. Jahrhundert ihrer entsann und daß man von den Druiden auch ohne die Erwähnung der Kelten sprach: Das Wort war bereits in den lateinischen Wortschatz übernommen worden. Was die druidische Abstammung der zitierten Personen betrifft, so ist sie nur dann von Wert, wenn sie Ausonus selbst ernst meint. Auf alle Fälle ist es auszuschließen, daß es "Druidenfamilien" gab, da das Priestertum nicht erblich war. Wir wollen an dieser vielmehr literarischen als wissenschaftlichen Stelle also nur anmerken, daß Ausonus zu einer Zeit, als kein Druide mehr eine offizielle Aufgabe erfüllte, einen Professor mit diesem Namen belegt, um ihm Ehre zu erweisen. Doch ist *druida* das einzige Wort keltischer Religion, das sich in seinen Schriften findet: man entsann sich also noch ungefähr des Wortes und des heiligen Wissens, das es verkörperte:

(a) generelle Bezeichnungen:
- Druiden,
- Philosophen, theologische Weise,
- Vornehme
- Priester *(sacerdotes, aedituus, antistites)*,
- Magier

(b) einschlägige Bezeichnungen:
- Barden, Dichter, Schmarotzer, Musiker,
- Vaten (Euphagen, Eubagen),
- Gutuater
- Auguren, Haruspex,
- Hellseher (*manteiz*),
- Astrologen (für Astronomen),
- Ärzte.

Alle Texte, in denen einer dieser Begriffe bezüglich der Kelten zu finden ist, sollten von vornherein untersucht werden.[26]

III. Druiden in Geschichte und Mythos

Diese Allgemeinheiten und diese terminologischen Verwirrnisse der Antike als auch der Moderne sind ebenso wie die schlechten Definitionen und die fehlenden Klasseneinteilungen der Aufgabenbereiche schuld daran, daß es bisher unmöglich war, die Grundlagen der Thematik zu untersuchen. Es scheint bisher noch niemandem aufgefallen zu sein, daß sich die eben dargestellten allgemeinen Beschreibungen der Antike in keiner Weise von den Einzelheiten unterscheiden, die die uns durch Geschichte oder Mythos zu den Druiden überliefert sind. Wir kennen in der Tat einen einzigen Fall eines historisch verbürgten Druiden, dessen Name uns gut vertraut ist, über dessen Eigenschaften und priesterlichen Aufgaben der Autor, der uns sonst lang und breit von ihm berichtet, nicht aufklärt.

Es handelt sich um Diviciacus, den Cäsar in seinem *De Bello Gallico* ohne jegliche Verachtung oder Herablassung erwähnt, und der in den Verhandlungen der Römer mit der Regierung der Eduer während der ersten Jahre des gallischen Krieges eine Hauptrolle spielt. Er besitzt Einfluß im Staat, führt eine Militärexpedition an und verhandelt mit dem Prokonsul. Er tritt vor allem für seinen Bruder Dumnorix ein, vor dem Cäsar alle Gründe hatte sich zu hüten.

In den *Kommentaren* wird darüber sehr ausführlich berichtet, wodurch wir sehr wertvolle Informationen über die politischen Verhältnisse Galliens erhalten und vor allem erfahren, wie dort Politik betrieben wurde. Zugegebenermaßen dient uns dieser historische Druide - und er ist historisch, denn sein Name und seine Existenz sind belegt - mehr dazu, uns ein Bild von der gallischen Regierung zu machen als vom Ablauf der Ereignisse oder vom Aufbau der Priesterklasse. Denn Diviciacus interessierte Cäsar nicht als Druide, sondern als einflußreicher Staatsmann, der seinen Plänen hilfreich sein konnte. Die Nuance ist eindeutig.[27]

Wer uns jedoch näher über den Druiden Diviciacus aufklärt, ist sein Zeitgenosse Cicero, der ihn in einem eleganten Geplänkel über Philosophie und Wahrsagerei erwähnt.

“Auch bei den Barbaren wurde die Kunst der Wahrsagerei nicht vernachlässigt, da es in Gallien Druiden gibt, von denen ich deinen Gastgeber und Bewunderer, den Eduer Diviciacus kennengelernt habe. Er gab vor, die Naturgesetze zu kennen, die die Griechen Physiologie nennen und sagte die Zukunft voraus, sei es durch Vorzeichen oder durch Vermutung.”[28]

Anders gesagt, das Spezialgebiet des Diviciacus ist die Wahrsagerei, und da Cicero ihn unter die Druiden reiht, können wir zumindest für diesen konkreten Fall sagen, daß der Wahrsager, den die Lateiner *augur* nannten, ein Mitglied der keltischen Priesterklasse darstellt. Diese “Zeugenaussage” Ciceros ist zwar persönlicher Natur, doch viel zu förmlich, um zurückgewiesen werden zu müssen.

Das Außergewöhnlichste an der ganzen Geschichte ist jedoch, daß Cäsar Diviciacus immer für seine Römertreue lobt. Handelte es sich da bei Diviciacus um eine persönliche Überzeugung? Nach so vielen Jahrhunderten ist das schwer nachzuweisen, da auch der Stammeszwist zwischen Eduern und Sequanern, der der Grund der vorrömischen Politik dieses Druiden gewesen war, heute nicht mehr nachzuvollziehen ist. Versuchte Diviciacus vielleicht den Römern gegenüber das Gesicht zu wahren, weil er wußte, daß das Spiel früher oder später bereits verloren war, während Dumnorix Führer der anticäsarischen, vielleicht “nationalistischen” Volkspartei war? Wer betrog hier und wer war ehrlich? Vielleicht niemand, doch glauben wir kaum an eine gallische Nationalpolitik und uns fehlen die Mittel, die psychologischen Hintergründe einer so entfernten Epoche zu beleuchten.[29] Der

Nachteil an der Geschichte ist also, daß der zeitlich fixierbare, historische Druide nicht als solcher handelt, sondern als Staatsmann in einem konkreten Kontext, in dem die Religion praktisch nichts zu tun hat. Für unseren Fall hilft uns also die historische Methode nicht viel weiter. Wie alle anderen Druiden, ja fast ein bißchen mehr, da wir seinen Namen kennen, lebt auch Diviciacus lediglich dank einer indirekten Quelle wieder vor unseren Augen auf.

Das zweite historische Treffen zwischen Druiden und Römern verlief weniger freundschaftlich. Es spielte sich unter völlig verschiedenen Umständen etwa ein Jahrhundert später in einem anderen keltischen Land, nämlich den britischen Inseln ab. Dieses Mal haben wir keinen Namen, denn das Ereignis, von welchem uns Tacitus berichtet, hat mit dem Widerstand einer Streitkraft und eines religiösen Konzepts zu tun, im Zuge dessen wir nur auf die allgemeine Bezeichnung "Druiden" stoßen. Als Britannien in der zweiten Hälfte des ersten nachchristlichen Jahrhunderts revoltierte, wurde im Jahre 58 Paulinus Suetonius dorthin geschickt, den Aufstand zu unterdrücken. Doch weshalb kam dem Offizier die Idee, ein Heiligtum auf's Korn zu nehmen? War die Insel Mona vielleicht gar das Zentrum der Revolte? Wir wissen es nicht, und es ist wahrscheinlich auch nicht von großer Bedeutung, es eines Tages zu erfahren.

Wie dem auch sei, Paulinus Suetonius

"bereitete sich darauf vor, Mona anzugreifen, eine Insel mit dichter Bevölkerung und Herd der Rebellion. Er baute Flöße, um damit die Infanterie auf einem flachen und unsicheren Küstenstreifen anlegen zu lassen. Die Kavallerie ließ er waten und an tieferen Stellen schwimmen.

Die feindliche Armee war am Ufer aufgestellt: eine dichte Menschenmenge bestehend aus bewaffneten Kriegern und schwarzgekleideten Frauen, welche Verwünschungen ausriefen, und wie die Furien mit zerzaustem Haar Fackeln schwangen. An beiden Seiten standen die Druiden und riefen mit zum Himmel emporgehobenen Armen Flüche aus, die die Soldaten derart verblüfften, daß sie wie gelähmt verharrten und ihre Körper der Verwundung preisgaben. Doch nachdem sie durch ihren Anführer gerufen wurden und sich selbst wieder Mut gemacht hatten, nicht vor einem Haufen fanatischer Weiber zu zittern, gingen sie mit ihren Schilden voran, zerbrachen allen Widerstand und hüllten den Feind in seinen eigenen Flammen ein. In der Folge wurde eine Garnison bei den Besiegten eingerichtet und ihr heiliger Wald des grausamen Aberglaubens zerstört. Sie hielten es nämlich für glückbringend, ihre Altäre mit dem Blut Gefangener zu ehren und ihre Götter mittels Menschenopfer zu befragen![...]"[30]

Was Paulinus für eine Armee hielt, waren höchstwahrscheinlich die Druiden und ihre Schüler und die Frauen der einen oder anderen. Tacitus liefert uns nicht den geringsten Hinweis auf ein Scharmützel. Es hat wohl gar kein Kampf stattgefunden. Die Römer nahmen eine unverteidigte Insel ein, zweifelsohne, weil keinem Britannier jemals die Idee gekommen wäre, jemand würde es wagen, sie anzugreifen. Die Legionen ergriffen leicht Besitz von ihr, massakrierten die Priester und verwüsteten das Heiligtum.

Während Cäsar uns Einblick in die allgemeinen Strukturen verschafft, beschreibt Tacitus einen sehr spezifischen Aspekt der keltischen Glaubensvorstellungen, ohne sie jedoch zu verstehen. Zu ihrer Verteidigung verfügten die Druiden lediglich über ihre Magie und ihre Flüche. Gegen eine römische Militärmacht, die die Vorschriften einer anderen Religion nicht respektierte, war das zu wenig. In dieser Zauberkraft sieht Tacitus nur ein inszeniertes Schauspiel. Doch handelte es sich hierbei wohl kaum bloß um eine "Tarnung" oder eine einfache Kriegslist. *Quasi haerentibus membris, immobile corpus[...]"* wörtlich: "es war als wären ihre Glieder gelähmt, ihre Körper unbeweglich[...]" Handelt es sich hier um Wirklichkeit oder Stilmittel? Wir können vom römischen Geschichts-schreiber Tacitus kaum annehmen, seine Interpretationen willentlich im Bereich des Wunderbaren oder Irrationalen anzusetzen. Für ihn war das Fremde, das Magische und alles barbarisch Religiöse Grund zum Argwohn. Aber er ist darin nicht so extrem wie Strabo:

"Auf der Insel Irland leben wilde Britannier, Menschen- und Grasfresser. Sie essen sogar ihre eigenen verstorbenen Eltern. Bei hellem Tageslicht vereinigen sie sich mit den Frauen anderer, ja sogar mit ihren eigenen Müttern[...]" (IV, 19).

Doch ist auch sein Text im selben Ton der Verunglimpfung verfaßt, auch wenn Tacitus bereits ein ähnliches Ereignis bekannt war, welches er seinen Lesern in erschreckendster Manier erzählt:

"Im übrigen vermehren die Harier ihre Kraft, durch die sie die eben vorher aufgezählten Stämme übertreffen, trotzig durch eingeborene Wildheit, Kunst und Gelegenheit: schwarz sind ihre Schilde, bemalt die Körper; pechschwarze Nächte wählen sie für die Kämpfe aus und verbreiten Schrecken vor dem Höllenheer allein schon durch Beklemmung und Dunkelheit, wobei keiner der Feinde den neuen und gleichsam höllischen Anblick aushält; denn zuerst werden bei jeder Schlacht die Augen besiegt."[31]

Und während Paulinus Suetonius damit beschäftigt war, die Druiden zu morden, sahen die Bewohner von *Londinium* (London) überall unheilvolle Vorzeichen. Und in der Tat folgt in den *Annalen* des Tacitus sofort darauf der Aufstand der Britannier unter dem Oberbefehl der Königin Boudicca. Dabei handelte es sich um keine kleine Angelegenheit:

"Daß an die 70.000 römische Bürger und Bundesgenossen in den erwähnten Orten umgekommen sind, ist eine Tatsache. Denn die Britannier machten oder verkauften keine Gefangenen, noch trieben sie sonst einen im Krieg üblichen Handel, vielmehr mordeten und hängten, verbrannten und kreuzigten sie in aller Eile, gleich als wüßten sie, daß sie die Todesstrafe zur Vergeltung erleiden würden, jedoch erst nach inzwischen vorweg geübter Rache."[32]

Dionus Cassius ist sogar noch grauenerregender:

"Die entsetzlichste und bestialischste Grausamkeit aber bestand in Folgendem: Sie hängten die vornehmsten und schönsten Frauen nackt auf, schnitten ihnen die Brüste ab und hefteten sie an ihren Mund, so daß es aussah, als verzehrten die Ünglücklichen diese Körperteile; dann spießten die Briten sie an spitzen Pfählen auf, die sie der Länge nach durch den ganzen Körper trieben. Und all diese Schreckenstaten vollführten sie, indem sie zugleich Opfer darbrachten, Schmausereien hielten und ihrem Frevelsinn die Zügel schießen ließen, sowohl an den anderen heiligen Stätten als insbesondere im Hain der Andraste."[33]

Paulinus ermuntert seine Soldaten folgendermaßen:

"[...]dann wäre es für uns doch besser, tapfer kämpfend zu fallen, als in Gefangenschaft aufgepfählt zu werden, die aus unseren Leibern herausgeschnittenen Eingeweide sehen zu müssen, an glühenden Stäben aufgespießt zu werden und in siedendem Wasser gekocht zu sterben, kurz gesagt, Leiden mitzumachen, wie wenn wir unter gesetz- und gottlose Bestien geraten wären."[34]

Die Zerstörung eines spirituellen Zentrums zeugt nie von einem "guten" Verhältnis: Ein Krieg ohne Gefangene voll grausamer Martern ist ein unsühnbarer Krieg... Die Texte sprechen nicht davon, was die römischen Legionen ihrerseits verrichteten, doch sieht all dies sehr nach einem Religionskrieg aus.[35]

Um auf die Beschreibung Tacitus' zurückzukommen, so spricht hier nichts von einer Bewaffnung der Druiden. Sie umgaben lediglich ihre "Truppen." Doch bewaffnet oder nicht, sie riefen wohl kaum zum Frieden auf. Nein, sie befanden sich eher in der Rolle der Krieger. Doch warum konnten sie hier nicht Kraft mit Weisheit verbinden, so wie man es aus der Tatsache schließen könnte, daß sie sowohl in Gallien als auch in Irland vom Kriegsdienst befreit waren? Eine Befreiung kommt jedoch keinem Verbot gleich.

Trotzdem betrifft der wohl interessanteste Teil dieses Berichts die Zuflucht zu Zauberei und Feuer: sicher unwirksame Mittel, über die sich die Römer im nachhinein lustig machten, da sie sie nicht verstanden, auch wenn sie erst davon erschraken, ganz wie es die Druiden gewollt hatten. Aber die Hoffnungen letzterer wurden schnell enttäuscht, was jedoch nichts am Prinzip ändert: eine keltische Armee, die dieselben religiösen Kriterien befolgte wie die Bewohner des Heiligtums, wäre so erfolgreich in die Flucht geschlagen worden.

Denn - und darin liegt der springende Punkt -, sobald es sich um Druiden handelt, geht die Geschichtlichkeit in mythologische oder religiöse Erklärungsversuche über. Hatten sich die Druiden des Heiligtums von Anglesey demselben Gott der Bande verschrieben, der 279 v.Chr. den Kelten mit seinem blitzenden und lähmenden Schrecken Angst gemacht hatte, als sie das Orakel Apollos schändeten?[36] Das Feuer gehört derselben Gottheit an, und mag es auch voreilig sein, diesen Gott mit einem Namen belegen zu wollen, so erlauben uns dennoch die Anzeichen, über die wir hier verfügen, die Grundlage des Verhaltens der bretonischen Druiden zu verstehen. Faktisch als auch mythisch gesehen besaßen sie beide Aspekte der Souveränität: die kriegerische und die magische Oberherrschaft, sowie die der Religion und des Rechts., bzw. gemäß der indischen Vorstellungen, die in die funktionelle Terminologie eingingen, die wir von Georges Dumézil übernehmen, der Aspekt "Varuna" und der Aspekt "Mitra"[37]. *Faces praeferebant*, "Sie trugen Fackeln", schreibt Tacitus. Wozu hätten wohl Fackeln gegen eine gemeine Armee helfen sollen, die mit schweren Truppen im freien Land angriff?

Diese kleine Interpretation der Stelle aus Tacitus hat nur eine bedingte Aufgabe. Sie will lediglich, ausgehend von einer konkreten Grundlage, den Leser die druidische "Atmosphäre" fühlen lassen und zugleich aufzeigen, wie begrenzt der Spielraum der Auslegung historischer Fakten ist. Das Wesen der Informationsquellen wird uns immer daran hindern, die Druiden in einen "ereignishistorischen" Rahmen zu pferchen. Doch ist dies nicht das dringlichste Anliegen, auch wenn es eines Tages vielleicht möglich sein sollte. Es ist wichtiger, sie verstehen zu lernen und begreifen zu können, auf Grund welcher Vorstellungen und welchen Glaubens sie die große Macht besaßen, die ihr alle antiken Autoren einstimmig zusprechen.

Das mythologische Studium ist weder unser Haupt- noch unser ursprüngliches Anliegen, doch müssen wir beim Fehlen geschichtlicher und archäologischer Informationen die Probleme dort anpacken, wo sie uns Anhaltspunkte für eine Untersuchung bieten. Hat sich der Druide in Legende und Mythos geflüchtet, so sind wir gezwungen ihm dorthin zu folgen und, um ihn zu studieren, die Legenden und Mythen zu lesen, die sich um ihn ranken. In der Tat werden wir aufzeigen, daß der irdische Druide sich als Bild des göttlichen Druiden verstand, daß er dieselbe Macht, dieselben Mittel spiritueller Verwirklichung und dieselben Fähigkeiten besitzen wollte, daß er sich als Bild Gottes und die Menschheit als Abbild des Kosmos sah. So werden wir versuchen aufzuzeigen, daß durch Umkehrung der Sachlage der mythische Druide dem geschichtlichen am nächsten kommt, da sich die Rangordnungen und die Aufgabenbereiche in Geschichte und Mythos überschneiden. Die keltische Legende übertrug die Wirklichkeit einer gesellschaftlichen und religiösen Struktur auf den Mythos. Und umgekehrt, welcher Priester besäße nicht das Ideal, dem Gott gleich zu werden, den er verehrt? Daraus folgt, daß nicht die Gesellschaft die Religion bestimmt, sondern vielmehr die Religion die Gesellschaft.

Wenn der Gläubige das akzeptiert, was man ihm bietet und das magisch-religiöse Ritual voll wirksam ist, wenn der Druide in seinen Augen tatsächlich zum Vertreter Gottes und zugleich Verwahrer, Garant und Personifizierung der Tradition wird, verliert der Unterschied zwischen Mythos und Geschichte seine Bedeutung, wenn nicht seinen ganzen Nutzen.[38] So haben wir uns auch nicht über den äußersten Mangel an rein historischen Zeugnissen zu beklagen, unter denen die sehr wirklichkeitsnahe, datierte Beschreibung der Zerstörung des Heiligtums von Anglesey eine Ausnahme darstellt. Auch der Mythos besitzt seine Realität. Ohne uns nun lange darüber auszulassen, inwiefern er die reine Geschichtlichkeit verfälscht, sollten wir ihn lieber als solchen, allein schon seines Aufbaus, seiner Symbolik und seines Inhalts wegen, studieren, da alle diese Elemente auf einer anderen Ebene mit der geschichtlichen Wirklichkeit übereinstimmen.

Wir verfügen dazu über die sehr bedeutsame Informationsquelle der Insellegenden der irischen Texte und zusätzlich über einige gallische Schriften. Diese Handschriften gehen auf die Zeit zwischen dem VIII. und XV. Jahrhundert zurück, doch werden wir diese Daten nicht nachzuweisen haben, denn ihre Sprache ist in allen Fällen älter als die Niederschrift selbst. Oft entdecken die Philologen Spuren von Altirisch in den Manuskripten des XIV. Jahrhunderts oder Hinweise auf eine "Verjüngung" in Erzählungen, die ein Schreiber kopierte, ohne sie zu verstehen. Ein chronologischer Ansatz ist also für die Inselliteratur von wenig Wert, da die ältesten Werke der irischen Literatur christlicher, liturgischer oder hagiographischer (Heiligenlegenden) Natur sind und erst ab dem XII. Jahrhundert begonnen wurde, die bisher mündlich überlieferten Erzählungen schriftlich festzuhalten. Das wirkliche Alter ist also nicht am Zeitpunkt der Verfassung oder Übertragung zu erkennen, sondern liegt im Inhalt und seinem Aufbau. Das Verhältnis zwischen Irland und Gallien ist in dieser Beziehung vergleichbar mit dem Skandinaviens und dem alten Germanien.[39] Auch hier finden wir einerseits die mythischen Texte und Ereignisse, andererseits bildliche Darstellungen und Inschriften, sowie historische Ereignisse oder zeitgenössische Auskünfte überliefert durch indirekte Quellen. Das vorrangige Interesse an der Inselliteratur wird niemals sein, die verlorenen Geheimnisse der gallischen Literatur zu verkörpern, zu enthüllen oder wiederherzustellen, sondern liegt in der Annahme, daß ihr die gleichen Triebfedern und Mechanismen zugrundelagen, daß sie, in einem Wort, denselben Prinzipien folgt.

"Im Grunde genommen stellen die Gaelen, die Britannier und die Gallier drei Zweige desselben Volkes dar. Ihre Sprachen und Sitten ähneln sich stark und überschneiden sich in einigen Bereichen; es handelt sich wahrscheinlich um dieselbe

Religion mit leicht unterschiedlichen Pantheonen. Auch ihre Mythen haben sie gemein, nur daß sie einer anderen Nationalgeschichte Rechnung tragen."[40]

Wir hegen auch keinerlei Zweifel daran, daß sie die gleichen Druiden besaßen, und die irischen Texte, die von den christlichen Schreibern, Erben der Priesterklasse, übertragen wurden, bedürfen sehr sorgfältiger Lektüre, was die Hinweise bezüglich des mythischen und religiösen Gefüges unser Insel- und kontinentalen Vorfahren betrifft.[41] Sie erlauben uns überdies, die von den antiken Autoren nur knapp zusammengefaßten Lehrsätze zu vervollständigen und zu korrigieren. Die schlimmsten Widersinnigkeiten der Keltologie sind gewiß das unendliche Zerstükkeln und das Fehlen jeglicher Einheit. Die Kelten bedurften keiner politischen Einheit, da sie sich wie die Griechen durch ihre religiöse und linguistische Identität eines gemeinsamen Ursprungs bewußt waren. Ein kurzer Satz des Trogus Pompeijus bei Justinius liefert uns dafür eine indirekte Bestätigung:

"Die Gallier Asiens, deren Land so weit von denen Italiens entfernt ist, haben dennoch den gleichen Ursprung und sie besitzen denselben Mut und dieselbe Kampfweise."[42]

Dieses Zeugnis ist nur ein kleinerer Beleg im Vergleich zu all den linguistischen, archäologischen oder religiösen Tatsachen, die diese These unterstreichen. Doch ist es nichtsdestoweniger interessant und aufschlußreich, welche Vorstellung des Keltentums noch bei einem Gallier vorherrschte, der bereits ein guter, lateinischer Schriftsteller geworden war. Trogus Pompeijus erwähnt hier nur gemeinsamen Ursprung und ähnliche Kriegstechniken: In erster Linie wäre sicherlich die Religion als Einheitsfaktor zu bemerken; und die Religion existiert nicht ohne Sprache. Trotzdem darf das Druidentum nur als eine der keltischen Welt eigene Erscheinung verstanden werden: Einerseits gibt es keine nicht-keltischen Druiden, andererseits können wir keine Schlüsse auf Fremdeinflüsse anderer Religionen ziehen.[43]

IV. Bedeutung des Wortes "Druide"

Die älteste Definition dieses Wortes wird uns von Plinius überliefert, bei dem sie auf einer analogischen Etymologie basiert:

" Die Druiden - so nennen sie ihre Magier - halten nichts für heiliger als die Mistel und den Baum, auf dem sie wächst, wenn es nur eine Eiche ist. Sie wählen an sich schon die Eichenhaine und verrichten kein Opfer ohne das Laub dieses Baumes, so daß sie ihren Namen "Druiden" nach einem griechischen Wort (*drys*: "Eiche") erhalten haben könnten."[44]

Diese etymologische These, die auf dem griechischen druz (drus) beruht, erfuhr zahlreiche, gelehrte Bestätigungen.[45] Sie beruht auf der wichtigen Rolle, die

die Eiche in den gallischen Riten spielte, doch ist sie problematisch, was durch das lange Zögern der Linguisten nicht besser wurde. Es soll hier keinesfalls darum gehen, Plinius lächerlich zu machen (viele moderne Forscher kamen zu keinen besseren Schlüssen als er), doch mag es wundernehmen, daß die gesamten wissenschaftlichen Forschungen durch ein altmodisches und überholtes etymologisches Verfahren verzerrt wurden. Auch die manchmal aufgestellte Hypothese, der Name der Druiden könne von einem Spitznamen kommen, den ihnen die Griechen verliehen hätten, folgt aus der Erklärung Plinius' und ermangelt jeglicher Grundlage.[46] Wir erwähnen all dies deshalb, da in dieser Hinsicht nichts vernachlässigt werden sollte, vor allem nicht ein Irrtum, der sich seit über zwanzig Jahrhunderten hinzieht. Im Gegensatz zu Camille Jullian[47] sind wir der Ansicht, daß die Etymologie auf der Suche nach den wahren Hintergründen, besonders in religiösen Angelegenheiten in jedem Fall von großer Bedeutung ist. Die Iren, die im V. Jahrhundert *evangelium* mit *soscéla,* "gute Neuigkeit" übersetzten, hatten sich nicht getäuscht. Würden wir uns mit der jüngsten Bedeutung des Wortes Druide zufriedengeben, so stießen wir auf das neuirische *draoi* "Hexer", das walisische *dryw* "Zaunkönig" und schließlich auf das bretonische *drev* "freudig." Das führt uns zu keinem Ergebnis, da es sich bei den *druides* Cäsars und den *druid* des mythischen Irlands um völlig andere Vorstellungen handelt. Auch die Gleichung *flamen-brahman* ist kein Beweis für die Verwandtschaft der beiden, römischen bzw. vedischen Priesterämter, doch zeugt sie von einem uralten lexikalischen Bezug, der nicht vernachlässigt werden sollte, der aber andererseits auch keine strukturelle Gleichheit bedeuten muß. Allein die Liste indoeuropäischer Übereinstimmungen ist zweifelsohne ein Zeichen.[48] Doch ist die Etymologie des Wortes «Druide», so wie es im keltischen Glaubenssystem gebraucht wird, wesentlich interessanter als ein isolierter Vergleich.

Leider haben wir es beim Keltischen mit einem der wenigen linguistischen Bereiche zu tun, in dem die Forscher - und mehr noch die Amateure - Etymologien studierten oder vorschlugen, ohne eine einzige keltische Sprache zu kennen. Aus diesem beklagenswerten Grund können zwangsläufig auch die besten Beweise nicht als solche verstanden werden.

Im vorliegenden Fall ist es wichtig, darauf zu bestehen, daß der Name der Druiden der keltischen Welt eigen ist und somit auch nur durch keltische Sprachen auf der Grundlage wesentlicher und vergleichender indoeuropäischer Bestandteile erklärt werden kann: die gallische Form *druides* (sing. **Druis*), deren Cäsar sich im *Gallischen Krieg* bedient, geht, wie auch das irische *druid* auf den Prototyp **dru-wid-es* ("die sehr Gelehrten") zurück, die dieselbe Wurzel wie das lateinische *videre* "sehen", das althochdeutsche *witan*, das deutsche *wissen* und das sanskritische *veda.* Es bereitet auch keine Schwierigkeiten eine - abermals dem Keltischen eigene - Homonymie zwischen dem Wort für Wissenschaft und für Holz (*vidu-*) zu entdecken, während es nicht unmittelbar möglich ist, das Wort "Druide" mit der Eiche (gallisch *dervo-*, irisch *daur, dar,* walisisch *derw,* bretonisch *derv*) in Verbindung zu bringen. Es wäre also auch aus etymologischer Sicht unbegründet, den Druiden einen präindoeuropäischen Ursprung zuschreiben zu wollen oder anzunehmen, das Druidentum sei erst in der Epoche entstanden, in der er historisch belegt ist. Ebenso handelt es sich sicher um einen Irrtum, rituelle und intellektuelle Tätigkeit der Druiden auf eine einfache Anbetung der Eiche reduzieren zu wollen, auch wenn dieser Baum einen Bestandteil des druidischen Kultes darstellte: ihre Aufgaben waren ungleich umfangreicher.[49]

Die Frage, die sich uns hier stellt, ist überdies weniger die Etymologie als die Definition der Druiden. Indem wir die Demonstration der wichtigsten, antiken Informanten weiter- und zu Ende führen, werden wir aufzeigen, daß der Name *Druide* sich nicht auf eine besondere Kategorie innerhalb der Priesterklasse bezieht, sondern daß er diese in ihrer Gesamtheit bezeichnet. In diesem Zusammenhang möchten wir unterstreichen, daß das Wort "Druide" trotz des doppelten Bruchs durch Romanisierung und Christianisierung durch die Jahrhunderte hindurch konstant und unverändert bleibt. Es bezeichnet den Priester, der durch eine spirituelle Autorität zu einem solchen berufen wurde, den Verwahrer eines heiligen Wissens, den Minister der Religion und den Hüter der Tradition. In dieser Hinsicht ist er Vermittler zwischen den Göttern und den Menschen, deren Vertreter eine andere bedeutende Persönlichkeit ist; der König.[50]

V. Definitionen und Unterscheidungen: Druiden, Vaten und Barden

Wir stellten eingangs fest, daß Diodor von Sizilien und Strabo von internen Unterteilungen im Priesteramt berichten, während Cäsar, der das unabhängige Gallien persönlich kannte, dieses nur von zwei anderen Gesellschaftsschichten, den *equites* ("Rittern") und der *plebs* ("niederes Volk") unterscheidet.[51]

Wir fühlen uns wesentlich wohler in Irland, wo wir allerlei Hinweise über Aufgabenbereiche und Rangordnung finden, auch wenn die meisten dieser Informationen einen bestimmten Zweig der Priesterklasse betreffen, und zwar die *Filid* oder "Poeten", da den Barden ein niedrigerer Rang zukommt. Alles klärt sich, wenn wir diese Abweichung verstanden haben.[52]

Wir möchten mit einem Text beginnen, in dem die hauptsächlichen in Irland bekannten Aufgabenbereiche aufgezählt werden. Es handelt sich um eine Stelle in der großen mythologischen Erzählung des *Cath Maighe Tuireadh* oder "Die Schlacht von Mag Tured", in der die Ankunft des Gottes Lug in Tara geschildert wird. Nur diejenigen, die eine geistige oder handwerkliche Kunst verstehen, sind zugelassen. Da schon alle Künste vertreten sind, gelangt Lug nur in die Stadt, da er sie alle selbst beherrscht. Die Aufzählung ist bemerkenswert:

"[...] Damals gab es in Tara zwei Pförtner. Gamal, der Sohn Figals und Camall, der Sohn Riagalls. Einer der beiden war auf seinem Posten, als er eine außerordentliche Truppe auf sich zukommen sah, vor der ein junger, schöner Krieger ging, der lieblich anzusehen war und die Rüstung eines Königs trug.

Er sagte dem Wächter, er solle seine Ankunft in der Stadt melden. Der Pförtner antwortete: "Wer bist du?"

"Es ist Lug Lonnansclech, Sohn des Cian, Sohn des Diancecht und der Eithne, der Tochter Balors. Er ist Adoptivsohn der Tallan, der Tochter Magmors, des spanischen Königs und von Eochaid dem Rauhen, dem Sohn Duachs."

Der Pförtner fragte Samildanach: "Welche Kunst übst du aus? Denn niemand kommt nach Tara, ohne eine Kunst zu verstehen."

"Befrage mich", sprach jener, "ich bin Zimmermann." Der Pförtner antwortete: "Daran haben wir keinen Bedarf. Wir haben bereits einen Zimmermann, Luchtai, den Sohn Luachaids."

Er erwiderte: "Befrage mich, o Pförtner, ich bin Schmied." Der Pförtner antwortete: "Wir haben bereits einen Schmied, Colum Cualeinech, der drei neue Verfahren kennt."

Er sprach: "Befrage mich, ich bin Kampfessieger." Der Pförtner antwortete: "Wir brauchen dich nicht. Wir haben bereits einen Kampfessieger, Ogme, den Sohn Eithlius."

Er sagte erneut: "Befrage mich, ich bin Harfenist." Der Pförtner antwortete: "Wir brauchen dich nicht. Wir haben bereits einen Harfenisten, Abhcan, den Sohn des Bicelmos, den die Menschen der drei Götter im side gewählt haben."

Er erwiderte: "Befrage mich, ich bin ein Held." Der Pförtner antwortete: "Wir brauchen dich nicht. Wir haben bereits einen Helden, Bresal Echarlam, den Sohn des Eochaid Baethlam."

Also sprach er: "Befrage mich, o Pförtner, ich bin Dichter und Geschichtsschreiber." Der Pförtner antwortete: "Wir brauchen dich nicht. Wir haben bereits einen Dichter und Geschichtsschreiber, En, den Sohn Ethamans."

Er erwiderte: "Befrage mich, ich bin Hexer." Der Pförtner antwortete: "Wir brauchen dich nicht. Wir haben bereits Hexer: zahlreich sind die Weisen und die Menschen, die über besondere Kräfte verfügen."

Er sagte: "Befrage mich, ich bin Arzt." Der Pförtner antwortete: "Wir brauchen dich nicht. Wir haben bereits den Arzt Dianecht."

Er erwiderte: "Befrage mich, ich bin Mundschenk." Der Pförtner antwortete: "Wir brauchen dich nicht. Wir haben bereits Mundschenke, Delt, Drucht und Daithe, Tae, Talom und Trog, Glei, Glan und Glesi."

Er erwiderte: "Befrage mich, ich bin ein guter Handwerker." Der Pförtner antwortete: Wir brauchen dich nicht. Wir haben bereits einen Handwerker, Credne Cerd."

Nun sprach er abermals: "Frage den König, ob er einen einzigen Mann hat, der alle diese Künste beherrscht, und ich will nicht in Tara einziehen, sollte das der Fall sein."[53]

Doch da keiner all diese Künste zugleich versteht, betritt Lug Tara, und nachdem er zwei weitere Proben bestanden hat (das Schach, bei dem er alle Partien gewinnt, und die Harfe auf der er die drei verschiedenen Arten spielt, Traurigkeit, Schlaf und Lächeln), nimmt er auf dem Sitz der Weisen Platz, während König Nuada dreizehn Tage vor ihm stehen muß. Durch diese Aufzählung sehen wir trotz des Durcheinanders und einiger Lücken, daß die Iren zahlreiche "Künstler" kannten, die folgendermaßen in den indoeuropäischen Aufgabenkanon unterteilt werden:

- **Handwerker** für Holz- und Metallarbeiten:
  - Bronzeschmied
  - Zimmermann
  - Schmied
- **Krieger** mit fast synonymen Bezeichnungen:
  - Held
  - Kampfessieger
- **Druiden** in der allgemeinen Bedeutung der Mitglieder der Priesterklasse:
  - Harfenist
  - Poet
  - Geschichtsschreiber
  - Hexer (Satirist)
  - Arzt
  - Mundschenk

Diese Liste der priesterlichen Aufgaben ist jedoch unvollständig: es fehlen hier drei grundlegende Spezialisierungen: der Erzähler, der Richter, und der Wahrsager. Auch der Pförtner fehlt, der in allen Erzählungen eine respektierte Person ist. Andererseits trifft die überlieferte Übersetzung "Hexer" für den *corrguinech* ("verletzende Spitze") kaum zu, der vielmehr einen satirischen Dichter darstellt. Doch ist das nebensächlich, solange es die Liste gibt. Lug verkörpert also die Fähigkeiten und Aufgaben der drei Klassen, wobei die der Priester sicher die breitgefächertste ist. Lug ist also zugleich, wie könnte man es anders erwarten, Druide, Krieger und Handwerker. Doch ist es auch klar, daß er eher die Rolle des Druiden und Kriegers als die des Handwerkers erfüllt.[54]

VI. Die dreigeteilte Ideologie Irlands und Galliens

Die keltischen Wurzeln stimmen so mit den "drei sozialen und kosmischen Aufgabenbereichen" überein, die Georges Dumézil nach dem vedischen Archetypus definierte:

- Die *Brahmanen* oder Priester studieren und lehren die heiligen Wissenschaften und vollziehen die Opfer; das ist der priesterliche Aspekt der Souveränität.

- Die *kshatriya* (oder *rajanya*) oder Krieger beschützen das Volk durch ihre Kraft und ihre Waffen. Sie repräsentieren den kriegerischen Aspekt der Souveränität.

- Den *vaishaya* kommen Viehzucht, Ackerbau, Handel und in allgemeiner Hinsicht die Herstellung der materiellen Güter zu. Ihre einzige Aufgabe ist der Unterhalt der beiden anderen Klassen, die diese wiederum beim Genuß der Frucht ihrer Arbeit ehren.[55]

Den indischen *brahmanes* entsprechen die *druides* in Gallien und Irland: den *kashatriya* die *equites* bei Cäsar und die irische *flaith;* den *vaisha* die *plebs* Cäsars (der Handwerker und Sklaven verwechselte), die *bo-aire* (Viehbesitzer) und Handwerker Irlands, unter die hauptsächlich Schmied und Zimmermann fallen. Diese Klassenverhältnisse sind weder starr noch absolut, da die Kelten ungleich dem undurchlässigen und verhärteten Kastensystem Indiens, ihre Klassen anpassungsfähig aber klar abgegrenzt hielten:[56]

KLASSE	AUFGABE	INDIEN	GALLIEN	IRLAND
erste	Priester	**brahmane**	***druis**	**drui**
zweite	Krieg	**kshatriya**	**equites**	**flaith**
dritte	Produktion,	**vaishya**	**plebs**	**goba** (Schmied)
	Friede,			**cerd** (Bronzeschm.)
	Reichtum			**saer** (Zimmermann)

Die Überprüfung der Verteilung der Aufgabenbereiche wird später im *Cath Maighe Tuireadh* geschehen, wenn die Druiden Irlands vorgeladen und gefragt werden, was sie zum Kampf gegen die verbrecherischen Truppen der Fomoire beitragen könnten. Der Gott Lug stellt die Fragen und die Interessenten antworten als Meister der Elemente:

- Der Hexer *(corrguinech)* verspricht, die Berge Irlands auf die Fomoire zu schleudern “so gut, daß die Gipfel am Boden rollen werden.”

- Der Mundschenk verspricht, alle Seen und Flüsse so gut vor den Fomoire zu verstecken, daß sie nichts mehr zu trinken finden würden.

- Der Druide verspricht, drei Feuerhagel über die Fomoire zu werfen und außerdem den Harn in ihren Körpern und in denen ihrer Pferde erstarren zu lassen.

- Der “Gottdruide”, der Dagda, endet schließlich, daß er allein über alle diese Fähigkeiten verfüge.[57]

Nach den Vorzügen der Druiden überprüft Lug auch die der Krieger (und Kriegsgöttinnen) und der Handwerker. Jedes Mal ist die Antwort klar und die Zuteilung des Aufgabenbereichs ebenso eindeutig wie die ihr zugrundeliegende Hierarchie: Lug selbst deckt die Fähigkeiten aller drei Klassen ab, während der Dagda, Druide und Krieger, über die gesamten Fähigkeiten der Priesterklasse verfügt.

Außer der Unterteilung in Druide, Vate und Barde besitzen wir keine näheren Informationen über die Spezialgebiete der kontinentalen Druiden. Doch verfügen wir über eine Spur im Namen *gutuater,* über den wir einige schriftliche und epigraphische Hinweise besitzen. Hirtius, der die *Kommentare* Cäsars zum letzten Jahr des gallischen Krieges fertigstellte, liefert uns als erster, was er für einen Eigennamen hält:

“Als er zu den Karnuten kam, deren Stamm, wie Cäsar im vorigen Buch berichtet, zuerst losgeschlagen hatte, und merkte, daß gerade sie wegen ihres schlechten Gewissens Angst hatten, verlangte er, um dem Stamm möglichst bald seine Furcht zu nehmen, den Urheber jenes Verbrechens und Anstifter zum Krieg, Gutuater, zur Bestrafung. Zwar verließ sich dieser nicht einmal auf seine Mitbürger, wurde jedoch unter Mitwirkung aller rasch entdeckt und ins Lager gebracht. Cäsar sah sich zu dessen Hinrichtung gegen seine Natur durch einen riesigen Auflauf von Soldaten gezwungen, die dem Gutuater an allen Gefahren und Verlusten dieses Feldzuges die Schuld gaben, so daß er totgepeitscht und enthauptet wurde.”[58]

Die Etymologie von *gutuater (cotuatus)* führt uns zum keltischen *gutu-* “Stimme” (irisch *guth),* welches d’Arbois de Jubainville bereits erkannt hatte. Doch im Gegensatz zu d’Arbois sehen wir darin keine Bezeichnung für die Priester, die den Druiden vorausgingen und deren Beziehungen zu den Kelten abstrus und unklar seien.[59] Es handelt sich hierbei um eine sehr eindeutige Spezialisierung: Der *gutuater* ist der “Druide, der spricht”, was sehr wahrscheinlich in Bezug zu seiner Rolle als Anrufer steht, ganz ähnlich dem irischen *cainte,* dem Druide, der die Satire “singt”. Auch wenn *Gutuater* ein Eigenname sein sollte, der in der von Hirtius beschriebenen Begebenheit von Bedeutung war (was nicht so unwahrscheinlich ist), so stellt dies unsere These nicht in Abrede. Im Gegenteil, der mythische Druide von Ulster, *Sencha,* trägt ebenfalls den Namen seiner Aufgabe ("Historiker"), so wie auch die *Velleda* der Brukteren, die bei Tacitus erwähnt wird.[60] In den galloromanischen Inschriften, in denen man vier Mal auf den *gutuater* stieß, wurde er einmal als Eigenname[61] und dreimal als Gattungsname[62] verwendet, darunter einmal in der Form des *gutuater Martis*[63]. Bei Letzterem handelt es sich um einen priesterlichen Würdenträger, der eine kriegerische Funktion innehat.[64] So verfügen wir also über mindestens einen Hinweis, daß die gallische Priesterklasse über ebenso komplexe Fachbereiche verfügte wie die irische.

Doch heißt dies nicht, daß die "Fachdruiden" außer in Oberbegriffen in Irland und in Gallien die selben Namen trugen. D'Arbois de Jubainville hat abwegigerweise angemerkt, daß Cäsar, "der sich so bereitwillig über die Druiden ausläßt, kein Wort über die *File* anmerkt."[65] Das hieße vergessen, daß es sich dabei um ein irisches und kein gallisches Wort handelt und daß der Begriff, den es versinnbildlicht auf dem Kontinent anders übersetzt wurde. So schreibt Ellien z.B. bezüglich der Cisalpiner,

"Von allen Menschen, kenne ich keine, die die Gefahr mehr liebten als die Kelten. Ihre Lieder besingen die unter ihnen, die einen schönen Tod im Krieg fanden."[66]

Es ist eindeutig, daß es sich dabei nur um Barden handeln kann.

Mögen die Iren uns hinsichtlich Galliens auch zur inneren Unterscheidung behilflich sein, so haben sie doch die Ausgangslage verformt und den Barden seiner Würde beraubt : *bard, dano, cin dliged foluime acht intleacht fadeisein* - "Der Barde ist zu keinem Studium verpflichtet und besitzt nichts außer seiner eigenen Intelligenz", lesen wir in der Rechtsabhandlung von *Crith Gablach.*[67] Ursprünglich war der Barde - und in Wales blieb er es - ein Hofdichter, der Lob oder Tadel verteilte, ohne sich der Schrift zu bedienen. In Irland wurde er vom *File* verdrängt, der, etymologisch gesehen, ein Hellseher war. Die Aufgabe des Hellsehers war die Wahrsagerei, und keine andere als diese war anfänglich dem *Filid* zugeteilt. Doch ist der Brauch der Inkantation (Beschwörung durch ein Zauberlied) und der mündlich überlieferten und gesungenen Satire, die in Irland Brauch sind, äußerlich nur schwer von der eigentlichen Poesie zu unterscheiden. Die irischen *Filid*, die also durch die Satire Zugang zur Zauberei und zur Schrift hatten, konnten sich dadurch zum Christentum bekehren und so die Barden verdrängen, was schließlich auch erklärt, warum in den Texten sehr häufig von *Filid*, etwas seltener von Druiden und kaum von Barden die Rede ist. Das irische *File* bekam die Bedeutung des Dichters erst seit der Christianisierung und der Barde verlor an Würde, da er nicht schreiben konnte.[68]

Doch gehen die komplizierten Verschlüsselungen der irischen Metrik noch auf die Zeit zurück in der die Barden der Priesterklasse angehörten. Die zwei Klassen der Barden (*Soerbaird* "freie Barden" und *Doerbaird* "unfreie Barden"), die wiederum in acht Grade unterteilt sind, decken sich ungefähr mit den sieben Qualifikationsgraden des *File*. Im Gegensatz zu den der *Filid* waren die Preise für die Gedichte der Barden nicht gesetzlich festgelegt: die Bezahlung hing von der Kunst des Autors und der Großzügigkeit des Zuhörers ab. Doch gibt es zahlreiche Gattungen und Versmaße, die den Barden oder bestimmten Barden vorbehalten waren, und wieder andere, derer sich nur die *Filid* bedienen durften.[69] Hatten die gallischen Barden ein beneidenswerteres Schicksal, da ihre Klasse offiziell das ganze Mittelalter an den Prinzenhöfen vertreten war, so ist dies zweifelsohne auf die frühe Christianisierung und die daraus folgende Auflösung der traditionellen Aufgabenbereiche zurückzuführen. Doch entledigte sie das Christentum durch diese Rollenfestlegung zugleich jeglichen religiösen Einflusses und hinderte sie daran, alles, was über Erinnerungen hinausging, zu überliefern. Sie behielten ihre Sprache, die Techniken ihrer Poetik und eine vereinfachte Rangordnung, so daß ihr Fall schließlich dem der *Filid* ähnelte, die zwar weissagten, sich jedoch aller Opfer zu enthalten hatten, und auf diese Weise in der Zeit nach dem heiligen Patrick als Christen galten, die über jeden Verdacht erhaben waren. Wir wollen nur zum Andenken an die Barden von Cornwall und Britannien erinnern, deren Abstieg spätestens im XV. Jahrhundert besiegelt war.

Am Ende dieses Kapitels werden wir in vier Tabellen schematisch die Erneuerungen (und Veränderungen) der kontinentalen (Gallien) und inselkeltischen (Irland, Wales, Cornwall und Britannien) Priesterklasse darstellen: Die erste bezieht sich auf die Druiden im allgemeinen, die zweite auf die Wahrsager (Vaten und *Filid*), die dritte auf die Barden; die vierte rekapituliert Spezialisierungen, die in Gallien unklar, in Irland jedoch gut bekannt sind. In beiden Ländern stimmt jedoch vor allem der Name und Aufgabenbereich des Vaten oder "Wahrsagers" überein, der in Gallien *vatis*, in Irland *faith* hieß, und dessen Wortstamm auf die indo-europäische Wurzel **uat-* "inspiriert, besessen sein" zurückgeht, die sich auch im germanischen *Wotan/Odin* und der deutschen *Wut* wiederfinden. Im Walisischen bezeichnet dieser Name zwar nicht mehr die ursprüngliche Aufgabe, doch bleibt das Wort *gwawd* mit den Bedeutungen "Gesang, Lobpreisung, Grabrede, Gedicht" nach wie vor im gleichen Bereich.[70] Hier besteht weder ein etymologischer, noch ein symbolischer oder hermeneutischer Bezug zum Wort für Wald (*vidu-*) welcher die "Stütze" des druidischen Wissens darstellt.

Es sollte an dieser Stelle angemerkt werden, daß die Genauigkeit der traditionellen Tatsachen oft durch die bedeutenden Veränderungen litt, die die Christianisierung im Wortschatz verursachte, und überdeckt wurde von einer bestimmten terminologischen Verwirrung: Die Worte *drui, banfile, faith*, denen wir oft begegnen ersetzen sich häufig gegenseitig, besonders wenn es sich um Frauen handelt, die ohne große Unterscheidung *bandrui, banfile* oder *banfaith* genannt werden.

Dennoch besteht kein Zweifel daran, daß die Frauen lediglich Zugang zur Wahrsagerei, mit oder ohne magischem Hintergrund hatten, und vorerst muß der Hinweis genügen, daß die meisten Fachbereiche den *Filid* zukommen, ohne daß wir dabei auf "predigende Druiden" oder "Opferer" stießen. Es scheint vielmehr, daß aus den eben dargelegten Gründen der Name des Fachbereiches durch eine allgemeinere Bezeichnung ersetzt wurde. Es sei also noch einmal erwähnt, daß jedes Mitglied der Priesterklasse "Druide" ist, egal auf welche Bereiche er sich festgelegt und welche Aufgaben er zu erfüllen hat.

D'Arbois de Jubainville irrte sich also abermals, wenn er annahm, daß die irische Priesterklasse wie in Gallien nur aus den drei Teilen Druiden, *Filid* und Barden bestand.[71] In Irland wie auch in Gallien deckt das Wort "Druide" alle spirituellen, intellektuellen und technischen Fähigkeiten in den Bereichen der Theologie, des Rituals und der praktischen Anwendung der religiösen Vorschriften ab. Es ist auch durchaus möglich, daß es in Irland Fachbereiche gab, die uns heute unbekannt sind, da ihr Name mit ihrer Aufgabe verschwand und nicht in den Erzählungen erwähnt wurde. Doch wissen wir genug, um nicht völlig im Dunkeln zu tappen. Den modernen Klassifikationsirrtümern liegen meist die antiken Autoren zugrunde. Ihre Widersprüche sind zu offensichtlich. Worin sie jedoch alle übereinstimmen, ist die Universalität des Priesteramtes.

Bevor wir diese Betrachtungen abschließen, ist es noch bedeutsam, auf die Hinweise betreffend weiblicher Druiden einzugehen, die in Irland zahlreich, in Gallien mangels der Dokumente spärlich sind. Der romantische Traum der "Druidinnen" gehört leider mit Sicherheit in den Bereich der Täuschung und Illusion. Wir verfügen über keine seriösen Hinweise auf ein weibliches Priesteramt, schon gar nicht bei Cäsar, der sicher angemerkt hätte, wenn es im unabhängigen Gallien Kollegien für Druidinnen gegeben hätte. Die erste Druidin, von der die Geschichte berichtet, ist diejenige, die ziemlich spät, und zwar im dritten Jahrhundert unserer Zeitrechnung, Diokletian das Kaiserreich prophezeite, wenn er einen Eber tötete. In der Tat regierte jener von 284 bis 305 nachdem er mit eigener Hand den Gerichtspräfekten Aper ("Wildschwein") getötet hatte:

"Diokletian, du bist nur ein Geizhals; sogar beim Sparen darf man nicht übermäßig sein." Diokletian antwortete ihr: "Ich werde größere Dinge vollbringen, wenn ich einmal Kaiser bin." "Spaße nicht, denn du wirst Kaiser sein, wenn du ein Wildschwein getötet hast."[72]

Von ähnlicher Natur ist die Anekdote, die von Lampridus überliefert wird und laut der eine Druidin im Jahre 235 den nahen Tod des Kaisers Alexander Severus voraussagte:

"Eine Druidin auf seinem Wege rief ihm auf gallisch zu: geh nur, doch hoffe nicht auf Sieg und vertraue deinen Soldaten nicht."[73]

Auch zur Zeit des Aurelius waren die Druidinnen laut einer Anekdote, die Diokletian in den Mund gelegt wurde, kaum besser:

"(Diokletian) sagte, daß Aurelius tatsächlich gallische Druidinnen aufgesucht hatte, um zu wissen, ob die Herrschaft über das Reich bei seinen Nachkommen bliebe. Er sagt, sie hätten geantwortet: "Es wird keinen erlauchteren Namen im ganzen Reiche geben als den der Nachkommen des Claudius." Und es ist wahr, daß der gegenwärtige Herrscher Konstantin aus eben jenem Geschlecht stammt und ich glaube, daß seinen Nachkommen der Ruhm zukommen wird, der ihnen von den Druidinnen vorausgesagt wurde."[74]

Die gallische "Druidin" des dritten nachchristlichen Jahrhunderts hat allen Grund, unser Mißtrauen zu erwecken. Die Druidinnen des Diokletian hielten sich in einer Herberge auf und sie waren wohl eher Kartenlegerinnen oder Wahrsagerinnen als Priesterinnen. Sicherlich, es ist nie die Rede davon - auch nicht zwischen den Zeilen- , daß sie sich hätten bezahlen lassen, doch kann man aus der Fähigkeit der - auch exakten - Weissagung noch lange nicht die Ausübung eines Priesteramtes schließen. Es ist also sehr unwahrscheinlich, daß es sich dabei tatsächlich um eine Erbin der authentischen Druiden handelte. Was die Druidinnen der bretonischen Sein-Insel betrifft, von denen so oft die Rede ist, werden wir später aufzeigen, daß es sich nur um mythische Gestalten handelt.

In Irland ist die Sachlage aber völlig anders. Die keltische Gesellschaft behielt der Frau immer schon einen ehrenhaften Platz vor, und in den besten Stücken der irschen Mythen- und Epenzyklen, da wo der heidnische Geschmack am stärksten zur Geltung kommt, sind Dichterinnen und Druidinnen, jedoch nur in ihrer Funktion als Seherinnen, beliebte Figuren. Das kann in einem Land, in dem Grundstücksbesitzerinnen bis zum VII. Jahrhundert wehrpflichtig waren, nicht wundernehmen.[75] Wir konnten jedoch keinerlei Hinweise auf "Druidinnen" finden, die Opfer vollzogen, auch nur das kleinste Ritual vollzogen hätten, mit dem Unterricht beauftragt gewesen wären oder gar dem König beistanden.[76] Damit wäre diese Frage erledigt.

Dank der Dokumente, über die wir auf beiden Seiten des Ärmelkanals verfügen, abgesehen von willkürlichen Rekonstruktionen, die zu zahlreich sind, um hier behandelt zu werden, wissen wir heute ziemlich genau, was der Begriff "Druide" im keltischen Altertum bedeutete.

DRUIDE

BENENNUNG	AUFGABE	ABWEICHUNG
Gallien: ***druis** (Cäsar), **druida** (spätere Autoren)	Oberbegriff für die gesamte Priesterklasse	
Philosophen (Diodor von Sizilien)	Studium aller Wissenschaften der Menschen und Götter: Theologie, Astronomie, Physiologie, usw.	
Theologen (Strabo)	Recht, Unterricht, Satire, Weissagung, Wahrsagerei, Zauberei,	
Irland: **drui**	Krieg, Kult und Opfer	Nach der Christianisierung: Hexerei und niedere Magie
Wales: **derwydd** Cornwall:***drewyth** Bretagne: **drouiz**		Spätere Begriffe ohne traditionellen oder religiösen Wert

VATE

BENENNUNG	AUFGABE	ABWEICHUNG
Irland: **File**	Satire, Zaubergesang, Weissagung, Recht, gesprochene und geschriebene Magie, Medizin, Unterricht, Musik, Krieg	offizielle, schriftliche, gesprochene oder gesungene Dichtung (durch Übernahme des Aufgabenbereichs der Barden)
Gallien: **vatis** **euphages** (Timagenes) ouateiz (Strabo) mauteiz (Diodor)	Wahrsagerei, Weissagung, Opfer	
Irland: **faith** Wales: **gwawd**		Gesang, Lobpreisung, Dichtung, Satire, funktioneller Begriff, ohne religiöse Bedeutung

BARDE

BENENNUNG	AUFGABE	ABWEICHUNG
Gallien: **bardos** **Dichter** (Diodor)	offizielle, schriftlose Dichtung (Lob und Tadel), Musik	
Irland: **bard**		frühzeitiger Abstieg durch Christianisierung
Wales: **bardd**	Dichtung, Gesang, Musik	
Cornwall: **barth**		Worte ohne religiöse Bedeutung (Mimiker, Gaukler)
Bretagne: **barzh**		

SPEZIALISIERUNGEN DER IRISCHEN PRIESTERKLASSE

KATEGORIE	NAME	AUFGABE
DRUIDE	**drui** (allgemeine Bezeichnung für alle Mitglieder der Priesterklasse ausgenommen der Barden)	alle bekannten Aufgaben: Religion, Krieg, Recht, Unterricht, Dichtung, Satire, Weissagung, Wahrsagerei, Opfer
FILE	**sencha**	Historiker, Antiquar, Stammbaumforscher, Lobredner, Professor, Architekt
	brithem	Richter, Jurist, Gesetzgeber, Schiedsrichter, Botschafter
	scelaige	Erzähler
	cainte	Satiriker
	liaig	Arzt, Chirurg (der Pflanzen-, Zauber- und die *blutende* Medizin anwandte)
	dorsaide	Pförtner
	cruitire	Harfenist
	deogbaire	Mundschenk
WAHRSAGER SEHERIN	**faith** **banfaith** (Wahrsagerin) **banfile** (Dichterin)	**Spezialist/-in der** Wahrsagerei (einzige den Frauen zugängliche Priesterfunktion

Anmerkungen zum ersten Kapitel

1 1. Auflage: Reihe *Mythes et Religions, n°.41*, PUF, Paris, 1961, 156 S.; 2. Auflage: *Celticum* 14, in: *Ogham - Tradition Celtique,* 1978, 424 S.; 3. Auflage: *ibid.,* 1982, 428 S. Das Werk erhielt 1980 den Amic-Preis aus der Reihe der Montyon-Preise der Academie Française.

2 Die verschiedenen Richtigstellungen wurden in einem wichtigen Kapitel zum Druidentum in unserem Werk *Introduction générale à l'étude de la Tradition celtique,* 2., überarb. und erw. Aufl.., *Celticum 28,* Rennes, 1986, zusammengefaßt. Doch auch die vorhergehenden Kritiken besitzen nach wie vor ihre Gültigkeit: Françoise Le Roux, *Notes d'Histoire des Religions XX, 53. Nouvelles recherches sur les druides; 54. La place des bardes dans la classe sacerdotale et dans la société celtique; 55. Brigite et Minerve: l'origine grecque de la transmission insulaire,* in Ogham 22-25, 1970-1973, S. 209-234; Christian Guyonvarc'h, *Notes d'etymologie et de lexicographie gauloises et celtiques XXIII, 166. Un terme du vocabulaire religieux antique et sa déchéance moderne: le nom du "barde" dans les langues celtiques,* Ogham, loc.cit., S. 271-283.

3 Siehe zu diesem Thema Françoise Le Roux, *Keltische Religion und Religionswissenschaft,* in *Kairos,* 1965/4, S. 267-280. In diesem Artikel wurden die ersten methodologischen Fehler bezüglich der Studien der Religion der Kelten analysiert.

4 Siehe dazu die Einleitung unserer *Introduction générale, op.cit.*

5 Wir verweisen hierzu auf die detaillierte Kritik der gebräuchlichsten und neuesten Werken, Françoise Le Roux, *Notes d'Histoire des Religions XXI. 58. Qu'est-ce que la religion celtique?,* in *Ogham* 35-36, 1983-1984.

6 Edition Alfred Klotz, Teubner, Leipzig, 1952, S. 142-144. Cura Verlag, Wien, 1990. Siehe auch J. Zwicker, *Fontes Historiae Religionis Celticae,* Berlin, 1934, S. 22-24. Cäsar, der von 100 bis 44 v.Chr. lebte, schrieb seinen Bericht des gallischen Krieges im Laufe der Ereignisse. Wir haben es hier dadurch mit einem datierbaren Augenzeugen zu tun, da wir wissen, daß der gallische Krieg in den Jahren 58 bis 52 vor unserer Zeitrechnung geführt wurde.

7 Diodor von Sizilien, *Geschichtsbibliothek*, Wahrmund (ed.), Stuttgart, Krais & Hoffmann, 1866, S. 30-31. Siehe auch Edition C.H. Oldfather, London-Cambridge, 1961, III, S. 176-180. Diodor von Sizilien lebte von 90 bis 20 v. Chr. Er war also ein Zeitgenosse Cäsars, dessen Beschreibungen sich teilweise mit den seinen überschneiden.

8 Strabo, *Geographie*, Karl Kächer, Verlag der Metzlerschen Buchhandlung, 1829-32. Siehe auch: Edition François Lasserre, Les Belles Lettres, Paris, 1966, S. 161; 214-215. Strabo lebte von etwa 63 v. Chr. bis 19 n. Chr. Er schrieb also nach der Eroberung Galliens durch Cäsar, was auch die Vergangenheitsform im Satz bezüglich der Eingriffe der Druiden in die kriegerischen Auseinandersetzungen erklärt.

9 Pomponius Mela, *Geographie des Erdkreises,* Hans Philip (ed.), Voigtländer Verlag, Leipzig, 1912, S. 14. Siehe auch Edition Karl Frick, Teubner, Leipzig, 1880, S. 59-60. Pomponius Mela lebte in der ersten Hälfte des ersten nachchristlichen Jahrhunderts. Auch sein Text ist etwa hundert Jahre nach dem des Hauptzeugen Cäsar anzusetzen, was wahrscheinlich erklärt, warum der militärische Einfluß der Druiden hier keinerlei Erwähnung findet.

10 Lucanus, *Der Bürgerkrieg,* Wilhelm Eklers (ed.), Heimeran Verlag, S. 35. Siehe auch Edition A. Bourgery, Les Belles Lettres, Paris, 1947, I, S.21, oder J. Zwicker, *Fontes Historiae Religionis Celticae,* Berlin, 1934, S. 48. Lucan(us) lebte von 39 bis 65 n. Chr. Er schöpfte die Berichte Cäsars zu literarischen Zwecken aus. Daher ist die Beschreibung auch nicht direkt.

11 Plinius, *Naturkunde*; Roderich König. Wissenschaftliche Buchges. Darmstadt, 1893, S.155-157. Siehe auch J. Zwicker, *Fontes Historiae Religionis Celticae,* Berlin, 1934, S. 54-55. Plinius lebte zwischen 23-79 n.Chr. Auch er liegt zeitlich also etwa ein Jahrhundert nach Cäsar. Doch finden wir in keiner der beiden zitierten Stellen einen allgemeinen Hinweis auf die Priesterklasse. Ersterem war hauptsächlich daran gelegen, ein Ritualverhalten darzustellen, welches nach dem Ende des politischen

Einflusses der Driuden in Gallien durch die Romanisierung anzusetzen war. Eine weitere wichtige Stelle bezüglich der fundamentalen religiösen Bedeutung des Seeigelfossils finden wir im V. Kapitel.

12 Plinius, Naturkunde; Roderich König, Wissenschaftliche Buchges. Darmstadt, 1893, 123-125. Siehe auch Edition Alfred Ernout, Les Belles Lettres, Paris, 1963, S. 27-28.

13 Ammianus Marcellinus, *Römische Geschichte,* Seyfarth (ed.), Akademie Verlag, Berlin, 1968, S. 143-144. Siehe auch Edition V. Gardthausen, Teubner, Leipzig, 1874, S. 68-69, oder J. Zwicker, *Fontes Historiae Religionis Celticae,* Berlin, 1934, S. 107. Ammianus Marcellinus schrieb diese Stelle gegen Ende des IV. Jahrhunderts, etwa um 390 n.Chr. Er übersetzte hier eine Geschichte, die vom griechischen Autor Timagenes im ersten vorchristlichen Jahrhundert verfaßt wurde.

14 *Les Celtes et les langues celtiques,* Paris, 1883, S.46. Der Fehlschluß d'Arbois' findet sich auch heute noch vereinzelt in der Literatur wieder.

15 Es ist so gut wie sicher, daß diese Bezeichnung auf einer falschen Lesart des griechischen Wortes in den Unzialschriften zurückzuführen ist; siehe dazu Jacques Morbeau, *Eubages et vates*, in *Bulletin de la Société Nationale des Antiquaires de France,* 1958, S. 180-190, dessen Analyse jedoch einiger Einschränkungen bedarf.

16 J. Zwicker, *op. cit.*, S. 88-89. Hippolytus lebte ungefähr von 175-250 n.Chr. Die Erwähnung von Berechnungen und Arithmetik könnte darauf hinweisen - und damit wäre dies einer der sehr seltenen Beweise dafür -, daß die gallische Sprache, bzw. allgemeiner noch das antike Keltisch, eine Zahlensymbolik besaß und somit als heilige Sprache galt.

17 J. Zwicker, *op. cit.*, S. 82. Clemens von Alexandrien lebte etwa von 150-215.

18 J. Zwicker, *op. cit.*, S. 82.

19 *De Bello Gallico* (in der Folge "B.G.") VII, 33.

20 *Historia Naturalis* XVI, 249, *op. cit.*

21 *Historia Naturalis* XXIX, 52-53, Edition Alfred Ernout, Les Belles Lettres, Paris.

22 Siehe das Zitat im dritten Kapitel hinsichtlich des Pflanzenkrieges.. Zur genaueren Erklärung der Postumius-Episode verweisen wir auf die Einleitung und das Kapitel 3 zu "Mythos und Geschichte" in unserer *Introduction générale, op. cit.*

23 Siehe dazu die teilweise überholten Bemerkungen von C. Jullian, *Notes gallo-romaines XXIII. Remarques sur la plus ancienne religion gauloise,* in *Revue des Ètudes Anciennes* VI, 1904, S. 256-257 und 260.

24 *Commemoratio Professorum Burdigalensium* IV, 7-9, Edition May Jasinski, Paris, o.J., S.90.

25 *ibid.,* X, 22-30, Edition Jasinski I, S.100

26 Wir verweisen dazu auf das Kapitel "Druidentum" in unserer *Introduction générale, op. cit.,* wo wir die hauptsächlichen Namen der Druiden genauer untersuchten.

27 Die Beziehung Cäsars zu Diviciacus und die Rolle des letzteren in der Politik der Haeduer wurden ausführlich von Françoise Le Roux untersucht: *Notes d'histoire des Religions XX. 53, Nouvelles recherches sur les druides,* in *Ogham* 22-25, 1970-1973, S. 209-220.

28 *De divinatione* I, 40.

29 Trotz allem bleibt das Paar Diviciacus-Dumnorix höchst interessant. Siehe dazu auch Christian-J. Guyonvarc'h, *Notes d'Étymologie et de Lexicographie gauloises et celtiques VII. 23. Gaulois Diviciacus et Dumnorix, "le divin" et "le roi",* in Ogham 12, 1960, S. 312; siehe dazu auch die kurze Notiz *Diviciacus and Dumnorix* in Nora K. Chadwicks Werk *The Druids,* S. 103-111. Es scheint, daß sie sich hierzu bei Camille Jullian inspirieren ließ: *Notes gallo-romaines XI. Le druide Diviac,* in *Revue des ètudes Anciennes* III, 1901, S. 205-210; siehe weiters vom selben Autor *Histoire de la Gaule* II, S. 103- 105. Doch ist es unmöglich einen solchen Schluß bezüglich der Gegnerschaft von Diviciacus und Dumnorix betreffend der Beziehungen zwischen Rom und Haeduern, zu ziehen.

30 *Annales* XIV, 29-30, Erich Haller, *Annalen,* Bilbiothek der Antike, Artemis, 1982, S. 669. Siehe auch Edition Friedrich Haase, Leipzig, 1855, S. 268, oder Zwicker, *op. cit.,* S. 62. C. Jullian, *Notes-gallo-romaines XIV. Remarques sur la plus ancienne religion gauloise,* in *Revue des ètudes*

Anciennes IV, 1902, S. 103-104 zog aus der Geste der Druiden, die während des römischen Angriffs die Arme gen Himel erhoben, obwohl die Götter eigentlich in den Wäldern beheimatet waren, den eigenartigen Schluß, daß diese Geste noch "aus einer Zeit stammte, in der sie sie noch im Himmel ansiedelten: der Glauben ändert sich schneller als das Ritual." Wir glauben nicht, daß die Druiden bezüglich der Örtlichkeit ihrer Götter so engstirnig dachten. Das Heben der Arme muß vielmehr eine gängige Geste des Gebetes oder der Anflehung gewesen sein; vgl. die gallischen Frauen von Gergovie (BG VII, 47) und Bratuspantium (BG II, 13), die sich demütig bittend *passis manibus* ergaben, siehe Françoise Le Roux, *La Mort de Cuchulainn, Commentaire du texte,* in *Ogham* 18, 1966, S. 369-370. Laut Dion Cassius LXII, 6 (J. Zwicker, *op.cit.,* S 82) hebt auch Boudicca die Hände zum Himmel, als sie Andarta, die Kriegsgöttin anruft. Die Erwähnung des heiligen Waldes erinnert auch an den Forst von Marseille, den Cäsar laut Lucanus (siehe unten) zerstören ließ.

31 *Germania* 43, Edition J. Perret, Les Belles Lettres, Paris, 1949, S.97.

32 *Annales* XIV, 33. Erich Haller, *Annalen,* Bilbiothek der Antike, Artemis, 1982, S. 409.

33 Dion Cassius, *Römische Geschichte* LXII, 7., Band V, Otto Veh (ed.), Artemis Verlag, Zürich, 1987, S. 54.

34 *ibid.,* LXII, 11.

35 Auch die Armee des Varus wurde von den Germanen in der Nähe des Heiligtums der Externsteine im heutigen Westfalen vernichtet. Sieha auch Nita de Pierrefeu, *Irminsul et le Livre de Pierre des Externsteine en Westphalie,* in *Ogham* 7, 1955, S. 363-386.

36 Françoise Le Roux, *Taranis, dieu celtique du ciel et de l'orage,* in *Ogham* 10, 1958, S. 30 ff. *Le dieu celtique aux liens, de l'Ogmios de Lucien à l'Ogmios de Dürer,* in *Ogham* 12, 1960, S. 204-234.

37 *Mitra-Varuna, essai sur deux représentations indoeuropéennes de la souveraineté,* Paris, 1948, S. 83-85.

38 Das Keltische verfügt übrigens über kein eigenes lexikalisches Mittel, den Mythos von der Geschichte zu unterscheiden: Im Irischen bezeichnet *scél,* dessen etymologische Wurzel "Neuigkeit" bedeutet, einen "Bericht", unabhängig von seinem Inhalt. *Senchas* bedeutet hingegen genealogisch oder toponymisch gesehen das "Altertum." Siehe die Einleitung zu Christian-J. Guyonvarc'hs *Textes mythologiques irlandais I, Celticum* 11/1, 1980, S. 14*-20*. Siehe auch die lexikalische Definition des Mythos in der Einleitung unserer *Introduction générale, op. cit.*.

39 Vgl. Die Widerlegung der Theorien Eugen Mogks durch Georges Dumézil, *Loki,* Paris, 1948, S. 8 ff. Es ist wohl weniger gefährlich, diese Texte als solches zu akzeptieren, als sich in einer Hyperkritik zu ergehen. Der wichtige Unterschied zwischen Kelten und Germanen ist der, daß etwa 500 Jahre zwischen der Bekehrung Irlands und der Skandinaviens liegen. Trotzdem kann man die skandinavischen Texte kaum authentischer nennen.

40 Françoise Le Roux, *Notes d'histoire des Religions V.9. Introduction à une étude de l'"Apollon" celtique,* in *Ogham* 12, 1960, S.61. Siehe dazu auch eine Bemerkung von P.W. Joyce, *A Social History of Ancient Ireland* I, S. 222: "The druids of Gaul and Ireland were undoubtedly identical as a class, though differing in many particulars, and they were all wizards; but those of Gaul are always called "druids"; and to apply the term "druids" to the one class and "wizards" to the other might lead to a misconception, as if they were essentially different."

41 Hinsichtlich der Druiden ist es von Bedeutung, ihre Klasse nicht mit einer Kaste zu verwechseln, da letzterer Begriff eine hermetische und undurchlässige Gesellschaft und starre Aufgabentrennung wie in Indien bedeuten würde. Nichts dergleichen gab es bei den Kelten. Diese Frage wird ausführlich in der Einleitung im Unterkapitel zur indoeuropäischen und keltischen Dreiteilung in unserer *Introduction générale* behandelt.

42 Justinius XXXVIII, 4, 10.

43 Siehe Julius Pokornys höchst abenteurlichen *Beiträge zur ältesten Geschichte Irlands,* in *Zeitschrift für Celtische Philologie* 12, S. 229.

44 *Historia Naturalis* XVI, 249, *op.cit.*

45 Die letzte Bestätigung, der auch nicht mehr Wert zukommt, als allen anderen, findet sich in J. Vendryes *La religion des Celtes,* in der Sammlung "Mana", Band III, Paris, 1948, S. 291.

46 In dieser Hinsicht muß auch die Meinung des Kommentators Lucanus untersucht werden, der in zwei widersprüchlichen Sätzen einerseits die Etymologie Plinius' übernimmt und die Druiden als "gallische Philosophen" versteht und sie andererseits als Germanen sieht: "Die Druiden ehrten ihre Götter in Wäldern und ohne Tempel. Sie sind eine germanische Nation und auch die Philosophen der Gallier, die nach Bäumen benannt wurden, weil sie tief im Wald hausen." *(Scholies Bernoises de la Pharsalia* I, 451; J. Zwicker, *op.cit,* S.50*)*; Nora Chadwick, *The Druids,* S. 102. Seit der Antike neigte man, ausgehend von einer solch vereinfachten Etymologie, dazu, das Druidentum als philosophisches System zu verstehen, welches die traditionellen oder religiösen Bereiche überschritt (und in dieser Hinsicht gar kein solches System mehr gewesen wäre).

47 *Histoire de la Gaule* II, S. 85-86, Anm.2.

48 D'Arbois de Jubainville, *Les druides et les dieux celtiques à forme d'animaux,* S. 8-9, stellte mehrere Ähnlichkeiten zwischen den Aufgabenbereichen der Druiden und der römischen Priester fest:

1. Den römischen Priestern steht ein *ponifex maximus* voran; die Druiden wählten einen Anführer bei der Versammlung im Karnutenwald.

2. Sie haben die Aufgabe, die Gesetzestexte aufzubewahren und zu interpretieren; die keltischen Druiden sind für die Rechtsprechung verantwortlich.

3. Sie sind für die Erstellung des Kalenders verantwortlich; die Druiden lehren die Astronomie.

Die Übereinstimmungen sind zahlreich genug, um auf gemeinsame Aufgabenbereiche im Priesteramt schließen zu lassen. Bleibt jedoch der wesentliche Unterschied zu unterstreichen, der sich allein daraus ergibt, daß die römischen Priester Mitglieder eines Kollegiums sind, während die keltischen Druiden eine eigene Priesterklasse darstellen. Dem ist hinzuzufügen, daß auch der Begriff des «Anführers» bei einem solchen Vergleich zu präzisieren wäre (vgl. Kapitel II).

49 Bezüglich der Namen der Mitglieder der Priesterklasse verweisen wir auf den Anhang dieses Werks. Eine umfassende Studie zu dieser Frage findet sich auch in Christian-J. Guyonvarc'hs, *Le vocabulaire sacerdotal du celtique,* Rennes, 1986.

50 Diese einheitliche Vorstellung der Priesterklasse zieht zugleich, über die einzelnen Spezialisierungen hinaus, die Einheit der religiösen und traditionellen Konzepte nach sich. Albert Bayet, *La morale des Gaulois,* Paris, 1930, S. 51, versucht das moralische Leben von dem religiösen zu trennen: "Es ist schwer, die Prinzipien der Volksmoral zu erfassen, wenn die philosophischen und juristischen Grundlagen ebenso unbekannt sind wie der Wortschatz: Unser Unwissen geht so weit, daß wir nicht einmal wissen, ob die Gallier ein Wort für den Bereich besaßen, den wir heute Moral, das Gute oder das Böse nennen." Wir haben es hier nicht mit einem wirklichen Problem zu tun, und wenn Albert Bayet die Gesetze Irlands eingesehen hätte, wäre er wahrscheinlich enttäuscht gewesen: keine der keltischen Sprachen besitzt, außer in Lehn- oder Fremdwortform, weder in der Antike noch in der Neuzeit, ein Wort, welches dem Begriff der *philosophia moralis* gleichkommt, welches ursprünglich das Studium der Sitten war, die sich nach dem Guten richteten. Natürlich gibt es in allen keltischen Sprachen die Worte "gut" und "böse", und es ist so gut wie sicher, daß auch das Gallische über einen Spezialwortschatz verfügte, dessen Bedeutung ebenso abstrakt als konkret war (vgl. dazu z. B. das irische *druidecht* - "Wissenschaft, Wissen eines Druiden", *filidecht* - "Wissenschaft, Wissen eines *Filid*"). Doch vollzog sich die Unterscheidung zwischen"gut" und "böse" vielmehr auf der Ebene von "wahr" und "falsch", da die Lüge im mythischen, vorchristlichen Irland (und zweifellos auch in Gallien) dem vollendeten Bösen gleichkam. Siehe dazu auch die langen Empfehlungen und Definitionen des *Audacht Morainn* oder "Testament des Morann" hinsichtlich des *fir flatha* oder "Wahrheit (und Gerechtigkeit) des Herrschers", übersetzt von Christian-J. Guyonvarc'h, *Textes mythologiques irlandais* I/2, S. 117-121.

51 Wir haben bereits oben (siehe Fußnote 10) vom Irrtum Arbois de Jubainvilles gesprochen. Es gibt auch keinen Priester, der nicht der Priesterklasse angehörte.

52 Ein anderer Irrtum Arbois de Jubainvilles lag in der Annahme, daß die Druiden und die irischen *Filid* rivalisierende Zünfte darstellten (*Les Celtes et les langues celtiques,* S. 129). Das Wort "Zunft" ist im Zusammenhang mit den Druiden überdies unangebracht.

53 Edition Whitley Stokes, *The Second Battle of Moytura,* in *Revue Celtique* 12, S. 74-78.

54 Den Beinamen Lugs *Samildanach* mit "Handwerker" oder "vielseitiger Handwerker" zu übersetzen, wie es manchmal der Fall war, ist ein grober Fehler: *Samildanach* bedeutet "mit vielen Künsten" oder "mit vielen Fähigkeiten", ohne dabei den handwerklichen Beruf explizit herauszustreichen.

55 Georges Dumézil, *L'idéologie tripartie des Indo-Européens,* collection Latomus XXXI, Brüssel, 1958, S. 7-8.

56 Siehe dazu die Einleitung unserer *Introduction générale, op.cit.* Das keltische System weist eine äußerste Spezialisierung auf, da jeder Beruf als Anwendung einer besonderen Technik verstanden wird. (Vgl. Georges Dumézil, *L'oubli de l'homme et l'honneur des Dieux,* Skizze 66 *: d'une coupe à quatre, de quatre bols à un,* Paris, 1985, S. 208-210.) In diesem Sinne, der selten wirklich verstanden wurde, trifft die Bezeichnung *aes dana* ("Leute der Kunst") auf Druiden und Handwerker zugleich zu.

57 Christian-J. Guyonvarc'h, *Textes mythologiques irlandais* I/1, S. 51-52.

58 B.G. VIII, 38. Otto Schönberger, *Der gallische Krieg*, Artemis Verlag, S. 467-479.

59 D'Arbois de Jubainville, *Les druides et les dieux celtiques à forme d'animaux*, S. 2.

60 Christian-J. Guyonvarc'h, *Notes d'Étymologie et de Lexicographie gauloises et celtiques IX. 31. A propos de la Velleda des Bructères et du mot irlandais File "poète, voyant",* in *Ogham*, 13, S. 321-325.

61CIL XIII, 1577 am Puy-en-Velay.

62CIL XIII, 11225 und 11226 in Autun, CIL XIII, 2585 in Mâcon.

63 CIL XIII; 11226.

64 Ogme / Ogmios, Gott des Krieges und Meister der Schrift, ist laut Lucien de Samostate zugleich Gott der Redegewantheit, was wir bereits in *La civilisation celtique,* ed. 1982 angemerkt hatten

65 D'Arbois de Jubainville, *Les druides et les dieux celtiques à forme d'animaux*, S. 2.

66 Vermischte Geschichten XII, 22; siehe die Bemerkung Titus-Livius' VI, 26, 11 aus dem Jahre 295 v. Chr. über die Gallier, die als *ovantes moris sui carmina* "nach ihrem Brauche Lieder singend" beschrieben werden.

67 *Ancient Laws of Ireland* IV, S. 360.

68 Zu Ursprung und Bedeutung der Worte *File* und *Barde* siehe die detaillierte Studie von Christian-J. Guyonvarc'h, *Le vocabulaire sacerdotal du celtique, op.cit.*

69 Siehe das Unterkapitel zur indoeuropäischen und keltischen Dreiteilung in der Einleitung unserer *Introduction générale, op.cit.*

70 Siehe dazu abermals *Le vocabulaire sacerdotal du celtique, op. cit. Gwawd* und *bardd* sind die beiden einzigen Worte des priesterlichen Bereiches, die im Walisischen überlebt haben (im Britannischen bleibt lediglich *bardd).* Beim bretonischen *drouiz* handelt es sich um eine neue und wissentliche Transkription des cäsarischen **druis*, während das walisische *derwydd* auf *derw* "die Eiche" basiert. Was das neuwalisische *ofydd,* bretonisch *oviz* "Wahrsager" betrifft, so handelt es sich hierbei um die keltische Form des Namen Ovid ...

71 *Les Celtes et les langues celtiques,* S. 48-49. D'Arbois de Jubainville schreibt dort unter anderem: "Zwischen den Druiden und ihren Mitbrüdern, den Wahrsagern des Diodor, den Vaten Strabos und den Euphagen des Timagenes, ist nur eine schwer erkenntliche Grenze gezogen, die sicherlich häufig an Zwistigkeiten schuld war, wie sie später im Mittelalter zwischen Kirchenrecht und königlichem Recht so oft der Fall waren." Eine solche Hypothese ließe sich höchstens durch unsere mangelnden Kenntnisse bezüglich der gallische Priesterklasse und unsere Unsicherheit - aufgrund der Interpretationsmethode bezüglich der Inseltexte stützen. Doch verfügen wir in keinem einzigen irischen Text über ein Zeugnis eines solchen Vorrangs- oder Zuständigkeitskonflikts. Es genügt in dieser Hinsicht darauf hinweisen, daß es in Irland nie diesen Streit zwischen spiritueller Autorität (Druide) und weltlicher Macht (König) gab.

72 Vopiscus in Numerius XXX, 14,2 ; J. Zwicker, *op. cit.,* S. 96.

73 *Das Leben des Alexander Severus* LX.

74 Vopiscus, *Das Leben Aurelius'* XLIV.

75 Zur Situation der Frau in der keltischen Gesellschaft siehe den wichtigen Artikel Josef Weisweilers, *Die Stellung der Frau bei den Kelten und das Problem des "keltischen Mutterrechts",* in *Zeitschrift für Celtische Philologie* 21, S. 205-279, besonders jedoch die S. 253-255. In allgemeiner Hinsicht ist es unsinnig, diese Frage in der Gegenüberstellung von biblischem (oder anderem) Matriarchat und Patriarchat verstehen zu wollen. Die keltische Gesellschaft folgt treu der unveränderten Regel der indoeuropäischen MonOghamie. Der Rest ist eine Geschichte feiner Unterschiede und besonderer Umstände.

76 In Irland verfügen wir über ein einziges Ausnahmebeispiel einer Richterin. Es handelt sich um die Tochter eines Königs und nicht eines Druiden (was jedoch nebensächlich ist), die jedoch keinerlei Züge einer Druidin besitzt. Es handelt sich dabei um Ailbe, die Tochter des großen Königs Cormac. Siehe dazu im 2. Kapitel unserer *Introduction générale. Spirituelle Autorität und weltliche Macht* das Unterkapitel *Der Druide und der König.*

ZWEITES KAPITEL

DER DRUIDE UND DIE GESELLSCHAFT

Nachdem wir die Druiden, oder besser die große Priesterklasse der Druiden definiert haben, wollen wir ihre Tätigkeit und ihr Leben in der Gesellschaft genauer betrachten. Zuerst interessiert uns der innere Ablauf: Wie hielt sich dieses für alle keltischen Gemeinschaften lebenswichtige Organ im Gleichgewicht, wie sicherte es seinen Bestand? In der Folge untersuchen wir, wie es nach außen hin funktionierte. Welche Aufgaben wurden von den Druiden erwartet? Welche Rolle hatten sie in einer der keltischen Hauptbeschäftigungen, dem Krieg? Welchen Rang nahmen sie neben der höchsten Persönlichkeit, dem König ein?

I. Hierarchie, Rekrutierung und Lehre

Unsere Schwierigkeiten bei der methodischen Einteilung der Aufgabenbereiche der Druiden liegt nicht an mangelnder Information, sondern vor allem an der begrenzten Anwendung und am ungenügenden Verständnis der vorhandenen Quellen. Wir begingen einen schlimmen Fehler, würden wir wie Camille Jullian annehmen, daß die Druiden "aus Gesellschaften bestanden, die mit den politischen konkurrierten."[1] Diese Annahme ist ungenau. Der Druide - wir haben es bereits aufgezeigt und werden es noch an zahlreichen Beispielen sehen können - ist kein Konkurrent der politischen Macht, sondern steht ihr solidarisch gegenüber, berät sie und lebt in Harmonie mit ihr, ja ist ihr sogar insofern überlegen, als daß er die Obergewalt der geistigen über die weltliche Macht verkörpert. Er nimmt den ersten Rang in der offiziellen Hierarchie der gallischen Stadt oder der irischen Provinz ein..[2]

Als erste Antwort auf all die offenen Fragen schlagen wir die großartige, ebenso lebendige als bunte Beschreibung des *File* Ferchertne und des Druiden Cathbad nach der Stowe-Version der *Tain Bo Cualnge* vor. Als ranghohe Persönlichkeiten nehmen beide an der Militärparade der Ulaten teil, die gegen die irische Armee ins Feld ziehen. König Fergus, der beide gut kennt beschreibt sie hier bereitwillig Ailill, dem König von Connaught:

"Da kam noch eine andere Truppe auf die Anhöhe von Slemain Mide", sagte Mac Roth, "harte und tapfere Männer, ein königliches Regiment, welches stolz einherschreitet und außergewöhnlich gekleidet ist; weiß, blau und schwarz zugleich, so daß man einen jeden dieser wackeren Männer aus dieser großen und mächtigen Truppe mit einem König vergleichen könnte. Es ist eine wahre Wohltat für die Augen, ihre Schönheit und ihr Auftreten anzuschauen. Es ist ganz als ob ein jeder der Männer dieses Heeres auf dem Weg zu einer äußerst wichtigen Versammlung wäre. Vor ihnen schreiten drei vornehme und feine Herren. Der erste von ihnen trägt einen goldgesäumten Mantel von tiefstem Blau. Auf seiner Brust hat er eine goldene Nadel auf den Umhang gesteckt und ein Unterrock aus feinster Seide umhüllt seine Haut. Seine Sandalen sind aus Lammleder. Rar sind die Männer in dieser Welt, die ihn an Schönheit übertreffen. Er hat blondes Haar. Er trägt ein glänzendes Schwert mit Elfenbeinknauf und goldgeflochtener Verzierung in seiner rechten Hand. Er schleudert es beim Griff in die Luft, daß es genau auf den Kopf des Mannes in der Mitte zu fallen scheint, den es trifft und doch auch wieder nicht. Er lenkt es noch in der Luft ab, so daß es auf den Kopf des anderen niedergeht und abermals ergreift seine Hand das Schwert und es verletzt weder [...?...] noch Haut der beiden, ja die zwei Männer hatten das ganze Spektakel nicht einmal bemerkt. Da sind auch die zwei jungen Männer mit schönem, dunklen Haar und glänzendem Gesicht. Ihre Mäntel sind rot und grau und sie haben silberne Broschen an ihre Brust gesteckt. Unter ihrer Kleidung haben sie Schwerter mit weißen Knäufen. Sie tragen purpurrote Sandalen. Die Stimme und der Gesang des einen sind so schön wie die Saiten einer Harfe, die lange in den Händen eines Künstlers widerhallen, und das Heer bedarf nicht mehr, als seine Stimme zu hören. Alle Männer dieser Truppe scheinen einem König oder Königsanwärter sowohl durch ihre Haltung als auch durch ihre Kleidung ebenbürtig, so daß man wirklich glauben könnte, es handle sich tatsächlich um Könige. Sie tragen keine Lanzen oder Schwerter in der Hand, denn die sind bei ihren Knappen." "Das sind hochmütige Leute", sagte Ailill, "wer sind sie, o Fergus?" "Das weiß ich wahrlich", sprach Fergus. "Es handelt sich um Künstler der Ulaten, die sich um Ferchertne scharen, und der weiße Mann mit den vielen Spielen, den du eben sahst, ist der Arzt der Ulaten, Ferchertne selbst. Vor seiner Satire weichen Seen und Flüsse und sie steigen an, wenn er seine Loblieder singt. Die zwei anderen, die du sahst, sind der oberste Dichter Aithirne, dem niemand eine Bitte auszuschlagen vermag, und Ailill mit dem Honigmund, der Sohn Carbadhs. Man nennt ihn Honigmund, weil die Worte der Wissenschaft, die er spricht, süß wir Honig sind."

"Da kam noch eine Truppe auf die Anhöhen von Slemain Mide", sprach Mac Roth "und ihr Anblick alleine schon ist erschreckend und hassenswert. Sie haben blaue Mäntel mit bunten Tupfen, grün, purpur, grau, schwarz und weiß. Ein grauweißer königlicher Mann mit großen Augen marschiert vor diesem Heer. Sein zerzaustes Haar ist grau und weiß, sein Mantel blau und purpurfarben. Auf seiner Brust steckt eine blattförmige Goldbrosche an seinem Mantel. Seine Sandalen sind gelb. Ein fremdartiges Schwert hängt über seiner Schulter. An seiner Seite gehen zwei junge Männer mit weißem Gesicht und krausem Haar. Sie tragen grüne Mäntel, purpurne Sandalen und in der Hand die Riemen ihrer braunen Schilde. Ihre Schwerter haben weiße Griffe und sind mit weißer Bronze verziert. Einer der beiden hat ein breites Gesicht, dessen eine Hälfte hell ist. Einer der Diener hebt seinen Blick und beobachtet die Wolken am Himmel. Er liefert der wundersamen

Truppe um ihn die gewünschten Antworten. Sie werfen ihre Zaubersänge gegen die Elemente, und das so gut, daß jene sich untereinander bekämpfen. Sie werden Feuerwolken hinter die Verschanzungen und das Lager der Iren schicken." "Wer ist das da hinten?", fragte Ailill. "Das weiß ich", antwortete Fergus. "Er ist die Quelle des Wissens, der, der den Elementen Befehle erteilt, der in den Himmel aufsteigt, der die Augen blendet und den Fremden durch seine Druidenmacht die Kräfte raubt, es ist Cathba, der Druide und Freund der Druiden von Ulster, die sich um ihn scharen. Was er gibt [...?...], das ist der Richtspruch der Elemente; denen, die es wissen wollen, vertraut er den Ausgang dieser großen Schlacht von Garech und Ilgarech an. Die beiden jungen Männer an seiner Seite sind seine Söhne, Imrinn, Sohn des Cathba, und der mit der hellen Gesichtshälfte ist Genonn Gruadsholus, Sohn des Cathba. Wie dem auch sei, den Iren wird es schwer fallen, den Zaubergesängen der Druiden Widerstand zu leisten."[3]

Diese Beschreibung streicht einige Züge klar heraus:

- Die herausragende Würde von *File* und Druide, die vom Reichtum und der Vielfalt der Kleidung unterstrichen werden. Der königliche Vergleich ist im irischen Mittelalter der höchste Grad der lobenden Steigerung.

- Die kriegerische Ausrüstung ist sorgfältig und prachtvoll beschrieben: Schwerter, Lanzen, Schilde. Im Falle Ferchertnes kommt überdies noch eine Präsentation kriegerischer Geschicklichkeit hinzu (das Schwert in die Luft zu schleudern und wieder aufzufangen, bevor es jemanden verletzen könnte). Das ist eine Eigenschaft, die normalerweise nur Helden wie Cuchulainn oder Conall Cernach zugeschrieben wird.

- Die Macht über die Gewässer bei Ferchertne und über das Feuer im Falle Cathbads, der sich die Fähigkeit der Weissagung und der Satire zugesellen.

- Das Vorhandensein einer Hierarchie, die, nicht im heutigen Sinne einer administrativen oder religiösen Rangordnung, auf spiritueller und intellektueller Überlegenheit beruht. Cathbad ist die "Quelle des Wissens" und aus diesem Grund allein umgeben ihn die Druiden von Ulster und seine beiden Söhne, die ebenfalls Druiden sind.

Weitere Einzelheiten werden sich bei der späteren Analyse noch herauskristallisieren. Vorerst wäre als wichtigster Punkt die Solidarität zwischen Druide und *File* herauszustreichen, welche sich mit demselben Anliegen für dasselbe kriegerische Unterfangen einsetzen. Dadurch findet sich auch einerseits die Solidarität des Druiden mit der Klasse der Krieger, andererseits mit der Provinz, der er dient, bestätigt. Es ist selbstredend, daß der Druide und der *File*, beide im Bereich ihrer Fähigkeiten, ihre Kräfte zugunsten der Kämpfer ihrer Armee einsetzen werden. Es besteht keine Konkurrenz zwischen den Druiden, und vor allem auch nicht zwischen ihnen und der politischen Herrschaftsschicht, der weltlichen Macht.

Es wäre ein weiterer ebenso schlimmer Irrtum, wie d'Arbois de Jubainville anzunehmen, daß die Druiden keine klare Rangordnung besaßen[4], oder daß die Druiden und die irischen *Filid* rivalisierende Körperschaften darstellten[5]. Die Rivalität kommt nur zwischen zwei odere mehreren Würdenträgern des gleichen Ranges zum Zug. Denn es gab natürlich außer den einzelnen Fachgebieten auch bestimmte Grade, Titel und Stufen der Kenntnisse.

Cäsar ist eindeutig, was das Vorhandensein einer gallischen Rangordnung betrifft und seine wenigen Zeilen sind unwiderlegbar:

"An der Spitze aller dieser Druiden aber steht einer, der den größten Einfluß unter ihnen hat. Wenn dieser gestorben ist, rückt entweder derjenige nach, der die übrigen an Ansehen übertrifft, oder es wird, wenn es mehrere gleichwertige gibt, einer in einer Abstimmung der Druiden gewählt; bisweilen kämpfen sie um den Vorrang sogar mit Waffen."[6]

Cäsar hält hier den Hauptpunkt, daß die Druiden nicht alle von gleichem Rang sind, fest, was ihm zu genügen scheint.[7] Doch wie wir gerade bezüglich des Falles des Druiden Cathbads zeigten, handelt es sich bei der Hierarchie um eine durch Vorrang und Überlegenheit bestimmte Rangordnung. Cäsar schrieb *praeest* ("steht voran") und nicht *imperat, auctoritate* ("herrscht durch - moralische oder spirituelle - Autorität"). Die Nuancen sind subtil und genau und sie müssen bei der Übersetzung beachtet werden. Es hat nie einen "Erzdruiden", "Oberdruiden" oder "Chefdruiden" gegeben.

Aus der gleichen Zeit, aus der unser erstes Zeugnis (über das wahre Wesen der Hierarchie) stammt, kommt auch das Beispiel zweier rivalisierenden Druiden, oder besser *Filid* (was jedoch auf das gleiche hinauskommt). Es handelt sich hierbei keineswegs um einen bewaffneten Kampf, sondern um ein höchst gelehrtes und äußerst höfliches Wortgefecht. Doch wird das Prinzip klar, da ein solch akademischer Streit großer Wortgewandtheit, außerordentlicher intellektueller Behendigkeit, enormer Schlagfertigkeit und pausenloser Aufmerksamkeit bedarf, und das gilt auch für den modernen Übersetzer und Leser. Wir haben es mit einem Text aus dem IX. Jahrhundert, dem *Immacallaim in da Tuaraid* oder dem "Gespräch der zwei Weisen" zu tun. Die beiden Gegenspieler bewerben sich um das Amt des Doktors *(ollamh)* der *Filid* von Ulster. Bei dem einen handelt es sich um einen (zurecht) ehrgeizigen, jungen Mann, Nede, den Sohn Adnaes (dem kurz zuvor verstorbenen Titelträger des fraglichen Amtes), beim anderen um einen berühmten Dichter, den älteren Ferchertne. Nachdem sie durch die Klage der Wellen vom Tod ihres Vaters erfahren haben, machen sich Nede und seine drei Brüder eilig auf den Heimweg nach Emain Macha, der Hauptstadt von Ulster:

"So marschierte der junge Mann mit einem silbernen Zweig über seinem Kopf, da das das Zeichen der *Anruth* war; Doktoren hatten einen goldenen, alle anderen Dichter hatten einen bronzenen Zweig 'über ihnen'.

Sie zogen also nach Emain Macha. Bricriu traf sie im Weideland. Er sagte ihnen, daß Nede durch seinen Einspruch und sein Eingreifen Doktor von Irland werden könnte, wenn sie ihn dafür belohnten. Nede gab im daraufhin eine purpurne Tunika mit goldenen und silbernen Stickereien. Bricriu sagte ihm dann, daß er hingehen und auf dem Platz des Doktors Platz nehmen solle, und daß Ferchertne tot sei. Der hingegen war im Norden Emains, wo er seine Schüler die Wissenschaft lehrte.

Dann erwähnte Bricriu, daß ein bartloser Mann nicht das Amt des Doktors von Emain Macha übernehmen könnte, da er seinem Alter nach noch ein Kind war. Nede nahm deshalb eine handvoll Kräuter und belegte sie mit einem Zauber, so gut, daß alle anderen glaubten, er hätte einen Bart. Er setzte sich auf den Stuhl des Doktors und legte seinen Rock an. Dieser Rock war dreifarbig, d.h. er hatte glänzende Vogelfedern in der Mitte; eine untere Vorderseite aus weißer Bronze und einen goldenen Oberteil.

Bricriu ging daraufhin zu Ferchertne und sagte zu ihm: "Es wäre schlecht, o Ferchertne, wenn dir der Doktortitel entginge. Ein junger ehrenwerter Mann hat das Doktoramt von Emain übernommen." Da ward Ferchertne wütend und ging in den Palast. Er blieb auf der Schwelle stehen und fragte, die Hand auf seinen Stab gestützt: "Wer ist der Dichter?"

Das folgende Gespräch findet also in Emain Macha zur Zeit Conchobors, des Sohnes von Nes, statt. Die Sprecher sind Nede, der Sohn Adnaes von Connaught - wo er zu den Tuatha Dé Danann gehörte, so wie es auch im Gespräch erwähnt wird: "Ich bin der Sohn der Poesie, und die Poesie ist die Tochter der Forschung, usw." - und Ferchertne den Dichter der Ulaten. Der Streitgrund ist der, daß der Rock Adnaes nach dessen Tod durch Medb und Ailill an Ferchertne verliehen wurde. In der Zwischenzeit kam jedoch, wie beschrieben, Nede, der Sohn Adnaes aus Schottland und nahm den Doktorstuhl ein. Ferchertne trat also ins Haus und sprach, nachdem er Nede gesehen hatte:

"Wer ist der Dichter, der sich den Rock in all seinem Glanz umgelegt hat?
Wer spielt die Musik, nachdem er seine Poesie gesungen hat?
Nach dem, was ich sehe, haben wir es hier mit einem Schüler zu tun:
Sein Bart besteht aus Kräutern.
Anstatt Dichtung zu singen, [sag mir doch]
wer ist der Dichter, o Dichter des Streits?
Ich habe nie vom Geheimnis der Intelligenz des Sohnes Adnaes gehört.
Ich habe so etwas nie wirklich wissentlich vernommen.

Bei meinen Buchstaben, es muß sich um einen Irrtum handeln, daß Nede auf diesem Stuhl sitzt.

Und hier die ehrenwerte Antwort des Nede an Ferchertne:

DIXIT NEDE

"Ein Alter, o Älterer als ich; jeder Weise ist ein Weiser, der korrigiert.
Der Weise ist der Tadel des Unwissenden.
Bevor er sich gegen uns erzürnen wird,
wird er versuchen, welches Gift, welches Wesen in uns ist.
Willkommen der Scharfsinn der Weisheit
Sehr mager ist der Tadel an einem jungen Mann, wenn man ihn nicht nach seiner Kunst befragt.
Trete vor, Anführer, gemäß einer gesetzmäßigeren Vorgangsweise.
Du läßt mich nur wenig an der Weide deines Unterrichts teilhaben.
Du bringst ihn schlecht vor und hast ihn schlecht vorgebracht.
Ich habe den Saft eines guten Mannes reich an Schätzen genossen."

DIXIT FERCHERTNE

"Eine Frage, o Knabe der Lehre, woher bist du gekommen?"

RESPONDIT NEDE

"Das ist nicht schwer zu sagen: von der Ferse eines Weisen,
von einem Zusammenfluß der Weisheit,
von der Vervollkommnung der Güte,
aus dem Schein des Sonnenaufgangs,
von den Haselnußsträuchern der Dichtkunst,
von den Wegen des Glanzes
an denen man das Wahre an seiner Vortrefflichkeit mißt,
durch die man die Wahrheit lernt,
in denen sich die Lüge verfängt,
wo man die Farben sieht
und wo man die Gedichte wieder zum Leben erweckt.
Und du, o Älterer als ich, woher kommst du?"

RESPONDIT FERCHERTNE

"Das ist nicht schwierig: entlang der Säulen des Alters,
entlang der Flüsse von Leinster,
entlang des *sid* der Frau Nechtans,
entlang des Armes der Frau Nuadas,
entlang des Sonnenlandes,
entlang der Wohnung des Mondes,
entlang der Nabelschnur der Jugend,

Eine Frage, o junger Mann der Lehre, was ist dein Name?"

RESPONDIT NEDE

"Das ist nicht schwierig: sehr klein, sehr groß, sehr glänzend und sehr hart,
Hitze des Feuers,
Feuer der Worte,
Lärm der Erkenntnis,
Quelle des Reichtums,
Schwert des Gesangs,
Festigkeit der Kunst mit der Hitze des Feuers.
Und du, o Älterer als ich, was ist dein Name?"

RESPONDIT FERCHERTNE

"Das ist nicht schwierig: den Vorzeichen am nächsten,
erklärt der Sieger, was gesagt und was gefragt ist,
Forschung der Wissenschaft,
Rahmen der Kunst,
Korb der Dichtung,
Fülle des Meeres.
Eine Frage o junger Mann der Lehre, welche Kunst betreibst du?"

RESPONDIT NEDE

"Das ist nicht schwierig: Röte der Gemütsruhe,
Spitze im Fleisch,
Tilgung der Scheu,
Nahrung der Dichtung,
Schmeichel der Wissenschaft,
Kunst für jeden Mund,
Verbreitung der Erkenntnis,
Entsagung des Wortes
in einem kleinen Zimmer,
Vieh des Weisen,
Fluß der Wissenschaft,
Fülle der Lehre,
Köstlichkeiten des Königs, gut bearbeitete Legenden."[8]

"Das Gespräch der zwei Weisen" ist ein schwieriger Text, voll von obskuren Metaphern und Anspielungen auf eine Wissenschaft, die wir heute nicht mehr nachvollziehen können. Doch ist der Grund klar: Wer von beiden wird den ersten Rang in der Hierarchie der Dichter von Ulster einnehmen? Und die Art des akademischen Streitgesprächs weist bereits darauf hin, falls dies überhaupt noch nötig sein sollte, daß es sich dabei um den handeln wird, der mehr weiß als der andere.

Auch den Iren, die in ihren juridischen oder anderen Sammlungen so viele Nuancen unterschieden oder erfunden hatten, blieb im Grunde genommen nichts anderes übrig, als den unabänderlichen Regeln zu folgen, die für jedes organisierte Priestertum galten: "alle Prinzen des Königreiches, alle Großen und alle Provinzialfürsten [...] die Meister der Druiden", schrieb Colgan im XVII. Jahrhundert hinsichtlich einer der seltenen Belege einer Opferzeremonie (*ad sacrificia idolis immolanda*), die uns der Schreiber der irischen Heiligenlegenden überlieferte.[9] Das bestätigt die Behauptung Timagenes' bei Ammianus Marcellinus: "Sie sind in Brüderschaften eingeteilt und befassen sich mit geheimen Fragen und erlauchten Dingen."[10]

Eine Bestätigung der hohen Würde der irischen Priesterklasse können wir in außerordentlicher Klarheit aus der Rangordnung der *Filid* ersehen, so wie sie *Crith Gablach* ("Gegabelter Ast") beschreibt. Der Name des Druiden *(drui)* wird hier durch den des Weisen *(sui)* ersetzt. Bei der Lektüre haben wir eine Reihe analogischer Etymologien zu ertragen, welche an der Erklärung teilhaben, da sie den Ausgangspunkt des Kommentars darstellen oder ihm zumindest Nachdruck verleihen sollen. Was von beiden nun wirklich der Fall ist, ist hinsichtlich der bemerkenswerten Stelle zweitrangig.

"Die sieben festgesetzten Grade der Weisheit sind: ein großer Weiser und ein Weiser, die glänzende Woge und die Felswoge, der Erleuchter, der Befrager und der Schüler.

Was den großen Weisen betrifft, so trägt dieser drei Namen: großer Weiser, Doktor und Weiser der Philosophie. Der Doktor sitzt im Hause der Mitte, denn sein Haus liegt neben dem des Königs. Ein großer Weiser wird nie um eine Antwort auf die Frage nach den vier Teilen der Weisheit verlegen sein [...] Ihm folgen vierundzwanzig Personen. Für die Verweigerung der Nahrung steht ihm der siebente Teil des Preises seines Todes zu.

Der Professor der Philosophie: Drei Dinge machen seine Werke eines Provinzkönigs würdig: im Sinne und in der Mitte der Schüler zu sein, die seinen Unterricht empfangen. Es ist dies ein Mann, dessen Komposition (Arbeit) nicht entlohnt wird, wenn er eine Dummheit gesagt oder unterrichtet hat, da er in Buße und Recht bewandert sein sollte.

Und jetzt zur glänzenden Woge *(anruth)*: er heißt aus vier Gründen so: wegen der Brillanz seiner Lehren, auf Grund seiner Redegewandtheit, wegen der Reichweite seiner Gelehrtheit, und da er es versteht in jedem Bereich der Wis-senschaft zu arbeiten: Dichtung Literatur und ihrer Gleichzeitigkeit. Doch hat er noch nicht den Gipfel der Wissenschaft erreicht. Ihm folgen zwölf Personen.

Bei einem Weisen haben wir es mit einem Mann zu tun, der den vierten Teil der Wissenschaft lehrt, welches Fach auch immer, so wie Cennfaeladh: "ein exzellenter Weiser im Glaubensrecht, da er von schöner und guter Edelheit ist." Die Anzahl seines Gefolges ist acht. Der Preis für seine Kompositionen sind sieben *Cumal.*

Die Felswoge *(sruth do aill)* : Die Erfahrung dieser Welle ertränkt alles Kleine, Leichte und Schwache. Sie führt Felsblöcke mit sich, die im Angesicht der Hitze der Atmosphäre wie Sand aussehen. Dieser Mann geht so vor, daß man ihm folgendes Bild zuschreibt: Er ertränkt die schlechten Schüler, die er durch die Felsblöcke seiner Äußerungen und seiner Intelligenz zunichte macht. Er ist imstande, seinen Unterricht an den Wissensstand weniger Gebildeter anzupassen, welche vor der vornehmen Woge zurückweichen.

Der Erleuchter: Das ist derjenige, der seinem Vormund so intelligent wie ein Doktor antwortet. Der Preis seiner Kompositionen beträgt drei halbe *Cumal.* Er erklärt die Bedeutung aller Schwierigkeiten auf Grund seiner ausgezeichneten Urteilskraft und der Brillanz seiner Intelligenz.

Der Befrager: Er befragt seinen Vormund mit der Intelligenz eines Doktors. Der Preis seiner Kompositionen beträgt einen halben *Cumal.*

Die Grade der Wissenschaft sind in dieser Hinsicht ähnlich beschaffen wie die Grade der Dichter und Gelehrten. Doch ist für jene die Wissenschaft die Mutter aller Künste und alle trinken aus ihrer Hand.

Die sieben Grade des *File* sind: *éces, ansruth, cli, cana, dos, macfuirmidh, fochlocc.*

Eces ("Dichter"): Dieser Name heißt eigentlich *ecsmacht-ces* ("der keine Schwierigkeiten kennt"), der den kein Problem und keine Unmöglichkeit aufhalten kann; d.h. auch, daß ihm in seiner Kunst nichts schwerfällt, so, daß sein Name manchmal auch zu *nemces* ("ohne Schwierigkeiten") oder eben zu *ecsmachtces* wird ("der keine Schwierigkeiten kennt").

File ("Seher"): das heißt eigentlich *fialshai* ("vornehme Weisheit"). Das bedeutet, daß von ihm Weisheit kommt, da seine edlen Seiten die Erkenntnis und die Lehre in der Alltagssprache sind. Aus ihm kommen der Schüler, der Philosoph, der Dichter und die Dichtung. Sein Name kann aber auch aus *fi* und *li* bestehen, inwiefern das *fi* ("kommen") auf seine Satiren und das *li* ("brillant") auf seine Kunst zu beziehen wären.

Der Doktor: Er beschützt vieles. Er lehrt die vier Teile der Poesie, da seine Gefolgschaft die größte und sein Schutz bedeutender als der aller anderen ist. Doktor *(ollam)* heißt auch "groß ist seine Gefolgschaft" *(oll a dam)*, vierundzwanzig sind sie. Es gibt drei Arten von Doktoren: den Doktor der Weisheit, der in aller Erkenntnis weise ist. Man geht an ihn heran, weil man weiß, daß er keine Bitte zurückweist. Von ihm kommen keine ungelösten Probleme was seinen Richtspruch über Väter und Großväter betrifft. Dann gibt es den Doktor *(ollam)*. Die Anzahl derer, die unter seinem Schutz stehen ist größer *(uille)* als die aller anderen Grade. Weiters ist da der große Doktor, der der bindet und selbst nicht gebunden ist. Wie soll das gehen? Antwort: So wie der König Connaught, denn es heißt, es gäbe keinen großen Doktor *(ni hollam nard)* in der Provinz Ailills, dem Sohn von Mata Mor. Er heißt auch Doktor, der vielen Schutz bietet *(oll do eim)*, allen die ohne Adel sind und die Grade kennen. Der Doktor der Poesie lehrt alle vier Bestandteile der Dichtkunst, in der er alles kennt.

Die vornehme Woge *(anruth)*, er bindet ohne selbst gebunden zu sein, so wie der König, der sich Irlands bemächtigte.

Die vornehme Woge ist die schöne Welle des Lobes, die aus ihr kommt und die Welle des Reichtums, die in sie geht.

Cli: Das Wesen der Säulen ist es, stark und gerade zu sein. Der *cli* ist Schüler und geschult; er beschützt und ist beschützt: seine Stärke geht von der Schwelle des Hauses aus. Dies entspricht dem Grad, den er im Hause der Poesie innehat.: In seinem Beruf ist seine Kunst stark und sein Urteil gerade. Seine Würde erhebt sich über alle, die unter ihm stehen, da seine Kunst alles Bestehende beschützt, von der glänzenden Woge *(anruth)* zum Lehrling (*fochloch*).

Dos: Er ist nach seiner Ähnlichkeit mit einem Baum benannt, d.h. er hat seine Kunst durch den Namen eines Baumes erlernt. Auf diese Weise trägt er immer einen Baumnamen so wie sein ganzer Grad *dos* heißt. Denn ein einjähriger Baum ist ein *dos* mit vier Blättern. Daher ist auch die Gefolgschaft eines *dos* von vier Personen.

Mac fuirmid ("Lehrsohn"): Dabei handelt es sich um einen Knaben, der seit seiner Kindheit in der Kunst ausgebildet wird. Man könnte auch sagen, er versteht die Kunst als seinen Sohn. Es ist nicht gut, daß er einen Grad besitzt, doch ist er ein guter Sohn des [...?...]

Fochloch ("Lehrling"): Er ist nach dem zweiblättrigen Kressehalm benannt. Ihm folgen demnach auch zwei Personen. Der *Fochloch* könnte auch als harter Trieb bezeichnet werden, da er auf Grund seiner Jugend entweder des künstlerischen Wachstums entbehrt, oder aber seine Kunst noch dünn ist."[11]

Die klarste "Rangliste" findet sich jedoch im *Senchus Mor*, bezüglich der Einschränkungen, die der heilige Patick den *Filid* auferlegte:

"Drei Dinge schuf der heilige Patrick unter den gläubigen Dichtern ab: In der Tat konnten weder *teinm laegda* noch *imbas forosnai* ohne Opfer an die Abgötter vollzogen werden. Daher erlaubte er ihnen kein Ritual, welches dem Teufel opferte, da ihre Kunst rein war. Er ließ den *Filid* jedoch den Zauber der Fingerspitzen, da darin große Erkenntnis und bedeutendes Wissen lag. Er ließ ihnen die Stammbäume der Männer Irlands, den *duili sluinnte* und den *duili fedha* und den Vortrag von Geschichten mit Gedichten: der *Ollam* hatte Recht auf sieben mal fünfzig Geschichten, der *Anruth* auf drei mal fünzig plus die Hälfte von fünfzig, der *Cli* auf achzig, der *Cana* auf sechzig, der *Dos* auf fünfzig, der *Mac Fuirmid* auf vierzig, der *Fochluc* auf dreißig, der *Drisac* auf zwanzig, der *Taman* auf zehn und der *Oblaire* hatte Recht auf sieben Geschichten. Es gibt Haupt- und Nebengeschichten. Hier sind die wichtigsten Themen der Hauptgeschichten: Zerstörungen, Raubzüge, Lobpreisungen, Kämpfe, Morde, Schlachten, Entführungen, Streite, Feste, Belagerungen, Abenteuer, gewaltsame Tode und Plünderungen."[12]

Was die Entlohnung der irischen *Filid* angeht, so entsprechen sie den Umständen und ihrem Wissensgrad. Hier die äußerst reichlichen des *Ollams*, des Doktors:

"Der Dichterdoktor: Der Preis seiner Ehrung beträgt sieben Sklavinnen. Seine dichterischen Kompositionen werden *anamain cain chaithiriach* genannt. Sie beinhalten die vier vollendeten Formen des *nath, anair, laid* und des *camain.* Für den Komplex des *anamain*-Gedichtes müssen zehn Kühe und eine Färse bezahlt werden, fünf Kühe für einen *nath,* zwei Kühe und eine Färse für einen *anair*, zwei Kühe für einen *emain*, und eine Kuh für einen *laid.* Das macht zusammen einundzwanzig Kühe. Seine gesamte Begleitschaft besteht aus vierundzwanzig Personen für eine Nacht der Unterhaltung oder einen Krankenbesuch; aus zehn Personen für gewöhnliche Dienste; zehn für eine Festnacht und acht Personen, um Schulden oder Verträge einzufordern. Sein gesamter Schutz ist von einem Monat für Kost und Logis. Er verfügt über sieben mal fünfzig Geschichten, wovon zwei siebtel Nebengeschichten und fünf siebtel Hauptgeschichten sind."[13]

Aus den Texten können wir also genau die damals gültige Rangordnung ersehen. Das System ist dabei sehr dehnbar, da es jedem Mitglied der Priesterklasse möglich ist, den höchsten Grad der Würde zu erlangen, sobald er das dafür nötige Wissen unter Beweis stellen kann. All dies geht Hand in Hand - Irland kann dafür als Beweis angesehen werden - mit der zumindest theoretischen Gleichberechtigung der Fachbereiche, d.h. der oberste Druide der Wahrsager ist dem obersten Druiden der Richter und Theologen ebenbürtig. Wir haben keinen Grund zur Annahme, daß die Organisation Galliens wesentlich anders bestellt war.[14]

Auf Grund dieses bedeutenden Ranges trugen die *Filid* auch im idealen Irland Keatings Verantwortung in der Verwaltung:

"Der Hauptgrund für die Versammlungen von Emain und die Versammlung von Cruachan, lag darin, denjenigen eine Genehmigung zu erteilen, die ein Handwerk in Irland ausübten, d.h. die Schmiedekunst, das Zimmermannshandwerk, die

Steinmetzkunst und alle anderen Berufe. Die Adeligen und Doktoren der beiden Versammlungen wählten aus jeder Sparte sechzig Meister aus, die in der Folge über ganz Irland verteilt wurden. Kein Handwerker durfte ohne die Zustimmung des für das Gebiet zuständigen Meisters arbeiten."[15]

So hingen alle technischen oder handwerklichen Techniken letzten Endes von den *Filid* ab, die sie entweder selbst ausübten oder aber überwachten. Jetzt können wir auch verstehen (und das mit Verspätung, denn Keating schrieb im XVII. Jahrhundert, doch erfindet er nie und schmückt nur selten aus), warum Brigit, die Schutzherrin des Handwerks und zugleich der Dichter ist.[16]

Solch bemerkenswerten Meistern fiel es nicht schwer, eifrige Zuhörer um sich zu scharen, in Gallien ebenso wie in Irland. Es genügt bei Cäsar nachzulesen:

"Viele junge Leute kommen zu ihnen, um bei ihnen zu studieren, und sie genießen großes Ansehen [...] Durch so große Privilegien ermuntert, begeben sich viele aus eigenem Antrieb in die Ausbildung der Druiden oder werden von den Eltern und Verwandten zu ihnen geschickt.[17]

Diese Hinweise geben uns zumindest in einem Punkt Aufschlüsse: Die Rekrutierung war nicht erblich und wer auch immer den Wunsch und die Fähigkeit dazu besaß, war zum Druidentum zugelassen oder hatte zumindest Recht, die Einführungskurse eines oder mehrerer Druiden zu besuchen, die nicht sehr viele bestanden haben dürften.

Weder in Irland noch in Gallien scheint es "Druidenfamilien" gegeben zu haben, auch wenn größere Chancen dafür bestanden, daß der Sohn eines Druiden aus freiem Willen und leichter in die Fußstapfen seines Vaters zu treten vermochte, so wie auch der Sohn eines Königs sicherlich größere Aussichten hatte, selbst einmal König zu werden. Was die Schüler betrifft, so besaß der Druide Cathbad eine stattliche Anzahl davon, zweifelsohne die Gruppe von hundertfünfzig junger Edelleute, die Cuchulainn ungeachtet seines zarten Alters (er war zu diesem Zeitpunkt erst fünf Jahre alt) anläßlich seiner Ankunft in Emain Macha, der Hauptstadt von Ulster, reichlich grob behandelte. Die Auswahl war streng. Urteilen Sie selbst:

"Cathbad erteilte seinen Schülern den Unterricht im Nordosten Emains, und acht unter ihnen beherrschten die Wissenschaft der Druiden. Einer von ihnen fragte seinen Vormund, welche Vorzeichen über dem Tag stünden, und ob sie gut oder schlecht seien. Cathbad erklärte, daß ein kleiner Junge, der an diesem Tage zu den Waffen greifen würde, zwar strahlend und berühmt werden würde, doch ein Leben von kurzer Dauer hätte."[18]

Die weniger wohlgesinnten Versionen des *Gelben Buches von Lecan* und des *Lebor na h'Uidre* lassen verstehen, daß Cathbad manchmal seine Zeit vergeudete:

“Der Druide Cathbad befand sich bei seinem Sohn Conchobar, dem Sohn der Ness. Hundert ungelehrte Männer befanden sich bei ihm und lernten das Druidentum. Das war die Anzahl der Schüler Cathbads.”[19]

Der *File* Dallan Forgoll leitete ebenso täglich das Studium von hundertfünfzig Schülern[20], doch ist es sehr unwahrscheinlich, daß alle diese hundertfünfzig Kinder oder Jugendliche tatsächlich später Druiden wurden. In jedem Fall handelt es sich bei der Zahl hundertfünfzig um eine herkömmliche Ziffer, der wir in allen epischen und mythologischen Aufzählungen immer wieder begegnen.

Im Vergleich zur heutigen Erfolgsquote bei Prüfungen oder Wettbewerben scheint acht aus hundert oder hundertfünfzig niedrig zu sein. Doch bedeutete es bereits einen sozialen Aufstieg, als Student oder Schüler zu gelten. Und während sie ihrern Hörern die wichtigsten Kenntnisse beibrachten, sicherten die Druiden sich zugleich eine wichtige Nachkommenschaft von hoher Qualitat und so die Aufrechterhaltung ihrer Tradition. Zweifellos sind uns durch die Tatsache, daß uns die Legenden nur aus der Zeit nach der Christianisierung schriftlich erhalten sind, wichtige Teile ihrer Lehre verlorengegangen, doch ist alleine die Rolle Cathbads Zeuge für den bedeutenden Einfluß, den die Druiden auf die keltische Gesellschaft ausübten. Auf alle Fälle ist der Druide als Erzieher der Jugend einmalig in den Strukturen indoeuropäischer Religionen. In Griechenland, Rom oder Germanien gab es da nichts Vergleichbares.

Dort, wo wir es am wenigsten erwartet hätten, und zwar bezüglich der Definition eines Fischnamens, der Scholle, der zugleich auch der Name eines Backtrogs oder einer Art Bratpfanne ist, finden wir eine Anekdote des ehrwürdigen und unersetzlichen Glossenschreibers, Bischofs Cormac, aus dem X. Jahrhundert (wenn nicht sogar schon früher), die auf die Beziehung des *Files* zu seinem Schüler eingeht. Es geht um die Belehrung, die einem Studenten erteilt wird, weil er die poetische Sprache noch nicht genug kennt, um zu verstehen, was ihm erklärt wird. Der Stil ist mangelhaft, wie das oft in diesen alten Texten der Fall ist, doch ist die Anekdote selbst bedeutsam:

“*Leithech*, das bedeutet zwei Dinge: zuerst ist dies der Name einer Fischgattung, die aufgrund ihrer Breite und Flachheit so genannt wird; dieser Fisch ist sehr häufig im Ozean. *Leithech* ist auch der Name eines Backtrogs, in dem man den Teig ausbreitet, so wie es Cruitine erklärte, als er sich einmal mit seinem Diener auf dem Weg zu einem anderen Dichter befand. Bei diesem Diener handelte es sich um einen Studenten, der den Stolz eines Meisters besaß. Cruitine blieb vor dem Haus stehen und ließ seinen Diener selbst im Hause des Dichters um Gastfreundschaft ersuchen. Jener hatte einen Schweinebauch in einem Kessel geschenkt bekommen. Der Dichter begann das Gespräch mit dem Studenten [während er sein Gericht zubereitete]. Er bemerkte den großen Hochmut und die kleine Intelligenz des

Studenten. Als der Bauch gar war, sagte er in Anwesenheit des Studenten *tofotha tarr téin*, das heißt "es ist Zeit, ihn vom Feuer zu nehmen", um zu sehen, welche Antwort ihm jener geben würde. Denn er hatte Cruitine von der wunderbaren Vollendung des letzteren reden hören, so als ob er von sich selbst spräche. Doch hatte er ihm nicht geglaubt, weshalb er jetzt *tofotha tarr téin* sagte. Drei mal wiederholte er *tofotha tarr téin* und der Student erwiderte kein Wort. Daraufhin ging der Student hinaus, suchte nach Criutine und erzählte ihm die Neuigkeiten, d.h. er berichtete ihm von der Frage, die der Dichter ihm gestellt hatte: *tofotha tarr téin*. "Gut", sagte Cruitine, "wenn er dich das noch einmal fragt, antworte ihm *toe lethaig foen friss ocus fris adaind indlis*, d.h. "lege einen Backtrog darunter und zünde eine Kerze an [um zu sehen, ob der Bauch gar ist]." Als sich der Student erneut im Haus niederließ stellte ihm der Dichter erneut die Frage, worauf jener ihm antwortete *toe lethaig* usw. "Gut", sagte der Dichter, "diese Antwort stammt nicht aus eines Studenten Mund. Der sie gegeben hat aber, ist ganz nah. Cruitine ist in der Nähe. Ruf ihn draußen." Worauf jener gerufen wird, man ihn willkommen heißt und anderes Essen in den Kessel gibt. Der Hochmut des Studenten jedoch wurde dadurch gedämpft, daß sich der Dichter im folgenden Gespräch mit Cruitine über ihn lustig machte."[21]

Angesichts einer solch komplizierten Geschichte für eine so einfache Sache wie das Kochen eines Stück Fleisches, sind wir wohl berechtigt uns die Frage zu stellen, wie denn die weniger ernsthaften Diskussionen ausgesehen haben mögen. Wir denken an die komplizierten und elliptischen Metaphern der walisischen Barden des Mittelalters, deren Schriften nicht jedem dahergelaufenen Leser zugänglich waren - und es auch heute noch nicht sind.[22]

Die streng persönlich gehaltene Beziehung zwischen *File* und Student ist, so wie auch in Indien, einer Art intensiven und tiefen Trainings durch langsame Aufnahme förderlich. Manchmal kehren die Schüler zu ihrem Meister zurück, da sie ihrer Meinung nach noch nicht genug wissen. Auch dies ist eine Seite des Unterrichts der Druiden:

"Adnae, der Sohn Uthiders, aus Connaught, war Doktor der Wissenschaften und der Dichtung in Irland. Er hatte einen Sohn namens Nede. Dieser Sohn lernte die Wissenschaft in Schottland bei Eochu Echbel und er blieb so lange bei Eochu, bis er in der Wissenschaft bewandert war [...]

Und Eochu sagte ihm: "Kehre jetzt heim: unsere beiden Wissenschaften können nicht mehr am gleichen Ort bleiben, da die Erleuchtung der Wissenschaft zeigt, daß du Doktor der Erkenntnis bist."

Also schied Nede und seine drei Brüder Lugaid, Cairbre und Cruttine gingen mit ihm. Auf ihrem Wege fanden sie einen Fingerhut. Einer von ihnen fragte: "Warum heißt diese Pflanze Fingerhut?" Da keiner die Antwort wußte, kehrten sie zu Eochu zurück und blieben einen Monat bei ihm. Dann brachen sie wieder auf. Sie stießen auf ein Schilfrohr. Da sie nicht wußten, wieso es diesen Namen trug, kehrten sie abermals zu ihrem Vormund zurück. Nach einem weiteren Monat verließen sie ihn wieder. Sie fanden einen Sanickelstengel. Und da sie wieder nicht wußten, warum man jenen so nannte, kehrten sie auf ein neues zu Eochu zurück, wo sie noch einen Monat blieben.[23]

Dieses hartnäckige Streben nach Allwissen, die der ewigen Demut des Studenten gegenübersteht, kennzeichnet das gesamte irische Mittelalter. Es ist bei der Überlieferung der Lehre nie von Schrift die Rede, und wir können uns in dieser Hinsicht auf die Anmerkungen Cäsars zur Wissenschaft und zur Pädagogik der Druiden stützen:

"Viel disputieren sie auch über die Gestirne und deren Bewegung, über die Größe des Weltalls und des Erdkreises, über das Wesen der Dinge, über Gewalt und Machtbereich der unsterblichen Götter und vermitteln das alles der Jugend."[24]

So sah also das Druidentum auf dem Höhepunkt seiner Macht, oder besser seiner Wirksamkeit, aus: Das Druidenstudium deckte alle denkbaren Erkenntnisse ab. Auch heute noch dauert das Studium etwa zwanzig Jahre, wenn wir die Grundschul- und Gymnasialausbildung hinzuzählen. Es steht anzunehmen, daß eine solche Dauer bedeutende Kosten nach sich zog und so auf wohlhabendere Familien beschränkt war, denn der kostenlose Unterricht war in der Antike und im Mittelalter noch nicht bekannt. Eines ist jedoch klar: Man wurde nicht über Nacht durch ein einfaches, magisches Weihritual zum Druiden. Man mußte sich die Mühe geben, zu lernen.

Nach der römischen Eroberung Galliens änderten sich die Dinge vielleicht nicht gar so schnell. So wiederholt Pomponius Mela, welcher zur Mitte des ersten nachchristlichen Jahrhunderts, also etwa neunzig Jahre nach Cäsar schrieb, die Bemerkungen des Prokonsuls mit der einzigen Ergänzung der Geheimhaltung des Unterrichts:

"Sie unterrichten den Vornehmsten des Landes heimlich, zwanzig Jahre lang entweder in Höhlen oder in tiefen Wäldern."[25]

War dies wirklich noch so? Man hat diese Heimlichkeit als Folge der römischen Verfolgung nach den Dekreten des Tiberius und Claudius verstanden. Doch lief das Verbot tatsächlich mit einer Verfolgung einher, die mit der der Christen zwei Jahrhunderte später vergleichbar gewesen wäre? Zumindest dies ist zweifelhaft. Doch geht diese Fragestellung über dieses Kapitel hinaus, da sie die Frage nach dem Verschwinden der Druiden in Gallien nach sich zieht. Trotzdem ist es nicht bewiesen, daß der heimliche Unterricht als ein Zeichen oder Beweis für den Untergrundcharakter verstanden werden kann, da eine auf qualitativen Kriterien basierende Ausbildung einfach nicht jedem Zuhörer zugänglich sein sollte. Sogar im mittelalterlichen Irland ist die Sprache der *Filid* für ihren Hermetismus und ihre schwere Verständlichkeit bekannt.[26] Der Druide unterscheidet sich von Natur aus und auch aufgrund seiner besonderen Aufgabe von den anderen und es ist nur normal, daß er seinen Unterricht abseits der großen Menge erteilt. Der Text von Pomponius Mela erinnert uns eher an die *remotis lucis* ("abgeschiedenen Wälder") bei Lucanus in der *Pharsala* (I, 452-453). Auch der Ire Cathbad lehrt außerhalb Emain Machas, "im Nordosten" *(anairtuaid)* heißt es in den Texten. Im *Gespräch der zwei Weisen* finden wir es noch genauer. Dort wird der Ort, an dem Ferchertne seinen Unterricht erteilt, im Norden Emains *(fri Emain atuaid)* angegeben.[27] An dieser Stelle soll darauf hingewiesen werden, daß es die Druidenschulen noch länger unter der offiziellen Führung der *Filid*, die in Berufsausbildner umgeformt wurden, in Irland gab.[28] Der Adel wurde in den unteren Graden der Klasse unterrichtet und lernte Recht, Stammbaumkunde und die Verskunst.[29]

Weisen wir noch einmal darauf hin, daß dieser Unterricht sicherlich einen bedeutenden Teil, jedoch nicht die Gesamtheit der priesterlichen Aufgaben ausmacht. Das gleiche gilt in verstärktem Maße für die "Philosophie" (die weder ein keltisches Wort noch ein eigentlich keltisches Thema ist), die lediglich einen Bestandteil der Lehren darstellt und auf die man fälschlicherweise die Aufgabe der Druiden zu begrenzen suchte.[30] Die Tatsache, daß außer Cäsar kein lateinischer Schriftsteller in ihrer Hinsicht das Wort *sacerdos* gebrauchte kann in keinem Fall als Beweis dafür angesehen werden, daß sie keine Priester waren. Doch worin bestand jetzt wirklich ihr Unterricht? Welche Bereiche lehrten sie? Wie wurde unterrichtet? Die Inseltexte beantworten einen Teil dieser Fragen, doch nur einen Teil, da uns die ganze übersinnliche und "metaphysische", sowie die mathematische und wissenschaftliche Seite leider nicht erhalten ist, und auch deshalb, weil das Christentum durch seine Schrift die Vorgangsweisen des Wissenserwerbs stark verändert hat.

Wir nehmen an, daß jeder Druide sein Fachgebiet unterrichtete, so wie der Jurist das Recht, der Arzt die Medizin unterrichtet. Zweifelsohne gab es Schulen, die in bestimmten Disziplinen spezialisiert waren. Doch hatte allein die Erzieherrolle der Druiden damals wie heute durch ihren außergewöhnlichen Charakter die Geister beeindruckt.[31] Wie könnten wir uns über die Prinzipien und Methoden dieses "Lehrkörpers" informieren, der nichts Bekanntem ähnelt, weder in unserer Zeit, noch in der Antike?

Wir müssen uns abermals an Cäsar halten, *B.G.* VI, 13:

"Es heißt, sie lernen dort eine große Anzahl von Versen auswendig" *(magnum ibi numerum versuum edicere dicuntur).*

D'Arbois de Jubainville schloß aus diesem kurzen Satz, - der nicht nur der bündigste sondern auch aufschlußreichste ist, der je über die keltische Pädagogik formuliert wurde - daß die Schüler der Druiden aus "Versbüchern" zu lernen hatten.[32] Es handelte sich sicher nicht um Handbücher. Es ist vielmehr wahrscheinlich, ja sicher, daß der in Verse geformte Unterricht, der alle Bereiche betraf, einmal auswendig gelernt, ein verdichtetes Kompendium der grundlegenden Kenntnisse darstellte, die niemals vergessen werden sollten. Erst viel später, im Irland des Mittelalters, behalf man sich nach lateinischer Manier der "Traktate". Wir erahnen und erkennen angesichts einiger Anspielungen und vor allem einiger irischer Bemerkungen, wie wir sie z.B. im *Glossar von Cormac* finden, kurze Aphorismen und bündige Sprichwörter, Sätze oder Metaphern, die ebenso bildhaft als unveränderlich sind und die der Schüler erst verstehen und behalten konnte, wenn er den erklärenden Kommentar und eventuell auch die Auslegung dazu erhalten hatte. In der Tat kommen wir hier dem indischen Modell der *brahmanas* sehr nahe.

Was den Unterrichtsstoff betrifft, so widmet ihm Cäsar einige kurze Zeilen, die wir nie genug betrachten können:

"Vor allem wollen sie davon überzeugen, daß die Seele nicht untergehe, vielmehr nach dem Tode von einem zum anderen übergehe, und sie glauben, daß dadurch die Tapferkeit ganz besonders geweckt werde, da die Todesfurcht ihre Wirkung verliert. Viel disputieren sie auch über die Gestirne und deren Bewegung, über die Größe des Weltalls und des Erdkreises, über das Wesen der Dinge, über Gewalt und Machtbereich der unsterblichen Götter und vermitteln das alles der Jugend."

Wir werden im fünften Kapitel noch auf die Schlüsse bezüglich des Lehrsystems eingehen, die wir aus dieser Stelle ziehen können. Hier beschränken wir uns darauf, die unterrichteten Fächer festzuhalten, die bei Cäsar zwar ungeordnet, doch ziemlich genau aufscheinen:

- **Astronomie** *(de sideribus atque eorum motu)*. D'Arbois de Jubainville, der in dieser Hinsicht unser einziger Vorarbeiter ist, erkannte zurecht, daß "diese Studie auch ihre praktische Seite hatte, da sie die Erstellung eines Kalenders ermöglichte."[33] Dies sollte ihnen nicht nur die Ermittlung der Zeit und der Mond- und Sonnenzyklen ermöglichen, sondern in erster Linie sicherlich auch die genaue Abstimmung des Kalenders, um die Festtage und die günstigen und ungünstigen Perioden bestimmen zu können. Wir erinnern uns an den Bericht Plinius' *Hist. Nat.* XVI, 249, in dem er das Pflücken der Mistel und das Stieropfer beschreibt (vgl. Kapitel I,1) und mehr noch an den Kalender von Coligny, den die heutige Forschung trotz zahlreicher Arbeiten noch lange nicht entschlüsselt zu haben scheint. Dem muß außerdem noch die Notwendigkeit der Sternenbeobachtung für die Weis- und Wahrsagung hinzugefügt werden. All dies bedarf tiefgreifender mathematischer Kenntnisse.

- **Kosmogonie und Kosmologie** *(de mundi ac terrarum magnitudine)*: D'Arbois de Jubainville verstand hier "Geographie und Kosmographie", in dem er sich an die wörtliche Übersetzung Cäsars hielt. Wir halten es jeoch für wahrscheinlicher, daß es sich dabei um eine heilige Form der Geographie handelte, die die Welt der Menschen und der Götter hinsichtlich eines heiligen Zentrums und der Lehren des Ursprungs (siehe Kapitel V) zu erklären suchte. Ohne jedoch natürlich weitreichende und genaue praktische und empirische Erkenntnisse zu vernachlässigen, dürfen wir darunter jedoch keine physische und politische Geographie im heutigen Sinne verstehen.

- **Physiologie** *(de rerum natura)*: das Wort *physiologia,* dessen sich Cicero in seiner *De divinatione* I, 40 bedient, um den gallischen Druiden Diviciacus zu beschreiben, ist griechischen und nicht lateinischen Ursprungs. Cäsar begnügt sich damit "von der Natur der Dinge" zu schreiben, was d'Arbois ziemlich will-kürlich als "Philosophie" auslegt. Es ist jedoch wichtig, von dieser als Naturwissenschaft verstandenen Physiologie (welche schließlich auch den Zugang zur Wahrsagung ermöglichte), die *hqikh Filosofia* "die Moralphilosophie" Strabos (IV,4) zu unterscheiden, wobei es sich um eine sehr allgemeine Definition handelt, ähnlich der *questiones occultarum rerum altarumque*, die beim Leser von Timagenes bei Ammianus Marcellinus (XV,9) Neugier erwecken, ohne sie jedoch letzendlich befriedigen zu können. Leider fehlen uns jegliche Hinweise auf die Tätigkeiten der Druiden, die wir heute wohl als "wissenschaftlich" bezeichnen würden. Wir können lediglich versuchen, uns durch die allgemeinen Bemerkungen der irischen Literatur ein ungefähres Bild von der "zauberhaften, blutigen oder pflanzlichen" Druidenmedizin zu machen. Für den Rest können wir uns eine Art Alchemie vorstellen, die sich ziemlich von der des Mittelalters unterschieden haben muß.

- **Theologie** *(de deorum immortalium vi ac potestate)*. Die Übersetzung durch das Wort Theologie stammt von d'Arbois und ist relativ frei. Cäsar schreibt "von der Kraft und Macht der unsterblichen Götter." Das hat natürlich nichts mit der Theologie im heutigen Sinne zu tun, denn es handelte sich hier höchstwahrscheinlich um das Verhältnis zwischen den Göttern und den Menschen zu ihnen, was ja im Grunde auch das eigentliche Interesse an der Religion ausmacht. Da die Dogmen notwendigerweise noch nicht bekannt waren, handelte es sich eher um Lehrsätze, um Doktrinen. Im Kapitel V werden wir ihre wichtigsten Punkte analysieren: die Unsterblichkeit der Seele, das Verhältnis zur Schrift, die jenseitige Welt und die nordischen Ursprünge. Es muß darauf hingewiesen werden, daß alles, was wir wissen, auf impliziten und vergleichenden Gegebenheiten basiert, da uns aus Irland keine übersinnlichen Texte erhalten sind.

D'Arbois de Jubainville fügt dem noch eine Rubrik, und zwar die der Geschichte an, die Cäsar nicht erwähnt hat, weil sie schließlich auch nicht keltisch ist, und die sich allein auf die legendären Bemerkungen des Timagenes bezüglich der Ursprünge der Gallier stützt. Diese Angaben sind jedoch nicht historisch und sind eher vergleichbar mit den mythologischen Überlieferungen Irlands bezüglich der Herkunft der Tuatha Dé Danann (welche genauer im fünften Kapitel besprochen werden sollen). Andererseits sollten jedoch Bereiche erwähnt werden, die Cäsar nicht berücksichtigte, weil er nicht genug ins Detail ging: die Dichtung, die Musik, die Grammatik und die Redekunst. Außerdem überrascht es, daß d'Arbois, einer der ersten europäischen Gelehrten, der die Gesetze Irlands wissenschaftlich untersuchte, das Recht vergessen konnte. Denn die irischen Rechtsabhandlungen sind nicht gerade einfach, und gerade die Fälle der Rechtsprechung sind besonders zahlreich und subtil. Falls dem in Gallien auch so war, bedurfte es sicherlich einer eingehenden und längeren Ausbildung, um die jungen zukünftigen Juristen mit dem Stoff ihres Berufes vertraut zu machen.

Ein letztes Detail betrifft die Dauer des Unterrichts und das Alter der Kandidaten und Studenten. Cäsar sagt, daß die Studien zwanzig Jahre in Anspruch nahmen. Dabei handelt es sich mit Sicherheit um die Mindestdauer der vollständigen Ausbildung. Doch konnten die ersten Grade des Priesteramtes und somit auch die Priesterwürde zweifelsohne bereits um einiges früher abgelegt werden. Der Fall des Iren Nede, der sich für seinen akademischen Streit einen Bart ans Kinn zaubern muß, ist insofern typisch (siehe Kapitel II,1). Wir wissen nicht, woher d'Arbois die Information bezogen hat, daß sich das druidische "System" der christlichen Geistlichkeit ein Mindestalter von fünfundzwanzig Jahren aufnötigte (und vor allem wie?).[34] Doch kann es als gesichert gelten, daß das organisierte Bildungswesen eine Besonderheit der keltischen Welt darstellt.[35]

II. Das Priesteramt und seine Aufgaben

Wir haben uns nun ziemlich eingehend mit der Lehraufgabe der Druiden beschäftigt und ihre Bedeutung unterstrichen. Doch wir konnten auch sehen, daß alles, was mit Bildung zu tun hat, in engem Zusammenhang zum Detail, zum Stoff und zum Wissensreichtum der Druiden steht. Wir werden also in den nächsten Seiten anhand irischer Texte noch genauer auf die verschiedenen Aspekte der einzelnen Disziplinen und Techniken eingehen müssen, die zugleich auch die internen Spezialisierungen der keltischen Priesterklasse darstellen.

In ihrer mythisch klingenden Geschichte, in der die Helden nachträglich zu Göttern wurden, hat uns Irland keine Beispiele des politischen Einflusses der Druiden überlassen, außer vielleicht solche, wo es um Eingriffe aus persönlichen

Beweggründen geht. Eines jedoch ist sicher, und zwar, daß der wichtigste gallische Gesprächspartner Cäsars ein Druide war, Diviciacus.

Laut Cäsar handelte es sich dabei um denselben Diviciacus, der einige Jahre zuvor den römischen Senat aufgesucht hatte, um ihn um Hilfe gegen die Sequaner zu bitten, die sich mit den Germanen verbündet hatten.[36] Das genügt jedoch nicht, die Schuld des gallischen Krieges auf die Druiden zu schieben. Woran jedoch kein Zweifel besteht, ist, daß Cäsar die Wünsche des Diviciacus über das von diesem Haeduer erwünschte Maß hinaus erfüllte. Es ist wahr, daß Cäsar nicht am Druiden Diviciacus interessiert war, und sobald jener nicht mehr die Vermittlerrolle - die durchaus auch die eines Druiden ist - zwischen Regierung bzw. Parteigruppe der Haeduer und Cäsar spielt, ist im *De Bello Gallico* nicht mehr die Rede von ihm. Die Konzentration und die schlechte Aufteilung der politischen und religiösen Macht einer Gesellschaft, die einer schweren Krise wehrlos ausgesetzt ist, zeigt jedoch immerhin, daß nichts ohne die Druiden ging.[37] Darüber hinaus ist die Meinungsverschiedenheit zwischen Cäsar und Cicero äußerst lehrreich: die Definition ist ebenso global als stichhaltig: wer auch immer bei den Kelten Druide ist, kümmert sich um religiöse und wissenschaftliche Angelegenheiten. Hätten die Wahrsager *(Vaten)*, deren irische Bezeichnung *(faith)* gleichbedeutend mit Dichter *(File)*[38] ist, tatsächlich unter den Druiden gestanden, so wäre es unverständlich, weshalb eine einflußreiche Persönlichkeit, die Cicero ausdrücklich mit dem Titel Druide belegt, nur ein einfacher Wahrsager gewesen sein soll. Wir verfügen natürlich über weitere "interne" Beweise, doch ist dieser vor allem bemerkenswert, da er von römischer Seite stammt.

Wie gesagt, ging uns durch die Christianisierung ein Großteil der Einzelheiten (zumindest fast die ganze rituelle Seite) verloren, doch ist es bezeichnend, daß die verschiedenen Zweige der Priesterklasse schon alleine durch die identische Kleidung in der heiligen Farbe Weiß einander ebenbürtig waren.[39] Das erste Zeugnis davon ist kontinentaler Herkunft. Es handelt sich dabei um die uns bereits bekannte Beschreibung Plinius' des Älteren vom Sammeln der Mistel:

"Der weißgekleidete Priester steigt in den Baum und schneidet mit einer goldenen Sichel die Mistel ab, die von den anderen in einem weißen Leinen aufgefangen wird." (Siehe Kapitel I.1, Fußnote 7)

Alle anderen stammen von den britischen Inseln, eines davon ist uns sogar aus der Zeit der Christianisierung erhalten. Es steht anzunehmen, daß es sich um die Ausschmückung einer Heiligenlegende handelt, doch ist die Farbe authentisch:

"Eine große Menge Druiden hatte sich um den ersten Druiden namens Recrad geschart, der den heiligen Patrick hatte töten wollen. In Begleitung von neun Druiden kam er auf sie zu."[40]

Alle folgenden Zeugnisse sind mythischer Natur. Wir wollen bei dem des irischen Druiden Mog Ruith ("Diener des Rades") beginnen, der den Preis bekanntgibt, für den er den Einwohnern von Munster zu Hilfe kommen will:

"Hundert Kühe des Viehbestandes, mit glänzend-weißer Haut und reich an Milch; hundert gut gemästete Schweine, hundert starke Arbeitsstiere; hundert Rennpferde; hundert schöne, weiße und weiche Untergewänder und obendrauf die Tochter des zweiten Herrn des Ostens oder die des ersten nach ihm, um mir Kinder zu schenken."[41]

Da gibt es auch Ferchertne, der zugleich Dichter und Krieger ist:

"Das sind hochmütige Leute", sagte Ailill, "wer sind sie, o Fergus?" "Das weiß ich wahrlich", sprach Fergus. "Es handelt sich um Künstler der Ulaten, die sich um Ferchertne scharen, und der weiße Mann mit den vielen Spielen, den du eben sahst, ist der Arzt der Ulaten, Ferchertne selbst. Vor seiner Satire weichen Seen und Flüsse und sie steigen an, wenn er seine Loblieder singt."[42]

"Ferchertne, der Sohn des Coirpre, Sohn des Iliag, ist der weiße und glanzvolle Mann, der Kriegsspiele spielt, die alle anderen übertreffen. Er ist der Dichterkönig unter den Dichtern der Könige der Ulaten und der Aufseher der Nachhut Conchobars, wenn jener sich in feindliches Gebiet begibt. Will jemand mit dem König sprechen, so hat er sich zuerst an jenen Mann zu wenden."[43]

Das letzte Beispiel glitzert von priesterlichem Weiß:

"Vor jenen, sah ich etwas außerhalb, im Osten eine weitere Truppe", sagte Crom Deroil. "Ein alter grauhaariger Mann mit sanften Zügen schreitet ihnen voran. Er trägt einen weiß-glänzenden Mantel mit hell-weißen Silberverzierungen. Sein Körper wird von einer strahlend weißen Tunika umhüllt. Er trägt einen Apfel von weißem Silber unter seinem Umhang und eine bronzene Anstecknadel an seiner Schulter. Seine Stimme besitzt die Zartheit einer Melodie. Sein Wort ist stark und klar [...] Dieser Mann ist der Geschichtsdruide von Ulster, Sencha der Große, der Sohn Ailills, dem Sohn Maechlogs aus Carnmag im Lande der Ulaten, der redegewandteste Mann der Erde und derjenige, der die Armeen der Ulaten besänftigt. Alle Menschen der Welt könnte er durch drei gute Worte beruhigen[...]"[44]

Diesem Fortbestehen des druidischen und priesterlichen Weiß kommt eine umso archaischere und bedeutsamere Rolle zu, da außer wenigen Bemerkungen über die ebenso archaische Verwendung des kriegerischen Rots, sich in der irischen Literatur des Mittelalters kaum noch Belege für die indoeuropäische Farbsymbolik finden.[45]

In Irland wurde die lexikalische Unterscheidung zwischen *Druide* und *File* nur selten getroffen; nicht aus Nachlässigkeit oder Unwissen, sondern, da sich die

Schreiber noch der Gleichbedeutung der beiden Wörter bewußt waren. So können wir z.B. in ein und demselben Text zuerst die Bezeichnung *Filid* für die Botschafter finden, die die Ulaten gewählt haben, um mit dem obersten König einen Frieden auszuhandeln; nur wenige Zeilen später werden sie als *Druiden* bezeichnet:

"Dann gingen die drei Dichter *(Filid)* los. Sie sollten sich bei Conchobar um den Preis für den Tod seines Vaters erkundigen und mit Fergus Frieden schließen: ihm sollte die östliche Hälfte, das Nachfolgerecht für die Königsherrschaft der Provinz, die Heldenwürde und das Erbrecht für Emain zugestanden und ein Bett mit goldenen Säulen geschenkt werden. Mit diesen Vorschlägen kamen die Druiden an und wurden im Zelt des irischen Königs empfangen. Man fragte sie um Neuigkeiten und sie erzählten ihr Anliegen von Anfang bis Ende. Eochaid sprach, er würde Conchobar für den Tod seines Vaters folgenden Preis bezahlen: zwei "dreißig Hundertstel" von Bregh na Boinne, seine eigene Tochter zur Frau, die Hälfte des Hauses der Mitte und die Aufgabe des Ernährers des obersten Königs. Man unterbreitete Fergus diese Bedingungen und übergab ihm das Gebiet von Tuaidh Inbhir am Strand von Baile, dem Sohn Buans."[46]

Brigitte, die Tochter des Gottdruiden Dagda, wird anläßlich einer Blutrache, zu deren Ende sie das große Weinen und Seufzen anordnet, im *Dindshenchas von Rennes* auch als "Dichterin und Druidin" *(banfili 7 bandrui)* bezeichnet. Sie erfüllt hier eine durchaus normale Aufgabe, da die Totenklage immer in den Bereich der *Filid* fällt, deren Herrin sie ist:

"Uillend fiel drei Tage später in der Schlacht von Cuilliu, durch die Hand Mac Grénes als Rache für Manannan. Mac Gréne wurde wiederrum als Rache für Uillend von Amrgin in der Schlacht von Tara getötet. Daraufhin befahl Brigite, die Dichterin und Druidin, die Tochter Eochaids Ollathirs, das Weinen und Klagen um die Toten, bei Bedarf durfte auch gejammert werden."[47]

Wollen wir Strabo glauben, so unterschieden sich die "Philosophen" durch ihre Opfertätigkeit und die Theologie von den Wahrsagern (wobei anzumerken wäre, daß eigentlich alle "Druiden" ohne Unterscheidung der Fachbereiche das Recht zu opfern besaßen) und wir zitierten bereits die beiden Autoren, die uns ohne tiefergehende Kenntnisse der Thematik die internen Unterteilungen der Priesterklasse überliefert haben.

Die Rolle des gallischen Barden und die wichtigsten Einzelheiten seines Verhältnisses zum Herrscher werden bemerkenswert genau in zwei griechischen Fragmenten beschrieben. Das eine stammt von Poseidonius von Apameia, 23, aus dem ersten vorchristlichen Jahrhundert, der Blütezeit des gallischen Widerstands:

"(Poseidonius erzählt, daß) dieser Prinz (Luernos, der Vater von Bituitos), mit seinem Streitwagen durch die Gegend fuhr und Gold und Silber unter die Menge der Kelten warf, deren Gunst er gewinnen wollte und die ihm massenhaft folgte. Manchmal ließ er ein Gebiet von zwölf Quadratstadien [1 Stadium = 185 m] umzäunen und ließ Fässer teuerster Getränke und eine solche Menge Speisen dort auftragen, daß alle mehrere Tage lang frei in diese Festung eintreten durften und von allem, was da angerichtet war, speisen und trinken durften und ohne Unterlaß bedient wurden. Als dieser Prinz einmal an einem zuvor festgesetzten Tag ein solches Fest gab, geschah es, daß ein Dichter dieser Barbaren zu spät kam. Er stellte sich vor Luernios und sang ein Lied über dessen Größe, indem er sogleich seine bedauernswerte Verspätung beklagte. Der Prinz, den diese Verse amüsierten, verlangte nach einer Börse voll Gold und warf sie dem Barden zu, der neben seinem Wagen lief, worauf jener erneut seinen Gesang vernehmen ließ, der besagte, daß die Spuren, die der Wagen auf der Erde hinterließ, Ackerfurchen waren, aus denen Gold und Wohltaten für die Menschen wuchsen."

Der andere Auszug stammt aus der *Römischen Geschichte* IV, 12 (Metzlersche Buchhandlung, 1828, S. 88-89) von Appian von Alexandrien, der hier im 3. Jahrhundert n.Chr. über Ereignisse berichtet, die sich dreihundert Jahre früher zugetragen hatten:

"Die Machthaber unter den Saliern waren, nach Besiegung ihres Volkes durch die Römer, zu den Allobrogern geflohen. Die Römer forderten dieselben heraus, und als man sie nicht auslieferte, so zogen sie unter Anführung des Eneus Domitius gegen die Allobroger zu Felde. Indem Domitius am Gebiete der Salier vorüberzieht, trifft ihn ein Gesandter des Bituitus, des Königs der Allobroger, kostbar gekleidet, mit einem Gefolge von geputzten Trabanten und von Hunden. Denn die Barbaren jener Gegend haben zu ihrer Leibwache auch Hunde. Auch ein Barde begleitete ihn, der nach barbarischer Liederweise den König Bituitus, her-nach die Allobroger, endlich den Gesandten selbst, in Beziehung zu seinem Geschlecht, Mannhaftigkeit und Reichtum besang, wozu eben erlauchtere Gesandte solche Leute mit sich führen. Dieser Gesandte bat um Verzeihung für die Machthaber der Salier, war aber nicht so glücklich, sie zu erlangen."

Die im Text Poseidonius' zur Sprache gebrachte königliche Großzügigkeit kommt bei Festen zum Ausdruck, die sehr an die des legendären Irland erinnern. Auch in der zweiten Anekdote hören wir von einem Barden, der der Hauptaufgabe seines Berufes nachkommt: Er preist seinen Herrscher in seiner Funktion als Verteiler der Güter, Hersteller des Gleichgewichts und Garant des Reichtums. Dabei sei angemerkt, daß der Barde nicht selbst als Botschafter fungiert, jedoch dennoch vor jenem das Wort ergreift. Der Text des Appianus bestätigt und erweitert den Stoff und die Anwendungsbereiche der Lobpreisungen durch eine bemerkenswerte Formel:

- Geburt (genoz),
- Mut (andreian),
- Reichtum (periousian).

Ein König von Irland, welcher, etwas später, seinen Dichtern gegenüber ähnlich großzügig vorging, dürfte jedoch aufgrund seiner Absichten weniger respektiert worden sein als Luernios und Bituitos:

"Feircheas, der Sohn des Coman Eigeas, tötete auf Befehl Cormacs, des Sohnes von Art, Mac Con mit der Lanze, die man Ringcne nannte, als jener in Goirt-an-Oir, in der Nähe Deargraiths in Magh Feimhean im Westen Ath na gCarbads, mit dem Rücken an eine Säule gelehnt stand und Gold und Silber an die Dichter und Doktoren verteilte."[48]

Doch, ob es sich nun um Druiden oder Barden handelt, die antiken Beschreibungen der keltischen Priesterklasse sind kohärent, so kurz zusammengefaßt sie auch sein mögen, und es ist nicht überflüssig anzumerken, daß wir jedesmal ohne weiteres irische Entsprechungen finden können. Fassen wir das Vorhergehende zusammen:

- Die Druiden sind Priester.
- Die Vaten sind Fachmänner im Bereich der Weissagung.
- Die Barden kümmern sich um Literatur und Dichtung.

Das Priesteramt wird durch die übrigen Aufgaben der Druiden vervollständigt:

1. Die drei von Cäsar bestimmten religiösen Aspekte:
- Theologie und metaphysische Überlegungen *(de rebus divinis);*
- Opfer *(sacrificcia publica ac privata);*
- Kulthandlungen, Riten, verschiedene Tätigkeiten

2. Die Lehrtätigkeit in Verbindung mit der Überlieferung traditioneller Lehrsätze.

3. Die Rolle des Richters und *ipso facto* die des Ratgebers der politischen Macht, der maßgeblich an der Beibehaltung des Gesellschaftsgefüges beteiligt ist, als Erhalter des Gleichgewichts und Verteiler der Wohltaten, doch nicht auf der Ebene des Königs, sondern auf der des Priesters, als Vermittler zwischen Göttern und Menschen.[49]

Außer der Lehrfunktion der Druiden, die wir bereits im Rahmen des Kapitels zu Hierarchie und Unterricht behandelten, wollen wir in der Folge alle weiteren Hauptaufgaben der Druiden genauer untersuchen.

1. Opfer und Opferer

Das Wort für das blutige Opfer ist uns nicht erhalten. Die bekehrten Iren ließen ganz einfach alles in den Texten aus, was damit zu tun hatte. Doch ist das Blutopfer nicht die einzige Form der Göttergabe und es ist durchaus möglich, daß es im Keltischen ein allgemeines Wort für Darbringung gab. Allem Anschein nach handelt es sich dabei um ein sehr altes Wort, welches in den Texten das lateinische *sacrificium* gänzlich zu ersetzen imstande war. In der Gallener Glosse (56b,7) wird ihr vorchristlicher Charakter noch recht deutlich ersichtlich: *.i. nomen dolestur chorthon bis ocedpartaib dobeib* "das heißt, der Name der Vase mit rundem Boden, welche den Opfern an die Götter diente".[50] *Idpart, idbart, edpart* (die irische Schreibweise des Mittelalters schwankt oft), blieb im christlichen Wortschatz erhalten, indem es die gleichen semantischen Umwandlungen durchmachte wie seine lateinische Entsprechung *offerenda*, um schließlich im britannischen und Gaelischen für die Messe schlechthin stehen zu können: *idpairt choirp Crist* wird die *Eucharistia mysteria* in den lateinischen Legenden der irischen Heiligen übersetzt[51], während in der *Handschrift Ars Amatoria* von Ovid das walisische *aperth,* Plural *aperthou* als Glosse des IX. Jahrhunderts über dem lateinischen *muneribus, sacra et victima* steht.[52] Um jedes Mißverständnis zu vermeiden, sei hier die wörtliche Bedeutung von *adpert* angegeben, die nichts anderes besagt, als "das, was dargebracht wird". Es muß bestimmte Bezeichnungen für die verschiedenen Opferformen gegeben haben für das Opfer am Altar, durch Verbrennung, durch Verbluten, Ersticken, Ertränken, Erhängen oder Begraben. Das Vorkommen in den späteren Beschreibungen der vorchristlichen Religion scheint nicht nur ihr hohes Alter (welches ohnehin außer Zweifel steht) zu belegen, sondern vor allem die Aufrechterhaltung eines "primitiven Sinnes". Die durch d'Arbois de Jubainville wiederhergestellte Form **ate-berta* (oder vielmehr **ati-od-berta*) hat lediglich theoretischen Wert im Bereich der Etymologie: Alle Worte des religiösen Vokabulars, welche nicht ins christliche System paßten, wurden entweder verschleiert oder sind spurlos verschwunden. Dennoch ist uns "dank" des Christentums zumindest der grundlegende Begriff für das keltische Opfer erhalten geblieben.

Da uns also sowohl aus Irland als auch aus Gallien keinerlei spezifische Bezeichnungen für die verschiedenen Opfertechniken erhalten sind, enthalten wir uns in dieser Frage eines weiteren Kommentars. Hierbei müßten wir den schwierigen Grat zwischen historisch überlieferten Opferriten und denen wandern, die uns mythologisch oder aber in verunglimpfter Form überliefert sind.

Es stellt sich hier jedoch keineswegs die Frage, ob die Druiden als Priester einer Religion Opfer vollbrachten oder nicht. Eine Religion kann Opfer ebenso wenig entbehren wie Symbole. Der Grund dafür ist, daß das genau geregelte Ritual für jeden Kult unabkömmlich ist. Es dient der Aufrechterhaltung des kosmischen

Gleichgewichts und erlaubt den Menschen nicht nur Reinigung, sondern das Überleben überhaupt. Die einzige Einschränkung, die hier zu treffen wäre, ist die, daß das Menschenopfer im "religiösen Erleben" mit Sicherheit äußerst selten war. In der gesamten mittelalterlichen Literatur Irlands besitzen wir davon nicht mehr als zwei oder drei Beispiele, die sich teilweise mit denen Galliens decken. Darunter fallen jedoch selbstverständlich nicht jene Fälle der Kriegstoten (einschließlich der Massaker von Verletzten und Gefangenen und Massenselbstmord nach einer Niederlage), die nicht in den Bereich der Opfer gehören.[53]

Wieder ist der grundlegende Text der Cäsars, *B.G.,* VI, 16:

"Die Völkerschaften der Gallier sind allen religiösen Bräuchen in hohem Maß hingegeben, und deshalb opfern diejenigen, die von einer besonders schweren Krankheit befallen sind oder sich in Kampf und Gefahr befinden, entweder - anstelle von Opfertieren - Menschen oder geloben, diese zu opfern; und als Ausführende für diese Opfer bedienen sie sich der Druiden, weil sie glauben, daß die waltende Macht der unsterblichen Götter nur dann besänftigt werden könne, wenn für das Leben eines Menschen das eines anderen hingegeben werde. Opfer dieser Art haben sie von Staats wegen eingerichtet. Andere Stämme haben Gebilde von ungeheurer Größe, deren aus Weidenruten zusammengeflochtene Glieder sie mit lebenden Menschen füllen; sie werden von unten angezündet und die Menschen sterben, von den Flammen eingeschlossen. Sie glauben nämlich, daß die Opfer derjenigen, die bei einem Diebstahl, Raub oder überhaupt irgendeinem Verbrechen ertappt worden sind, den unsterblichen Göttern angenehmer seien. Wenn es aber an derartigen Verbrechern fehlt, lassen sie sich sogar auf die Opferung Unschuldiger ein."

Wir setzen fort mit der Beschreibung Strabos, *Geographie* IV, 5:

"Die Römer räumten mit diesen Bräuchen, Opferungen und Weissagungstechniken auf, die unserem Rechtsverständnis nicht entsprechen. War nämlich z.B. ein Mann den Göttern geweiht, so erschlug man ihn von hinten mit einem Schwert und man sagte aus den Bewegungen des Sterbenden die Zukunft voraus; man opferte nie ohne den Beistand der Druiden: manchmal wurden die Opfer mit Pfeilen getötet, manchmal wurden sie in den Tempeln gekreuzigt oder aber es wurde ein Koloss aus Holz und Stroh aufgebaut, in den man Haustiere und wilde Tiere aller Art steckte und zusammen mit Menschen verbrannte."

Und hier noch eine Stelle, die wir bei Diodor von Sizilien, V, 32 finden.

"Zu ihrer natürlichen Rohheit stimmen auch gewisse Opferbräuche, welche eigentlich entsetzliche Frevel gegen die Götter sind. Ihre Verbrecher nämlich halten sie fünf Jahre hindurch eingesperrt und spießen sie dann zu Ehren der Götter auf Pfähle und verbrennen sie nebst andern Opfergaben auf ungeheuren

Scheiterhaufen. Auch die Kriegsgefangenen schlachten sie den Göttern zu Ehren wie Opfertiere. Einige von ihnen töten auch die im Kriege erbeuteten Tiere zugleich mit den Menschen oder verbrennen sie oder geben ihnen sonst einen qualvollen Tod."

In Irland verfügen wir über keine wirklich konkreten Hinweise bezüglich dieser Menschenopfer, die den Druiden zugeschrieben werden. Wie gesagt hat die Christianisierung alles oder zumindest fast alles aus unseren Quellen verschwinden lassen. So bemerkte auch d'Arbois de Jubainville : "Die Opfer, deren Vollzug eine der Hauptaufgaben der Druiden darstellte, waren unvereinbar mit dem Christentum."[54] Auf alle Fälle entspricht das Bild des Druiden, welcher ein Menschenopfer auf einem Dolmen darbrachte, sicherlich nicht der Wirklichkeit.[55]

Doch können wir uns dank neuester Studien unabhängig und abweichend von diesen fiktiven Vorstellungen ein genaueres Bild über die Opferriten machen, welche uns in ziemlichem Durcheinander von den antiken Autoren überliefert wurden, und die sich in die drei folgenden Gruppen unterteilen lassen:

Unblutiges Opfer durch die Priesterklasse (durch die Elemente ohne Gebrauch einer Waffe)	Erhängen Kreuzigung Ertränken Verbrennung, Beerdigung
Blutiges Opfer durch die Kriegerklasse	Tötung durch ein Schwert, eine Lanze oder eine andere Waffe
Opfer von Getränken oder Speisen durch die dritte Handwerksklasse	Zechgelage Festmahl

In allen drei Fällen wachen die Druiden über die Ausführung des Rituals.[56]

Wir wissen bereits, daß der Hauptschuldige für den großen Informationsmangel bezüglich des doktrinalen und rituellen Teils des irischen Heidentums bis auf wenige Ausnahmen der Heilige Patrick ist. Hier die Version aus der Sicht eines Mönchs:

"Wir werden den Heiligen Patrick, den Hauptapostel Irlands wiedersehen. Sein glorreicher Name verdient Bewunderung, er ist gleich einem Feuer, welches die Nationen tauft. Er kämpfte gegen die Druiden mit dem harten Herzen. Er vernichtete die Hochmütigen mit der Hilfe des weißen Himmels und reinigte das Irland der grünen Ebenen und der großen Rasse. Wir rufen ihn an, Patrick, den obersten der

Apostel. Sein Urteil hat uns befreit von der Verdammnis und Bosheit der düsteren Dämonen."[57]

Dieses Gebet ist eher eine Übung der Lobpreisung als eine tatsächliche Informationsquelle zu den Druiden, denn jene verschwanden nicht sofort mit dem Auftreten Patricks: Noch zur Zeit des obersten Königs Domnall hUa Néill (gestorben 978) vollzogen sie alle Wahrsagungstechniken, gegen die der Heilige sich gestellt hatte.[58]

In den ersten Episoden der Heiligenlegenden, in denen vom Triumph des Christentums über die blutigen Kulte berichtet wird, ist nie von Druiden die Rede:

"In Mag Slecht gab es eine Art Götterbild verziert mit Gold und Silber, vor und neben dem zwölf Bronzestatuen verschiedener Götter standen. Der König sowie das gesamte Volk beteten dieses Götterbild an, in dem sich ein sehr böser Dämon aufhielt, der dem Volk antwortete; aus diesem Grunde verehrten sie dieses Idol wie einen Gott. Patrick, der in der Gegend predigte, kam in die Ebene, in der das Götzenbild aufgestellt war, hob den rechten Arm und drohte, es mit seinem "Jesusstecken" [seinem Bischofsstab] mit einem Schlage zu vernichten. Doch drehte der Dämon, welcher sich innerhalb der Statue befand und den Heiligen Patrick fürchtete, den Stein nach rechts, so daß der Hieb des Stabes noch heute auf der linken Seite sichtbar ist. Doch die Hand des Heiligen ließ den Stab nicht los. Die Erde verschlang die anderen zwölf Statuen bis zum Hals und das ist alles, was heute noch als Erinnerung an dieses Wunder übrig ist. Der Dämon jedoch, welcher lange Zeit in diesem Götzenbild gehaust und die Menschen mißbraucht hatte, kam auf Befehl des Heiligen Patricks heraus. Als die Stämme einschließlich ihres Königs Loegaire dies sahen, bekamen sie Angst und baten den Heiligen Patrick, diesem fürchterlichen Ungeheuer aufzutragen, fortzugehen. So befahl ihm der heilige Patrick, zur Hölle zu fahren, woraufhin alle dem allmächtigen Gott dankten, der die Güte besessen hatte, sie durch den Heiligen Patrick aus der Macht der Schatten zu befreien."[59]

Der fromme Hagiograph berichtet an anderer Stelle, daß die Iren schließlich dieses Idol, welches nun all seinen spirituellen Wert verloren hatte, opferten:

"Woher kommt der Name Mag Slecht? Das ist nicht schwer. Es handelt sich nämlich hier um den Ort, an dem sich das königliche Götzenbild Irlands befand, welches man Crom Cruaich nannte und um welches zwölf steinerne Götzenstatuen standen, es war aus Gold und stellte den Gott all jener Völker dar, die vor dem Heiligen Patrick die Macht in Irland innegehabt hatten. Ihm wurden die Erstgeborenen aller Würfe und alle ersten Nachkommen einer Sippe geopfert. So kam auch Tigernmas, der Sohn Follachs, des Königs von Irland, mit den Männern und Frauen Irlands nach Samain, um ihm Ehre zu erweisen und sich vor ihm niederzuwerfen. Dabei verletzten sie ihre Stirn, den Nasenknochen, ihre Knie und ihre Ellenbogen so sehr, daß drei Viertel der Iren bei diesem Fußfall starben. Daher stammt auch der Name "Ebene des Fußfalls"."[60]

Leider wird dieser so gut beschriebene Kult um den Stein von Fal in Tara mit dem biblischen Thema der ersten Schulden an die Ewigkeit verglichen.[61] Die Druiden spielen hierbei keine Rolle. Es gibt wohl Spuren zu einem "Stein der Anbetung" *(ail adrada),* welcher laut dem juridischen Traktat *Breachta Comaithcesca* oder "Urteil gegenseitiger Lehen" vor allem als Grenzstein diente:

"Als Grenzzeichen dient ein Stein der Anbetung oder ein unverrückbarer Stein oder ein Baum oder ein flacher Stein oder ein Gedenkstein; fallen so sieben Zeichen zugleich zusammen, so nennt man dies eine unverrückbare Grenze."[62]

Die metrischen *Dindshenchas* besagen, daß seit der Zeit Eremons, d.h. seit der Ankunft der Goideln, Kulte der Steinanbetung stattfanden:

"Seit der Herrschaft
Eremons, des Herrn der Festung,
wurden Steine angebetet
und das bis zur Ankunft des edlen Patrick von Ard Macha."[63]

Doch bietet diese Bemerkung vor allem eine neue Gelegenheit, den Namen des Heiligen Patrick auszusprechen, und dieser Vierzeiler ist ebenso wenig beweiskräftig als die *Dindshenchas* in Prosa. In keinster Weise hat all das mit den Opfern der Druiden zu tun und sollten die Steine eine Rolle in der keltischen Religion gespielt haben, so nicht mehr und nicht weniger, als alle anderen natürlichen Elemente auch, d.h. die Erde, zu der sie gehören, das Wasser, das Feuer und die Luft. Der Megalithkult ist hier fehl am Platz und so sind es mit Sicherheit alle steinzeitlichen Opferformen. Überdies ist das irische Wort für "Anbetung", *adrad* ein lateinisches Lehnwort. Die Steinanbetung gehört nicht in den Bereich der Kelten.

Dürfen wir den Hinweisen des Nennius bezüglich einer Empfehlung Glauben schenken, welche bretonische Druiden gegen Ende der bretonischen Hegemonie in Großbritannien König Vortigern übermittelt haben sollen? Um die Wirksamkeit der Festung von Dinas Emrys zu sichern, hätten demnach die Stadtmauern mit dem Blut eines jungen Mannes besprenkelt werden sollen, dessen Vater unbekannt war. Doch genau wie Jesus unter den Rechtsgelehrten hätte der Knabe, der später der Zauberer Merlin werden sollte, die Druiden getäuscht und sei so seinem grausamen Schicksal entkommen. Die Geschichte von diesem Opfer ist es jedoch wert, gänzlich aus dem Lateinischen Nennius' übersetzt zu werden. Man spürt in der Tat, trotz der Anwesenheit des Heiligen Germanius, die ganze bretonische Mythologie, die den Abenteuern des Königs Vortigern und seinen Druiden zugrundeliegt:

“Und um das Schlimme noch zu verschlimmern nahm Guorthigern seine eigene Tochter zur Frau und sie gebar ihm einen Sohn. Als dies dem Heiligen Germanius zu Ohren kam, eilte er mit all seinen Priestern der Bretagne herbei, jenen zu tadeln. Als Priester und Laienbrüder in einer großen Versammlung zusammenkamen, beschied der König seine Tochter, daran teilzunehmen und ihren Sohn in den Schoß des Germanius zu legen und zu behaupten, er sei der Vater des Kindes. Doch nahm der das Kind gütig auf und sprach: “Ich werde dein Vater sein und dich nicht verschmähen, wenn mir ein Rasiermesser, eine Zange und ein Kamm gegeben werden und dir erlaubt ist, sie deinem leiblichen Vater zu überreichen.” Das Kind gehorchte und ging zu seinem Ahnen, der zugleich sein leiblicher Vater war, nämlich zu Guorthigern. Das Kind sprach zu jenem: “Du bist mein Vater. Rasiere meinen Kopf und schneide mir das Haar.” Doch sagte Guothigern kein Wort. Er weigerte sich, dem Kind zu antworten und erhob sich in großem Zorn. Er floh den Heiligen Germanius und wurde von jenem und der ganzen Versammlung der Bretonen verflucht.

Daraufhin rief der König all seine Druiden zusammen, um sie um Rat in dieser Sache zu fragen. Diese antworteten ihm: “Geh in den entlegendsten Teil deines Reiches und du wirst eine Festung finden, um dich zu verteidigen, denn das Land, welches du in dein Reich aufnahmst, beneidet dich und will dich durch eine List töten. All die Provinzen, die du gerne gehabt hättest, und dein eigenes Land wollen sie nach deinem Tode besetzen” Also brach er mit seinen Druiden auf, eine Festung zu finden. Sie durchstreiften zahlreiche Gebiete und Provinzen und kamen, nachdem sie nichts gefunden hatten, zuletzt in eine Gegend namens Guined. Da fand er auf seiner Suche in den Bergen von Ereri schließlich einen Ort, an dem er eine Festung errichten konnte. Die Druiden sprachen: “Hier baue deine Festung, denn sie wird hier auf immer vor den Ländern der Barbaren sicher sein.” Er sammelte Arbeiter, d.h. Steinmetze und Zimmermannsleute. Doch als sie das ganze Baumaterial beisammen hatten, wurde jenes in einer Nacht gestohlen. Er versammelte alle drei Mal, doch wurde es nirgends entdeckt. Also ließ er seine Druiden kommen und wollte wissen, was denn die Ursache dieses Übels wäre und was nun geschehen sollte. Jene antworteten ihm: “Wenn du kein lediges Kind findest, um es hinzurichten und sein Blut über die Festung zu vergießen, wird jene nie gebaut werden.”

Auf den Rat der Druiden hin schickte er Boten durch die ganze Bretagne, ein Kind ohne Vater zu suchen. Auf ihrer Suche in zahlreichen Provinzen und Gebiete gelangten sie nach Campus Elleti, welches in einer Gegend namens Gleguissing liegt. Dort stießen sie auf Kinder, die mit einem Ball spielten. Zwei von ihnen stritten sich gerade und der eine warf dem anderen schimpfend zu: “O, vaterloses Kind, dir wird das Glück ewig ausbleiben.” Sie befragten daraufhin die Kinder recht eindringlich bezüglich dieses einen. Sie fragten die Mutter, ob er denn keinen Vater hätte, worauf jene das verneinte und sprach: "Ich weiß nicht, wie ich ihn empfangen habe, da ich nie einen Mann gekannt habe." Und sie schwor ihnen, daß er keinen Vater hätte. Daher nahmen sie ihn mit sich und brachten ihn zum König Guorthigern. Am nächsten Tag trat eine Versammlung zusammen, um die Tötung des Kindes zu besprechen. Das Kind fragte den König: ""Warum haben mich deine Männer zu dir gebracht?" Der König erwiderte ihm: "Da du getötet werden sollst und dein Blut um die Festung vergossen werden soll, auf daß diese gebaut werden kann." Darauf sprach der Knabe erneut: "Wer hat dir so etwas gezeigt?" Der König: "Meine Druiden sagten mir das." Das Kind: "Ruf sie zu mir." Die Druiden wurden herbeizitiert und das Kind sagte zu ihnen: "Wer hat euch offenbart, daß diese Festung durch mein Blut besprenkelt werden müsse, und daß jene nie gebaut werden könne, falls nicht mein Blut über sie vergossen würde? Doch sagt mir, wer hat so etwas mich betreffend unternommen?" Und das Kind fügte hinzu: "Nur dir, o König, werde ich aus bestem Wissen die Wahrheit aufdecken. Doch zuvor will ich deine Druiden fragen, was sich hier unter dem Pflaster an dieser Stelle befindet. Ich hätte wirklich nur allzu gerne gewußt, was hier unten liegt." Doch sprachen jene: "Wir wissen es nicht." Er sagte: "Ich will es euch entdecken: Genau unter der Mitte dieses Pflasters liegt ein Teich. Grabt danach und ihr werdet ihn finden." Und sie gruben danach und fanden ihn. Darauf das Kind zu den Druiden: "Erklärt mir doch, was in diesem Teich ist." Sie schwiegen jedoch und konnten es nicht sagen. Er aber erklärte wiederrum: "Ich werde es euch entdecken: Da liegen zwei Vasen und das ist genau das, was ihr finden werdet." Und sie suchten und sahen, daß er recht hatte. Und das Kind sprach zu den Druiden: "Was ist in den Vasen eingeschlossen?" Und abermals blieben sie still und konnten nichts entdecken. Er erklärte ihnen: "Ein Leinen befindet sich in ihrer Mitte. Öffnet es und ihr werdet sehen." Der König ließ sie öffnen und darin lag ein gefaltetes Tuch, wie er es gesagt hatte. Was ist nun in der Mitte des Leinens? Erzählt mir das doch. Doch sie wußten wieder nicht, was sie sagen sollten. Doch er enthüllte es ihnen. "Zwei Würmer liegen drinnen, ein weißer und ein roter; entfaltet das Tuch." Sie öffneten das Leinen und fanden die zwei Würmer schlafend. Das Kind sagte: "Schaut genau, was die Würmer tun." Die zwei Würmer fingen an, sich gegenseitig zu verfolgen. Der eine legte sich auf den Rücken des anderen und schob jenen so an den Rand des Tuches. Das geschah dreimal hintereinander so, bis es klar war, daß der rote Wurm schwächer und der weiße stärker war, da jener ersteren vom Tuch schob. Sie jagten sich über den Teich und das Tuch verschwand. Das Kind fragte daraufhin die Druiden: "Was hat dieses wundersame Zeichen wohl zu bedeuten?" Und sie antworteten: "Wir wissen es nicht." Das Kind sagte zu ihnen: "Mir jedoch wurde dieses Geheimnis in Wahrheit entschlüsselt: Das Tuch symbolisiert dein Königreich. Und die zwei Würmer sind zwei Drachen: der rote Wurm ist dein Drache und der Teich ist das Bildnis dieser Welt. Doch ist der weiße Drache, der dieses Landes, derjenige, der sich der Völker und der meisten Gebiete der Bretagne bemächtigt hat. Sie besitzen es fast vom einen Meer zum anderen. Dann wird sich unser Land erheben und mutig die Angeln über das Meer zurückjagen. Du jedoch verlasse diese Festung, denn du kannst sie nicht bauen, und durchwandere viele Provinzen, um eine sichere Festung zu finden. Ich hingegen werde hier bleiben." Der König antwortete dem jungen Mann: "Wie heißt du?", und jener antwortete "Ich heiße Am-brosius", d.h. er gab sich als Embreis Guletic aus. Der König sprach: "Welchem Stamm gehörst du an?", und jener erwiderte "Mein Vater ist einer der Konsulen des Römischen Reiches." Daraufhin gab ihm der König die Festung und das ganze Reich der Westbretagne. Er selbst zog mit seinen Druiden in die Ostbretagne, wo er bis in ein Gebiet gelangte, welches Guunness heißt. Dort baute er eine Stadt, die nach seinem Namen Cair Guorthigirn benannt wurde."[64]

Dieselbe Geschichte wird uns auch im irischen Legendenschatz unter dem Titel *Hof der Becuma* überliefert: die Frau Labraids (eines Stammesoberhaupts der Tuatha De Danann[65]) hat sich des Ehebruchs mit Gaiar, einem Sohne des Gottes Manannan[66] schuldig gemacht, woraufhin Becuma zur Verbrennung bei lebendigem Leib verurteilt wird. Aus Milde wandeln die Richter aber das Urteil in Verbannung um, und sie wird in ein Boot gesetzt, welches von Land gestoßen wird. Es gelingt ihr, den Hügel von Howth (Etar) zu erreichen, wo sie auf König Conn Cetchathach ("mit den hundert Schlachten") trifft, der seine Faru Eithne verloren hatte. Dank ihrer Schönheit erreicht Becuma die Hochzeit, doch verursacht ihre Anwesenheit schon bald Probleme solcher Reichweite, daß sie den König selbst in Frage stellen: die Erde verweigert die Ernte, die Herden haben keine Milch mehr. Die zu Hilfe gerufenen Druiden erklären, daß der Sohn einer Jungfrau geopfert werden müsse und sein Blut über das Tor und das Land Taras vergossen werden sollte, um die Schuld der neuen Königin zu sühnen. Nach langer Suche findet Conn auf einer Insel den passenden Jüngling, den er durch eine List nach Tara bringt. Doch im Augenblick des Opfers taucht eine Kuh auf, und nicht zuletzt auf die Klagen der Mutter des jungen Mannes wird beschlossen, diese an seiner Statt zu opfern. Hier die charakteristischsten Passagen, deren Alter nicht durch die späte Fassung (in vormoderner Orthographie) verborgen werden können. Wir wollen hier lediglich die Stellen zitieren, die mit dem Opfer selbst zu tun haben und nicht näher auf die Geschichte Becumas eingehen:

"Art befand sich in Tara, wo er Schach spielte und Cromdes, der Druide Conns war bei ihm. Der Druide sprach: "Du wirst verbannt werden, mein Sohn, und das wegen der Frau, die dein Vater heiraten wird." Der König und seine Frau gelangten nun an diesen Ort, sein Sohn wurde sofort zu ihm gebracht und Conn sagte zu Art: "Verlasse Tara, ja ganz Irland auf ein Jahr, da ich mich verlobt habe." Die Männer

Irlands waren jedoch sehr unzufrieden, daß Art aufgrund einer Frau verbannt werden sollte. Dennoch verließ Art Tara noch in derselben Nacht, und Conn und Becuma blieben ein Jahr lang in Tara. In Irland gab es jedoch während dieser Zeit weder Weizen noch Milch und alle Iren machten sich große Sorgen wegen dieser Geschichte. Man rief die Druiden aus dem ganzen Land zusammen, um den Beistand ihrer Wissenschaft und ihres wahren Wissens zu erflehen, um herauszufinden, was dieses schreckliche Übel über Irland gebracht hatte. Der Fall wurde ihnen erklärt und die Druiden klärten den König und den irischen Adel über den Grund des Unglücks auf. All das sei durch das schlechte Verhalten und den Unglauben der Frau Conns verursacht worden. Doch sie sagten ihnen auch, wie sie sich von dem Übel befreien konnten: Der Sohn eines sündenlosen Paares sollte nach Irland gebracht werden, vor Tara getötet und sein Blut über den Boden Taras vergossen werden. Dies wurde Conn mitgeteilt, doch wußte Conn nicht, wo er dieses Kind finden sollte. Er versammelte die Männer Irlands an einem bestimmten Ort und sagte zu ihnen: "Ich werde mich auf die Suche nach diesem Kind ohne Sünde begeben. Gebt das Königreich Irland während meiner Abwesenheit an Art. Er soll Tara während dieser Zeit nicht verlassen bis ich wiederkomme."

Dann zog Conn nach Benn Etair, von wo er in die Andere Welt übersetzte:

"Dort begegnete er der Königin Rigru Rosclethan, der Tochter Lodans aus dem versprochenen Land, und der Gattin Daire Degamras, des Sohnes von Fergus Fialbrethach aus dem Land der Wunder. Mitten im Haus nahm Conn einen jungen Mann von bester Gestalt und Erscheinung wahr, der auf einem Kristallstuhl saß. Er hieß Segda Saerlabraid und er war der Sohn Daire Degamras[...]"

"Als Conn sich am nächsten Morgen erhob, klagte er dem ganzen Haus seine Last. "Was brauchst du?", fragte man ihn. "Irland ist jetzt schon ein Jahr lang ohne Weizen und ohne Milch." "Weshalb kommst du zu uns?" "Um euch um euren Sohn zu bitten", sagte Conn, "wenn ihr wollt. Denn es wurde uns gesagt, daß uns unsere Erlösung durch ihn bereitet würde, daß heißt, daß wir den Sohn eines Paares ohne Sünde nach Irland einladen sollten, um ihn im Wasser Irlands zu baden. Er ist bei euch. Laßt doch diesen jungen Mann, Segda Saerlabraid, zu uns kommen." "Es tut mir leid", erwiderte Daire, der Sohn des Fergus Fialbrethach, "doch verleihen wir unseren Sohn nicht an das weltliche Königreich, denn sein Vater und seine Mutter haben sich nie gesehen, außer um dieses kleine Kind zu zeugen, so wie auch unsere Väter und Mütter sich nur getroffen haben, um uns zu zeugen." "Was ihr da sagt, ist schlecht", sprach da der junge Mann, "dem irischen König so zu antworten. Ich werde aus eigenem Willen mit ihm gehen." "Sag nicht so etwas, o Sohn", rief da die Familie aus. "Ich sage, daß dem König von Irland diese Bitte nicht abgeschlagen werden sollte." "Wenn das so ist", erwiderte die Familie, "müssen wir dich weit von uns ziehen lassen und dich dem Schutz aller irischen Könige unterstellen, dem des Art, dem Sohne Conns und dem des Fian, dem Sohne Cumalls und allen Menschen der Kunst, damit du wieder gesund zu uns zurückkehrst." "All das soll sein, wenn es in meiner Macht steht", antwortete Conn.

Nach seinem Abenteuer segelte Conn in nur drei Tagen und drei Nächten nach Irland zurück. Die Männer Irlands waren in Tara versammelt, wo sie auf Conn warteten. Als die Druiden den jungen Mann sahen, faßten sie folgenden Entschluß: der Jüngling sollte getötet und sein Blut mit der unfruchtbaren Erde vermischt und auf die vertrockneten Bäume gestrichen werden, so daß ganz nach ihrem Wunsch wieder Obst, Ernte, Fisch und Milch zu haben seien. Conn stellte den jungen Mann, den er mitgebracht hatte, unter den Schutz Arts, Finns, der Künstler und aller Iren. Doch jene akzeptierten das nicht und sie waren außer sich über diesen Jüngling. Nur die Könige Conn, Finn und Art Oenfer, waren sofort dazu bereit.

Als sie ihren Entschluß gefaßt hatten, sprach der junge Mann mit lauter Stimme zu ihnen: "O Männer von Irland, laßt mich in Frieden, wo ihr euch doch entschlossen habt, mich zu töten. Richtet mich auf die Weise hin, die ich von euch erbitte." Da vernahmen alle das Brüllen einer Kuh und daraufhin die langen Klagen einer Frau. Die Frau setzte sich zwischen Finn und Conn Cethathlach. Sie wollten Neuigkeiten zum Vorhaben der Iren erfahren, den Jüngling trotz des Schutzes von Finn, Art und Conn zu töten. "Wo sind die Druiden?", fragte die Frau. "Hier", antworteten sie. "Sagt mir, was sich in den beiden Säcken an den Flanken der Kuh befindet." "Bei bestem Gewissen, wir wissen es nicht", antworteten jene. "Ich aber weiß es", erwiderte diese, "das hier ist eine Kuh, die ge-kommen ist, den jungen, unschuldigen Mann zu retten. Das hat folgendermaßen zu geschehen: Die Kuh muß geschlachtet und ihr Blut muß mit der Erde Irlands vermengt und vor dem Tor Taras vergossen werden, damit der Knabe gerettet wird."[67]

Die irischen und gallischen Erzählungen sind sich sehr ähnlich und haben vor allem einen gemeinsamen Zug, der den offiziellen und feierlichen Charakter der von den Druiden vollzogenen Opfer unterstreicht. Jene, vor allem die Menschenopfer, finden hauptsächlich dann statt, wenn die Interessen des Staates oder des Königs betroffen sind. Wir sehen auch, daß die Geschichte schwer von der Mythologie zu trennen ist. Ein solches Unterfangen wäre den Kelten selbst übrigens auch völlig fremd gewesen. Unnötige Diskussionen ließen sich auch dadurch vermeiden, nicht jedes Wort der antiken Autoren bezüglich der Reichweite und des Vollzugs der Opfer für bare Münze zu nehmen. Aus einigen Texten müßten wir ja schließen, daß das Massaker an der Tagesordnung stand und es sich bei den Druiden um blutrünstige Metzger handelte. Sicherlich bedarf es einer gewissen Beharrlichkeit, den Übertreibungen und Fehlschlüssen der antiken (oft aber auch der neuzeitlichen und zeitgenössischen) Schreiber zu widerstehen. Die Griechen und Römer der Epoche Cäsars und Augustus' sahen Gallien und noch mehr Britannien und Irland in etwa so, wie das europäische Mittelalter Afrika beäugelte. Die wildesten Geschichten hatten freien Lauf.

Die Menschenopfer waren der geeignetste Vorwand für Übertreibung und Verleumdung. Cicero gibt uns dafür im *Pro Fonteio* X, 21 ein schönes Beispiel - oder er folgte einfach der Mode - in einem schönen rednerischen Gedankenflug:

"Wem ist es heute noch nicht bekannt, daß sie [die Gallier] bis heute den grausamen und barbarischen Brauch aufrechterhalten haben, Menschen zu opfern? Was denkt ihr also, haben wir vom Glauben und dem Mitleid jener zu halten, die glauben, daß sich die unsterblichen Götter durch das Verbrechen und das menschliche Blut besänftigen lassen?"

Dennoch verstehen wir, haben wir die Worte erst einmal abgewogen, daß es sich hier um ein schlechtes Argument politischer Moral aus dem Munde eines guten Anwalts handelt. Die Notwendigkeit, daß Cicero hier einen hohen Beamten reinzuwaschen hatte, der auf Kosten seiner Opfer mehr als rücksichtslos vorgegangen war, macht letztere dadurch noch lange nicht der Verbrechen schuldig, derer er sie bezichtigt.

Vielleicht lassen sich aus den keltischen Bestattungsriten beständigere Schlüsse ziehen. Hier sind sie aus der Sicht Cäsars, *B.G.* VI, 19 beschrieben:

"Die Leichenbegängnisse sind, zumindest im Verhältnis zum sonstigen Lebensstandard der Gallier, prächtig und aufwendig, und alles, wovon sie glauben, daß es dem Toten zu Lebzeiten am Herzen gelegen sei, werfen sie ins Feuer, sogar Lebewesen. Kurz vor unserer Zeit wurden auch Sklaven und Klien-ten, von denen feststand, daß sie dem Toten am Herzen lagen, nach Beendigung der ordnungsgemäßen Begräbnisriten zusammen mit ihm verbrannt."

Pomponius Mela III, 2, 18 bestätigt diesen Brauch, fügt dem jedoch hinzu, daß es sich bei den menschlichen "Opfern" um Freiwillige handelte:

"Einst vertagten sie sogar den Abschluß von Geschäften und die Bezahlung von Schulden ins jenseitige Leben. Es gab sogar solche, die sich auf den Scheiterhaufen ihrer Angehörigen warfen, in der Sicherheit, mit ihnen zu gehen."

Erinnern wir uns auch derjenigen Gallier, die, wenn wir Posidonius bei Atheneus IV, 40, Glauben schenken dürfen, ihren Hals dem Schwert auslieferten, nachdem sie all das Silber und Gold, welches sie als Bezahlung dafür erhalten hatten, an ihre Freunde verteilt hatten:

"Andere wiederum lieferten folgendes Schauspiel. Sie verteilten das Geld, das Gold eine bestimmte Anzahl von Weinkrügen oder Kautionen, die sie erhalten hatten, an ihre Eltern und Freunde, woraufhin einer, der neben ihnen stand ihnen den Kopf abtrennte."

Doch scheinen diese Opfer nur auf den ersten Blick solche zu sein, denn sie werden oft mit dem vollsten Einverständnis der Opfer und nicht zum Nutzen der Lebenden, sondern vielmehr dem der Toten vollzogen. Sie sind also eher als Beweis für den Glauben an ein Leben nach dem Tod anzusehen, als für die Blutrünstigkeit der Religion. Was dieses letzte Zitat betrifft, so schloß d'Arbois de Jubainville daraus die Vergöttlichung eines mythischen Themas, und zwar das des grünen Ritters der Artussage und der irischen Legenden, wo es sich in der Geschichte Cuchulainns und Cu Rois wiederfindet. Eine eingehende Studie zu diesem Bereich steht zwar noch aus, doch verspricht jene unabhängig von der daraus resultierenden Schlußfolgerung, äußerst interessant zu werden.[68]

Die weiteren Beispiele sind unklarer und betreffen nicht die Menschenopfer. Im einen handelt es sich um ein Pferdeopfer, - welches zu Unrecht als mit dem indischen *ashvamedha* vergleichbares, hier Oghames Ritual verstanden wurde - als Teil eines Rituals der Königswahl. Doch müssen wir uns bei der Lektüre der Feindseligkeit des Schreibers, des walisischen Mönchs Giraud von Kambrien, gegenüber den Iren bewußt sein. Es handelt sich um ein relativ spätes Zeugnis aus dem XII. Jahrhundert, welches die Tatsachen in möglichst ungünstigem Licht erscheinen zu lassen sucht:

"Wenn der Stoff uns nicht zu berichten verpflichtete, so gäbe es einige Dinge, die man aus Anständigkeit lieber bei sich behielte. So scheint die Erzählung einer schändlichen Begebenheit, den Berichterstatter zu entstellen, gleich auf welche Weise er seine Geschichte vermitteln mag. Eine unpäßliche Angelegenheit kann jedoch von klugen Lippen und mit eleganten Worten erzählt werden, so daß dadurch weder die Wahrheit des Berichts noch die Schicklichkeit in Mitleidenschaft gezogen würden. Es gibt also im nördlichen und abgelegensten Teil Ulsters, in der Nähe von Kennelcunnil einen Stamm, der den Brauch besitzt, seinen König ein mehr als barbarisches und verabscheuenswürdiges Ritual zu bestimmen: Wenn der ganze Stamm versammelt ist, wird eine weiße Stute mitten in die Versammlung geführt. Derjenige, den man zur Würde - nicht des Prinzen, sondern eher eines Tieres - erhebt, geht vor allen gleich einem Tier herum und ge-bärdet sich mit nicht weniger Schamlosigkeit als Dummheit wie ein Tier. Daraufhin wird die Stute getötet, zerstückelt und in Wasser gekocht, aus welchem ersterem ein Bad zubereitet wird. In jenes taucht er ein und ißt die ihm an-gebotenen Fleischstücke, während er von seinem Volke umgeben ist, welches gleichermaßen davon speist. Von der Brühe, in der er badet, trinkt er nicht aus einem Gefäß und auch nicht mit den Händen, sondern unmittelbar mit dem Mund. Ist dies geschehen, so sind gemäß des Brauchs, nicht jedoch gemäß der Würde, seine Herrschaft und Autorität geweiht."[69]

Im anderen Beispiel, handelt es sich um ein Stieropfer so wie es Plinius, *Hist. Nat.* XVI, 249 beschrieb:

"Sie bereiten nach ihrer Sitte das Opfer und das Mahl unter dem Baum und führen zwei große Stiere herbei, deren Hörner da zum ersten Mal umwunden werden."

Die gleiche Opferszene wird uns in einer sehr kurzen Stelle bezüglich der Weissagetechniken aus Irland berichtet. Die Druiden werden zwar angesprochen, doch nicht das Opfer selbst; eine Auslassung, die dem Wert des Zeugnisses jedoch keinerlei Abbruch tut.

"Das Stierfest ging folgendermaßen vor sich: Man tötete einen weißen Stier, an dessen Fleisch und Brühe sich nur ein einziger Mann laben durfte, der vor Sattheit einschlafen mußte. Ein Wort der Wahrheit wurde dann von vier Druiden über ihn gesungen. Er konnte dadurch in seinem Traum die Erscheinung jenes Mannes wahrnehmen, der aufgrund seiner Erscheinung, seines Charakters und der Arbeit, die er verrichtete, zur Königswürde erhoben werden sollte."[70]

Wenn also bereits das Opfer größerer Tiere ebenso bedeutenden wie seltenen Ereignissen wie der Königswahl vorbehalten waren, so steht es anzunehmen, daß Menschenopfer nur bei noch feierlicheren und außergewöhnlicheren Anlässen vollzogen wurden.

Auch Lucanus boten die Menschenopfer einen Vorwand zu einer schönen poetischen Tirade, *Pharsalia* I, 447-451:

"Auch ihr, die ihr große Reden zur Unsterblichkeit der vom Krieg hinweggerafften Seelen haltet, habt ohne Furcht viele Gesänge verbreitet, ihr o Barden und ihr o Druiden, und weit ab der Waffen eure barbarischen Riten und grauenerregenden Bräuche wieder aufgenommen."

Doch ist der Weg von der Literatur zur Wirklichkeit ein weiter und wir dürfen solche Zeugnisse auf keinen Fall als gesicherte Informationen verstehen. In der Mitte des ersten nachchristlichen Jahrhunderts spricht Pomponius Mela, III, 2, 18 von vergangenen Menschenopfern, die nunmehr zu Scheinhandlungen reduziert worden seien.

"Es finden sich noch Spuren einer überkommenen Roheit, doch auch wenn sie sich der extremen Massaker enthalten, entziehen sie den Opfern, die sie zum Altar führen, etwas Blut."

Es war also unumgänglich, sich mit dieser Thematik auseinanderzusetzen, und das nicht nur aus moralischer Sicht - was in der keltischen, römischen oder griechischen Antike wenig Sinn hatte - sondern aus religiöser, theologischer, (vor allem) ritueller, doktrinaler und sogar juristischer Sicht, insofern als das Recht unmittelbar mit der Religion verwoben ist.[71] D'Arbois de Jubainville erklärt, daß das Opfer, ein Dieb, Räuber oder Kriegsgefangener mit seinem Leben den Diebstahl oder Mord begleicht, den er so nicht zahlen konnte.[72]

2. Der Druide als Richter

Trat der theologische Druide und Meister der Opferrituale nicht einen Teil seines Aufgabenbereiches an den Druiden der Weissagung ab, so wie er sich in den bereits angeführten Texten des Diodor von Sizilien und Strabos findet, indem er seine Kompetenzen auf den ganzen religiösen Bereich verlegte und sich dafür die Rechte vorbehielt?

Das Erstaunlichste ist jedoch, daß die lateinischen Historiker, die selbst in Rom eine reiche Palette verschiedenster Priesterämter vor Augen hatten *(flamines, pontifes, augures, haruspices)* nie daran gedacht hatten, sie mit der gallischen Organisation zu vergleichen. Fehlte ihnen die Neugier oder war zwischen den verschiedenen Begriffen der beiden Welten kein brauchbarer Vergleich anzustellen?

Die keltische Wahrsagung ist aufgrund ihrer Reichweite und der Vielzahl der Techniken allein schon ein eigenes Kapitel wert. Doch wollen wir den römischen Geschichtsschreibern einstweilen nichts vorwerfen. Wie hätten sie verstehen können, daß die Aussagen der Wahrsager auch in den rechtlichen Bereich fielen?

Denn der richterliche Aufgabenbereich, den Cäsar global und sogar zu oberflächlich im *B.G.,* VI, 14 beschreibt, stellt in Wirklichkeit ebenso wie das Opfer und die Wahrsagerei einen Bestandteil der Religion dar, was letztendlich auch erklärt, weshalb in Cäsars Schema die Druiden die Entscheidungen der höchsten Instanz treffen und über die entscheidendste Sanktion verfügen, und zwar das Verbot der Opferhandlungen, was ein Überleben im Rahmen der menschlichen und göttlichen Gesellschaft unmöglich machte.

Nichts oder fast nichts ist da mit dem römischen Recht vergleichbar, welches den Großteil der modernen Gesetzgebungen beeinflußt hat, und das vor allem in der Hinsicht, daß der Einzelne kein Recht auf Selbstjustiz besitzt und daß öffentliches und Privatrecht, sowie bürgerliches und Strafrecht klar voneinander getrennt sind. Bei den Kelten, die das Prinzip des öffentlichen Rechts nicht kannten, war das Privatrecht ungleich größer und auf Familien, Kantone und den ganzen Staat übertragbar. Alles beruht auf Privatverträgen und Verpflichtungen einerseits und andererseits auf der finanziellen Schuld, die, abhängig von Geschlecht und gesellschaftlichem Rang, einer Person und durch jene einer ganzen Familie für ein Unrecht oder einen Schaden (auch Mord) zusteht. Kommen die beiden Parteien nicht zu einer gütlichen Einigung werden Konflikte im Rechtsstreit oder durch ein Gottesurteil belegt. Die natürliche Lösung für Streitigkeiten zwischen Prinzen oder Staaten ist der Krieg.[73]

Wir haben hier keineswegs vor, das keltische Recht zu beschreiben oder zu erklären,[74] doch war eine der Ursachen des Unterganges der gallischen Druiden nach der römischen Eroberung mit Sicherheit der Verlust ihrer richterlichen Befugnisse.

In Irland hatte die Befehlsverweigerung oder *elud* ("Flucht") die schlimme Konsequenz der Verwünschung zur Folge. Der Flüchtige oder *elutach* verlor alle bürgerlichen und religiösen Rechte und jeder, der ihm Gastfreundschaft gewährte, hatte Strafe zu zahlen: fünf gehörnte Tiere und, gesetzt den Falles, die Summe seiner Schulden. "Die *Filid* verweigerten ihm ihr Amt und erklärten, weder Gott noch Mensch sei ihm etwas schuldig."[75] Der Gesetzestext ist förmlich und laut den Worten d'Arbois de Jubainvilles:

"Handelt es sich um Personen niederen Ranges, so geht die Benachrichtigung der Pfändung voraus, wird sie jedoch von einer oder gegen eine Person von Rang vorgenommen, geht der Pfändung das Fasten voraus. Wer auch immer sich der Pfändung widersetzt, ist allen anderen gegenüber ein Flüchtling *(elutach)*. Wer solche Dinge vernachlässigt, wird weder von Gott noch von den Menschen bezahlt."[76]

Eine gallische Parallele, deren Archaismus das gewöhnliche Maß eher übersteigt, findet sich im *Mabinogi* von Math: nachdem sie Goewin, den "Fußträger" des Königs Math vergewaltigt hatten, mieden Gwydyon et Gilwaethwy den Hof und irrten im Land umher "bis zu dem Zeitpunkt, wo es verboten wurde, ihnen Speise und Trank zu geben."[77]

Aus Gallien erhalten wir jedoch Hinweise über die noch interessanteren, rein religiösen Folgen: Das Verbot der Opfer (*B.G.* VI, 14: *sacrificiis interdicunt*), welches sich wohl am ehesten mit dem mittelalterlichen Kirchenrecht vergleichen läßt, welches den Bannstrahl schleuderte und schließlich den Schuldigen der weltlichen Macht überließ. Doch in Irland wurden auch in diesem Bereich die Verantwortung geteilt. Hier wurde der Richter-*File, brithem* geschaffen, welchen d'Arbois, der zugleich Jurist und Keltologe war, in einer dem *Senchus Mor* gewidmeten Arbeit untersuchte.[78] Im Grunde genommen ist der *brithem* ein *File*, also folglich ein Druide. Diese Funktion vervollständigt nun die internen Unterscheidungen der Aufgabenbereiche der Priesterklasse.

D'Arbois de Jubainvilles Unterscheidung zwischen *File* und *brithem* basiert auf den Grundlagen der modernen Rechtsauffassung, die legislative Macht und hierarchische bzw. administrative Exekutive voneinander zu trennen sucht. Doch trotz der breiten Fächerung der Arbeitsgebiete war diese Tendenz im antiken Irland unbekannt. So basierte das irische Recht auf einem Regelsystem, Beispiel-fällen (nach denen die Summen des Schadenersatzes bestimmt wurden) und auf alten

Urteilssprüchen, die die Rechtsprechung bestimmten. Daß die *Filid* dieselbe Justiz wie die Druiden Galliens betrieben, versichert uns abermals, daß erstere mit gutem Recht den irischen Druiden angehören. Ihr langes Rechtsstudium und ihre Kenntnisse der alten Sprachformen konnten ihr Ansehen nur erhöhen. Die *berla Féné* oder "Sprache der Féné" war eine Art gelehrter und obskurer Fachsprache, die nur den Dichtern, Richtern, Wahrsagern, kurz den Druiden vorbehalten war.[79]

Wir wissen nicht, wie die gallischen Druiden urteilten, und es wäre zwecklos zu versuchen, das Recht und bestimmte Fälle der Rechtsprechung rekonstruieren zu wollen.[80] Überdies ist das irische Recht viel zu reichhaltig und komplex, und unterscheidet sich viel zu sehr vom geschriebenen Recht unserer modernen Gesellschaft, um es in wenigen Seiten darstellen zu können. Man könnte schon lang und breit über den Unterschied diskutieren, den Cäsar zwischen den *praemia*, welche materielle oder finanzielle Vorteile bedeuteten, und den *poenae* macht, bei denen es sich um Strafen und Schadenersatzzahlungen bei Mord und anderen schweren Verbrechen handelt.[81] Überall haben wir es mit feinsten Unterscheidungen zu tun, welche sowohl den Streitfall als auch die Vorgangsweise betreffen und die Bemerkungen und Anspielungen Cäsars zum gallischen Recht bestätigen unsere Annahmen. Der Vergleich mit Irland läßt den Schluß zu, daß die "Druidenjustiz" und die "Königsjustiz" sich nie in die Quere kamen, da der Druide das Urteil beschloß und der König es aussprach (siehe unten), und daß die Trennlinie zwischen religiöser und politischer Kompetenz klar und unumstößlich war. Die Bezeichnung "Richterpriester", die C. Jullian benutzte[82] , ist jedoch nicht zutreffend. Sie beruht höchstwahrscheinlich auf dem Bericht Cäsars zur politischen Rolle des Diviciacus in der Karnutenversammlung.

Da uns also die kontinentalen Quellen fehlen, ziehen wir ein irisches Beispiel zur Demonstration heran. Als die Goideln oder "Söhne Mils"[83] in mythischen Zeiten, die sorgsam in die Annalen aufgenommen wurden, in Irland landeten, war die Insel besetzt und es fanden, so die wörtliche Übersetzung, Streit und Schlacht statt. Doch da jedermann darauf Wert legte, daß alles nach den gängigen Regeln vor sich ging, akzeptierten die Neuankömmlinge, daß ihr eigener Anführer, der *File* Amorgen ein "Urteil" abgab.

"Die Söhne Mils und Bregons gingen bis nach Druim Chain, das heißt nach Tara. Dort befanden sich die drei Könige Irlands, Mac Cuill, Mac Cecht und Mac Greine[84] . Diese trafen als Urteil über die Söhne Mids, daß ihnen binnen drei Tagen die Insel ohne Angriff Schlacht oder Geiselnahme übergeben werden solle. Sie rechneten damit, daß nach dieser Zeitspanne die Goideln nicht zurückkehren würden, weil ihre Druiden Zaubergesänge gegen sie singen würden und jene so nicht mehr wiederkommen konnten. "Wir urteilen", sagte Mac Cuill, der Sohn Cermats, "gleich eurem Richter Amorgen, da wir ihn sterben ließen, falls er ein falsches Urteil spräche.""Triff dein Urteil", sprach daraufhin Eber Dond. "Ich habe beschlossen, daß die Insel übergeben werden soll." "Wie weit müssen wir von hier gehen?" "Neun Wellen", antwortete Amorgen, und so war das erste Urteil Irlands gesprochen."[85]

Die neun Wellen bezeichnen die Grenze der Hoheitsgewässer des mythischen und mittelalterlichen Irlands, und die Goideln ziehen ohne Widerrede ab. Auch die beiden anderen "ersten Urteile" Amorgens sind es wert, genauer betrachtet zu werden:

"Nach der Schlacht von Tailtiu stritten die Söhne Mils um die Königswürde. Amorgen wurde herbeigerufen, um den Streit zu schlichten. Er sagte: "Das Erbe des Anführers Donn soll an den zweiten Eremon und von ihm an Eber übertragen werden." Und dies sind die drei Urteile, die unter den Söhnen des Mil gefällt wurden: das Urteil, welches Amorgen in Tara gab, das von Sliab Mis und das, welches er in Cenn tSaile bezüglich der Damhirsche und der Vierfüßer fällte. So sprach der Dichter:[86]

"Hier fällte Amorgen das Urteil,
seine Nachbarn verbergen es nicht,
nach der Schlacht von Mala, ein Ruf ohne Schande,
zwischen den Armeen der Söhne Mils.

Während jene sich auf der Jagd befanden
maß er eines jeden Recht.
Jedem gestand er zu, was ihm zustand
laut des Urteils des hohen und großen Amorgen.

Die erste Verletzung, das ist allbekannt, die einem Damhirsch zugefügt wird,
sei es, daß die Haut von einem Menschen oder Hund zerrissen wird,
steht nach einem unumstößlichen Brauch den Jagdhunden zu.
[...?...]
Der Mann, der den Hirsch zerlegt, hat ihn folgendermaßen aufzuteilen:
Ein feines, kurzes Stück des Halses
steht dem Hund zu, der den Hirsch an den Füßen erwischt hatte:
So viel und nie mehr.

Die Eingeweide bekommt der Letztankömmling,
ob die Jagd nun gut oder schlecht für ihn war.
Mit Sicherheit hat er kein Recht
auf ein Stück der allgemeinen Aufteilung.

Daß danach unter allen gerecht aufgeteilt wird,
ist keine schlechte Sache,
ohne daß hier oder da eine Regel festgesetzt werden sollte.

So lautet das Urteil des Amorgen."[87]

Amorgen ist also der mythische Dichter schlechthin, auch wenn er nicht der einzige ist, so ist er doch einer der wichtigsten Druiden. Der Kommentator des *Senchus Mor* täuscht sich nicht, wenn er schreibt:

"Der erste Autor Irlands war Amorgen Glungel ("mit dem weißen Knie"), der Adoptivsohn des Cai Cainbrethach ("mit dem schönen Urteil"), einer der zweiundsiebzig Schüler des Fenius Farsaidh. Cai hatte das Gesetz Mose gelernt, bevor er aus dem Osten kam, und das war das Gesetz, welches er sprach.[88]

Wir müssen dem Inhalt dieser paar Zeilen nicht unbedingt glauben - die irische Rechtsprechung hat anfänglich nichts mit den Gesetzen Mose zu tun - doch sind Absicht und Bedeutung klar. Das Beispiel zeigt das hohe Ansehen eines Richters, Dichters, Wahrsagers oder Druiden. Amorgen ist zugleich "Dichter und königlicher Richter", während der Sohn Senchas, Cai Cainbrethach, von dem hier die Rede ist, "Urteile fällen kann, die sein Vater nicht fällte und auch nicht fällen konnte."[89]

Ein anderer, zwar indirekter, doch unumstößlicher Beweis für die Bedeutung des Richters am irischen Hof, läßt sich aus dem Zeitplan des Königs ersehen, wobei es sich versteht, daß der König lediglich die vom spezialisierten *File* bzw. *Brithem* verfügten Richtsprüche bekanntmacht oder verfügt.[90] Zwei Tage der Woche sind der Justizverwaltung reserviert:

"Der König hat dem Gestz nach sieben Beschäftigungen: Am Sonntag trinkt er Bier, denn es gibt keinen wirklichen Prinzen, der an diesem Tag nicht Bier verteilte. Am Montag verkündet er Urteile und trifft Übereinkünfte der Bevölkerung. Am Dienstag spielt er Schach. Am Mittwoch sieht er der Hasenjagd zu. Der Donnerstag ist für die Liebe und der Freitag für die Pferderennen reserviert. Am Samstag verkündet er wieder Urteile."[91]

Die *Filid* wissen oft die haarigsten Angelegenheiten mit diesen heute oft bizarr anmutenden Formulierungen und einer Ausdrucksfreiheit zu regeln, die weit von der Starrheit des modernen Rechts entfernt sind und nie einen Gesetzesparagraphen zitieren oder sich auf ein Gesetzbuch beziehen und dennoch immer im Rahmen der gesetzlichen Vorschriften bleiben. So treffen die Juristen von Ulster z.B. ein intelligentes Urteil zugunsten Cuchulainns, um ihn für eine grobe Beleidigung zu entschädigen, wegen der er beinahe die Provinz verlassen hätte:

"Daraufhin kamen die Truppen nach Emain. Cuchulainn sagte zu Loeg: "Gib den Pferden die Sporen, spiele mit der Peitsche und reite zu Eogan, dem Sohne Durthachts, im Ort der Leute Farneys, auf daß wir die Provinz für ein Jahr verlassen und niemand in Ulster, da wo wir beleidigt wurden, ein Jahr lang unser Gesicht zu sehen bekommt."

“Gut, mein Sohn”, sprach Conchobar, “so soll es nicht kommen, also verkünde das Urteil selbst.” “Ich will nicht mein eigenes Urteil, sondern das der Richter und Dichter der Provinz,” antwortete Cuchulainn.

So wurden die Männer der Kunst einzeln vorgeführt, und hier ist das Urteil, welches sie fällten: Einen Skrupel (Gewichtseinheit = 1,3g) für jede Nase, eine Unze für jeden Stuhl, ein feuriges Pferd für jede Pferdeherde, einen Skrupel für jeden Stall, ein Schwein von Mucram für jede Herde und einen Sklaven für jede Stadt.

Zwei Drittel davon gab Cuchulainn an seinen Vormund, an seinen Herrn und an den Bruder seiner Mutter weiter. Das übrige Drittel übergab er den Dichtern seiner Provinz, auf daß sein Abenteuer und alle seine weiteren Abenteuer, so in Erinnerung behalten würden wie dieser und alle weiteren Morgen.”[92]

Die *Filid* werden für ihre Mühen gut bezahlt, da Cuchulainn als Ehrenmann das Geld verachtet und nichts für sich behält und ihnen einen Teil des Schadenersatzes zuteilt. Wir merken auch, daß er sich weigert, selbst ein Urteil abzugeben, da dies seine Verantwortungen überstiege.

Es ist erlaubt, davon auszugehen, daß die funktionelle Solidarität von Druide und König eine der wichtigsten Grundlagen der keltischen Welt darstellt, und daß sie wahrscheinlich im Bereich des Rechts am deutlichsten und in ihren feinsten Nuancen zu Tage tritt. Es kann in dieser Hinsicht nicht oft genug unterstrichen werden, daß die Kelten, die häufig als “primitiv” und unzivilisiert galten, intelligente und feinsinnige Juristen waren. Ihr archaisches Rechtsverständnis, welches dem römischen so fremd war, steht natürlich mit den mythischen Wurzeln der Institution der *Filid* in untrennbarer Verbindung. Es wurde von den Urdruiden geschaffen, ja mehr und besser noch, die Göttin Brigit selbst hatte am Entstehen teil. Das Detail wird in einer Stelle des *Senchus Mor* näher erläutert, die auf die Fünftagesfrist vor Beschlagnahmungen eingeht:

“Warum ist die Fünftagespfandung häufiger als alle anderen? Das ist auf das Duell zurückzuführen, das sich zwei Männer in Mag Inis lieferten. Als sie kamen, die Waffen zu ergreifen und ihnen nur noch ein Zeuge fehlte, trafen sie am Kampfplatz auf eine Frau, die sie um eine Frist ersuchte. Sie sagte: “Wäre mein Mann hier, so hättet ihr eine Frist.” “Ich würde ja warten”, sagte einer von ihnen, “doch bereitet das Probleme für den, der mich pfänden will, da auch seine Interessen warten müßten.” “Ich werde warten”, sagte der andere, und so wurde der Kampf vertagt, auch wenn sie nicht wußten auf wann, so daß Conchobar und Sencha ein Urteil fällen mußten. Sencha fragte: “Wie heißt diese Frau?” “Ich heiße Cuicthi (“fünf Tage”)”, erwiderte jene. “Der Kampf soll gemäß dem Namen der Frau um fünf Tage verschoben werden”, urteilte Sencha. Daher kommt auch das

Sprichwort: "Das Recht der Feine wäre gestorben, wenn nicht Cuicthi gewesen wäre." Und es war Brigh, die sich hier Cuicthi nannte."[93]

Wir wollen es dabei sein lassen. Eine vollständige Untersuchung der juristischen Rolle der *Filid* bedürfte einer umgreifenden Studie der irischen Gesetzestexte. Unterstreichen wir dennoch das alte, archaische Rechtssystem und die traditionellen, religiösen Vorstellungen Irlands, welches sich auch im Mittelalter nicht von seinen Ursprüngen trennte. Sicherlich, die Rechtssammlungen wurden in einigen Punkten überarbeitet, um mit den Hauptprinzipien des Christentums übereinzustimmen, doch beweist die formelle und fundamentale Unterscheidung des mündlich überlieferten, vorchristlichen "Naturrechts" *(recht aicnid)* vom christlichen geschriebenen Recht *(recht litre)*, welche im *Senchus Mor*[94] sehr ausdrücklich getroffen wird, daß die *Filid* das ihnen anvertraute, traditionelle Gut zu bewahren und zu überliefern wußten. Die beiden Rechtsformen Irlands, das vorchristliche - und deshalb wohl auch mit dem Recht Mose verglichene - "Naturrecht" einerseits und das christliche "Schriftrecht", welches der Heiligen Schrift und den Evangelien entstammte, verhielten sich zueinander ähnlich wie das Alte zum Neuen Testament. Sie widersprachen sich im Geiste und ergänzten sich in den Tatsachen und konnten so im Zuge einer sehr offiziellen Ordnungs-überholung, welche angibt, auf das V. Jahrhundert zurückzugehen, von der Unterstützung des Heiligen Patrick profitieren. Uns ist davon die ebenso großartige wie grausame Anekdote erhalten, die die Art und Weise beleuchtet, in der der große Schutzpatron Irlands das bestehende Recht mit dem Evangelium in Übereinstimmung brachte:

"Das *Senchus Mor* wurde verfaßt, um zu zeigen, wie Patrick im neunten Jahr der Herrschaft Theodos' und im vierten Jahr der Herrschaft Laeghaires, dem Sohne des irischen Königs Niall, nach Irland kam, um die Taufe und den Glauben unter den Iren zu verbreiten. Der Grund der Dichtung ist folgender: Laegaire beauftragte seine Männer, einen der Diener Patricks zu töten und Laeghaire versprach demjenigen, der dies ausführen würde, seinen Beistand, um zu sehen, ob Patrick ihm vergeben würde. Nuada Derg, der Sohn Nialls und Bruder Laeghaires hörte das. Er wurde bei Laeghaire als Geisel gehalten und sagte deshalb, er würde einen Gefolgsmann Patricks für seine Freiheit und eine Entlohnung töten. Er erhielt den Befehl über die Reiterschaft Laeghaires und wurde von seiner Gefangenschaft als Geisel befreit. Dafür gab er Garantien ab, daß er auch wirklich sein Versprechen halten würde. Er nahm unmittelbar seine Lanze, näherte sich den Geistlichen, warf seinen Speer auf sie und tötete so Odhran, den Kutscher Patricks.

Der Geistliche selbst war in der Kutsche gewesen: Odhran war dabei, den Wagen vorzubereiten und es schien, als schien der Anschlag auf Patrick selbst gerichtet. Der Diener Gottes wurde wütend und hob die überkreuzten Arme gen Himmel. Da bewegte sich alles und die Erde bebte an dieser Stelle, die Sonne verdunkelte sich und eine wahre Sonnenfinsternis trat ein. Es heißt, die Tore der Hölle öffneten sich in jenem Augenblick und Tara sei umgestürzt worden Und Tara wurde in jenem Moment tatsächlich umgekehrt. Der Herr befahl ihm, die Arme herabzunehmen und besser zu versuchen, den Mord an seinem Diener verurteilen zu lassen. Die Wahl des Richters in Irland sei ihm überlassen. Er gehorchte dem Befehl Gottes.

Die Wahl, die er traf, war, sich dem Urteil des königlichen Dichters der Insel Irland zu fügen, der Dubthach Mac ua Lugair hieß und welcher die Gnade des Heiligen Geistes empfangen hatte. Darauf beruht der Umstand, daß heute jemand, der über das Meer kommt, um seine Sache zu verteidigen, in Irland das Recht hat, den Richter zu wählen, und wenn er die Grenze einer Provinz überschritten hat, so darf er einen Richter aus dieser Provinz wählen. Dubthach gefiel diese Geschichte gar nicht und er sagte: "Es ist mir sehr unangenehm dir das sagen zu müssen, o Geistlicher, doch stört es mich in dieser Versammlung zwischen Gott und Mensch zu stehen. Denn, wenn ich sage, daß diese Tat nicht durch Schadenersatz wieder gut gemacht werden kann, so ist das schlecht für deine Ehre; das schiene mir nicht gut. Sage ich jedoch, daß ein Ausgleich zu bezahlen ist und Rache geübt werden darf, so wäre das schlecht vor Gott, denn was du Irland gebracht hast, ist das Gericht des Evangeliums und da steht die völlige Vergebung des nächsten Schuld durch einen jeden. Vor dir galt in Irland das Recht der Wiedervergeltung: Fuß für Fuß, Auge um Auge und Leben für Leben."

"Die Rede Gottes ist gut", antwortete Patrick, "denn nicht ihr sprecht, sondern der Geist eures Vaters", etc.

Patrick segnete seinen Mund und die Gnade des Heiligen Geistes drang in seine Rede, und das in dem Maße, daß er sagte: "Das ist eine Stärkung des Heidentums, und das Gericht[...]"

Vier Dinge werden in diesem Gedicht behandelt: Der Gehorsam und die Wahl der Berufungsbeklagten. Denn ihm wurde nicht nur die Wahl des Richters, sondern auch der Gehorsam der Iren zugestanden.

"Es ist eine Stärkung des Heidentums
wenn eine Untat gerächt wird.
Denn sie erzählen, daß es der Macht bedarf, um Verbrechen abzustellen,
und so den Glauben aufrechtzuerhalten.
Eine fremde Seele korrigierte
die Weigerung zur Taufe und die Sünde ohne Sühne.
Die Wahrheit, durch die die Reinheit kommt, ist verstanden.
Denn der Dämon hat kein Recht auf Vergebung
am Tage des Gerichts,

doch ist der Mensch nicht so.
Hat er seine Schuld abbezahlt, hat er ein Recht auf Absolution,
auf Vergebung seiner Verbrechen und dafür, daß
er sich dem Willen des höchsten Königs widersetzte.
Denn die Vergebung war eines jeden Brauch.
Das verdienen sie seit der Kreuzigung Christi
solange sie nicht wieder ins Böse zurückfallen.

Weshalb wird dem Menschen nach einem Verbrechen Vergebung gewährt, gesetzt den Falles, daß er sich bekehrt, und warum nicht dem Engel, wenn er gegen das Gesetz verstoßen hat, auch wenn er es bereut? Der Grund dafür ist, daß der Mensch in einem vergänglichen Körper lebt und das Haus Gottes höher als das seine steht. Der Engel jedoch besitzt einen subtilen und reinen Körper und das Haus Gottes liegt auf der gleichen Ebene. Das ist dar Grund, warum jenem nicht vergeben wird, wenn er das Gebot übetreten hat, auch falls er Reue zeigen sollte.

'Ich bitte dich, o Herr, lenke meine Schritte;
die ältesten Ahnen und die Vorfahren von größter Erkenntnis
haben nicht das Urteil Gottes verfälscht;
auf daß ich das Übermaß
der blutigen Verbrechen der Menschen nicht noch verschlimmere.
Die Wahrheit des Mannes der Wissenschaft und
das Zeugnis des Neuen Gesetzes
bestätigen, daß Nuada sterben wird [?].
Es ist bekannt, daß die göttliche Wissenschaft darüber entscheidet,
ob es ein Glaubensbekenntnis gibt.
Jeder Mann, wird für sein Verbrechen
mit dem Tod bezahlen.
Beide Gesetze enthalten Beispiele der Rache.
Bei meinen Backen, deren glänzende Ehre ich nicht beflecken werde,
es wird bewiesen sein,
daß ich ein wahres Urteil fällen werde.
Seit meiner Taufe heiße ich Patrick.
Die Hand, die es verdient, wird bestraft werden,
denn jedes Lebewesen, welches ein Urteil abgibt,
muß dafür erwählt worden sein.
Im ersten Gesetz der Männer Irlands,
welches Gott nicht in seinem Neuen Gesetz bestätigt,
stand, daß die Dreieinigkeit keine Vergebung gewährte.
Durch seine himmlische Macht
ließ Gott Mitleid walten, um Adam zu retten,

der das ewige Leben besessen hatte.
Doch als jener zu weit gegangen war
verdiente er die Sterblichkeit.
Wer einen anderen Menschen tötet, soll selbst sterben.
Sogar der König, der mit seinen Truppen den Sieg [?] anstrebt
und so anderen willentlich rote Wunden zufügt,
durch die sie sterben,
sowie Menschen ohne Macht und Würde ebenso
wie die vornehmsten Gelehrten,
kurz alle Lebenden, die den Tod anderer veschulden
und deren Missetaten verurteilt wurden, sollen selbst sterben.
Wer einen Verbrecher entkommen läßt, macht sich dadurch selbst schuldig
und er muß den Tod eines Verbrechers sterben.
Laut dem Gesetz, welches ich als Dichter gelernt habe,
ist es schlecht, jemanden für eine schlechte Tat zu töten.
Ich fälle das Todesurteil
und spreche den Tod über den aus, der einen anderen tötet:
Nuada ist gerichtet und soll in den Himmel kommen,
er ist also nicht zum eigentlichen Tod verurteilt.'

So wurde er den beiden Gesetzgebungen gerecht. Der Schuldige wurde für sein Verbrechen hingerichtet, doch seine Seele wurde dem Himmel zugesprochen. Das wurde von den Männern Irlands akzeptiert. So wurden allen die Verbrechen verziehen, damit es auf der Insel nicht zu einer Vermehrung der Sünden käme.

Wir verstehen im obigen Urteil, welches Dubthach von Gott eingegeben wurde, daß es zwischen der Vergebung und der Wiedervergeltung liegt. Denn bevor Patrick die Vergebung in Irland einführte, galt das Recht der Wiedervergeltung. Doch in diesem Urteilsspruch finden sich beide. Und wir haben Vergebung und Vergeltung bis heute aufrechterhalten, denn niemand ist heute imstande, den Himmel zu gewähren, wie es an jenem Tage (bei Patrick) der Fall war. Denn heute wird niemand für ein absichtliches Verbrechen hingerichtet, solange der Schadenersatz entrichtet wird. Kann er jedoch nicht bezahlen, wird er zum Tode verurteilt, oder aber er wird ins Meer geschickt, wenn sein Verbrechen unabsichtlich geschah oder aber für richtig befunden wurde. Derjenige, der einen Vertrag oder eine Abmachung nicht einhalten kann, muß dafür Dienste leisten.

Nach diesem Urteil ersuchte Patrick die Männer Irlands ihm an einen bestimmten Ort zu folgen, um sich mit ihm über diese Sache zu unterhalten. Als sie sich alle versammelt hatten, wurde ihnen das Evangelium Christi gepredigt. Als die Männer Irlands vom Tod der Lebenden und der Auferstehung der Toten und der Macht Patricks seit seiner Ankunft in Irland hörten und als sie sahen, daß Laeghaire und die Druiden von den Wundern besiegt waren, welche in ihrer Anwesenheit vollbracht wurden, knieten sie als Zeichen des Gehorsams an Gott und an Patrick nieder.

Da sagte Laeghaire: "Ihr Männer Irlands müßt unsere Gesetze aufstellen und verfügen." "Das wäre gut so", meinte Patrick. So wurden alle Männer der Kunst aus ganz Irland versammelt und jeder zeigte dem Heiligen Patrick in Anwesenheit des gesamten irischen Adels eine Kunst.

Zu diesem Anlaß wurde Dubthach ersucht, die Urteile und Gedichte Irlands, sowie alle Gesetze aufzuzeigen, die bei den Iren durch das Naturrecht, durch das Recht der Propheten und die Richtsprüche der irischen Insel und seiner Dichter gültig waren.

Ihnen wurde vorausgesagt, daß das strahlende Wort, d.h. das Schriftrecht kommen würde. Denn der Heilige Geist sprach und prophezeite aus dem Mund der Gerechten, die die ersten der irischen Insel waren, so wie es die ersten Propheten und die edlen Ahnen des Gesetzes der Väter vorausgesagt hatten. Denn das Gesetz der Natur war dem der Schrift vorausgegangen.

So zeigte Dubthach Patrick alle Urteile der wahren Natur, die der heilige Geist durch den Mund der Richter und gerechten Priester der Iren seit der Besetzung der Insel bis zur Ankunft des Glaubens hatte verlautbaren lassen. Alles, was dem Wort Gottes im Gesetz der Schrift und im Neuen Testament nicht widersprach wurde durch Patrick in den neuen Rechtskodex aufgenommen und durch die Männer der Kirche und die Obersten Irlands bestätigt. Für alle war das Gesetz der Natur gerecht gewesen, außer dem Glauben, seinen Einrichtungen und der Harmonie der Kirche und des Volkes [?]. Und das, das ist der *Senchus Mor.*

Neun Personen wurden dazu bestellt, Ordnung in dieses Buch zu bringen: die drei Bischöfe Patrick, Benen und Cairnech, die drei Könige Laeghaire, Corc und Daire sowie Rosa, d.h. Mac Trechim, Dubthach, der Doktor in der Sprache der Weisen und der Dichter Fergus.

Das Buch, welches sie zusammenstellten, wurde *Nofis*, d.h. Wissenschaft der neun Männer, genannt, was uns als Beweis für das oben Gesagte dient.

Das ist das Gesetz Patricks und kein menschlicher Richter kann außer Kraft setzen, was im *Senchus Mor* geschrieben steht.[95]

Dieser Text ist lang und klar genug, um keines Kommentars zu bedürfen. Er faßt alle Bedingungen - und fast sogar die Umstände - der Bekehrung Irlands und der Beibehaltung der traditionellen Gesetzgebung zusammen.

3. Der Druide als Botschafter

Die Aufgaben der Botschafter mit all der Diplomatie, die Konflikten vorausgeht oder folgt, sie provoziert oder regelt, sind aufgrund ihrer juristischen Fähigkeiten den Druiden vorbehalten. Aus Gallien ist uns aus dem Jahre 60 v.Chr., einige Jahre vor dem Eingriff Cäsars das Beispiel des Diviciacus - ohne Zweifel, das einzige, das uns heute noch zugänglich ist - erhalten, der als Anführer oder zumindest als einflußreiche Persönlichkeit der Haeduer nach Rom ging, um eine Unterstützung gegen die Sequaner zu erbitten, die sich mit den Germanen Ariovists verbündet hatten:

"Der Anführer der Haeduer kam in den Senat und trug seine Sache vor. Als man ihm anbot, sich zu setzen, lehnte er ab und sprach auf seinen Schild gestützt."[96]

Gegen Ende des "Krieges von Fergus und Conchobar", welchen die beiden Könige von Ulster fochten,

"kamen die Truppen in jener Nacht am Schwarzen Druidenbach an, wo sie anhielten und ihr Lager aufschlugen. Die Ulaten meinten, man müsse Botschafter zum irischen König schicken, um Frieden zu schließen. "Wer geht also?", fragte Conchobar. "Cathbad, Mes Deghad und Amorgen werden zu ihm gehen", antworteten die Männer."[97]

Und es verwundert uns nicht, daß es sich bei den drei einstimmig gewählten Gesandten um Druiden handelt.

4. Der Druide als Erzähler und Historiker

Die Kelten behandelten die übrige Religions- und Traditionswissenschaft nicht anders als das Recht. Poetischer Einfallsreichtum, kühne Metaphern und individuelle Phantasie gab es kaum vor der Romantik des XVIII. und XIX. Jahr-hunderts. Die Verfasser des *Buches von Leinster* oder anderer Handschriften, die sich streng an die Gattungsregeln hielten, wären erstaunt gewesen, daß man ihren Stil später als pittoresk, pseudo-exotisch und barbarisch bezeichnete.

D'Arbois de Jubainville, der bedeutende Jurist, der sich dem Keltentum verschrieben hatte, stellte einst die seriöse Seite der Wissenschaft der *Filid*, Richter, Gesetzgeber und Rechtsanwälte einer brillanten (weniger seriösen) Seite dieser selben Wissenschaft gegenüber, welche darin lag, wunderbare Geschichten zu erzählen, schöne Legenden zu überliefern, klangvolle, lyrische und elegische Gedichte zu verfassen.[98]

Diese Gegenüberstellung scheint uns nicht gerechtfertigt. Im Gegenteil, in Irland gab es keine "Literatur" in dem Sinne, den sie in der modernen, westlichen Welt besitzt. Die Gattung des Romans war den *Filid* unbekannt und das irische

Wort *litriocht* , "Literatur" ist ein Lehnwort aus dem Lateinischen *(littera),* welchem ein eigenes Suffix angefügt wurde. Mehr noch, es ist nicht nur schwer, die irischen Texte ohne moderne Begriffe wie Mythologie, Epos, Sage oder Zyklus zu beschreiben, sondern jene sind völlig inadäquat und verfügen über keine keltischen Entsprechungen.[99]

So ist zum Beispiel das Wort *saga* germanischen Ursprungs und sollte nie für keltische Stoffe verwendet werden. Es gibt kein keltisches Wort für Mythologie oder Epos, und der Grund dafür ist verständlich: In Irland wurde keinerlei Unterschied zwischen beiden getroffen. Die Mythen enthalten ebensoviel Epos, wie den Epenzyklen latente Mythologie innewohnt: Cuchulainn ist nicht historischer als Herkules und die zarte Etain war tatsächlich Königin Irlands. Der mittelalterliche Wortschatz Irlands ist reich genug, um ein bloßes Fehlen der Worte ausschließen zu können. Das Wort *scél* ("Erzählung, Bericht") umfaßt alles.

Dieser Begriff der "Erzählung" ist global: Eine Einteilung nach Zyklen oder Gattungen kannte man in Irland nicht. Das soll nicht heißen, daß es den *Filid* an Methode oder Intelligenz fehlte, sondern das bedeutet vielmehr, daß sie anders dachten: Sie teilten ihre Literatur nach Themen ein: Raubzüge, Frauenwerbungen, gewaltsame Tode, Kämpfe, Belagerungen, Entführungen usw. Diese Methode ist sicher nicht in unserer modernen Forschung anwendbar, doch ist sie deshalb nicht unbedingt unlogischer als die Unterteilung in Mythen- und Epenzyklen. Und all das wurde immer sehr streng befolgt. Daß uns die Rechtsprechungen des *Senchus Mor* heute trockener erscheinen als die bunten Beschreibungen der *Tain Bo Cualnge,* ist ein Eindruck neuzeitlicher Sicht, der jedoch nicht das Mittelalter dafür verantwortlich machen kann. Natürlich kannten die Iren einen Unterschied des Stoffs, doch zog dies keine andere Verarbeitung nach sich, da sie nicht auf Mythologie oder Legenden versessen waren, sondern sich eher leidenschaftlich der Geschichte, der Ahnenkunde, der Ortsnamens- und Wörterkunde hingaben, bei welchen es sich um sehr genaue Wissenschaften handelte. Die technischen Charakteristika entsprechen überdies den beruflichen Fachbereichen und schlossen so jegliche Phantasiererei aus. Für alles, was in den Bereich der theoretischen und intellektuellen Überlegung fiel, waren spezialisierte Druiden bzw. *Filid* zuständig. Das irische Königtum wollte mit Genauigkeit, Gewissenhaftigkeit und Eindringlichkeit über alles unterrichtet werden, was es selbst betraf. Wir können ohne weiteres annehmen, daß in Gallien das gleiche galt.

Die alte Unterscheidung von vorchristlichem "Naturrecht" und dem "Schriftrecht" nach der irischen Bekehrung ist bezeichnend genug. In der Tat sprechen die Texte von zwei verschiedenen "Irländern". Einerseits war da das nachpatrickianische Irland, welches eine reiche Literatur besaß, da es sich mit Eifer und Leidenschaft dem Studium der Schrift, des Lateinischen und Griechischen und schließlich auch des Gaelischen hingab. Wir müssen jedoch verstehen, daß diese zwei verschiedenen Formen trotz des Religionswechsels nicht miteinander unvereinbar waren. Es handelt sich lediglich um zwei aufeinander folgende Staaten, die auf der gleichen Grundlage basierten, so daß das christliche Irland nicht die Abschaffung des vorchristlichen bedeutete: Es wollte vielmehr ganz nach der Bibelparabel eine Blüte des letzteren darstellen und legte alles daran, dieses Bild zu rechtfertigen.

Die beste Nachweis dafür - sollte es eines solchen überhaupt bedürfen - ist immer noch die Art und Weise, in der der Heilige Patrick den ersten Bischof von Leinster rekrutierte, nachdem er sich zuerst des Wohlwollens und schließlich der Bekehrung des obersten Doktors, des Anführers der irischen *Filid* zugesichert hatte:

"Patrick zog von Tara aus nach Leinster, wo er sich mit Dubthach, dem Urenkel Lugars, in Domnach Mar Criathar im Hui Cinnselach traf. Patrick fragte Dubthach um einen Bischofskandidaten aus dessen Schülern von Leinster, einen fehlerlosen, unbefleckten und freien Mann von guter Geburt, dessen Reichtum weder zu groß noch zu klein war. "Ich suche einen Mann, der nur eine Frau besitzt und dem nur ein Kind geboren wurde." Dubthach antwortete ihm: "In meinem Gefolge kenne ich nur Fiacc den Schönen, der aber ausgezogen ist, ein Bardengedicht für die Könige zu verfassen. Als sie jedoch von ihm sprachen, sahen sie Fiacc auf sich zukommen. Dubthach [?] sagte zu Patrick: "Schneide mir die Tonsur. Der Mann wird mich unterstützen, denn seine Treue ist groß." Daraufhin kam Fiacc herbei, um ihm zu helfen und Patrick taufte ihn und schnitt ihm die Tonsur. Er verlieh ihm den Bischofstitel und so wurde er der erste Bischof von Leinster. Patrick gab Fiacc ein Kistchen mit einer Glocke und einer Reliquie, ein Kreuz und einige Schreibtäfelchen. Er ließ ihm ein Gefolge von sieben Mann: Mu Catocc aus Inis Fail, Augustin aus Inis Becc, Tecan, Diarmait, Maindid, Pol und Fedelmid."[100]

D'Arbois de Jubainville kommentierte die Würzburger Glosse 31b,14: *.i. nosmoidet iscelaib et senchasaib recto et geinlecte* "Sie rühmen sich durch Erzählungen, alte Rechtsformeln und durch das Heidentum", und die Glosse in der Epistel an Titus I, 10 *sunt enim multi etiam inobedientes, vaniloqui et seductores* "viele, die leere und verführerische Worte sprechen, üben sich im Ungehorsam":

"Der irische Mönch, der diese Worte las, hatte einen Augenblick lang vergessen, daß es sich dabei um die apostolischen Zeiten handelte, und daß es hier vor allem um die Frage der beschnittenen Gegner ging, auf welche Paulus in den Synagogen traf, *maxime qui de cicumcisione sunt*. Er dachte wohl an die mächtige Vereinigung der *File*, welche er noch vor sich hatte und die ihm erfolgreich das Vertrauen und die Bewunderung der Bevölkerung abspenstig machte, die in den Gerichten ihre alten Rechtstraditionen den Kirchenkanons und in der Literatur die epischen Erzählungen den Predigten und Heiligenlegenden entgegenstellten. Der Mönch, der die Glossen schrieb, versuchte also den Einfluß der Gegner Pauls auf zwei Weisen klarzumachen: durch die Geschichten, *scél,* welche jene erzählt haben sollen und durch ihre Kenntnisse des heidnischen Rechts, *senchas recto ocus geintlecte*." [101]

Der Schluß ist leider unzulässig, da es sich erstens um ein einzelnes Zeugnis handelt und zweitens, da eine Glosse nicht immer eine Übersetzung, sondern oft nur ein memnotechnischer Anhaltspunkt ist, dessen einzige Aufgabe darin liegt, die allgemeine Aussage des Textes zu erfassen. Der Schreiber konnte dabei ohne weiteres auch an das klassische Heidentum gedacht haben. Dieses war einem Iren, besonders einem, der den Kontinent bewohnte, durchaus nicht unbekannt. Schließlich und vor allem muß daran erinnert werden, daß sich in keinem einzigen irischen Text, ob es sich dabei nun um den *Senchus Mor* oder einen Text aus einem Epen- oder Mythenzyklus handeln mag, ein Hinweis oder auch nur die geringste Spur einer Feindseligkeit dem Christentum gegenüber findet. Der Antiklerikalismus einer Version der Legende von Mongan ist in dieser Hinsicht besten- oder schlimmstenfalls als Spaß auf der Ebene des mittelalterlichen Schwanks zu verstehen.[102]

Um die wahre Haltung der irischen Gelehrten bezüglich ihrer Legenden abschätzen zu können, empfiehlt sich die Lektüre der letzten Zeilen des *Tain Bo Cualnge*, zuerst in irischer Sprache:

Bendacht ar cech oen mebraigfes go hindraic tain amlaidseo 7 na tuillfe criuth aile furri "Gesegnet sei, wer auch immer den "Raubzug" in Erinnerung wahrt und ihr keine andere Form hinzufügt."

und dann in Lateinisch mit der Rechtfertigung des Priesters:

Sed ego qui scripsi hanc historiam aut verius fabulam, quibusque fidem in hac historia aut fabula non accomodo. Quaedam enim ibi sunt praestrigia demonum, quaedam figmenta poetica, quaedam similia vero, quaedam non, quaedam ad delectationem stultorum "Ich aber, der diese Geschichte, oder besser diese Fabel niederschrieb, schenke bestimmten Einzelheiten dieser Geschichte, bzw. Fabel keinen Glauben. Einige davon sind in der Tat dämonische Kunstgriffe, einige sind poetische Fiktionen, andere wieder sind es nicht und einige dienen lediglich dem Vergnügen der Dummköpfe."[103]

Der Vortrag einer Geschichte war eine Feier mit eigenen Ritualen, die Segen bescherte, nicht nur den exakt Vortragenden, sondern auch denen, die sich die Mühe gaben zuzuhören. Diese Idee ist seit Urzeiten überliefert und ist dem mittelalterlichen Irland und dem vedischen Indien gemein. Hier die Vorteile, die der Heilige Patrick persönlich im Vortrag einer Geschichte sah, welche *Altrom*

Tige Da Medar oder "Nahrung des Hauses der zwei Kelche" genannt wurde und die christianisierte Version des Etainzyklus' darstellt.

"Patrick befahl, daß während dieser Geschichte weder geschlafen noch gesprochen werden durfte, und daß sie nur zum Gebet ausgezeichneter Menschen vorgetragen werden sollte, die es wert waren, sie zu hören. Patrick gab noch viele weitere Anleitungen, so wie es in der Elegie berichtet wird:

"Grabt das Grab der Eithne im Friedhof oberhalb der taugrünen Boyne;

nach dem jungen Mädchen der sonnenbeschienenen Erkenntnis hatte die Armee des Aengus ihre gute Laune verloren.

Ich und der waffengewandte Aengus, wir sind ein Paar mit unterschiedlichen Absichten.

Auf der Erdoberfläche gab es keine Liebe, die unserer für Eithne gleichkam. Ich segne die Geschichte der Eithne von Finnagh.

Kinderreichtum und Reichtum der Gesellschaft wirst du finden, wenn du mit schönen Frauen schläfst.

Wenn du die "Nahrung" [diese Erzählung] vorträgst, wenn du dich auf ein Boot oder Schiff begibst, so wirst du heil und gesund ankommen, ohne die Wellen und die Tränen fürchten zu müssen.

Wenn du die "Nahrung" erzählst, bevor du zu einem Urteil oder auf die Jagd gehst, so wird dein Anliegen reichlich erfüllt werden, und alles wird deinem Willen gehorchen.

Wenn du die Geschichte der Eithne vorträgst, während du mit einer hübschen Frau schläfst, so wird sie dir die beste Gattin werden und du wirst die besten Kinder haben.

Wenn du die Geschichte der vornehmen Eithne vorträgst, indem du in ein neues Bierhaus schreitest, so wird es dort weder Bitterkeit noch Torheit geben; die gekrümmten und grausamen Waffen werden nicht gezückt werden.

Wenn du die Geschichte der noblen Eithne einem mächtigen König während des Kampfes erzählst, so wird er nichts bereuen müssen, solange er in Stille zuhört.

Trägst du diese wunderbare Geschichte den Gefangenen Irlands vor, so wird ihnen sein, als fielen ihre Ketten von ihnen ab und als wären sie aus ihren Gefängnissen befreit.

Die Seele, die im Körper der schönen Eithne wohnte, sei gesegnet.

Der, durch den diese Elegie bekannt gemacht wird, wird den Sieg davontragen.[104]

Man mag wohl bisweilen aufgehört haben, ganz an diese Geschichte zu glauben, doch durfte nichts daran geändert werden, da all dies Teil der Nationaltradition war, die zwar vielleicht eine recht fabelhafte Vergangenheit und etwas undeutliche Geschichte sein mochte, die jedoch stets mit der Wirklichkeit in

Verbindung gebracht wurde. Wird z. B. zu Beginn der *Tain Bo Cualnge* von der Generalmobilmachung der irischen Armee und ihrem Zug zur Grenze Ulsters berichtet, so geschieht das mit der Genauigkeit eines Adressbuchs:

"Hier sind also die Wege des Raubzuges und der ersten Stationen des Feldzuges, sowie die Namen der Wege, über die die vier Provinzen Irlands ins Land Ulster gelangten: über Mag Criunn, über Tom Mona, über Turloch Téora Crich, über Cul Silinni, über Dubloch, über Badbgna, über Coltain, über Sinaind, über Gluile Gabar, über Mag Trega [...]"[105]

Sechzig Ortsnamen werden so aufgezählt. Dem Erzähler war offenbar daran gelegen eine verständliche Erklärung in einem vertrauten Rahmen abzugeben. Da ist kein Text, der nicht mit Orts- oder Eigennamen gespickt wäre, und so vom Leser oder Zuhörer eine gute Kenntnis der Geographie und der lokalen Geschichte erforderte.

Alles scheint gegen den großen Feind der keltischen Gesellschaft, das Vergessen, anzukämpfen. Da die erste Bedingung der Existenz die der Nicht-anonymität war, war alles darauf ausgerichtet, den einzigen wirklichen Tod zu verhindern, den das Vergessen des Namens bedeutete. Die erste Aufgabe des Druiden, oder besser des *Sencha* war die, Beweise für die Rechtmäßigkeit der Herrschaft zu liefern und zu verbessern. So stoßen wir auf mehr als nur eine irische oder walisische Königsfamilie, deren Stammbaum ein halbes Jahrtausend zurückreicht. Wir zitieren dazu ein einziges Beispiel und zwar das des Stammbaums Cormacs, des großen Richterkönigs von Irland:

"Rian, der Sohn Bruatars, der Sohn Aeds, Cairpres, Laicnens, Colmans, Aed Rons, Crunnmals, Ronans, Cormacs, Nathis, Crimthanns, Enna Cendselachs, Labrads, Fiachachs, Cathar Mors, Fedelmid Fir Aurglais', Cormac Gelta Gaeths, Niad-Cuirbs, Con-Corbh, Mog Corbhs, der in der Herberge von Da Choca fiel, Conchobarsa mit den roten Augenbrauen, Find Fileds, Ross Ruads, Fergus Fairrges, Nuada Nechts, Setna Sithbaiccs, Lugaid Luathfind und Brescal Breccs."[106]

Ob nun alle diese Personen wirklich gelebt haben, ist eine andere Frage, denn die ersten von ihnen entstammen wohl mehr der Legende als der Geschichte. Was jedoch im vorliegenden Fall ausschlaggebend ist, ist die Absicht und nicht das unmöglich überprüfbare Detail solcher Berichte menschlicher Existenzen. Rechnen wir dreißig Jahre für jede Generation, so sind wir nicht weit von der Schwelle der tausend Jahre entfernt, so daß es auch nicht der irischen oder walisischen Mönche ermangelte, die vorgaben von einem israelitischen Stamm oder einem ägyptischen Pharao abzustammen.[107] Der Übergang von der Ahnenforschung zur Pseudogeschichte und zum Mythos selbst ist schnell geschehen.

Und hier das höchste Lob, welches einem Druiden verliehen werden konnte:

“Der Dichter Gilla mo Dubda sang folgenden Gesang über die Herrschaften der Könige und ihre Schicksale in klügster Manier. Er wahr blind und hatte ein flaches Gesicht. Er sang nie eine Lüge und veränderte keine einzige Geschichte.”[108]

Die Wissenschaft der irischen *Filid* ist, so wie die aller anderen keltischen Druiden auch, eine genaue, was bedeutet, daß sie den offiziellen Prüfungen standzuhalten hatte und sich nicht auf Forschungen stützte, die einer persönlichen Wißbegier entsprangen. Man mußte über eine Antwort auf jede beliebige Frage verfügen. Hier sind z.B. die Fragen, die den *Filid* bezüglich der Hauptstadt Tara gestellt wurden, oder die sie sich selbst stellten:

“Woher stammt der Name Temair Breg?
sagt es, o ihr Doktoren.
Wann erhielt dieser Ort jenen Namen?
Wann wurde Tara Tara?

War es unter dem schlachtenreichen Partholon
oder während der ersten Eroberungen Cesairs?
War es unter dem wertvollen Nemed
oder unter dem rauhen Cigal mit dem zitternden Knie?

War es unter den Fir Bolg mit den Schiffen
oder unter der Familie der Leprachan?
Erzählt anläßlich welcher dieser Eroberungen
Tara den Namen Tara erhielt.”[109]

Im weiteren Gedicht erfährt man dann die Antwort, die für uns jedoch kaum von Interesse ist, da sie nicht die etymologische Herkunft Taras klärt. Doch um das Gedicht verstehen zu können, mußten zunächst die Namen Partholon, Cesair und Nemed geläufig sein, denn dieses Grundverständnis wurde von den Zuhörern vorausgesetzt.

Aber die irischen *Filid* behandelten nicht nur Recht, Geschichte und Ortsnamenskunde. Sie schrieben auch Glossare und Abhandlungen zu Grammatik und Versmaß, die sich nicht immer untertänig nach den lateinischen Modellen richteten. Eine ihrer Lieblingsbeschäftigungen war die Etymologie, und es ist uns im *Coir Anmann* (“Herkunft der Namen”) eine umfangreiche Arbeit nach der Methode des Isodorus von Sevillia erhalten, die absolut nichts mit der modernen Philologie zu tun hat.[110] Hüten wir uns jedoch, uns über sie lustig zu machen: Außer dem Irischen sprachen die Inselgelehrten latein, griechisch und manchmal sogar hebräisch. Sie gingen mit der Philosophie nicht schlimmer um als das übrige Europa jener Epoche.

Als einziges Beispiel, welches zu diesem Punkt genügen soll, wollen wir diesen ziemlich eingehenden Interpretationsversuch zitieren, in welchem die Rechtsgelehrten versuchen, das Wort *senchas* "Altertum" auszulegen:

"*Seanchus,* das ist eine schwierige Frage *(cuis)* für einen Unwissenden, da sie außer von den Gelehrten von niemandem verstanden wird. Es ist dies also eine schöne und liebenswürdige Frage, *cas caingne,* eine brillante Frage, da sie die alten Wege der Männer Irlands betrifft. Wer hat sie uns überliefert, welche schöne Wissenschaft trägt diesen Namen? Wie wurde diese Lehre mit dem Namen *Senchus* erhalten oder wie wurde der *Senchus* selbst bis heute bewahrt?

Gefragt sind also die Wurzel, die Bedeutung und der Ursprung des Wortes *Senchus.* Die Wurzel ist das hebräische *son,* das griechische *soena*, oder auch das hebräische *suos,* das griechische *suene*, das lateinische *tario* und das irische *dlighedh*, welche das Gesetz und seine Vornehmlichkeit bedeuten.

Seine analytische Bedeutung und die Untersuchung des Sinngehalts des Wortes zeigen, daß es auf *sen chai fis* ("der alte Weg der Erkenntnis") der Männer Irlands oder der Alten *(sen)* bzw. *cai* "Weg" zurückgeht, und daß es also "Weg der Erkenntnis der Alten bedeutet". So wie die Menschen auf vielen Wegen zur Hauptstadt gelangen, so lernen sie auch durch die Kenntnis eines jeden Vertrages den *Senchus Mor* kennen.

Hier ein Beispiel dafür, was *cae* ("Weg") bedeutet:

> Ein junger Mann *(gilla)* beschützte mich einst unterwegs
> und sein Diener *(a gilla)* hat kein Recht auf schöne Dinge.

Senchas kann auch von *Sen cae fis* herrühren, was soviel wie "das alte Haus der Erkenntnis der Alten" bedeutet. So wie das Haus jemanden vor Kälte und schlechtem Wetter schützt, so schützt der Einblick ins *Senchus Mor* vor Unkenntnis des Vertrags. Hier ein Beispiel, in dem *cae* Haus bedeutet:

> Eine Schmiede *(cerd-chae)*, eine Mühle und ein Wald.

Oder aber *Senchus* kommt von *senchuis*, und hätte demnach *cuis* ("Ursache") als Wurzel, wonach es "Ursache der Erkenntnis der Alten" bedeutete. Oder aber *senchas* kommt von *senex* ("alt") und *custodia*, d.h. "der Wächter der Gesetze der Alten". Oder es kommt von *senex* und *casus*, dem Gipfel, wonach es zum alten Gipfel der Gesetze der Männer Irlands würde. Das Gesetz des *Senchus* überbietet alle anderen; so wie der Wipfel eines Baumes höher ist als sein Stamm, so übertrifft auch das Gesetz des *Senchus* alle anderen Gesetze."[111]

D'Arbois de Jubainville meinte, daß die christlichen oder christianisierten Legenden "erfunden worden waren, um der Wissenschaft der *Filid* Irlands einen biblischen Ursprung zu verleihen."[112] Dieser Ursprung hätte die herkömmliche Abstammung von der Göttin Brigit ersetzt. In Wirklichkeit handelt es sich jedoch um keinen Ersatz, sondern um eine Hinzufügung. Das ganze Mittelalter hindurch wird den *Filid* eine zweifache, genealogische Herkunft zugeschrieben, die sehr präzise im häufig verwendeten Satz *dochum gloire Dé agus na hEireann* ("für die Ehre Gottes und Irlands") zusammengefaßt wird. Ihre Literatur erklärt sich aus diesem scheinbaren, von d'Arbois mißverstandenen, Widerspruch: ob sie nun gaelisch, lateinisch oder englisch geschrieben oder gesprochen wurde, ob sie nun heidnisch oder christlich war, Irland bleibt immer Irland, das keltische Ebenbild der Mutter Deutschland oder des Heiligen Rußlands. Es kann als gesichert angenommen werden, daß die *Filid* die mythologischen oder epischen Erzählungen, die sie *scela* nannten und als Erklärungen verstanden, nicht grundlegend verändert hatten.[113]

Es besteht weiters kein Zweifel daran, daß die Grundlage dieser Erklärungen religiöser Ordnung war und zunächst für eine Kriegerklasse bestimmt war, die wegen ihres Aufgabenbereichs nicht dazu geneigt war, sich auf höherer Ebene mit intellektuellen Überlegungen auseinanderzusetzen. Wir sollten uns davor hüten, die keltische Priesterklasse nach den Folgen ihres Abstiegs zu beurteilen, in der der Druide zum Zauberer und der *File* zum einfachen *storyteller* wurde. Es stehen wohl intellektuelle als auch soziale Welten zwischen dem *File* Forgoll vom Hof des Königs Mongan im VII. Jahrhundert und dem Volkserzähler des XIX. Jahrhunderts. Der eine war eine bedeutende, reiche und geehrte Persönlichkeit, während der andere als Bettler umherzog.[114] In seiner Blütezeit war der *File* keineswegs ein Diener, dessen Aufgabe es war, den König zu zerstreuen, sondern er war ihm ebenbürtig und hatte ihn über all das aufzuklären und zu informieren, was jener wissen mußte, um sein Reich zu regieren.

Phantasie und persönliche Schöpfung waren da ausgeschlossen. Überdies kannten ja auch die Zuhörer die *scéla* und waren so durchaus imstande, außer der Qualität des Vortrags auch seine Genauigkeit und Zuverlässigkeit zu beurteilen. Wer auch immer über gewisse Kenntnisse verfügte, der kannte die Geschichte Irlands, wobei hier die Geschichte den ganzen Schatz der Mythologien bedeutet.

Fast alle Gelehrten, und vor allem d'Arbois de Jubainville[115], versuchten die Erzählungen chronologisch nach den Daten oder Anhaltspunkten der Annalen einzuteilen. Demnach wäre Conchobar, der König von Ulster im Jahre 2 unserer Zeitrechnung und Cuchulainn im Jahre 22 gestorben. All das ist jedoch mindestens ebenso zweifelhaft wie die ersten Bücher der römischen Geschichte des Titus Livius. Hatte man durch die Sage, in der Conchobar aus Zorn über die Kreuzigung Christi stirbt, nicht versucht, eine zeitliche Übereinstimmung herzustellen, die eher symbolischen als reellen Wert besitzt? Und was tun wir mit den Skandinaviern, welche in der *Schlacht von Mag Tured* den Fomoire gleichgesetzt werden? Die Erzählung ist uns in einer Handschrift aus dem XV. Jahrhundert überliefert, die skandinavische Invasion geht auf das IX. zurück und die Thematik ist zugleich eine Kosmogonie als auch die Versicherung einer künftigen Apokalypse. Aber von welchen historischen Ereignissen ist hier die Rede? Sicherlich von gar keinen. Es steht anzunehmen, daß die Kelten im Gegensatz zu den Römern, die ihrer Mythologie die Form der Geschichte verliehen und die mythischen Schemata in Rituale verwandelt hatten, ihre Geschichte durch Mythen ersetzten, während die Christianisierung uns um die Kenntnis der Hauptbestandteile ihrer Riten brachte. Doch all dies ist seit langer Zeit geklärt, und falls noch nicht vollständig, so wird es nicht mehr lange dauern. Was uns z.B. am Bericht der *Schlacht von Allen* interessiert, ist nicht, sie durch ihre Überschneidungen mit den *Annalen* auf das Jahr 722 datieren zu können, und auch nicht zu wissen, daß sie erst 700 Jahre später im XIV. Jahrhundert niedergeschrieben wurde, sondern vielmehr die Tatsache, daß in ihr die Druiden die Kämpfenden beruhigen, so wie Diodor von Sizilien ein Gallien beschrieb, welches zum Zeitpunkt der Niederschrift bereits der Vergangenheit angehörte.[116]

Wir nehmen also die *scéla* der *File*, d.h. der Erzähler- und Geschichts-Druiden für das, was sie sind, nicht als Zeugnisse konkreter und absoluter Beweise, sondern als Elemente, die zu einem allgemeinen Verständnis der keltischen Welt und vor allem ihrer Priesterklasse beitragen. Auf der Grundlage dieser Erzählungen werden wir den Aufbau einer göttlichen Gesellschaft analysieren, die auf die menschliche übertragen wird und schließlich mit ihr zusammenfällt. Wir wollen versuchen die Quintessenz des Druidenwissens durch die Beschreibung der Sozialstrukturen zu erfassen, welche den Religionsgeschichtswissenschaftler ebenso betreffen wie den Soziologen. Was in diesen traditionellen Gesellschaften, wie z.B. auch im vedischen Indien schließlich ausschlaggebend ist, sind weniger die Beziehungen der Menschen untereinander, sondern die Überlegungen und tiefgehenden Betrachtungen, die sie zu ihrer Beziehung mit den Göttern anstellten. In der keltischen Welt fallen diese Gedanken und Meditationen in den Bereich der Druiden oder sie werden zumindest von ihnen vermittelt.

Zusammenfassend und abschließend sei bemerkt, daß die *scéla* der irischen Druiden und *Filid* ursprünglich Darlegungen der heiligen Wissenschaft darstellten, von der nur enthüllt wurde, was die Zuhörer ohne Gefahr für ihr seelisches und intellektuelles Gleichgewicht hören durften oder sollten. Später, als diese heilige Wissenschaft durch die christliche Literatur verdrängt und zum Rang der profanen - doch immer noch irischen - Lehre *(figmenta poetica!)* abgewertet worden waren, blieb den *Filid* und den Mönchen immer noch ihr Geschmack und ihre Tradition erhalten, wenn sie auch nun zur toten Sprache geworden war. Allein diesem Umstand ist es zu verdanken, daß wir sie heute noch studieren können.

Paradoxerweise - doch verstehen wir jetzt sehr gut warum - waren es die Mönche des IX. und X. Jahrhunderts, die auch die lyrischen Gedichte niederschrieben, die von der menschliche Liebe oder dem Naturgefühl sprachen, und dies genauso gut und oft besser, in jedem Fall unmittelbarer als die Romantiker. Ein klassischer *File* hätte in der Ausübung seines Berufes nie ein Gedicht wie das folgende verfassen können, welches zu den schönsten des irischen Mittelalters zählt:

"Die Tat, die ich vollbracht, entbehrt der Freud': Was ich liebte, zerstörte ich.

Wahnsinn, seinem Wunsche nicht zu folgen, der Zorn des Himmelskönigs fiele da auf mich.

Wollt' er ohne Schmerz ins Paradies, so war's nicht ohne Sinn.

Eine kleine Lug' erzürnte Cuirithir gegen mich, war ich ihm doch sonst so lieb.

Ich, Liadan, liebte Cuirithir, und jeder weiß, wie wahr dies ist.

Einige Zeit war ich im Gefolge Cuirithirs, da es gut für ihn war, bei mir zu sein.

So wie das Brausen des bewegten Meers sang für mich die Musik des Waldes mit Cuirithir.

Ach hätte ich gedacht, Cuirthir durch meine Taten zu verletzen!

Versteckt es nicht: Er war es, der mein Herz mit Lieb' erfüllt', auch wenn viel' Lieb' den andern gilt.

Ein Strich des Feuers barst mir das Herz, so weiß ich, daß ich ohne ihn nicht bin."[117]

Dieses Gedicht von bestechender Einfachheit wurde im letzten Drittel des IX. Jahrhunderts niedergeschrieben. Seine Thematik deckt sich nirgends mit den didaktischen, pädagogischen und gelehrten Beschäftigungen der Priesterklasse. Dennoch bewirkte der mächtige Einfluß dieser alten Klasse und ihr allgegenwärtiges Gedenken, daß kein irischer Gebildeter seine Nationalsprache mißachtete. Das Latein bleibt auch im Hochmittelalter die Sprache der Liturgie und der internationalen Beziehungen, doch sie schließt das Gaelische nie für die menschlicheren Seiten der Existenz aus. Adamnan erzählt in seinem *Leben des Heiligen Columba* die folgende Anekdote in lateinischer Sprache. Trotz ihres traurigen Schlusses zeigt sie auf, wie sehr auch die strengsten Klostermönche die weltliche oder zumindest nicht-liturgische Dichtung liebten, solange sie irischen Ursprungs war:

"Als eines Tages der Heilige mit einigen Brüdern am Ufer des Sees von Cei nahe des Flusses saß, der im Lateinischen Bos genannt wird, gesellte sich ein Dichter zu ihnen. Als er nach ihrer Unterhaltung wieder fortgegangen war, sagten die Brüder zum Heiligen: "Als der Dichter Cronan uns verließ, warum batest du ihn nicht nach dem gängigen Brauch, uns einen Gesang mit Musik aus seinen Kompositionen vorzutragen?" Der Heilige antwortete: "Was fragt ihr jetzt so unnütze Dinge? Wie hätte ich ein Lied der Freude von diesem armen Mann erbitten können, wo er doch von seinen Feinden ermordet werden wird, und sein Leben dem Ende naht?"[118]

5. Der Druide als Arzt

Als Beleg für den Arzt-Druiden oder -Vaten *(faithliaig)* wollen wir Fingen, den Arzt des Königs von Ulster, Conchobar, anführen. Er besaß offenbar eine erstaunliche Geschicklichkeit:

"Alle zeigten ihm ihre Schmisse, Verletzungen, Wunden und anderen Leiden; einem jeden sagte er, an welcher Krankheit er litt und gab ihm ein Heilmittel, und in der Tat fand ein jeder, daß er Recht gehabt hatte. "Das ist die Macht der medizinischen Weisheit, der Heilung der Wunden, des Fernehaltens des Todes und das Ende aller Schwächen, die dieser Mann beschert", sprach Fergus. Fingen, der medizinische Weissager und Arzt Conchobars war von den Medizinern Ulsters umgeben. Er erkannte die Krankheit eines Mannes schon, wenn er den Rauch aus seinem Haus aufsteigen sah oder wenn er sein Stöhnen hörte."[119]

Hier noch ein weiteres Beispiel für die Fertigkeit Fingens, nach einer Stelle des *Aided Conchobuir* oder "Mord Conchobars". Als Conchobar tödlich durch den Stein einer Schleuder am Kopf verletzt wurde, rief man seinen Leibarzt:

"Gut", sagte Fingen, "wenn man dir den Stein aus dem Kopf entfernt, so wirst du sofort sterben. Wird er nicht entfernt, so werde ich dich heilen, doch wirst du behindert bleiben." "Für uns ist es wichtiger er lebt behindert, als daß er stirbt", sprachen da die Ulaten. Der Kopf wurde geheilt und die Wunde wurde mit einem Goldfaden genäht, denn das war die Haarfarbe Conchobars. Der Arzt empfahl daraufhin dem König, sich nicht mehr zu erregen, kein Pferd mehr zu besteigen, keine leidenschaftlichen Beziehungen mit einer Frau mehr zu haben und nicht zu laufen."[120]

Diese Chirurgie ist mythisch und uns fehlen die Beweise dafür, daß die Ärzte wirklich imstande waren, so schwierige Operationen durchzuführen. Aus dem mittelalterlichen Irland sind uns keinerlei chirurgische Traktate erhalten. Als positive Seite kann jedoch immer noch gelten, daß die keltische Legende die Arzt-Druiden hoch genug schätzte, um ihnen die Fähigkeit zuzuschreiben, eine wundersame Heilung am König vorzunehmen und jenem in der Folge praktisch zu verbieten, seine Aufgabe auszuführen.

Es soll hier noch eine Stelle zur Erläuterung anderer chirugischer Glanzleistungen zitiert werden, die aus der späten doch überlieferungsgerechten Erzählung des *Oidhe Chloinne Tuireann* oder "Tod der Kinder Tuireanns" stammt. Dieses Mal sind die Behandelnden die Götter, doch verdienen ihre therapeutischen Fähigkeiten allemal unsere Aufmerksamkeit.

“Ein liebenswerter König freier Geburt erlangte die Herrschaft und Macht über die farbenfrohen Tuatha Dé Danann. Sein Beiname war Nuadha mit dem Silberarm, er war der Sohn Echtachs, Sohn des Ordan, Sohn des Allaoi. Dieser König hatte also einen Arm aus Silber und sein Pförtner besaß nur ein Auge.

Eines Tages verließ jener junge Krieger die Stadtmauern Taras und sah zwei schöne, junge Männer von schöner Gestalt auf freiem Felde auf sich zukommen. Sie grüßten ihn und erhielten ebenfalls seinen Gruß. Der Pförtner fragte sie um Neuigkeiten: “Woher kommt ihr, o junge Leute von schöner Gestalt?” “Wir sind gute Ärzte”, antworteten jene. “Wenn ihr wirklich gute Ärzte seid, so könnt ihr mein Auge durch ein anderes ersetzen.” “Ich könnte das Auge dieser Katze an die Stelle des deinigen setzen”, erwiderte darauf einer der beiden. “Das wäre mir ganz recht so”, sprach der Pförtner. Also ersetzten sie das Auge des Kriegers durch das Auge der Katze. Das paßte ihm einerseits und andererseits auch wieder nicht. Denn wollte er nun schlafen oder sich ausruhen, so öffnete sich das Auge beim Schrei der Mäuse, beim Flug der Vögel oder beim leisesten Geräusch des Schilfs. Hatte er jedoch eine Truppe oder Versammlung zu bewachen, so hatte er Lust zu schlafen oder sich auszuruhen.

Er trat vor den König und erzählte ihm, daß gute Ärzte nach Tara gekommen seien, “denn sie haben mein Auge durch das einer Katze ersetzt.” “Führ sie zu mir”, sprach der König. Als sie eintraten, hörten sie ein jämmerliches und bemitleidenswertes Klagen. Miach, einer der beiden Mediziner, sagte: “Ich höre das Seufzen eines Kriegers.” Ormiach, der andere sprach darauf: “Sieh nach, ob das nicht das Stöhnen eines Kriegers ist, dem ein Mistkäfer die Seite schwärzt.” Der König wurde nach ihnen an den Ort geführt, wo sie hingegangen waren und den Mann untersuchten. Der eine von ihnen nahm ihm den Arm an der Seite ab und sie warfen den Mistkäfer, den sie ihm entnommen hatten vor die Festung, wo ihn die Männer des Königs töteten.

Miach suchte daraufhin einen Arm von gleicher Länge und Stärke, um den amputierten zu ersetzen. Man suchte bei allen Tuatha Dé Danann und fand keinen außer dem des Schweinehirten Modhan. “Gefallen euch die Knochen seines Armes”, fragten die beiden Ärzte. “Das ist der, der uns am meisten zusagt.” Ein Mann nahm ihn und brachte ihn nach Tara zu Miach. Miach sprach zu Ormiach: “Willst du lieber den Arm anfügen oder lieber Kräuter suchen, um Fleisch daran zu bringen?” “Ich ziehe es vor, den Arm anzubringen.” Also zog Miach los, um Kräuter zu sammeln, die er bald herbeibrachte. Der Arm wurde ohne jegliche Fehler angefügt.”[121]

Der Text gibt nicht an, daß es sich bei Miach und Ormiach um die Kinder des Ärztegottes Diancecht, dem Meister des Gesundbrunnens in der Erzählung *Die zweite Schlacht von Mag Tured*, handelt. Er bezeichnet die beiden auch nicht ausdrücklich als Druiden, doch besitzen Götter von vorneherein die Eigenschaft und Würde des Priesterstandes. Eine weitere Auslassung dieser Version ist die der Schwester Miachs ("Scheffel") und Ormiachs ("großer Scheffel"), die den Namen Airmed trägt. Ihr Name hängt mit dem lateinischen *medicus* und der Wurzel *med-* zusammen, die Maß und Gleichgewicht bedeutet.[122] Nur allzuleicht können wir nachvollziehen, daß die Rolle des Arzt-Druiden vor allem darin bestand, das gesunde Gleichgewicht des Körpers (und der Seele) herzustellen und aufrechtzuhalten, und daß er sich dazu der drei technischen Seiten der Medizin bediente, wobei die magische, den ersten, die blutige den zweiten und die pflanzliche den dritten Stellenwert einnimmt.

Der Ärztegott Dianecht bezeichnet selbst die Grenzen seiner Kunst, als er auf eine Frage Lugs anläßlich der großen einleitenden Truppenschau der *Zweiten Schlacht von Mag Tured* antwortet:

"Und du, o Dianecht", sprach Lug, "über welche Macht verfügst du nun wirklich?" "Das ist leicht gesagt", antwortete jener: "Jeder verletzte Mann wird von mir geheilt werden um sich dem Kampf des nächsten Morgens stellen zu können, außer ihm wurde der Kopf abgehauen oder seine Hirnhaut oder sein Rückenmark sind verletzt."[123]

Da verstehen wir auch, warum die Kelten dem besiegten Feind den Kopf abschlugen. Die Köpfung verbot jegliche irdische Wiederbelebung und sicherte dem Sieger die Übertragung aller wirklichen und möglichen Tugenden des Besiegten zu. Von diesem Prinzip mußte wohl auch der eifersüchtige und rachgierige Ärztegott ausgegangen sein, als er seinen eigenen Sohn tötete, da jener bessere Fertigkeiten als er selbst unter Beweis gestellt hatte:

"Diese Heilung schien Dianecht schlecht. Er schwang sein Schwert über dem Kopf seines Sohnes und traf ihn so, daß er dessen Kopf bis unter die Haut ins Fleisch verletzte. Der Knabe heilte sich durch seine eigene Kunst. Da schlug jener erneut und schnitt ins Fleisch bis auf den Knochen. Und wieder heilte der Knabe, indem er seine Kunst anwandte. Er schlug ein drittes Mal zu und verletzte ihn bis an die Hirnhaut, doch abermals heilte sich der Junge durch seine eigene Kunst. Als jener doch einen vierten Hieb tat und das Gehirn selbst traf, starb Miach. Dianecht sprach, daß er selbst als Arzt eine solche Verletzung nicht hätte heilen können."[124]

Ein weiterer und sicher nicht der geringste Arzt ist Gott Lug selbst, welches sich leicht dadurch erklären läßt, daß er allein die Fähigkeiten aller anderen Götter besitzt. So gibt er sich zum Beispiel die Mühe, den völlig von Erschöpfung und Verwundungen geschwächten Cuchulainn zu heilen, als jener versucht, den Einfall der irischen Armee in Ulster zu verhindern. Ihm steht keine wunderbare Quelle zur Verfügung wie Dianecht und dessen Kindern. Er wendet Pflanzen- und Zaubermedizin an, so lange chirurgische Eingriffe nicht unerläßlich sind. Außerdem gewährt er seinem Patienten einen langen Erholungsschlaf.

"Da sang er ihm den *ferdord* und jener schlief ein[...] Drei Tage und drei Nächte lang schlief Cuchulainn. In Wahrheit war dies nur natürlich, denn sein Schlaf entsprach dem Ausmaß seiner Erschöpfung. In der Tat hatte Cuchulainn vom Montag nach Samain bis zum Montag nach Imbolc nicht geschlafen, außer vielleicht ein bißchen am Nachmittag auf seine Lanze gestützt, den Kopf auf der Faust, die Faust auf der Lanze und die Lanze auf dem Knie, doch schlug, tötete und massakrierte er während dieser Zeit vier Fünftel der Iren. Nun aber legte der Krieger des *sidh* Heilpflanzen, Kräuter und Zaubergesänge auf die Hiebe, klaffenden Wunden, Quetschungen und zahlreichen Verletzungen Cuchulainns. Und Cuchulainn erholte sich während seines Schlafs ohne auch nur irgendetwas zu bemerken."[125]

Wir wollen diesen kurzen Überblick der medizinischen Fähigkeiten der Druiden mit einem Heilverfahren Fingens beenden, welches ganz sicher nicht in den Rahmen des Gewöhnlichen fällt.

"Der Arzt-Druide Fingen überließ Cethern, dem Sohne Fintans die Wahl: entweder eine lange Krankheit am Ende derer er Hilfe und Rettung erhalten würde, oder aber eine blutige Heilung, die drei Tage und Nächte in Anspruch nehmen würde, nach der er aber wieder über seine Kraft gegen seine Feinde verfügte. Und das war es auch, was Cethern, der Sohn Fintans wählte, da er meinte, es gäbe keinen, der lieber Gleiches mit Gleichem vergelten und Rache üben würde als er. Fingen bat also Cuchulainn um ein Faß voll Mark, um Cethern, den Sohn Fintans zu heilen und wiederherzustellen. Cuchulainn ging daher zur Festung und zum Lager der Männer Irlands und nahm alles mit, was er an Vieh, Viehbestand und Herden auftreiben konnte. Aus dem Fleisch, den Knochen und der Haut gewann er ein Faß Mark. Dann wurde Cethern drei Tage und Nächte lang in das Faß voll Mark gesteckt. Er begann vom Mark, in dem er schwamm, zu trinken und es drang in seine klaffenden Wunden, Schnittwunden, Verletzungen und seine zahlreichen Quetschungen ein. Nach drei Tagen und drei Nächten stieg er aus dem Faß Mark. Er erhob sich und drückte seinen Bauch gegen das Brett seines Streitwagens, damit seine Eingeweide nicht herausfielen."[126]

Wir verfügen überdies über ein Beispiel der Steigerung der Heilmethoden. Wenn nämlich die Pflanzenmedizin nicht mehr genügte, griff man auf Magie und Zaubergesänge zurück. Als die beiden Helden Cuchulainn und Ferdiad am ersten Tag eines titanischen Kampfes, der den Höhepunkt der *Tain Bo Cualnge* darstellt, nur leichte Verletzungen davontrugen,

"kamen die Heiler und Ärzte, um sie zu pflegen und zu heilen. Sie legten ihnen Pflanzen und Heilkräuter auf und belegten ihre Hiebe, Quetschungen, Verletzungen und zahlreichen, klaffenden Wunden mit Gesundungsgesängen. Von all den Kräutern und Heilpflanzen, mit denen Cuchulainns Hiebe, Quetschungen, Verletzungen und zahlreichen, klaffenden Wunden behandelt wurden, wurde dieselbe Menge Ferdiad gebracht, der sich jenseits im Westen der Furt aufhielt, damit die Männer Irlands später nicht sagen könnten, Ferdiad sei wegen medizinischer Unterlegenheit geschlagen worden."[127]

Doch als die Verletzungen am Abend des siebten Tages schwerer waren,

"kamen die Heiler und Ärzte, um sich um sie zu kümmern, sie zu beobachten und sie während der Nacht zu bewachen, denn sonst konnten sie nichts für sie tun, außer ihre schrecklichen Hiebwunden, Quetschungen und zahlreichen Verletzungen durch Zaubertränke, -gesänge und -formeln zu lindern zu suchen und durch sie die blutenden Wunden, den Blutverlust und die tödlichen Schmerzen zu verringern. Und wieder wurden dieselben Zaubertränke oder -gesänge, welche verwendet wurden, die Hiebe und Verletzungen Cuchulainns zu heilen über die Furt nach Westen zu Ferdiad gesandt.[128]

6. Der Druide als Architekt

Eine Aufgabe des Druiden, die unseres Wissens bisher noch nie erwähnt wurde, ist die des Architekten. Im folgenden Ausschnitt, den wir den *Fotha Catha Cnucha* oder "Die Ursachen der Schlacht von Cnucha" nach dem *Lebor na hUidre* entnommen haben, kommt diese recht klar zum Ausdruck.

"Als Cathair Mor, der Sohn des Fedelmith Fri-Urglais, Sohn des Cormac Gelta-Gaith sich im Königreich von Tara aufhielt und Conn-mit-den-hundert-Schlachten sich im königlichen Erbreich befand, gab es da einen berühmten Druiden, Nuadu, den Sohn Achis, Sohn Brocans, Sohn Fintans von Tuath-Dathi in Brega. Der Druide bat Cathair um ein Stück Land in Leinster, da er wußte, daß seine Nachkommen dort wohnen würden. Cathair überließ ihm die Wahl. Dieser Flecken hieß Almu so wie Almu, die Frau Nuadhus und Tochter Becans.

Der Druide baute einen Wohnsitz in Almu und strich Putz (*almu*) auf die Wände, so gut, daß alles ganz weiß war und das Haus nun den Namen Almu wirklich verdiente[...]"[129]

Der Druide ist also auf menschlicher Ebene ebenso ein Architekt, wie die Götter Architekten des Universums sind. Dieses nicht unwichtige Detail erklärt auch, weshalb der Dagda in der Erzählung *Die zweite Schlacht von Mag Tured* unter der harten Knechtschaft bei König Fomoire und dem Thronräuber Bres als Erbauer der Festung fungiert:

"Die Helden wurden ihm zu Diensten unterstellt. Ogme mußte ein Bündel Feuerholz tragen und der Dagda selbst war der Erbauer der Festungen. Auch war er es, der Rath Brese grub."[130]

7. Der Druide als Pförtner

Wir waren weiter oben ausführlich auf eine Stelle der *Zweiten Schlacht von Mag Tured* eingegangen, die von der Ankunft Lugs in Tara berichtete (siehe Kapitel I.5) Wir wollen jetzt aus einem anderen Grund auf dieses Fragment verweisen. In jener Episode war von einem Pförtner-Druiden die Rede. Eigentlich übten immer zwei Druiden, zweifelsohne einer Nachts und einer tagsüber, diese Aufgabe aus, doch in der Erzählung ist nur einer tätig: Er befragt Lug zu seinen Fähigkeiten, und erst als der Gesuchsteller alle Fragen beantwortet hat, wird er in Tara eingelassen.[131]

Auch die beiden Einleitungsabsätze der Erzählung *Der Tod der Kinder Tuireanns*, die wir ebenfalls ausführlich hinsichtlich der Heilverfahren des Arzt-Druiden zitiert hatten, bringen diese Thematik wieder auf (siehe Kapitel II.2.5). Und wieder sind sie nicht nur solidarisch, sondern ergänzen sich gegenseitig. Schließlich finden wir das indoeuropäische Thema vom Einäugigen (Druide) und vom Einarmigen (König), welches bisher lediglich für Rom und Germanien eindeutig belegt war, auch im keltischen Bereich wieder.[132] Der Schlüsselsatz steht am Ende des ersten Absatzes: *"Dieser König hatte einen Arm aus Silber und sein Pförtner besaß nur ein Auge."* Es handelt sich hier bestimmt um den König Nuada und seinen Pförtner. Beide leiden an einer ab- bzw. aufwertenden Verstümmelung, die ihrer Klasse zukommt: die des Armes für den König als Verteiler und die des Auges für den sehenden Druiden.

Eigentlich sind die obengenannten Beispiele an und für sich schon beweiskräftig genug, doch streichen sie nicht klar heraus, daß es sich bei dem Pförtner um einen Druiden handelt, sondern lassen dies lediglich aus dem Kontext schließen. Für den eigentlichen Beweis müssen wir ein drittes Beispiel anführen. Die Szene spielt sich laut dem komplizierten und schwierigen Bericht der *Trunkenheit der Ulaten (Mesca Ulad)* unvermeidbarerweise in Tara ab. In einer Nacht des Samain - also der Trunkenheit - brechen die Ulaten mitten in der Nacht auf, um an einem zweiten Fest bei Cuchulainn teilzunehmen. Da sie bereits durch das erste Gelage reichlich benebelt sind, verlaufen sie sich und gelangen nach Tara, wo gerade die Geburt eines Sohnes der Königin Medb und des Königs Ailill gefeiert werden. Und da ist der Text trotz eines ungewöhnlichen Wortes (der Pförtner wird hier *dercaid* statt *dorsaide* genannt) sehr klar: *"Da wachten zwei Wächter und zwei Druiden* (bâtar dâ dercaid 7 dâ druide oc forcomêt dî). *Sie hießen Crom Deroil und Crom Darail und waren zwei Schüler des berühmten Druiden Cathbad."*[133]

Die Geschichte wird zur Katastrophe: Einer der beiden Druiden verkennt die Ulaten und beginnt sich mit seinem Kollegen zu streiten, während die Eindringlinge sich schon ganz in der Nähe der Festungsmauern Taras befinden.

"Die Gesichter veränderten sich und im Zentrum Taras wurde mit den Zähnen geknirscht. Die beiden Druiden aber fielen aus ihren Wolken und in ihre Schwächen und Krankheiten und von der Mauer herunter. Crom Darail fiel von der Stadtmauer nach außen und Crom Deroil nach innen. Dennoch stand Crom Deroil wieder auf und warf sein Auge auf die erste Truppe, die den Wall erklomm."[134]

Der Druide, der sich getäuscht hatte, fällt nach außen auf die Seite der Feinde, während der, der die Wahrheit sagte, in die Festung fällt und sein Auge als unheilabwehrendes Zaubermittel auf den Feind wirft. Der Druide als Schwellenwächter hat nicht die Aufgabe zu handeln, sondern dem König genauestens über alle, ob nun Druiden, Krieger oder Handwerker, Bericht zu erstatten, die in sein Gebiet gelangen wollen. Der Pförtner des Königs Nuada geht in seinem beruflichen Verantwortungsbewußtsein sogar noch weiter: er überprüft an seinem eigenen Körper durch eine heikle Augenoperation, die Fähigkeiten der angekommenen Ärzte, die den König heilen wollen. Doch läßt er sich keinen Arm abnehmen oder ersetzen, wie es dem König "zustünde", denn die druidische Verstümmelung betrifft die Augen.

Der Pförtner ist somit das keltische Ebenbild des lateinischen *nomenclator*. Doch übertrifft er jenen "Sekretär mit dem fehlerlosen Gedächtnis", der den römischen Patriziern auf der Straße vergessene Namen einflüsterte, bei weitem an Würde.[135] Der Unterschied liegt vor allem in der Definition seiner Aufgaben: Der *dorsaide* ist Druide, während es sich beim *nomenclator* um einen Sklaven handelte.

III. Der Druide und der Krieg

Der Druide ist nicht nur Priester, sondern auch Krieger. Dieser Zusammenhang mag vielleicht eigenartig erscheinen, doch ist er leicht erklärt. Der Prototyp des Krieger-Druiden ist Cathbad, der oberste der Druiden von Ulster[136], dem in der B-Version der Erzählung *Die Empfängnis Conchobars* ein fragwürdiger Charakter zukommt. Hier der Anfang in seinem so altertümlichen Stil und all seinen Unstimmigkeiten.:

"Eochaid mit der gelben Ferse, der Sohn Loigs, herrschte über die Ulaten. Seine Frau gebar ihm ein Mädchen, Ness, Tochter Eochaids mit der gelben Ferse, die von zwölf Vormunden aufgezogen wurde. Zuerst wurde sie Assa genannt, da sie angenehm und unproblematisch war. Zu dieser Zeit zog ein Krieger aus dem Süden Ulsters auf Erkundung nach Irland. Er wurde von drei mal neun Männern begleitet. Der berühmte Druide Cathbad trug den gleichen Namen wie dieser Krieger: Er hatte große Kenntnisse in Wissenschaft und Druidentum und war überdies sehr stark. Er war zwar in Ulster geboren, doch hatte er sein Land verlassen. Es kam also, daß der andere Cathbad mit seinen drei mal neun Mannen in eine Wüste gelangte. Sie lieferten sich zuerst eine Schlacht, doch als sie zu erschöpft für den Kampf waren, schlossen sie einen Waffenstillstand ohne den sie wohl alle umgekommen wären, da beide Seiten gleich viele Männer zählten. Daraufhin zogen Cathbad und seine Familie und der andere Held mit der seinen zu den Ulaten und töteten die zwölf Beschützer des Mädchens, die gerade in einem Hause zusammensaßen und feierten. Das [abwesende?] Mädchen entkam als einzige, und niemand wußte, wer dieses Massaker verschuldet hatte. Als sie diese Neuigkeiten hörte, geriet sie sehr in Wut. Mit drei mal neun Männern zog sie aus, ihre Vormunde zu rächen und sie zerstörte und plünderte alle Grenzen. Bis dahin hatte sie Assa geheißen, da sie angenehm war, doch auf Grund ihres Mutes und ihrer Kriegstugenden verdiente sie den gegenteiligen Namen Nihassa.[137]

Der Druide Cathbad überrascht daraufhin das Mädchen beim Baden, bedroht sie mit dem Schwert, um sie "in aller Ehre" zur Gattin zu gewinnen, und schließlich endet die Geschichte mit der Empfängnis des späteren Königs Conchobar, dem Cathbad eine ruhmvolle Königsherrschaft voraussagt. In Wirklichkeit ist Cathbad je nach den Umständen entweder Druide oder Krieger, wobei er außer in diesem Zitat nur äußerst selten als Krieger auftritt, auch wenn er beide Rollen erfüllen kann. Nach der Beschreibung der *Scéla Conchobuir* oder "Erzählung von Conchobar" im Buch von Leinster, *fennid amnas i nHérend in tansin .i. Cathbad mac Rossa a ainm. Sech ba druiside ba fennid* "gab es da in Irland einen schrecklichen Krieger namens Cathbad, Sohn des Ross. Jener war Druide und Krieger zugleich."[138] Cathbad verdankt seine kriegerische Durchschlagskraft sowohl seiner Person als auch seinem Priesteramt. Auch ist es sicherlich kein Zufall, wenn der Kriegerdruide eine Kriegerkönigin zur Frau nimmt und ihr Sohn ein großer König wird.

Es gab aber auch Krieger, die zugleich Dichter sein mußten. Unter den zehn Bedingungen, unter die *fianna* aufgenommen zu werden, fand sich auch die folgende:

"Die zweite Bedingung: Keiner, der nicht Poet war und die zwölf Gedichtbände vollendet hatte, besaß das Recht, unter die Fianna aufgenommen zu werden."[139]

Die "zwölf Gedichtbände" weisen auf eine spätere Epoche hin. Offenbar war es nicht notwendig, einer Priesterklasse anzugehören, doch mußten die hoch gesteckten Aufnahmebedingungen erfüllt werden, die versuchten eine körperliche, moralische und intellektuelle Perfektion sicherzustellen. Für die *Fianna* waren Krieg und Dichtung ganz und gar nicht unvereinbar. Diese Bedingungen basieren also auf einem uralten Konzept.

Auch in Gallien stand es nicht anders um die Druiden. Laut Cäsar befahl der Druide Diviciacus eine Kavallerieeinheit. Dies geht aus der Lektüre einer Stelle des *Gallischen Krieges* hervor, in der Cäsar erklärt, wie er die Truppen der Haeduer im ersten belgischen Feldzug 57 v.Chr. einsetzte.

"Er selbst redete dem Häduer Diviciacus eindringlich zu und stellte ihm dar, wie wichtig es für den Staat und das Heil aller sei, die feindlichen Scharen zu trennen, um nicht mit der ganzen Übermacht auf einmal kämpfen zu müssen. Dies gelinge, wenn die Häduer mit ihrem Heer ins Gebiet der Bellovaker einfielen und ihre Felder plünderten. Mit diesem Auftrag entließ er ihn."[140]

Und so sieht die irische Legende die Bewaffnung eines Druiden zum Kampf. Die Ausrüstung ist klassisch mit einem Hauch von Unbesiegbarkeit, umgeben von einem Zauber, dessen Überraschungskraft allein schon den Gegner bezwingt.

"Mog Ruith zog bis nach Raithin in Imaric ("Anhöhe des Treffens"), welche im Südwesten in einer Niederung liegt, und Cennmhar [...?...] Mog Ruith kam besser als je zuvor zum Kampf gerüstet, mit seinem bunten Schild, auf dem ein Stern und ein Kreis von weißem Silber glänzten, mit einem Heldenschwert, welches mit großen Griff an seiner linken Seite hing und mit zwei vergifteten, vom Feinde erbeuteten Lanzen, die er in den Händen hielt. Er kam also mit seinen Prunk- und seinen Kriegswaffen nach Raithin in Imaric, in der Südwestfurt. Im Augenblick, in dem Cairpe Liffechar im Norden mit Colptha auftauchte, sah man auch Mog Corb mit Cenmhar kommen. Denn sie waren von Anfang bis Ende Zeugen der Schlacht, die sie dann so lange lieferten. Sie waren es, die später die tüchtigen Schläge bestätigten, die man sich gegenseitig versetzt hatte."[141]

Die Druiden der Gegner sind alle ebenso großartig bewaffnet und kampfbereit:

"Da bemerkten die Männer Conns, daß sich ihre Künste gegen sie selbst richteten. Cormac begann, seinen Druiden Vorwürfe zu machen. Da erhob sich Colptha, weil er sich dieses Tadels Cormacs schämte. Er hob seinen schwarzen, unheilverkündenden Schild, dessen zwanzigfüßiger Umfang von einem Eisenring umgeben war, auf den linken Arm. Er nahm sein dreißig Eisenmassen schweres Schwert und seine zwei düsteren, schwarzen Lanzen in die Hände. Er selbst nahm eine furchterregende, riesige und groteske Gestalt an, welche 240 Fuß groß war, ganz zu schweigen von derselben Anzahl Kleidungsstücke. Cairpre Lifechair kam, um ihn anzufeuern, und sie zogen vom Lager in den Südwesten in die Schlacht."[142]

Die ganze Erzählung, aus der diese Stelle stammt, berichtet so vor dem Hintergrund der Gegnerschaft zweier Provinzen von dem beeindruckenden militärischen und magischen Kampf zwischen den Druiden der beiden Seiten. Sie sind die Hauptkämpfer dieses Streits und es gibt hier keinen Druiden, der nicht auch Krieger wäre, so wie Medhran, von dem gelegentlich die Rede ist, ebenso über jene zwei Eigenschaften verfügt.

“Der Druide von Medhon Mairtine, den man Medhran, den Druiden nannte, war ein Krieger mit blondgelocktem Haar von liebenswertem Aussehen.”[143]

Diese Zitate erklären auch das Verhalten der gallischen Druiden, so wie sie Cäsar beschreibt:

“[...] wenn es mehrere gleichwertige [Druiden] gibt, wird einer in einer Abstimmung der Druiden gewählt; bisweilen kämpfen sie um den Vorrang sogar mit Waffen.”[144]

Dieses Verhalten steht in keinem Widerspruch zu dem, was der Prokonsul einige Zeilen später schreibt:

“Die Druiden nehmen für gewöhnlich nicht am Krieg teil und zahlen auch nicht wie die übrigen Abgaben. Sie sind vom Militärdienst befreit und überhaupt frei in allen Belangen.”

Wir verstehen also, daß die Druiden durch keine Verbote oder Einschränkungen gebunden waren. Im Gegenteil, die Macht zu binden oder zu entbinden, lag in ihren Händen. Diese Erklärung zeigt auch, daß Hypothesen, die ihnen aufgrund ihres Ansehens Vergünstigungen zustanden, überholt sind. Die Gründe sind vielmehr in Doktrin und Religion als in Gesellschaft und Politik zu suchen. Erinnern wir noch einmal an den Auftritt des Haeduers Diviciacus vor dem römischen Senat. Da er als Botschafter kommt, legt er seine Waffen nicht ab und spricht stehend, auf seinen Schild gestützt, da er das Angebot sich zu setzen abgelehnt hat. Jeder Druide ist also ohne eine einzige Ausnahme zugleich auch Krieger. So kann es auch vorkommen, daß in einigen Fällen die Eigenschaft des Kriegers die des Priesters in den Hintergrund drängt. “Bin ich auch ein Held, so bin ich doch auch Dichter”, sagt der *File* Amorgen in einem Text, auf den wir an späterer Stelle zurückkommen werden.

Ohne seine Hauptbeschäftigung zu sein, ist der Krieg durchaus ein Aufgabenbereich des Druiden, der alleine über seine friedliche oder kriegerische Tätigkeit zu entscheiden hat. Die Prophetin oder Dichterin, der aus den priesterlichen Aufgaben alleine die der Weissagung zugänglich ist, hat jedoch an dieser militärischen Aufgabe teil. Vor dem Aufbruch zum *Raubzug der Kühe von Cooley* zieht die Königin Medb zu Rate. Er versichert sie bezüglich ihres persönlichen Schicksals. Dann ersucht sie die Prophetin Fedelm ihr das Los der irischen Armee weiszusagen, welches trotz aller Einwände düster aussieht. Der Erzähler enthält sich trotz des traurigen Orakels nicht, vom Charme, der Anmut und Schönheit diese großartigen, jungen Frau zu schwärmen. Wirklich ungewöhnlich jedoch ist - und das auch bei den Fräulein des irischen Mittelalters -, daß sie mit einem Schwert bewaffnet ist.

"Der Kutscher ließ den Wagen umkehren und Medb kam wieder zurück. Da bot sich ihr ein eigenartiges Bild: Da stand eine Frau alleine an der Deichsel eines Streitwagens neben ihr. Sie flocht gerade einen Zopf und bei ihrer rechten Hand hing ein Bronzeschwert mit sieben Goldstücken."[145]

Die oberste Koryphäe unter den Druiden des berühmten Königs der Fianna, Finn mac Cumaill, der selbst die Kraft des Hellsehens besaß und den *teinm laegda* oder "die Erleuchtung des Gesangs" beherrschte, war sein eigene Frau.

"Smirgad, die Gattin Finns und Tochter Fatha Cananns, war eine Prophetin und Weise. Sie hatte Conn gesagt, daß es seinen Tod bedeute, aus einem Horn zu trinken. Daher trank er seit jener Zeit nie mehr aus Trinkhörnern, sondern nur mehr aus Schalen."[146]

IV. Der Druide und der König

Spirituelle Autorität und weltliche Macht

Aus Irland sind uns weitere Belege für den Einfluß der Druiden erhalten, der sich von der Macht des Königs allein dadurch unterschied, daß er auf den ersten Blick zwar nicht ins Auge stach, jedoch ungleich stärkere und tiefgreifendere Folgen und Auswirkungen nach sich zog. Beide sind - wir sollten das nie aus den Augen verlieren - solidarisch, sie stehen sich gegenüber und ergänzen sich gegenseitig.

Als z.B. die Ulaten drauf und dran sind, sich wegen eines nichtigen Festzanks gegenseitig umzubringen:

"Die Stellvertreter der beiden Parteien gebärdeten sich wild und kämpften so heißblütig, daß bald neun Männer verletzt, weitere neun mit blutig klaffenden Wunden und neun Tote im Raum herumlagen. Da erhob sich jedoch Sencha, der Sohn Ailills und schwang den Friedenszweig, woraufhin dieUlaten verstummten und sich beruhigten."[147]

Eine ähnliche Begebenheit wird uns im ossianischen *Bruiden bheg na hAlmaine* oder "das kleine Heim Allens" erzählt. Der Klan der Finn und der der Goll mac Morna beginnen gerade sich gegenseitig niederzumetzeln,

"als Fergus mit dem schönen Mund, der prophetische Dichter mit dem schneidenden Wort und Mann der hohen Kunst der Poesie, und mit ihm alle Männer der Kunst der Fianna ihre Lieder und ihre schönsten Gedichte und Lobeshymnen auf all diese Helden vorzutragen begannen, um sie zu beruhigen und zu besänftgien. Jene ließen daraufhin ihre Waffen zu Boden fallen. Die Dichter hoben sie auf und versöhnten die Streitenden untereinander."[148]

Das erinnert sehr an Diodor von Sizilien V, 31:

"Aber nicht nur in Angelegenheiten des Friedens, sondern auch in den Dingen des Krieges folgen sie meist dem Rate dieser, sowie den Gesängen ihrer Dichter, und zwar nicht nur die befreundete Partei, sondern auch die feindliche. Oft, wenn schon in der Schlachtaufstellung die beiden Heere gegeneinander anrücken mit gezogenen Schwertern und vorgestreckten Lanzen, treten diese in die Mitte und bewegen die Heere vom Angriff abzustehen, gleich als wenn sie durch ihren Gesang wilde Tiere bezauberten. So weicht auch bei den wildesten Barbaren die Leidenschaft der Weisheit, und Ares scheut sich vor den Musen."

Und die Folge des Textes des Finnzyklus, welchen wir gerade anführten, bestätigt, daß die Iren jener Epoche auf keine andere Konfliktlösung zählten als die bei Diodor beschriebenen Kontinentalkelten, und zwar auf das Urteil und die Diplomatie der Druiden:

"Finn sagte, daß er keinen Frieden mit den Klans von Morna schließen würde, so lange der König Irlands und Ailbe, die Tochter Cormacs, dem Sohne Arts, dem Sohne Conns "mit den hundert Schlachten", kein Urteil gefällt hätten. Er erwartete weiters das Urteil Cairbre Lifechars, dem künftigen König Irlands, und Fithals und Flaithris, sowie das oberste Urteil Fintans, dem Sohne Bachras. Goll gestand ihm das zu. Sie kamen in einer Dichtervereinbarung überein, den Frieden aufrechtzuerhalten und setzten fünfzehn Tage später einen Termin für ein Treffen in Tara fest."[149]

Der Rückgriff auf das Urteil einer Frau, und zwar dem Ailbes, in diesem Text, stellt einen Ausnahmefall dar. Sie war jedoch die Tochter des großen Richters, König Cormac. Unter den Namen der Richter, die herbeigezogen werden sollten, die Streitigkeit zu bereinigen, stoßen wir auch auf den Fintans, des Sohnes von Bochra, einer der drei wichtigsten Männer Irlands (siehe Kapitel V).

Im kritischen Augenblick des Stimmungsumschlags eines freudigen Abends, als die Gattinnen der Helden von Ulster, aufgehetzt durch die böse Zunge Bricrius, sich bitter zu streiten beginnen, wessen Mann alle anderen Krieger an Würde überträfe, und alle Ulaten als unvermeidbare Folge darauf anfangen, sich gegenseitig umzubringen, greifen König und Druide gleichzeitig ein. Doch ist es schließlich der Druide Sencha, der den Festteilnehmern den Befehl erteilt, sich zu beruhigen.

"Bleibt friedlich", sprach Sencha, "hier sind doch keine Feinde versammelt, sondern Bricriu hat den Zank der Frauen angezettelt, die uns gerade verlassen haben. Ich schwöre beim Eid meines Stammes, daß es mehr Tote als Lebende am Ende dieses Abends geben wird, wenn wir ihnen nicht den Einlaß in dieses Haus verwehren." Also verschlossen die Pförtner die Tore. Emer, die Tochter Forgall Manachs, die Frau Cuchulainns kam auf Grund ihrer Schnelligkeit allen anderen

Frauen voran und stemmte sich mit dem Rücken gegen die Türe. Sie rief den Türstehern noch vor der Ankunft der anderen so laut zu, daß die Männer im Hause sich erhoben, ein jeder, um seiner Frau zu öffnen, damit ihr als erster Einlaß gewährt würde. "Das ist eine üble Nacht", sprach da Conchobar. Er schlug mit dem Silberstab, den er in der Hand trug, gegen eine Bronzesäule, so gut, daß alle sich sofort setzten. "Beruhigt euch", sprach da Sencha, "hier wird es keinen Kampf der Waffen, sondern der Worte geben." So begab sich jede Frau aus dem Schutz ihres Gatten, so gut, daß darauf der Wortstreit der Frauen von Ulster stattfand."[150]

Als in der Folge derselben Erzählung das Wortgefecht zu weit geht und Gefahr läuft, die sprachlichen Mittel zu überschreiten, greift der Druide Sencha wieder ein.

"Und abermals wurde das Haus zu einer Wortfestung, da die Frauen ihre Gatten lobpriesen. Conall, Loegaire und Cuchulainn wollten wieder Streit anzetteln. Doch erhob sich Sencha, der Sohn Ailills noch einmal und schwenkte seinen Stab. Die Ulaten hörten auf ihn und er sprach, indem er die Frauen belehrte [...]"[151]

Alle gehorchen ohne Widerrede einer einfachen Geste des Druiden. Hatte man überhaupt das Recht, sich vor ihm ohne seine ausdrückliche Erlaubnis zu bekämpfen? Die Gründe für einen solch unbedingten Gehorsam sind mit Sicherheit in der Religion zu suchen.

Den Druiden gebührt große Ehrerbietung. Bei feierlichen Festmählern (und sicherlich bei allen anderen auch) sitzt der Druide neben dem König[152], wobei jener dem Druiden, dem er ja seine Krone verdankt, seine volle Ehrerbietung darbringt. So schreibt auch Cäsar, daß er Convictolitavis, der von den Priestern ins freie Magistrat berufen wurde, auftrug, diesem Wunsch Folge zu leisten:

"Er zwang Cotus dazu, auf das Amt zu verzichten, und ließ Convictolitavis die Befehlsgewalt übertragen, welcher nach dem Brauch der Stadt durch die Priester für das freie Magistrat benannt worden war."[153]

Allem Anschein nach handelt es sich bei diesen Priestern *(sacerdotes)* um latinisierte Druiden und ihr politischer Handlungsrahmen entspricht ganz dem des legendären Irland, wo der Druide ein Mitglied aus der Kriegerklasse wählt, um es zum Oberhaupt zu machen. Es ist sogar erstaunlich, daß Cäsar das höchste Staatsamt der Haeduer (des gallischen Stammes, den er am besten kannte) mit den beiden Worten *imperium* und *potestas* belegt. In der Regel bezeichnet Cäsar mit ersterem das militärische und eroberungslustige Wesen der Herrschaft, während das zweite die Vorstellung des Königtums betrifft. Es ist bemerkenswert, wie genau die beiden Worte den doppelten Aspekt, den heldenhaften und den königlichen, des keltischen Kriegertums darzustellen vermögen.[154]

In Irland stellt sich das Verhältnis zwischen König und Druide ähnlich dar. So wird im Ulsterzyklus davon berichtet, wie in der Folge einer Verwünschung der

Fee oder Göttin - in jedem Fall der übermenschlichen - Macha alle Krieger der Provinz ihre Körperkräfte, die für die Ausübung der Kriegsdienste unerläßliche *nert,* verlieren, und zwar in dem Maße, daß sie ebenso schwach sind wie eine Frau, die seit fünf Tagen und vier Nächten bzw. seit vier Tagen und fünf Nächten im Kindbett liegt. Der Held Cuchulainn, der vom Fluch ausgeschlossen ist, bleibt trotz seiner jungen Jahre als einziger übrig, die Grenze zu verteidigen. Nach einem langen, verbissenen Kampf schickt er völlig erschöpft seinen vermeintlichen Vater Sualtam nach Emain Macha, um von König Conchobar Hilfe zu erhalten.

"So ritt Sualtam auf dem einzigen Pferd, dem Grauen von Macha, als Botschafter zu den Ulaten. Als er in die Nähe Emains kam, sprach er folgende Worte: "Die Männer werden getötet, die Frauen weggeschleppt, die Kühe geraubt, o Ulaten!" Als er jedoch keine befriedigende Antwort erhielt, ritt er bis zur Stadtmauer von Emain und sprach dieselben Worte: "Die Männer werden getötet, die Frauen weggeschleppt, die Kühe geraubt, o Ulaten!" Doch auch hier erhielt er keine befriedigende Antwort. Denn bei den Ulaten war es Brauch, daß der König nicht vor seinem Druiden sprechen durfte. So ging Sualtam weiter bis zum Geiselstein vom Emain Macha, wo er dieselben Worte verlautbarte: "Die Männer werden getötet, die Frauen weggeschleppt, die Kühe geraubt, o Ulaten!" "Wer hat sie getötet, wer hat diese weggeschleppt und jene geraubt?" fragte da der Druide Cathbad. "Ailill und Medb haben euer Land durch den Krieg verwüstet", antwortete Sualtam. "Eure Weiber und Söhne, eure Kinder, Pferde und Viehherden werden geraubt. Cuchulainn allein hält die vier großen Provinzen Irlands an den Pässen und Wegen der Gegend um Conalle de Murtheme zusammen. Doch alleine wird er diesem Kampf nicht standhalten können. Denn niemand kommt ihm zu Hilfe, um ihn zu unterstützen. Der Junge ist verletzt und seine Gelenke sind verstaucht. Nur die Bögen des Verbots [?] halten ihm noch den Mantel auf den Schultern. Von Kopf bis Fuß ist kein unblutiges Haar an ihm, auf das man ein Nadelöhr fädeln könnte, außer an seinem rechten Arm, welcher den Schild über ihn hält und mit drei mal fünfzig blutigen Wunden übersäht ist. Wenn ihr dies nicht unmittelbar rächt, so werdet ihr bis zum letzten Gericht und zum ewigen Leben nicht mehr Gelegenheit dazu haben." "Gerecht sind das Hinscheiden, der Tod und das Sterben des Mannes, welcher so den König reizt", sprach darauf der Druide Cathbad. "Das ist sehr recht gesprochen", erwiderten alle anderen. Sualtam ging zornig und in Feindschaft von hinnen, da er von den Ulaten nicht die erhoffte Antwort erhalten hatte. Da sprang der Graue von Macha unter Sualtam und ritt vor den Stadtwall Emains hinaus. Sein eigener Schild drehte sich dabei so um Sualtam, daß er ihm mit der Kante den Kopf abschnitt [...]"[155]

Die Informationen dieses Textes werden in einer Version der *Mesca Ulad,* "Der Trunkenheit der Ulaten" bestätigt:

"Eines der Verbote der Ulaten besagte, daß es ihnen verboten war, vor dem König zu sprechen, und eines der Verbote des Königs war es, vor dem Druiden das Wort zu ergreifen."[156]

Auch die Darstellung des *File* Ferchertne, die wir oben bereits anführten, stimmt damit überein.

"Wenn jemand mit dem König sprechen will, so ist ihm dies nur gestattet, wenn er sich zuvor an diesen Mann gewandt hat." (Siehe Anm. 43)

Dermaßen klare Definitionen sind nicht gerade häufig, doch findet sich die hier beschriebene Haltung in allen Texten wieder. Wie dem auch sei, diese Auszüge der mittelalterlichen, irischen Literatur belegen die Aussagen Dion Chrysostomos' hinsichtlich der persischen Weisen, der ägyptischen Priester und der indischen Brahmanen:

Oratio XLIX: "Unter den Kelten gab es auch jene, die man Druiden nannte, und die Experten der Weissagung und aller anderen Wissenschaften waren. Ohne sie durften die Könige weder handeln noch Entschlüsse fassen, so daß in Wirklichkeit sie regierten, wobei die Könige lediglich ihre Diener und die Minister ihrer Wünsche waren."

Trotzdem wollen wir diesem Bericht des Chrysostomos entgegensetzen, daß das hier beschriebene Verhältnis zwischen Druide und König nicht hierarchischer, sondern religiöser Natur war: Die spirituelle Führung versuchte nie, außer in bedeutenden Ausnahmefällen (siehe Kapitelende), weltliche Macht auszuüben, und der Druide teilte keine Befehle in diesem Sinne aus. Es blieb dem König überlassen, in welchem Ausmaß er seine Entscheidungen und Handlungen dem Rat des Druiden anpaßte. Im Gegensatz zu Rom, wo die weltliche Macht auf Kosten der priesterlichen zunahm, blieb die keltische Welt den traditionellen Regeln des Vorrangs der geistigen Führung treu. Das ist übrigens wohl auch die Hauptursache für ihr Verschwinden.[157]

Die Fähigkeiten und Kenntnisse, welche den Titel des Druiden oder *File* rechtfertigen, werden in der Erzählung *Compert Con Culaind* oder "Die Empfängnis Cuchulainns" bestens in ihrer Gesamtheit wiedergegeben. Als der künftige Held, das ruhmreiche Kind endlich geboren ist, spielt sich eine große Diskussion, um nicht zu sagen ein Streit ab, um zu bestimmen, wem nun die schwere und ehrenvolle Aufgabe seiner Erziehung zukäme. Alle Anwärter, ob Druide, Dichter, Wirt oder Krieger, zählen ihre Titel auf. Schließlich stimmen alle dem Urteil Senchas zu, daß auf alle Bewerber zurückgegriffen werden sollte. Die Liste ihrer Fähigkeiten ist ein wahrer Katalog der drei Aufgabenbereiche:

"Nimm den Jungen mit, o Finnchoem", sprach Conchobar zu seiner Schwester. "Sie wird ihn nicht wirklich aufziehen", erwiderte Sencha, "sondern ich werde ihn erziehen, da ich stark, intelligent, gebildet und weich bin [...?...] Ich bin Doktor, Weiser und nicht vergeßlich. Vor dem König wende ich mich an den König [?]. Was er sagt, läuft über mich. Ich richte die Kämpfe des Königs vor Conchobar. Ich fälle Urteile über die Ulaten und mache sie dabei nicht unzufrieden. Als Vormund bin ich unübertroffen, außer durch Conchobar selbst."

"Warum sollte ich ihn nicht zu mir nehmen?" meinte Blai Briuga. "Da wäre er nicht schlecht genährt, auch würde ich ihn nicht vernachlässigen. Meine Boten haben für alle Wünsche Conchobars vorgesorgt. Ich rufe alle Männer Irlands zusammen und bewirte sie zehn Tage lang. Ich gebe ihnen, was sie brauchen, ihre Kunst und ihren Zorn zu üben. Ich erhalte sie in ihrer Ehre und in ihren Ehrstreitigkeiten."

"Das ist schamlos," erwiderte da Fergus. "Er hat einen Helden gewählt, bei ihm zu sein, also werde ich ihn ernähren. Ich bin stark, weise und ein Botschafter. Man übertrifft mich nicht an Würde und Reichtum; mein Wert und meine Waffen sind rauh. Ich bekämpfe meine eigene Niedrigkeit. Ich bin meines Adoptivsohnes würdig. Ich bin der Schutz vor allem Bösen. Ich bekämpfe alle Starken und helfe allen Schwachen."

"Auch wenn er auf mich hört," sprach da Amorgen [...?...] "Ich bin im Stande, meine Adoptivkinder königlich zu erziehen. Man lobt mich für meine Würde, meinen Mut, meine Tugenden, meine Intelligenz, meinen Reichtum, mein Alter, meine Redegewandtheit und für die Schönheit und den Mut meiner Kinder. Auch wenn ich ein Held bin, so bin ich doch ebenso Dichter. Ich bin der Gunst des Königs würdig. Jeden Krieger schlage ich. Ich bin niemandem außer Conchobar Dank schuldig. Ich schließe mich niemandem an, außer dem König selbst."

"Nichts von alledem wird sein", schloß Sencha. "Finnchoem soll das Kind zu sich nehmen, bis wir in Emain angekommen sind." So zogen sie nach Emain und der Junge blieb bei Finnchoem. Als sie angekommen waren, beschloß Morann: "Ich vertraue ihn Conchobar an, da er der nächste Verwandte Finnchoems ist. Sencha wird ihn die Sprache und die Redegewandtheit lehren. Blai Briuga wird sein Vormund sein. Er wird der Milchbruder Conall Cernachs sein, denn seine Mutter Finnchoem hat zwei Brüste."

"Auch soll er von allen, den Kriegern, Königen und Doktoren unterrichtet werden; dieses Kind wird ein Freund der gesamten Gesellschaft sein. So wird es später auch für eure Rechte kämpfen; er wird sich um eure Furte streiten und eure Schlachten schlagen." Und so geschah es, daß Amorgen und Finnchoem ihn mitnahmen und in Dun Imbrith in der Ebene von Murthemne aufzogen."[158]

Die Allmacht der irischen Druiden in ihrer Blütezeit ist in einer Stelle des *Senchus Mor* ersichtlich. Dabei handelt es sich um die kurze Erzählung der

Umstände unter denen Conchobar, der König von Ulster, seinen Dichtern, die sich einer unverständlichen Fachsprache bedienten, das Recht entzog, alleine Recht zu sprechen. Die uns erhaltene Fassung beinhält erklärende Kommentare zu den Veränderungen seit der Christianisierung.

"Bis zur Ankunft Patricks war in Irland nur drei Personen zu sprechen erlaubt: dem Chronisten, um Bericht zu erstatten und zu erzählen; dem Dichter, um lobzupreisen und Satiren zu singen, und dem Richter, um nach den Vorfällen zu richten und seine Kommentare dazu abzugeben. Doch seit dem Eintreffen Patricks untersteht die Ausübung all dieser Aufgaben der Beredtsamkeit dem Mann der weißen Sprache des Evangeliums.

Seitdem Amorgen Glungel das erste Urteil Irlands fällte, war das Recht den Dichtern vorbehalten, und das bis zum Gespräch der zwei Weisen in Emain Macha, wo der Dichter Ferchertne und Nede, der Sohn Adnas, dem Sohne Uthers sich um den Mantel des Weisen stritten, den Adna getragen hatte. Die Sprache, derer sich die Dichter in diesem Streitgespräch bedient hatten, war jedoch undurchsichtig und das getroffene Urteil leuchtete den Adeligen nicht ein. "Diese Männer haben ihre Urteile und ihre Kenntnisse für sich selbst", sprachen da jene, "denn wir verstehen nicht, wovon sie reden." "Das ist klar", sagte da Conchobar, "ab heute soll ein jeder daran teilhaben können, doch soll diesen deshalb nicht der Teil genommen werden, der ihnen zusteht, und dennoch jeder seinen Teil bekommen."

So wurde also den Dichtern das Recht abspenstig gemacht, und ab diesem Zeitpunkt hatten alle Männer Irlands teil an den Urteilen, so wie es die folgenden Autoren taten [...]"[159]

Dion Chrysostomos, der in der zweiten Hälfte des ersten nachchristlichen Jahrhunderts schrieb, erwähnt ein lange vergessenes Detail, dessen sich die irische Literatur des Mittelalters noch entsann, wenn sie über die Beziehung zwischen König und Druiden sprach. Die Vergangenheit ist unverhüllter, sie wird ohne Vermittler überliefert und der Rückgriff auf die pseudohistorische Mythologie wird wesentlich genauer vollzogen. Das keltische Königtum lebte im Schatten, ja im Schutze der druidischen Priester. Nur die Unterordnung der weltlichen Macht unter die geistliche kann das Verhältnis des Druiden zum König von einem traditionellen Gesichtspunkt aus erklären: "Der König hält durch die ihm zustehenden Steuern und Zolle und durch seine Großzügigkeit, welche als Gegenleistung seinen Untertanen zukommt, die Gesellschaft im Gleichgewicht. Er fällt Urteile, beschützt die Schwachen, verurteilt die Bösen und belohnt die Guten. Ein schlechter König ist der, der keine Geschenke verteilt, sich nicht um das Wohlergehen seines Volkes kümmert und die Steuern erhöht. Seiner Krönung sitzen die Druiden vor, die ihn aus der Kriegerklasse ausgewählt haben. Die weiße Farbe Nuadas zeigt genug, welcher Symbolwert dem König zukommt. Und da er weiterhin dieser

Gesellschaftsschicht angehört, vertritt er sie nunmehr gegenüber dem Priesterstand und spielt die Rolle des Vermittlers. Das läuft schließlich darauf hinaus, daß seine gesellschaftliche Bedeutung auf seine Unterordnung unter den Priesterstand zurückzuführen ist und daß das Königtum unmittelbar von den Druiden abhängig ist. Alleine könnte es nicht bestehen bleiben. Es sei hier noch angemerkt, daß der italo-keltische Name des Königs, das gallische *rix* (irisch *ri,* Genitiv *rig,* alt-walisisch und alt-bretonisch *ri*) und das lateinische *rex,* an und für sich keine religiöse Bedeutung hat, sondern allein auf eine Ordnungsfunktion aus gesellschaftlicher Sicht schließen läßt. Das heißt mit anderen Worten, daß sie kein Glaubensprinzip zu verkörpern vermag, wenn jenes nicht durch den Druiden dargestellt wird."[160]

Die Vormachtstellung des Priestertums zeigt sich außerdem dadurch, daß der König in manchen Fällen scheitert, sich der Solidarität der Druiden zu versichern. Das Priesteramt ist auf Lebenszeit und das auch im Falle eines schweren Fehlvergehens, d.h. ein Druide behält trotz eines eventuellen Verbrechens sein Amt. Seine Kollegen wissen Bescheid: Als der Druide Athirne mitsamt seiner Familie ermordet wird, da er Luaine, die Verlobte Conchobars, des Königs von Ulster, durch seine Satire hat sterben lassen, weil sie ihm ihre Gunst versagt hatte, protestieren die *Filid* von Ulster und Amorgen, Conchobars eigener Sohn, singt:

"Großer Kummer, großer Schmerz ist uns durch den Mord an Athirne beschieden.

Hier ist das Grab des Athirne. Daß es nicht von euch Dichtern ausgehoben werde!

Unglück über den, der den Untergang dieses Mannes verschuldet hat, Unglück über den, der diesen Mord verübte.

Er besaß einen harten Speer mit ewigem Glanz, den ihm der Satiriker Cridenbel gemacht hatte.

Er besaß ein Schwert, einen König zu töten.

Hier will ich seinen Totengesang anstimmen und sein Klagelied singen.

Hier werde ich ihm seinen Stein setzen und sein schönes Grab errichten"[161]

Und wehe dem König, der den Druiden betrügt! So ging Conchobar, der König von Ulster und Sohn des Druiden Cathbad, vor, um sich des Gatten der Frau zu entledigen, die er selbst begehrte:

"So ging Conchobar an den Ort, wo sich Cathbad aufzuhalten pflegte und sprach zu ihm: "O Cathbad, halte die Söhne Uisnechs zurück und mache von deinen Druidenkräften gegen sie Gebrauch, denn sie werden die Provinz auf immer zerstören, wenn sie auch dieses Mal den Leuten von Ulster gegen ihren Willen entkommen. Ich gebe dir mein Wort, daß ich ihnen keine Gefahr sein werde." Cathbad schenkte diesen Worten Conchobars Glauben und begab sich daran, die Kinder Uisnechs zurückzuhalten. Er belegte sie mit einem Druidengesang und legte ein Meer mit großen Wellen entlang ihres Weidelandes. Nur zwei Fuß davon entfernt standen die Männer Ulsters auf trockenem Boden und es war ein Jammer, daß die Söhne Uisnechs von diesem großen Meer bedeckt wurden. Noise hob Deirdre auf seine Schultern, um sie vor dem Ertrinken zu retten."[162]

So werden die Söhne Uisnechs durch Verrat getötet. Doch kann Conchobar keinerlei Nutzen daraus ziehen.

"Dann setzte sich Deirdre auf den Grabstein und gab Noise drei Küsse, bevor er sich ins Grab legte. Cuchulainn brach sorgenvoll und traurig nach Dun Dealgan auf, und der Druide Cathbad verfluchte Emain Macha als Rache für die böse Tat. Er schwor, daß auf Grund dieses Verrats weder Conchobar noch irgendeiner seiner Nachfahren jemals mehr diesen Ort besitzen würden."[163]

Emain Macha wird in Brand gesteckt und die Gewährsmänner und Anhänger der Söhne Uisnechs gehen zur Königin Medb nach Connaught ins Exil: sechzehn Jahre lang werden sie jede Nacht das Gebiet Ulsters verwüsten. Lüge und Verrat sind Zeichen für den Untergangs eines Reiches.

Doch all dies ist, ebenso wie die Unfälle der Geschichte, die die Kriege und Katastrophen sind, Teil einer Welt mythischer Ereignisse, welche den Stoff der großen Epen bilden, die die Phantasie am meisten anregen und sich am besten in unserem Gedächtnis festprägen. Doch fehlt es uns nicht an Texten, die vom Allgemeinen und Täglichen der Beziehungen zwischen König und Druiden sprechen. Da herrscht eine andere Atmosphäre, denn der störungsfreie Ablauf der menschlichen und göttlichen Gesellschaft bedarf einer gewissen Harmonie und des Respekts der Gesetze und Vorschriften. Selten vergißt der Druide, daß er dazu bestimmt ist, dem König zu dienen. Der König weiß das und greift frei auf jenen zurück. So wollen wir hier als ein Beispiel unter tausenden die Episode zitieren, in der König Conchobar stolz nach seiner Rückkehr von einem siegreichen Feldzug gleich einem Gönner von seinem Hofdichter ein passendes Loblied verlangt.

"Im Siegestriumph kehrte Conchobar nach Emain Macha zurück. Er erzählte Mugain alle Neuigkeiten vom Anfang bis zum Ende und sagte seinem Dichter Ferchertne, dem Sohn Garbs, Sohn des Fer Rossa Ruaid, Sohn des Rudraiges, er solle schnell ein Gedicht im Andenken an diese Ereignisse schreiben. Deshalb sang der Dichter also das hier angeführte Lied und sein dichterisches Wissen zeigte ihm, daß diese Erzählung die Raubzüge fördern würde."

Und es folgt, wie angekündigt dieses Gedicht, dessen Länge uns nicht erlaubt, es hier ganz wiederzugeben. Neununddreißig manchmal etwas unklare Vierzeiler, in denen der Glanz mit Nachdruck und das Lob prophetisch vermittelt wird.

"Hier ist die Vision der heiligen Reise
Conchobars, des Gerechten,

Mutigen, Weißen und Großen, des Sohnes Cathbads,
dem höchsten König von Ulster.

....

Eines Nachts lag Conchobar
in einem Schlaf, der leicht nicht war.
Da sah er etwas: Eine Frau kam zu ihm
ganz nah an sein Schlaflager.

Ihre Kleidung war von Purpur, ihre Formen aus Gold,
und all ihr Geschmeide war alles andere als arm:
Seidenzöpfe zierten ihr Haupt
und wurden von einem goldenen Stirnband umgeben.

Ruhmvoll verkündete ihm diese Frau:
'Die Zeichen stehen gut, o Conchobar.
Würde und Glück steht dir zu,
und überall bist du berühmt.'"[164]

Im Falle Galliens hingegen ist es schwer, im ersten vorchristlichen Jahrhundert von einer einträchtigen Zusammenarbeit von König und Druide zu sprechen. Cäsar überrascht den Staat in einer schweren Krise, in einem Augenblick, in dem der Kriegeradel sich überall offen gegen das Königtum auflehnt und es verschwinden läßt, so daß nur mehr Ruinen und Erinnerungen übrigbleiben. Zu Beginn des Gallischen Krieges handelt es sich mit den Worten Cäsar nur mehr um eine zerbrechliche und zerstückelte *regia potestas,* um eine Macht, deren Ausübung auf das Richteramt beschränkt oder aber zeitlich begrenzt war. Eine der interessantesten Anspielungen ist in dieser Hinsicht eine etwas ungenaue Stelle des *De Bello Gallico* VII, 4, die Celtillos, den Vater des Vercingetorix betrifft. Sie deutet darauf hin, daß es auch hier ein System eines obersten und ehrenvollen "Bundeskönigtums" gab, so wie er sich in Irland bis ins Hochmittelalter gehalten hatte.

"Auf ähnliche Weise entfachte dort Vercingetorix, der Sohn des Celtillus (ein Averner, ein junger Mann von größtem Einfluß, dessen Vater den Ehrenvorrang in ganz Gallien innegehabt hatte und deswegen, weil er nach der Königsherrschaft strebte, von seinen Stammesgenossen getötet worden war), nachdem er seine Klienten zusammengerufen hatte, leicht Begeisterung."

Eine andere Anspielung im *B.G.* VI, 31 bezieht sich auf den Selbstmord des Königs der Eburonen nach einem verzweifelten Abenteuer.

"Catuvolcus, der König der Hälfte der Eburonen, der sich den Plänen des Ambiorix angeschlossen hatte, vergiftete sich, geschwächt durch Alter und Erschöpfung des Krieges und der Flucht mit der in Gallien und Germanien häufigen Eibe, nachdem er Ambiorix verflucht hatte, da er für das Vorhaben verantwortlich war."

Die Eburonen besaßen also zwei Könige. Teilten sie sich das Gebiet so wie die kleinen Könige Irlands, die manchmal nur über einige Kantone regierten? Oder hat sich bei Cäsar eine terminologische Ungenauigkeit eingeschlichen, was bedeuten könnte, daß diese zwei "Könige" über das gleiche Gebiet herrschten und verschiedene Verantwortungsbereiche innehatten? Oder regierten sie vielleicht abwechselnd, ein jeder eine bestimmte Zeit lang? Für jeden dieser Fälle besitzen wir mindestens ein Beispiel im mythischen Irland.

- In der Legende von der Kriegerin Macha, herrschen drei (und nicht zwei) Könige je sieben Jahre lang über Ulster: Dithorba, Aed Ruad und Cimbaeth. Das Funktionieren dieses Kreislaufs wird durch einen Vertrag gesichert, der von sieben Druiden, sieben Dichtern und sieben Stammeshäuptlingen gezeichnet ist.[165]

- In der Monganlegende regieren zwei Könige gleichzeitig in Ulster, und ihre Namen ähneln sich ebenso wie sie einander gegensätzlich sind: Fiacha Find "der Weiße" und Fiacha Dub "der Schwarze".[166]

Im zweiten Fall liegt der Gedanke auf der Hand, daß jedem der beiden Könige ein bestimmter Aufgabenbereich zugewiesen war. Doch war in Irland der Archaismus des eigenen Systems in Vergessenheit geraten.

Zumindest auf den ersten Blick scheint die politische Gliederung der Haeduer, einer der mächtigsten Stämme Galliens zur Zeit Cäsars, etwas anders gewesen zu sein.

B.G. I, 16: "[...] Cäsar rief die vornehmsten Adeligen der Haeduer zusammen, von denen er eine große Menge im Lager hatte, unter ihnen Diviciacus und Liscus, der das höchste Amt bekleidete, den die Haeduer *Vergobret* nennen, der für ein Jahr gewählt wird und Macht über Leben und Tod der Seinigen hat [...]"

B.G. VII, 32: "Die obersten Haeduer kamen als Abgesandte zu ihm und baten ihn, ihre Stadt in diesem besonders schwierigen Augenblick zu retten. Die Situation war sehr schlimm, denn ihr alter Brauch war, einem einzigen Amtsträger ein Jahr lang die Königswürde zu übertragen, jetzt aber zwei Männer diese Aufgabe für sich in Anspruch nahmen und vorgaben, rechtmäßig dazu bestimmt worden zu sein."

B.G. VII, 33: "Da das Gesetz der Haeduer dem höchsten Würdenträger verbot, das Gebiet zu verlassen, beschloß er selbst zu den Haeduern zu gehen."

Das politisch-religiöse Gleichgewicht zwischen Druide und König ist gestört, oder besser umgestaltet, was jedoch auf das gleiche herauskommt. Zuerst wurden die Aufgabenbereiche des Königs aus Furcht vor Machtanhäufung eingeschränkt, und schließlich ersetzte man den König durch ein jährlich verliehenes Amt, welches in etwa dem der römischen Konsuln entsprach. Eine interessante Einzelheit ist jedoch, daß der *vergobretus* - der Name einer Funktion, welche oft für ein

Magistratsamt gehalten wurde, da ein zweideutiger und oft vernachlässigter Satz Cäsars schlecht gedeutet wurde[167] - nicht das Recht besaß, das Land zu verlassen, ein Verbot, welches nicht auf die Druiden zutraf. Auch wenn wir nur über spärliche und verstreute Informationen verfügen, so besitzen wir dennoch keine Hinweise, die darauf schließen ließen, daß die Staatsformen sehr unterschiedlich gestaltet waren. Im Gegenteil, eine kurze, wohlbemerkt in der Vergangenheitsform gehaltene Stelle in Strabos *Geographie* IV, 4, 3 (ed. Karl Kärcher, *op.cit.*) belehrt uns, daß

"ihre Staatsverfassungen meist aristrokratisch [waren]: sie wählten vordem alle Jahre einen Vorsteher, ebenso wurde für den Krieg vom Volke ein Anführer gewählt; jetzt stehen sie größtenteils unter den Befehlen der Römer."

Bei Cäsar handelt es sich in etwa um das gleiche Schema. Die "weltliche" Regierung wird von einem zivilen (hgemwn) und einem Militärführer (strategos) geleitet, was abermals der irischen Machtaufteilung ähnelt, die ebenfalls in zwei Ebenen, den nicht-kämpfenden König (Nuada) und den militärischen Kriegsführer (Ogme) getrennt ist. Cäsar bezeichnet darüber hinaus die beiden fraglichen Regierungsämter ziemlich vage als *magistratus* und *principatus,* auch wenn er sonst einige genaue Einzelheiten der haeduischen Organisation bemerkt: Sie werden für die Dauer eines Jahres von der Zivilmacht verliehen und besitzen weitreichende Befugnisse (unter anderem das Recht über Leben und Tod, *vitae necisque*). Ihnen ist jedoch strengstens untersagt, außerhalb des Landes zu reisen, was einem Kampfverbot gleichkommt. Sie gleichen also auch insofern dem irischen König, der ebenfalls mit einem Reiseverbot belegt ist und so nicht selbst an der Schlacht teilnimmt und doch für das Kriegsgeschehen unerläßlich ist.[168] Der Aufgabenbereich des Druiden wird von all dem nicht berührt und der Titelträger des höchsten Amtes erinnert in der Tat an einen römischen Konsul. Doch ist die Richtung nicht mit der der römischen Republik identisch, da dort die Verbote die *flamen* und nicht die Erbkonsulen betreffen, die in Wirklichkeit über Macht-befugnisse eines Königs verfügen. Rom hat die spirituelle Autorität in die zwei Priesterämter des *flamen* und des *pontifex* gespalten.

Der Fall des Königtums und die feindliche Gesinnung, die die Gallier ihm gegenüber hegen, können als erstes Zeichen eines gestörten Gleichgewichts und beginnender Dekadenz gesehen werden. Der von Cäsar erwähnte Zustand hätte sich ohne den römischen Eingriff ohne weiteres ausbreiten können. Es ist kaum wahrscheinlich, daß die Druiden selbst versucht hätten, die Folgen dieses schwer gestörten Gleichgewichts in Gallien zur Zeit der römischen Eroberung zu beheben. Und auch dies kann als ein Zeichen des Niedergangs gewertet werden. Wenn Cäsar schreibt, daß "das Volk fast wie Sklaven behandelt wird: es unternimmt nichts aus eigenem Antrieb und wird keiner Beratung beigezogen. Da die meisten von Schulden oder von der Höhe der Abgaben oder von Ungerechtigkeiten der Mächtigeren unterdrückt werden, begeben sie sich freiwillig in die Sklaverei. Die hohen Adeligen haben ihnen gegenüber dann alle Rechte wie Herren gegenüber ihren Sklaven",

schreibt er vielleicht jüngeren Folgen einen Gesellschaftszustand zu, der möglicherweise schon länger angedauert hatte.

Cäsar scheint sichtlich Schwierigkeiten gehabt zu haben, das Verhältnis der Druiden zur *regia potestas*, der doktrinalen Überlegung zu durchblicken, die ihn als General, der mit unmittelbaren und schwierigen politischen und militärischen Problemen zu tun hatte, kaum interessiert haben dürfen. Es steht jedoch fest, daß sich die Druiden niemals mit der Königswürde schmückten, auch wenn sie eine bestimmte Kontrolle auf sie ausübten. Nur wenige "Königsdruiden" oder "Druidenkönige" können da als Ausnahmen angeführt werden.[169] Der Druide steht an der Spitze der Hierarchie, ja er steht fast sogar jenseits von ihr, was jedoch nicht auf die spirituelle Rangordnung zutrifft, von der er abhängt. Wir wollen die des Wissens und der Erkenntnis noch einmal anführen. Ist er einmal unter Anleitung der Druiden gewählt, wird der König zum Herrscher, nicht der Druiden, sondern der Bevölkerung, wobei die Druiden als Vertreter der göttlichen Macht ihn beraten. Es gehört sich, daß der Druide vor dem König das Wort ergreift, doch schuldet er dem König auch seinen Rat und seine Zukunftsvisionen oder auch Rechts- oder Zauberformeln, ohne sie ihm verweigern zu dürfen. D'Arbois de Jubainvilles Vergleich mit einem "Ehrenvorrang gegenüber dem König"[170] ist daher fehl am Platz. In der Beziehung zwischen König und Druide gibt es keinen "Vorrang". Das erklärt auch, weshalb die heiligen Bischöfe und priesterlichen Nachfolger Patricks nach der Christianisierung so leicht die Rolle der Druiden übernehmen konnten, ohne jedoch ihre Aufgaben auszuüben.

Die Folge geht zwar über unser Thema hinaus, doch hätte der Druide sich dem König auf der menschlichen Ebene tatsächlich überlegen gefühlt, so hätte er - und in der Folge auch seine kirchlichen Nachfolger - sich dessen Rolle wohl bemächtigt. Es steht anzunehmen, daß die Politik des christlichen Irland völlig anders ausgesehen hätte und eher theokratisch als militärisch gewesen wäre. Doch besitzen wir keinerlei Anzeichen für ein solches Verschwinden oder einen solchen Eliminierungsversuch der Kriegerklasse durch den Priesterstand, so wie es in der "Brahmanisierung" der hinduistischen *kshatriyas* der Fall gewesen war.

Der König wird von ihm ebenbürtigen Kriegern, von Freund und Feind, gewählt, wobei die Druiden vor allem über den regulären Ablauf und die Rechtmäßigkeit der getroffenen Entscheidung und der Wahl zu urteilen haben. So zeigt die Erzählung *Serglige Con Culaind* oder "Die Krankheit Cuchulainns", wie die vier Provinzen Irlands einen Krieg beenden, indem sie als obersten König einen Angehörigen der fünften Provinz, und zwar Ulster wählen, gegen die sie sich eigentlich verbündet hatten.

“Zu dieser Zeit fand eine Versammlung statt, um zu sehen, ob man sich auf einen höchsten König einigen könnte, denn es war ihnen unangenehm den Hügel der Herrschaft und des Vorsitzes Irlands, d.h. Tara nicht von einem König besetzt zu wissen. [...] Die Könige, die an dieser Zusammenkunft teilnahmen, waren: Medb und Ailill, Cu Roi und Tigernach Tetbannach, der Sohn Luchtes, und Find der Sohn von Ross. Sie holten nicht den Rat des Königs der Ulaten ein, da sie gegen Ulster verbündet waren. Sie organisierten das Stierfest, um festzustellen, wem sie die Königsherrschaft vermachen sollten.

Das Stierfest ging folgendermaßen vor sich: man tötete einen weißen Stier. Ein Mann hatte sich an seinem Fleisch und seiner Brühe sattzuessen und darüber einzuschlafen, während vier Druiden über ihm ein Wort der Wahrheit sangen. Dadurch sah er im Traum das Bild, den Charakter, die Figur und den Beruf des Mannes, der zur Königswürde erhoben werden sollte. Als der Mann wieder erwachte, erzählte er, daß er im Schlaf einen jungen, edlen und starken Krieger mit zwei roten Gürteln an der Seite eines kranken Mannes gesehen hatte, der sich in Emain Macha aufhielt.”[171]

Der Kranke ist Cuchulainn und beim jungen, edlen und starken Krieger handelt es sich um seinen Adoptivsohn Lugaid.

Doch verfügen wir über ein noch deutlicheres Beispiel für den Einfluß und das Gewicht, welche die Druiden auf die Wahl des neuen Königs ausübten. Als die Ulaten nach dem Tod Conchobars nach einem König suchen, trifft Genann Gruaidhsolus (“der mit der glänzenden Wange”), ein Sohn Cathbads schließlich die Entscheidung.

“Genann Gruaidsolus, der Sohn Cathbads, sprach: “Ich weiß, wer jetzt der irische Königsanwärter ist: Cormac Conloingas, der Sohn Conchobars, der edle junge Mann aus Irland. Er besitzt alle Gaben, Form, Wert, Gastfreundschaft, Wahrheit usw. Ihm hatte Conchobar die vorübergehende Herrschaft über das Reich übertragen, als er im Sterben lag, da jener sein ältester Sohn war. Er ist der Adoptivsohn Fergus’, der nie seine Macht gegen uns mißbrauchte, seit er mit Cormac war.”

Und die Ulaten stimmten der Rede Genanns zu.”[172]

Die Druiden treffen zwar nicht selbst die Wahl des Königs, doch sind sie einerseits für die damit verbundenen, religiösen Feierlichkeiten verantwortlich und beeinflussen bzw. veranlassen die Wahl. Diese kurze Formulierung scheint im großen und ganzen ihre politische Rolle in der Blütezeit der keltischen Gesellschaft zusammenzufassen. Später, in der christlichen Epoche, die im *Senchus Mor* wiedergegeben wird, teilte das irische Gesetz die Verantwortung unter *File*, König, Bischof (als Nachfolger des Druiden) und Heerführer auf, wobei jeder seine spezifische Rolle auszuüben hatte. Dies kann als weiterer Beleg für die Beständigkeit und Genauigkeit des Gesetzes- und Verfassungssystems gesehen werden, welches in direktem Bezug zur von alters her übernommenen Tradition stand.

"Sieben Beweise gelten für die Unehrlichkeit des Königs: Das Vertagen einer Synode, wenn sie gerade abgehalten wird, Mangel an Wahrhaftigkeit, an Gesetzestreue, außer die Bitten der Bittsteller bewegen sich bereits in der Ungesetzlichkeit; Niederlage in der Schlacht, Hungersnot während seiner Herrschaft, Milchlosigkeit der Kühe, Ausfall der Obst- oder Getreideernte. Dies sind die sieben hellen Lichter, die einen jeden König Lügen strafen können."[173]

Die gesetzliche Sanktion ist in allen Fällen die gleiche:

"Vier kantonale Würdenträger können abgesetzt werden: Ein König mit falschem Urteil, ein anstößiger Bischof, ein betrügerischer Dichter und ein Stammesfürst, der seine Aufgaben nicht erfüllt. Ihnen steht keinerlei Abfertigung zu."[174]

Das verhinderte nicht, daß im ersten Jahrhundert nach der Christianisierung das zuvor sorgsam behütete Gleichgewicht sich stark in Richtung der zu *Filid* umgewandelten Druiden neigt. Da bedarf es schon aller Macht Gottes und die fromme und intelligente List eines Heiligen, die äußerst unangenehme Lage des Königs von Connaught wieder in die Waage zu bringen:

"Eines Tages kam der alte *File* Senchan, der bedeutende Doktor Irlands mit seiner großen Gefolgschaft an den Hof Guaires, des Sohnes Colmains, des Königs von Connaught. Sein Gefolge bestand aus neun Männern einer jeden Kunst, hundertfünfzig Dichtern und hundertfünfzig Studenten. Jeder von ihnen hatte zwei Frauen, einen Diener und einen Windhund. Der Dichter schreibt:

Hundertfünfzig Dichter, die nicht höflich sind; hundertfünfzig Studenten und mit jedem dieser Männer zwei Frauen, einen Diener und einen Hund, das alles hat Guaire unter einem einzigen Dach genährt.

Guaire ließ ihnen in Durlus einen großen Palast erbauen, wo sie bedient wurden und wo man sich ein Jahr und vier Monate lang um sie kümmerte, so wie es Senchan selbst sagt, als er Guaire verläßt.

"Ich verlasse Dich, o Guaire der Reine, und wir hinterlassen Dir unseren Segen.
Ein Jahr und vier Monate sind wir nun bei Dir geblieben, o höchster König."

Guaire hatte sie während dieser ganzen Zeit mit allem zu versorgen, was sie wünschten, sonst hätte er die Satire der ganzen Truppe fürchten müssen. Und doch war es schwer, alles aufzutreiben, was sie begehrten, wie wir es in dem Buch namens "Die schwere Gesellschaft" lesen können. Doch fand Guaire mit Gottes Hilfe und den Wundern seiner Großzügigkeit alles Benötigte. Marban, Guaires Schweinehirt, der zugleich sein Bruder war und ein sehr heiliges Leben führte, begab sich zu dieser schweren Gesellschaft und warf ihr ihre große Bosheit, Ungerechtigkeit und Taktlosigkeit vor, da er ihr ungerechtes Urteil gegenüber Guaire, die Bewohner Connaughts und die freien, irischen Clans im allgemeinen beanstandete. Er rief den allmächtigen Gott um ihre ewige Verdammnis und Verwünschung an, sollten sie gegen wen auch immer ein falsches Urteil sprechen, bis sie ihm die Geschichte der Raubzüge der Kühe Cooleys zu erzählen begannen."[175]

So verlassen die *Filid* zu seiner großen Erleichterung den guten König, dessen Güter und Geduld sie rohlichst ausnützten und ziehen über ein Jahr lang durch ganz Irland, ohne etwas zu erzählen zu haben.

Die Geduld, Großzügigkeit und Güte Guaires sind christliche und keine königlichen oder druidischen Tugenden mehr. Hinsichtlich dieses Anstands haben die durch ihre Forderungen und Unhöflichkeit hassenswert gewordenen *Filid* ihr Ansehen und die spirituelle Autorität ihres Standes eingebüßt und sind so dem König und seinem Bruder entgegengesetzt. Letzterer besiegt sie nicht durch sein Wissen oder seine Zauberkünste, sondern durch seine Heiligkeit. Nicht jedoch die übertriebenen Forderungen der Schweren Gesellschaft sind das erste Zeichen für den Niedergang der Priesterklasse, - es gab andere schlechte Druiden oder böse *Filid* in Irland - sondern es ist der nunmehrige Zwiespalt zwischen Druide und König, der deutlich auf ihren bevorstehenden Untergang hinweist.[176]

V. Die drei Sünden des Druiden

Wir kennen die "Sünden" des Kriegers. Ein menschlicher, aber auch ein göttlicher, notwendigerweise mythischer Held begeht, meist gegen Ende seines Lebens und seiner Abenteuer drei schwere Fehler, die gegen die Regeln oder die Berufspflicht seines Standes verstoßen und die die ganze Gesellschaft betreffen, da sie die drei sozialen Klassen betreffen. [177]

So kann es durchaus geschehen, daß die drei schicksalshaften Fehler die kriegerische Karriere eines Gottes oder Helden in Frage stellen und beenden. Dennoch stirbt Cuchulainn, das keltische Ebenbild des griechischen Herkules aufrecht im Kampf mit dem Feind, ohne, daß sein irdischer Ruhm zuvor geschmälert worden wäre. Die trifunktionellen Schemas Irlands sind oft hinter komplexen Inhalten versteckt, wo man sie nicht erwartet. Außerdem werden sowohl Druide als auch Krieger selten auf frischer Tat bei einem Fehlverhalten überrascht, welches gegen die Regeln ihres Standes verstößt: Der unwissende Druide hat ebensowenig Platz in der irischen Gesellschaft wie der feige Krieger.

Wir verfügen über ein Beispiel eines Druiden, der seine Tage tragisch beendet. Natürlich ist er mythisch, doch ist das nicht wirklich relevant. Der Fall ist bezeichnend für das keltische Verständnis der Staatsgewalt, denn beim übrigens dreifachen, schweren Fehler handelt es sich nicht um übermäßigen Stolz, noch um Unwissen oder Machthunger[178], sondern um den Versuch, sich der Königsherrschaft zu bemächtigen.

Unseres Wissens ist dieser Fall einzigartig. Er wurde uns in der Codex-B-Version (W. Stokes - *Gelbes Buch von Lecan)* des alten und unersetzlichen *Glossariums von Cormac* in aller wünschenswerten Genauigkeit und Prägnanz überliefert.

"Caier hatte Nede, den Sohn Adnaes adoptiert, da er selbst keinen Sohn hatte. Doch richteten sich die Gedanken seiner Frau auf Nede, und sie gab ihm einen silbernen Apfel als Preis für ihre Freundschaft. Nede willigte jedoch nicht ein. So versprach sie ihm die Nachfolge auf Caiers Königtum, wenn er ihr folgte. "Wie sollte ich dem König nachfolgen?" fragte er. "Das ist gar nicht schwer," erwiderte die Frau ihm. "Singe eine Satire gegen ihn, und er wird befleckt. Ein Mann mit Makel kann aber nicht König bleiben." "Das könnte ich nur schwer tun, denn Caier gibt mir nie die Gelegenheit einer Weigerung, da es keinen Wunsch gibt, den er mir abschlüge." "Doch, ich kenne einen Gegenstand, den er dir niemals überließe: den Dolch, der ihm aus Schottland gebracht wurde. Den kann er dir nicht geben, da ihm das verboten ist."

Also bat Nede Caier um seinen Dolch. "Welch Unglück," sprach da Caier, "es ist mir verboten, mich von ihm zu trennen." Also machte Nede einen *glam dicinn* gegen ihn und ihm wuchsen drei Pickel auf der Wange. Und so lautete seine Satire:

"Übel, Tod und kurzes Leben dem Caier,
daß die Kampfschwerter Caier verletzen...
Caier unter die Erde, unter die Mauern, unter die Steine..."

Am nächsten Morgen ging Caier an die Quelle. Er führte seine Hand an sein Gesicht und fand dort die drei Furunkel, die durch die Satire verursacht worden waren: Schande, Beflecktheit und Häßlichkeit, rot, grün und weiß. Er floh nach Dun Cermnai zu Cacher, dem Sohn Etarsceles, auf daß niemand seinen Fall sähe.

So bemächtigte sich Nede des Königreiches Connaught nach Caier und war ein Jahr lang König. [...] Als eines Tages Nede mit seinem Streitwagen in die Festung kam (in die sich Caier geflüchtet hatte) folgten seine Hunde der Spur Caiers, bis zum Stein hinter der Festung. Caier starb vor Scham als er Nede sah. Bei seinem Tod zerbarst der Fels und ging in Flammen auf. Ein Splitter fuhr Nede unter dem Auge in den Kopf. [...]"[179]

Der *File* (bzw. Druide) begeht der Reihe nach folgende drei schwere Fehler:

1. Auf der ersten Ebene des Priesterstandes:

Er spricht eine ungerechtfertigte Satire und mißbraucht somit sein Priesteramt, da er einen Dolch vom König fordert, den jener ihm nicht geben darf, ohne ein Verbot zu übertreten. Die Satire ist böse, da sie einen Unschuldigen und Gerechten verurteilt.

2. Auf der zweiten Ebene des Krieger- bzw. Königsstandes:

Er trachtet nach dem Königtum und dieses Streben wird in der Erzählung noch durch die Benutzung des königlichen Streitwagens, der Verfolgung und den Tod des Königs verschlimmert: der physisch durch seine Furunkeln entstellte Caier stirbt vor Scham, als er Nede erblickt. Der Druide hat sich ungerechterweise und mit List die weltliche Macht angeeignet.

3. Auf der dritten Ebene in der mit dem Priestertum unvereinbarsten Beziehung:

Er begeht Ehebruch, indem er der weiblichen Versuchung nachgibt und obendrein Komplize einer schuldigen Gattin wird. Er eignet sich also nicht nur das Königtum widerrechtlich an, sondern verletzt zugleich die Reinheit der königlichen Ehe. Sein Thronraub zerstört die Souveränität an ihrem würdigsten und notwendigsten Punkt.

Wir erfahren in der Geschichte zwar nicht das Los der Frau, doch ist die Strafe des Druiden höchst symbolisch:

- Er wird durch einen Splitter des Felsen getötet, der zerbirst und in die Luft fliegt, um ihn für den Tod des Königs zu bestrafen, den er ungerechterweise satirisiert hatte.

- Der Steinsplitter tritt durch das Auge in seinen Kopf ein. Hierbei handelt es sich nicht nur um das Organ der Sicht, sondern für den Druiden auch des *Hell*-Sehens: Es war ihm nicht gegeben, seinen eigenen Tod vorauszusehen.

Die Zahl der Furunkel ist drei: Schande, Beflecktheit und Häßlichkeit *(on ocus anim ocus easbaidh)* und sie sind rot, grün und weiß gefärbt *(dearg ocus glas ocus ban)*, doch ist es zweifelhaft, ob diese drei Elemente für die drei Aufgabenbereiche stehen sollten, außer sie wurden früher so verstanden.

HIERARCHIE DES IRISCHEN KÖNIGTUMS

Oberster König Irlands mit Residenz in Tara
Provinz Meath (*Mide* "Mitte")

Vier Könige der "umliegenden" Provinzen
Ulster
Connaught
Munster
Leinster

In jeder Provinz eine wechselnde Anzahl
Kantonalkönige (*Tuatha*)

Es besteht die Möglichkeit:
- Einer **Zweiteilung des Königreiches**
(Ulster, mythisches Irland : Nord und Süd)
- Einer **Dreiteilung der Königswürde durch zeitliche Ablöse**
(drei Könige je sieben Jahre).

ZUSAMMENFASSENDE TAFEL DER EIGENSCHAFTEN DES DRUIDEN UND DES KÖNIGS[180]

Der Druide	Der König
- wird nach einer sehr langen Einweihungsphase zum Priester. Vermittler zwischen Göttern und Menschen (Krieger und Handwerker), die der König vertritt.	- wird unter Aufsicht der Druiden aus den Kriegern gewählt. Vermittler zwischen den Druiden und der restlichen Gesellschaft. Er wird durch seine Wahl dem Druiden ebenbürtig, bleibt ihm jedoch spirituell unterlegen.
- vertritt die geistliche Macht: - verabreicht das Heilige - ist alleiniger Verwahrer und Verantwortlicher des Wissens, der Kenntnisse und aller intellektuellen und religiösen Überlegungen und Aktivitäten (Opfer, Zauberei, Medizin, Recht, Weissagung, Hellsehen, Stammbaumkunde, usw.)	- vertritt die weltliche Macht: - Verwaltung der Gesellschaft: - Rechtsprechung (der von den Druiden gefällten Urteile) - Erhaltung des sozialen Gleichgewichts und Zusammenhalts.
- Berät und weist an. Manchmal bindet er durch einen Einspruch oder ein Verbot.	- Gewähr für Reichtum und Gebietseinheit des Königreichs.
- Der Druide ergreift vor dem König das Wort.	- Handelt nach Anhörung des druidischen Rates. Das Wort des Königs läßt die Absichten des Druiden wirksam werden.
- Er ist keinerlei Verpflichtung oder Verbot unterstellt.	- Ist vor allem geographischen Einschränkungen unterworfen (Verbot, das Land zu verlassen)
- Er ist über jeden Makel und körperlichen oder geistigen Schaden erhaben.	- Ist von jeglicher körperlicher und intellektuellen Bürde befreit.

Anmerkungen zum zweiten Kapitel

1 *Histoire de la Gaule* II, S. 86.

2 Albert Bayet, *La morale des Gaulois,* S. 185 hat recht mit seiner Behauptung, daß in Gallien Druiden und Krieger sozial gleichgestellt sind. Auch in Irland ist dies so, wo der Sohn eines Kriegers Druide und umgekehrt der Sohn eines Druiden problemlos Krieger werden kann. Allein auf intellektueller und spiritueller Ebene ist der Druide den anderen überlegen.

3 Edition Windisch, *Irische Texte* V, S. 785-793, welcher hier die Stowe-Version wiedergibt, die sich in einem Manuskript von 1633 befindet; Cecille O'Rahilly, *The Stowe Version of the Tâin Bô Cûalnge,* Dublin, 1961, S. 140-142, Zeilen 4437-4501.

4 *Les Celtes et les langues celtiques,* S. 129 ff. Ferdinand Lot, *La Gaule,* ed. 1970, sieht in den Druiden eine Art "Brüderschaft" der Weisen.

5 Dieser Fehlschluß Arbois' hat lange Zeit schwer auf der späteren Forschung gelastet, da sie das Studium der irischen Hierarchie wesentlich behinderte. So glaubte man, daß sich die Christianisierung mit Hilfe der *Filid* gegen die Druiden vollzogen hätte.

6 B.G. VI, 13.

7 *ibid.* Diese Stelle Cäsars wurde oft fehlinterpretiert, weil man lange durch schlechte Kenntnisse der Texte glaubte, den Druiden wäre das Waffenrecht verwehrt gewesen. (Jan de Vries, *Die Druiden,* in *Kairos* 1960/2, S. 67-82); zur Widerlegung siehe Françoise Le Roux, Christian-J. Guyonvarc'h, *Notes d'Étymologie et de Lexicographie gauloises et celtiques d'Histoire des Religions VII. 11 Contribution à une définition des Druides,* in *Ogham* 12, 1960, S. 485-486.

8 *Book of Leinster,* ed. Best - O'Brien, IV, Dublin, 1965, Blätter 186a-187a, S. 815-820.

9 *Trias Thaumturga,* S. 125.

10 XV, 9. In einer Besprechung der *Cours de Littérature Celtique I* von Arbois de Jubainville, in *Revue Celtique* 21, S. 101 merkte Salomon Reinach berechtigterweise an, daß die griechischen Priester einem Tempel und einem bestimmten Kult angehörten, dem dieser Tempel geweiht war, daß er aber kein Mitglied eines Kollegiums oder einer hierarchischen Priesterklasse war. Im Gegensatz dazu dürfen wir unter den Bruderschaften, von denen Timagenes spricht, nicht den Ursprung des irischen Mönchstums verstehen

11 *Anicent Laws of Ireland* IV, S. 354-360.

12 *Anicent Laws of Ireland* I, S. 46.

13 *Anicent Laws of Ireland* V. S. 58.

14 Die Bemerkungen Camille Jullians, *Histoire de la Gaule* II, S. 108-111, können in dieser Hinsicht als überholt angesehen werden.

15 Keating, *History of Ireland,* ed. Dinneen, III, S. 42-44.

16 In einem juridischen Text, dem *Uraicecht Becc*, finden wir eine direkte Bestätigung für die Würde, die der Handwerksklasse zuerkannt wurde. Einigen ihrer Mitglieder kam sogar der Doktortitel des *Ollam* zu: "Die Schmiede und die Bronzeschmiede, die Goldschmiede und die Ärzte, haben lediglich recht auf die Nahrungsmittel von vier Mann, auch wenn sie den Doktortitel besitzen. Ihre Entlohnung beträgt acht *set* und ihr Schutz währt drei Tage." (*Anicent Laws of Ireland* V, S.94). Aus dieser Tatsache können wir jedoch nicht schließen, daß die dreigeteilte Idelogie in Irland nicht respektiert wurde. Die *aes dana*, die "Leute der Kunst", können sowohl der ersten als auch der dritten Klasse angehören, wobei die Benennung nicht zu Klassenband verpflichtet, sondern lediglich einen Ehrentitel bedeutet oder eine Fähigkeit bezeichnet. Siehe dazu auch Françoise Le Roux & Christian Guyonvarc'h , *Bibliographie,* in *Ogham - Etudes Indo-Européennes,* 35-36, 1983-1984, S. 135-136.

17 B.G. VI, 13.

18 Version der *Tain Bo Cualnge* aus dem *Book of Leinster.*

19 ed. John Strachan - J.G. O'Keeffe, *the Tain Bo Cualnge from the Yellow Book of Lecan,* Dublin, 1913, S. 22, Zeilen 546-549; *Lebor na hUidre,* Blatt 61a, ed. R.I.Best - Osborn Bergin, Dublin, 1929,

S. 158, Zeilen 5035-5037; Christian-J. Guyonvarc'h, *La Razzia des Vaches de Cooley*, in *Ogham* 15, 1963, S. 153. Natürlich hat König Conchobar nichts mit dem Unterricht selbst zu tun. Im Text heißt es lediglich, daß Cathbad *hi fail a meic* unterrichtete, d.h. wörtlich "im Beisein seines Sohnes."

20 Eugene O'Curry, *Manner and Customs of the Ancient Irish* II, London, 1873, S. 75-85. Die von O'Curry verwendeten Texte beschreiben allgemein eine wirkungsvolle, universitäre Organisation. Diese Frage fällt nicht direkt in unser hiesiges Gebiet, da die Unterrichtshierarchie, von der hier die Rede ist, christlich war, doch konnte eine solche Struktur nicht aus dem Nichts geschaffen werden, und es steht anzunehmen, daß ihre Grundlage bereits traditionell vorhanden war.

21 Ed. Whitley Stokes, *Three Irish Glossaries,* London, 1862, S. 27.

22 Siehe E. Bachellery, *L'oeuvre poétique de Gutun Oqein, barde gallois de la deuxième moitié du XV. siècle,* Paris, 1950, 2 Bände.

23 *Book of Leinster*, ed. Best - O'Brien, IV, Blatt 186a, S. 815.

24 B.G. VI, 13. Cäsar schreibt den Druiden die Kenntnis der Astronomie und nicht der Astrologie zu, auch wenn diese Scheinwissenschaft im römischen Gallien unter klassischem Einfluß in Ehren gehalten sein worden muß. Das bemächtigt uns zur Annahme, daß der Unterricht keineswegs primitiver oder okkulter Natur war. Es steht außerdem fest, daß die Astrologie nicht keltischen Ursprungs ist und daß die Druiden jene nie in der heutigen Form praktizierten. In jenem Fall hätte das Verbot der Druiden sich auf die Hauptanklage der römischen Behörden (Zauberei und Menschenopfer) gestützt. All dies ist noch sehr unklar. Während wir auf eingehendere Informationen warten, können wir bisweilen nur auf H. de la Ville de Mirmonts, *L'astrologie chez les Gallo-Romains,* in *Revue des ètudes Anciennes* IV, S. 115-141, verweisen.

25 *De Chorographia* III, 2.

26 Wir gaben bereits das Beispiel vom *Gespräch der zwei Weisen*. (Siehe Kapitel II.1) In diesem Zusammenhang sei auch eine Bemerkung des Diodor von Sizilien angeführt: "Im Gespräch ist ihre Sprache kurz und enigmatisch und bedient sich oft übertriebener Anspielungen und Zweideutigkeiten, wenn es darum geht, sich selbst zu preisen und andere schlecht zu machen."

27 Ed Whitley Stokes, *The Colloquy of the Two Sages,* in *Revue celtique* 26, S. 12. In Bezug auf einen bestimmten geographischen Ort befinden sich die Lehrstätten der Druiden immer im Norden, im Nord-Osten, manchmal auch im Nordwesten oder Westen, jedoch nie im Süden. Das stimmt mit den Informationen überein, die wir über den nordischen Symbolik des Priesteramtes besitzen (vgl. Kapitel IV).

28 *Ancient Laws of Ireland* II, S. 146 ff und V, 96. Auch O'Curry, *Manners and Customs of the Ancient Irish,* London, 1873, Kapitel II "Of education and literature in Ancient Erinn", S. 48-178 liefert nützliche Hinweise. Charles Plummer, *Vitae Sanctorum Hibernae* I, Oxford, 1910, Einleitung, S. cxi ff., zeigt auf, daß das Kloster ein Zentrum des geistlichen und intellektuellen Lebens darstellte. Das erklärt auch die Entstehung der großen, liturgischen und hagiographischen, später auch der profanen Literatur.

29 John O'Donovan, *Tribes and Customs of the Hy Fiachrach*, S. 79-167.

30 Siehe dazu Nora K. Chadwicks, *The Druids,* Oxford, 1966 und unsere Kritik Christian-J. Guyonvarc'h, *Notes d'Étymologie et de Lexicographie gauloises et celtiques d'histoire des Religions XX. 53. Nouvelles recherches sur les druides,* in *Ogham* 22-25, 1970-1973, S. 209-236.

31 Vgl. Cicero, *De divinatione* I, 41, 92, (Christoph Schäublin, *Über die Wahrsagung*, Artemis & Winkler) der nach seinen Betrachtungen zu den keltischen Druiden an die etruskischen Wahrsager erinnert, die die Erzieher der jungen Adeligen waren. Die Umstände selbst sind jedoch nicht zu vergleichen, da beide einer anderen religiösen Struktur angehören. Was die Forschung betrifft, verweisen wir auf Camille Jullian, *Histoire de la Gaule* II, S. 105-107.

32 *op. cit.,* S. 71.

33 *op.cit.,* S.151

34 *op. cit.,* S. 149-150.

35 C. Jullian, *Histoire de la Gaule* II, S. 396-397 hat sehr hartnäckig auf dem Unterschied bestanden, der in dieser Hinsicht die Kelten von den Römern und Griechen unterschied, die "lange ohne genaues Regelsystem blieben und der Ausbildung der Kinder keine Meister zur Verfügung stellten."

36 B.G. I., 31.

37 Es fehlen uns leider alle Mittel, uns ein genaues Bild über die Rolle zu machen, die die Druiden im Ablauf des gallischen Krieges hatten. A priori konnten sie den Römern kaum gut gesinnt sein (vgl. oben die Episode des *gutuater* der Carnuten), doch gab es sicher nie eine nationale oder internationale Vereinigung oder Institution der Druiden, die dieser oder jener Stadt eine bestimmte Politik aufoktroyiert hätte. Die irische Erzählung von der "Belagerung von Druim Damghaire" (siehe Kapitel III) kann als Beleg dafür angesehen werden, daß die Druiden im Dienste eines keltischen Staates, der sich im Krieg gegen einen anderen befand, keineswegs davor zurückschreckten, allen ihren Verpflichtungen nachzukommen und somit auch gegen andere Druiden zu kämpfen, mit eigener Hand oder durch Zauberei.

38 Siehe Christian-J. Guyonvarc'h, *Notes d'Étymologie et de Lexicographie gauloises et celtiques, loc. cit.*, in *Ogham* 12, 1960, S. 305-312: "Gesang" und "Satire" sind zwei oft verwechselte Begriffe.

39 Das Weiß wird, wie oft auch seine Entsprechung, bzw. Umkehrung herkömmlicherweise als Fehlen aller Farben verstanden. Siehe dazu auch G. Dumézil, *Albati, Russati, Virides*, Kapitel IV *Rituels indo-européens à Rome,* Paris, 1954, S. 44-61.

40 Whitley Stokes, *The Tripartite Life of Patrick,* II, S. 325-326.

41 *Forbuis Droma Damhgaire,* "Die Belagerung von Duim Damhgaire", ed. M.L. Sjoestedt, in *Revue Celtique* 43, 1926, S. 58. Alle unsere Zitate aus diesem Werk werden unter dem Vorbehalt der Überprüfung des Textmaterials publiziert, falls es einmal möglich sein sollte, über sichere und vollständige Originalmanuskripte zu verfügen.

42 Auszug aus dem Zitat der S. .

43 *Mesca Ulad,* "Die Trunkenheit der Ulaten", ed. J. Carmichael Watson, *Mediaeval and Modern Irish Series* 13, Dublin, 1941, S. 25.

44 *ibid,* S. 33.

45 Siehe Johanna Pollak, *Beiträge zur Verwendung der Farben in der älteren irischen Literatur,* in *Zeitschrift für Celtische Philologie* 27/3-4, 1959, S. 161-205, die jedoch nicht auf die Bedeutung der Farben in der Ideologie der drei Aufgabenbereiche eingeht.

46 *Cogadh Ferghusa agus Chonchobhair,* "Der Krieg des Fergus und des Conchobar", ed. Margaret C. Dobbs, in *Revue Celtique* 40, 1923, S. 416.

47 *Rennes Dindshenchas,* ed. Whitley Stokes, in *Revue Celtique* 16, S. 276-277.

48 Keating, *History of Ireland,* ed. Dinneen, II, S. 286.

49 Siehe dazu den religiösen Teil des 13. Kapitels *La Gaule dans le monde celtique,* in: Myles Dillon - Nora K. Chadwick - Christian-J. Guyonvarc'h, *Les Royaumes Celtiques,* Paris, 1974, S. 348-362.

50 J. Strachan - Whitley Stokes, *Thesaurus Paleohibernicus,* II, S. 109.

51 Ed. Charles Plummer, S. 111, 12.

52 D'Arbois de Jubainville, *Cours de Littérature Celtique* I, S. 154; Joseph Loth, *Vocabulaire vieux-breton,* Paris, 1884, S.84, S. 43; Christian-J. Guyonvarc'h. Christian-J. Guyonvarc'h, *Notes d'Étymologie et de Lexicographie gauloises et celtiques VI. 19. Irlandais idpart, gallois aberth, celtique commun *ATE-BERTA, "offrande sacrifice",* in *Ogham* 12, 1960, S. 198 und 448. Das bretonische *aberzh* ist ein neues Lehnwort auf der Grundlage des walisischen *aberth* und keine Fortführung des altbretonischen *aperth*, und kann daher nicht als etymologischer Beweis herangezogen werden. Siehe Christian-J. Guyonvarc'h, *Dictionnaire étymologique du breton ancien, moyen et moderne,* 2. Aufl., Rennes, S. 43.

53 siehe Camille Jullian , *Christian-J. Guyonvarc'h, Notes d'Étymologie et de Lexicographie gauloises et celtiques gallo-romaines XVII. Remarques sur la plus ancienne religion gauloise,* in *Revue des Études anciennes* V, 1903, S. 19-27.

54 *Les Celtes et les langues celtiques*, S. 158.

55 Vgl. die später erwähnte Geschichte von Bécuma; siehe *Eriu* 3, S. 154.

56 Siehe Christian-J. Guyonvarc'h, *Introduction étymologique à l'étude du sacrifice dans la religion celtique,* in *Ogham* 35-36, 1983-1984, *Études Indo-Européennes* I, S. 59-80, und Françoise Le Françoise Le Roux & Christian Guyonvarc'h, *Sur quelques sacrifices et rites sacrificiels celtiques sans effusion de sang, ibid.,* S. 95-110.

57 Gebet von Saint Ninine, in *Thesaurus Paleohibernicus* II, S. 322.

58 Eugene O'Curry, *On the Manners and Customs of the Ancien Irish* II, S. 134-135.

59 Michael O'Duigeannain, *On the Mediaeval Sources for the Legend of Cenn Croich,* in *Féil-sgribhinn Eoin Mhic Néill,* Dublin, 1940, S. 301; siehe Françoise Le Roux, *Le Celticum d'Ambigatus et l'Omphalos gaulois. La royautésuprème des Biturges*, in *Ogham* 13, 1961, S. 175-179.

60 Ed. Whitley Stokes, *The Rennes Dindshenchas,* in *Revue Celtique* 16, S. 35-36, siehe, *Ogham* 13, *loc.cit.* S. 178.

61 "Der Herr sprach zu Mose: Erkläre alle Erstgeburt als mir geheiligt! Alles, was bei den Israelitern den Mutterschoß durchbricht, bei Mensch und Vieh, gehört mir. "(*Exodus,* 13, 1-2); "Der Herr wird dich in das Land der Kanaaniter bringen und wird es dir geben, wie er dir und deinen Vätern mit einem Eid zugesichert hat. Dann mußt du alles, was den Mutterschoß durchbricht, vor den Herrn bringen; alle männlichen Erstlinge, die dein Vieh wirft, gehören dem Herrn. Jeden Erstling vom Esel aber löse durch ein Schaf aus! Willst du ihn nicht auslösen, dann brich ihm das Genick! Jeden Erstgeborenen deiner Söhne mußt du auslösen." (*Exodus,* 13, 11 ff); siehe unser Buch *Le rite et la doctrine du sacrifice dans la Tradition celtique,* Rennes, 1986. Vgl. F.N. Robinson, *Human Sacrifices among the Irish Celts,* in *Anniversary Papers by Colleagues and Pupils of George Lyman Kittredge,* Boston, 1913, S. 185-197.

62 *Ancient Laws of Ireland,* IV, S. 142.

63 Edward Gwynn, *The Metrical Dindshenchas* IV, S. 22

64 *Historia Britonum* 39-42, harleischer Text, Ed. Edmond Faral, *La légende arthurienne,* III, Paris, 1929, S. 30-33; vgl.: John Morris, *Nennius, British History and the Welsh Annals,* Londres, 1980, S. 70-72; vgl. auch Eugene O'Curry, *Manners and Customs of the Ancient Irish* II, S. 222-223.

65 zu den Tuatha De Danann, siehe auch Christian-J. Guyonvarc'h, *Christian-J. Guyonvarc'h, Textes mythologiques irlandais I, S. mythologiques irlandais* I, Rennes, 1980, S. 1-104.

66 Im mythologischen Zyklus wird Manannan als "Bruder" Dagdas beschrieben. Genau genommen handelt es sich um den Gott des *sid*, des irischen Jenseits. Manannan beschreitet oft die Seewege, da der *sid* jenseits des Meeres angesiedelt wird. Er ist deshalb jedoch nicht der Gott des Meeres. Seine Göttlichkeit wurde von J. Vendryes *Études* Celtiques 6, S. 239 ff., unnötigerweise angezweifelt.

67 Eugene O'Curry, *Manners and Custums, op.cit.,* I, S. 333-334; *eachtra Airt Meic Cuind ocus tochmarc Delbchaime ingine Morgain,* ed. R.I. Best, *The Adventures of Art son of Conn and the courtship of Delbchaem*, in *Ériu* 3, S. 154-160.

68 D'Arbois de Jubainville, *Cours de littérature celtique* VI, S. 52-53; siehe dazu vor allem Ananda K. Coomaraswamy, *Sir Gauvain and the Green Knight,* in *Speculum* 19, 1944, S. 104 ff.

69 Giraud de Cambrie, *Topographia Hibernica* III, 25, ed. James F. Dimock, *Giraldi Cambrensis Opera* V, London, 1867, S. 169. Der Vergleich mit dem *ashvamedha* stammt aus Franz-Rolf Schröders *Ein altirischer Krönungsritus und das indogermanische Roßopfer,* in *Zeitschrift für Celtische Philologie* 16, S. 310-312 und aus M.L. Sjoestedts *Dieux et héros des Celtes, op. cit.*, S. xiv-xv. Die notwendigen Verbesserungen von Übersetzung und Interpretation wurden von Françoise Le Françoise Le Roux & Christian Guyonvarc'h in *Recherches sur les élements rituels de l'élection royale irlandaise et celtique*, in Ogham 15, 1963, S. 123-137 durchgeführt (vgl. auch die Zustimmung Georges Dumézils, *Derniers soubresauts du Cheval d'Octobre*, in *Fêtes romaines d'été et d'automne*, Paris, 1975, S. 211-219.

70 *Serglige Con Culaind* "Die Krankheit des Cuchulainn", in *Ogham* 10, 1958, S. 294. Im Text *Togail Bruidne Da Derga* oder "Die Zerstörung der Herberge von Da Derga", ed. Whitley Stokes, Paris, 1902, S. 14-15 finden wir eine weitere Variante; vg. auch Eleanor Knott, Dublin, 1936, S. 4: "Da starb also König Etarscele. Daher feierten die Männer Irlands das Stierfest, d.h. sie töteten einen Stier und ein einziger Mann hatte vom Fleisch zu essen und von der Brühe zu trinken. Der Mann, den er in seinem Schlafe sah, war der König und seine Lippen verstummten auf immer, wenn er log."; vgl. Françoise Le Roux & Christian Guyonvarc'h, *loc.cit.* , in Ogham 15, S. 246..

71 Eine detaillierte Studie finden sie in unserem Buch, auf welches wir in dieser Beziehung verweisen wollen: *Le rite et la doctrine du sacrifice dans la tradition celtique, op. cit,. passim.*

72 *Etudes sur le droit celtique* I, S. 166 ff.

73 Von großem Wert ist hierzu der detaillierte und gut argumentierte Aufsatz *Recherches sur l'origine de la propriété foncière et des noms de lieux habités en France*, Paris, 1890, S. 111-118, von d'Arbois de Jubainville, indem er Fustel de Coulanges (*Le problème des origines de la propriété foncière*, Brüssel, 1889, S. 84-85) bezüglich der Bedeutung Cäsars *fere de omnibus controversis publicis privatsque constituunt* grundlegend widerspricht. Fustel de Coulanges hatte das Zitat folgendermaßen verstanden: "Die Druiden richten über Prozesse sowohl in kriminellen als auch in bürgerlichen Belangen". D'Arbois hält dieser Lesart zurecht entgegen, daß Cäsar nicht *judicia publica* ("kriminelle Prozesse"), sondern *controversiae publicae* schrieb, eine Bezeichnung, welche im römischen Recht, der bürgerlichen Rechtsprechung vorenthalten ist, was also bedeutet, daß "die Druiden auch in Bereichen, die wir dem Verbrechen zuordnen würden, ausschließlich bürgerliche Rechtsprechung ausübten" (S. 114). Die für einen Diebstahl oder Mord zu entrichtenden Strafzahlungen hießen im heutigen Recht wohl Schadenersatz , und das ist der Punkt, den Fustel de Coulanges mißverstanden hatte.Die druidische Rechtsprechung wurde außerdem noch in d'Arbois de Jubainvilles *Études sur le droit celtique* I, S. 156 ff. untersucht. Bleibt nur noch eine einzige Verbesserung zu treffen, und zwar bezüglich der Interpretation des Druiden als Schiedsrichter in der Stelle des Diodor von SizilienV, 31; Der Druide, der die Kämpfenden beruhigt, agiert hier nicht nach gesetzlichem Recht, sondern gemäß seiner allgemeinen religiösen Autorität, da die Rolle des Friedensstifters als selbstverständliches Gegengewicht zu seiner Rolle als Krieger verstanden wurde. Aus diesem Grunde kann letzten Endes auch nur der Druide über den Augenblick des Krieges oder Friedens entscheiden.

74 D'Arbois de Jubainville, *Etudes sur le droit celtique* I, Paris, 1895, 388 S., II, 270 S. Seit dieser Zeit wurde im Französischen nichts zu diesem Thema veröffentlicht, so daß wir auf die Arbeiten Rudolf Thurneysens und D.A. Binchys verweisen müssen, die leider jedoch kein Gesamtbild des irischen Rechts erstellen.

75 *Ancient Laws of Ireland,* I, S. 112.

76 D'Arbois de Jubainville, *op.cit.* S. 329-330.

77 ed. W. J. Gruffydd, *Mab Vab Mathonwy,* Cardiff, 1928, S. 12, und J.Loth, *Les Mabinogion,* I, ed, 1913, S. 188.

78 *Le Senchus Mor,* in *Nouvelle Revue Historique du Droit Français et Étranger*, 1991, S. 1-108.

79 Siehe R. Thurneysen, *Du langage secret dit Ogham*, in *Revue Celtique* 7 S. 369-374.

80 Doch wollen wir auf d'Arbois de Jubainville verweisen, der in seinem Artikel *Des attributions judiciaires de l'autorité publique chez les Celtes,* in *Revue Celtique* 7, S. 2-37, einige Seiten Gallien widmet, bevor er sich auf Irland konzentriert.

81 D'Arbois de Jubainville, *Études sur le droit celtique* I, S. 80-81.

82 *Histoire de la Gaule* II, S. 103.

83 Im Mythenzyklus der fünf Eroberungen Irlands sind die Söhne Mils die Vorfahren der Iren; siehe *Christian-J. Guyonvarc'h, Textes mythologiques irlandais I, S. mythologiques irlandais* I/1, S. 14-16.

84 wörtlich: "Sohn des Haselnußstrauchs", "Sohn des Pflugs" und "Sohn der Sonne".

85 *Lebor Gabala Erenn* oder "Buch der irischen Eroberungen", ed. R.A.S. Macalister, *Irish Texts Society* XLIV, Dublin, 1956, Band V, S. 36.

86 *ibid.* S. 94.

87 *ibid,* S. 118-120, Gedicht LXXV.

88 *Ancient Laws of Ireland* I, S. 20.

89 *Mesca Ulad,* ed. C. Watson, S. 34.

90 Dieses meist - besonders bei Unkenntnis der irischen Rechtslage - mißverstandene Detail, gibt auch die Antwort auf die Frage Albert Bayets in *La morale des Gaulois*, S. 33: "Ist es wahr, daß die weltlichen Gerichte im Vergleich zu den druidischen wenig Bedeutung hatten und nur in Ausnahmefällen in Erscheinung traten. Die Lektüre der *Kommentare* hinterläßt einen völlig anderen Eindruck. Cäsar behauptet zwar in seiner allgemeinen Betrachtung der Gallier, daß die Aufgabenbereiche der Druiden alle privaten und öffentlichen Streitigkeiten betreffen, alle Verbrechen, Morde, Erbfolgezwiste und Grundstücksauseinandersetzungen, kurz alle Bereiche des bürgerlichen und des Strafrechts, doch suchen wir in seinem Bericht vergeblich nach einer Spur dieser juristischen Aktivität, die angeblicherweise überall mitspielt. Jeden Augenblick erwarten wir das Auftauchen der priesterlichen Richter, doch kommen sie nie zum Vorschein. Ihre Justiz sollte überall sein und ist doch nirgends zu finden. Nur die weltlichen Gerichte handeln und Cäsar, der sich an Tatsachen hält, hat kein Wort des Erstaunens übrig." Nichts ist jedoch daran wirklich erstaunlich: Die Grundlagen der Rechtsprechung sind bei den Kelten im wesentlichen religiös (wie anfänglich bei allen Indoeuropäern) und die praktische Differenzierung vollzog sich nicht durch eine der keltischen Welt unbekannte Trennung des Religiösen vom Profanen, sondern durch eine Spezialisierung der Aufgabenbereiche. Neben dem "Kirchengericht" gab es kein "Laiengericht", sondern der Druide "sprach das Recht" und die Justiz blieb dem König überlassen.

91 *Ancient Laws of Ireland* IV, S. 334.

92 *Aided Guill maic Carbada ocus Aided Gairb Glinne Rige,* ed. Whitley Stokes, *The violent Deathes of Goll son of Carbad and Garb of Glenn Rige,* in *Revue Celtique* 14, S. 430.

93 *Ancient Laws of Ireland* I, S. 250.

94 *Ancient Laws of Ireland* I, S. 30.

95 *Ancient Laws of Ireland* I, S. 4 - 18.

96 *Panégyrique de Constantin,* ed. Édouard Galletier, Paris, 1952, II, II, 8. Vergessen wir jedoch nicht, daß es sich bei diesem späten Text (312 n.Chr.) um eine Lobrede und nicht um einen archivarischen Bericht handelt, auch wenn er von einem Vorfall berichtet, der selbst sehr wahrscheinlich scheint. Aus bestimmten Gründen bezieht er sich auf historische und literarische Details der Haeduer, die jedoch nicht keltischen, sondern lateinischen Ursprungs sind. Der Lobredner erkennt den Anführer der Haeduer, der seine Rede auf seinen Schild gestützt *(scuto innixus)* hält, zwar als Botschafter, nicht jedoch als Druiden.

97 ed. Margaret Dobbs, *loc.cit.,* in *Revue Celtique* 40, S. 416.

98 *Les Celtes et les langues celtiques,* S. 319.

99 Bezüglich all dieser Fragen verweisen wir weiter auf das einführende Werk *Christian-J. Guyonvarc'h, Textes mythologiques irlandais I, S. mythologiques irlandais, La Littérature mythologique et épique de l'Irlande médiévale,* in *Celticum* 10.

100 ed. Whitley Stokes, *Christian-J. Guyonvarc'h, Notes d'Étymologie et de Lexicographie gauloises et celtiques in the Book of Amarg, Thesaurus Paleohibernicus* II, S. 241; Kathleen Mulchrone, *Bethu Phatraic, The Tripartite Life of Patrick*, London, 1939, S. 114-115.

101 *Thesaurus Paleohibernicus* I, S. 699; d'Arbois, *Les Celtes et les langues celtiques,* S. 319-320.

102 *Christian-J. Guyonvarc'h, Textes mythologiques irlandais* I/1, S. 206-211.

103 Ed. Ernst Windisch, *Irische Texte* V, S. 911; ed. C. O'Rahilly, S. 136, 4919-4925.

104 *La nourriture de la maison des deux goblets,* in *Celticum* 18, S. 328; siehe auch Christian-J. Guyonvarc'h, *Textes mythologiques irlandais* I/1, S. 265-266.

105 *Irische Texte* V, S. 39-41; ed. C. O'Rahilly, S. 8, 281-283.

106 *Genelach Sil Chormaic* nach der Rawlinson-Handschrift B 502, ed. M.A. O'Brien, *Corpus Genealogiarum Hiberniae* I, Dublin, 1962, S. 15.

107 siehe Christian-J. Guyonvarc'h, *Textes mythologiques irlandais* I/ 1, S. 157-187.

108 *Lebor Gabala Érenn*, ed. Macalister, V, S. 412.

109 Edward Gwynn, *The Metrical Dindshenchas* I, S. 2

110 Ed. Whitley Stokes, Irische Texte III, S. 285-444

111 *Ancient Laws of Ireland* I, S. 30-32. Die Etymologien des *Senchus Mor*, die hier geboten werden, sind natürlich unrichtig, da sie lediglich auf Analogien und Klangähnlichkeiten basieren. Das ist deshalb so, da das Irische keine heilige oder liturgische Sprache mehr ist, und die Grundlage der metaphorischen und religiösen Wortspiele so aus fremdem Wortschatz übernommen wurde, meist aus dem Lateinischen, ab und zu auch aus dem Griechischen und Hebräischen. Es ist jedoch wahrscheinlich, daß ähnliche Formulierungen aus dem antiken Keltisch genaue und homogene Etymologien ergeben würden.

112 *Les Celtes et les langues celtiques,* S. 294-295.

113 Für eine eingehendere Beantwortung all dieser Fragen verweisen wir auf Christian-J. Guyonvarc'h, *Textes mythologiques irlandais* I/2, S. 5 ff.

114 Wobei noch heute die Kunst des irischen *storytellers* vor allem darin liegt, eine Erzählung möglichst originalgetreu wiederzugeben, ohne etwas darin zu verändern, was nicht nur auf eine Fortführung der Tradition, sondern auch auf eine gewisse Starrheit der Zielsetzung schließen läßt.

115 *Op.cit,* S. 354-366

116 Für eine eingehendere Beantwortung der Problematik der Chronologie und der Mythologie verweisen wir auf das erste Kapitel Christian-J. Guyonvarc'hs, *Textes mythologiques irlandais* I/2, vor allem S. 5-26, welche auf die Nutzlosigkeit moderner Aufsätze zur "mythischen" Chronologie Irlands eingeht.

117 Ed. Gerard Murphy, *Early Irish Lyrics,* Oxford, 1956, S. 82-84.

118 *Adamnani Vita Columbae,* ed. Alan Orr & Marjorie Ogilvie Anderson, London, 1961, S. 296-298.

119 *Tain Bo Cualnge,* ed. Windisch, *Irische Texte* V, S. 795.

120 *Le Meurtre de Conchobar,* in *Ogham* 10, 1958, S. 132. Anbei wollen wir bemerken, daß alle diese ärztlichen Vorschriften das königlichen Wesen betreffen: nicht in Erregung zu geraten und kein Pferd zu besteigen (Kriegsverbot), keine leidenschaftlichen Beziehungen mehr einzugehen (Lust- und Zeugungs-verbot). Nichts jedoch betrifft die priesterliche Aufgabe, die nicht in den Bereich des Königs fällt.

121 *Textes mythologiques irlandais* I, S. 106

122 Christian-J. Guyonvarc'h, *Notes d'Étymologie et de Lexicographie gauloises et celtiques* XVI, 142, *Irlandais airmed "mesure" et miach "boisseau", breton arvezin "examiner"* in *Ogham* 20, 1968, S. 351-352.

123 *Textes mythologiques irlandais* I, S. 54.

124 *Textes mythologiques irlandais* I/1, S. 49.

125 *Tain Bo Cualnge,* Version des *Lebor na hUidre*, in *Ogham* 15, 1963, S. 280-281.

126 *Tain Bo Cualnge,* Version des *Buchs von Leinster*, ed. Windisch, *Irische Texte* V, S. 631-633; vgl. *Ogham* 15, S. 131-136.

127 *Tain Bo Cualnge,* ed. Windisch, *Irische Texte* V, S. 517..

128 *ibid.,* S. 523.

129 *Lebor na hUidre,* Blatt 41b, ed. Best-Bergin, S. 101.

130 Christian-J. Guyonvarc'h, *Textes mythologiques irlandais* I/1, S. 48. Die Rolle des göttlichen Architekten ist nicht auf den keltischen Kulturkreis beschränkt. In der *Ilias* XXII 444-458 , erbaut Poseidon auf den Befehl des Zeus die Stadtmauern Trojas für den König Laomedon und, wie auch der Dagda, wird er für seine Mühen nur schlecht bezahlt. Siehe Georges Dumézil, *L'oubli de l'homme et l'honneur des dieux, op.cit.,* Skizze 52. *Le triple péché de Laomédon,* S. 31-32.

131 Bezüglich dieses Frage-und-Antwort-Spiels zwischen Pförtner und Besucher ähnelt die Ankunft Kulhwchs am Hofe Arthurs, welche die walisische Erzählung Kulhwch und Olwen beschreibt, sehr der Lugs in Tara. In der walisischen Version ist jedoch selbstverständlich nicht davon die Rede, daß es sich beim Pförtner um einen Druiden handelt. Hier hat ein Ritter des Hofes diese Aufgabe für jenen Tag übernommen (siehe J. Loth, *Les Mabinogion,* ed. 1913, S. 251 ff.)

132 Christian-J. Guyonvarc'h, Textes mythologiques irlandais I/1, S. 106. Zur Thematik des Einäugigen und des Einarmigen siehe I/2, 2. Kapitel, *Les dieux de l'Irlande,* Unterkapitel 3. Vgl. Georges Dumézil, *Heur et malheur du guerrier*, ed. 1985, S. 63-66.

133 *L'Ivresse des Ulates*, in *Celticum* 2, S.15.

134 *L'Ivresse des Ulates, op.cit.,* S. 20.

135 Pierre Grimal, *La civilisation romaine,* Paris, 1980, S. 272.

136 Die soziale Rolle des Druiden entspricht in dieser Hinsicht weder dem römischen *flamen,* noch dem hinduistischen Brahmanen, die nicht kämpfen dürfen, ja nicht einmal ein bewaffnetes Heer zu Gesicht bekommen sollten. Vgl. Georges Dumézil, *Mitra-Varuna*, S. 27. Der Status des Druiden geht also auf noch archaischere Wurzeln zurück, die noch vor der Trennung geistlicher und weltlicher Macht anzusetzen sind. All diese Fragen werden ausführlich in unserer *Introduction générale, op. cit.* erläutert.

137 Christian-J. Guyonvarc'h, *La naissance de Conchobar,* in *Ogham* 12, 1960, S. 236-237.

138 *Book of Leinster,* ed. Best - O'Brien, II, Blatt 106 a, 8-9. S. 400; vgl. Whitley Stokes, *Tidings of Conchobar Maic Nessa*, in *Eriu* 4, S.22.

139 Keating, *History of Ireland*, ed. Dinneen II, S. 332.

140 *B.G.*, II, 5. Otto Schönberger, *Der gallische Krieg*, Artemis Verlag, S. 81.

141 *Le Siege de Druim Damghaire,* in *Revue Celtique* 43, 1926, S. 82.

142 *ibid.,* S. 80-82.

143 *ibid.,* S. 39. Der Name Medhran stammt höchstwahrscheinlich vom Adjektiv *medhrach* "lustig, fröhlich".

144 *B.G.* VI, 13

145 ed. Ernst Windisch, *Irische Texte* V, S. 27; ed. C.O'Rahilly, S. 5, 183-186.

146 *Teasmolad Corbmaic ui Cuinn ocus Finn meic Cumahall* "Lobrede auf Coramc, den Enkel Conns und Finns und Sohn Cumalls", ed. Standish O'Grady, *Silva Gadelica* I, S.91.

147 *Mesca Ulad,* ed. C. Watson, S. 6; vgl. *Celticum* 2, S. 8.

148 ed. Standish O'Grady, *Silva Gadelica* I, S. 340-341.

149 *ibid.,* S. 341.

150 *Fled Brecrend,* "Das Fest Bricrius", ed., G. Henderson, *Irish Texts Society* II, S. 20-22.

151 ed. Henderson, *op.cit.,* S. 34-36. Der Gold-, Silber-, Bronze- oder Haselnußstab, den der König ebenso verwendet wie der Druide, entspricht dem *lituus* des lateinischen Auguren. Es handelt sich dabei um ein indoeuropäisches Überbleibsel, von dem auch bei den Skythen berichtet wurde. Vgl. Georges Dumézil, *Mythe et épopée,* 2. Aufl., S. 455, Anm. 2.

152 Eugene O'Curry, *Manners and Customs of the Ancient Irish* II, S. 49.

153 *B.G.* VII, 33. Die Stelle läßt kaum Zweifel daran aufkommen, daß Cäsar hier einen Richter einsetzt, der seinen eigenen Interessen entgegenkommt. Er gibt dabei vor, sich eigentlich dem Ortsbrauch zu beugen, doch liegt es deshalb noch lange nicht auf der Hand, wie D'Arbois de Jubainville, *Les druides et les dieux celtiques à forme d'animaux*, S. 58-59 daraus auf sein gutes Verhältnis mit den Druiden zu schließen. Wir haben im *Gallischen Krieg* vielmehr den Beleg dafür, daß Cäsar aus politischen und nicht aus religiösen Gründen eine gute Beziehung zu einem Druiden unterhielt. Wir wollen uns bewußt einer allgemeinen Folgerung enthalten, daß alle gallischen Druiden die Politik Cäsars befürworteten oder unterstützten. Es ist ganz im Gegenteil eher wahrscheinlich, daß die meisten von ihnen sich unerbittlich gegen die Eroberung sträubten.

154 Bezüglich der von Cäsar unterstützten Wahl des Convictolitavis bietet Albert Bayet uns in seiner *La Morale des Gaulois*, S. 42-43 eine Interpretation, welche die Rolle der Priester in dieser politischen Affäre unterschätzt. Er liest *per sacerdotes more civitatis intermisses magistratibus* als "durch die Priester, so wie es der Brauch will, wenn die Macht des Magistrats unterbrochen ist". Doch besagt das *intermissis* hier, daß dieses hohe Amt unbesetzt ist, und nicht, daß man die Druiden lediglich zu Rate zieht, um einen vorübergehenden Richter zu wählen, bis die Zivilgewalt ihre Entscheidung getroffen hat. Wenn die Religion mit Sicherheit nichts mit der politischen Berechnung Cäsars zu tun hat, so basiert doch der Brauch der durch die Priester kontrollierten Wahl, der sich übrigens auch mit irischen Überlieferungen deckt, auf religiösen Grundlagen. Albert Bayet, *op. cit.*, S. 44-45 sah überdies einen Widerspruch zwischen der Religiosität, die Cäsar den Galliern zuschreibt und dem fehlenden Eingreifen der Druiden in die politischen und militärischen Ereignisse des gallischen Krieges. Doch weist Cäsar, der den Namen Diviciacus' häufig erwähnt, nicht einmal darauf hin, daß es sich bei jenem eigentlich um einen Druiden handelt. Wir dürfen nicht vergessen, daß es sich in keltischen Fragen beim *De Bello Gallico* um ein oberflächliches Werk handelt. Die Information, die wir daraus beziehen können ist allgemeiner Natur und geht kaum auf Einzelheiten ein. Wir können nicht davon ausgehen, daß die Druiden keine politische Rolle in Staatsfragen des unabhängigen Galliens spielten, nur weil Cäsar es nicht erwähnt. Eingehendere Informationen zu dieser Frage finden sich in Christian-J. Guyonvarc'h, *Esquisse d'une étude sur la notion d'"État" et de "Patrie" chez les Celtes continentaux et insulaires,* in *La Patrie Gauloise d'Agrippa au VIème siècle, Actes du Colloque,* ed. L'Hermès, Lyon, 1981, S. 241-265. Zur Definierung der keltischen Herrschaft verweisen wir außerdem auf unser Werk *La souveraineté guerrière de L'Irlande,* und dort vor allem auf das Nachwort *Qu'est-ce que la Souveraineté celtique?,* S. 208-211. Natürlich verfügte das Keltische über kein Wort, welches eine genaue Übersetzung des lateinischen *imperium* ermöglichte.

155 *Tâin Bô Cûalnge*, Version des *Buches von Leinster,* ed. Ernst Windisch, Irische Texte V, S. 911.

156 ed. C. Watson, S. 11; Christian-J. Guyonvarc'h*, L'Ivresse des Ulates,* in *Ogham* 12, 1960, S. 497.

157 Siehe den Schluß unseres Werkes *La civilisation celtique ("Die Gesellschaft der Kelten"),* ed. 1985, S. 143-148 und vor allem unsere *Introduction générale à l'étude de la Tradition Celtique,* ed. 1985, Kapitel II. Als Basisliteratur verweisen wir hier auf ananda K. Coomaraswamys, *Spiritual Authority and Temporal Power in the Indian Theory of Government,* American Oriental Society, New Haven, 1942.

158 *Compert Con Culaid* "Die Empfängnis Cuchulainns", Version II (Egerton-Handschrift), in *Ogham* 17, 1965, S. 379-380.

159 *Ancient Laws of Ireland* I, S. 18. Das erklärt, warum Diodor von Sizilien V, 31 erklärt, daß die Sprache der Kelten absichtlich enigmatisch ist und sie sich zahlreicher Hyperbeln bedienen.

160 *Introduction générale à l'étude de la Tradition Celtique,* ed. 1967, S. 54. Bei den Galatern sind keine Druiden bekannt, doch kann dies auch darauf zurückzuführen sein, daß man sie dort nicht hatte. Eine Spur der bestehenden Hierarchie finden wir in einer Bemerkung Phylarcs, in der er schreibt, daß bei einem Festmahl niemandem gestattet war, vor dem König zu speisen zu beginnen. (Buch VI, Athenäum IV, Kapitel 24; Ch. & Th. Müller, *Fragmenta historicum Graecorum* I, 336, Fragment 11.)

161 *Tochmarc Luaine* "Der Hof Luaines", ed Whitley Stokes, in *Revue Celtique* 20, S. 284.

162 *Oided mac nUisnig,* "Der Tod der Söhne Uisnechs", ed. Whitley Stokes, *Irische Texte* II, S. 143.

163 *ibid.*, S. 149. Die älteste Fassung, die im *Buch von Leinster* und dem *Gelben Buch von Lecan* 1782 von Egerton verlegt wurde und zuletzt bei Vernam Hull 1949 in New York unter dem Titel *Longes mac nUislenn* verlegt worden war, enthält diese Details nicht.

164 *Tochmarc Ferbe,* "Der Hof Ferbs", ed. Ernst Windisch, Irische Texte III, S. 518.

165 *Dindshenchas de Rennes,* ed. Whitley Stokes, in *Revue Celtique* 16, S. 279-283. Françoise Le Roux & Christian Guyonvarc'h , *La Souveraineté guerrière de l'Irlande,* S. 47.

166 Christian-J. Guyonvarc'h, *Textes mythologiques irlandais* I/1, S. 206-211

167 Françoise Le Roux, *A propos du Vergobretus gaulois, la regia potestas en Irlande et en Gaule,* in *Ogham* 11, 1959, S. 66 ff. Der Name der Aufgabe stimmt mit dem des Magistrats überein.

168 C. Jullian scheint die religiösen Gründe für diese Untersagung in *Histoire de la Gaule* II, S. 47-48 mißverstanden zu haben, da er in ihr eine der "zahlreichen Vorkehrungen" sieht, die die Gallier trafen, um dem eventuellen Ehrgeiz des höchsten Beamten zuvorzukommen.

169 Dabei handelt es sich hier nur um eine Sprachfalle des Irischen, die häufig nach den Forschern schnappt: die Verwendung der Vorsilbe *ri* ("König") als höchste Steigerungsform. Diese Form wird nur selten in den Lexika erwähnt. Dasselbe Mißverständnis kann dem Wort *drui* ("Druide") widerfahren. So handelt es sich z.B. bei einem *druigoba* nicht um einen "Schmiededruiden", sondern um einen Ehrentitel eines besonders begabten und erfahrenen Schmieds. Wir haben es hier mit Sprachfeinheiten zu tun, die jedoch den Iren des Mittelalters durchaus geläufig waren. Vgl. Kim Mc Cone, *Hounds, heroes and hospitallers in Early Irish Myth and Story,* in *Eriu* 35, 1984, S. 6, Anm. 19 (die der Ideologie der drei Rollen widerspricht, ohne sie jedoch verstanden zu haben).

170 *Les Celtes et les langues celtiques,* S. 194.

171 *La maladie de Cuchulainn*, in *Ogham* 10, S. 294.

172 *Bruiden Da Chocae* oder "Das Heim der Da Chocae", ed. Whitley Stokes, in *Revue Celtique* 21, S. 150.

173 *Ancient Laws of Ireland* IV, S.52.

174 *ibid.*, I, S. 54.

175 *Betha Coliumb Chille* "Das Leben des Heiligen Columba", ed. Andrew Kelleher, in *Zeitschrift für Celtische Philologie* 9, S. 242-244.

176 Dieser zwar späte doch nichtsdestoweniger charakteristische Text zieht also die weltliche der geistigen Macht vor. Eine der letzten Folgen der Christianisierung war die Abschaffung der Tier- und Wortsymbolik, die den Druiden und den König verbunden hatten. Doch sie war so stark gewesen, daß sie bis heute fast unverändert im keltischen Wortschatz und ihren Eigennamen erhalten blieb. Die Häufigkeit der Worte *art* ("Bär") im Irischen und *arth* im Walisischen zeigt sich vor allem in den königlichen Eigennamen. Der erste bekannte Träger dieses Namens war *Art*, der Sohn Conn Cetchathachs ("der mit den hundert Schlachten") und Vater des großen Richterkönigs Cormac. Die Walisische, oder besser britannische Form ist die wesentlich berühmtere, da es sich dabei um *Arthur* handelt, auch wenn das Verhältnis zwischen dem walisischen *arth* und dem Namen *Arthur* selbst noch nicht ganz geklärt ist. (So wurde *Arthur* auch auf das lateinische *gens Artoria* zurückgeführt, was jedoch mit der keltischen Symbolik unvereinbar scheint.) Die *arto-* bzw. *artio*-Thematik ist im Kontinentalkeltischen derart häufig, daß ihr metaphorischer Gebrauch und Sinngehalt außer Zweifel stehen. Andere keltische Namen, die sowohl auf den Inseln als auch auf dem Kontinent vorkamen und mit dem Bären in Bezug stehen, lauten oft auch auf *Matu-*. So haben wir es z.B. einmal mit einem Druiden namens *Mathgen (*matu-genos* "vom Bären geboren") zu tun, was auf eine kriegerische Abstammung hinweist, da der Bär als königlicher Krieger angesehen wurde. Doch ist die bedeutendste Persönlichkeit dieses Namens König *Math* der *Mabigoni de Math, Sohn Mathonwys.* Das Wildschwein (irisch *torch,* walisisch *twrch,* bretonisch *tourc'h)* ist hingegen ein reines Priestersymbol, welches in der Jagd nach dem *Twrch Trwyth* oder dem weißen Eber versinnbildlicht wird, auf die sich König Arthur laut der walisischen Erzählung Kuhlwch und Olwen begab. In Gallien findet sich dieses Priestersymbol auch auf Militärwappen, auch wenn es sich beim Wildschwein nicht wirklich um ein Kriegssymbol handelt(siehe Christian-J. Guyonvarc'h, *Notes d'Étymologie et de Lexicographie gauloises et celtiques* XXIX, 134. *La "pierre", l'"ours" et le "roi", gaulois Artos, irlandais Art, gallois arth, breton arzh. Le nom du roi Arthur,* in *Celticum* 16, 1967, S. 215-238). Wurde Cäsar unter Umständen mit der römischen Wölfin gleichgesetzt, so hatte Vercingetorix dennoch nichts mit dem druidischen Eber zu tun. Er konnte nur ein "Bär" oder ein "(Kampf-) Stier" sein.

177 Georges Dumézil, *Heur et malheur du guerrier,* ed. 1985, 2. Teil, *Les trois péchés du guerrier,* S. 71-131.

178 In unseren *Textes mythologiques irlandais* I/2, Kapitel IV, *Tara et l'Irlande royale*, S. 127-129, haben wir einen benfalls einzigartigen Streitfall zwischen einem unwissenden Druiden und einem König analysiert, der diesem widerspricht.

179 Ed. Whitley Stokes, *Three Irish Glossaries,* London, 1862, S. xxxvi-xxxviii; Kuno Meyer, *Sanas Cormaic, an Old Irish Glossary,* in *Anecdota from Irish Manuscripts* IV, Halle-Dublin, 1912, S. S. 58-60.

180 Nach einem sehr alten indoeuropäischen Prinzip verkörpern die geistige und weltliche Macht zusammen das, was wir als Oberhoheit bezeichnen, die im vedischen Indien durch das göttliche Paar Mitra-Varuna versinnbildlicht wird. Es versteht sich in dieser Beziehung, daß das Königtum dem Priesterstand gegenüber "weiblich", der Kriegerklasse (der der König entstammt) gegenüber "männlich" handelt. (A.K. Coomaraswamy, *Autorité Spirituelle et Pouvoir Temporel, op. cit.*). Dies erklärt auch zum Teil, weshalb die keltischen Kriegsgötter Göttinnen sind, und warum der Druide nicht wie der König zur Heirat verpflichtet war. Das macht uns schließlich auch begreiflich, warum die keltischen Könige und Helden häufiger mit den Frauen des *sid* zu tun haben - vergleichbar mit den germanischen Helden, die in der *Walhalla* auf die *Wallküren* treffen, und dem Verhältnis der vedischen *kshatriyas* und *apsaras* in Indien. Die Weiblichkeit, die den jungen Männern vor der ersten Schlacht noch anhaftet, die sie schließlich zu Kriegern macht, bietet die traditionelle Erklärung der sogenannten "Kameradschaften", bei der wir es offener gesagt mit der männlichen Homosexualität zu tun haben, die den Galliern bereits seit den ersten griechischen Geschichtsschreibern vorgeworfen wurde. In Wirklichkeit handelt es sich hierbei um ein panindoeuropäisches Ergebnis, welches jedoch in seinen praktischen Folgen ebenso reell wie oberflächlich wird und das wir auch heute noch sehr schwer verstehen können. (Siehe Bernard Sergent, *L'homosexualité dans la mythologie grecque,* Paris, 1984).

DRITTES KAPITEL

RITUELLE UND MAGISCHE HANDLUNGEN DER DRUIDEN

Aus den vorhergehenden Betrachtungen wird deutlich, daß der Hauptbestandteil der Kulte und Riten Sache der Druiden war. Wir möchten in der Folge detailliert, objektiv und systematisch die verschiedenen Techniken untersuchen, derer sie sich dabei bedienten. Leider ist ein solches Unterfangen kaum direkt möglich, da uns die keltische Welt, aus Gründen auf die wir später noch eingehen werden, nichts überlieferte, was mit den indischen *Brâhmanas* oder den *Fastes* des Ovid vergleichbar wäre. Doch machen das für unsere Belange, das heißt für das Studium des "typischen" Druiden, so wie ihn sich die Kelten vorstellten und wünschten, die Legenden zum größten Teil wieder wett. Sicherlich gehen einige Handlungen, die den Druiden besonders im Bereich der Zauberei in diesen Erzählungen zugeschrieben werden, über die strenge Wirklichkeit hinaus. Doch basieren diese Übertreibungen sicher auf reellen Gegebenheiten, und wir sind wohl dazu angehalten, die besonderen Fähigkeiten vieler irischer Heiliger aus dem Gesichtspunkt der Druiden zu untersuchen. Wir werden also hier etwas genauer auf Handlungsweisen von Druiden wie Cathbad oder Mog Ruid eingehen. Nur das Opfer stellt dabei Schwierigkeiten dar, da wir erst langsam beginnen, bestimmte Züge in seinen Techniken und Riten auszumachen. Seine Notwendigkeit und doktrinale Rechtfertigung hatten wir bereits im zweiten Kapitel dargelegt.

Wir wollen überdies gleich einleitend vormerken, daß der folgende Teil keinen Anspruch auf Vollständigkeit erhebt und sich noch weniger als Handbuch keltischer Zauberei versteht. Wir ordnen vielmehr, soweit es im Bereich unserer Möglichkeiten steht, Tatsachen, die - so liegt es in der Natur der Erzählungen - oft verstreut und kaum klassifizierbar scheinen. Abgesehen davon, daß uns wegen der oft nur oberflächlichen und unvollständigen Beschreibungen das umfassende Verständnis der Zauberhandlungen nicht immer möglich ist, ist es anzuraten, sich zuerst auf den Vergleich der magischen Handlungen bzw. Fähigkeiten zu konzentrieren, die willkürlich aus ihrem Kontext gehoben wurden und so nach Erklärungen zu suchen, die über das primitiv Indoeuropäische hinausgehen. Magische Fakten - wie sie zweifelsohne vorliegen - die dem Druidentum und Schamanismus gemeinsam sind, sind insofern also noch kein Beweis für einen Einfluß des letzteren auf den ersten.

Dieses Kapitel ist vor allem bedeutsam, da wir über eine sehr große Anzahl von Dokumenten verfügen, von denen die meisten tatsächlich von höchstem Interesse sind. Hier ist nichts banal. Doch darf der Leser nie aus den Augen verlieren, daß die Magie ihren traditionellen und religiösen Wert nur dann besitzt, wenn sie in die ihr zugehörigen, rituellen Kenntnisse und Techniken eingebettet ist. In keinem Fall kann sie als empirisches Wissen oder Verfahren verstanden werden, welches einer unqualifizierten Person die Mittel dazu verleiht, ihren Einfluß auf die übrige Menschheit auszuüben. Wir sprechen also von der Magie als Bestandteil einer Kultur und nicht von der Hexerei des kleinen Hans.

I. "Druidentaufe" und Verbote. Vorzeichen und Wahrsagung

1. "Taufe" und Namengebung

Die Druiden kümmerten sich nicht nur, wie wir bereits aufzeigten, um die Verstorbenen, sondern griffen auch bei der Geburt ein. In Irland "tauften" sie ihre Mitmenschen nach einer Besonderheit oder einem bemerkenswerten Umstand. So erhielt z.B. Cuchulainn, der zuerst Setanta hieß, seinen endgültigen Namen vom Druiden Cathbad. Nachdem er den Kampfhund des Schmiedes Culann getötet hatte, fällte er selbst ein so gerechtes Urteil, daß König Conchobar und sein Druide davon beeindruckt waren:

"Welches Urteil wirst Du da fällen, mein Junge?", fragte Conchobar. "Wenn es in Irland einen jungen Hund derselben Rasse gibt, so will ich ihn aufziehen, bis er ebenso fähig ist wie sein Vater. Bis dahin werde ich selbst der Hund sein, um die Herden, die Güter und das Land Culanns zu beschützen." "Da hast du ein gutes Urteil gefällt, kleiner Junge", erwiderte da Conchobar. "In der Tat", sprach nun auch Cathbad, "wir hätten kein besseres gefällt. Warum sollten wir Dich nicht Cuchulainn ("Hund Culanns") nennen?" "Nein," antwortete der Knabe, "ich habe meinen Namen Setanta, Sohn Sualtams lieber." "Sag das nicht, kleiner Junge", erwiderte Cathbad, "denn wenn die Iren und Schotten diesen Namen hören, so werden sie von nichts anderem reden." "Wie auch immer der Name heißen mag, der mir zukommen soll, er wird gut sein für mich," sprach da der Junge und von diesem Augenblick an blieb ihm der Name Cuchulainn, da er den Hund des Schmieds Culann getötet hatte."[1]

Auch die "Taufe" des Königs Conchobar ist interessant:

"Da kam also dieses Kind mit einem Wurm in jeder Hand zur Welt. Mit dem Rücken an den Fersen (d.h. in Foetalposition) wurde er zum Fluß Conchobar gebracht und der Fluß rann ihm über den Rücken. Cathbad nahm ihn und gab ihm den Namen des Flusses Conchobar, Sohn Fachtnas. Er nahm den Jungen auf seinen Schoß, sagte dank für ihn und machte Voraussagen, seine Zukunft betreffend [...]"[2]

Dieser Ausschnitt erinnert, ganz abgesehen vom Namen des Druiden, an die Bräuche der alten Kontinentalkelten (und Germanen), ihre Kinder gleich nach der

Geburt in den Rhein zu tauchen. Die Griechen hatten dieses Ritual als Mittel mißverstanden, durch das der Vater, je nachdem, ob das Kind überlebte oder nicht, die Treue der Mutter feststellen konnte. Die einfachste Erklärung finden wir dazu bei Aristoteles, *Politik* VII, 2,5:

"So gibt es bei den barbarischen Völkern auch den Brauch, die Neugeborenen ins kalte Wasser eines Flusses zu tauchen oder sie nur mit einem sehr leichten Gewand zu bedecken; so geschieht das auch bei den Kelten."[3]

Doch läßt sich zumindest aus den Texten schließen, daß die bloße Namengebung nicht unbedingt von einer rituelle Zeremonie, einem Taufritual mit Tauchbad und einer Waschung im Wasser eines Flusses begleitet werden mußte. Manchmal genügte ein Zeichen. Als sich z.B. die Ulaten gegen Anfang der Erzählung *Die Verbannung der Söhne Uisnechs* im Hause Fedlimids versammeln, ist dessen Frau gerade schwanger. Als das Kind im Bauch der Mutter einen Schrei von sich gibt, prophezeit der Druide Cathbad, daß es ein Mädchen von außergewöhnlicher Schönheit werden würde, welches eine Haut wie Schnee, blonde Locken, wunderbare, blaue Augen, rote Wangen, fehlerlose Zähne und Lippen so rot wie Partherleder haben würde. Er verleiht dem noch Ungeborenen einen Namen, doch fügt er hinzu, daß die Ulaten um diesen Schatz untereinander kämpfen würden:

"Dann legte Cathbad die Hand auf den Bauch der Frau und das Kind bewegte sich darunter. 'In der Tat,' sprach er da, 'es ist ein Mädchen. Es wird Deirdriu heißen und von Bosheit umgeben sein."[4]

Es gibt unter Umständen Spuren einer rituellen Waschung, wenn z.B. ein König "in den druidischen Wassern getauft und daraufhin Ailill genannt wurde".[5] Wir müssen uns jedoch damit abfinden, daß unsere Informationen in diesem Punkt sehr beschränkt sind. Der Erzähler des *Mabinogi von Pwyll* bringt sich nicht in Verlegenheit, als er von der Taufe Pryderis berichtet: "Das Kind wurde auf die Art und Weise getauft, die damals üblich war."[6] Auf alle Fälle wird die Taufe in allen neukeltischen Sprachen mit einem lateinischen Lehnwort bezeichnet: irisch *baisteadh,* walisisch *bedydd*, bretonisch *badez(iant).* Dennoch weisen einige entscheidende Stellen in der Literatur darauf hin, daß der Namengebung eine große Bedeutung beigemessen wurde. So will Arianhod z.B. im *Mabinogi von Math* nicht, daß sein Sohn Llew einen Namen erhält[7] : Was keinen Namen trägt, existiert nicht und wird nie existieren.

Verliehen also die irischen Druiden Namen, so steht es anzunehmen, daß auch die gallischen Druiden das taten, so wie wir es aus den Eigennamen, besonders den theophoren, schließen, von denen die Sammlung von Holder nur so strotzt.[8] Wenn sie uns heute auch nur in Form von gallo-romanischen Inschriften erhalten sind, so zeugen sie doch von einem früheren Brauch: *Esunertus* "mit der Kraft des Esus",

Dagolitus "sehr den Riten hingegeben", und noch viele andere scheinen keine Namen zu sein, die "Laien sich einfach so gaben". Das gleiche gilt für Orts- und Volksnamen: *Lugudunum* "Stadt des Lug" (Lyon), *Mediolanum* "Zentrum der Perfektion" (Meiland), *Bituriges* "Könige der Welt" oder "Ewige Könige" (Bourges, Berry), *Senones* "Die Alten" (Sens) sind sicher keine Namen, die einer desakralisierten Mentalität entsprangen. Titus Livius hat uns einige Einzelheiten zur Gründung von Meiland überliefert, die den Schlußpunkt eines Feldzugs darstellte, der oft fälschlicherweise als *ver sacrum* interpretiert wurde:

"[...] Nachdem sie die Etrusker unweit des Flusses Tessin besiegt, und weil sie gehört hatten, daß die Gegend in der sie lagerten, ganz wie der Kanton der Insubrer bei den Häduern, Insubrium hieß, folgten sie den guten Vorzeichen und gründeten eine Stadt, die sie Mediolanum nannten."[9]

Die römische Geschichte hat in diesem Fall einen Teil keltischer Mythologie übernommen, wobei die Bedeutung, die dem Ritual der Namengebung zukommt auf die indoeuropäische Prähistorik zurückgeht.[10]

2. Vorzeichen und Wahrsagung

Ein Mensch, Ort oder eine neue Stadt erhält einen Namen fast immer als Folge eines Vorzeichens oder göttlichen Winks, der von einem Druiden gelesen oder hervorgerufen wurde. So berichtet z.B. Pseudo-Plutarch von einem anderen Feldzug, der in der Gründung des heutigen Lyon *(Lugudunum)* endete.

"In der Nähe von Arar liegt der Berg Lugdunus, der seinen neuen Namen aus folgendem Grund erhielt: Momoros und Atepomaros kamen auf ihrer Flucht vor Seroneos auf diesen Hügel, um hier auf den Befehl eines Orakels eine Stadt zu erbauen. Als man gerade die Gräben für die Fundamente grub, erschienen Raben, die überall herumflogen und die Bäume der Umgebung bedeckten. Momoros, der die Wissenschaft der Weissagung beherrschte, nannte daher die neue Stadt Lugdunum, da der Rabe in ihrer Sprache *lougos* und eine Erhebung *dounon* heißt. So schreibt es Clitophon im dreizehnten Buch der Gründungen."[11]

Momoros ist also ein Druide bzw. Wahrsager wie Diviciacus, nur daß er mehr der Sage als der Geschichte angehört. Es war überdies nur natürlich, daß die Gründung einer späteren Hauptstadt von allen nur denkbaren religiösen Vorkehrungen begleitet wurde.

Der Rabe ist der Wahrsagevogel schlechthin. Doch ist er nicht der einzige, ja in Gallien und Irland stammten fast alle Vögel aus der Anderen Welt. So führten sie gegebenenfalls auch das *ver sacrum* an.[12] In Irland kommt so dem Zaunkönig durch ein Wortspiel die Rolle des Druiden unter den Vögeln zu: *drea an .i. drellân. drea ân .i. dear 7 ên beag dearôil, no drâoi ên .i. donî fâisdine* "Zaunkönig, *dear* (klein) und *ên* (Vogel), das heißt ein ganz kleiner Vogel, oder *draoi en*, der Druidenvogel, ein Vogel, der weissagt".[13] Doch maßen die Kelten mehr dem Gesang der Vögel als ihrem Flug bei: *na adhair do ghotaib gerg,* "Verlasse dich nicht auf den Schrei des Auerhahns" heißt es in einer *lorica*, die dem Heiligen Columba[14] zugeschrieben wird, während in einer anderen Fassung steht: *ni adraim do gothaib én*, "ich verehre nicht den Schrei der Vögel"[15]. Doch gelangen wir hier bereits in den Bereich der vorchristlichen Spuren, fast der Volkskunde, und entfernen uns von den Wahrsagetechniken. Die Druiden haben hiermit nichts mehr zu tun.[16] Wie dem auch sei, die Vögel nehmen in der Weissagung einen bedeutenden, wenn nicht sogar den bedeutendsten Rang ein. Ein ziemlich eindeutiger Verweis auf diesen vorrangigen Stellenwert wird in einem Zitat des Elienus bezüglich der Galater ersichtlich, welches jedoch in Form einer beiläufigen Anekdote erzählt wird:

"Und hier ein Brauch der Galater, von dem Eudoxus berichtet; den die glauben mögen, denen er glaubwürdig scheint, die anderen können ihn links liegen lassen. Wenn Heuschreckenschwärme in ihre Gebiete einfallen und ihre Ernten vernichten, beten diese Galater und vollziehen ganz bestimmte heilige Zeremonien, denen es manchmal gelingt, die Vögel herbeizurufen. Diese Vögel gehorchen und kommen in Schwärmen an, um die Heuschrecken zu fressen. Sollte ein Galater einen dieser Vögel fangen, so sieht das Gesetz ihres Landes die schwerste Strafe, nämlich den Tod vor. Würde er begnadigt und freigelassen werden, so gerieten die Vögel darüber so in Wut, daß sie beim nächsten Mal nicht mehr auf den Ruf der Menschen hören würden, um den Schuldigen zu bestrafen."[17]

Der griechische Autor, der seine Information aus zweiter Hand bezieht und sich nicht sonderlich um seine Glaubwürdigkeit kümmert, konzentriert sich hier auf ein nebensächliches Detail. Außerdem scheint er auch nicht zu wissen, um welche Vögel es sich hierbei handelt. In Irland sind die Botenvögel der anderen Welt immer die Schwäne. Doch dienen die Schwäne, wie wir es im weiteren Verlauf unserer Studien zu den religiösen Vorstellungen aufzeigen werden, nie der Weissagung. Dazu waren andere Tiere da. Um ihre Truppen gegen die Römer anzufeuern, zieht Königin Boudicca den Rat der Wahrsager hinzu:

"Und als sie das gesagt hatte, ließ sie einen Hasen laufen, den sie an ihrer Brust gehalten hatte, und da sein Lauf als gutes Vorzeichen gewertet wurde, stieß die Menge einen Freudenschrei aus."[18]

Wir können in dieser Hinsicht auch das Essensverbot der Briten bezüglich des Hasen, des Huhns und der Gans verstehen, von welchen Cäsar, der das wahre Interesse an diesen Tieren mißverstanden hatte, glaubte, sie würden *voluptatis causa*, also "aus reinem Vergnügen" aufgezogen.[19]

Dennoch scheint es unwahrscheinlich, daß Königin Boudicca zu den seltenen Druidenkönigen gehörte, die, wie der Galaterkönig Deivotarus, das Privileg der Weissagung besaßen. Jener laß, wenn wir Cicero Glauben schenken, in den Zeichen der Vögel.[20]

Die Kelten waren sehr empfänglich für Vorzeichen. So töteten die Galater, die sich kurz vor der Schlacht von Antigone Gonatas befanden, ihre eigenen Frauen und Kinder, da ihnen die Vorzeichen schlecht standen: Es handelt sich hierbei zweifellos um die Tat von Kriegern, die, wie es auch von einigen irischen Helden berichtet wird, sich bereits völlig in Trance oder der Maßlosigkeit der Kämpfer befanden, so daß sie Freund nicht mehr von Feind zu trennen wußten und alles töteten, was ihnen in die Quere kam. Vielleicht wollten sie durch ein solches Handeln ihren Frauen und Kindern aber auch die Schrecken der Sklaverei ersparen, da bereits alles verloren war. Doch sahen die klassischen Autoren darin vielmehr ein mutwilliges Verbrechen, und einer von ihnen, Justinus, der kurz auf diese Begebenheit eingeht, genießt es ohne jegliche Nachsicht:

"Als die Gallier während ihrer Schlachtvorbereitungen davon hörten, brachten sie Opfer dar, um den Ausgang der Schlacht vorherzusagen. Doch als die Eingeweide ein Massaker und den Tod aller voraussagten, ließ sie das nicht in Furcht und Schrecken, sondern in den Wahnsinn verfallen, und in der Hoffnung durch ein Blutbad unter den Ihren die Drohungen abwenden zu können, töteten sie ihre Frauen und Kinder und leiteten so die Vorzeichen des Krieges ein."[21]

Als der Häduer Dumnorix nach Großbritannien aufbrechen soll, spricht er von "religiösen Verhinderungen". Doch soll das schlecht für ihn enden, denn Cäsar läßt ihn auf der Flucht kaltblütig ermorden, da er das religiöse Motiv für einen wertlosen Vorwand hält. Dennoch schien die Geschichte dem Prokonsul schwerwiegend genug, um ihr zwei Absätze des *De Bello Gallico* zu widmen.[22]

Die keltische Wahrsagekunst läßt sich jedoch nur sehr schwer definieren, da sich ihre verschiedenen Aspekte und Methoden kaum von denen unterscheiden, die wir mangels eines besseren Ausdrucks "druidische Techniken" nennen. Jedes Wort eines Mitglieds der Priesterklasse hatte den Stellenwert einer Weissagung, weshalb wir auch keinen Begriff kennen, der die Weissagung als solche definiert hätte. Das Irische bedient sich mehrerer Worte, die zugleich die große Bedeutung und das Ausmaß der Vorstellung vermitteln: *druidecht* "Druidentum", *filidecht* "Wissenschaft des Dichters", *eicse* "Weissagung, Dichtung, Wissenschaft", *faitsine* "Voraussage".

Wir könnten also nur in jenen äußerst seltenen Fällen einiger Verfahren von Weissagung sprechen, die in ein organisiertes Ritual eingebettet sind. Tatsächlich geht jedoch diese terminologische Ungenauigkeit auf die Rechnung der

Christianisierung, die die Konzepte ihres Inhalts beraubte und die Bedeutung bestimmter Worte veränderte, wenn sie sie nicht ganz verschwinden ließ. In den Texten konnte sich also nur halten, was harmlos und wertlos schien. In neun von zehn Fällen handelt es sich so bei der Weissagung um einen politischen oder militärischen Dienst. Ein König, eine Königin oder ein ranghoher Krieger erkundigen sich über den Ausgang eines Krieges oder eines Feldzuges oder einfacher noch um ihr eigenes Schicksal. In fast allen anderen Fällen handelt es sich um einen Eingriff des Druiden aus religiösen, manchmal auch persönlichen Gründen. Die keltische Weissagung betrifft fast nie die Interpretation eines Wunders, außer es handelt sich um eines, welches der Priester selbst vollbrachte, um seine Prophezeiungen zu verwirklichen.

In dieser Hinsicht kann jede Handlung oder jedes Wort eines Druiden mit Bezug auf die Zukunft als Akt der Weissagung in der Ausübung des Priesteramtes gewertet werden, auch wenn es sich dabei vielleicht nur um die gewöhnliche Form einer Satire, Weisung oder Drohung handeln mag. Wir haben den Eindruck, daß dies die einzig mögliche Definition ist, und betrachten daher im folgenden Kapitel alles, was nicht in die Bereiche der Medizin, der Magie, der Beherrschung der Elemente und des Schwurs gehört, im Rahmen der Weissagung.[23] Wir sollten vorwegschicken, daß die Thematik fast unübersehbar ist. Bereits die antiken Autoren waren sich darüber einig, ohne überhaupt ins Detail zu gehen: Die Kelten galten als eines der erfahrensten Völker in der Kunst der Vorzeichendeutung. Cicero erwähnt das zwei Mal bezüglich seines Freundes, des Häduerdruiden Diviciacus und er wiederholt dies beim Galaterkönig Deivotaros, "der nichts unternahm, ohne zuvor die Vorzeichen zu Rate zu ziehen"[24], und das wahrscheinlich mit Beistand eines Druiden. Trogus Pompeius, ein Vocontier also Gallier, geht noch darüber hinaus: "Was die Auguren betrifft, so übertreffen die Gallier alle anderen Länder."[25]

3. Das Verbot

Das feminine, irische Substantiv *geis*, Plural *geasa* hat mehrere Bedeutungen, die alle im selben Bereich gebraucht werden:

1. negativ : "Religiöses oder gesetzliches Verbot"
2. positiv : "Weisung oder Forderung"
3. magisch : "Zauber, Zaubergesang"

Etymologisch lehnt sich das Wort an *guidid* "er betet", welches wiederum mit *gûth* " Stimme" verwandt ist.[26]

Da wir über keinen passenderen Begriff verfügen, der zugleich den positiven und den negativen Charakter der Weisung wiedergäbe, übersetzen wir *geis* mit

"Verbot", da die negative Bedeutung die häufigere ist. Es handelt sich dabei fast ausnahmslos um ein komplexes Gebilde aus Verboten und Pflichten, die die Druiden einer Person bereits von Anbeginn ihres Lebens auferlegten, und dies manchmal wohl auch hinsichtlich des Ablaufs der Geburt oder der Taufe. So weiß Cuchulainn, dessen Name wörtlich "Hund Culanns" bedeutet, daß sein Ende naht, als eine Reihe von Ereignissen, die sich scheinbar nur zufällig ergaben, ihm keinen Ausweg aus zwei einander gegensätzlichen Verboten lassen, so daß er Hundefleisch essen und einen Otter bzw. Wasserhund *(doborchû)* töten muß:

"Das Haus der Amme, die ihn aufgezogen hatte, lag vor ihm auf dem Weg. Jedesmal, wenn er in den Süden ging, oder aus dem Süden kam und an ihrem Haus vorbeikam, besuchte er sie. Sie hatte immer etwas zu trinken für ihn bereitgestellt. Er trank also, verabschiedete sich von seiner Amme und zog wieder weiter auf der Straße von Midluachair, nach der Ebene von Mogna. Dort sah er drei Hexen, die alle auf dem linken Auge blind waren, vor ihm auf dem Wege stehen. Mit Giften und Zaubergesängen waren sie gerade dabei, einen kleinen Hund auf Stecken aus Eberesche zu kochen. Eines der Verbote Cuchulainns war es, ein Haus zu verlassen, ohne dort gespeist zu haben, ein anderes bestand darin, nie das Fleisch eines Namensvetters zu verzehren. Er lief also, um an ihnen vorbeizukommen, denn er wußte, daß sie nicht zu seinem Guten da waren. Da redete eine Hexe ihn an: "Ah, ein Besuch von Dir, Oh Cuchulainn!" "Nein, eigentlich statte ich euch keinen Besuch ab," erwiderte Cuchulainn. "Es gibt Hund zu essen," sagte sie darauf. "Wäre dies ein großes Haus, so würdest du es wohl besuchen. Du willst nur nicht hier Halt machen, weil dieses zu klein ist." Also näherte er sich ihr und sie reichte ihm die Hälfte des Hundes mit der linken Hand. Die Hand, mit der er das Stück genommen hatte und den Schenkel, neben den er es gelegt hatte, verloren mit einem Schlage von oben bis unten an Kraft."[27]

"[...] Die Schatten des bleichen Todes umlagerten ihn. Er gelangte an einen See, der ganz nah lag. Dort badete er, so daß er seither der See des Bades genannt wird. Als Laegh die verlassene Ebene, die fliehenden Armeen und die Kriegsspiele Cuchulainns sah, kam er zu ihm. Als Cuchulainn ihn kommen sah, empfand er große Freude. Laegh begann die Wunden zu verbinden und zu bandagieren, aus denen viel Blut rann, welches bald stockte, so daß das zuvor grüne Wasser des Sees in eine leuchtend rote Blutpfütze verwandelt wurde. Er war noch nicht lange da, als er einen Wasserhund von seinem Blut trinken sah. Als Cuchulainn sah, daß das Blut seines Körpers von einem Hund getrunken wurde, versetzte er diesem einen Schlag und tötete ihn. "Sei siegreich, oh Hund," sprach da Laegh, "noch ist dein Ende nicht gekommen. Räche dich an den Männern Irlands." "Leider, Laegh," erwiderte da Cuchulainn, "werde ich nach diesem Tier keinen Menschen mehr töten. Ein Hund war das Opfer meiner ersten Heldentat, und es wurde mir prophezeit, daß auch meine letzte Tat um einen Hund betreffen würde, oh Laegh."[28]

Auch wenn es nirgends eigens erwähnt ist, so können wir aus dem Kontext der Erzählungen schließen, daß diese *geasa* Cuchulainn vom selben Druiden, und zwar Cathbad, auferlegt wurden, der ihm auch den Namen "Hund Culanns" verliehen hatte. Sein kurzes Kriegerleben ist also vom Mord an zwei Hunden umrahmt. Der erste verleiht ihm seinen Namen und ersten Ruhm, der zweite ist das Vorzeichen seines Todes. Diese zwei Verbote werden nicht in der Liste des *Aided Guill Maic Carbada ocus Aided Gairb Glinne Rige* ("Der gewaltsame Tod Golls, des Sohnes Carbads und der gewaltsame Tod Garbs von Glenn Rige") angeführt, wodurch diese Aufzählung jedoch nicht an Interesse verliert:

"Hier die Verbote: sich einem einzigen Krieger zu verschreiben; seinen Fuß vor einem Zweikampf vom Wege zu setzen; ohne Erlaubnis bei der Versammlung zu erscheinen; mit nur einem anderen Krieger bei der Versammlung zu erscheinen; bei einer Frau zu schlafen, ohne daß diese ihre Männer zur Seite hätte. Es war ihm verboten, der Gefährte einer Frau zu sein; es war ihm verboten, sich bei Sonnenaufgang in Emain Macha zu befinden, vielmehr sollte er vor der Sonne aufstehen."[29]

Diese Liste ist höchstwahrscheinlich unvollständig, doch verleiht sie uns bereits einen Eindruck von den Regeln eines Kriegerlebens: Nie den Kampf zu verweigern, sich nicht zu sehr in politische Angelegenheiten einzumischen, nicht der Versuchung des weiblichen Geschlechts zu erliegen (wobei die *geis* hier überdies einen guten Schutz darstellt) und früh aufzustehen. Das war vielleicht nicht immer leicht einzuhalten, doch war es einfach und eindeutig.

Wir begegnen fast nie kollektiven Verboten. Die *geasa*, die auf vielfache Art und Weise die verschiedensten Bereiche einer Existenz betrafen, ohne daß sie dabei für Druiden galten, berühren jedoch vor allem die höchste Figur unter den Kriegern und den Adeligen, den König selbst: So ist z.B. Cormac, der Sohn König Conchobars erheblich in seiner Bewegungsfreiheit eingeschränkt:

"Die Verbote, die für das Leben Cormacs galten, waren die folgenden: Es war ihm verboten die Harfe mit dem durchbohrten Kopf von Craiftine zu hören; er durfte nicht die Vögel von Mag Da Cheo jagen; es war ihm untersagt, die Vögel vom Loch Lo zu jagen; es war ihm verboten, eine Frau im Senath-Mor zu treffen; er durfte keine Tiere auf dem Hügel von Mag Sainb jagen; es war ihm untersagt, trockenen Fußes den Shannon zu überqueren um die Herberge von Chocae zu besuchen."[30]

Die Einschränkungen, die dem König Conaire auferlegt waren, waren sogar noch strenger und seltsamer. Sie werden in der Erzählung *Togail Bruidne Da*

Derga ("Die Zerstörung der Herberge von Da Derga") aufgezählt. So darf bei seiner Heimkehr nie die rechte Seite seines Wagens nach Tara, die linke nie nach Bregia weisen. Es ist ihm untersagt, die Tiere von Cerna zu jagen; er darf nie mehr als neun aufeinanderfolgende Nächte außerhalb Taras verbringen; es ist ihm ebenso verboten, die Nacht in einem Haus zu verbringen, dessen Herdfeuer nach Sonnenuntergang von außen sichtbar ist; es ist ihm nicht gestattet von drei "roten Männern" gefolgt zu werden, wenn er sich in das Haus eines rot gekleideten Mannes begibt; in seinem Reich darf nicht gestohlen werden; es ist ihm nicht erlaubt, nach Sonnenuntergang den Besuch einer einzelnen Frau oder eines einzelnen Mannes zu empfangen und er darf nie in einen Streit zwischen zwei seiner Knappen eingreifen."[31]

Es war natürlich schwer, all diese Verbote peinlichst genau zu befolgen oder aufeinander abzustimmen. Alle tödlichen Unfälle waren demnach auch die Folge der Unvereinbarkeit zweier widersprüchlicher Verbote. Diese *geasa,* die jeden König und jeden Krieger in ein enges Netz von Verpflichtungen und Verboten verstricken, und sich nie auf die Druiden beziehen, sind natürlich kein Zufall der irischen Mythologie oder Geschichte. Erinnern wir nur an das Verbot, welches dem obersten Beamten der Häduer untersagte, seine eigene Stadt zu verlassen; die Vorschriften, denen der König bei den Kelten Folge zu leisten hatte, sind mit denen vergleichbar, die den römischen Priester, den *flamen dialis* trafen.

Die *geasa* sind also in erster Linie als legitime Maßnahmen zu verstehen, über die die Druiden verfügten, um die Mitglieder der Kriegerklasse zu verpflichten, ihre Lebensregeln einer bestimmten Symbolik anzupassen. In der Tat kommt eine *geis* einem bürgerlichen und religiösem Gesetz gleich: Wird sie mißachtet, zieht dies unweigerlich seine Folgen und Komplikationen nach sich. Die *geasa* können praktisch nur umgangen werden, wenn sie theoretisch befolgt werden. Doch vor allem bedarf dies einer Reihe sehr außergewöhnlicher Maßnahmen, die den Verlauf einer Rechtsausflucht nehmen, welche mit Vorsichtsmaßnahmen gespickt ist. Als König Conchobar der königlichen Pflicht nachzukommen hat, das *jus primae noctis* ("Recht der ersten Nacht") zu vollziehen, muß er sich, um Emer, die Frau Cuchulainns nicht tatsächlich dieser "Formalität" zu unterziehen und dadurch den gefährlichen Zorn ihres heldenhaften Gatten hervorzurufen, an ein offizielles Urteil halten:

"Die Ulaten berieten sich in dieser Frage, und hier die Entscheidung die sie trafen: Emer würde wohl diese Nacht mit Conchobar in einem Bett verbringen, doch würden Fergus und Cathbad zwischen ihnen im selben Bette liegen, damit die Ehre Cuchulainns nicht angetastet würde. Die Ulaten erteilten dem Paar ihren Segen, damit es diese Lösung akzeptierte."[32]

Die Mythen und Sagen beschreiben vor allem Fälle, in denen diese Verbote überschritten werden. Die kluge Weisheit des Gesetzgebers untersagte jedoch allzu extravagante oder übertriebene *geasa*, deren Einhaltung von vornherein unmöglich war.[33] Aus all diesen technischen Aspekten wird ersichtlich, welch große, religiöse Bedeutung dem weissagenden Wort beigemessen wurde.

Die *geis* hat dabei jedoch nichts mit dem *fatum*, dem oft unglücklichen Schicksal der Lateiner zu tun. Sie ist aber ebensowenig menschlicher Herkunft, da der Druide, der sie auferlegt, dies in Vertretung der Götter tut, und sie nur wirksam wird, wenn ihr nicht Folge geleistet wird. Sie ist also nicht unvermeidbar.

4. Der Schwur

Durch die mündliche Formulierung eines Eides, wird dieser abhängig vom Wort und ist der *geis* verwandt. Es handelt sich dabei gewissermaßen um eine *geis*, die nicht von einem Druiden, sondern vom Betroffenen selbst festgelegt wird und dadurch sogar noch stärker bindet. Eines der beeindruckendsten Beispiele dazu ist vielleicht das König Conchobars, als die Ulaten, nach der Warnung Sualtams (vgl. Kapitel 2. IV, Zitat 155), ins Feld ziehen, um ihre Grenze gegen die irische Armee zu verteidigen:

"Dieser Schrei ist etwas zu laut," sprach da Conchobar, "denn noch haben wir den Himmel über, die Erde unter uns und das Meer liegt noch um uns herum. Doch wenn das Firmament nicht in einem Sternenregen auf das Antlitz der Erde fällt, sich die Erde nicht in einem Beben entzweit und wenn das Meer mit seinen dunkelblauen Furchen nicht die Stirn der Welt umspült, so will ich eine jede Kuh und eine jede Frau zu ihrem Stall und Hof, zu ihrem Haus und Wohnsitz zurückbringen, nachdem der Kampf, die Schlacht und dieses Gefecht gewonnen sein werden."[34]

Die bedeutende Rolle, die in dieser offiziellen Formel der Luft (bzw. dem Himmel), der Erde, dem Wasser und dem Feuer zukommen, ist unübersehbar und umso bemerkenswerter, da es sich dabei um die Elemente handelt, die der Druide, wie wir es in der Folge aufzeigen werden, beherrscht. So bedient sich ein anderer König Irlands einer ähnlichen Redewendung:

"Dann fand das Fest von Tara statt. Die Männer Irlands kamen mit ihren Frauen und Söhnen und Töchtern. Tuathal nahm die Sonne, den Mond und alle Mächte zum Bürgen, die da auf Himmel und Erde sind. Wenn auch die Kräfte der irischen Provinzen vereint seien, so sollten die Provinzen Irlands nie ein gemeinsames Recht gegen die Nachfahren Tuathal Techtmars erstellen, sondern seinen Nachfahren stünde immer die Königsherrschaft zu."[35]

Im Schwur König Loegaires wird das noch klarer, da der Eid gebrochen wird und die Strafe durch die zum Bürgen genommenen Elemente erfolgt. Nachdem

Loegaire dreißig Jahre lang mit dem Segen des Heiligen Patrick in Irland regiert hatte, begann er nämlich einen Krieg gegen die Bewohner Leinsters, die ihren Tributzahlungen nicht nachkamen. Doch wird er das bereuen:

"Also zog Loegaire aus, um von den Leuten von Leinster den *boroma* einzufordern. Die Einwohner Leinsters versammelten sich jedoch und lieferten ihm eine Schlacht. Loegaire wurde in der Schlacht von Ath Dara geschlagen. Er wurde während des Kampfes gefangen genommen und mußte den Leuten von Leinster bei Sonne und Mond, Wasser und Luft, Tag und Nacht, Meer und Erde schwören, daß er zu seinen Lebzeiten nie mehr den *boroma* von ihnen fordern würde. Dann ließen sie ihn frei. Loegaire war geweisgesagt worden, daß er zwischen Irland und Schottland den Tod finden würde, weswegen er an keiner Seefahrt mehr teilnahm. Nun zog er [Jahre später] mit einem großen Heer abermals gegen die Einwohner Leinsters, um den *boroma* von ihnen einzufordern. Seine Bürgen hatte er vergessen. Als er nach Grellach Da Phil in der Nähe von Casse in der Ebene der Liffey zwischen zwei Hügel namens Irland und Schottland gelangte, starb er durch die Sonne und den Wind und durch alle anderen Bürgen. Denn zu jener Zeit wagte es niemand, jenen zu trotzen."[36]

Der Fall ist extrem. Die sonst gängige Schwurformel ist einfacher und ruft die Götter im allgemeinen an: *tongu do dia toingeas mo thuath* ("Ich schwöre bei dem Gott, auf den mein Kanton schwört")[37] . Die Druiden haben damit nichts zu tun. Um einen Gott zum Zeugen zu nehmen, bedarf es keiner Vermittlung durch einen Priester.

Die einfache Schwurformel erfährt in den Einzelfällen nur leichte Abänderungen: In drei von vier Fällen ist das Wort Gott im Singular; es kann aber auch im Plural stehen oder weggelassen werden. Doch ist der Schwur weit vom vulgären Fluch entfernt, dem lediglich der Charakter eines Ausrufs zukommt. Er ist immer einem außergewöhnlichen Umstand vorbehalten:

(a) Auslassung des Wortes *Gott*:

In einem Kampf zwischen Conall Cernach, dem Helden von Ulster, und Cet, dem Helden von Connaught, geht es darum, welchem von beiden die größere Tapferkeit und der bedeutendere kriegerische Verdienst und somit das Heldenstück zukommt:

"Ich schwöre bei dem, was mein Kanton schwört, daß ich, seitdem ich zu den Waffen griff, keinen Tag habe verstreichen lassen, ohne das Blut der Leute von Connaught vergossen zu haben, keine Nacht ohne sie im nächtlichen Kampf zu schädigen und mit dem Kopf eines Mannes von Connaught unter meinem Knie geschlafen zu haben."[38]

(b) Mit dem Wort *Gott* in der Einzahl:

Als Loeg, der Kutscher Cuchulainns versucht, seinen Herrn von seinem letzten Kampf abzuhalten:

"Ich schwöre beim Gott, auf den mein Kanton schwört," sprach Loeg, "daß nicht einmal die ganze Provinz Conchobars, wenn sie um den Grauen von Macha stünde, ihn zu seinem Wagen bringen könnte."[39]

oder in einem etwas bewegten Wortwechsel zwischen Cuchulainn und Fergus in einer Episode der *Tain Bo Cualnge* :

"Dreh' Dich um, oh mein Vater Fergus," sprach Cuchulainn, doch antwortete jener erst beim dritten Mal. "Ich schwöre beim Gott, bei dem die Ulaten schwören," sprach er, "ich werde dich waschen wie der Schaum im Wasserloch, ich werde mich an dich hängen wie der Schwanz an einer Katze hängt. Ich werde dich schlagen wie eine liebevolle Mutter ihren Sohn."[40]

Und noch einmal in der *Tain Bo Cualnge*, als Fergus der Königin Medb die Ankunft einer Truppe ulatischer Krieger beschreibt:

"Ich schwöre beim Gott, auf den mein Kanton schwört," sprach Fergus, "wahrlich wurde bis heute noch nie eine Truppe in Irland aufgestellt, die die Ulaten zurückgetrieben hätte."[41]

Als König Ailill beim Aufbruch zum Kampf befehlend sein Schwert von seinem Kutscher verlangt:

"Da sprach Ailill zu seinem Kutscher: 'Bring' mir das Schwert, das die Haut zerstört. Ich schwöre beim Gott, bei dem mein Kanton schwört, daß nichts dich vor mir schützt und wenn es alle Männer Irlands wären, wenn diese Blume heute bei dir schlechter ist als am Tage, an dem ich sie dir auf dem Hügel an der Grenze Ulsters gab."[42]

(c) Mit dem Wort *Gott* in der Mehrzahl:

Als Etarcumul Cuchulainn zum Zweikampf herausfordert:

"Dreh uns diesen Wagen noch einmal um, Junge, denn ich schwöre bei allen Göttern, die ich verehre, daß ich nicht ohne den Kopf dieses Kitzes, den Kopf Cuchulainns zurückkehren will, um ihn herzuzeigen."[43]

Die Häufigkeit und die Heftigkeit dieser Redewendungen, welche im XII. Jahrhundert niedergeschrieben wurden, haben nach sechs oder sieben Jahrhunderten Christentum kaum an Kraft verloren.

Schon lange vor den Iren des Mittelalters, hatten gallische Gesandte ihrem religiösen Respekt vor Himmel und Erde kundgetan, als sie im IV. Jahrhundert v.Chr. Alexander dem Großen auf die Frage, was sie am meisten fürchteten, antworteten: "Niemanden; wir haben nur vor einer einzigen Sache Angst, und zwar, daß der Himmel auf die Erde fällt."[44] Dies ließ Aristoteles schreiben: "Man muß entweder verrückt oder dumm sein, nichts, weder ein Erdbeben, noch einen Sturm zu fürchten, so wie es von den Kelten gesagt wird."[45] Das zeigt uns das hohe Alter der irischen Vorstellungen, auch wenn es sich bei den Redewendungen des Aristoteles oder der Gallier bei ihrem Zusammentreffen mit Alexander um keine richtigen Schwurformeln handelte.[46] Die konkreten Merkmale der Elemente gehören zu den Mitteln, die den Göttern zur Verfügung stehen, ihren Willen zu verlautbaren oder durchzusetzen. Das ist auch der Grund, weshalb die Druiden als Diener der Götter Macht über diese Elemente haben, ohne selbst jemals die Sanktion einzuleiten, die der Bruch der Verbindung zur Folge hat, welche der Eid zwischen dem Schwörenden und der zeugenden Gottheit knüpft.

II. Pflanzenmagie und Zaubermedizin

Die Pflanzenmagie war in der keltischen Welt offensichtlich von größter Bedeutung, auch wenn wir über kein vollständiges Repertoire verfügen, dessen man sich auf den "Inseln" oder auf dem Festland bedient hätte. Das brächte uns der einfachen, mittelalterlichen oder modernen Volkskunde zu nahe und zu weit weg von den Druiden, die nicht wirklich in dem Maße für alle Aberglauben verantwortlich sind, die ihnen von einigen Forschern mit allzu leichtfertiger Großzügigkeit zugeschrieben werden.[47] Bei allen Formen der Magie handelt es sich um einen zweitrangigen Aspekt der Überlieferung, welcher beim Niedergang der Kultur überhandnahm und so dazu beitrug, das Bild in dieser Frage zu verfälschen. Die zu bloßen Hexern heruntergekommenen Druiden interessieren uns nicht mehr, auch wenn es manchmal schwierig ist, die Magie der normalen Ausübung der Religion von der zu unterscheiden, die lediglich dem Aberglauben aller Zeitalter entspringt.[48]

1. Die Mistel

Da das zaubermedizinische Ritual des Mistelsammelns im ältesten Text berichtet wird, wollen wir hier noch einmal die Beschreibung zitieren, die uns Plinius in seiner *Naturgeschichte* XVI, 249 liefert:

"Man findet aber die Mistel in Gallien sehr selten; und hat man sie gefunden, so wird sie mit großer Ehrfurcht abgenommen, vor allem am sechsten Tag des Mondes, der bei ihnen den Anfang der Monate und Jahre und nach 30 Jahren einen neuen Zeitabschnitt bildet, ein Tag, an dem der Mond schon genügend Kräfte hat und noch nicht halbvoll ist. Sie nennen die Mistel in ihrer Sprache "die alles Heilende". Sie bereiten nach ihrer Sitte das Opfer und das Mahl unter dem Baum und führen zwei große Stiere herbei, deren Hörner da zum ersten Mal umwunden werden. Der Priester, bekleidet mit einem weißen Gewand, besteigt den Baum und schneidet die Mistel mit einem goldenen Messer ab: Sie wird mit einem weißen Tuch aufgefangen. Dann schlachten sie die Opfertiere und bitten den Gott, er wolle sein Geschenk denen, welchen er es gegeben hat, zum Glück gereichen lassen. Sie meinen, daß die Mistel, in einem Getränk genommen, jedem unfruchtbaren Tier Fruchtbarkeit verleihe und ein Heilmittel gegen alles Gift sei. So groß ist die Ehrfurcht der Völker meistenteils in ganz unbedeutenden Sachen."

Das Bemerkenswerte an dieser Beschreibung ist nicht unbedingt das Unverständnis Plinius', sondern eher die Verbindung zwischen dem Sammeln der Misteln und dem Stieropfer, welches sonst nur beim Thronbesteigungs- oder Königswahlritualen vollzogen wurde. Die Mistel steht somit als Mittel zur Fruchtbarkeit der Tiere in engem Bezug zur allgemeinen Symbolik, die sich um die Aufgaben und Dienste rankt, die vom König erwartet werden. Doch steht die Mistel durch die Zeit der Zeremonie und den zunehmenden Mond überdies in Zusammenhang mit der Anderen Welt. Aus der Beschreibung scheint hervorzugehen, daß es sich dabei um eine sehr feierliche, öffentliche Zeremonie handelte, und wenn dies auch nur der Anwesenheit eines Druiden und dem Gebrauch eines wertvollen, eher rituellen und kultischen als praktischen Werkzeugs, der goldenen Sichel zu verdanken wäre.

Wir wollen dieses Zitat durch den folgenden kurzen Auszug ergänzen, der abermals der *Naturgeschichte* Plinius' XXIV, 103-104 (in Roderich König, ed., S.75) entnommen ist:

"Diesem Sadebaum ähnlich ist die Pflanze, die man *selago* nennt. Man sammelt sie ohne eisernes Gerät, indem man sie mit der rechten Hand durch die Tunika hindurch, auf der Seite, wo die linke Hand ist, herausreißt, als wolle man sie stehlen; dabei solle man eine weiße Kleidung tragen, rein gewaschene Füße haben und vor dem Sammeln ein Opfer mit Brot und Wein darbringen; man trägt sie dann in einem neuen Tuch. Die Druiden der Gallier haben behauptet, daß man sie gegen jedes Übel bei sich tragen solle und daß ihr Rauch gegen alle Augenschäden nützlich sei. Die Druiden haben eine an feuchten Stellen wachsende Pflanze *samolus* genannt; man soll sie mit der linken Hand nüchtern gegen die Erkrankungen der Schweine und Rinder sammeln, sich dabei weder umsehen noch sie anderswohin als in einen Trog legen und sie dort zerkleinern, damit das Vieh sie im Trank nehmen kann."

Die Art und Weise, in der Plinius von den Einzelheiten des Sammelrituals der *selago* und des *samolus* berichtet, scheint das ganze der Folklore näher zu bringen als der organisierten Religion der Glanzzeit. Seiner Ansicht nach zielt diese Art von Medizin eher auf Leichtgläubigkeit denn auf tatsächliche Wirksamkeit ab. Doch deckt sich das wohl kaum mit dem ursprünglichen Sinn und Plinius liefert uns, vielleicht gegen seinen Willen, einige Hinweise auf die peinliche Genauigkeit, mit welcher das medizinische Ritual bei den Druiden vollzogen wurde.

Den gallischen Namen für die Mistel kennen wir nicht, da Plinius ihn leider ins Lateinische übersetzte, doch haben sich im umgangssprachlichen Wortschatz der keltischen Sprachen Redewendungen erhalten, die die Bezeichnung "Allesheiler" *(omnia sanatem)* wiedergeben: *uile-iceadh* "all-heal", im irischen Wörterbuch von O'Reilly[49], *uile-ic(c)* "mistletoe, all-heal, panacea" in dem Dinneens[50], *uil-ioc* im schottischen Gaelisch[51] und *oll-iach* "Allesheiler" im Walisischen[52]. Im Bretonischen konnte sich die gallische Umschreibung, wie sie Plinius übersetzt wiedergibt, nicht halten. Doch bedient es sich anderer Paraphrasen: *deur derf* "Mistel der Eiche " (wörtlich "Wasser der Eiche") oder *ehüel var'* "hoher Ast", das sich im handgeschriebenen Wörterbuch von Pierre de Châlons, dem Rektor von Sarzeau im XVIII. Jahrhundert, findet.[53] J. Loth fand seinerseits in Faouët gegen Ende des letzten Jahrhunderts die seltsame Bezeichnung *ihwelvad (uhelvat)* "ziemlich hoch" (wörtlich "hoch-gut"), welches durch eine umgangssprachliche Abänderung des sonst gebräuchlichen Wortes *uhelvarr* (walisisch *uchelfar*) "hoher Ast" entstand.[54]

Aus solchen linguistischen Betrachtungen können sicherlich keine sehr komplexen, wissenschaftlichen Schlüsse gezogen werden, doch ist die umgangssprachliche Tendenz vor allem insofern interessant, als der Ersatz eines Fachausdrucks durch eine Umschreibung als ziemlich eindeutiges Zeichen für das Verschwinden eines Vokabels des vorchristlichen, religiösen Wortschatzes gewertet werden kann. Kennen wir den alt- und neukeltischen Namen der Mistel nicht, da sie von den Druiden verwendet wurde? Das scheint auf alle Fälle die wahrscheinlichste Erklärung zu sein. Trotz der zwanzig Jahrhunderte, die zwischen der Übersetzung Plinius' und dem Neuirischen bzw. Neuwalisischen liegen, ist die Beziehung ohne weitere Schwierigkeiten herstellbar. Dies unterstreicht sicherlich auch die Sorgfalt, mit der der lateinische Autor recherchierte, auch wenn er keine keltischen Sprachen beherrschte. Er zeigt sich dabei keineswegs von diesen Praktiken überrascht, denn auch die Römer und Griechen verehrten bestimmte Pflanzen in ähnlicher Weise. So berichtet er ebenso von den Blättern des Eisenkrauts, die dazu dienten das Los zu ziehen und die Zukunft vorauszusagen, wenn er sich auch seiner üblichen Tendenz der Verunglimpfung dabei nicht enthalten kann: *Naturgeschichte* XXV, 105:

"Manche unterscheiden nicht [zwischen zwei heiligen Kräutern], da beide dieselben Eigenschaften besitzen. Die Gallier ziehen das Los mit der einen oder anderen und singen Zaubergesänge dabei. Doch handelt es sich dabei um Hirngespinste der Magier."

Bei Plinius gehören seltsamerweise alle folgenden Bestandteile zu diesen "Hirngespinsten": Die rituelle Geste (das Pflücken mit der rechten Hand durch die linke Seite der Kleidung hindurch), die rituellen Vorschriften (weiße Kleidung, saubere und nackte Füße), die Oblation und Libation (das vorausgehende Opfer von Brot und Wein).

Wir schließen also, zumindest vorläufig aus den Mängeln der keltischen Lexikographie, daß es sich bei dem von Plinius gebrauchten Ausdruck *omnia sanantem* bereits um eine lateinische Übersetzung einer gallischen, umgangssprachlichen Redewendung handelte, welche ein Wort ersetzte, das bereits vor dem Christentum in Vergessenheit geraten sein muß.

Um das Kapitel der Mistel abzuschließen, seien noch folgende Anmerkungen hinzugefügt:

- Die von Plinius beschriebene Zeremonie kann aufgrund der sie begleitenden Opfer, Ritualfeierlichkeiten und Mistelblüte, also nur gegen Anfang der kalten Jahreszeit stattgefunden haben. Die Mistel wurde nie im August geschnitten.

- Da keine gegenteiligen Informationen vorliegen, steht anzunehmen, daß das Ritual untertags stattfand. Doch in welchem Maß entspricht der Bericht Plinius' der Wahrheit. Die Zeit wurde nach Nächten berechnet, und es besteht zumindest eine Verbindung oder symbolische Ähnlichkeit zwischen der goldenen Sichel und dem ersten Mondquartal.

- Aufgrund ihres rituellen Gebrauchs (der sich auch in Irland nicht hielt), gilt die Mistel als Pflanze der Anderen Welt, ein weiterer Grund dafür, daß sie alles heilt. Wir dürfen nicht versäumen, an dieser Stelle noch zwei weitere, recht bemerkenswerte Vergleiche anzustellen: in der germanischen Mythologie wird Balder von einem Mistelzweig getötet, während Vergil für den lateinischen Bereich berichtet, daß Äneas einen Mistelzweig in der Hand hielt, als er lebend in die Unterwelt gelangte. (*Äneis*, VI, 205-211).

2. Die Heilpflanzen

Wollen wir all diesen klassischen Autoren wie Plinius, Celsus, Dioscoridus, Marcellus Empiricus und einigen anderen, die sich mit Botanik, Medizin und Naturgeschichte beschäftigten und in diesem Zusammenhang auch die Kelten erwähnten, Glauben schenken, so wurden Heilpflanzen in Gallien sehr häufig benutzt. Doch werden in diesem Zusammenhang keine Druiden erwähnt. Und wieder kommt Irland die Rolle zu, uns in mythischer Form den Ursprung der Heilpflanzen zu erläutern. Wir wollen zunächst zur Erinnerung die Stelle der *Zweiten Schlacht von Mag Tured* zitieren, die von der Heilung des Königs Nuada durch eine Prothese erzählt:

"Nuada lag im Krankenbett und Diancecht legte ihm einen Silberarm an, mit dem alle Bewegungen des Armes ausgeführt werden konnten. Dies schien dessen ältestem Sohn Miach nicht gut genug. Er begab sich zum abgetrennten Arm Nuadas, sprach "Gelenk auf Gelenk" und "Nerv auf Nerv" und heilte ihn in drei mal neun Tagen. Während der ersten neun Tage legte er den Arm an seine Seite und er wurde mit Haut überzogen, während der zweiten neun Tage legte er ihn an seine Brust. Während des dritten Neuntagezyklus' stellte er weiße [...?...] aus auf Feuer geschwärztem Schilf her."

Wie wir bereits erwähnten, tötet der Gottarzt Diancecht seinen Sohn aus Empörung über diese professionelle Anmaßung. Doch wird dieses Mal...

"...Miach von Diancecht begraben und dreihundertfünfundsechzig Pflanzen wuchsen auf seinem Grab, deren Anzahl der seiner Gelenke und Nerven entsprach. Airmed öffnete ihren Mantel und ordnete die Pflanzen nach ihren Eigenschaften darin ein. Doch kam Diancecht zu ihr und vermischte alle diese Pflanzen so, daß sie ihre Eigenschaften nicht mehr auseinanderkennen konnte, außer der Heilige Geist offenbarte sie ihr später."[55]

Wie hätte das Verschwinden der großen Wissenschaft der Heilpflanzen in Irland seit der Christianisierung besser dargestellt werden können, als sie nunmehr vom zweifellos sehr seltenen Eingriff des Heiligen Geistes abhängig werden zu lassen?

3. Das Vergessenselixir

Brauten die irischen Druiden ihren Vergessenstrunk lediglich aus verschiedenen Pflanzen zusammen? Auf alle Fälle war das Getränk äußerst wirksam: Als Cuchulainn sich in die schöne und anmutige Fand, die Gattin des Gottes Manannan verliebt und schließlich verrückt wird, da er sie verliert, geht seine rechtmäßige Frau Emer

"zu Conchobar und erzählte ihm in welchem Zustand sich Cuchulainn befand. Conchobar schickte die Dichter, Musiker und Druiden von Ulster, ihn zu aufzusuchen, festzunehmen und nach Emain Macha zu bringen. Cuchulainn versuchte die Ärzte zu töten, doch sangen sie druidische Formeln, man packte ihn an Händen und Füßen und er kam wieder zu Sinnen. Dann wollte er etwas trinken und die Druiden reichten ihm das Vergessenselixir. Als er davon getrunken hatte, erinnerte er sich nicht mehr an Fand und auch an nichts mehr, was er getan hatte. Auch Emer wurde das Vergessenselixir verabreicht, um ihre Eifersucht zu vergessen, denn sie befand sich kaum in besserem Zustand als er. Manannan schwang seinen Mantel zwischen Cuchulainn und Fand, auf daß sie sich nie mehr begegneten."[56]

4. Medizin und Schlaf. Die Musik

Das Vergessenselixir bringt uns zur Medizin der Zaubergesänge. Noch im Mittelalter wurden irische Zaubergesänge in einer Handschrift des schweizerischen Sankt Gallen empfohlen.

“Für die Urinkrankheit. Ich heile mich von dieser Krankheit des Harns. Auf daß uns die Listen der Vögel und hexerischen Vogelschwärme erretten! Auf daß dieser Bann überall dort sei, wohin du urinierst!”

Oder auch der folgende, der zwar kein Muster der Klarheit, jedoch bemerkenswert ist, da er im selben Gebet den Gottschmied Goibniu und Christus erwähnt:

“Nichts ist höher als der Himmel,
nichts tiefer als das Meer
vor den heiligen Worten,
die Christus am Kreuze sprach.
Nimm den Dorn hinweg von mir,
die Nadel, die verletzt mir hat
mein gequältes Fleisch,
Geist der Sänfte,
du Ursache dieses Schlags,
auf,
los, nimm ihn hinfort.
Sehr stark ist die Wissenschaft Goibnius,
sehr stark ist der Nagel Goibnius,
spitzer Nagel Goibnius,
raus mit dir.”

Dieser Zauberspruch muß in Butter kommen, die nicht zu Wasser wird, und diese Butter wird um den Stachel geschmiert und gehört weder auf den Nagel selbst, noch in die Wunde und wenn es sich bei dem Dorn um keinen solchen handelt, wird einer der beiden Zähne des Vorderkiefers herausfallen.”[57]

Wir sind hier fast wieder in der Volkskunde gelandet und dem Mönch, welcher diese Zeilen im IX. Jahrhundert verfaßte, ist ein Anflug von Heidentum wohl kaum abzusprechen. Diese Zaubersprüche haben nichts außerordentlich Erhabenes und auch nichts sehr Druidisches an sich, doch sind sie die einzigen, die uns erhalten sind und wir müssen uns wohl oder übel mit ihnen begnügen. In einigen anderen Fällen ist die Christianisierung noch deutlicher erkenntlich und von den Druiden fehlt fast jede Spur. Dennoch ist es auch in jenen Fällen offensichtlich, daß ihre Ursprünge außerhalb des Christentums zu suchen sind.

Der Schlaf wurde sehr geschätzt, und da jede gute Musik imstande war, magisch ihre Zuhörer einzuschläfern, besaßen die Harfenspieler den Rang der *bô aire*, das heißt der freien Männer und Viehbesitzer, was einem eher späten Grad der irischen Hierarchie entsprach.[58] Sie gehörten ursprünglich also der Priesterklasse an, da die Musik eine Technik, und in ihrer Perfektion eine Technik der Anderen Welt ist: Die Harfenspieler werden oft in Zusammenhang mit den höchsten *Filid* erwähnt, ja sie sind oft selbst solche. Anläßlich eines fürstlichen Abends ersucht König Ailill Fraech, der um die Hand seiner Tochter Findabair anhält, darum, ein Konzert von drei Harfenisten geben zu lassen:

"Deine Harfenspieler mögen uns Musik spielen," sagte Ailill zu Fraech. "Also spielt," sprach Fraech. Die Harfen waren mit Fischotterhaut bedeckt und mit Verzierungen aus Partherleder, Gold und Silber geschmückt. Sie waren von einer Hirschhaut umhüllt, die weiß wie Schnee war und in der Mitte dunkelgraue Flecken aufwies. Die Saiten wurden von einem Leinen, weiß wie Schwanenfedern, beschützt. Sie trugen goldene, silberne und bronzene Harfen mit Darstellungen von Schlangen, Vögeln und Hunden aus Gold und aus Silber. Als die Saiten angeschlagen wurden, wendeten sich diese Figuren den Männern zu. So spielten sie also und zwölf Männer starben in ihrem Haus vor Tränen und Traurigkeit.

Die drei Männer waren schön und melodisch, denn so war das Spiel der Uaithne. Diese drei berühmten Männer sind Brüder und heißen Goltraiges, Gentraiges und Suantraiges. Die Mutter der drei war Boand, aus den *sidhe*. Als sie sie zur Welt brachte schien es ihr zuerst, als ob ihr Weinen und ihre Traurigkeit von ihren starken Schmerzen ausging; dann war es das Lächeln und die Freude über die zwei Söhne. Die Schwere der Geburt brachte schließlich Schlaf und Freundlichkeit mit dem letzten Sohn, so daß heute der Name eines jeden Drittels der Musik [der drei Musikrichtungen] darauf zurückgeht."[59]

Boand (die *Boyne*) ist die Schwester des Dagda und die Frau seines Bruders Elcmar (ein Beiname Ogmes). Er hat mit ihr einen inzestuösen Sohn namens Oengus, der keltische Apoll. Boand ist aber zugleich auch seine Tochter, da sie mit der Brigit identisch ist. Wenn die drei Harfenspieler also ihre Söhne sind, dann daher, weil jene auch die Mutter der drei Urgötter und aller *Filid* ist. So schneidet und überdeckt sich die Musik mit der Theologie und den göttlichen Stammbäumen. Und die erste Harfe Irlands, die, in der alle Melodien stecken, ist die Harfe des Dagda, des Gottdruiden selbst.[60]

5. Der Gesundbrunnen

Der Gesundbrunnen, dessen archäologische Entsprechung im gallischen *Glanum* (Saint-Remy-de-Provence)[61] liegt, wird in der *Zweiten Schlacht von Mag Tured* dem Gottarzt Diancecht übertragen, der durch seine ärztliche Tätigkeit natürlich auch Druide ist.

“Also wurde folgendes unternommen: Man brachte wieder Feuer in die Krieger, die hier verletzt wurden, auf daß sie am nächsten Morgen wieder strahlten. Dazu sangen Diancecht, seine beiden Söhne und seine Tochter, d.h. Octriuil, Airmed und Miach Zaubergesänge über der Quelle, die Gesundheit hieß. Auch ihre tödlich verwundeten Männer wurden so wie sie (geschlagen) waren, hineingeworfen. Als sie herausstiegen, waren sie wieder am Leben. Ihre Wunden waren geheilt durch die Kraft des Zaubergesangs der vier Ärzte, die um die Quelle standen.”[62]

Diese Quelle wird also zu einer großen Gefahr für die Fomoire, die sie mit Steinen verschütten. Doch geschieht das zu spät, da die Schlacht bereits entschieden ist. Der von einem Überläufer verletzte Schmiedegott Goibniu

“ging zur Quelle und wurde geheilt. Bei den Fomoire gab es einen Krieger namens Octriallach, Sohn Indechs, Sohn Dé Domnanns, Sohn des Fomoirenkönigs. Er sagte, daß jeder von ihnen einen Stein herbeitragen sollte, um ihn in den Gesundbrunnen von Achad Abla zu werfen, der im Westen vor Mag Tured und im Osten vor dem Loch Ailoch lag. So gingen sie, und jeder Mann warf einen Stein in den Brunnen. Man nannte den Steinhügel Carn von Octriallach. Ein anderer Name dieses Brunnens ist “See der Pflanzen”, da Diancecht eine Pflanze aller in Irland vorkommenden Kräuter dort setzte.”[63]

Das wunderbare Wasser erweckt die Toten wieder zum Leben, wenn die Götter und Druiden mithelfen. Die Lebenden verjüngt es und beschützt sie, wenn auch nicht immer vor dem Tod, so doch vor Krankheit und Verfall. Es ist noch wirksamer, wenn die Früchte der Anderen Welt hineingeworfen wurden, bei denen es sich höchstwahrscheinlich um Wal- oder Haselnüsse handelte. Die folgende Anekdote aus dem *Immram Maile Duin*, einem bereits stark christianisierten Text, legt ein weiters Zeugnis dafür ab.

“Später landeten sie auf einer weiteren, großen Insel. Auf einer der beiden Seiten stand ein Wald aus Eiben und großen Eichen. Auf der anderen Seite befand sich eine Ebene mit einem kleinen See. Dort weideten große Schafherden. Sie sahen nun auch eine kleine Kirche und eine Festung. Sie gingen zur Kirche. In der Kirche war ein alter, grauer Pfarrer, dessen Haar ihn ganz bedeckte. Mael Duin fragte ihn: “Woher kommst Du?”

“Ich bin der fünfzehnte Mann aus der Familie der Brenann aus Birr. Wir befanden uns auf einer Pilgerfahrt auf dem Meer und kamen auf diese Insel. Alle außer mir sind tot.” Er zeigte ihnen daraufhin die Tafel von Brennan, die sie auf ihrer Pilgerreise mitgebracht hatten. Sie knieten alle vor der Tafel nieder und Mael Duin gab ihm einen Kuß.

“Eßt nun,” sprach der Alte, “hier sind genug Schafe für euch alle, doch eßt nicht mehr als ihr braucht.” So wurden sie eine Zeit lang vom Fleisch der fetten Schafe genährt.

Als sie eines Tages von der Insel in die Ferne blickten, sahen sie eine Wolke aus dem Südwesten auf sich zukommen. Nachdem sie sie eine Weile betrachtet hatten, merkten sie, daß es ein Vogel war, und sie sahen, daß seine Flügel sich bewegten. Er kam auf die Insel und setzte sich auf einen Hügel unweit des Sees. Zuerst dachten sie, er würde sie nun ergreifen und ins Meer werfen, doch trug er einen Ast von einem großen Baum daher. Dieser Ast war größer als eine der großen Eichen. Er riß große Zweige davon aus und der ganze Gipfel war von frischen Blättern bedeckt. Sie trugen viele, schwere Früchte, rote Beeren, die Weintrauben glichen, nur daß sie größer waren. Sie versteckten sich, um zu sehen, was der Vogel nun tun würde. Zunächst blieb er wegen seiner Ermüdung still sitzen, und dann begann er Früchte von dem Ast zu fressen. Mael Duin ging auf den Gipfel, auf dem der Vogel saß, um zu sehen, ob er ihm etwas anhaben würde, doch tat er ihm nichts. So folgten ihm alle seine Leute an diese Stelle.

"Einer von uns sollte hingehen, "sagte Mael Duin zu ihnen, "um einige Früchte von dem Ast zu holen, der vor dem Vogel liegt." So ging einer von ihnen hin und sammelte einen Teil der Beeren. Der Vogel lehnte das nicht ab, sah ihn nicht und rührte sich nicht. Die achtzehn Mann gingen nun im Schutz ihrer Schilde hin, und auch ihnen tat er nichts.

Gegen die neunte Stunde [des Tages] sahen sie zwei große Adler aus dem Südwesten an die Stelle kommen, an der der große Vogel saß, und sie setzten sich vor jenen hin. Als sie sich lange genug ausgeruht hatten, zupften und pickten sie die Flöhe, die den Vogel oberhalb des Schnabels, an den Augen und Ohren befallen hatten.

Das taten sie bis zum Abend. Dann fingen alle drei an, von den Beeren und Früchten des Astes zu fressen. Vom Morgen bis zum Mittag des nächsten Tages entledigten sie ihn wieder der Schädlinge an seinem ganzen Körper, sowie auch aller alten Federn und alter, räudiger Schuppen. Doch gegen Mittag rissen sie die Beeren vom Ast, zerdrückten sie mit ihren Schnäbeln gegen die Felsen und warfen sie dann in den See, so daß sein Schaum ganz rot wurde. Daraufhin schwang sich der große Vogel in den See, wo er sich bis zum Abend wusch. Dann stieg er aus dem See und setzte sich an eine andere Stelle desselben Hügels, damit ihn die Flöhe, derer er entledigt worden war, ihn nicht wieder befielen.

Am Morgen des nächsten Tages pickten und glätteten die beiden Vögel die Federn des dritten, so als ob es mit einem Kamm geschehen wäre. Das taten sie bis Mittag. Sie ruhten sich etwas aus und flogen dann in die Richtung, aus der sie gekommen waren.

Nur der große Vogel blieb, glättete sich die Federn und schüttelte seine Flügel drei Tage lang. In der dritten Stunde des dritten Tages hob er ab, drehte drei Runden um die Insel und setzte sich wieder auf denselben Hügel. Dann flog er dorthin, von wo er gekommen war. Sein Flug war nun viel bewegter und stärker als bei seiner Ankunft. Allen war klar, daß sich hier das Alter in Jugend gewandelt hatte, so wie der Prophet sagt: *Renouabitur ut aquilae iuuentus tua.*

Da sprach Diuran angesichts dieses Wunders: "Gehen wir uns in dem See verjüngen, indem auch der Vogel jünger wurde." "Nein," erwiderte ein anderer, "denn der Vogel hat sein Gift darin gelassen." "Was du sagst, ist nicht gut," sagte Diuran darauf, "ich werde als erster gehen." Und so ging er und badete sich. Er tauchte seine Lippen ins Wasser und trank davon. Seitdem waren seine Augen sein ganzes Leben lang völlig gesund, er verlor keinen einzigen Zahn und auch kein Haar und kannte weder Schwäche noch Krankheit.

Dann verabschiedeten sie sich vom Alten und nahmen einen Vorrat an Schafen mit. Sie brachten ihr Boot ins Meer und suchten den Ozean."[64]

Diese irische Version der Geschichte des Phoenix hatten die Schreiber der Erzählung nicht verstanden, und es gelang ihnen mit viel Anstrengung und durch eine gewisse Weitschweifigkeit, ihr sogar eine biblische Rechtfertigung zu finden. Doch ist dies nebensächlich: Das heilende Wasser, welches seine Kraft durch die Früchte der anderen Welt gewinnt, erfüllt genau die ihm zukommende Rolle.

Der Brunnen, der See, die Quelle können auch durch einen Strom, Fluß oder Bach ersetzt werden. Doch steht das Heilwasser, ob seine Kraft nun aktiviert ist oder nicht, immer in Bezug zu den Pflanzen, da erst sie ihm seine therapeutischen Vorzüge verschaffen. Nach seinem siegreichen doch schmerzlichen Kampf gegen seinen ehemaligen Waffengefährten Ferdiad ist Cuchulainn in so schlechter Verfassung, daß die *Tain Bo Cualnge* berichtet, wie seine Freunde aus den *side*, die *Tuatha Dé Danann*, sich dazu gezwungen sehen, die Leute von Ulster zu ihm zu schicken, um ihn zu heilen.

"Einzeln kamen die Bewohner von Ulster, um Cuchulainn zu helfen und zu trösten, unter anderem auch Senoll Uathach, die beiden Mac Gegge, Muridach und Cotreb. Sie nahmen ihn mit sich zu Bächen und Flüssen der Conalle von Murthemne, um seine Schnitte, Schläge, Wunden, Quetschungen und klaffenden Verletzungen abzureiben und zu waschen. Denn die Tuatha Dé Danann hatten Kräuter und Pflanzen in die Bäche und Flüsse der Conall von Murthemne geworfen und einen Segen über sie gesprochen, um Cuchulainn zu helfen und zu trösten, so daß ihre Wasser ganz bunt und grün auf ihrer Oberfläche waren."[65]

Die Zaubergesänge wirkten also nicht alleine und die zwei Heilmethoden der Zauber- und der Pflanzenmedizin arbeiteten zusammen. Welche Pflanzen verwendete man jedoch und wie wurden sie zubereitet? Über all das wissen wir nichts: Die druidische, irische oder gallische Medizin hinterließ uns keine Rezept von

Kräutertees, Mischungen oder Likören. Was uns aber zu den Pflanzen fehlt, darüber verfügen wir teilweise in Bezug auf die Milch: So empfiehlt der Piktendruide Drostan dem irischen König, die Milch von einhundertvierzig weißen Kühen in ein Loch in der Mitte des Schlachtfeldes zu gießen, um darin die Soldaten zu heilen, die von den vergifteten Pfeilen der Briten getroffen worden waren. Alle die darin eingetaucht würden, würden geheilt werden.[66] Reduziert das *Buch von Leinster* auch die Anzahl der Kühe auf hundertzwanzig, so legt es andererseits fest, daß es sich dabei um *bo mael find* ("weiße Kühe ohne Hörner") handeln mußte.[67] Wir finden die Geschichte in den Versdindshenchas:

"So sprach der Druide Drostan zum Gefolge des Königs Crimthand: jeder Mann, den die Fidga verletzen werden, soll in einen Teich weißer Milch getaucht werden; trotz der Wunden, die ihre bedrohlichen und zahlreichen Waffen verursachen werden, wird er heil und ohne Verletzungen wieder heraussteigen."[68]

6. Die Eibe und die Blindheit des Druiden

In der Geschichte des Druiden auf der Suche nach einer von einem Gott der Anderen Welt entführten Königin haben es mit einer völlig anderen Art der Pflanzenmagie zu tun. Die Götter bemächtigten sich offenbar ebenso oft als gerne des menschlichen Hab und Guts, sogar der Könige selbst.

"Also hieß Eochaid [der seiner Gattin beraubte König] seinen Druiden namens Dalan nach Etain suchen. An jenem Tag zog er gen Westen auf den Berg, der Sliab Dalan ["Dalansberg"] genannt wird und verbrachte seine Nacht dort. Die Suche war dem Druiden dennoch mühsam, da Etain ein Jahr lang vor ihm versteckt wurde. Er schnitzte vier Eibenstöcke und schrieb einige *Ogham* darauf. Diese Stäbe seiner Wissenschaft und seine *Ogham* zeigten ihm, daß Etain sich im *sid* von Bri Leith befand, in den sie von Midir entführt worden war."[69]

Dieser exemplarische Dienst eines Druiden für einen König ist zugleich ein ausgezeichnetes Zeugnis für die verschiedensten Verfahren der Weissagekunst. Wir sehen, daß Dalan nach zwei Schritten vorgeht: Zuerst zieht er sich nachts auf einen Berggipfel zurück und schnitzt dann die Oghamzeichen. Ein Großteil der hier aufgezählten und wenn möglich auch beschriebenen Techniken zielte schließlich auf die Weissagung (und das Opfer) ab. Diese Feststellung erleichtert zwar nicht ihre Einordnung, doch ist sie von grundlegender Bedeutung und deckt sich zugleich mit allen Beobachtungen der antiken Schriftsteller. Überdies sei angemerkt, daß das Eibenholz dabei eine große Rolle spielt, denn in fast allen Fällen, in denen ein irischer Druide oder *File* die *Ogham* der Weissagung in einen Holzstab schnitzt, ist jener aus Eibenholz: So bediente sich z.B. der *File* Cesarn für seine Zaubergesänge vier Fuß langer, achtkantiger Eibenstäbe.[70] In Gallien scheint das

Holz der Eibe zwar nicht in den belegten Zaubergesängen auf, doch ist jene im Namen der *Eburonen* und *Eburovices* (vgl. die französische Stadt *Evreux*) vorhanden. Auch die Stelle des *De Bello Gallico*, in der Cäsar vom Selbstmord des Königs Catovolcus durch die Eibe berichtet, erwähnten wir bereits.

Laut *Coir Anmann* ("Herkunft der Namen") bediente sich der Druide Mog Ruith bei seinen Weissagungen eines Rades, welches ihm auch seinen Namen verlieh.

"Woher kommt der Name Mog Ruith? Das ist nicht schwer: Roth, Sohn Rigolls, der selbst ein berühmter Druide gewesen war, hatte ihn aufgezogen. Daher nannte man ihn den Diener Roths. Oder aber Mag Ruith bedeutet *magus rotarum*, da er seine druidischen Weissagungen mit Rädern vollzog."[71]

Wörtlich bedeutet der Name Mog Ruith "Diener des Rades". Es ist zwar nirgends belegt, daß sein Rad oder seine Räder aus Eibenholz waren, doch steht es anzunehmen, daß sie aus Holz waren. In einem anderen Text heißt es, daß das Rad des Mog Ruith das "rudernde Rad" *(roth ramhach)* war:

"Er war es, der zum Druiden Simon zog, das Druidentum zu erlernen. Mit jenem baute er im Jahr vor dessen Streit mit Paulus und Petrus, das rudernde Rad, welches noch vor dem letzten Gericht in Europa ankam."[72]

Dieses Rad, welches in der galloromanischen Bildhauerei Galliens das Wahrzeichen des Taranis ist, ist natürlich nicht nur ein einfaches Sonnensymbol, sondern repräsentiert ebenso das kosmische Rad.

"Dron, die Tochter Larens, war die erste Gattin des Mog Ruith, und seine Tochter hieß Tlachtga [...] Die drei Söhne Simons vergewaltigten sie, bevor sie aus dem Osten zurückkehrte und sie gebar ihnen drei Söhne. Sie brachte die Säule von Cnamchaill, d.h. die Überreste des Rades und dessen, was es zerschmettert hatte, mit sich: blind sollte werden, wer es ansah, taub, der, der es hörte, sterben all jene, auf die es fallen würde".[73]

Es ist kaum erstaunlich, daß Mog Ruith in den Annalen des christlichen Irland ein wenig schmeichelhafter Ruf zukommt. So wurde diesem archaischen Druiden, der in der Erzählung von der *Belagerung von Druim Damghaire* ein Modell intellektueller und moralischer Aufrichtigkeit und Geradlinigkeit war, die Enthauptung Johannes des Täufers vorgeworfen.

"Wenn es wahr ist, so fand man niemanden, ihn zu enthaupten, bis es der Ire Mog Ruith für eine Bezahlung tat. Das brachte schließlich die Kälte, den Hunger und die Krankheit über die Iren."[74]

Ein langer Fluch, dem lediglich das Hauptärgernis aller Völker der Welt fehlt: die Eroberung durch eine fremde Macht. Das Glücksrad der modernen Volkskunde mit seinen beiden Aspekten, dem positiven und dem negativen, geht auf diesen alten Kontext zurück.[75]

Als mögliche, doch nicht unbedingte Folge der Weissagekraft und der Seherei, muß noch die Blindheit angeführt werden. Diese Behinderung ist keine Regel, da das Priesteramt sonst körperliche Unversehrtheit verlangt. Die Blindheit muß hingegen als übernatürliche und übermenschliche Stärkung der Sehkraft verstanden werden. So kommt im *Cath Maighe Tuireadh Mucrama* ("Schlacht von Mucrama") dem Druiden Dil, welcher die Geburt des großen Königs Fiacha Muillethan überwacht hatte, dieses ungewöhnliche Qualitätsmerkmal zu: *drui side is é dall* ("er ist Druide und [noch dazu] blind").[76]

Ebenso typisch, doch etwas ausführlicher ist der Fall Lugaids, dem Bruder König Ailills von Connaught. Fergus, der entthronte König von Ulster war nach Connaught geflohen. "Die Verbannten waren dreihundert an der Zahl, und der Mann im Gefolge Ailills war Lugaid der blinde Poet, eben der Lugaid, der auch der Bruder Ailills war." Nun wird Ailill plötzlich eifersüchtig, da Königin Medb Fergus (der auch im Exil König bleibt) große Aufmerksamkeit schenkt.

"Schön ist es, was der Hirsch und die Hirschkuh da im See tun, oh, Lugaid," sprach Ailill. "Warum sollten wir sie nicht erlegen?" antwortete Lugaid, der noch nie gefehlt hatte. "Also treffe sie," erwiderte Ailill. "Drehe mein Gesicht in ihre Richtung," sagte Loegaid, "und bringe mir eine Lanze." Fergus stand im See und wusch sich und hatte ihnen seine Brust zugewandt; man brachte Ailill den Wagen und ganz nahe bei ihnen stehen. Da schleuderte Lugaid die Lanze und traf Fergus so, daß sie ihm beim Rücken wieder herauskam. "Der Stoß hat getroffen," sagte Lugaid. "Das ist wahr", sprachen alle anderen, "mitten in die Brust des Fergus."[77]

Lugaid hatte den Ausdruck wörtlich verstanden, mit dem Ailill seinen Rivalen und die untreue Königin bezeichnet hatte und hatte geglaubt, es handelte sich in der Tat um Tiere. Die bemerkenswerte Tatsache ist jedoch der unfehlbare Speerwurf des blinden *File*.

Einer der bedeutendsten Plätze der druidischen Blindheit kommt unbestreitbar dem großen Mog Ruith, dem Druiden des Rades selbst zu, der auch als weltliche Form oder "Avatar" des Gottdruiden Dagda verstanden werden kann.

"Er blieb drei Jahre lang bei Simon. Er verlor ein Auge, als er im großen Schnee der Alpen ein Kalb schlachtete und das andere, als er zwei Tage lang in Darbre die Sonne anhielt, so daß er aus zwei Tagen einen machte und sich dabei das Auge so beschädigte, daß er nunmehr völlig blind war."[78]

Hier haben wir es mit dem absoluten Prinzip der Blindheit zu tun, die einer beabsichtigten und einweihenden Behinderung entspricht. Ein ziemlich unbekannter Text zeigt, daß dieses Prinzip eindeutig verstanden wurde. Es wird hier von den letzten Taten und Gesten des Dallan Forgaill berichtet, der eine ungerechtfertigte Satire gegen einen König gesungen hatte, der seiner übermäßigen Forderung nicht nachgekommen war.

"Sie waren nicht weit von der Stadt entfernt, als Dallan zu den Doktoren sprach: 'Ich bin erstaunt darüber, was die Fragmente der Erzählungen erzählen, denn, wer auch immer die Satiren erfunden hat, ihr Inhalt entspricht der Wahrheit. Ich glaube jedoch, daß früher keine ordentlichen Satiren verfaßt wurden. Auch was ich gemacht habe, sind schlechte Stücke der Satire. Doch geht es mir durch sie besser, denn als ich [das letzte Mal] in diese Stadt kam, besaß ich kein Augenlicht und jetzt habe ich zwei gute Augen.' 'Oh König der Doktoren,' erwiderten die anderen, 'du teilst uns gute Neuigkeiten mit, doch können wir sie kaum glauben.' 'Sie sind wahr,' erwiderte Dallan. 'Wenn das wahr ist,' sagten die Doktoren, 'dann sag uns, was sich vor und hinter dir auf der Straße befindet.' 'Da sind,' antwortete er, 'zwei mal neun Männer, die von vorne auf uns zukommen und hinter uns sind neun Männer.' 'Das ist wahr, oh König der Doktoren," sagten sie darauf. 'Ich weiß nicht, ob das ein gutes Vorzeichen ist,' sagte Dallan, 'denn Columcille, der Sohn Feilems hatte mir auf meine Frage geantwortet, daß mir vor meinem Tode ein außergewöhnliches Zeichen begegnen würde. Wäre es kein solches bemerkenswertes Zeichen für mich, blind in diese Stadt gekommen zu sein und jetzt über meine zwei Augen zu verfügen? Tragt mich zu mir heim.' So brachte man ihn nach Hause. Er lebte noch drei Tage und drei Nächte, dann starb er."[79]

Die Geschichte ist schnell erklärt: "Der Ablauf der Ereignisse ist rückläufig und stellt genau das Gegenteil des Hergangs dar, die die Einweihung Mog Ruiths begleitet. Die Vorahnungen des *File* Dallan sind richtig, denn für ihn ist die wiedererlangte Sicht ein Zeichen für seinen Ausschluß; nicht das warnende Vorgefühl des körperlichen Todes, sondern der spirituelle Tod, der Verfall ist grausam: Der Verlust der Sehergabe und die Rückkehr zum vulgären Schicksal der Sterblichen. Die vollständige Blindheit ist als solche also die perfekte Garantie dafür, dem direkten Verkehr mit den göttlichen Wesen würdig zu sein. Ein ungerechter Druide oder *Filid*, der seine Rechte überschreitet, hat sie nicht verdient."[80]

7. Der Pflanzenkrieg

Die Pflanzenmagie erscheint in der B-Version der Erzählung vom *Tod Cuchulainns* abermals in einem neuen Licht, als die "Hexen", die die Kunst der Druiden *(druidecht)* in der Bretagne und in Babylon erlernten, den Tod des Helden von Ulster beschließen.

"Da standen die drei Töchter Calatins auf, mit ihren krüppligen Körpern, einäugig und stumm wie sie waren, diese drei bettelnden und herumirrenden

Krähen, diese drei schwarzen, hassenswerten, teuflischen Hexen von unheilvoller Farbe. [...] Sie kamen auf Blitzen mit einem schnellen Wind und lautem Geschrei nach Emain, wo sich diese drei schrecklichen und scheußlichen Geister nahe der Stadt auf einer grünen Wiese niederließen. Sie täuschten das Blendwerk einer großen Schlacht zwischen zwei Armeen aus sich bewegenden, wunderbaren Bäumen, schönen, belaubten Eichen, vor, so daß Cuchulainn Kampfeslärm [...], den Sterbepfeiler der Zerstörung und den Untergang der Festung vernahm.[81]

Die Vision ist dantisch und steht kaum einer germanischen Walpurgisnacht nach. Jedoch kann die Verwendung des Begriffs *druidecht* ("Druidentum") für die Kunst bösartiger und geschickter Hexen nur als Folge der Christianisierung gewertet werden, vor allem hinsichtlich der späten Transkriptionszeit dieses Textes, zu der alles, was an die vorchristliche Religion erinnerte, in die Hölle oder auf die Ebene der Fomoire verdammt wurde. All das ist ein sicheres Merkmal eines sehr späten Textes. Doch ist das Motiv des Pflanzenkrieges authentisch. Auch in der *Zweiten Schlacht von Mag Tured* lesen wir von der Versprechung eines Pflanzenkrieges, für den immer Hexen verantwortlich sind.

"Und ihr, Bé Chuille und Danann?" fragte Lug die zwei Hexen, "was habt ihr bei einer Schlacht beizutragen?" "Das ist nicht schwer," antworteten diese: "Wir werden die Bäume, die Steine und die Erdballen so gut verzaubern, daß sie zu einer bewaffneten Truppe werden, die gegen sie kämpfen und sie mit Qual und Schrecken in die Flucht schlagen werden."[82]

Diese zwei Auszüge aus der irischen Literatur sind mit dem walisischen *Kat Godeu* ("Kampf der Büsche") vergleichbar, welche Shakespeare im *Macbeth* zur Episode des marschierenden Waldes inspirierte. In all dem ist kaum die Rede von der Eiche, wie sie bei Plinius beschrieben wird. Der *Kat Godeu* macht nur eine kurze Anspielung darauf:

"Die Eiche ist schnell;
vor ihr erzittern Himmel und Erde.
Sie ist ein wackerer Pförtner vor dem Feind.
Ihr Name ist eine Stütze."[83]

Auch auf dem Kontinent begegnen wir dem Pflanzenkrieg, hier allerdings übersetzt in der romanisierten Version des Titus Livius:

"In diesem Jahr hatte das Schicksal alle Katastrophen zusammenkommen lassen. Der zum Konsul ernannte L. Postumius war mitsamt seinen Truppen im cisalpinen Gallien ums Leben gekommen. Dort stand ein großer Wald, den die Gallier *Litana* nannten und durch den er seine Armee führen wollte. Rechts und links des Weges hatten die Gallier die Bäume solcherart angeschnitten, daß sie zwar stehenblieben, doch beim leichtesten Anstoßen umfallen würden. Postumius hatte zwei römische Legionen bei sich und auf seinem Weg von der Adria hatte er so viele Alliierte ausgehoben, daß ihn nun fünfundzwanzigtausend Soldaten ins Feindesland begleiteten. Da sich die Gallier am äußersten Waldrand und um den Wald herum aufgestellt hatten, sobald das römische Heer in diesen eingedrungen war, stießen sie zunächst die am weitesten entfernten der am Fuße angesägten Bäume um. Die ersten fielen auf die ihnen am nächsten Stehenden, da sie so wackelig und so leicht umzuwerfen waren. Alles wurde in ihrem wirren Sturz zerschmettert; Waffen, Männer und Pferde. Kaum zehn Mann entkamen. Die meisten waren, von den Stämmen oder zerborstenen Zweige der Bäume erstickt, ums Leben gekommen; die anderen, wurden im Schrecken um dieses unerwartete Verhängnis von den Galliern niedergemetzelt, welche bewaffnet den ganzen Wald umkreist hatten. Von dieser beachtlichen Armee wurden nur einige wenige Gefangenen gemacht, die versuchten die Brücke zu erreichen, die sich jedoch bereits in den Händen des Feindes befand, die sie aufhielten. Hier starb Postumius, mit aller Kraft kämpfend, um nicht in Gefangenschaft zu geraten. Der Leichnam und der abgetrennte Kopf des Generals wurden im Triumphzug von den Bojern in den von ihrem Land am meisten verehrten Tempel gebracht; dann wurde der Kopf entleert, und der nach ihrem Brauch mit einem goldenen Kreis verzierte Schädel diente ihnen als heiliges Behältnis, in dem sie bei ihren Feierlichkeiten Trankopfer darbrachten. Es war dies auch der Kelch der Hohepriester und Priester des Tempels, und in den Augen der Gallier war diese Beute nicht minder als der Sieg selbst."[84]

In der römischen Geschichtsschreibung ist diese schwere Niederlage 216 v. Chr. angesetzt, und die genaue Ortsangabe bei den Bojern sowie die konkreten und durchaus wahrscheinlichen Details das Schicksal des Kopfs des Postumius betreffend, lassen diesen Bericht nur noch historischer erscheinen. Dennoch stellen diese Bäume, die von allen Seiten auf eine ganze Armee fallen, um sie zu vernichten, eine technische Glanzleistung dar, deren perfekte Ausführung Zweifel erweckt. Dazu bedürfte es einer allzu genau geregelten Gleichschaltung. Es ist hier keine Rede von Magie oder Druiden, doch scheint sich die pflanzliche Kriegslist nicht allein durch die historische Berichterstattung erklären zu lassen. Wir müssen also konsequenterweise zugeben, daß Titus Livius hier wohl oder übel einen gallischen Mythos in die römische Geschichte einführte. Was bleibt, ist die Tatsache, daß die cisalpinen Gallier über eine organisierte Religion, einen Kult und seine Priester verfügten.

8. Die Eiche, die Eberesche und der Haselnusstrauch, die Eibe und der Apfelbaum

Die von Plinius vorgeschlagene, analogische Etymologie, die den Namen der Druiden vom griechischen druz ableitet, führte dazu, daß alleine diesem Baum Wirksamkeit und religiöse Bedeutung zugeschrieben wurde. In Wirklichkeit geht diese Etymologie jedoch auf ein Wortspiel und eine Auslegung zurück: In der Eiche, und nur in ihr, wurzelt eine Pflanzensymbolik, die das Wissen und die Kraft der herrschenden Gottheiten verkörpern kann.[85] Doch können wir mit Sicherheit davon ausgehen, daß die Druiden sich auch anderer Bäume ihrer heiligen Wälder bedienten. So sahen wir bereits, daß die Eibe häufig bei seherischen Zaubergesängen hinzugezogen wurde, während wir von den Iren wissen, daß sie für ihre magischen Handlungen lieber Eberesche und Haselnußstrauch hinzuzogen. So entzündet der Druide Cithruadh ein Druidenfeuer für den obersten König Cormac während der mythischen Ereignisse der *Belagerung von Druim Damghaire*:

"Was Cormac betrifft, so begann er sich mit Cithruadh zu unterhalten und fragte ihn, ob er die Möglichkeit hätte, den Armeen zu helfen. "Nur ein Druidenfeuer kann dich retten." "Wie macht man das?" fragte Cormac, "und wozu ist es gut?" "Die Truppen sollen in den Wald gehen und Ebereschenholz holen, denn mit diesem Holz macht man die besten Feuer. Wahrscheinlich käme vom Süden her dieselbe Antwort. Wenn die Feuer brennen, soll jeder das seine beobachten. Sollten sich die Feuer in Richtung Süden drehen, was ich nicht glaube, so müssen die Männer von Munster verfolgt werden. Drehen sich die Feuer jedoch gen Norden, so zieht selber ab, denn ihr würdet trotz eures Widerstandes besiegt werden."[86]

Es besteht keinerlei Widerspruch zwischen diesem Text und der Behauptung des Maximus von Tyr, der schreibt, daß für die Kelten die Eiche "die sichtbare Darstellung der Göttlichkeit" ist.[87] Die Eiche steht also in der gesamten keltischen Welt an der Spitze der Pflanzenhierarchie. Die Vorzüge, die die Gallier von den Iren unterscheiden, beziehen sich auf die Reihenfolge der anderen Gattungen. Doch waren diese Unterschiede wohl kaum sehr groß, und es ist unumstritten, daß in Irland wie auch in Gallien dem Holz eine große Bedeutung in der Weissagung zukam. In diesem Sinne sind auch der irische Ausdruck *crann-chur*, das bretonische *prenn-denn* oder *teurel prenn* ("die Hölzer werfen") zu verstehen, die sich genau mit den *prinni loudi* und *prinni lag* des gallischen Kalenders von Coligny decken.

Im Cornischen konnte sich die ursprüngliche Bedeutung halten: *teulel pren myl wel vyek* "das Los ziehen (wörtlich " das Holz werfen") wäre tausend mal besser".[88] Im Bretonischen wandelte sie sich zu "Not, Elend, Bosheit":

Ha pedomp Devy don diffenn
ha deomp gant youl da goulenn

pebez prenndenn so disquennet

"Laßt uns zu Devy bitten, uns zu verteidigen und fragen wir ihn mit Beflissenheit, welches Elend herabgekommen ist."[89]

Joseph Loth zog die Aufmerksamkeit auf diese Ausdrücke, deren mehr oder weniger weiterentwickelte Bedeutung ihren Archaismus kaum zu verbergen vermag. Das Walisische verfügt über das sehr interessante Wort *coelbren*, welches relativ neu ist (um das XVIII. Jahrhundert) und "Alphabet" bedeutet. Doch ursprünglich bezeichnete es das "Los", da es sich aus *pren* "Holz" und *coel* "Voraussage, Gebrauch" zusammensetzt.[90] Die Wahrsagung durch Wurfsteine und Zahlen, von der Hippolytus (*Philosophumena* I, XXV) berichtet, war sicher nur eine vieler Methoden, bei denen das Holz verwendet wurde.

Es gibt eine Erzählung, die nur deshalb verfaßt worden scheint, den Gebrauch des Holzes durch die irische Priesterklasse darzustellen und zusammenzufassen und die zwingende Kraft einer Voraussage unter Beweis zu stellen. Es handelt sich hierbei um den Text *Scél Baili Binnberlaig* ("Geschichte von Baile mit der sanften Sprache"), einer bewegenden, wenn auch in den Anfängen steckenden Erinnerung einer verhinderten und tragischen Liebesgeschichte. Die sehr späte Handschrift, in der sie uns überliefert wurde, heißt Harleian 5280 und stammt aus dem XV. Jahrhundert. Doch ist der Text selbst urtümlich oder zumindest archaisierend und mit seltenen und schwierigen Worten gespickt, welche aus der Fachsprache der *Filid* stammen:

"Baile mit der sanften Sprache: Cabha, Sohn Cings, Sohn des Ross, Sohn Rudraiges hatte drei Söhne, *de quibus* Dal mBuain, Dal Cuirb und Monaig Arad. Baile war der einzige Sohn Buans. Er wurde besonders von Ailinn, der Tochter Lugaids, Sohn des Fergus oder Tochter Eogans, Sohn Dathis geliebt. Alle, die ihn sahen oder von ihm reden hörten, mochten ihn, gleich ob es sich dabei um Frauen oder Männer handelte, wegen der Geschichten, die über ihn erzählt wurden. Ailinn und er verabredeten sich zu einem Liebestreff in Ros na Turgin bei Laind Moelduib am Ufer der Boyne auf der Höhe von Breg.

Der Mann [Baile] kam aus dem Norden von Emain Macha über Sliab Fuait und Murthemne bis nach Traig Baili. Dort spannten sie die Pferde vom Wagen und ließen sie grasen. Zu diesem Zeitpunkt fühlten sie sich froh und glücklich.

Als sie sich dort aufhielten, sahen sie die schreckliche Erscheinung [?] eines Mannes vom Süden auf sie zukommen. Sein Lauf und sein Gehabe waren schnell. Er lief so schnell auf der Erde wie ein Falke im Sturzflug von der Klippe oder wie der Wind, wenn er vom grünen Meer herbläst. Seine linke Seite zeigte landeinwärts. "Gehen wir auf ihn zu," sprach Baile, "und fragen wir ihn, woher er kommt, wohin er geht und was der Grund für seine Hast ist. "Ich komme aus Tuag Inber und kehre vom Berg Suides in Leinster nach Norden zurück. Ich habe keine Neuigkeiten außer der, daß die Tochter Lugaids, Sohn des Fergus ihre Liebe dem Baile, Sohn Buans geschenkt hat und daß sie sich auf ihrem Weg zum Liebestreff befand, als sie die Krieger Leinsters überraschten und töteten, da von den Druiden und guten Wahrsagern vorausgesagt worden war, daß sie sich nicht lebend treffen würden, daß sie jedoch nach ihrem Tode zusammenkämen und sich nie wieder bis in alle Ewigkeit trennen würden. Das sind also meine Neuigkeiten." Nach diesen Worten verließ er sie und sie waren nicht imstande ihn zurückzuhalten. Als Baile das hörte, fiel er leblos zu Boden. Man grub ihm sein Grab, bereitete seine Grabstätte, errichtete seinen Grabstein und die Männer von Ulster hielten die Trauerversammlung ab. Auf seinem Grab wuchs eine Eibe, auf deren Gipfel die Form und das Gesicht Bailes sichtbar wurden. Aus diesem Grund wurde sie Traigh Baili genannt.

Danach eilte derselbe Mann nach Süden, dort wo das Mädchen Ailinn sich aufhielt, und trat in ihre Gemächer ein. "Woher kommt dieser Mann, den wir nicht kennen?" fragte die junge Frau. "Aus dem Norden Irlands, aus Tuag Inber. Ich kam über den Berg Suides in Leinster. "Bringst du Neuigkeiten?," fragte das Mädchen. Ich habe keine Neuigkeiten, die weinen machten, außer der, daß ich in Traig Baile die Ulaten bei einer Trauerversammlung ein Grab ausheben und einen Grabstein aufstellen sah, auf den sie den Namen Baile, Sohn Buans, königlicher Erbe Ulsters setzten. Er war unterwegs zu einem Treffen mit einer Frau, der er seine Liebe geschenkt hatte. Doch war es ihr Schicksal, sich nicht bei Lebzeiten zu begegnen, noch sich lebendig zu sehen." Nachdem er diese schlechte Nachricht übermittelt hatte, ging er. Ailill sank tot und leblos zu Boden und man grub ihr ein Grab... Auf ihrem Grab wuchs ein Apfelbaum, der innerhalb von sieben Jahren groß war. Sein Wipfel ähnelte dem Kopf Ailinns.

Nach sieben Jahren schnitten die Fürsten, die Wahrsager und Seher die Eibe, die über Baile stand und schnitten Dichtertäfelchen aus ihr, auf die man die Visionen, Feiern, Lieben und Liebschaften von Ulster schrieb. Auf dieselbe Art und Weise wurden die Liebschaften von Leinster [auf das Holz des Apfelbaums von Ailinns Grab] geschrieben.

Dann kam Samain und das Fest wurde von Art, dem Sohn Conns gegeben. Alle Dichter und Künstler kamen zu diesem Fest und nahmen ihre Täfelchen mit. Art sah sie, und als er sie sah, fragte er jene [um ihre Bedeutung]. Man brachte ihm zwei der Scheiben, so daß sie sich in seiner Hand gegenüberlagen. Da hüpften sie beide zusammen und vereinten sich wie das Geißblatt mit einem Ast und man konnte sie nicht wieder auseinandernehmen. So kamen sie gleich einem Juwel zum Schatz von Tara bis Dualang, der Sohn Ennas, die Mädchen tötete, worüber erzählt wird [...]"[91]

Wir kennen auch die Anekdote von den beiden Königen (dem des Nordens und dem des Südens), welche die Zugehörigkeit eines Dichters oder Harfenspielers zum jeweiligen Hof durch das Los (*crannchur* "durch das Holz") bestimmen. Das Los bringt die Dichtung in den Norden und die Musik in den Süden:

"Es trug sich zu, daß sich ein gelehrter Dichter und ein melodischer Harfenspieler, und zwar der Dichter Cir, der Sohn des Cis, und der Harfenist Onaoi, in der Truppe befanden, welche mit den Söhnen Mils nach Irland kamen. Eber sagte, sie gehörten ihm beide und Eremon meinte, sie stünden beide ihm zu. Also trafen sie eine Übereinkunft, sie unter sich aufzuteilen, indem sie die Hölzer warfen. Das Los teilte Eber den Musiker und Eremon den Dichter zu. Als Beweis dieses Wettkampfs sind die folgenden Strophen des Psalmbuches von Cashel anzusehen:

Sie zogen das Los nach der Regel
um die beiden Männer der Kunst und der Dichtung.
Dem Mann des Südens wurde der
aufrechte und geschickte Harfenspieler zugesprochen.

Dem Mann des Nordens wurde der
Dichter der großen Triumphe zugesprochen.
Aus diesem Grunde hatte er die Macht
über Ehre und Dichtung.

Die süße Musik, Schönheit und Munterkeit
sind im Süden Irlands.
So wird es auf immer sein
wie es in der Sammlung der Altertümer steht."[92]

Diese Anekdote, die im *Buch der Eroberungen* fehlt, wird von Keating anläßlich der Ankunft der Sohne Mils, d.h. der Goideln in Irland erzählt. Der fromme Geschichtswissenschaftler, der in der ersten Hälfte des XVII. Jahrhunderts schrieb, verfügte offenbar über eine heute verlorene Quelle. Er kann dieses einzige Beispiel des Losens durch Hölzer, über welches wir in der irischen Mythologie verfügen, nicht erfunden haben.

Im irischen Recht ist sein Gebrauch jedoch in mehreren Bereichen der Gesetzgebung belegt:

(a) Um zu wissen, wo ein Verstorbener beerdigt werden sollte:

"Wenn sein Großvater in einer Weihkirche und sein Vater in einer anderen Weihkirche beerdigt wurden und er, in der gleichen Kirche wie sein Vater bestattet werden wollte, so sei es, wenn er nicht den Wunsch geäußert hat, daß das Holz geworfen werde, um zwischen den beiden Kirchen zu entscheiden."[93]

(b) Um den Schuldigen an einem Mord festzustellen:

"Besteht ein Zweifel, ob der Mord von ihnen begangen wurde oder nicht, so ist keine Abfindung zu entrichten. Will jedoch einer der beiden oder wollen beide die Hölzer werfen, so sei es ihnen gestattet. Und so sollen die Hölzer geworfen werden: Man soll mit drei Hölzern werfen, dem Holz der Schuld, dem Holz der Unschuld und dem Holz der Dreieinigkeit. Dies genügt um zu verurteilen oder freizusprechen. Fällt das Los auf das Holz der Dreieinigkeit, so sollen die Hölzer noch einmal geworfen werden, um ein anderes zu finden."[94]

(c) Um den von Tieren verursachten Schaden festzustellen:

"Und so soll die Abfindungssumme ermittelt werden: In jedem Gut und auf jedes Tier der Herde soll das Holz geworfen werden, bis man weiß, welches Tier den Schaden verursacht hat, so daß die Strafe je nach der Art des Tieres bezahlt wird; denn es soll kein "Tier des ersten Mordes" für das Fehlen eines "bösen Tieres" und kein "böses Tier" für das Fehlen eines "Tieres des ersten Mordes" zur Rechenschaft gezogen werden."[95]

(d) Um den von Bienen verursachten Schaden festzustellen:

"Gibt es mehrere Gärten oder mehrere Bienen, so müssen die Hölzer geworfen werden, um zu ermitteln aus wessen Garten der Schaden stammt. Wenn dieser dadurch zwar bekannt ist, aber mehreren Besitzern gehört, so muß abermals durch das Werfen der Hölzer festgestellt werden, wem gehört, was den Schaden verursachte. Ist dies zwar entdeckt, gibt es jedoch mehrere Bienenstöcke in diesem Besitz, so müssen die Hölzer geworfen werden, um den Stock des Schadens ausfindig zu machen. Der Grund, weshalb all dies angestellt werden soll, ist der, daß kein schlechter Bienenstock einen anderen schlechten ersetzen soll. Vielmehr soll der Stock, der schuld am Schaden ist, dafür verantwortlich gemacht werden."[96]

Schließlich soll durch das Holzlos auch die Höhe der Entschädigung ermittelt werden, die von demjenigen zu zahlen war, der zwar keine Verletzung verursachte, doch die eindeutige Absicht dazu hatte. Die Rechtsprechung schwankt, da die Absicht der Tat gleichkommt, zwischen der Höchststrafe für Mord und Mindeststrafe für die kleinstmögliche, gesetzlich klagbare Verletzung. Doch

"schuldet man das Siebtel der Abfindung für die Absicht der Verletzung und die Hälfte, wenn man sich an den Ort begab, an dem die Verletzung beigefügt werden sollte. Das gleiche gilt für eine beigebrachte Körperbeschädigung, der der Grad der Vorsätzlichkeit zuerkannt wurde. Oder aber es werden die Hölzer geworfen, oder beide Parteien teilen sich die Schuld, außer es wurde geschworen."[97]

Aus diesen Auszügen wird leicht ersichtlich, welch bedeutende Rolle diejenigen spielten, die das Los mit dem Holz, d.h. diesem ganz besonderen Stab der Druiden, zu werfen wußten. Dabei handelte es sich um die Rechtsdichter oder *brithem*, wenn nicht sogar allgemeiner um die Druiden selbst.

Zum unmittelbaren Vergleich möchten wir Tacitus heranziehen, welcher über den Brauch des Losziehens bei den Germanen berichtet:

"Mit der größten Sorgfalt betrachten sie Vorzeichen und Lossprüche. Was ihre Lose betrifft, so ist ihre Verwendung einfach: Sie schneiden einen Ast von einem Baum, den sie in kleine Stäbe zerschneiden, in die sie Zeichen schnitzen und die sie ohne Ordnung zufällig auf einem weißen Stoff verteilen. In einer öffentlichen Angelegenheit, nimmt dann der Priester des Ortes, in einer privaten der Familienvater, nach einem Gebet zu den Göttern, den Blick zum Himmel richtend, einen bis drei Stäbchen, die er je nach dem Zeichen auslegt, welche er zuvor in sie geschnitzt hat."[98]

In Irland werden die Eberesche und der Haselnußstrauch mit demselben Gattungsnamen *coll* bezeichnet, auch die Wal- und die Haselnuß werden nicht voneinander unterschieden; beide werden *cno* genannt. Wird jedoch häufiger der Haselnußstrauch für Los und Holzmagie verwendet, so liegt der Grund dafür natürlich darin, daß es sich dabei um den Baum der Wissenschaft handelt und der Verzehr seiner Früchte Wissen und Weisheit verschaffen sollte.

Die Wunderhaselnußsträuche wachsen neben der Quelle, die König Cormac auf seiner Reise in die Andere Welt betrachtet.

"Da sah er eine glänzende Quelle innerhalb der Festungsmauern, aus der fünf Bäche entsprangen, und die Truppen tranken eine nach der anderen aus den Bächen. Die neun Haselnußsträucher Buans standen oberhalb der Quelle. Die purpurroten Haselnußsträucher ließen ihre Nüsse in die Quelle fallen, und die fünf Lachse der Weisheit, die in der Quelle schwammen, schnappten sie. Sie warfen die Schalen in die Bäche. Das Geräusch der Fälle dieser Bäche war süßer als jede gesungene Melodie."[99]

Durch die Verbindung zwischen der Haselnuß und der Quelle des Lebens (dieselbe wie bei König Cormac) wird auch der Name des Shannon erklärt, dessen Wasser, wie die der Boyne, ganz offensichtlich ein mythischer Ursprung zugesprochen wird.

"Sinand, woher kommt dieser Name? Das ist nicht schwer. Sinand, die Tochter Lodan Lucharglans, Sohn des Ler ging ins Verheißene Land zur Quelle Connlas, die unter dem Meer liegt, um sie zu betrachten. An dieser Quelle stehen die Haselnußsträucher und liegen die Erkenntnisse der Weisheit, d.h. [es handelt sich um] die Haselnußsträucher der Wissenschaft der Dichtkunst. Ihre Früchte, Blüten und Blätter fielen zugleich und auf einmal herab in die Quelle, so daß das Wasser von einer königlichen Schicht Purpur bedeckt war. Die Lachse kauten die Früchte, so daß der Saft der Nüsse unter ihrem Bauch erschien. Die sieben Bäche der Weisheit entspringen hier und kehren auch wieder hierher zurück.

Sinand kam hierher, die Erkenntnis zu suchen, und wollte nichts anderes als die Weisheit. Sie folgte dem Wasserlauf und gelangte nach Linn Mna Feile, d.h. Bri Ele und sie setzte ihre Reise fort. Doch verließ die Quelle ihren Ort und sie [Sinand] folgte ihr bis zu den Ufern des Stromes Tarr-Cain. Doch überspülte sie sie, so daß ihr Rücken oben schwamm. Als sie auf dieser Seite [des Shannon] ankam, war sie tot. Daher kommen also die Namen Sinann, Lin Mna Feile und Tarr-Cein."[100]

In den *Versdindshenchas* ist die Thematik etwas weitläufiger ausgeführt, doch ist es trotzdem der Mühe wert, einige Strophen zu zitieren.

"Die Quelle Connlas, deren Rauschen so laut war,
lag unter dem dunkelblauen Ozean;
sieben Bäche von ungleichem Ruf
entsprangen ihr; Sinann war der siebte.

Die neun Haselnußsträucher Crimalls, des Weisen,
ließen ihre Früchte in den Brunnen fallen;
Sie lagen durch Zaubergesänge,
in einem dichtem Druidennebel.

Zur selben Zeit, wie das sonst nie geschieht,
wuchsen ihre Blätter und Blüten.
Es ist seltsam, wenn auch edel,
daß sie im Nu reif waren.

Waren die Nüsse reif,
so fielen sie in die Quelle.
Sie verteilten sich auf der Oberfläche
und der Lachs fraß sie.

Aus dem Saft der Nüsse, und das ist keine niedrige Angelegenheit,
wurden die Schalen der Eingebung gemacht
welche jeden Moment
im grünen Strom der Bäche abwärtsgespült wurden."[101]

Der Name der Druiden taucht zwar nur flüchtig im letzten der drei Texte auf, doch stellen Wissenschaft, Weisheit, Erkenntnis und alle Esoterik der Anderen Welt ihre rechtmäßigen Aufgabenbereiche dar. Wie auch die Eiche, die Eibe und der Apfelbaum, ist auch der Haselnußstrauch ein Baum der Druiden.

9. Der Apfel

Wir bleiben nach wie vor im Pflanzenreich und kommen zum Apfel, der Frucht der Unsterblichkeit, der Wissenschaft und der Weisheit. Seine Bedeutung in keltischen Legenden kann nie genug unterstrichen werden. Es handelt sich hier in der Tat um die Frucht des Jenseits und nicht um einen biblischen Apfel, dessen Genuß die Verbannung Adams und Evas aus dem Paradies zur Folge hat. Ganz im Gegenteil, für die Kelten ist der Apfel ein Mittel mit der Anderen Welt in Kontakt zu treten oder zu bleiben, wobei es nicht unwesentlich ist, darauf hinzuweisen, daß er nie durch die Hand der Druiden zu den Menschen gelangt. Als Condla, der Sohn Conn Cetchathachs ("Der mit den hundert Schlachten") von einem jungen, wunderschönen Mädchen gebeten wird, sie zum *sid* zu begleiten, greift König Conn auf das Wissen und die Zauberkraft der Druiden zurück.

"Da alle gehört hatten, was die Frau gesagt hatte, ohne jedoch ihrer gewahr zu werden, sprach Conn zu seinem Druiden Corann: 'Ich bitte Dich, oh Corann, um großen Gesang und große Kunst. Es stellt sich mir eine Macht entgegen, die größer ist als die meine, und ich bin einem Kampf ausgeliefert, der meine Kräfte übersteigt und einem welchen ich nicht zu trotzen hatte, seit ich König bin. In hinterlistiger Fehde tut mir ein unsichtbares Wesen Gewalt an und will meinen Sohn durch den Zauber der Frau der königlichen Befehlsgewalt entziehen.'

Also sang der Druide erfolgreich einen Bannspruch gegen die Frauenstimme, so daß niemand mehr ihre Stimme vernahm und von jenem Augenblick an auch Condla die Frau nicht mehr sehen konnte. Doch noch bevor die Frau vor dem Bannspruch des Druiden zurückwich, warf sie Condla einen Apfel zu. Einen Monat lang nahm Condla daraufhin weder Speise noch Trank zu sich. Es schien ihm, daß nichts außer dem Apfel des Genusses wert sei. Der Apfel hingegen wurde dabei nicht weniger und blieb als Ganzes erhalten, obwohl er von ihm aß."[102]

Und der Zauber des Druiden, der die Botin aus dem Jenseits zurückschlug, ist machtlos gegen den Apfel. Condla wird so von Nostalgie und Sehnsucht gepackt, daß er in die Kristallfähre springt und mit dem Mädchen mitfährt, als es erneut auftaucht.

Auch unter den Talismanen, die Lug von den drei Söhnen Tuireanns als Strafzahlung für den Mord an seinem Vater Cian verlangt, befinden sich drei Äpfel. Die irische Erzählung *Der Tod der Kinder Tuireanns* setzt diese Handlung im Hesperidengarten an; eine Anspielung auf die klassische Mythologie, die für eine späte Überarbeitung der Thematik nicht untypisch ist.

"Bei den drei Äpfeln, die ich von euch fordere, handelt es sich um die drei Äpfel des Hesperidengartens, im Osten der Welt. Nur diese Äpfel werden mich zufriedenstellen, da sie die besten und schönsten der Welt sind. So sind sie beschaffen: Ihre Farbe ist die polierten Goldes und der Kopf eines einmonatigen Kindes ist nicht größer als ein jeder dieser Äpfel. Wenn man von ihnen speist, so schmecken sie nach Honig, und blutende Wunden und bösartigste Krankheiten verschwinden. Die Äpfel werden bei ihrem Verzehr nicht geringer, auch wenn man lange und stets von ihnen ißt. Wem es gelingt einen dieser Äpfel an sich zu bringen, der hat seine größte Heldentat vollbracht, da er ihn nie mehr verlieren wird."[103]

In der Erzählung *Die Seefahrt Brans* wird der Apfel durch den Zweig eines Apfelbaumes und die Nahrung durch Musik ersetzt. Doch wird er nach wie vor durch eine Botin der anderen Welt überbracht:

"Und hier der Anfang der Geschichte: Eines Tages, als Bran in der Nähe der Festung umherging, vernahm er hinter seinem Rücken Musik. Er konnte sich noch so oft umdrehen, die Musik blieb immer hinter ihm, und die Melodie war so süß, daß er von ihr eingeschläfert wurde. Als er wieder erwachte, wurde er über sich eines silbernen Zweiges voll weißer Blüten gewahr, die sich kaum von der Farbe des Astes abhoben. Bran nahm den Zweig an sich und brachte ihn in seinen Palast. Alle, die dort verweilten, hatten eine Frau in unbekannter Kleidung bemerkt, die sich im Zentrum des Hauses aufhielt. Fünfzig Strophen sang sie für Bran, und die ganze Armee und alle Umstehenden sahen die Frau:

"Ich bin die Überbringerin eines Apfelzweiges von Emmains Baum, der den hier bekannten recht ähnlich ist, doch sind seine Äste von schönstem Silber und seine Blüten gläserne Wimpern."[104]

Um denselben Apfelzweig der Anderen Welt handelt es sich beim Geschenk eines geheimnisvollen Besuchers - der niemand anderes als Gott Lug persönlich ist - an den großen König Irlands Cormac:

"Am ersten Tag des Monats Mai ging Cormac, der Sohn Conns, allein in aller Frühe zum Mur Tea de Tara. Dort sah er einen großen, leuchtenden Krieger mit grauem Haar auf sich zukommen, der mit einem purpurroten Fransenmantel und einem gold bestickten Unterrock bekleidet war. Zwischen seinen Füßen und dem Boden waren zwei Schuhe aus weißer Bronze. Auf der Schulter trug er einen silbernen Zweig mit drei goldenen Äpfeln. Es war höchstes Vergnügen und Wohltat zugleich, die Musik zu hören, die vom Zweig ausging, da sie schwer Verletzte, Kranke und Wöchnerinnen einschläferte, wenn man den Ast etwas schüttelte.

Der Krieger begrüßte Cormac und Cormac erwiderte den Gruß.

'Woher kommst Du, Krieger?', fragte Cormac. 'Aus einem Land, in dem es nur Wahrheit gibt', antwortete jener, 'und wo weder Alter, Verfall und Dunkelheit, noch Arglist und Neid, weder Eifersucht, noch Haß und Bosheit herrschen.'

'Das ist nicht bei uns', erwiderte Cormac. 'Ich habe eine Bitte, oh Krieger', setzte Cormac fort, 'können wir einen Pakt schließen ?'

'Das will ich gerne', sagte der Krieger, und so schlossen sie Allianz.

'Gib mir den Zweig', so Cormac weiter.

'Auch das werde ich tun', sprach der Krieger, 'gesetzt den Fall, daß ich dafür drei Wünsche bei Tara offen habe.'

'Gut', endete Cormac.

Der Krieger besiegelte das Bündnis, indem er Cormac den Zweig überreichte und verschwand, ohne daß Cormac ihn hätte gehen sehen.

Jener kehrte zu seinem Palast zurück, wo die königliche Gesellschaft von dem Zweig begeistert war. Cormac schüttelte ihn vor seinem Gefolge, worauf alle bis zur selben Stunde des nächsten Tages in tiefen Schlaf verfielen."[105]

Im *Immram Mael Duin* ("Seereise Mael Duins"), der trotz und wohl auch zugleich wegen seiner Christianisierung, die längste, erhaltene Fassung einer Reisebeschreibung ins Jenseits darstellt, liegt die vorrangige Eigenschaft des Apfels darin, Hunger und Durst zu stillen.

"Nachdem sie von dieser Insel aufgebrochen waren, machten sie eine lange Seereise, die sie ohne Nahrung und mit großem Hunger bestritten. So gelangten sie zu einer weiteren Insel, die rundherum von hohen Klippen umgeben war. Dort gab es einen unermeßlich langgezogenen und ebenso schmalen Waldstreifen. Das Boot segelte die Klippen entlang, und als es dem Wald ganz nahe gekommen war, brach Mael Duin einen Ast von einem Baum. Nach drei Tagen hingen drei Äpfel an dem Zweig. Jeder davon war ihnen vierzig Tage lang Nahrung."[106]

Auf einer weiteren Insel treffen sie auf noch merkwürdigere Umstände.

"Nachdem sie abermals von Hunger und Durst geschwächt waren, gelangten sie wieder zu einer großen Insel; sie waren müde und stöhnten, da sie alle Hoffnung auf Hilfe aufgegeben hatten. Hier jedoch stand ein großer Wald mit vielen Obstbäumen, die unzählige, goldene Äpfel trugen. Unter diesen Bäumen standen kurze, rote Tiere, die in etwa wie Schweine aussahen. Sie schlugen mit ihren Hinterbeinen auf die Bäume, so daß die Äpfel herunterfielen und sie sie verspeisen konnten. Das taten sie den ganzen Tag lang, von Sonnenaufgang bis Sonnenuntergang. Danach jedoch zeigten sie sich nicht mehr und verschwanden in Erdhöhlen. Weit draußen auf den Meereswogen schwammen zahlreiche Vögel rund um diese Insel. Sie entfernten sich zwischen dem Morgengrauen und Mittag immer weiter von ihr, näherten sich ihr aber zwischen Mittag und Abend wieder und kamen so nach Sonnenuntergang auf ihr an. Dort fraßen auch sie von den Äpfeln. 'Gehen wir', sprach Mael Duin, 'auf diese Insel, auf der die Vögel sind. Für uns ist das nicht schwieriger als für die Vögel'. Einer von ihnen ging daraufhin als erster und rief dann seine Kameraden, ihm zu folgen. Die Erde war heiß unter ihren Füßen und wegen der großen Hitze konnten sie nicht an Land bleiben, da es eine brennende Erde war, die die Vögel über ihren Köpfen erhitzten.

So nahmen sie am ersten Tag nur einige wenige Äpfel mit, die sie auf ihrem Schiff verzehrten. Als der Morgen anbrach, verließen die Vögel die Insel und schwammen wieder aufs Meer hinaus. Jetzt steckten die brennenden Tiere die

Köpfe aus ihren Höhlen und aßen erneut bis zum Abend von den Äpfeln. Auch die Vögel kamen wieder, sobald jene sich in ihre Höhlen zurückgezogen hatten und fraßen ihrerseits. Diesmal ging Mael Duin mit all seinen Leuten auf die Insel und sammelte alle Äpfel, die sie in dieser Nacht finden konnten. Sie füllten ihr Schiff nach Lust und Laune und segelten wieder weiter. Die Äpfel bewahrten sie vor Hunger und Durst."[107]

Ein ähnliches Bewandtnis trägt sich auf einer Seefahrt zu, von der uns eine Handschrift des XV. Jahrhunderts, das *Buch von Fermoy,* berichtet. Es ist möglich, daß die Episode von einem Schreiber, der die *Seefahrt des Mael Duin* kannte, kopiert wurde. Doch ging die Gewitzheit der Abschreiber selten so weit, und wir nehmen eher an, daß es sich hierbei um eine Thematik handelt, die mehreren Legenden gemeinsam ist. Die Rolle des Apfels war nun einmal die der Frucht des Lebens und der Erkenntnis.

"In der Folge ruderten sie lange, bis sich ihnen eine weitere wunderbare Insel zeigte, auf der es einen sagenhaften Wald voll duftender Äpfel gab. Ein sehr schöner Fluß schlängelte sich mitten durch den Wald. Wenn der Wind die Baumwipfel bewegte, erklang eine Musik, die schöner war als alles andere. Die Ui Corra aßen ein paar Äpfel und tranken etwas vom Wein des Flusses. Ihr Hunger und Durst war augenblicklich gestillt und sie spürten weder Wunden noch Krankheit."[108]

Außerdem galt der mit drei Äpfeln geschmückte Zweig oder Stab als eines der Zeichen königlicher Hoheit:

"Über Conchobar war ein Silberstab mit drei goldenen Äpfeln angebracht, um die Menge zu belehren, und wenn er ihn anschlug oder selbst die Stimme zum Sprechen anhob, verstummte die Menge. Und wenn auch nur eine Nadel auf die Türschwelle gefallen wäre, hätte man sie gehört. So vollkommen war die Stille, durch den Respekt, den die versammelte Gesellschaft ihm darbrachte."[109]

Auch die Insel *Avalon*, deren Name auf den Apfel zurückgeht (walisisch *afal*, bretonisch *aval*), ist - und das nicht nur in der Arthursage, sondern in allen keltischen Legenden, in denen von ihr die Rede ist - der Ort der Anderen Welt.[110] Über die hier zitierten Textstellen hinaus genügt dies sicherlich, die Bedeutung zu unterstreichen, die diese Frucht in der religiösen Welt der antiken und der mittelalterlichen Kelten hat.

III. Die Macht der Druiden über die Elemente

1. Die Macht über das Wasser

Druide oder *File* sind beide Herren über Feuer und Wasser, wozu es zahlreiche Beispiele gibt. Hier wollen wir eines zitieren, welches keines Kommentars bedarf:

“Wie starb Loegaire, der Siegreiche? Das ist nicht schwer. Aed Mac Ainine begab sich zu Mugain Aitinchairchech. Das war die Gattin Conchobars, und man wußte, daß sie zusammen waren. Der Dichter wurde auf den Befehl Conchobars festgenommen und ersuchte darum, den Tod durch Ertränken zu sterben. Conchobar gewährte ihm die Bitte. So brachte man ihn daraufhin zu allen Seen Irlands, doch verzauberte er das Wasser und schlug jedes Ufer auf eine solche Art und Weise, daß da kein Tropfen Wasser, weder Fluß noch See waren, worin er hätte ertränkt werden können. Schließlich brachten sie ihn zum Loch Lai, vor das Tor von Legaires Haus, wo es ihm nicht gelang, den See mit einem Zaubergesang zu belegen. Sie waren gerade dabei, ihn zu ertränken, als der Verwalter Loegaires aus der Festung kam und rief: “Oh Unglück über mich, Loegaire, sie haben keinen besseren Ort in ganz Irland gefunden, einen Dichter zu ertränken!” Also erhob sich Loegaire und ergriff sein Schwert. Doch als er nach draußen eilte, schlug er sich den Kopf so hart am Türsturz an, daß es ihm die hintere Schädeldecke abschlug und sein Hirn sich über seinen Mantel vergoß. Er erschlug noch dreißig der Männer, die den Dichter ertränken wollten und Aed entkam. So also starb Loegaire.”[111]

Seine Kollegen von Leinster, die alle Wasser der Provinz Munster “banden”, bekämpft Mog Ruith mit der umgekehrten Gegenmaßnahme:

“Als das getan war, begaben sich die Leute von Munster an die Stelle, wo sich Mog Ruith und die Herren aufhielten. Mog Ruith sagte ihnen: ‘Wenn ihr meint, es wäre an der Zeit, daß ich euch helfe, sagt mir, welcher Rettung ihr in eurem Notfall bedürft.’ ‘Verschaffe uns Wasser,’ erwiderten jene. ‘Wo ist Cennmhar?’ fragte Mog Ruith. ‘Hier,’ antwortete dieser. ‘Grabe an der Stelle, an der die Spitze des Speeres in den Boden fuhr!’ ‘Was wird mein Lohn dafür sein?’ fragte Cennmhar. ‘Der Fluß soll deinen Namen tragen,’ sprach Mog Ruith. So begann Cennmhar zu graben und das Wasser zu suchen. Während der Wassersuche sagte Mog Ruith folgende Spruch: ‘Heil, köstliche Welle, ...’ Als er fertig war, durchbrach das Wasser mit Kraft die Erde und alle hatten sie große Mühe, sich in Schutz zu bringen. Als er auf das Wasser hörte und noch bevor die anderen all diesen Lärm hörten, hatte Cennmhar gesprochen: ‘Voller Kelch, ...’ Nachdem die Adeligen alle von der Gabe des Druiden getrunken hatten, sagte Mog Ruith zu ihnen: ‘Trinkt, damit ihr eure Kraft, eure Energie, euren kriegerischen Wert, eure Lebenskraft und eure Würde wiedererlangt.’ Alle drängten sich in Truppen und Gruppen zum Wasser und stillten ihren Durst, Mensch, Pferd und Vieh, so daß alle genug hatten.

Daraufhin trennten sich die Wasser und flossen in alle Gegenden zu den Leuten. Von dort rannen sie in die Täler, Wasserläufe und Quellen der Provinz und befreiten sie vom Druidenschlaf, der auf ihnen gelastet hatte. So taten sich die Wasser allen kund; die Herden und das Vieh der ganzen Provinz wurden hingeführt und sie tranken zur Genüge."[112]

Mog Ruith erinnert hier an Moses, der das Wasser aus dem Berg quellen läßt, doch wurde diese Ähnlichkeit mit Sicherheit absichtlich von den irischen Schreibern der Legende hervorgehoben, da das irische Wassermotiv in diesem Kontext nichts Biblisches an sich hat. Das gleiche gilt wohl für die Erzählung der *Zweiten Schlacht von Mag Tured*, in der der Mundschenk der Tuatha Dé Danann, ein erfahrener Druide, Lug verspricht, den Fomoire das Wasser zu verbieten:

"Er fragte den Mundschenk über welche Kräfte er verfügte. Der antwortete ihm, daß er die zwölf ersten Seen Irlands als Zeugen herbeiziehen würde und sie [die Fomoire] dort kein Wasser mehr finden würden, von welchem Durst auch immer sie geplagt würden. Hier die Seen, um die es sich handelte: Derg Loch, Loch Luimnigh, Loch nOrbsen, Loch Ri, Loch Mescdhae, Loch Cuan, Loch Laeig, Loch nEchach, Loch Fabail, Loch Deched, Loch Rioach, Marloch. Sie würden sich alle in die zwölf ersten Flüsse Irlands ergießen: Buai, Boann, Banna, nem, Lai, Sinnon, Muaid, Sligech, Samair, Fionn, Riurtech, Siuir. Sie würden so vor den Fomoire versteckt sein, daß diese keinen Tropfen Wasser mehr fänden. Die Männer von Irland hingegen sollten immer zu trinken bekommen, auch wenn sie sich sieben Jahre lang im Kampf befänden."[113]

Der Schluß läßt sich zusammenfassen in einem Satz des *Raubzuges der Kühe von Cooley* bezüglich des großen *File* von Ulster, Ferchertne: "Vor ihm weichen Seen und Flüsse wenn er satirisiert und sie schwellen an bei seinem Lobgesang." Das Wasser ist also glück- oder unheilbringend, je nach dem Willen des Druiden.[114]

2. Das reinigende Wasser

Hier wollen wir von einer weiteren Überlieferung berichten, die abermals die druidische "Taufe" erläutert, bei der der Druide über die reinigende und fruchtbar machende Seite des Wassers befiehlt. Es handelt sich um die Geschichte der Geburt Conall Cenachs, je nach den Varianten des *Coir Anmann* ("Übereinstimmung der Namen") dem älteren oder dem Milchbruder Cuchulainns.

"Woher kommen die Namen Conall und Cernach? Das ist nicht schwer. Findchoem, die Tochter Cathbads und Frau Amorgens, befand sich im "Kindeszögern". Sie traf einen Druiden, der ihr sagte: 'Wenn meine Entlohnung gut ist, dann wirst du Amorgen einen schönen Sohn schenken.' 'Du hast recht,' erwiderte sie, 'ich werde dich also gut entlohnen.' Und der Druide sprach: 'Komm morgen zum Brunnen, ich werde dich begleiten.' Am nächsten Morgen gingen sie beide zum Brunnen und der Druide sagte: 'Wasche dich mit diesem Wasser und du wirst einen Jungen zeugen; kein Kind wird den Einwohnern Connaughts, dem Geschlecht seiner Mutter, weniger Respekt zollen [als dieses]. Die junge Frau trank einen Schluck vom Wasser des Brunnens. Dabei verschluckte sie einen Wurm. Der Wurm begab sich in die Hand des Embryos im Busen seiner Mutter. Er durchbohrte seine Hand und fraß sie auf. Als Cet Mac Magach, der Bruder der Mutter, erfuhr, daß seine Schwester ein Kind zur Welt brächte, welches die Hälfte der Einwohner Connaughts töten sollte, verließ er sie nicht mehr bis zur Geburt. Die Zeit kam und sie gebärte. Die Druiden kamen, das Kind im Heidentum zu taufen und sangen die heidnische Taufe über ihn, indem sie sprachen: 'Es wird kein Sohn mehr zur Welt kommen, der sich der Kinder Connaughts weniger respektvoll erweisen wird; er wird keine Nacht verbringen, ohne den Kopf eines Mannes von Connaught unter seinem Polster zu legen und er wird mehr als die Hälfte von ihnen töten."[115]

In dieser Anekdote ist die geheilte Krankheit die der Unfruchtbarkeit. Auch auf die fast identischen Umstände der Geburt König Conchobars und Conall Cernachs, auf die wir bereits an anderer Stelle eingingen, sei hingewiesen. Die Empfängnis findet nach dem reinigenden Bad statt, bei dem die junge Mutter einen Wurm verschluckt, der eine Rolle im Leben des noch Ungeborenen spielen wird. Der Unterschied liegt allein darin, daß Cathbad Ness zwingt, während deren Tochter Findchoem aus freiem Willen handelt. Was jedoch eigenartig erscheinen mag, ist, daß eine Druidentochter einerseits, eine Druidengattin andererseits auf die kostspieligen Dienste eines familienfremden Druiden angewiesen sind, dessen Name im Text unerwähnt bleibt. Schließlich ist es auch bemerkenswert - hat das Wasser schuld daran? - daß einer Druidenfamilie ein Kriegersohn entspringt, der zum wahren *Berserker*, dem künftigen Rächer Cuchulainns und Mörder am Geschlecht seiner eigenen Mutter wird.

Einmal christianisiert, entzieht sich das heilende und reinigende Wasser der Macht des Druiden und stellt sich in den Dienst der Wunder eines großzügigen, von Gott belohnten Königs.

"Es gab in Irland bei den Ulaten einen harten und mitleidslosen Mann, namens Aithirne, der Anspruchsvolle. Er war ein Mann, der das einzige Auge eines Einäugigen und die Dienste einer Frau im Kindbett forderte. Man nannte ihn so, da er auf den Rat Conchobars hin eine Rundreise gemacht hatte. Er zog zuerst auf die linke Seite Irlands, und drehte eine Runde in Connaught. Dann ging er zum König der Mitte Irlands zwischen zwei Gitterfurten, d.h. zu Eochaid, dem Sohne Luchtas, dem König von Südconnaught. Jener wollte den Einwohnern Munsters jenseits, südlich des Shannon den Aithirne vorstellen. 'Damit du uns nicht der Undankbarkeit anklagst, oh Aithirne' sprach Eochaid, 'so nimm einen Wertgegenstand oder

Schatz, der dir entspricht.' 'So soll,' erwiderte Aithirne, 'das einzige Auge in deinem Kopf in meine Hand gelegt werden. 'Es soll dir nicht widersagt werden,' sprach der König, 'du sollst es haben.' Und der König steckte einen Finger unter sein Auge, zog es aus dem Kopf und legte es in die Hand Aithirnes. 'Nimm meine Hand, oh Diener,' sagte der König, 'und führe mich zum Wasser, damit ich mir das Gesicht waschen kann.' Dort schüttete er drei Wellen auf sein Antlitz. 'Ist das Auge aus meinem Kopf entfernt, oh Diener?' fragte der König. 'Weh mir,' antwortete der Diener, 'das Loch ist voll mit deinem Blut.' 'So soll es auf immer heißen,' sprach der König, 'd.h. rote Augenhöhle' *[Dergderc]*. Für die Großzügigkeit, sein einziges Auge für seine Ehre aus dem Kopf zu entfernen, schenkte ihm Gott als Wunder der Großzügigkeit zwei Augen [...]"[116]

Als Druide war Aithirne vielleicht nicht schlechter als seine Kollegen. Die Legenden berichten von anderen, die ebensoviel, wenn nicht mehr forderten, ohne dabei weniger arrogant zu sein. Doch hatte er das Pech, dabei auf einen König mit dem Schein eines Heiligen und auf einen Schreiber zu stoßen, der nicht nur Richter, sondern zugleich parteiisch war. Die Großzügigkeit des Königs und seine wunderbare Heilung waren allzu leicht zu christianisieren, um den Text naturgetreu wiederzugeben. Doch änderte die Christianisierung nichts an der Heilkraft des reinigenden Wassers. [117]

Es ist sogar von einem Wasser die Rede, welches so rein ist, daß es tödliche Verbrennungen zufügt, anstatt zu heilen. Boand, die Liebhaberin des Dagda und Mutter des Gottes Oengus läßt hier ihr Leben. Kein Druide greift ein, um diesem Unfall zuvorzukommen oder ihn zu verhindern, wobei es verständlich ist, daß eine solche Anekdote einer eventuellen Christianisierung wesentlich wenigere Anhaltspunkte gab.

"Boand, die Frau Nechtans, Sohn Labraids, ging zur geheimen Quelle in der Prärie von Nechtans *sid*. Keiner von denen, die sich dorthin begaben, kam zurück ohne zerplatzte Augen, außer Nechtan und seine drei Mundschenke Flesc, Lam und Luam.

Eines Tages ging Boand aus Hochmut zur Quelle und sagte, daß es keine geheime Macht gab, die an die Macht ihrer Schönheit reichte. Sie ging dreimal nach links um die Quelle. Da brachen drei Wellen außerhalb der Quelle über ihr zusammen. Sie nahmen ihr einen Oberschenkel, eine Hand und ein Auge. Sie wandte sich zum Meer und floh vor Scham und das Wasser verfolgte sie bis zur Mündung der Boyne. Sie war die Mutter des Oengus, Sohn des Dagda gewesen."[118]

3. Die prophetische Woge

Im *Gespräch der zwei Weisen* besitzt einer der beiden *Filid* die Macht über die Wellen der See.

"Adnae, der Sohn Uthiders, aus den Bezirken Connaughts, war Doktor der Wissenschaften und der Dichtung in Irland. Er hatte einen Sohn namens Nede. Dieser Sohn lernte die Wissenschaft in Schottland bei Eochu Echbel und er blieb so lange bei Eochu, bis er in der Wissenschaft bewandert war, und als er eines Tages am Meer spazierenging, da die Meeresküste ein Ort der Erleuchtung und der Wissenschaft für die Dichter war, hörte er in den Wellen ein Geräusch, welches ihm eigenartig schien. So belegte er die Wellen mit einem Zaubergesang. Da wurde ihm offenbart, daß die Welle seinen Vater beweinte, daß der Rock des Verstorbenen dem *File* Ferchertne gegeben wurde, dem somit anstelle seines Vaters Adnae die Doktorwürde verliehen wurde."[119]

Die Macht der Druiden über das Wasser erklärt sich aus dem Umstand, daß sich über dieses Element der natürliche Übergang in die Andere Welt vollzieht. Doch fällt diese Frage unter das Kapitel der religiösen Vorstellungen, in dem wir sie noch eingehender behandeln werden.

4. Der Druide als Herr des Feuers

Die Druiden sind auch Meister des Feuers und es ist das Feuer des mächtigsten und geschicktesten Druiden, welches die anderen besiegt. So zeigten wir bereits auf, wie das unheilbringende, von den Druiden König Cormacs unter Anführung Cithruadhs aus Ebereschen entfachte Feuer, vom heilbringenden Feuer des Druiden Mog Ruith bezwungen wurde. Der Grund für die unmittelbare Überlegenheit Mog Ruiths ist übrigens einfach: er liegt in der peinlichen Genauigkeit mit der er das Ritual vollzieht, in dem der Scheiterhaufen erstellt wird:

"Mog Ruith sprach zu Cennmhar: 'Bereite und entzünde das Feuer.' Cennmhar erhob sich und stellte den Scheiterhaufen folgendermaßen auf: Er gab ihm die Form eines Buttertroges [?] mit drei Seiten und drei Ecken, doch mit sieben Toren, wobei sich im Feuer des Nordens drei Tore befanden. Jenes war weder geschichtet noch geordnet worden sondern das Holz war einfach aufeinandergehäuft worden."[120]

Die rituelle Vorschrift ist ebenso wertvoll als außergewöhnlich. Doch dient sie keinem Opfer, weshalb wir sie lediglich zu den Techniken zählen können, auch wenn sie weit über die Folklore hinaus, Einfluß auf zahlreiche religiöse Anwendungen des Feuers ausübt.

In Cäsars *B.G.* VI, 16 finden wir eine Spur der rituellen Opfertechnik der Gallier:

"Andere Stämme haben Gebilde von ungeheurer Größe, deren aus Weidenruten zusammengeflochtene Glieder sie mit lebenden Menschen füllen; sie werden von unten angezündet und die Menschen sterben, von den Flammen eingeschlossen."

Auch Diodor von Sizilien V, 31 berichtet davon.

"Ihre Verbrecher nämlich halten sie fünf Jahre hindurch eingesperrt und spießen sie dann zu Ehren der Götter auf Pfähle und verbrennen sie nebst andern Opfergaben auf ungeheuren Scheiterhaufen. Auch die Kriegsgefangenen schlachten sie den Göttern zu Ehren wie Opfertiere. Einige von ihnen töten auch die im Kriege erbeuteten Tiere zugleich mit den Menschen oder verbrennen sie oder geben ihnen sonst einen qualvollen Tod."[121]

Sowie wir bei Strabo IV, 5 folgendes lesen können:

"Manchmal wurden die Opfer mit Pfeilen getötet, manchmal wurden sie in den Tempeln gekreuzigt oder aber es wurde ein Koloß aus Holz und Stroh aufgebaut, in den man Haustiere und wilde Tiere aller Art steckte und zusammen mit Menschen verbrannte."

In den späten und nicht unbegründet umstrittenen *Berner Scholien* des Lucanus erfahren wir den Namen des Gottes, dem das Feueropfer geweiht war: *Taranis Ditis pater hoc modo apud eos placatur : in alveo ligneo aliquot homines cremantur* "Taranis, der Vater, wird bei ihnen auf folgende Weise besänftigt: eine bestimmte Anzahl von Menschen wird in einem Holzkäfig verbrannt."[122]

Die Puppe bzw. der Koloß aus Holz und Heu decken sich in Bezug auf die Ritualtechnik mit dem Scheiterhaufen Mog Ruiths. Es ist zu bedauern, daß wir nicht mehr darüber wissen. Dennoch ist die Behauptung wohl kaum übertrieben, daß das Feuer wenn auch nicht das einzige, so doch eines der wichtigsten Mittel der Opfer darstellte und zahlreiche religiöse Feierlichkeiten begleitete. Auch bei den bei Cäsar und Pomponius Mela beschriebenen, gallischen Bestattungsfeierlichkeiten (siehe unten), werden wir ihm wieder begegnen. Es kann kein Zweifel daran bestehen, daß die Macht der Druiden über das Feuer absolut und exklusiv war. Der Schleier der Ungenauigkeit unserer klassischen Quellen verdeckt uns aber nicht ganz das Bild der rituellen und liturgischen Anwendungen des Feuers. Im Vergleich dazu - wir wiesen bereits mehr als einmal auf die Gründe dafür hin - geizt Irland mit Details und liefert uns praktisch kein einzig grundlegendes.

Keating schreibt im XVII. Jahrhundert über die völlig mythische Gründung des Königreichs Meath durch König Tuathal Techtmhar, wobei sich seine *Geschichte Irlands* auf heute teilweise verschollene oder mündlich überlieferte Quellen stützt, auf die uns der Zugriff heute nicht mehr möglich ist.

"Da wurde das Feuer Tlachtgas eingerichtet, wo die Druiden von Irland in einer Versammlung der Samainsnacht zusammenkamen, um allen Göttern ihre Opfer darzubringen. Bei diesem Feuer verbrannten sie ihre Opfergaben und es war bei Strafe verboten, in ganz Irland an diesem Abend ein Feuer zu entfachen. Für jedes dennoch in Irland brennende Feuer bekam der König von Munster deshalb eine Entschädigung [...], da Tlachta in der Region Munsters lag, die zum Königreich von Meath gehörte."[123]

Kurz, es handelt sich dabei um ein rituelles Feuer, von dem symbolisch, rituell und gesetzlich gesehen alle anderen Feuer Irlands abhingen, die dadurch alle am größten und feierlichsten Fest der vier Jahresfeiern entzündet wurden.

Dennoch hat das Druidenfeuer seine größte Bedeutung im Sommerfest der *Beltaine*, welches am ersten Mai stattfindet, was Keating nicht zu betonen versäumt:

"Er [Tuathal Techtmar] schlug sein zweites Lager in der Gegend auf, die von der Provinz Connaught abgetreten worden war, und zwar in Uisneach, wo die Hauptversammlung der Iren stattfand, die man die Große Versammlung von Uisneach nannte; anläßlich des Beltainefestes fand hier ein Jahrmarkt statt, bei dem man gewöhnlich Güter, Waren und Schätze austauschte. Sie brachten dort auch dem großen Gott Opfer dar, den sie verehrten und Bel nannten. Es war der Brauch, zu Ehren Bels in jedem Kanton Irlands zwei Feuer abzubrennen, zwischen denen die kranken Tiere aller Gattungen hindurchgeführt wurden, um sie zu heilen und das Jahr lang zu erhalten. Nach diesem Feuer wurde dieses edle Fest am Tage der beiden Aposteln Philipp und Jakob Bealtaine oder Beilteine, d.h. Feuer Bels genannt."[124]

In dieser Hinsicht sei auch der von Cäsar beschriebene *locus consecratus* erwähnt:

"Sie [die Druiden] versammeln sich zu einer bestimmten Zeit des Jahres im Gebiet der Karnuten - diese Gegend gilt als die Mitte ganz Galliens - an einem geweihten Ort."

Wir können ausschließen, daß Keating seine Quellen ausschmückte, da sich der Brauch, von dem er spricht, bis heute im Volk erhalten hat[125] und auch die gewagteren *Dindshenchas von Rennes* ihn auf das mythische Geschlecht Nemeds zurückgehen ließen.

"Woher kommt der Name Mide? Das ist nicht schwer: Mide, der Sohn Braths, Sohn Deoths, hatte als erster ein Feuer für die Kinder Nemeds in Irland angezunden, und dieses Feuer brannte sechs Jahre lang. An ihm wurden alle wichtigen Feuer Irlands entfacht, was auch der Grund dafür war, daß jedes Haus dem König einen Sack Getreide und ein Schwein schuldete. Die Druiden sagten: 'Dieses Feuer macht uns schlechten Rauch [*mi-de*].' Deshalb wurden die Druiden auf Befehl Mides in einem Haus zusammengebracht, wo man ihnen die Zungen herausschnitt. Er begrub sie in der Erde von Uisnech und setzte sich als erster Druide und erster Historiker Irlands an die Stelle, an der sie begraben waren. Da sagte Gairech,

Tochter Gumors und Amme Mides: 'Edel [*uais*] ist derjenige [*nech*], der diese Nacht hier ist.' Hierher stammen die Namen Uisnech und Mide."[126]

Nur von der etymologischen Phantasie und den zur Rechtfertigung erfundenen Einzelheiten müssen wir absehen. Das *Cormacglossar* berichtet vom selben Brauch.

"Beltaine, das Feuer Bels, die heilbringende Flamme ist ein Feuer, welches die Druiden durch ihre Magie oder ihre großen Zaubergesänge machten; man brachte jährlich die Herden gegen Epidemien zu diesen Feuern. Sie ließen die Herden zwischen ihnen hindurchschreiten."[127]

Eine in lateinisch verfaßte Heiligenlegende gibt an, daß es an diesem Feiertag bei Todesstrafe verboten war, ein anderes Feuer zu entzünden.

"Sie hatten auch einen bestimmten Brauch auf Grund eines allen auferlegten Edikts. In allen, den nahen wie den fernen Provinzen mußte sterben, wer in dieser Nacht sein Feuer vor dem des Könighauses, im Palast von Tara entfachte."[128]

Als Lug im Zuge der Vorbereitungen zur Schlacht von Mag Tured den Druiden der Tuatha Dé Danann um seine Fähigkeiten befragt, nennt dieser das Feuer an erster Stelle:

"Figol, der Sohn des Mamos, der Druide sagte also: 'Ich werde der Grund dafür sein, daß drei Feuerhagel auf die Front der Fomoirenarmee niederfallen und ich werde ihnen zwei Drittel ihres Wertes, Mutes und ihrer Kraft nehmen. Ich werde ihnen den Urin in ihren Körpern und in den Körpern ihrer Pferde binden. Jeder Atemzug, den die Männer Irlands tun werden, wird ihren Wert, ihren Mut und ihre Kraft stärken. Auch wenn sie sieben Jahre lang im Kampfe liegen, werden sie nicht ermüden."[129]

5. Der druidische Wind

Ein weiterer Aspekt des Einflusses der keltischen Priesterklasse auf die Elemente ist der druidische Wind. Mit diesem Mittel versuchten die Tuatha Dé Danann angeblich, die Landung der Söhne Mils in Irland zu verhindern. Als es sich nach einem ersten Scheitern darum handelt, wieder abzusegeln, will der König der letzteren, namens Donn wieder den Kampf ergreifen.

"Folgt ihr meinem Rat, oh Söhne Mils, wird es eine Schlacht geben," sprach er. "Verschwendet nicht vergeblich eure Kraft, "setzten die Druiden entgegen, "Vergeßt Irland und kommt nicht wieder zurück." So begaben sich die Söhne Mils von Tara zum Hafen von Inber Scene und fuhren neun Wellen weit aufs Meer hinaus. Die Druiden Irlands verfolgten sie mit einem druidischen Wind, so daß der Sand vom Grunde des Meeres an seine Oberfläche gewirbelt wurde. Der Sturm, der gegen sie entfesselt worden war, war so gewaltig, daß er sie nach Westen drängte und sie überdrüssig wurden. "Das ist ein Druidenwind," sagte Donn, Sohn Mils. "Wenn oberhalb der Segel keiner weht, dann ist es einer", antwortete Amorgen. Eranann, der jüngste Sohn Mils, stieg auf den Masten und erklärte, daß oberhalb der Segel kein Wind war; er fiel sogleich auf den Fels [oder auf Deck?], und seine Glieder zerschmetterten. Donn sprach: "Es ist eine Schande für das Volk der Männer der Kunst, sich nicht über diesen Fluch der Druiden hinwegsetzen zu können." "Es ist keine Schande," erwiderte Amorgen. Er erhob sich und sang: "Ich sehe die Erde Irlands, ..." Und Ruhe fiel auf das Meer [...] Donn, der Sohn Mils sprach: "Jetzt werde ich alles, was in Irland lebt, über die Klinge der Lanze und des Schwertes springen lassen." Da erhob sich von neuem der Wind gegen das Schiff, in dem Bres, Buas und Buaigne waren, so daß sie alle in der Nähe der Sandbank von Tech Donn ertranken."[130]

Dieser durch Zaubergesänge hervorgerufene Sturm ist vom "druidischen Atem" zu unterscheiden, welcher Mittel und Ursache für vorübergehende wie auch bleibende Illusion oder Metamorphose ist. So trägt sich in der Erzählung der *Belagerung von Druim Damghaire* nach einer Beratung der Druiden der beiden Lager folgendes zu:

"Als die beiden Druiden ihr Gespräch beendet hatten und dem Heer eine traurige Zukunft voraussagten, hörten das die Knappen, Hunde und Stallknechte und benachrichtigten Cormac. Cormac sprach: "Geht hin, tötet einen der Druiden und schlagt den anderen so lange, bis ihm nur noch ein bißchen Leben bleibt." Doch wurde den Druiden die Gefahr offenbart und sie trennten sich. Cithruadh ging verkleidet ins Lager, um nicht erkannt zu werden. Der andere ging in Richtung Süden, drehte dreimal der Armee sein Antlitz zu und blies dank seiner Zaubermacht druidischen Atem auf sie. Da erhielten alle Krieger auf einen Schlag seine Erscheinung und Gestalt: Wie er, bekamen sie alle eine beeindruckende Gangart und ein graues Haupt, so daß sie sich untereinander mordeten, als sie auf der Verfolgung des Druiden den Fluß überquerten. Sie skalpierten und schlugen sich gegenseitig auf Stirn und Gesicht, da jeder Kämpfer im anderen den Druiden sah."[131]

Der druidische Atem hat manchmal noch schlimmere Folgen für die Betroffenen, wie z.B. die drei Druiden König Cormacs, an die Mog Ruith nach dem Sieg Munsters nahe genug herankommt, um seine Fähigkeiten geltend zu machen:

"Mein Gott versprach mir, daß ich sie in Stein verwandeln würde, wenn sie sich in meiner Reichweite befänden und es mir gelänge, auf sie zu blasen. So schickte er ihnen den Druidenatem und verwandelte sie zu Stein."[132]

Später zur Zeit des Christentums wurde dem druidischen Wind natürlicherweise eine unheilvolle Bedeutung beigemessen. Doch existiert sie nach wie vor, und der Druide Broichan, der persönliche, wenn nicht sogar bevorzugte Feind des Heiligen Columba, verfügt über dieselben Kräfte wie seine vorpatrizianischen Vorgänger. Er versucht dem Heiligen ernstliche Probleme zu bereiten. Doch macht jener, der durch die Hilfe Christi ein mächtigerer "Druide" ist, all dessen Bemühungen zunichte. So berichtet es Adamnan in der *Vita des heiligen Columba.* Die irischen Schreiber der Heiligenlegenden sind in der Tat fromme und große Bearbeiter des Ewigen und Adamnan läßt keine Gelegenheit aus, seinen glücklichen Helden ins gute Licht zu rücken. Doch kommt der Druide *(magus)* dafür - und auch das gehört zu den irischen Wundern - nicht in die Hölle. Der Heilige gibt sich damit zufrieden, ihn in seiner professionellen Selbstachtung zu bestrafen, indem er einen stärkeren Druidenwind hervorruft oder jenen zu seinen eigenen Gunsten ausnutzt.

"Eines Tages wandte sich Broichan an den Heiligen: 'Sag mir, Columba, wann schlägst du vor abzusegeln?' 'In drei Tagen,' sprach jener, 'so Gott will und wir noch am Leben sind, haben wir vor, unsere Seereise anzutreten.' Doch widersprach ihm Broichan: 'Das wirst du nicht können, denn ich werde einen Wind erwecken, der dir entgegenwirken wird, und einen Nebel von Dunkelheit hervorrufen.' Der Heilige erwiderte: 'Die Allmacht Gottes regiert in allen Dingen, und all unsere Bewegungen werden gelenkt.' Was war da noch mehr zu sagen? Am angesetzten Tag kam der Heilige wie vorgesehen mit einem großem Gefolge am langen See des Flusses Nes an. Da freuten sich die Druiden, als sie einen großen Nebel aufziehen sahen und merkten, daß auch ein großer stürmischer Gegenwind aufkam.

Es darf nicht wundernehmen, daß solche Dinge mit der Erlaubnis Gottes von Zeit zu Zeit durch die Kunst der Dämonen verursacht wurden, und dieselben Winde und Wellen wurden sehr stark.

So war es auch, als eines Tages Legionen von Dämonen den Heiligen Germanius mitten im Meer angriffen, als er für das Heil der Menschheit von der gallischen Bucht nach Britannien segelte. Sie stellten ihm Gefahren in den Weg und riefen Stürme hervor. Sie bedeckten Himmel und Tageslicht durch einen dunklen Nebel, doch wurde all das schneller als ein Wort, durch ein Gebet des Heiligen Germanius zur Ruhe gebracht und beendet, so daß der Nebel verschwand.

Als unser Columba also sah, daß die Elemente wütend gegen ihn wurden, rief er Christus den Herrn an. Er bestieg das Schiff und ließ, da die Seemänner zögerten und er energischer war, selbst das Segel gegen den Wind setzen. Sobald das getan war, setzte sich das Schiff unter den Augen der ganzen Menge in außerordentlicher Geschwindigkeit in Bewegung, und die Gegenwinde drehten sich in die der Seefahrt günstige Richtung. Das Boot des Seligen gelangte, angetrieben durch eine angenehme Brise, die in die geeignete Richtung wehte, noch am selben Tag in den gewünschten Hafen."[133]

Die Episode dieser Heiligengeschichte ist nicht gerade grundlegender Natur, doch ist sie vor allem deshalb von Interesse, da sie die Fortdauer einer Zaubertechnik unterstreicht. Sie beleuchtet zugleich auf sehr eigenartige Weise das Prinzip und die Art der irischen Christianisierung: Alles geschieht einfach so, als ob die Zauberkraft des Heiligen die stärkere war und die evangelische Süße kaum damit zu tun hätte.

6. Die Macht über die Erde

Der Druide beherrscht auch die Erde, so daß Mog Ruith z.B. vor der großen Schlacht der Heere des Südens und des Nordens in der Erzählung der *Belagerung von Druim Damghaire* einen Hügel schleift, auf dem sich die Armee des Nordens eingerichtet hatte:

"So begann Mog Ruith gegen den Hügel zu blasen. Kein Krieger des Nordens konnte in seinem Zelt bleiben, so stark war der Sturm, und die Druiden wußten nicht, woher er kam. Während er auf den Hügel blies, rief Mog Ruith diese Worte: 'Ich drehe und drehe um, ...' So verschwand der Hügel verdeckt von schwarzen Wolken und in einem Nebelwirbel. Das ganze Heer war verschreckt durch das Geschrei der Truppen, den Tumult der Pferde und der Streitwägen und den Lärm der zerbrochenen Waffen, welcher widerhallte, als der Sockel des Hügels getroffen wurde. Der Großteil der Armee erlitt Todesangst und alle verfielen in Mutlosigkeit und Schwermut."[134]

Ein ähnliches Versprechen gab man dem göttlichen Generalstab der Tuatha Dé Danann, bevor er sich in die große Schlacht von Mag Tured begab.

"Lug fragte den Hexer namens Mathgen, über welche Macht er verfügte. Jener antwortete, daß er durch seine Gewalt die Berge Irlands auf die Fomoire werfen würde und daß ihre Gipfel am Boden rollen würden. Er sagte, daß die zwölf höchsten Berge der Erde, den Tuatha Dé Danann zu Diensten stehen und für sie kämpfen würden. [...][135]

Zusammenfassend kann also gesagt werden, daß die Macht des Druiden, ungeachtet seines Fachbereiches sich auf alle Elemente erstreckt. So wird die Cathbads, des ersten Druiden von Ulster, und seiner Gehilfen folgendermaßen definiert:

"Einer der Diener hebt seinen Blick und beobachtet die Wolken am Himmel. Er liefert der wundersamen Truppe um ihn die gewünschten Antworten. Sie werfen ihre Zaubergesänge gegen die Elemente, und das so gut, daß jene sich untereinander bekämpfen. Sie werden Feuerwolken hinter die Verschanzungen und das Lager der Iren schicken." "Wer ist das da hinten?", fragte Ailill. "Das weiß ich", antwortete Fergus. "Er ist die Quelle des Wissens, der, der den Elementen Befehle erteilt, der in den Himmel aufsteigt, der die Augen blendet und den Fremden durch seine Druidenmacht die Kräfte raubt, es ist Cathba, der Druide und Freund der Druiden von Ulster, die sich um ihn scharen."[136]

7. Der druidische Nebel

Als Zustand, der zwischen Luft und Wasser, sichtbarer Wirklichkeit und ungreifbarer Materie schwankt, stellt der Nebel kein eigenes Element dar. So dient er auch nicht als Mittel des Zwangs oder der Bestrafung. Er ist vielmehr ein gängiges Werkzeug der Druiden oder der Bewohner der Anderen Welt, entweder um die menschliche Bewegung zu lähmen und sie so daran zu hindern sich fortzubewegen, oder aber um selbst darin zu verschwinden. Die großen Helden Ulsters, Loegaire, Conall Cernach und Cuchulainn machen die Erfahrung anläßlich eines Ehrenwettkampfes in der Erzählung *Fled Bricrend* ("Bricrius Fest"):

"Daraufhin wurde der Wagen Loegaires angespannt, und er fuhr nach Mag Da Gabul ("Ebene der beiden Gabelungen"); und zwar über Bernad na Forairi ("Furt des Vorabends"), Ath Carpait Fergusa ("Furt vom Wagen des Fergus"), Ath na Morrigna ("Morrigansfurt") in Clithar Fidbaidi beim Commur Cetharsliged ("Vierwegeskreuzung"), oberhalb von Dundalk über Mag Slicech im Westen des Bregsbergs. Es legte sich ein dichter, dunkler und schwerer Nebel auf ihn, der ihn so verwirrte, daß er seinen Weg nicht fortsetzen konnte. 'Bleiben wir hier,' sprach Loegaire zu seinem Kutscher, 'bis der Nebel sich lichtet.' Loegaire sprang vom Wagen und der Kutscher brachte die Pferde in eine nahe Wiese."[137]

Derselbe Nebel überrascht auch die anderen Mitstreiter:

"Wenig später nahm Conall Cernach dieselbe Strecke und gelangte in die Ebene, in der ein dichter Druidennebel über Loegaire gefallen war. Die gleiche schwarze, dunkle und grauenhafte Wolke legte sich auf Conall Cernach, so daß er weder Himmel noch Erde mehr sehen konnte."[138]

"Cuchulainn war auf demselben Weg unterwegs und gelangte an die gleiche Stelle. Derselbe dunkle Nebel fiel auf ihn, wie auf die, die vor ihm gekommen waren."[139]

Die Erzählung *Tochmarc Ferbe* ("Brautwerbung um Ferb") berichtet von einem äußerst seltenen Beispiel eines bösartigen Nebels, der zugleich kriegerisch und dreifarbig, schwarz, rot und grün ist, als Conchobar den Angriff auf die Residenz eines seiner Feinde beginnt:

"Als sie näher gekommen waren und von da die Festung erblickten, sahen sie einen schweren und dichten Nebel über der Burg stehen. Das eine Ende war schwarz wie Kohle, die Mitte war rot, und das andere Ende war grün."

Und der Druide verkündet, was dieser Nebel zu bedeuten hat:

"Danach verlangte Conchobar: 'Was prophezeit Imrinn,' fragte er, 'zu dieser Wolke, die wir da hinten über der Festung sehen?'. 'Er prophezeit,' erwiderte Imrinn, 'den Leuten dort Kampf und Blutbad.' Und er hielt zu diesem Thema folgende Rede:

"Schwarze Wolke der Fische,
grüne [...?...],
auf beiden Seiten rotgefärbte Klingen,
der Tod in den Fesseln,
Seiten werden zerschnitten werden,
Hände werden abgehauen werden,
Nacken werden entblößt werden,
in der Festung Gergs
von der neunten mörderischen Stunde an
bis in die Mitte des Tages.
Gräber werden auf der Erde sein;
ein junger Mann wird das Schwarz des Todes verteilen."[140]

Wir wollen diese kurze Abhandlung der Macht des Druiden über die Elemente mit einer Anekdote aus den Heiligenlegenden beenden. Sie ist insofern klassisch, als sie den Heiligen und den Druiden gegenüberstellt, da die Überlegenheit des Heiligen bewiesen werden soll. Natürlich hat nun nicht mehr der Druide die Macht, oder besser das letzte Wort über Wasser und Stein, es ist nicht mehr er, der einen Gegenstand in tausend Stücke zerspringen oder das Leben eines vom Tode Gezeichneten zurückkehren läßt. Doch ist diese Anekdote außergewöhnlich, auch wenn man bei Bedarf wohl zahlreiche ähnlicher Art finden kann, da sie etwas beschreibt, was nach den gewöhnlich christlichen Normen undenkbar war: ein vertrautes Verhältnis zwischen Druide und Heiligem. Der Heilige sagt die Krankheit des Druiden voraus und ruft sie hervor, nicht um ihn zu bekehren, sondern um ihn zum Gehorsam zu zwingen und ihn zu unterwerfen, während der König, der Milchbruder des Druiden, den Heiligen um Hilfe anfleht, welcher schließlich, nachdem seine Forderungen erfüllt sind, den Druiden heilt. Hier also das wunderliche Kapitel über die Beziehungen des Heiligen Columba, dem Nachfolger des Heiligen Patrick und Pfarrer von Iona, und dem Druiden Broichan, der im Dienste des Piktenkönigs Brude steht.

“Zugleich bat der ehrenwerte Mann den Druiden Broichan darum, aus Mitleid für die Menschennatur eine irische Sklavin freizulassen. Und da Broichan sie hartherzig und eigensinnig behielt, sprach der Heilige folgendermaßen zu ihm: ‘Wisse Broichan, wisse, daß du in Kürze sterben wirst, wenn du diese Sklavin nicht freiläßt, bevor ich die Provinz verlasse.’ Und nachdem er das im Beisein König Brudes gesagt hatte, verließ er den Königspalast und begab sich zum Fluß Nes. Aus diesem Fluß nahm er einen weißen Stein und sprach zu seinen Begleitern: ‘Seht euch diesen weißen Stein genau an, mit welchem der Herr viele Kranke unter den Heiden heilen wird.’ Und nachdem er diese Worte gesprochen hatte, setzte er fort: ‘ Nun ist Broichan hart geschlagen, denn ein vom Himmel gesandter Engel schlug ihn mit Kraft und zerbrach das Glasbehältnis, aus dem er trank, in viele Stücke in seiner Hand, so daß er nun kaum atmen kann und dem Tode nahe ist. Warten wir hier etwas auf die zwei Boten des Königs, die eilig nach uns gesandt wurden, auf daß wir unverzüglich dem sterbenden Broichan helfen. Denn Broichan, der hart getroffen ist, ist bereit, das Mädchen freizulassen.’

Und noch während der Heilige diese Worte sprach, tauchten, wie er es vorausgesagt hatte, zwei vom König gesandte Reiter auf. Sie erzählten alles, was Broichan in der Festung des Königs zugestoßen war, gemäß der Voraussage des Heiligen: Der Bruch des Kelchs, die Lähmung des Druiden und die Bereitwilligkeit, die kleine Sklavin freizulassen. Sie fügten dies hinzu: ‘Der König und seine Männer schicken uns zu dir, damit du seinem Milchbruder Broichan zu Hilfe kommst, der nahe daran ist zu sterben.’ Nachdem er die Worte der beiden Gesandten vernommen hatte, schickte der Heilige zwei seiner Begleiter mit dem Stein, den er gesegnet hatte, zum König und sprach: ‘Wenn Broichan zuerst verspricht, seine Sklavin freizulassen, soll dieser Stein ins Wasser getaucht werden. Er soll davon trinken und wird seine Gesundheit sofort wieder zurückerlangen. Wenn er sich weigert und seine Sklavin nicht befreien will, so wird er sofort sterben.’

Die zwei Boten gingen zum Königshof, weil sie dem Wort des Heiligen Folge leisteten, und erzählten dem König von den Worten des ehrenwerten Mannes. Als dies dem König und seinem Milchbruder Broichan dargelegt wurde, überfiel sie große Angst. Zur selben Stunde noch wurde die Dienerin freigelassen und den Gesandten des Heiligen übergeben. Der Stein wurde in Wasser getaucht, doch schwamm er entgegen seiner Natur wunderlicherweise auf dem Wasser wie ein Apfel oder eine Nuß, und der Segen des Heiligen konnte nicht untergetaucht werden. Sobald Broichan von diesem schwimmenden Stein getrunken hatte, genas er vom Totenbett und kam wieder zu völliger Gesundheit. Daraufhin wurde der Stein im Schatz des Königs aufbewahrt. Wenn er ins Wasser getaucht wurde und schwamm, vollbrachte er viele Heilungen durch die Barmherzigkeit des Herrn.

Was jedoch erstaunlich war, war, daß der Stein bei Kranken, deren Zeit gekommen war, unter keinen Umständen gefunden werden konnte. So fand man ihn auch nicht am Ort, an dem er bis dahin aufbewahrt worden war, am Tag, an dem König Brude selbst starb."[141]

Wollen wir also den Schreibern der Heiligenlegenden Glauben schenken, so waren die Druiden große Zauberer, doch waren die Heiligen, und zweifellos auch Jesus Christus selbst, noch viel größere.

Auf der ersten Seite des *Senchus Mor* können wir folgendes lesen:

"Einer der Druiden gab ihm einen Kelch voller Gift, doch wurde das von Patrick sofort aufgedeckt. So sprach er die folgenden Worte über das Getränk:
Iubu fis fri ibu fis anfis
Fris bru uatha, ibu lithu, Christi Iesu.
Und wer auch immer diese Worte über ein Gift oder ein Getränk spricht, dem wird kein Schaden geschehen."[142]

Der Zaubergesang des heiligen Patrick ist uns kaum verständlicher als die späten gallischen Formeln des Marcellus von Bordeaux, und wir sind nicht in der Lage ihre Wirksamkeit zu überprüfen. Doch ist es sehr wahrscheinlich, daß er sehr alt ist.

Dem großen Richterkönig Cormac wird auch ein christliches Glaubensbekenntnis zugeschrieben, dessen Wortlaut jedoch nicht allzu christlich klingt:

"Ein großer König mit großen Urteilen, Cormac, Sohn Arts, Sohn Conn Cetchathachs gewann die Macht über Irland. Irland erging es gut während dieser Zeit, denn er schuf eine Gesetzgebung. Eine kurze Zeit, und zwar sieben Jahre lang, wurde in Irland kein Mord begangen. Dem Recht nach glaubte Cormac an einen einzigen Gott: er sagte, er verehre weder Steine noch Bäume, sondern nur den, der sie schuf und der der Beschützer aller Elemente, d.h. der einzige Gott ist, der mächtige Beschützer, der die Elemente erschaffen hat: der war es, an den er glaubte."[143]

Wir verstehen, weshalb sich die Elemente ganz natürlich dem Himmel, dem Mond und der Sonne hinzugesellen, um für einen Schwur zu bürgen. Wir begreifen auch, warum dieser Bereich christianisiert wurde und warum sich in den Heiligenlegenden der klassische Konflikt zwischen Druide und Heiligem, der jeder historischen Grundlage entbehrt, besonders auf diesen Punkt konzentriert. So sind viele irische Heilige des Hochmittelalters genaugenommen der Ausdruck bzw. die Folge unzählbarer Kompromisse zwischen Form und Grundlage von Menschen, welche -nach bestem Wissen und Gewissen - ihre Religion änderten, doch nicht ihre eigentliche Mentalität.

V. Der Zaubergesang

In derselben Erzählung, in der das *Buch der Eroberungen* von der bewegten Ankunft der Söhne Mils in Irland berichtet, findet sich auch eine wertvolle Seltenheit, der Text des Zaubergesangs, den der *File* Amorgen spricht, als er auf Irland landet:

"Fischreiches Meer. Land voller Früchte,
Sprudeln der Fische,
Fische unter der Welle,
wie Vogelschwärme, rauhes Meer!
Weißer Hagel,
von hunderten Lachsen,
großen Walen,
Sprudel von Fischen,
fischreiches Meer!"[144]

1. Der *glam dicinn*

Die altirische Literatur überlieferte uns weniger erklärende und logisch vorgehende Kommentare, denn technische Erklärungen und zufällige Einzelheiten der Anwendung, bei denen schon alleine die Namen der magischen Handlungen, Zaubergesängen oder Weissagungen interessant sind. Eine der wirksamsten und häufigsten scheint dabei der *glam dicinn* ("Schrei, improvisierter oder extremer Fluch") zu sein. So verspricht der *File* Cairpre einen solchen vor dem entscheidenden Kampf der *Zweiten Schlacht von Mag Tured*:

"Ich werde den höchsten Fluch gegen sie sprechen. Ich werde sie satirisieren und ihnen Schande bereiten, so daß sie den Kriegern durch die Zaubergesänge meiner Kunst keinen Widerstand leisten werden."[145]

Am einfachsten und deutlichsten können die Umstände und Folgen des *glam dicinn* an demjenigen erläutert werden, welchen Gott Lug gegen die Fomoire spricht. Er wird in der Zauberhaltung "auf einem Fuß, mit einem Auge und einer Hand" gesprochen (wobei letztere in dieser Beschreibung nicht eigens erwähnt wird).

"Lug sang den nachfolgenden Gesang auf einem Bein, mit einem Auge, indem er die Runde bei den Männern Irlands drehte [...][146]

So trugen die Iren den Sieg davon, da die Fomoire durch den göttlichen Zaubergesang gebunden und gelähmt, nicht mehr in der Verfassung waren, sich zu verteidigen.

Wir können jedoch unschwer auch weniger lakonische Beschreibungen finden. Beim ersten Zeugnis, das wir vor allem auf Grund seiner Originalität zitieren wollen, handelt es sich um eine Lobrede des heiligen Columba, verfaßt um das XII. Jahrhundert.

"So groß war die Anzahl der Dichter und ebenso groß war das Unrecht, welches sie verursachten. Die Iren konnten sich nicht gegen sie helfen, denn wer satirisiert wurde, bekam, wenn er nicht gleich starb, vergiftete Furunkel im Gesicht, so daß er von allen erkannt werden konnte und in persönlicher Schmach stand. Doch bekam der Poet die Pusteln selbst und starb auf der Stelle, wenn derjenige, den er satirisiert hatte, ohne Fehl war. Die große Anzahl der Dichter war eine Last, denn eine Gesellschaft zählte dreißig [von ihnen], und was auch immer sie verlangten, mußte ihnen gegeben werden, oder ein *glam dicinn* wurde gegen den gesprochen, den sie gebeten hatten. Drei Furunkel wuchsen auf dem Gesicht des Satirierten: Sie hießen Schmach, Gebrechen und Häßlichkeit. Sie [die Dichter] forderten das "Rad Cros", eine Brosche, die von jedem König an den nächsten weitergegeben wurde, von Aedh, dem Sohn Ammeres, so daß er sie verbannte und aus Irland auswies."[147]

Nicht einmal die mächtigsten Könige waren vor dem Zaubergesang eines gierigen oder rachsüchtigen *File* sicher. Doch färbten die Heiligenlegenden aus ersichtlichen Gründen die Würdenträger der alten Priesterklasse im nachhinein durch verschlechternde oder feindlichen Nuancen. Es steht anzunehmen, daß es sich bei der Ausweisung durch Aedh um eine extreme und sehr späte Maßnahme handelt, die zu einer Zeit anzusetzen ist, als die Nachfolger des Heiligen Patrick imstande waren Ausschreitungen zu bestrafen oder zu korrigieren, wodurch vor allem die Tugenden einer frommen und seligen Person unterstrichen werden sollten. In der von den Texten beschriebenen oder auch ausgeschmückten Wirklichkeit waren die Folgen eines *glam dicinn* unumgänglich, zwingend und unmittelbar voraussehbar. Doch waren die Könige auf allen Stufen der Hierarchie und der Macht, nicht nur Opfer. Die Versuchung war sicher immer groß gewesen, daß ein Fürst, der über treue und mächtige Druiden mit ihren Zaubergesängen verfügte, sich dieser magischen Techniken zu persönlichen oder machtpolitischen Zwecken bediente. Um Ferdiad zu zwingen, gegen seinen Freund Cuchulainn zu kämpfen,

"schickte Medb die Druiden, Zaubersänger und Magier zu Ferdiad, so daß sie die drei Satiren singen konnten, ihn festzuhalten, und die drei *glam dicinn*, um die drei Furunkel Schimpf, Schmach und Fehler auf seinem Gesicht hervorzurufen. Er wäre sofort oder nach einer Frist von neun Tagen gestorben, wenn er nicht gekommen wäre."[148]

Die Stelle spricht von drei Arten *glam dicinn*, wobei wir jedoch heute nichts mehr von drei klar voneinander abgegrenzten Kategorien wissen. Wir können jedoch davon ausgehen, daß alle drei ganz spezifische Folgen hatten, und kommen insofern auf die dreifache Definition: Schimpf, Schmach und Fehl zurück. So improvisiert er auch gewesen sein mochte, so verfügte dieser Zaubergesang, dessen Wirksamkeit im Wortzauber begründet lag, nach dem *Buch von Ballymote*, über ein rituelles Gerüst, welches ebenso phantastisch als beachtlich war. Sicher liegt diesem Ritual ursprünglich etwas Authentisches zugrunde, welches scheinbar grundlose Schwierigkeiten der praktischen Ausführung anhäufte, wie z.B. die Versammlung von neunzig Personen, darunter dreißig Bischöfen. Im folgenden Text ist es allerdings schwer festzustellen, wo es sich um die mehr oder weniger traditionellen Teile handelt und wo nicht.

"Zunächst wurde auf der Erde des Königs gefastet, für den das Gedicht verfaßt worden war. Dann mußte ein Rat aus dreißig Laien, dreißig Bischöfen und dreißig *Filid* die Satire verfassen. Der Dichter mußte selbst in Begleitung von sechs Genossen, Titelträger der sechs Grade des *File,* aufbrechen, deren Namen wie folgt lauteten: *fochloc, mac fuirmid, doss, cana, cli, anrad, ollam.* Letzterer führte die anderen bei Sonnenuntergang auf einen Hügel an der Grenze von sieben Ländern. Hier betrachtete jeder Würdenträger sein Land und der *Ollam* das Land des Königs, den er satirisieren wollte. Alle mußten dem Weißdornstrauch, der am Gipfel stand, den Rücken kehren. Bei Nordwind sangen sie alle mit einem Schleuderstein und einem Weißdornzweig in der Hand eine Strophe über diese beiden Gegenstände gegen den König. Zuerst sang der *Ollam*, dann der Reihe nach die anderen. Dann legte jeder seinen Stein und seinen Ast auf die Wurzel des Weißdornstrauches. Wenn sie im Unrecht waren, so verschlang sie die Erde des Hügels; wenn jedoch dagegen der König unrecht hatte, verschlang der Hügel jenen mitsamt seiner Frau, seinem Sohn, seinem Pferd, seinen Waffen, seiner Rüstung und seinem Hund. Der Fluch des *Mac Fuirmid* fiel auf den Hund; der Fluch des *Fochloc* auf die Rüstung; der Fluch des *Doss* auf die Waffen; der Fluch des *Cana* auf die Frau; der Fluch des *Cli* auf den Sohn; der Fluch des *Anrad* auf das Land und der Fluch des *Ollam* auf den König selbst."[149]

Ob es sich nun um mythische oder hagiographische Texte handelt, keiner erzählt von einer Zusammenkunft irischer Bischöfe und *Filid*, um eine Satire zu verfassen oder sich der Magie hinzugeben. Überdies hätte ein solch kompliziertes und beeindruckendes Verfahren sicher seine Spuren in den Annalen hinterlassen. Daß in diesem Zuge jedoch versucht wurde, die heidnischste aller Zaubertechniken zu christianisieren, läßt ihre Bedeutung im gesellschaftlichen und politischen Leben des vorchristlichen Irland erahnen.

2. Der *imbas forosnai* und der *dichetal do chennaib*

Eine weitere archaische Weissagetechnik wird im *Cormacglossar* unter dem Namen *imbas forosnai* erwähnt, was, wenn wir dem Glossenschreiber Glauben schenken wollen, "erleuchtende Wissenschaft" bedeutet. Zwar ist auch die folgende Beschreibung unglaubwürdig inszeniert, doch dürfen wir uns dadurch nicht verwirren lassen: Es wäre nicht das erste Mal, daß ein *File* oder Schreiber eine mehr oder weniger kohärente Geschichte erfand bzw. umwandelte, um um jeden Preis eine analogische Etymologie zu rechtfertigen.

"Der *File* kaut ein Stück Fleisch eines roten Schweins, eines Hundes oder einer Katze, welches er anschließend auf einen flachen Stein hinter die Tür legt.[150] Er opfert es den Göttern auf dem Altar unter Begleitung eines Zaubergesangs und ruft schließlich die Götzen an. Wenn er sie am nächsten Tage findet [?], so verzaubert er seine beiden Handflächen und läßt sie auf seinen Wangen bis er eingeschlafen ist. Man wacht über ihn, damit er nicht gestört oder verwirrt wird, bevor ihm alles offenbart ist, d.h. bis zum Ende von ein, zwei oder drei mal neun Tagen, je nachdem, was er im Augenblick des Opfers für nötig hielt."

Da der heilige Patrick den bekehrten *Filid* diesen Zaubergesang verboten hatte, fügt der Schreiber vielleicht aus Gewissensbissen, weil er hier nur mehr eine fromme Fiktion erzählt, sicherlich jedoch auch aus Bedarf an Unterweisung, hinzu:

"*Et ideo "imbas" dicitur*, d.h. seine beiden Handflächen (eine vorne und eine hinten) auf den Wangen. Patrick schaffte diese Kultübungen ab und verbot sie ebenso wie den *teinm laegda* und beschloß, daß wer auch immer sie ausführte weder Himmel noch Erde zustünden, weil es sich dabei um ein Versäumnis gegen die Taufe handelte. Es blieb ihnen jedoch erlaubt, den *dichetal do chennaib* nach den Regeln ihrer Kunst zu verfassen, da jener kein Opfer an den Dämon benötigte, weil er nur eine unmittelbare Offenbarung durch die Fingerspitzen des Poeten war."[151]

Ein grundlegender Irrtum wurde darin begangen, *imbas* als Zusammensetzung aus der verstärkenden oder rückbezüglichen Vorsilbe *im-* und *bas* "Handfläche" zu verstehen. Die folgende Erklärung geht von dieser falschen Grundlage aus.[152] Doch gehört das *-b-* zur Vorsilbe *imb*, und wir haben es bei *imbas* in Wirklichkeit mit einer die Aussprache wiedergebende, zusammengezogenen Schreibweise von *imb-fhius* oder *imb-fhess* ("große Wissenschaft")[153] zu tun, bei der das gehauchte *-fh-* stumm bleibt. Wie auch beim *glam dicinn* bleibt dem Profanen das Geheimnis des Zaubers verschlossen.

Hier ein authentisches Beispiel des *Raubzuges der Kühe Cooleys* aus dem *Lebor na hUidre*, in dem Königin Medb sich um das Los ihrer Armee erkundigt.

“Wie heißt du?” fragte Medb das Mädchen. “Fedelm, Prophetin aus Connaught ist mein Name,” antwortete das Mädchen. “Woher kommst du?” fragte Medb. “Aus Schottland, wo ich die Wissenschaft der *Filid* erlernte,” sprach das junge Mädchen. “Dann schaue für mich, wie mein Feldzug ausgehen wird.” Da schaute das Mädchen. Medb fragte: “Oh Prophetin Fedelm, wie siehst du das Heer?” Fedelm antwortete ihr und sprach: “Ich sehe sehr rot, ich sehe rot.” “Das ist nicht wirklich wahr,” erwiderte Medb, “denn Conchobar ist geschwächt in Emain und die Ulaten sind um ihn mit ihren besten Kriegern. Meine Boten sind dorthin gegangen und brachten mir die Neuigkeit.”

“Prophetin Fedelm, wie siehst du das Heer?” fragte Medb. Das Mädchen antwortete ihr: “Ich sehe sehr rot, ich sehe rot.” “Das ist nicht wirklich wahr,” erwiderte Medb, “denn Celtchar, der Sohn Uthechars ist, umgeben von einem Drittel der Ulaten in Dun Lethglaiise, und Fergus, der Sohn Roegs, Sohn Eochaids ist hier bei uns im Exil mit dreißig hundert Krieger um ihn.”

“Prophetin Fedelm, wie siehst du das Heer?” fragte Medb. “Ich sehe sehr rot, ich sehe rot,” antwortete ihr das Mädchen. “Das ist nichts Besonderes,” erwiderte Medb, “denn bei jeder großen Versammlung, die sich auf einer Festung trifft, gibt es Streitereien, Zorn und rote Wunden. Schaue also noch einmal und sage uns die Wahrheit. Prophetin Fedelm, wie siehst du das Heer?” “Ich sehe sehr rot, ich sehe rot,” sprach Fedelm.[154]

Das Bestehen der Medb darauf, den Lauf der Prophezeiung ändern zu wollen, hätte Besseres verdient, doch ist das düstere Schicksal der irischen Armee besiegelt und nichts ist daran zu rütteln. In einem Lied, von dem wir lediglich die ersten Strophen zitieren wollen, sagt Fedelm die blutigen Glanzleistungen des Helden Cuchulainn voraus:

“Er hat sich auf den Kampf vorbereitet,
und sieht man sich nicht vor, so wird es Verrat geben!
Für den Kampf sucht er euch auf,
Cuchulainn, Sohn Sualtachs!

Er wird eure starken Lanzen niederschlagen
und euch eure letzten Niederlagen bescheren.
Ihr werdet ihm all eure Köpfe lassen,
das verbirgt euch die Prophetin Fedelm nicht!

Das Blut wird aus den Wunden der Helden fließen,
lang wird man sich daran erinnern.
Es wird zerstückelte Leiber geben und die Frauen werden weinen
wegen des Schmiedehundes, den ich sehe.”[155]

In der Fassung des *Buches von Leinster* ist zwar nicht eigens angeführt, daß es sich bei der Prophezeiung der Fedelm um einen *imbas forosnai* handelt, doch wird es bei genauerem Hinsehen klar deutlich. Wir haben dabei die Gelegenheit, daß dieser prophetische Zaubergesang keiner komplizierten Voraussetzungen, weder einer Trance noch eines Rituals, bedarf. Das Wort selbst herrscht durch sein ursprüngliches Gewicht, außer natürlich, der Schreiber hat uns absichtlich die Einzelheit eines Opferrituals vorenthalten.

Dasselbe gilt für den *dichetal do chennaib cnaime* ("Zaubergesang durch die Knöchelspitzen"). Er scheint relativ leicht durchführbar gewesen zu sein.

"Wenn der Dichter von weitem einen Menschen auf sich zukommen oder auftauchen sieht, verfaßt er sofort eine Strophe über jenen mit den Knöchelspitzen (d.h. mit den Fingern) oder aber ohne Vorbereitung in seinem Geiste und singt oder handelt zugleich."[156]

O'Curry merkte einmal an, daß es sich beim *dichetal do chennaib* um die einfachste vom Christentum tolerierte Form des *imbas forosnai* handelte, da ihre Durchführung keinerlei Opfer benötigte.[157] Er hatte damit sicherlich Recht. Nun stellt sich lediglich die Frage, ob all die hier zitierten Beispiele wirklich vollständig sind. Wir müssen abschließend erwähnen, daß die Schreiber der *Tain Bo Cualnge* die Opferdetails ausließen, ohne jedoch den Schluß der zwingenden Kraft des Wortes deshalb zu verändern. D'Arbois de Jubainville kam einst auf den Gedanken, den von Bischof Cormac[158] beschriebenen *imbas forosnai* in allen Einzelheiten zu analysieren, so daß wir ihn heute mit dem *tarbfes* ("Stierfest") vergleichen, auf welches wir bereits bezüglich der Königswahl in Kapitel II. 4 näher eingingen (siehe auch die anschließende Tafel).

Der Vergleich ist lehrreich, denn auch wenn sich die Gründe und Opfertiere, Stier einerseits, Schwein, Katze oder Hund andererseits, unterscheiden, so handelt es sich doch um das gleiche Ritual.

IMBAS FOROSNAI	TARBFES
1. Opfer an die Götter (Schwein, Katze oder Hund)	1. Opfer an die Götter (Stier)
2. (a) Zaubergesang über einem Stück Fleisch des Opfers (b) Anrufung mit den beiden Händen des *File*	2. Ein Mann ißt vom Fleisch und trinkt die Brühe des Opfers 3. Magischer Schlaf
3. (a) Anrufung der Götter nach dem ersten Zaubergesang	4. Vier Druiden singen Zaubergesänge
4. Ein magischer Schlaf von einem, zwei oder drei Mal neun Tagen; während dieses Schlafs träumt der *File* die Wahrheit.	5. Der Wahrsager träumt die Identität des Königs

So folgte der Schreiber und gute Christ, der uns die Erzählung der *Krankheit Cuchulainns* erhielt, getreu dem Ablauf des Rituals des *imbas forosnai*, mit der kleinen Ausnahme, daß er den Namen des Rituals ausließ und durch die Umstände ersetzte, zu welchen er gefeiert werden konnte und sollte. Zugleich belegt das *tarbfes* ("Stierfest") indirekt die Echtheit des alten Textes des *Cormacglossars*, der eine unheilbar analogische Etymologie bleibt.

Giraud von Kambrien beschreibt oder besser verunglimpft im XII. Jahrhundert das königliche Krönungsritual von Ulster (siehe Kapitel II. 2.1.), welches folgende Punkte aufweist:

(a) Opfer eines Tieres (Pferd)

(b) Verzehr des Fleisches und der Brühe des Opfers

Der Beweis ist zwar nicht absolut sicher, doch ist die Wahrscheinlichkeit groß, daß es sich dabei um dasselbe Ritual handelt. Es genügt, daß diese beiden Kultformen nicht den bisherigen Ausführungen widersprechen.[159]

3. Der *teinm laegda*, verschiedene Zaubergesänge

Viel rätselhafter ist der *teinm laegda* ("Erleuchtung des Gesangs"). Ein *teinm laegda* erlaubt dem Heldenkönig z.B., wieder nach dem *Cormacglossar*, den Mörder seines Narren Lomna ausfindig zu machen. Dazu steckte Finn seinen Daumen in den Mund und sang den *teinm laegda.* Wir kennen verschiedene Arten davon. Entweder legte man Stäbe auf den zu erleuchtenden Gegenstand, oder aber man steckte, wie Finn, den Daumen in den Mund, biß mit einem Weisheitszahn darauf, improvisierte einen Vierzeiler und brachte den Gottheiten schließlich ein Opfer dar.[160] Ein *teinm laegda* enthüllt Finn auch, daß sein Leben dem Ende zugeht.

"Eines Tages verließ Finn Almha und gelangte an den Ort namens *adhraca iuchbach* in Offaley. Auf einem Hügel gelangte er an einen Brunnen und trank einen Schluck. Er legte seinen Daumen auf seinen Weisheitszahn und sang einen *teinm laegda*. Da wurde ihm offenbart, daß das Ende seiner Zeit und seines Lebens gekommen war, und er sang diesen Vierzeiler [...]"[161]

Bei einer anderen, etwas weniger dramatischen Gelegenheit behilft sich Finn des *teinm laegda,* um die Umstände eines nächtlichen Angriffs aufzuklären. Er und seine Gefährten wurden teilweise von Geistern überfallen und hatten harte Abenteuer durchzustehen. Doch

"als sie am nächsten Morgen aus ihrem Schlaf erwachten, sahen sie in der ganzen Ebene um sie weder Haus noch Menschen. Finn fand sein Pferd an einen Pfosten gebunden, ohne Verletzung, Mangel und Schaden. Da fragten sie sich, wer ihnen eine solche Schande zuteil hatte werden lassen. Finn sang einen *teinm laegda*, legte seinen Daumen unter seinen Weisheitszahn und folgendes wurde ihm offenbart: 'In Wirklichkeit,' sprach er, 'sind das die drei Geister des Eibentals, die uns überfallen haben: sie beleidigten uns, um ihre Schwester Cuillind mit dem breiten Maul zu rächen, die wir getötet haben."[162]

Der *teinm laegda* diente zugleich auch dem Lösen spektakulärer Rätseln und manchmal völlig profanen Spielen. Als man dem blinden *File* Lugaid einen kleinen Schädel brachte, den das Meer an den Strand geschwemmt hatte, und ihn fragte, wem er gehört hatte, befahl er: "Legt die Spitzen der Stäbe darauf," und nach kurzer Überlegung antwortete er, daß es sich um den Kopf des Hundes Brecans handelte: "Es ist dies nur ein kleiner Rest, denn Brecan ertrank mit seiner ganzen Familie in diesem Schlund."[163]

Nach Untersuchung aller uns zur Verfügung stehenden Beispiele mußte man also:

- Den Daumen in den Mund stecken
- Den Mensch, das Tier oder den Gegenstand, um die sich die Frage rankte, mit einem Stab berühren
- Einen Zaubergesang singen
- Ein Opfer darbringen

Es kristallisieren sich also zwei konstante Elemente heraus, von denen eines nach der Christianisierung verschwand: Das Opfer und der Zaubergesang.

Es gab sicherlich noch weitere Zaubergesänge, die bei weitem die Anzahl derer übersteigen, von denen uns unsere Quellen berichten. Einige davon sind uns, wie der *dlui fulla* andeutungsweise bekannt. Dabei genügte es, einen Strohhalm ins Gesicht einer Person zu werfen, damit diese verrückt wurde. Der *Coir Anmann* ("Übereinstimmung der Namen") versucht das Wort mit Hilfe eines Wortspiels durch den Namen eines Druiden zu erklären.

"Nuada Fullon: Der Druide, der ihn aufzog hieß Fullon. Jener war auch der erste Druide, der einen Strohhalm mit einem Zaubergesang belegte, um einen Mann verrückt zu machen. Deshalb sprechen die Iren vom *dlui fulla.*"[164]

Wir tappen jedoch vor allem im Dunkeln, weil die verschiedenen zweitrangigen Zaubergesänge, von denen wir gelegentlich und flüchtig hören, sich lediglich durch Einzelheiten der Durchführung unterscheiden. Sie verfügen alle ungeachtet ihrer Namen über dieselbe Kraft und sind alle gleichermaßen imstande den Tod hervorzurufen. So auch der *briamon smethraige*, von dem das Cormacglossar schreibt und den ein *File* praktizierte, sobald man sich seinem Willen entgegensetzte.

"Er rieb das Ohrläppchen des Menschen zwischen zwei Fingern, und der Mensch, an dem dies vollzogen wurde, starb. Das ist natürlich, denn so wie sich das Ohr außerhalb des Menschen befindet, so wird der Mensch, dem dies geschieht, außerhalb der Menschheit gestellt."[165]

Bevor man sich nun in weitere Kommentare ergeht, sollte jedoch geklärt werden, ob Cormac nicht auch die Beschreibung des *biamon smethaige* so veränderte wie die des *glam dicinn,* daß niemand mehr auf den Gedanken käme, sie praktizieren zu wollen. Auf alle Fälle steht fest, daß der Glossenschreiber die Zaubergesänge immer im tod- und unheilbringenden Sinne auslegte. Das in der Antike und im Mittelalter so häufige Gift ist selten und seine Zubereitung scheint ebenfalls der Priesterklasse durch ihr breites Wissen in Botanik und Pflanzenmedizin vorbehalten gewesen zu sein. Ein Beispiel soll genügen, um aufzeigen, daß wir überdies bei weitem nicht nur über seriöse Quellen verfügen:

"Dreca, die Tochter Calemaels, Sohn Catans, Sohn Connaiths, war eine Druidin und Versmacherin. Sie war es, die den vierundzwanzig Söhnen des Fergus mit der roten Seite ein Giftgebräu zubereitete, an dem sie alle starben. Die Stelle, an der sie ihr Leben ließen, wurde deshalb *Nem Tenn* genannt ("Starkes Gift").[166]

Worum handelte es sich schließlich beim "Druidenknoten", der uns aus einer geheimnisvollen Erwähnung im *Dialog der Alten* bekannt ist?

"Ich entsinne mich dreier Hügel ohne Alter und ohne Fehl;
der graue Dreienderhirsch lief hier von einer Seite auf die andere;
ich erinnere mich dreier Kirchen, die einem guten Meister gehörten.
Sie hatten nicht die Stimme der Glocken,
doch waren sie vom Druidenknoten umgeben."[167]

Diese Strophe läßt uns verstehen, daß es sich dabei um einen Bannspruch handelte, dessen Wirkung das gesamte Gebiet von drei Kirchen abdeckte. Stellte er eine Schranke dar, die nur unter bestimmten Bedingungen überwunden werden konnte? Dieser "Druidenknoten" ist auf alle Fälle sehr stark christianisiert.

Von den wichtigsten Zaubergesängen, deren Namen oder gar Techniken uns bekannt sind,

glam dicinn
imbas forosnai
teinm laegda
dichetal do chennaib

war den Dichtern nach der Christianisierung nur der letzte, der vor allem ein Identifikationsmittel zu sein schien, gestattet. Der *Senchus Mor* unterscheidet sehr genau, was vor und was nach der Ankunft des Heiligen Patrick erlaubt war. Der Kommentar, welcher nicht den *glam dicinn* erwähnt, folgt der Definition des *dichetal do chennaib* und endet mit einer Aufzählung all dessen, was rechtens war.

"Und all das ist nach der Ankunft des Neuen Testaments. Doch wurde es vor dem Heiligen Patrick nicht so gehalten. Der Dichter legte seinen Stab auf den Körper oder den Kopf der Person und er wußte den Namen ihres Vaters und ihrer Mutter; innerhalb einer, zwei oder drei Minuten wußte er alles, was unbekannt war und vor ihn gebracht wurde. Das war der *teinm laegda* oder der *imbas forosnai*, denn beide enthüllten dieselben Dinge. Doch waren beide verschieden angelegt, d.h. bei beiden wurde ein anderes Opfer abgehalten.

Aber Patrick schuf diese drei Dinge bei den gläubigen Dichtern ab, da es sich dabei um unreine Sachen handelte: der *teinm laegda* oder *imbas forosnai* wurden nämlich nicht ohne Opfer an die Götzen abgehalten. Er erlaubte ihnen danach kein Ritual, welches eines Opfers an den Teufel bedurfte, da ihre Kunst rein war. Er erlaubte ihnen daraufhin den *dichetal do chennaib*, da er durch große Kenntnis und Anstrengung erlangt wurde. Das also ließ er den Dichtern neben den Stammbäumen der Menschen Irlands, den Regeln der Dichtkunst, den Grundlagen der Redekunst und des Holzes sowie das Rezitieren von Gedichten."[168]

Bei dem Opfer an Teufel und Götzen handelt es sich in diesem Rechtstext natürlich um eine abwertende, christliche Formulierung. Doch ist dies fast nebensächlich, denn den *Filid* Irlands gelang es, ihre wichtigsten Aufgabenbereiche sowie ihr Ansehen zu retten. Es mußte schon allein die Erwähnung der vorchristlichen Opfer zu verstehen geben, daß es sich beim *File* von allem Anfang an um eine Spezialisierung des Druiden handelte.

4. Der *feth fiada* oder "Die Gabe der Unsichtbarkeit"

Beim *feth fiada* handelt es sich um die Gabe der Unsichtbarkeit der Götter der Anderen Welt, die sie jedoch nicht daran hinderte, sich untereinander oder die Menschen dieser Welt zu sehen, auch wenn sie für jene nicht ohne ihren Willen sichtbar wurden. Das trifft auch auf Manannans zu, den nur Fand im Schlußteil der

Krankheit Cuchulainns bei ihrem letzten Treffen sehen kann[169], oder auch auf Lug, der nur für Cuchulainn sichtbar wird, als er kommt, seine Verletzungen zu heilen[170]. Es ist nicht sicher, ob der *feth fiada* ein tägliches Privileg der irdischen Druiden darstellte, doch steht er in so engem Zusammenhang mit ihrer Magie, daß er laut der Erzählung *Die Speise im Hause der zwei Kelche* mit dem Heidentum verschwindet:

"Das war, nachdem der *Teilginn* die Druiden und Dämonen aus Irland verjagt hatte und alle zusammen unter dem Joch des Glaubens und der Frömmigkeit standen. Im Sommer befand sich Curcog mit seinen Frauen in der Prärie des Brug na Boinne. Die Hitze und Schwüle packte die Frauen, und sie gingen in der Boinne schwimmen. Als die Mädchen genug hatten, sich im Wasser zu tummeln und zu schwimmen, begaben sie sich in die Nähe ihrer Kleider und stiegen aus dem Fluß. Eithne hatte nicht bemerkt, daß die Mädchen fortgingen, und so geschah es, daß der *Fed Fiar* [für *feth fiada*] und das Druidentum dieses schöne Mädchen verließen, das Eithne war [denn dadurch waren die anderen Mädchen und bislang auch Eithne unsichtbar gewesen]. Eithne sah die Frauen nicht mehr, doch konnte von jedem gesehen werden. Sie kam an Land, streifte ihre Kleider über und suchte die Frauen am Ufer der Boyne, doch sie fand sie nicht [...].[171]

Der *feth fiada,* die Zaubergabe der Unsichtbarkeit ist ein Privileg der Tuatha Dé Danann, als Bewohner des *sid.* Bei diesem Sonderrecht handelt es sich um ein wohl gehütetes Geheimnis, auch wenn einige Druiden oder andere außergewöhnliche Gestalten davon profitieren konnten. Cuchulainn antwortet dies - und er weiß warum - seinem früheren Waffenbruder Ferdiad:

"Ferdiad sagte: 'Unsere Brüderschaft und Kameradschaft sind nicht ebenbürtig.' 'Warum denn?' fragte Cuchulainn. 'Deine Freunde aus dem *sid* kommen zu dir und du hast sie mir noch nie gezeigt,' sprach Ferdiad. 'Das fällt mir nicht leicht,' sagte Cuchulainn, 'denn wenn der *feth fiada* jetzt einem der Söhne Mils gezeigt würde, so hätte keiner der Tuatha Dé Danann mehr Macht über dieses Geheimnis oder diesen Zauber."[172]

Es handelt sich dabei übrigens um eine Erfindung bzw. Schöpfung Manannans, des Bruders des Dagda und höchsten Gottes der Anderen Welt.

"Jedem der Tuatha Dé Danann, dem ein würdevoller Wohnort und Würdesitz gebührte, dem wies Manannan eine eigene Residenz zu. Er bereitete den *feth fiada*, das Fest Goibnius und die Schweine Mannanans für die Krieger. Das heißt, die Fürsten wurden durch den *feth fiada* unsichtbar, durch das Fest Goibnius waren die obersten Könige ohne Alter und Niedergang und die Schweine Manannans blieben lebendig für die Krieger, auch wenn sie getötet wurden.[173]

Die genaue Bedeutung des Ausdrucks bleibt uns verborgen. Nicht daß wir nicht den Sinn der Wörter verstünden, doch besitzt *feth* fünf oder sechs verschiedene Bedeutungen und *fiad(a)* drei oder vier. Am wahrscheinlichsten handelt es sich um den "Nebel oder Schleier der Wissenschaft"[174]. Doch hielt dieser magische Hintergrund den Heiligen Patrick nicht davon ab sich in einer dringenden Notlage seinerseits des *feth fiada* zu bedienen. Diese Episode wird im Einleitungsabsatz der berühmten *Lorica* erzählt:

"Patrick verfaßte diese Hymne. Sie wurde zur Zeit Loegaires, dem Sohn Nialls verfaßt, und zwar weil Patrick sich und seine Mönche vor Todfeinden beschützen wollte, die seine Geistlichen belauerten. Es ist dies ein Glaubensharnisch zum Schutz des Körpers und der Seele gegen Dämonen, Menschen und Laster. Wer auch immer sie täglich im völligen Gedenken an Gott aufsagt, den werden die Dämonen nicht anzutasten wagen. Sie wird ein Schutz gegen jegliches Gift und jeden Neid sein, eine Verteidigung gegen plötzlichen Tod und ein Harnisch für die Seele nach dem Tod. Patrick sang sie, wenn ihm von Loegaire Hinterhälte gelegt wurden, um ihn davon abzuhalten, seinen Glauben in Tara zu verbreiten. Da schien denen, die den Hinterhalt gelegt hatten, die Mönche seien Hirsche mit einem Kitz in ihrem Gefolge, d.h. Bénen. Das wird *feth fiada* genannt."[175]

So wurde *feth fiada* analog zu dieser Geschichte als "Schrei des Hirsches" verstanden und übersetzt.

5. Die Gottesurteile

In den *Echtra Cormaic i Tir Tairngiri* ("Abenteuer Cormacs im Verheißenen Land") werden zehn berühmte Ordalien aufgezählt:

"Die drei Halsbänder Moranns,
die Axt Mochtas,
die Stäbe Senchas,
das Schiff Badurnns,
die drei dunklen Steine,
der Kessel der Wahrheit,
das alte Holz des Sen, Sohn Aiges,
das Eisen Luchtas,
das Warten vor dem Altar,
der Kelch Cormacs"[176]

Hier handelt es sich um keine Zaubergesänge mehr. Doch da diese Mittel der Gottesurteile ebenso der Wahrheitsfindung und Verfügungen der Justiz dienen, gehören sie unweigerlich in den Bereich der Druiden. Die wichtigsten werden ausführlich beschrieben, und wir wollen ein wenig beim ersten, dem Halsband Moranns verweilen, da der Text es wert ist, vollständig zitiert zu werden:

“Morand, der Sohn Cairpres mit dem Katzenkopf, stammte aus einem Bauerngeschlecht. Dieser Cairpre mit dem Katzenkopf hatte sich des Königtums von Irland bemächtigt und den gesamten irischen Adel außer drei Knaben hinrichten lassen, die im Busen ihrer Mütter nach Schottland gebracht wurden. Dabei handelte es sich um Corp Ulom, Tibraide Tireach und Feradach Findfeachtnach. Cairpre, der Vater Moranns hatte eine Katzenschnautze; jeder Sohn, der ihm geboren wurde, litt an einer Behinderung und er ließ ihn töten. Cairpre hatte eine berühmte Frau von edler Geburt. Sie gab ihm den Rat, das Fest von Tara zu veranstalten und es die Männern Irlands wissen zu lassen, so daß sie zu ihren Göttern beten könnten und ihnen schöne Kinder geschenkt würden. So ließ er das Fest abhalten und die Männer blieben drei Monate lang bei ihm. Alle fasteten und beteten Gott darum, ihm und seiner Frau eine schöne Nachkommenschaft zu schenken. Das geschah also ohne sein Zutun, da er ein böser Mann war. Die Frau empfing und gebar einen Sohn. Man hätte geglaubt, daß es sich dabei von einer Schulter zur anderen um eine einzige Masse handelte; man sah also keinen Mund oder irgendeine andere Öffnung. Die Königin sagte: ‘Ich habe einen Stummen zur Welt gebracht, der deinem anderen Sohn ähnelt. Das ist ein Segen der Männer Irlands für dich, ihren Feind.’ ‘Bringt ihn morgen in die Sümpfe, um ihn zu ertränken,’ sagte Cairpre zu seinem Verwalter. Doch zeigte sich während der Nacht ein Mann des *sid* der Mutter und sprach zu ihr: ‘Das Kind soll zum Meer getragen und sein Kopf auf die Fluten gelegt werden, bis die neunte Welle über ihn spült. Das Kind wird edel sein und König werden. Sein Name wird Morann lauten.’ Denn er war groß und schön.

Sie rief den Verwalter und teilte ihm das mit. So brachte man ihn zum Meer und legte ihn auf die Fluten. Die neunte Welle kam. Die Membran um seinen Kopf teilte sich und bildete ein Halsband um seine beiden Schultern. Er sang das Lied und sagte:

“Verehrt, oh Menschen,
Gott da oben über dieser großartigen Welt.
...”

Da brachte der Verwalter das Kind nicht um, doch wagte er es aus Furcht vor dem König auch nicht, ihn zu sich zu nehmen. Er brachte ihn also zum Kuhhirten des Königs. Er ging heim und erklärte das dem König und der Königin. Der König dachte, daß er getötet worden war und sagte, daß der Verrat *(main)* von ihm, d.h. vom Kind selbst komme, so daß man ihn Morann, Sohn Mains, d.h. des Cairpre mit dem Katzenkopf, nannte. Man machte eine Gold- und Silberverzierung um diese Membran, so daß sie zum “Halsband Moranns” wurde. Sie erwürgte einen Schuldigen, um dessen Hals sie gelegt wurde. Doch dehnte es sich bis zur Erde, wenn jener unschuldig war.

Morann besaß noch einen Reifen, einen Ring aus Holz. Diesen Reif hatte er von Ochamon, dem Narren aus Femins *sid,* erhalten. Er war nämlich in diesen *sid* geschickt worden, von wo er jenen Ring zurückgebracht hatte. Im *sid* hatte er gesehen, wie das Wahre vom Falschen unterschieden wurde. Man legte also den reif um das Bein oder den Arm des Menschen und er schloß sich so stark um ihn, daß er ihm Bein oder Am abschnitt, wenn er schuldig war. Er zog sich jedoch nicht zusammen, wenn jener unschuldig war.

Es gab noch ein Halsband Moranns. Morann hatte nämlich auch den Apostel Paul aufgesucht. Er brachte eine Epistel mit, die er um seinen Hals trug. Als Morann nun in seine Festung heimkehrte, nachdem er Paulus gesehen hatte, begegnete ihm eine seiner Dienerinnen am Burgtor. Da sah sie einen Brief um dessen Hals hängen und fragte: 'Was ist das, oh Morann?' 'Wahrlich,' antwortete da Caimin der Narr, 'dies soll das Halsband Moranns bis zum [letzten] Gericht sein.' So legte Morann die Epistel um seinen Hals, wenn er ein Urteil sprach und log dadurch nie.'[177]

Es handelt sich dabei tatsächlich im strengen Sinn des lateinischen *ordalium* um einen "Rechtsbeweis" oder zumindest um eine Probe mit einer juridischen Schlußfolgerung. Doch verfügte das Altirische über kein Wort, welches das *ordalium* übersetzt hätte, und auch das neuirische *oirdéal* ist ein englisches Lehnwort.[178] Der Titel *Irish Ordaeals* ist eine Schöpfung Whitley Stokes' und das einzig belegte gaelische Wort für den Wahrheitsbeweis ist *fir* "wahr". Die eigentliche Frage will also das Wahre vom Falschen, das Gerechte vom Ungerechten unterscheiden, und es ist nicht übertrieben zu behaupten, daß Irland von der Notwendigkeit eines gerechten und rechtmäßigen Urteils besessen war.[179] Angesichts dieser Definition und solcher Auflagen der Anwendung, waren die unternommenen Schritte und die Person des Rechtssprechenden selbst viel zu wunderbar, um noch mit menschlichen Urteilen zu tun zu haben.

Die anderen Angaben des Textes kreisen viel mehr um religiöse Fragen. Dennoch wird hier das komplexe Verhältnis zwischen Recht und Religion klar, welches in erster Linie den Druiden betraf.

- Morann ist der Sohn eines Thronräubers und bösen Königs. Tatsächlich handelt es sich bei Cairpre um den Archetyp des schlechten Königs. Bereits seine Geburt wird von seiner Bosheit befleckt, er ist häßlich und mißgestaltet, seine Herrschaft ist von Unrecht, Armut und Hungerqualen geprägt. Doch ist seine Mutter edel, königlich, schön und gut.

- Morann ist bei seiner Geburt ein Ungeheuer, eines der mißgebildeten Kinder, die die Mutter zur Verzweiflung bringen. Doch wird zugleich gesagt, daß er groß und schön ist, Eigenschaften, die offenbar in Widerspruch zu seinem ursprünglichen Aussehen stehen. Andererseits hat er bei seiner Geburt weder Mund, noch Augen oder Ohren. Er ist also taubstumm und blind zugleich.

Es gibt jedoch eine Symbolik der Kontraste und Gegenteile, nach dem alle körperlichen Entstellungen Bürgen für Schönheit und spirituelle Kraft sind. Als Sohn eines thronräuberischen und ungerechten Vaters (die schlimmsten Bürden eines Königs), wird Morann zu einem hervorragenden, ja zum gerechtesten, vernünftigsten, weisesten, redegewandtesten und hochgeachtetsten Richter. Auch wenn der Text das Wort nicht gebraucht, wird er ein großer Druide, umso mehr noch, da er Sohn eines Königs und einer Königin eines großen Herrschergeschlechts ist.

Was die Mittel der Gottesurteile betrifft, so zählt der Text drei Halsbänder auf, denen drei verschiedene Erklärungen zukommen. Das letzte zeugt von einem Christianisierungsprozeß, den wir im mittelalterlichen Irland nun schon gewohnt sind. Beim Apostel Paul und seiner Epistel handelt es sich um eine nachträglich zugefügte und überflüssige Rechtfertigung. Die zweite Erklärung trägt dem märchenhaften Ursprung Rechnung: Morann ist eigentlich ein Wesen der Anderen Welt. Die erste ist die wohl wahrscheinlichste, da sie dem mythischen Rahmen am meisten entspricht. Sie geht auf die doppelte Funktion des Halsbandes ein, welches sich nicht nur zuziehen, sondern auch ausdehnen kann. Die drei Halsbänder sind schließlich ein einziger Gegenstand, welcher als Juwel oder Talisman des Rechtszaubers verstanden wurde.

Das Gottesurteil hebt sich auf zwei Ebenen vom gewöhnlichen ab:
- Überprüfung der Schuld oder Unschuld des Angeklagten
- Überprüfung der Berechtigung und der Gerechtigkeit des Urteils.

Da ihm der Richter also ebenso, wenn nicht sogar mehr als der Angeklagte unterstand, drängt sich der Schluß auf, daß es sich bei den Ordalien des irischen Mittelalters zunächst um eine Übernahme religiöser Verfahren handelte, die dem Christentum eigentlich fremd waren.

So war der "Kessel der Wahrheit"

"ein Behältnis, welches dazu diente die Wahrheit von der Lüge zu unterscheiden. Er wurde mit kochendem Wasser gefüllt, in das die Hand des Angeklagten getaucht wurde. War er schuldig, war die Hand verbrannt. War er jedoch ohne Fehl, so litt er keinen Schmerz. Denn die drei von den Heiden am meisten verwendeten Gegenstände sind der Kessel der Wahrheit, die Hölzer und das Warten am Altar."[180]

Die Technik des "Eisens des Luchta" ist dem sehr ähnlich.

Der Druide Luchta hatte in der Bretagne studiert. Dort sah er eine seltsame Methode, die Wahrheit von der Lüge zu unterscheiden: Ein von den Druiden geweihtes Eisen wurde bis zur Rotglut ins Feuer gelegt. Dann wurde es über die Handfläche des Angeklagten gestreift. War er schuldig, so verbrannte es ihn. Ansonsten hatte ihm das Eiden nichts an. Luchta sagte zu den Bretonen: 'Wir, die Menschen Irlands bräuchten es, um die Wahrheit von der Lüge scheiden zu können.' So nahm er das geweihte Eisenstück mit, welches in der Folge dazu diente, das Wahre vom Falschen unterscheiden zu können. Aus diesem Grund wird das Urteil durch das Eisen noch immer in Irland vollzogen."[181]

Das Gottesurteil durch die Hölzer oder "der Holzwurf Sens, dem Sohn Aiges" ist bemerkenswert und etwas anders:

"Man warf drei Hölzer ins Wasser, das Holz des Herrn, das Holz des *Ollamh* und das Holz des Angeklagten. War jener schuldig, so ging sein Holz unter. War er jedoch unschuldig, so blieb es an der Oberfläche."[182]

Ein gallisches Gottesurteil, welches eher einem Los als einer eigentlichen Ordalie ähnelt, läßt die Raben in Rechtsangelegenheiten eingreifen.

"Es gibt jedoch eine noch fabelhaftere unter den Geschichten des Artemidorus, und zwar die Geschichte der Raben. Er erzählt, daß es an der Ozeanküste einen Hafen namens Zweiraben gibt, wo man in der Tat zwei Raben beobachten konnte, deren rechter Flügel weißlich war. Diejenigen, die einen Rechtsstreit auszutragen hatten, kamen an diesen Ort und legten ein Brett auf eine Anhöhe, auf welches jede der zwei Parteien unabhängig voneinander Kuchen legte; die Vögel, die dann über die Kuchen herfielen, aßen die einen und verstreuten die anderen. Der Sieger war der, dessen Kuchen verstreut worden waren."[183]

Wo bei dieser Ordalie jedoch noch festzustellen wäre, inwiefern sie sich auf die Wirklichkeit oder auf den Mythos bezieht. Letzterer setzt sich sicher über die Realität hinweg.

Zur Zeit Senchas, einem in ganz Irland berühmten Druiden, wird das Holz nicht mehr ins Wasser, sondern ins Feuer geworfen:

"Hier das Ziehen des Loses bei Sencha, dem Söhne Ailills. Er warf zwei Hölzer aufs Feuer: Das Holz des Königs und das Holz des Angeklagten. War jener schuldig, so blieb sein Holz an seiner Handfläche kleben. War er unschuldig, so fiel es sofort ab. So geschah es damals und man sang den Zaubergesang der Dichter über sie.[184]

So verhält es sich auch um die Axt Mochtas.

"Das war die Bronzeaxt des Zimmermanns Mochta. Er legte sie in ein Feuer aus dem Holz eines Pflaumenbaumes und man fuhr mit ihr über die Zunge [des

Angeklagten]. Hatte er gelogen, so verbrannte sie ihn; war er unschuldig, war er überhaupt nicht verbrannt."[185]

Ein anderes Gottesurteil wurde mit Steinen erstellt:

"Eine Mulde wurde mit Torf, Kohle und anderem schwarzen Zeug angefüllt. Man warf drei Steine hinein: einen weißen, einen schwarzen und einen bunten Stein. Wer seine Hand hineinsteckte und den weißen Stein herausholte, war im Recht. Er holte den schwarzen heraus, wenn er gelogen hatte und den bunten, wenn er zur Hälfte unschuldig war."[186]

Mit dem sehr archaischen "Warten am Altar" kommen wir wieder zum Wasser zurück. Trotz der Bürge des Mose wurde sie nur unzulänglich christianisiert.

"Diese Probe, d.h. das Warten am Altar, wurde damals benutzt, um das Wahre vom Falschen unterscheiden zu können: Man mußte demnach neun Mal um den Altar schreiten und dann das Wasser trinken über dem der Druide einen Zaubergesang gesungen hatte. War er schuldig, so war das Zeichen klar. Das Wasser hatte ihm jedoch nichts an wenn er unschuldig war. Cain Cainbrethach, das Pflegekind des Fenius Farsaid, der zwölfte bzw. zweiundzwanzigste Schüler der Schule, die Fenius bei den Griechen versammelt hatte, um die zahlreichen Sprachen der Welt zu erlernen, hatte diese Wahrheit aus dem Lande Israel gebracht, als er zu den Tuatha Dé kam. Er hatte das Gesetz Mose gelernt, und er war es auch, der in dieser Schule die Urteile fällte, nachdem sie [die Schüler] von überall her versammelt worden waren. Auch war es dieser Cain, der das Gesetz der vier Wege nach Irland brachte, denn es kamen von dieser Schule nur zwei Männer, der Dichter Amirgin mit dem weißen Knie und Cain der Richter, nach Irland. Die Urteile, die er fällte, waren die des Gesetzes Mose. Die Urteile des Gesetzes waren sehr häufig bei den Fianna. Diese Urteile des Gesetzes dienten auch Cormac."[187]

Nach dem Halsband Moranns ist sicherlich das Gottesurteil durch den Kelch das bedeutendste, zu dem wir über zwei Texte verfügen:

(a) Die Vase Badurnns:

"Badurnn war der Name eines Königs. Seine Frau ging einmal zur Quelle und sah zwei Frauen des *sidhe*. Sie waren durch ein Bronzekettchen miteinander verbunden. Als jene sie sahen, gingen die Frauen des *sidh* unter die Quelle. Sie folgte ihnen unter die Quelle und sah dort eine wunderbare Wahrheit im *sidh*, eine Kristallvase. Wenn jemand drei gelogene Wörter in ihrer Anwesenheit sprach, so zerbrach sie in drei Teile, sprach ein Mensch drei wahre Worte, so setzte sie sich wieder zusammen. So bat die Frau Badurnns die Leute des *sidh* um diese Vase, die bei Badurnn das Wahre vom Falschen zu scheiden wußte."[188]

(b) Der Kelch Cormacs

"Man teilte das Schwein unter ihnen auf und legte den Teil Cormacs vor ihn. 'Ich habe noch nie ein Mahl zu mir genommen, ohne fünfzig Mann an meiner Seite zu haben,' sprach Cormac. Da sang der Krieger [Manannan] einen Refrain und schläferte ihn ein. Als er wieder aufwachte, sah er fünfzig Krieger, seinen Sohn, seine Frau und seine Tochter an seiner Seite. Da war er frohen Mutes. Man teilte Speise und Trank unter ihnen auf und sie waren froh und lustig. Man gab dem Krieger einen goldenen Kelch in die Hand. Cormac war von diesem Kelch wegen seines Formenreichtums und seiner fremdartigen Kunst bezaubert. "Es hat etwas noch Seltsameres um ihn, sprach der Krieger: 'Wenn drei gelogene Worte über ihm gesprochen werden, so zerbricht er in drei Teile. Spricht man daraufhin drei wahre Worte, so setzt er sich wieder zusammen, und wird wieder wie zuvor.' Der Krieger sprach also drei falsche Worte, und der Kelch zerbrach. 'Es ist besser, die Wahrheit zu sagen,' sprach der Krieger, 'damit der Kelch im Ganzen bleibt. Ich sage dir also bei bestem Gewissen, oh Cormac, daß deine Frau und deine Tochter bis heute kein Gesicht eines Mannes gesehen haben, seitdem sie nach Tara gebracht wurden, und daß dein Sohn kein Gesicht einer Frau gesehen hat.' Nach diesen Worten war der Kelch wieder ganz."[189]

Es ist wohl nicht mehr nötig, auf die oberflächliche Christianisierung der Texte hinzuweisen, deren Archaismus die mittelalterlichen Schreiber nicht mehr erkannten. In der Tat flechten sie Sagengestalten wie Morann, Sencha, Cain Cainbrethach und Cormac in die Handlungen ein, die vor allem bemerkenswert sind, da sie alle drei Klassen der dreiteiligen Ideologie betreffen.

1.	Priestertum	:	fünf Druiden
2.	Krieg	:	zwei Könige
3.	Produktion	:	ein Handwerker (dem mit seiner Bronzeaxt keine mindere Rolle zukommt)

Zu den Elementen Erde (alle schwarzen Stoffe), Wasser, Feuer und Luft kommen noch folgende Talismane:

- Das mit Gold und Silber verzierte Halsband
- Der Kessel und die Kristallvase
- Das Eisenstück und die Bronzeaxt
- Das Holz
- Der Stein

Die betroffenen Körperstellen sind hingegen sehr begrenzt:

- Die Hand
- Die Zunge

Vielleicht ist das daraus zu erklären, daß die Hand Böses tut und die Zunge Lügen spricht, denn die Falschheit war das schlimmste, dem alten Irland bekannte Laster. Lediglich das Halsband Moranns greift Hals und Bein an. Die Erzählung *Die Abenteuer Cormacs* liefert uns auf alle Fälle eine wichtige Ausführung bezüglich des Kelchs der Herrschaft: Er verschafft nicht nur den Machtrausch, sondern zugleich die Mittel einer guten Rechtsverwaltung. War Cormac ein großer König und Richter, da sich dieser Kelch in seinem Besitz befand? (Manannan nimmt bei dieser Gelegenheit die Rolle Lugs ein.) Das einzige Unrecht, welches er aus einem Übermaß juristischer Engherzigkeit begeht, ist sein Feldzug gegen Munster, der in der *Belagerung von Druim Damghaire* berichtet wird. Doch auch da handelte es sich unter einem schlechten Vorwand um einen Tributzoll, der dem Königtum von Tara geschuldet wurde.

Schon allein als solche bieten uns diese Ordalien, so lückenhaft und unvollständig ihre Beschreibung auch sein mag, bereits einen recht genauen Einblick in den Bereich der Riten, in dem wir sonst nur über sehr spärliche Informationen verfügen. Sie dienen zumindest als Beweis dafür, daß es auch hier Riten gab, welche wie in Rom oder Indien genauestens erstellt und geregelt waren. Auch die Talismane sind viel zu alt, um nicht auf gemeinsame, ursprünglichere, indoeuropäische Grundlagen zurückzugehen.[190] Eine Einzelheit wie das neunmalige Umschreiten eines Altars vor dem Trinken des vom Druiden verzauberten Wassers, stammt sicher nicht aus der Bibel, scheint jedoch andererseits auch kaum erfunden worden zu sein.

Das Gottesurteil schockiert unser modernes Gewissen durch seine willkürliche Seite, die eine schwerwiegende Rechtsentscheidung dem Zufall überläßt. Doch steht dieser moralische Gesichtspunkt der Religionsgeschichte negativ gegenüber, da die Immanenz der göttlichen Gerechtigkeit, eben genau der, die die Druiden wahrzunehmen imstande waren, keinen Zufall kannte: Das Los ist der absolute Ausschluß des Zufalls.

Wir sehen uns also zur Feststellung angehalten, daß die keltischen Ordalien in der letzten Instanz und außerhalb jeglichen menschlichen Eingreifens einen Rechtsvollzug durch die Magie der Weissagung und der göttlichen Macht darstellten, der jeglichen Irrtum und dadurch auch jeden Zufall auschloß: Das menschliche Schicksal liegt allein in der Hand der Götter.

Ein aufschlußreiches Detail, welches genau das Gegenteil eines Gottesurteils darstellt, da es nicht nach der Wahrheit sucht, findet sich in einer von Titus Livius erzählten und von D'Arbois de Jubainville zitierten[191] Anekdote über einen Rechtsstreit, den sich die zwei jungen, keltiberischen Prinzen Corbis und Orsua gegen Ende des III. nachchristlichen Jahrhunderts lieferten: beide strebten die Nachfolge um den Thron ihrer Väter an, welche nach dem Erstgeburtsrecht regiert hatten. Die beiden Widersacher, die jegliches Schiedsgericht ablehnten, überließen es schließlich dem Kriegsgott, die Entscheidung zu treffen.[192] Sicherlich schlichtete der Gott den Streit, denn der Stärkere und Erfahrenere, wenn nicht sogar der, den die Götter bevorzugten, tötete seinen Gegner mit dem Schwert und bestieg alleine den Thron. Doch handelt es sich dabei um eine Kraftprobe und nicht um ein Urteil. Ein Druide hätte hier nichts zu tun gehabt, außer den Bruderkampf für nichtig zu erklären und zu verhindern, bevor er seine eigene, rechtmäßige und gerechte Entscheidung durchgesetzt hätte.

ZUSAMMENFASSENDE TAFEL DER IRISCHEN GOTTESURTEILE

PERSON	AUFGABE	TALISMAN	ANWENDUNG
Morann	1. Richter	Mit Gold und Silber verziertes Halsband	Drückt dem Schuldigen den Hals oder das Bein ab
Morann	1. Richter	Kessel der Wahrheit	Der Angeklagte steckt seine Hand in das kochende Wasser des Kessels
Luchta	1. Druide	Geweihtes Eisenstück (bretonischer Herkunft)	Das Eisen wird bei Rotglut über die Hand gestrichen
Sen	1. Doktor	Drei Holzstücke: Holz des Königs, Holz des *Ollamh* und Holz des Angeklagten	Werden ins Wasser geworfen. Das Holz des Schuldigen geht unter, sonst schwimmt es.
Sencha	1. Druide	Zwei Holzstücke: - Holz des Königs - Holz des Angeklagten	Die im Feuer erhitzten Stücke werden auf die Hand des Angeklagten gelegt, wo das Holz bei dessen Schuld hängen bleibt
Mochta	3. Zimmermann	Bronzeaxt	Wird bei Rotglut über die Zunge des Angeklagten gestrichen. Bei einer Verbrennung ist er schuldig.
Mochta	3. Zimmermann	Ein weißer, ein bunter, und ein schwarzer Stein	Aus einer schwarzen Masse (Torf oder Kohle) holt der Unschuldige den weißen, der Schuldige den schwarzen und der teilweise Schuldige den bunten Stein heraus.

Cain Cainbrethach	1. Richter (Urdruide)	Altar (wahrscheinlich aus Stein)	Der Angeklagte umschreitet neunmal den Altar und trinkt dann ein vom Druiden mit einem Zaubergesang belegtes Wasser, welches ihm im Falle der Unschuld nichts anhat.
Badurnn	2. König	Kristallvase aus der Anderen Welt	Die Vase zerbricht bei einer Lüge in drei Teile. Bei einem wahren Wort wird sie wieder hergestellt.
Cormac	2. König	Kelch aus Gold und Silber, ein Geschenk Manannans	Der Kelch zerbricht bei einer Lüger in drei Teile. Bei einem wahren Wort wird er wieder hergestellt.

6. Die Hecke des Druiden. Die *devotio.*

Es kam vor, daß ein Druide mittels eher böswilliger denn heilbringender Magie eine unüberquerbare Hecke aufstellte:

"Fraechan, der Sohn Tennisans machte die Druidenhecke für Diarmait und Tuathan, der Sohn Dimans stellte sie auf."[193]

Nach der Zerstörung der Zauberhecke wurde die Armee Diarmaits geschlagen.[194]

Die Erzählung *Aided Dhiarmada* ("Dhiarmaits Tod") ist ausführlicher. Die militärische Auseinandersetzung geht einher mit einem Zauberwettkampf zwischen dem Druiden und dem großen Heiligen Columba. Die Magie des Druiden macht ein einziges Opfer und verliert daraufhin all ihre Wirksamkeit:

"Fraechan, der Sohn Tenesans, der Druide Diarmaids, stellte zwischen den beiden Armeen eine Druidenhecke auf. Da sagte Colum Cille [...]. Tuatan, der Sohn Dimans, Sohn Sarans, Sohn Cormacs, Sohn Eogans, Sohn Neills hielt sich an der Schranke fest und sprang in einem Satz hinüber. Er war der einzige der Männer des Colum Cille, die hierbei den Tod fanden. Danach wurde Diarmaid besiegt."[195]

Wir wissen nicht, woraus diese Druidenhecke bestand, die mehr ein magisches denn ein materielles Hindernis darzustellen schien. A priori gehen die Schreiber der irischen Heiligenlegenden, denen es stark an einheimischen Märtyrern fehlte, bezüglich der Druiden ähnlich vor wie alle anderen Hagiographen Europas hinsichtlich des Heidentums: Sie schreiben den Priestern der früheren Religion eine außerordentliche und übernatürliche Zauberkraft zu, und das nicht zuletzt, um dadurch die Macht und Heiligkeit der frommen Person, deren Tugenden sie preisen, unterstreichen zu können. Dieses Verfahren ist konstant und hat in einem Werk über die Druiden zunächst zur Folge, daß wir uns der Heiligenlegenden vor allem bedienen, um die Beharrlichkeit von Gewohnheiten und Vorstellungen in der irischen (und auch allgemeiner der keltischen) Mentalität aufzuzeigen, die sich nicht durch das Christentum erklären lassen. Die Inselhagiographen hätten wohl kaum gedacht, uns diesen großen Dienst zu erweisen.

Es kam, zumindest in den Erzählungen, auch vor, daß ein Druide bereit war, sich in eine Kuh zu verwandeln. Dieses Tier, welches sich dann vom Feinde opfern ließ, stellt die Aufopferung des Druiden dar, welche schließlich den Sieg ausmachte.[196] Diese freiwillige Verwandlung zu militärischen Zwecken ist aus einem religiösen Gesichtspunkt eine *devotio.* Leider fehlt uns das dazugehörende Ritual. Eines jedoch ist sicher: die keltische *devotio* wurde von einem Druiden und nicht wie die lateinische von einem Soldaten vollbracht. Vom heutigen Wissenstand der Forschung aus gesehen ist sie jedoch eher mythisch als reell.

7. Irisch *cetal,* gallisch *cantalon*

Das verblaßte und fast mechanische Erscheinungsbild dieser verschiedenen Praktiken darf uns nicht über ihre intellektuellen und religiösen Grundlagen hinwegtäuschen. Die Juristen, die im *Senchus Mor* dem *File* den Rang des Königs oder Bischofs zusprachen, täuschten sich nicht: Alle diese Formeln scheinen nur oberflächlich und primitiv, weil ihre Überlieferung verstümmelt und unzureichend ist. Sie weisen jedoch immer noch auf die überlegene Rolle und absolute Vorherrschaft der Priesterklasse in der Gesellschaftsordnung hin und zollen eigentlich auch der mündlichen Überlieferung großen Respekt. Die Verwendung der Oghamschrift stellt eine Ausnahme dar, die in allen Fällen durch ebenso seltene wie auch genau bestimmte Umstände bedingt wurde. Alle Zaubergesänge und Satiren und viele Voraussagen waren gesungen: *cetal, airchetal, forchetal, dichetal* heißen diese Zaubergesänge mit oder ohne verstärkender Vorsilbe, und auch der *File* selbst trägt oft einen Namen, der mit dem Gesang in Verbindung steht: *cainte* ("Satiriker")[197]. Die Umgangssprache, wo es eine solche noch gibt, vermittelt bereits seit dem Hochmittelalter keine Tradition mehr und enthält noch umso weniger Relikte der vorchristlichen Religion (außer einigen präzisen Spuren in der Folklore). Im Bretonischen wird eine "Lehre" noch mit dem auf das archaische **kantalon* zurückgehende Wort *"kentel"* bezeichnet, während das lateinische *lectio* (französisch *leçon*) sich ausschließlich auf geschriebene und gelesene Texte bezieht: *Iccavos Oppianicnos ieuru Brigindonae cantalon* "Iccavos, Sohn des Oppianos, verfaßte einen *cantalon* für Brigitte", heißt es in der gallischen Inschrift von Auxey (Côte-d'Or). Es wurde bereits aufgezeigt, daß dieser *cantalon* etymologisch gesehen keine Säule bezeichnet, wie Vendryes gemeint hatte, sondern vielmehr durch Bedeutungsübertragung eine Gedenkstele einer religiösen Zeremonie, bei der eine Hymne gesungen wurde.[198]

8. Der Druide bei Bestattungen

Der gallische *cantalon* könnte auch mit der Totenklage in Beziehung stehen, die ein *File,* im Namen aller bei der Bestattung eines Helden sang, und die sich in einem genau geregelten Kult alljährlich wiederholte. Dieser Brauch wird häufig in den irischen Erzählungen erwähnt. Wir wollen hier die bewegende und tragische Totenklage der drei Söhne Tuireanns zitieren, die ihr eigener Vater nach deren tödlicher Suche nach den von Lug geforderten Wundergegenständen singt:

"Als Brian das hörte, ging er zu seinen beiden Brüdern, um sich zwischen sie zu legen. Seine Seele verließ ihn und auch seine beiden Brüder. Tuireann sang dieses Lied über seine Kinder:

"Mein Herz ist euretwegen zu Boden gedrückt,
oh drei schöne Helden, die ihr so viele Kämpfe gefochten habt.
Nach eurem Marsch, nach eurem Spiel,
wäre es besser für mich, wenn ihr am Leben wärt.

Stoff zweier Könige Banbas,
Iuchar und Iucharba,
Brian, der Griechenland erobert hatte,
das Schlimmste ist, daß ihnen unter den Lebenden keiner ebenbürtig war.

Ich, Tuireann stehe ohne Kraft
auf euren Gräbern, oh ihr feurigen Krieger;
so lange es Schiffe auf dem Meer geben wird,
werde ich kein Gedicht und kein Lied mehr verfassen.[199]

Es steht hier nicht, daß Tuireann ein Druide ist, doch sind seine drei Söhne drei Urgötter und er selbst ist ein mythischer Urvater.

Auch beim Tod Conles, des Sohnes Cuchulainns, ist keine Rede von einem Druiden, doch war seine Teilnahme selbstredend und die Zeremonie war trotz der Kürze ihrer Beschreibung makellos:

"Dann wurde die Trauerklage, das Grab und die Stele gemacht und drei Tage lang ließ man den Kühen von Ulster kein Kalb."[200]

Die Trauerspiele waren ein Bestandteil der Bestattung und standen zweifelsohne unter Leitung und Aufsicht der Druiden:

“Und man begrub den Sohn des Königs von Ulster, man hob das Grab aus, stellte seinen Grabstein auf seine Grabstätte, und die Fianna von Irland veranstalteten seine Trauerspiele.”[201]

Das ossianische Gedenkgedicht des Todes Cairpres, eines irischen Königs im dritten nachchristlichen Jahrhundert, versäumt es nicht, das *Ogham* zu erwähnen, welches mit diesen Trauerspielen das Andenken an den Tod des Helden bewahren sollte.

“Das *Ogham* ist hier in den Stein geritzt, und die Helden sanken ringsherum zu Tode verwundet zu Boden. Wenn Fian der Kämpfer lebt, so wird auch das *Ogham* lange leben.”[202]

Der Druide persönlich überwachte diese Bestattungen. Als man den König von Munster, Mog Neid begräbt, der einem unglücklichen Zweikampf mit seinem Lehnsherrn dem obersten König Conn Cetchathach zum Opfer fiel, so kümmert sich der Druide des Verstorbenen um alle Angelegenheiten:

“Der Druide kam am Ort an, an dem sich Conn aufhielt, um bei ihm die Erlaubnis einzuholen, das Grab Mog Neids zu graben. Diese Erlaubnis wurde ihm von Conn erteilt. Er begab sich zum Leichnam Mog Neids und begann sich über das Leid zu beklagen, das ihm zugestoßen war. Er sagte, daß Conn in dieser Ebene gegen die Adeligen Munsters schlachtfähig war. Daher wird sie jetzt Magh Tualang genannt. So machte der Druide Dergdamsa ein Grab für Mog Neid: er begrub ihn mit seinen Waffen, seinem Spieß, seiner Keule und seinem Helm.”[203]

Eine andere Fassung legte dem Druiden folgende Verse in den Mund:

“Das Grab des Mog Neid liegt in der Ebene von Tualang,
mit seinem Spieß auf seiner Schulter,
seiner Keule, deren Schlag so schnell war,
seinem Helm und seinem Schwert.”[204]

Druide und König bleiben sich also bis zum Tod verbunden.

Es scheint überdies, daß diese kurze Beschreibung der Bestattung des Mog Neid, in der Prosa- ebenso wie in der Versversion die Hauptbestandteile eines gallischen Grabmals der La-Tène-Zeit aufzählt. Erinnern wir an die Worte Cäsars in *B.G.* VI, 19:

“Die Leichenbegängnisse sind, zumindest im Verhältnis zum sonstigen Lebensstandard der Gallier, prächtig und aufwendig, und alles, wovon sie glauben, daß es dem Toten zu Lebzeiten am Herzen gelegen sei, werfen sie ins Feuer, sogar Lebewesen. Kurz vor unserer Zeit wurden auch Sklaven und Klienten, von denen feststand, daß sie dem Toten am Herzen lagen, nach Beendigung der ordnungsgemäßen Begräbnisriten zusammen mit ihm verbrannt.”

Cäsar schreibt hier von einer Verbrennung. Doch gab es in Gallien ebenso Begräbnisse, und wir hegen starke Zweifel daran, daß die beiden Bestattungsweisen als Beweis für verschiedene Zivilisationen angesehen werden können oder daß sie von ethnischem Belang wären. Die Inseltexte berichten auch nur von königlichen oder fürstlichen Begräbnissen. Die des gewöhnlichen Volkes waren sicherlich wesentlich bescheidener.

Eine einzige Stelle beschreibt anläßlich der von einem Bruder für einen König von Tara vorgesehenen Bestattung eine formelle Vorschrift, die den gallischen Gegebenheiten sehr nahe kommt.

- Das Schlachten des Viehs des Verstorbenen:

"Man brachte Fachtna, den Arzt Eochaids, zu ihm, um festzustellen, wann er sterben würde. Der Arzt sprach zu ihm: 'Du hast eine der beiden Krankheiten, an denen der Mensch stirbt, ohne daß ein Arzt sie heilen könnte: Die Liebeskrankheit und die Krankheit der Eifersucht.' Ailill gab das nicht zu, da er sich schämte. Man ließ den sterbenden Ailill bei Fremainn Tethba, und Eochaid zog aus auf eine Rundreise in Irland. Man ließ Etain bei Ailill, damit sie ihm die letzte Ehre erweisen konnte, d.h. daß sein Grab ausgehoben, sein Klagelied gesungen und sein Vieh geschlachtet wurde."[205]

Diese Bestattungsbräuche und -gewohnheiten hielten sich sehr lange. Auch die Geschichte, die vom Tod der seligen Kinder Lirs berichtet, läßt jenen noch - und das unter Aufsicht eines direkten Schülers des Heiligen Patrick - die alte und archaische Zeremonie heidnischer Bestattungen zukommen, ohne daß sie dadurch auch nur das geringste Stückchen Paradies verloren hätten:

"Man errichtete eine Stele auf ihrem Grab, schrieb ihren Namen in *Ogham* darauf und veranstaltete Trauerspiele. Ihre Seelen gelangten in den Himmel."[206]

Der letzte Satz stellt auch im Irland des Hochmittelalters keine eigenartige Neuheit mehr dar: Die zwei einzigen Sorgen der Gaelen, wie aller anderen Kelten auch, waren, bei ihrem Ableben die Seligkeit in der Anderen Welt sicherzustellen und auf Erden, wo der Körper ein ehrenwertes Grab erhielt, die Erinnerung des Namens zu sichern, um so diesen zweiten, schrecklichen Tod zu vermeiden, den das Vergessen darstellt. Hier die Worte des *File* Cinaed hUa Artacain, verstorben 975, der zu seinen Lebzeiten der offizielle Dichter Nordirlands war:

"All die Sieger die da in Emain waren,
in Rathcroghan, in Tara,
die in Luachair von den Helden gefeiert wurden,
und in Allen im Westen Munsters,

Sie sind nicht mehr, was tot ist, existiert nicht;
doch wenn die Toten auch zahlreich sind,

so leben ihre Geschichten nach ihnen weiter,
und wenn man nicht verrückt ist, so versteckt man sie nicht."

Dem folgen etwa vierzig Strophen, die kurz Namen und Todesumstände einiger Helden der Epen berichten. Wir wollen lediglich die ersten zwei als Beispiel zitieren:

"Fergus, der Sohn Léites war ein Held,
der gegen das Ungeheuer antrat,
was eine verrückte Tat war,
die beiden das Leben kostete.

Der Sohn der Ness, der König, starb
auf dem Hang des Letir Lamraige.
Der Berg Slea versteckte ihn gnädiglich,
ebenso wie Fachtna, den Sohn Senchas."[207]

Die Routine der Zweikämpfe sowie der allgemeine Brauch der Trauerspiele, welche entweder bei der Beerdigung oder im Gedenken an den Tod eines Helden stattfanden, erklären, weshalb die römische Einrichtung der Gladiatorenkämpfe so großen Gefallen beim gallischen Publikum fanden. D'Arbois de Jubainville geht in einem wichtigen, jedoch vergessenen Artikel auf die Episode der Keltiberer ein, welche 206 v.Chr. als neue Verbündete der Römer dem in Karthageno sitzenden Scipio alle Kämpfer zur Verfügung stellen, die jener für die Trauerspiele zu Ehren seines Vaters benötigt.[208] Die Kostenlosigkeit ist hinsichtlich der hier beschriebenen religiösen Bedeutung nebensächlich. Der Name der *andabata*, der blinden Gladiatoren kann als übriger Beweis dafür angesehen werden.[209] Es versteht sich von selbst, daß die Kriegsspiele großen Persönlichkeiten vorbehalten waren, da sie den Übertritt aller oder eines Teils der Darsteller in die Andere Welt zur Folge hatten, denen so die Ehre (daraus erklärt sich auch die von den Römern so geschätzte "Unentgeltlichkeit") zuteil wurde, den Verstorbenen zu begleiten. Wir bewegen uns hier in einem Bereich, der dem des Menschenopfers sehr nahe kommt.

Vor der Beerdigung wurde der Leichnam in einem Fluß gewaschen, eine rituelle Geste, denn das diesen Akt bezeichnende Wort *fothrucad*[210] bezeichnete nicht nur die Leichenwaschung, sondern auch das Heilbad. Nach der Beerdigung folgte die improvisierte oder vom Druiden gesungene Totenklage und darauf die Lobrede auf den Verstorbenen. Der bezeichnendste der Totenriten stellte den Abschluß dar. Er bestand aus den *cluithi caintheach*, den Trauerspielen, welchen gelegentlich ernstere und weniger unterhaltsamere Beschäftigungen folgten:

"Als Fiachra einen Ort namens Forrach in Ui Mac Cnais im Mide erreicht hatte, starb er an seinen Verletzungen. Sein Grab wurde ausgehoben, seine Trauerspiele wurden vollzogen und sein Name wurde in *Ogham* geschrieben. Die Geiseln, die er aus dem Süden mitgenommen hatte, wurden lebendig um sein Grab herum begraben, auf daß die Männer von Munster auf immer die Schmach trügen und besiegt würden. Und alle diese Männer sagten *och, och* als man sie lebendig in der Erde verscharrte. 'Es ist *foruch* [?], diese Gräber ausgehoben zu haben,' sagten sie alle. 'So sollen sie *Forrach* heißen,' sprach der Druide.[211]

Das Prinzip solch grausamer Hinrichtungen ist einfach: Es handelte sich um keine eigentliche Verurteilung. Die Männer wurden nicht als Strafe der Erde übergeben, - der Begriff der Strafe war der keltischen Welt ohnehin fremd - sondern es handelte sich vielmehr um die Herstellung eines mystischen Gleichgewichts: "Wird das Leben eines Menschen nicht durch das eines anderen ausgeglichen, können die unsterblichen Götter nicht besänftigt werden", schreibt Cäsar, *B.G.* VI, 16. Die Geiseln gehören dem Verstorbenen: ihr Leben kann wie das der Schuldner und Sklaven nicht länger dauern als das seine, wobei ihr Tod, als Bürger eines feindlichen Volkes, den des verstorbenen Königs ausgleicht. Wir verstehen, wie notwendig es war, daß der Druide in solchen Zeremonien eingriff. Als Herr der Elemente und des Opfers zugleich, war er der unersetzbare Mittelsmann zwischen Göttern und Menschen, deren erster Vertreter der König war. Der Brauch der Bestattungsopfer mag grausam erscheinen, doch wissen wir, daß er sich nicht nur auf die Kelten beschränkte und worum es in Rom bei den Spielen der Arenen ging. D'Arbois de Jubainville erwähnt beiläufig, daß man laut der *Ilias* bei der Bestattung des Patrokles "Tiere und Menschen opferte, deren Kadaver auf dem Scheiterhaufen aufgeschlichtet wurden".[212] Wie stand es also um die griechische Urgeschichte?

Die Bestattung bedurfte keiner Weissagung, und der Druide sang sicher keine Zaubergesänge für den Verstorbenen. Doch ist seine Anwesenheit bei der Beerdigung für den Übergang des Toten in die Andere Welt und seine Befreiung von der Welt der Lebenden unerläßlich, um manchmal unerfreuliche Nebenerscheinungen seines Ablebens zu vermeiden. Alle Handlungen des Druiden fallen also in denselben Bereich technischer Anwendungen, die alle darauf abzielen, die kosmische Ordnung unter dem Vormund der spirituellen Autorität aufrechtzuerhalten. Wenn die antiken Schriftsteller über die Gleichgültigkeit schreiben, mit der die Kelten mit den Leichen der in der Schlacht gefallenen Krieger umgingen (Silus Italicus III, 342-343 bezüglich der Keltiberer und Pausanias X, 21, 6 bezüglich der Galater, die Delphi angriffen), dann geschieht dies mangels einer besseren Erklärung, und weil sie einen wichtigen Teil nicht berücksichtigten.

Denn die Vermittlerrolle des Druiden zwischen Göttern und Menschen erklärt auch seine politische Aufgabe und bestimmt zugleich seinen Eingriff in alle bedeutsamen Umstände der menschlichen Existenz, vom Beginn bis zum Ende. In schwierigen Fällen greift die Priesterschaft immer ein, um die bedrohten Interessen der spirituellen aber auch der weltlichen Macht zu retten:

"So zogen sie [Carman und seine Söhne] nach Irland, um die Tuatha Dé Danann zu schädigen und das Getreide dieser Insel zu vernichten. Das schien den Tuatha Dé Danann schlecht. So gingen von ihren Dichtern Ai, der Sohn Ollams, von ihren Satirikern Cridenbel, von ihren Druiden Lug Laebach und von ihren Hexern Bé Cuille hin, um gegen sie zu singen. Sie verließen sie nicht, bis sie die drei Männer wieder auf das Meer zurückgetrieben hatten. Jene ließen ihre Mutter Carman als Geisel zurück und gaben sieben Gegenstände als Bürgschaft dafür, daß sie nicht mehr nach Irland zurückkehren würden, solange es vom Meer umgeben wäre."[213]

Der Eingriff eines Druiden deckt sich immer mit den Interessen des Königs, auch wenn es sich um eine Prophezeiung handelt, die manchmal die Nachricht oder die Bedrohung eines baldigen Todes zum Gegenstand hat. Der einzige uns bekannte Streit zwischen König und Druide ist der zwischen dem *File* Forgoll und König Mongan bezüglich einem Detail einer Erzählung, welches der König anficht. Für eine nach unserem heutigen Verständnis völlig banale Nebensächlichkeit hätte der König fast sein ganzes Königreich, seine Frau und seine eigene Freiheit eingebüßt.[214] Und als der große König Cormac in der Erzählung der *Belagerung von Druim Damghaire* sich aus schäbigen Geldgründen in einen ungerechten Feldzug begibt und aus schlechtem Gewissen und Verrat versucht, die Druiden zu bestrafen, die ihn treu auf die Katastrophe hinweisen, auf die er zuläuft, versagt er kläglich und bekommt unzählige Gelegenheiten dazu, sein Verhalten zu bereuen.[215]

V. Weissagung und Satire

1. Wissenschaft und Weissagung

Wir haben gesehen, daß das Studium der rituellen und magischen Techniken der Druiden im Großen und Ganzen auf eine Untersuchung der konkreten Anwendung ihrer Worte hinausführt. Der Druide interpretiert oder ruft bei Bedarf allein kraft seines Wortzaubers des Zaubergesangs oder der Weissagung ein Zeichen hervor. So geschieht ein Ereignis häufig nicht durch eine Verkettung zufälliger Ursachen, sondern, da das Wort oder die Voraussage des Druiden über kurz oder lang die Bedingungen der Wirklichkeit erzeugen. Die Weissagung erzwingt also praktisch ein Ereignis. So gesehen, ist sie zugleich eine Technik und Folge von Kenntnissen und Fähigkeiten, deren Wirkungen sich auf alle menschlichen Lebensbereiche erstrecken, das Nachleben mit eingeschlossen. Mit anderen Worten besteht die einzige Rechtfertigung des bedeutenden Stellenwerts der

Priesterklasse im Wissen und im Vollzug der Opfer. Doch genügt sich diese Wissenschaft selbst und zugleich allen Bereichen der Bildung und des religiösen Aktes einschließlich des Opfers. Es ist bemerkenswert, daß sich unter den vierzehn "Bächen", die ihr das *Buch von Leinster* zuschreibt - wobei das Opfer wegen der Christianisierung weggelassen wurde - drei Zaubergesänge der Weissagung befinden:

"Ehrlichkeit und Würde,
Gemeinschaftsarbeit und Stammbaumforschung,
imbas forosnai und *dichetal*,
anamain und Urteil,
teinm laegda und Ozean des Gesangs,
Reinheit der Hand und der Heirat,
Reinheit der Lippen und des Studiums."[216]

Im Kontext der Beziehungen zwischen König und Druide war es unvermeidbar, daß die Weissagung auch der "Politik" diente, wobei wir letztere im ursprünglichen Sinne als "Regierung einer Bevölkerung" und nicht im heutigen verstehen, wo ihm eher die Bedeutung "parlamentarische Spielchen" zukommt. Der Druide nahm sich nicht den Titel des Königs heraus, doch überprüfte er, ob dessen Handlungen und Worte traditionskonform waren, wenn er sie nicht selbst, wie es meistens der Fall war, anregte. Ein klares und spätes Beispiel, welches umso interessanter ist, da es aus der Endphase der kontinentalkeltischen Aufzeichnungen stammt, belegt die Fortdauer dieses Konzepts. Es zeigt, wie die gallischen Druiden, welche die Edikte gegen die *mathematici* noch nicht zum völligen Stillschweigen verurteilt hatten - wenn diese Edikte überhaupt an ihrem Verschwinden schuld sind - , sich während der römischen Besatzung in die Politik mischten. Im ersten nachchristlichen Jahrhundert sagten sie anläßlich des Brandes der Stadt Rom unter Nero, den Niedergang des Römischen Reiches voraus und täuschten sich dabei lediglich um vier Jahrhunderte. Die Information ist wohl zuverlässig, denn sie findet sich in den *Historien* IV, 54 des Tacitus:

"Die Stadt wurde von den Galliern eingenommen, doch, da der Jupitertempel bestehen blieb, hielt auch das Reich. Jetzt war das Feuer das Zeichen himmlischen Zorns und die Druiden sangen aus leerem Aberglauben, daß das Reich der irdischen Dinge in die Hände der Transalpinen überginge."

In Irland ist die Weissagung ein allgemeiner Brauch. Sie spielt in der Regierung der Staaten eine ebenso wichtige Rolle wie in ihren verwirrten Verhältnissen untereinander. Diese Gottesgabe ist vor allem vor Kriegen von Interesse, wozu wir bereits das Beispiel aus dem Anfang der *Tain Bo Cualnge* sahen, wo die Herrscherin Medb von Connaught unaufhörlich die Prophetin Fedelm befragt (siehe Kapitel II. 4. 2.) Zuvor hatte Medb jedoch als Privatperson den Druiden aufgesucht:

“Als Medb am Ort ankam, an dem sich der Druide aufhielt, ersuchte sie ihn um sein Wissen und eine Weissagung. ‘Eine große Anzahl Männer und Frauen trennen sich heute von denen, die sie lieben und von ihren Freunden’, sprach Medb, ‘von ihrer Heimat und ihrem Land, von ihrem Vater und ihrer Mutter, und wenn sie nicht alle heil wiederkehren, werden ihre Flüche und Klagen mich zum Gegenstand haben. Doch zieht niemand fort und bleibt niemand im Frieden zurück, der uns lieber wäre als wir selbst; sage uns also, ob wir zurückkehren werden oder nicht.’ Und der Druide antwortete: ‘Wer auch immer da nicht zurückkehren wird, du wirst es.”[217]

Frage und Antwort zeigen hier das politische und egoistische Interesse an religiösen Fähigkeiten. In der *Lebor na hUidre* - Fassung der *Tain Bo Cualnge* halten die Druiden die Armee Irlands fünfzehn Tage lang zurück, bevor sie sie aufbrechen lassen.

“So wurden die vier Provinzen Irlands in Cruachan Ai versammelt. Die Druiden gestatteten ihnen nicht aufzubrechen, bis sie ein günstiges Zeichen hätten. Da sagte Medb zu ihrem Kutscher, an welchem Tage sie aufbrechen würden: ‘All die, die sich heute von denen trennen, die ihnen lieb sind, werden mich verfluchen, denn ich habe diesen Feldzug versammelt.’ ‘So warte,’ erwiderte der Kutscher, ‘daß ich den Wagen nach rechts drehe, damit die Kraft des Zeichens sich einstellt und wir von diesem Feldzug zurückkehren.’[218]

Die Kraft der Weissagung ist so stark, daß der Druide das von ihr bezeichnete Schicksal nicht mehr verändern kann, wenn sie einmal ausgesprochen ist. Das wußte auch der junge Setanta, der im Alter von fünf Jahren, noch bevor er Cuchulainn hieß, den Druiden Cathbad einem Schüler antworten gehört hatte, daß demjenigen, der an jenem Tage die Waffen ergriffe ein glorreiches und kurzes Leben bevorstünde. Cuchulainn hatte sich sogleich aufgemacht, König Conchobar um Waffen und einen Wagen zu bitten, was Cathbad zunächst sehr mißfallen hatte. Da Cuchulainn jedoch nicht gelogen hatte, mußte man sich dem Unvermeidbaren nachgeben:

“Diese Waffen sind wahrlich gut,’ sprach der junge Knabe, ‘und das gefällt mir. Glücklich ist das Land, von dem die Waffen und diese Ausrüstung stammt, glücklich ist das Land, aus dem er kommt.’ Da kam Cathbad ins Zelt und sagte: ‘Sind das die Waffen, die er erhalten hat?’ ‘Das steht fest und ist wahr,’ antwortete Conchobar. ‘Ich hatte nicht gewünscht, daß der Sohn deiner Mutter sie an diesem Tage ergreift,’ sprach Cathbad. ‘Was soll das? Hast nicht du ihn [in dieser Sache] unterrichtet?’ fragte Conchobar. ‘In Wirklichkeit war nicht ich es,’ erwiderte Cathbad. ‘Was ist in dich gefahren du dämonischer Zwerg?’ sprach nun Conchobar. ‘Hast du uns eine Lüge vorgebracht?’ ‘Sei doch nicht böse, oh mein Vater Conchobar’, sagte der kleine Junge, ‘denn es war wirklich er, von dem ich all das erfahren habe, denn ein Schüler fragte ihn, was denn das Zeichen des Tages sei und er antwortete, daß ein kleiner Junge, der an diesem Tage zu den Waffen griffe strahlend und berühmt werden würde, daß jedoch sein Leben kurz und ohne Dauer sei.' 'Das scheint mir wahr,' sagte Cathbad, 'du wirst strahlend sein und berühmt, und dein Leben wird kurz sein und wenig dauern.' 'Der Ruhm ist wichtig, und ich will auch nur einen einzigen Tag und eine einzige Nacht in dieser Welt leben, wenn meine Geschichten und meine Reisen nach mir erhalten bleiben.' 'Gut, kleiner Junge, dann steig in diesen Wagen, denn er steht unter demselben Zeichen für dich."[219]

So sagt der Druide Cathbad auch seiner Gemahlin Ness voraus, daß ihr Sohn Conchobar unter einer Bedingung König von Ulster werden würde:

"Wenn es in deiner Macht steht, oh Frau,' sagte Cathbad, 'daß das Kind in deinem Busen nicht vor morgen früh zur Welt kommt, so wird er König von Ulster und von ganz Irland und sein Name wird ewig leben."[220]

Doch bevor Cathbad Ness dies prophezeit, hatten schon andere ungenannte Druiden den zeitlichen Zusammenfall der Geburt Conchobars mit der Christi geweissagt:

"Schön war wahrlich die Würde die mit ihm, das heißt Conchobar, zur Welt kam. Das war angemessen, denn er wurde im selben Augenblick wie Christus geboren. Sieben Druiden hatten sieben Jahre vor seiner Geburt prophezeit, daß die Geburt Christi mit einer berühmten Geburt auf dem Steine zusammenfallen würde, auf dem Conchobar zur Welt kam, und daß sein Name angesehen sein würde."[221]

An dieser Stelle müssen auch die Umstände erwähnt werden, die die Geburt des großen irischen Königs Fiacha Muillethan ("Mit dem großen Kopf") begleiteten, von denen uns die Erzählung der *Schlacht von Mag Mucrima* berichtet, weshalb dieser Sohn eines Königs und einer Druidentochter diesen Beinamen trägt. Der Druide hatte seine Tochter gebeten, die natürliche Geburt um einen Tag zu verzögern, damit das Kind zum Stamm einer langen und berühmten Königsfamilie würde. Dieses Mädchen ist im Übrigen die Kutscherin ihres Vaters, so wie auch Dechtire, die Schwester König Conchobars, den Wagen ihres Bruders lenkt. Außerdem ist der Druide blind, was seine Seherkraft außerordentlich verstärkt:

"Am Tag vor der Schlacht ging Eogan zu Dil, dem Sohn des Maccu Crecga von Ossory. Er wohnte in Druim Dil und war ein blinder Druide. 'Komm mit mir,' sprach Eogan, 'um die Männer zu satirisieren und zu verzaubern.' 'Gut,' sagte jener. 'Ich gehe mit dir, oh geliebter Vater,' sprach seine Tochter. Sie war zu jener Zeit noch alleinstehend und hieß Moncha, Tochter des Dil. Seine Tochter war seine Kutscherin.

Sie kamen also nach Mog Cliach. Der Druide hatte aber an den Worten Eogans erkannt, daß jener verloren war. ‘Gut, Eogan, hinterläßt du eine Nachkommenschaft?’ ‘Keine sehr große,’ erwiderte Eogan. ‘Das ist gut, meine Tochter,’ sprach Dil, ‘schlafe mit Eogan, um zu sehen, ob das Königtum Munsters auf immer von mir abstammen wird.’

Man bereitete also ein Bett. Die Nachkommenschaft, die hier gezeugt wurde, war gut, denn es war Fiacha Muillethan, der Sohn Eogans. Dieser Fiacha trug auch den Beinamen *Fer Da Liach* (“Mann mit zwei Sorgen”), denn sein Vater starb am Tag nach seiner Zeugung und seine Mutter am Tage seiner Geburt. Beide Ereignisse waren Grund zur Sorge. Deshalb wird er Fer Da Liach genannt.

Und aus folgendem Grund wurde er Fiacha Muillethan (“Mit dem großen Kopf”) genannt: Moncha, die Tochter Dils, war bei der Furt der Nemethiu über die Suir in die Wehen der Geburt gekommen. ‘Es ist schlecht, daß du nicht morgen früh entbunden wirst,’ sagte ihr Vater. ‘Denn wenn dem so wäre, so würde seine Nachkommenschaft auf immer in Irland leben.’ ‘Wahrlich,’ sprach sie, ‘wenn er nicht durch meine Seite kommt, so wird er keinen anderen Weg finden.’

Dann ging sie ins Wasser. In der Mitte der Furt liegt ein Fels. Sie hockte sich auf diesen Stein. ‘Er hält mich zurück,’ sagte sie. So blieb sie bewegungslos bis zur dritten Stunde des nächsten Morgens sitzen. ‘Nun ist es wirklich Zeit,’ sprach da ihr Vater. Man kümmerte sich um sie und sie starb. Der Kopf des Kindes war durch den Stein abgeflacht. Das ist der Grund, weshalb man ihn Fiacha Muillethan nannte.

Er ist der Vater aller Eoganacht.”[222]

Eine Fassung der *Verbannung der Söhne Uisnechs*, die uns nur durch eine Handschrift aus der Mitte des XVII. Jahrhunderts erhalten ist, läßt die Taufe Deirdrius aus. Doch liefert sie uns eine wesentlich vollständigere Beschreibung der druidischen Weissagungen. Der Stil ist redundant und weitschweifig, wie das in allen schriftlichen Aufzeichnungen des vormodernen Irland der Fall ist. Doch ist der Inhalt traditionell und wesentlich älter als die sprachlichen und stilistischen Züge des Textes:

“Einmal gingen Conchobar, der Sohn Fachtnas und König von Ulster, und die Adeligen des Roten Astes zu einem Fest Feidhlims, des Sohnes Dolls, des ersten Erzählers des Königs. Und der König und seine Leute waren glücklich und froh, dieses Fest beim ersten Erzähler mitzumachen, denn es gab die süßen Melodien der Musiker, die klangvolle Stimme der Barden und Doktoren, die Köstlichkeiten der Redegewandtheit und die alten Legenden der Weisen und derer, die die alten Kerben der Steine und Bücher zu lesen wußten, es gab die Weissagungen der Druiden und die, die Mond und Sterne aufzählten.. Es kam, daß die Frau Feidhlims während des Festes, zu einer Stunde, als die ganze Versammlung froher Dinge war, ein schönes, wohlgestaltetes Mädchen zur Welt brachte. Cathfaid, der Liebenswerte, der Anführer der Druiden Irlands, erhob sich energisch, da es sich zutrug, daß er sich mit einem Pack Zauberbücher in der linken Hand auf der Versammlung befand. Er ging hinaus, bis an die Grenze des Hofes und begann, die Wolken am Himmel, den Stand der Sterne und das Alter des Mondes eingehend zu beobachten und zu untersuchen, um Weissagung und Einblick in das Schicksal des neugeborenen Kindes zu haben. Dann kehrte zurück vor die Leute und sprach in Anwesenheit des Königs das Omen und die Prophezeiung, daß der Provinz Ulster wegen dem gerade geborenen Mädchen viele Verletzungen und Zerstörungen zuteil werden würden."[223]

Als Kontrast zur modernen, empörten Anmerkung zu den "Zauberbüchern" und einer gewissen Naivität des Erzählers bezüglich des Mädchens, das da während des Festes zur Welt kommt, sind der Verlauf der Erzählung und die etwas ungeschickte und weitschweifige Erzählmanier Zeichen nicht des Alters, sondern der Echtheit der ursprünglichen Fassung dieser "Populärversion". Alles läuft darauf hinaus, uns die täglichen Dienste zu beschreiben, um welche man diese "Wissenspraktiker" ersuchte und die sie manchmal aus eigener Initiative leisteten, ohne darum gebeten worden zu sein.

Die Weissagung war derart fest in den sozialen Gewohnheiten des alten Irland verankert, daß sie im Christentum übernommen wurde. Druiden und andere, die weder Taufe noch Eucharistie kannten, arbeiteten am Werk der Umgestaltung mit. So schreibt die 1896 in einer Handschrift der Bodleienne von Whitley Stokes wiederentdeckte *Vita des Heiligen Columba* dem Heiligen Patrick und Sen-Mochta Lugmaid, einem anderen hochrangigen Kirchendiener und Dogen der irischen Priester, Prophezeiungen zu, die zwei Jahrhunderte zuvor die Geburt jenes berühmten Heiligen voraussagten, der wie David und Jesus einer Königsfamilie entsprang. Dies tat dem keinen Abbruch, eine so unchristliche Person wie Finn, den Anführer der Fianna ebenso weissagen zu lassen. Doch ist die Abstammung des Heiligen kaum christlicher:

"Nicht nur die Heiligen Irlands und die Patriarchen, die von Gott die Gabe zur Weissagung erhalten hatten, hatten das Kommen Colum Ciles vorausgesagt, sondern auch Druiden und Menschen, die nicht den Glauben hatten, hatten lange vor seiner Geburt prophezeit, daß jener käme. So sagte es auch Finn mac Cumail voraus, als er den berühmten Hund Bran, auf die Dammhirschjagd in Glen [...] mitgenommen hatte. Doch folgte der Hund dem Wild nicht durch den Fluß im Tal. Alle waren darüber erstaunt, daß der Hund, dem sonst nie ein Wild entkam, dies zugelassen hatte. Finn befragte also sein Orakel, sprach im Geiste der Weissagung, auch wenn er nicht gläubig war, und sagte: 'Im Norden dieses Landes wird ein

Knabe geboren werden, der Colum Cille heißen wird. Er wird der zehnte Nachfahre Cormacs, des Enkels von Conn sein, und er wird von der Gnade Gottes erfüllt sein, der ein und dreifach zugleich ist, der [immer] war und sein wird. Er wird viele Heiligtümer und Kirchen in Irland und Schottland haben und auf immer hierher kommen. Es ist ihm zu Ehren, daß Bran den Hirsch verschonte und ihn nicht auf die andere Seite des Flusses verfolgte. Diese Stelle, an der Bran dem Hirschen Milde gewährte, heißt seither und bis heute Belach Damhain."[224]

An einer anderen Stelle derselben Lebensbeschreibung sprechen die Druiden wie die Propheten des Alten Testaments:

"Die Druiden Conall Gulbans, dem Sohn Nialls mit den neun Geiseln, sagten die Ankunft Colum Cilles vor seiner Geburt voraus. Eines Tages war Conall auf der Jagd in Gartan, doch fügten die Hunde seiner Meute dem Wild nicht nur keine Wunde und kein Leid zu, sondern sie fingen gar an, mit ihm zu spielen. Conall erstaunte dies sehr, denn er wußte, daß das völlig gegen ihre Natur war. Er fragte die Druiden, die ihn begleiteten um den Grund dieser Sache. 'Wir wissen es,' sprachen die Druiden, 'an der Stelle, an der du stehst wird ein Nachkomme deines Geschlechts geboren werden. Er wird in der dritten Generation sein, die von dir abstammt. Sein Name wird Colum Cille lauten und er wird voll der Gnade des einzigen Gottes aller Mächte und aller Elemente sein. Er wird diesen Ort segnen und er wird auf immer ein Heiligtum für all jene sein, die hier zu sein wünschen. Es ist zur Ehre dieses Kindes und des Schutzes, welchen er dem Lande zukommen lassen wird, daß deine Hunde, Conall, an der Stelle seiner Geburt Milde gegen das Wild walten ließen,' sagten die Druiden."[225]

Die Anekdote wiederholt sich also im immer gleichen und unzerstörbaren Rahmen, in dem der Druide den König berät und über die prophetische Bedeutung eines eigenartigen oder wunderbaren Ereignisses aufklärt. Ganz offenbar hat der Heilige den Druiden ersetzt: Er konnte also nicht minder, noch anders handeln als jener. Die Ehrung, die die bereits weit zurückliegenden Nachfolger der Druiden letzteren erteilten, war wahrscheinlich nicht gerade freiwillig. Auf alle Fälle ist sie durchaus bedeutsam.

Muirchu, der Verfasser des *Dreiteiligen Lebens des Heiligen Patrick* schätzt die Macht der Druiden in Fragen der Weissagung sogar noch höher ein. So läßt er sie dem König Loegaire, die nahe Ankunft des Heiligen Patrick voraussagen (Muirchu ist jedoch selbst einige Jahrhunderte jünger). Ausdruck und Stil sind elliptisch und das Versmaß der Prophezeiung, welches eher monastisch als druidisch, und eher bedürftig denn christlich ist, weicht von der allgemeinen Richtung der vorhergehenden Texte ab:

"Ein geschorenes Haupt wird über das rauhe Meer kommen;
sein Mantel wird oben gelocht und sein Stab oben gebogen sein.
Er wird den Tisch im Osten seines Hauses haben
Und seine ganze Familie wird ihm antworten
Amen, Amen."[226]

2. Lob- und Schmählied. Die Satire und ihre Folgen

Um jegliche Zweideutigkeit zu vermeiden, erinnern wir an die antiken Texte über Gallien. Strabos *Geographie* IV, 4 bietet uns nur eine kurze Definition: "Die Barden sind Hymnensänger und Dichter." Doch ist Diodor von Sizilien in seinen *Historien* V, 31, 2 genauer: "Es gibt bei ihnen Liederdichter, die sie Barden nennen. Dieselben tragen ihre Gesänge unter Begleitung von Instrumenten vor, welche der Lyra ähnlich sind; und zwar sind dies teils Lobgesänge, teils Schmählieder." So hatte der gallische Barde, wie der irische *File* einen zweiseitigen Aufgabenbereich, unter den, wie wir wissen, Lob und Tadel fielen.

So ist die Funktion des Barden ein zweischneidiges Schwert, welches in zwei entgegengesetzte Richtungen anwendbar ist. Dieses macht ihn zum Vollblutpoeten und Verfasser einer Dichtung, die ihm nicht nur beim gallischen Bituitos siebzig Jahre vor der römischen Besatzung, sondern auch noch an den walisischen Fürstenhöfen des Hochmittelalters Ruhm, Ehre und Reichtum einbrachte. Er singt das Lob auf den Fürsten, dem er verbunden ist, und Schmählieder auf die Feinde, die jenen schädigen wollen. Doch auch auf seinen eigenen Herrn wird er Tadel singen, wenn dieser sich falsch verhält. Wir verfügen über genügend Belegstellen dieser offiziellen Dichtkunst aus Irland und Wales, um sicherzugehen, uns bei dieser Definition nicht zu irren.

Hinsichtlich der engen Verbindung, die zwischen Druide und König besteht, ist der Lobgesang ungleich häufiger als das Schmählied, welches nach außen hin zur Satire wird. Was jedoch heute oft mißverstanden wird, ist, daß diese Satire, auch wenn sie in poetischem Versmaß zum Ausdruck kommt, nichts mit der einfachen Dichtung gemein hat: sicher ist sie Poesie, doch zugleich auch magischer Zaubergesang und das Urteil eines Druiden gegen eine Einzelperson, die gegen eine bestimmte Regel verstoßen hat. Im Gegensatz zum Loblied, kann diese geschrieben werden, was im Fall Irlands auch der Grund dafür ist, daß sie demjenigen vorbehalten ist, der das Recht zu schreiben besitzt, d.h. dem Seher und Magier, der der *File* ist.

In der *Schlacht von Mag Tured* wird die erste Satire Irlands festgehalten:

"Es kam einmal ein Dichter in das Haus des Bres, um dort Gastfreundschaft zu erhalten. Es war Coirpre, der Sohn Etans, Dichter der Tuatha Dé. Er kam in ein kleines, enges und dunkles Haus, in dem er weder Feuer, noch Bedienung, noch ein Bett fand. Man brachte ihm drei kleine Brötchen auf einem Teller und sie waren trocken. Als er am nächsten Morgen aufstand, war er unzufrieden. Als er durch den Hof ging, sagte er:

"Ohne schnell angerichtete Speise,
ohne Kuhmilch, die ein Kalb wachsen läßt,
ohne menschliche Behausung in der Finsternis der Nacht,
ohne eine Gruppe Erzähler bezahlen zu können,
so soll der Reichtum des Bres sein."

'Bei Bres gibt es keinen Reichtum,' sprach er, und es war wahr. Von dieser Stunde an lebte Bres nur mehr im Ruin. Und dies war die erste Satire, die in Irland gesprochen wurde."[227]

Und hierbei steigt König Bres noch gut aus, denn er trägt keine allzu schweren Schäden und vor allem keine körperliche Behinderung davon. Natürlich war diese Satire als Falle gedacht: Ihr Ziel war es, ihn zum Abdanken zu zwingen und tatsächlich würde er die Königswürde über Irland niederlegen müssen. Caier, der König von Connaught, hatte nicht dieses Glück, obwohl er keinen Berufsfehler begangen hatte, außer den, sich von seiner Frau betrügen zu lassen. Nach der von seinem Neffen Nédé ausgesprochenen Satire, welche zugleich verbrecherisch, thronräuberisch und ehebrecherisch war, brechen drei Furunkel auf seinem Gesicht aus, und er muß abdanken und fliehen, woraufhin der *File* ein Jahr lang den Platz des Königs einnimmt. Doch nach dieser Frist bestraft eine Art Naturgericht die drei Sünden des Druiden, unabhängig von seinem Stand des Druiden oder Satirikers. (Der Text wurde in Kapitel II. 5 bereits zitiert und analysiert). Und was er mit dem Leben bezahlt, ist nicht nur ein betrügerischer *glam dicinn*, sondern auch das usurpierte Königtum und die geraubte Frau. Für einen Druiden war die weibliche Versuchung keine Entschuldigung, sondern verschlimmerte vielmehr die Sachlage, denn im königlichen Irland und auch später noch war ein Ehebruch nie ein Singspiel. Das Drama verhindert jedoch nicht den klassischen Verlauf der Ereignisse: Forderung, Ablehnung, Satire und Tod.

Schon andere Furunkel trieben Opfer und Schuldige in den Tod:

"Als Aithirne Ailgesach und seine beiden Söhne Cuingedach und Apartach hörten, daß das Mädchen Conchobar vorgestellt werden würde, gingen sie zu ihr, um sie um Begünstigungen zu bitten. Doch als sie sie sahen, verliebten sie sich alle drei in sie und waren so von Verlangen erfüllt, daß sie lieber gestorben wären, als sich nicht mit ihr zu vereinen. So flehte ein jeder sie an und drohte ihr, einen *glam dicinn* gegen sie zu singen, wenn sie keine Beziehung mit ihm einginge.

Das Mädchen antwortete: 'Es schickt sich nicht für euch, so etwas zu sagen, denn ich bin die Gattin Conchobars.' 'Wir können nicht am Leben bleiben,' erwiderten sie, 'wenn wir uns nicht mit dir vereinen.' Doch weigerte das Mädchen sich, mit ihnen zu schlafen. So verfaßten sie drei Satiren gegen sie und ließen drei Furunkel auf ihren Wangen: Schmach, Schandfleck und Häßlichkeit, schwarz, rot und weiß. Das Mädchen starb aus Schmach."[228]

Und so bewertete Cathbad, der oberste Druide des Ulster die Fähigkeiten seines anspruchsvollen und rachsüchtigen Kollegen:

"So sprach Cathbad: 'Wilde Tiere werden euch von Aithirne geschickt werden: Satire, Schande und Schmach, Fluch, Feuer und bitteres Wort. Seine sechs Kinder der Unehre heißen Geiz, Widerrede, Weigerung, Härte, Starrheit und Habgier, und sie sind das so gut, daß sie gegen euch Krieg führen werden."[229]

So dachten auch wenige daran, ihm Widerstand zu leisten, sogar die Könige:

"Daraufhin begab sich Aithirne zu Tigernach Tétbuillech, dem König von Munster. Ihm konnte als einzige Ehre erwiesen werden, daß die Königin diese Nacht mit ihm schlafe, sonst wären die Männer Irlands auf immer verloren. Und in dieser Nacht, als man die Frau zu Bett brachte, schlief sie mit Aithirne um der Ehre ihres Gatten wegen, auf daß er nicht verloren sei.

Daraufhin begab sich Aithirne in den Leinster nach Ard Brestine im Süden von Mag Fea. Die Leute Leinsters kamen ihm bereits im Süden Leinsters entgegen und boten ihm Geschenke und Reichtümer an, damit er nicht in ihr Land käme und Flüche zurückließe. Denen, gegen die er vorging, blieb kein Reichtum mehr, wenn sie ihm kein Geschenk gaben. Und kein Stamm und kein Volk hätte sich wieder davon erholt, wenn er getötet worden wäre. Alle Männer mußten ihm ihre Frauen oder ihr einziges Auge und alles geben, was jener an Schätzen und Reichtümern begehrte.

Denn er hatte sich folgendes vorgenommen: Er wollte den Leuten Leinsters so große Forderungen stellen, daß sie ihn töteten und die Ulaten ihn dadurch auf immer rächen würden. In Brestine stellte er also den Leuten von Südleinster eine Forderung: Denn er sah keine Schätze und keine Reichtümer, die er ihnen hätte nehmen können, weshalb er ein Wort der Empörung über sie sprechen würde, welches ihnen immer bliebe. Sie würden es nicht mehr wagen, den Kopf gegen die Gaelen zu erheben, wenn sie ihm nicht das schönste Juwel des Hügels gäben, und er fügte hinzu, daß niemand auf dem Hügel wüßte, was dieses Juwel war und wo es zu finden sei."[230]

Die irische Geschichte hatte, ob nun mythisch oder nicht, das Glück, daß solche Fälle der Satire seltene Ausnahmen darstellten. Schließlich werden Aithirne und seine beiden Söhne mit ihrer ganzen Familie von den Ulaten getötet und ihr Haus wird in Brand gesteckt...

Die Pustel, das Furunkel oder Geschwür bildete sich von alleine ohne Satire oder Druidenzauber auf dem Gesicht des bösen Druiden oder des fehlenden *File*:

"Sencha, der Sohn Ailills fällte kein falsches Urteil, ohne daß ihm bei einem jeden drei Pusteln wuchsen",

heißt es in der Einleitung des *Senchus Mor*[231]. Und wenn Bricriu, das böse Genie der Ulaten

"versuchte, seine Gedanken geheimzuhalten, wuchs ihm ein purpurrotes Furunkel, groß wie die Faust eines Mannes auf der Stirn. Zu Conchobar sprach er: 'Das wird heute Nacht aus dem Furunkel kommen, oh Conchobar."[232]

Ein anderer *File*, Dubthach verteidigt sich folgendermaßen gegen die Anklage der Ungerechtigkeit:

"Ich bestätige bei meinen Wangen, deren weiße Ehre nicht befleckt werden wird, daß ich ein gesundes Urteil fälle."[233]

Auch die großen Namen der Priesterklasse entgehen nicht der Sanktion eventueller Fehlschritte, und es sieht ganz danach aus, als ob auch die mittelalterlichen Rechtsgelehrten, als späte Erben ihrer antiken Vorgänger, falsche Urteile um alles in der Welt zu vermeiden suchten. Auf alle Fälle verfügte die Öffentlichkeit und der Verurteilte über geeignete Mittel, die Rechtmäßigkeit und Unparteilichkeit des sie betreffenden Urteils zu überprüfen.

"Vor der Ankunft Patricks gab es eindeutige Enthüllungen: Wenn die Richter die natürliche Wahrheit verfälschten, erschienen Pusteln auf ihrem Gesicht. Zuerst brach ein Furunkel auf der rechten Wange des Sen Mac Aige aus, als er schlecht geurteilt hatte. Doch verschwand es wieder, wenn er das richtige Urteil fällte.

Connla traf nie ein falsches Urteil durch die Gande des Heiligen Geistes, der mit ihm war.

Sencha fällte nie ein Urteil, ohne es die Nacht zuvor in seiner Brust getragen zu haben. Wenn sein Sohn Fachtna ein falsches Urteil traf, so fiel in dieser Gegend das ganze Obst in einer Nacht von den Bäumen, wenn es die Zeit der Früchte war; war es die Zeit der Milch, so wiesen die Kühe ihre Kälber zurück. Fällte er jedoch ein gerechtes Urteil, so blieben die Früchte in ausgezeichnetem Zustand an den Bäumen. Deshalb erhielt er den Beinamen Fachtna Tulbrethach.

Sencha, der Sohn Ailills, sprach kein falsches Urteil, ohne, daß ihm drei Furunkel auf dem Gesicht wuchsen. Fithel war im Besitz der natürlichen Wahrheit, denn er urteilte niemals falsch. Morann fällte kein Urteil, ohne ein Halsband zu tragen. Wenn er falsch geurteilt hatte, so zog es sich um seinen Hals zusammen. Sprach er das richtige Urteil, so dehnte es sich wieder aus.

Alle Dichter dieser Insel, Fearghus Fianach [dieser kam eigentlich aus dem Land Ciarraighe Luachra], Ferchertne, der Dichter, Neidhe, der Sohn Adnaes, Sohn des Uithir, Athirne der Raueh und alle anderen Poeten Irlands bekamen keinen Ehrenpreis, wenn sie ein falsches Urteil gefällt hatten. Sie wurden dann von ihrem Beruf ausgeschlossen und konnten keinen *teinm laegda* oder *imbas forosnai* mehr sprechen."[234]

Denn das irische Recht, welches sonst so auf die Machterhaltung und Freiheit der *Filid* bedacht war, hatte auch Sanktionen für mißbrauchte oder böswillige Satiren vorgesehen:

"Bei den Feine gibt es sieben Arten von Satiren, die eine Entschädigung nach sich ziehen: ein bleibender Beiname; eine beleidigende Satire in Abwesenheit [des Beleidigten]; die Satire des Gesichts; das Lachen auf alle Seiten; sich über die Form lustig zu machen; ein Laster zu verherrlichen; eine von einem Barden verfaßte Satire, die in seiner Abwesenheit gesungen wird. Je nach satirisiertem Gesicht kann die Beleidigung doppelt zählen: bei einem Beinamen, der hinsichtlich der Satire Wahres enthält, ein lange anhaltendes Laster. Die dafür festgesetzte Abfindung reicht bis in die siebte Generation.[235]

Die gesetzlichen Vorkehrungen gegen den Mißbrauch der Satire liefern uns vor allem eine äußerst bedeutsame Information: Dem Verständnis der alten und mittelalterlichen Gesetzgeber kam die Satire keinesfalls einer billigen Anschwärzung oder wie heute - was jedoch fast auf das gleiche hinausgeht - einer literarischen Gattung gleich, die zugleich Bosheit, Humor und Ironie pflegt. Sie dient einzig und allein der Feststellung der Wahrheit, der Suche nach Gerechtigkeit und darf aus diesem Grund auch nicht gesprochen oder gesungen werden, ohne daß Verfasser und Angesprochener zugleich zugegen wären.

Außer einigen die Regel bestätigenden Ausnahmen wird dem Druiden oder *File* aufs Wort geglaubt. Das muß auch so sein: Die Aufgabe des Druiden war ja in erster Linie die Beratung des Königs, die des *File*, des Wahrsagers, Richters oder Arztes betraf hauptsächlich die Überwachung seiner Gesundheit und Ausgewogenheit sowie seine genaue und korrekte juridische, historische und wissenschaftliche Information. So mußte der *File* Forgoll König Mongan jeden Abend zwischen dem ersten November *(Samain)* und dem ersten Mai *(Beltaine)* eine Geschichte erzählen. Als dieser einmal ein winziges Detail bemängelte, zog dies die Drohung einer mühseligst vermiedenen Satire nach sich, die den König seine Königin, sein Reich und seine eigene Freiheit gekostet hätte, so groß war die Macht des *File*.

“Der *File* sagte, er würde mit seinen Satiren schlagen. Er würde seinen Vater, seine Mutter und seinen Großvater satirisieren. Er würde so gegen die Wasser des Landes singen, daß man in den Buchten keine Fische mehr finge. Er würde so gegen die Wälder singen, daß sie keine Früchte mehr gäben und er sänge so gegen die Ebenen, daß sie aller Saat unfruchtbar seien.”[236]

Ein anderes Mal zieht die Streitigkeit schlimmere Folgen nach sich; so schwer ist das Gleichgewicht der natürlichen Solidarität zwischen Druiden und König gestört: Hier wird sie durch die Religion bedingt, die den zum Christentum bekehrten König vom Druiden trennt, der seinem ursprünglichen Glauben treu blieb. Der König verliert das Leben durch den Zauber des Druiden, wobei in der nacherzählten Fassung Keatings, Dämonen den König auf Veranlassung des Druiden, der natürlich böse zu sein hatte, ermorden.

“Als sich Cormac einmal im Haus Cleitachs einfand, waren die Druiden gerade dabei, das goldene Kalb zu verehren, und alle verehrten es in seiner Anwesenheit wie die Druiden. Maoilgheann fragte Cormac, warum er das goldene Kalb und die Götter nicht wie alle anderen anbetete. ‘Ich werde keinen Gegenstand anbeten, den mein eigener Handwerker fertiggestellt hat,’ erwiderte Cormac, ‘Es wäre besser, den zu verehren, der ihn selbst geschaffen hat, denn er ist edler als der Gegenstand.’ Maoilgheann reizte das goldene Kalb so sehr, daß es vor allen herumsprang. ‘Siehst du das, Cormac?’ fragte Maoilgheann. ‘Auch wenn ich es sehe,’ antwortete Cormac, ‘werde ich nur den Gott des Himmels, der Erde und der Hölle anbeten.’

Danach kochte man den königlichen Teil der Speise und er fing an, ein Stück vom Lachs der Boyne zu essen. Da kamen auf Veranlassung des Druiden Maoilgheanns böse Geister über ihn, die den König töteten. Andere wieder sagen, ihm sei eine Gräte im Hals stecken geblieben und hätte ihn erstickt, da er den Fisch aß, als Dämonen der Luft ihn erstickten.”[237]

Das goldene Kalb ist jedoch viel eher biblisch denn keltisch, und die Antwort Cormacs viel eher christlich denn irisch: Wir dürfen von einem Chorherr-Historiker des XVII. Jahrhunderts nicht allzu viel erwarten. Doch stimmt der Rest der Anekdote mit all dem überein, was wir von den druidischen Techniken und Anmaßungen wissen. Die *Annalen des Tigernach*, die wesentlich älter sind, erzählen das Ereignis etwas anders und ziemlich nüchtern:

“Cormac, der Enkel Conn Cetchathachs starb einen Dienstag in Cletech von Bregia an einer Fischgräte, die ihm im Halse stecken blieb. Die bösen Geister töteten ihn nach einem Verrat des Druiden Maelcenn, da Cormac sich von den Druiden abgewandt hatte und an ihrer Stelle an Gott glaubte. Das ist der Grund, warum der Teufel ihn angriff und ihn eines schrecklichen Todes, d.h. an der Gräte eines schwimmenden Lachses sterben ließ.”[238]

Auch die Gegner Cuchulainns wurden nicht durch ihre Kriegstugenden, sondern durch das Spiel wiederholter Satiren mit ihm fertig. So erteilt ihm ein Satiriker, d.h. Druide, drei Mal hintereinander den Befehl, zwei zum Schein miteinander Kämpfende voneinander zu trennen. Als guter, die Priester respektierender Krieger gehorcht Cuchulainn jedesmal, indem er die beiden Scheingegner entweder tötet oder bewußtlos schlägt. Doch fordert der *File* jedesmal unter Androhung der Satire seine Waffe von ihm. Dann wieder wirft ein irischer Prinz seine Speere gegen ihn, die zunächst Loeg, den König der Kutscher und Wagenlenker Cuchulainns, dann den Grauen von Macha, den König der Pferde und zugleich das Lieblingspferd Cuchulainns und schließlich Cuchulainn, den König der Krieger selbst treffen:

"Dann fuhr Cuchulainn erneut quer von einem Ende zum anderen durch das Heer. So nahm Lugaid den dritten vorbereiteten Speer, der bei den Kindern Calatins lag: 'Wer wird durch diesen Speer fallen, oh Kinder Calatins?' 'Ein König wird fallen,' antworteten die Kinder Calatins. 'Ich hatte euch sagen hören, daß das durch den Speer geschehen sollte, den Erc heute morgen warf.' 'Auch das ist wahr,' antworteten sie, 'durch ihn fiel der König der Pferde, der Graue von Macha.' 'Ich schwöre beim Schwur meines Stammes, daß er nicht für den Mord an einem König geschleudert wurde.' Und Lugaid warf den Speer so gut gegen Cuchulainn, daß dieser ihn durchbohrte und sich seine Eingeweide auf das Kissen des Wagens verteilten."[239]

Ein Vergleich der drei folgenden Definitionen, die alle dem *Glossar O'Davorens* aus dem Jahre 1569 entstammen, zeigt außer dem Archaismus auch die Kraft, die der irischen Anschauung nach zwischen der Satire, der Dichtung des *Filid*, der Wissenschaft und der Wunde bzw. dem Tod bestehen, den sie manchmal zur Folge hat. Wir zitieren den irischen Text und übersetzen wörtlich:

- *glonn .i. guin duine. Glinne .i. filidecht, ut est remteit glond glinne .i. nep guin duine acht gurub glan a dan*

"*Glon*, das heißt Mord an einem Menschen. *Glinne*, das heißt Dichtung. *Ut est remteit glond glinne*, das heißt, keinen Mann zu schlagen, solange seine Kunst rein ist."

- *Glen .i. tuir no foghlainn, ut est* co runaibh atglentis .i. tuirdis no foglaindis gu sians

"*Glen*, das heißt suchen oder lernen, *ut est* sie lernten durch Mysterien, das heißt sie suchten oder lernten mit Einsicht."

- *Glinne, .i. breth, ut est acht mad airgeal arglinnech*

"*Glinne*, das heißt Urteil, *ut est* außer es ist dunkel oder nicht rechtmäßig."[240]

In einer Episode der altertümlichen Lebensbeschreibung des Heiligen Berach, welche 1629 der Gelehrte Michael O'Clery von einer heute verschollenen oder nicht identifizierten Quelle abschrieb, prophezeit der Heilige dem König Diarmait, der ihm immer die Stirn geboten hatte, daß er innerhalb eines Jahres sterben würde. Am letzten Tag dieses Jahres flieht der König in eine Kirche. Doch ist diese Vorsichtsmaßnahme unnütz und er kommt bei einem Unfall ums Leben. Sein Sohn Cuallaid will ihn durch einen Druidenzauber rächen, der einer gewissen Schärfe nicht entbehrt, doch wird er für seine böse Absicht bestraft noch bevor er sie ausführen kann.

"Ein Hirsch erschien den Menschen im Westen des Landes und sie verfolgten ihn zu Fuß, zu Pferd, mit Hunden und Männern. Der Hirsch schlug den Weg nach Baislec ein und blieb im Osten einer Kirche vor einem Fenster stehen. Alle fingen um den Hirschen zu schreien an. So ging Diarmait schnell, um zu sehen, was los war. Er begab sich zum Fenster und sah hinaus. Einer von denen, die das Tier verfolgt hatten, schleuderte seinen Jagdspieß nach ihm. Der Spieß ging durchs Fenster und traf Diarmait am Hals, der in der Kirche zu Boden fiel. Der Hirsch jedoch entkam gesund und unverletzt.

Als Cuallaidh, der Sohn Diarmaits davon hörte, machte er sich auf ins Land Rathonns, um es so zu verfluchen, daß die Erde, kein Korn, die Kühe keine Milch und die Bäume in den Wäldern keine Früchte mehr gäben, soweit sein Auge reichte. Mit sich führte er neun Räuber.

Es kam, daß sich Berach zu dieser Zeit in Dun Imgain in Mag na Fert ("Ebene der Gräber") aufhielt, und Concennan war bei ihm. Berach wurde offenbart, daß sich Cuallaidh auf den Weg gemacht hatte. Er schickte Concennan nach ihm und sagte zu ihm: 'Fordere sie zunächst heraus.' So machte sich Concennan auf die Verfolgung der Räuber und holte sie auf der Straße ein. Er forderte sie nicht heraus, sondern warf gegen sie, was er gerade in der Hand hatte. Cuallaidh drehte seinen Kopf um, so daß er zwischen seinen Leuten starb. Er sprach: 'Tragt mich schnell auf den Gipfel des Hügels, damit ich das Land Berachs sehe, um es rasch vom Berggipfel aus zu verfluchen.' Sie trugen ihn also auf den Gipfel des Berges und Cuallaidh starb. Er hatte nur eine hohle Eiche gesehen, die schon immer unfruchtbar gewesen war. Seine Leute flohen weit von ihm."[241]

Um solchen Satiren Widerstand leisten zu können, bedurfte man wohl der Kraft eines Heiligen oder all des Glaubens der Nachfolger Patricks. Doch kennt diese Heiligkeit kein Mitleid und keine Nächstenliebe: Der Heilige bekehrt den Druiden nicht durch die Parabeln der Evangelien, sondern schlägt ihn auf seinem eigenen Gebiet, er hindert ihn daran, seine Magie durchzuführen und ein allzu eifriger Schüler bringt ihn gar um. In den irischen Heiligenlegenden spielt sich der Kampf zwischen Druide und Heiligem immer im Bereich der Magie und nie in dem der Lehrsätze ab.

Ganz in den mythischen Anfängen des Christentums hatte der Heilige Patrick den zweiten Aspekt der missionarischen Propaganda festgelegt, indem er die theologische Diskussion in ein anderes wesentlich wirkungsvolleres Gebiet, und zwar das der Spitzfindigkeit und Wortverdreherei verlegte: Er hatte gegen Gott gefastet, um ihn zu zwingen, seinem Willen nachzugeben. Doch handelte er dabei laut irischem Gesetz bereits wie ein unadeliger Gläubiger gegenüber seinem adeligen Schuldner. Auch die großen heiligen Nachfolger dieses ersten Bekehrers werden sich das ganze Mittelalter hindurch der juridischen Falle des Hungerstreiks bedienen. Doch wird das ohne jegliches Einverständnis, ohne Harmonie oder Übereinstimmung stattfinden. So erhält der Heilige vom reuigen oder bußfertigen König Gunst, Gaben, Vermächtnisse, Klöster und Kirchen. Als Gegenleistung verspricht er das Paradies, doch erteilt er keine politischen oder juridischen Ratschläge mehr, denn das fällt nicht mehr in seinen Aufgabenbereich.

All das unterstreicht nur noch umso mehr das Gewicht des druidischen Wortes. Doch wollen wir noch einmal wiederholen, daß Tatsachen dieser Art in der mythischen und religiösen Geschichte Ausnahmen unter ungewöhnlichen Gesellschaftsumständen darstellen. Wenn sich die vorbildliche Solidarität zwischen Druide und König so viele Jahrhunderte auf dem Kontinent wie auf den Inseln hatte halten können, so ist das sicherlich auf eine gelungene politische und religiöse Organisation zurückzuführen. So waren es denn auch keine inneren Mängel und Probleme, die die Druiden schließlich untergehen ließen, sondern jedesmal äußere Gründe, fremde Eroberungen, Christianisierung und die Apokalypse der skandinavischen Invasionen im Irland des IX. Jahrhunderts.

3. Anrufung und Interpretation

Als Gegenleistung für das hohe Ansehen, das er genoß, nahm man vom *File* an, daß er alles wüßte. Kannte er etwas nicht, so lag es an ihm, das kundzutun. Um die große Erzählung des *Raubzuges der Kühe Cooleys* vollständig ausfindig zu machen, welche allen nur mehr fragmentarisch bekannt war, bedient sich Senchan Torpeist großer Mittel:

Die *Filid* Irlands wurden vor Senchan Torpeist gerufen, um zu sehen, ob sie sich der gesamten *Tain Bo Cualnge* entsannen. Sie antworteten, daß sie nur mehr Bruchstücke davon kannten. So fragte Senchan seine Schüler, wer von ihnen für seinen Segen ins Land Letha[242] ginge, um die *Tain Bo Cualnge* zu erlernen, die der Weise für den *culmenn*[243] nach Osten gebracht hatte. So brachen Emire, der Enkel Ninenes und Muirgen, der Sohn Senchans nach Osten auf. Sie begaben sich zum Grab des Fergus mac Roig und kamen in Connaught an seinem Grabstein in Enloch vorüber. Muirgen ließ sich allein auf dem Grabstein nieder, und alle anderen verließen ihn auf der Suche nach einem Haus, das sie gastlich aufnehmen würde.

Muirgen sang auf dem Stein, als ob er sich direkt an Fergus wenden würde [...] Da entstand großer Nebel um ihn und drei Tage und drei Nächte lang fand er seine Begleiter nicht mehr. Da erschien ihm Fergus in sehr schöner Ausrüstung, mit einem grünen Mantel, einem Kapuzenumhang mit roten Stickereien, einem Schwert mit goldenem Knauf, bronzefarbenen [?] Schuhen, braunem Haar und vermittelte ihm die Kenntnis der gesamten *Tain,* so wie sie verfaßt worden war, vom Anfang bis zum Ende."[244]

Nun verstehen wir auch, weshalb die Kelten der Antike Nächte bei den Gräbern ihrer Helden verbrachten, um Orakel zu erhalten:

"Wenn es hinsichtlich nächtlicher Visionen oft heißt, daß die Toten nicht vergeblich gesehen wurden - denn, so schreibt Nicandrus, die Nasamonen erhalten ihre besonderen Orakel, indem sie bei den Gräbern ihrer Eltern bleiben [...] und die Kelten verbringen die Nacht aus demselben Grund bei den Grabstätten ihrer Helden - so leiden wir in unseren Träumen nicht mehr an den Toten als an den Lebenden."[245]

Die Anrufung des Fergus durch Muirgen stellt wohl einen außerordentlichen Erfolg dar, der wohl nicht allen *Filid* gelungen sein wird. Doch geht das von Nicandrus von Colophon berichtete Prinzip in dieselbe Richtung. Eine solche Anrufung kann durch die Notwendigkeit eine traditionelle Erzählung zu finden, die der Wissenschaft der *Filid* unerläßlich ist, gerechtfertigt werden.

Sicher war es für den Druiden leichter, einen Traum zu deuten. So hatte König Cathair in seiner Kindheit von einer wunderschönen Frau geträumt, die am Fuße eines Hügels neben einem Baum voller Wunderfrüchte, der bis in die Wolken wuchs, einen Jungen zur Welt brachte. Schon nach der Geburt war der Sohn stärker als die Mutter und sie konnte ihm kaum weglaufen, ohne daß er sie wieder eingefangen hätte.

"Da erwachte Cathair und rief seinen Druiden Bri, den Sohn Baircids und berichtete ihm diese Neuigkeit. 'Ich werde all das erklären', sagte Bri. 'Das Mädchen ist der Fluß, der den Namen Slainne trägt. [...] Der Herbergsbesitzer, ihr Vater, ist die Erde[246] auf der hundert Männer einer jeden Gattung leben. Der, der acht Jahre lang im Busen der Frau war ist der See, den der Fluß Slainne gebärt und der sich in deiner Zeit bilden wird. Der Sohn, der stärker ist als die Mutter, ist der Tag, an dem der See geboren ist: er wird den ganzen Fluß erfassen. [...] Der große Hügel über ihnen ist deine Macht über sie alle. Der Baum mit seiner goldenen Farbe und seinen Früchten, der bist du selbst in deiner Herrschaft über Banba[247] . Die Musik in den Zweigen des Baumes ist deine Redegewandtheit, welche für die Urteile der Gaelen bürgt und sie korrigiert. Der Wind, der die Früchte bewegt, ist deine Großzügigkeit, Schätze und Juwelen zu verteilen."[248]

Noch eigenartiger ist der Traum des Königs Muirchertach, aus dem der Druide die völlig richtige Warnung des nahen Todes liest.

"Der König erwachte und befahl, daß seine Vision seinem Milchbruder, dem Sohn Saigens, dem Druiden Dub Da Rind überbracht werde; und jener beurteilte ihn. 'Das Schiff, auf dem du schwammst,' sprach jener, 'ist das Schiff der Herrschaft auf dem Meer des Alters, und du bist es, der diese Herrschaft lenkt. Und das Boot ist es, welches sinkt, um das Ende deiner Zeit anzuzeigen. Der Griffon mit den starken Krallen, der dich in sein Nest mitnahm, ist die Frau, die dich begleitet, um dich trunken zu machen, um dich in ihr Bett zu legen und um dich im Hause Cleitechs festzuhalten, damit dieses über dir angezunden werde. Der Griffon aber, der mit dir abstürzt, ist die Frau, die deinetwegen sterben wird. So lautet also die Bedeutung dieser Vision,' sprach er."[249]

Der *File* mußte also ein intelligenter und vorausblickender Lobredner sein: Gleich zu Beginn der *Ersten Schlacht von Mag Tured* beginnen die Seher *(fisig)* und die Weisen *(fireolaig)* ihre Magie einzusetzen und die *Filid* ihre Aufzeichnungen zu machen, um die Heldentaten künftigen Legenden einverleiben zu können:

"Ihre Seher und Weisen stellten sich auf Sockel und Anhöhen, von wo aus sie sich ihrer Magie bedienten. Ihre Dichter zeichneten die Heldentaten auf und schrieben den Bericht."[250]

Hier gibt es keinen Mythos, keine Sage, Legende oder Geschichtsschreibung, welche nicht einer genauen, überwachten und verbürgten Erzählung und Beschreibung verpflichtet wäre. Die viel zu kurzen Anmerkungen Strabos und Diodors bis hin zu Lucanus zeigen, daß dem in Gallien nicht anders war.

Auch wenn er schlechte Voraussagen zu machen hatte, wandte sich der Druide dem Interessenten in völliger Ruhe zu, und wenn es der König Irlands war:

"Man brachte seine Druiden zu Diarmaid, und er fragte sie, auf welche Weise er sterben würde. 'An Mord', sprach der erste Druide, 'und in der Nacht des Mordes wirst du ein Hemd tragen, das aus einem einzigen Leinsamen gemacht, und einen Mantel, der aus der Wolle eines einzigen Schafes gewoben ist.' 'Es wird mir ein Leichtes sein, das zu vermeiden', sprach da Diarmaid. 'Du wirst ertränkt werden,' sprach der zweite Druide, 'und zwar wirst du in jener Nacht in einem Bier ertrinken, welches aus einem einzigen Korn gebraut worden ist.' 'Du wirst den Feuertod sterben,' sprach der dritte Druide, 'und du wirst das Fett eines Schweines auf deinem Teller haben, welches noch nie geworfen hat.' 'All das scheint mir sehr unwahrscheinlich,' erwiderte Diarmaid.[251]

Doch hat der König gut reden und zweifeln, denn alles, was die Druiden vorausgesagt haben, vollzieht sich: Diarmaid wird erschlagen, ertränkt und lebendig von den Ulaten verbrannt, und erliegt so einem oft in den mythischen Annalen wiederholten Schema des dreifachen Opfertodes des Königs von Irland, den die zu lange Ausübung der Macht verbraucht und verdorben hat.

Bei Bedarf wurde der König auch ersucht zu warten, bis der Druide sich imstande sah, die passende Erklärung zu geben:

"Eines Tages nach der Vernichtung der Könige ging Conn, wie es seine Gewohnheit war, in aller Frühe noch vor Sonnenaufgang auf die königlichen Festungsmauern von Tara. Seine drei Druiden Maol, Bloc und Bluicne und seine drei *Filid* Ethain, Corb und Cesarn begleiteten ihn. Der Grund, weshalb er jeden Morgen mit diesen Männern auf den Stadtwall ging, war, nicht von den Bewohnern des *sid* überrascht zu werden, wenn diese nach Irland kamen. An der Stelle, an die er sich immer begab, trug es sich zu, daß er seinen Fuß auf einen Stein setzte, und sich der Stein bewegte. Er schrie unter seinem Fuß und man konnte seine Schreie überall in Tara und in Bregia hören. Conn fragte seine Druiden, was denn der Schrie des Steines zu bedeuten habe, woher er kam, wohin er ging und weshalb er in Tara sei. Der Druide antwortete Conn, daß er vor dreiundfünfzig Tagen keinen Namen nennen würde."

Nach dreiundfünfzig Tagen schließlich gibt er bekannt, daß es sich um den Stein von Fal, Symbol und Vorzeichen der Herrschaft handle, denn

"der Stein hat heute unter deinem Fuß geschrien [...] und die Anzahl der Schreie dieses Steins ist die Zahl der Könige deines Geschlechts auf immer. [...][252]

Alles in allem sind diese Dokumente ziemlich eindeutig. Sie beschreiben verschiedene Techniken, doch verließen wir auf unserem Weg durch Anekdoten und Vorfälle, denen diese Techniken als Triebfeder, Motor oder Vorwand galten, nie den Bereich der großen, religiösen Ideen. Die *Filid* und ihre Nachfolger beschreiben uns eine archaische und überkommene Gesellschaft, an welche sie sich noch so lebendig erinnern, daß sie uns heute dadurch greifbar, ja sogar verständlich wird. Es gelang ihnen so, das Bild einer religiösen Struktur zu retten, die sich unsere Zeit sonst nur schwer vorstellen kann. Schon die Griechen und Lateiner hatten nur einen sehr annähernden, oft sogar gar keinen Einblick. Gallien wird uns durch Irland am besten verständlich.

Ist es notwendig zu erwähnen, daß in all dem die individuelle Vorstellung nur wenig Platz hat? Irland wiederholte unablässig dieselben Themenkreise, in denen kaum mehr als die Namen der Hauptfiguren, Orte und zeitlichen Umstände variierten. Der irische Erzähler ist nicht dazu da, Wunder zu erfinden: Seine Erzählung ist ihm von einer ehrwürdigen Tradition überliefert worden, welche er annimmt und weitergibt, da es nicht in seiner Macht steht, was auch immer daran zu verändern. Daran denkt er übrigens gar nicht. Er verschönert höchstens einige Einzelheiten, kommentiert vielleicht, was ihm wichtig oder seltsam erscheint, doch schafft er nichts Neues und fügt dem Handlungsfaden nichts hinzu. Noch ein letzter, wichtiger Hinweis: Bei Cathbad, Mog Ruith, Dallan und Sencha handelt es sich um Sagengestalten der ersten Ordnung, denen die Druiden des Alltagslebens wohl kaum gleichzukommen suchten. Das gleiche gilt für die Krieger: Konnte der Held Cuchulainn "sich in seiner Haut umdrehen", sich ein Auge herausnehmen oder im Gegenteil auch tief in den Kopf schieben, maßten sich die irischen Krieger solche Heldentaten wohl nicht an... Wiederholen wir also ein letztes Mal, daß all dies mythisch, zutiefst und typisch traditionell und religiös ist. Es ist deshalb nicht minder wahr, da jedes Ideal, welches in diesen bedeuteten Männern zum Ausdruck kommt, grundlegende Vorstellungen offenbart, die das Weltbild der Krieger und Druiden beherrschten.

DIE WICHTIGSTEN ANWENDUNGSBEREICHE DES WORTES DER DRUIDEN IN DEN RITUAL- UND ZAUBERTECHNIKEN

NAMENGEBUNG	Der Druide verleiht bei der Geburt oder in den ersten Lebensjahren einen Namen aufgrund eines Umstandes oder einer bestimmten Ursache.
WEISUNG und VERBOT	Durch (positive) Weisungen oder (negative) Verbote erlegt der Druide einem Menschen, gleich welchen Rangs, eine oder mehrere zwingende Regeln auf. Gelangt diese Person, ob nun Held oder König, durch bestimmte Umstände in eine Situation, in der sie ihr Verbot übergehen muß, so ist das ein Zeichen ihres nahen Todes.
VORAUSSAGE	In der Regel handelt es sich hierbei um einen politischen oder persönlichen Dienst, den König bzw. Königin vom Druiden erbitten, um die nahe oder ferne Zukunft zu erfahren.
LOBLIED	Der häufigste Stoff des offiziellen, keltischen Gedichts (Hofdichtung): Der Druide oder *File*, in Gallien der Barde, loben den König oder Fürsten, dem sie verbunden sind, für all seine körperlichen und intellektuellen Vorzüge, seine Heldentaten, seinen Mut, seine Kraft, seinen Ruhm und seine Großzügigkeit. Das Loblied ist ein verpflichtender Bestandteil bei Bestattungen.
SCHMÄHLIED	Das Schmählied ist als Gegenteil des Lobliedes kaum in Erzählungen und poetischen Sammlungen erhalten. In den meisten Fällen wurde es mit der Satire verwechselt, von der es sich theoretisch jedoch unterscheidet.
SATIRE	Die Satire ist ein gesungener und gereimter Zauber gegen eine ausdrücklich genannte Person oder Personengruppe. Nicht jeder Zaubergesang ist unbedingt eine Satire, doch ist jede Satire, welcher Art auch immer, ein Zaubergesang. Sie hat körperlichen (Häßlichkeit und Verkrüppelung) und intellektuellen Verfall (Schmach, Impotenz, Feigheit) zur Folge und stellt ein wahres Todesurteil dar.

Anmerkungen zum dritten Kapitel

1 Christian-J. Guyonvarc'h, *Les exploits d'enfance de Cuchulainn*, in *Ogham* 11, 1959, S. 214-215.

2 Christian-J. Guyonvarc'h, *La naissance de Conchobar*, in *Ogham* 12, 1960, S. 240. Die "Taufe" vollzieht sich also in mehreren Abschnitten: Waschung, Aufnahme, Namengebung und Anerkennung der Vaterschaft durch die Knienahme. Der Wurm in jeder Hand ist Teil einer anderen Symbolik.

3 Laut Propertius IX, 10,41 trug der Gallier Viridomaros den Beinamen "Rheinsohn".

4 Ed. Vernam Hull, *Longes mac n-Uislenn. The Exile of the Sons of Uisliu*, New York, 1949, S. 43-44. D'Arbois de Jubainville vertrat in einem Aufsatz in *Revue Celtique* 19, S. 90 folgende Ansicht: "Was die Druidentaufe vor der Christianisierung betrifft, so handelt es sich zweifelsohne um eine Ausgeburt der Phantasie der Erzähler, die sich als tägliche Zeugen der christlichen Taufe ein ähnliches Ritual in der heidnischen Zeit vorstellten." Es ist mehr als wahrscheinlich, daß das, was wir wie die irischen Schreiber als druidische "Taufe" bezeichnen, nichts, weder in seinem Prinzip, noch in seiner Zielsetzung, noch in seinem Ritual, mit der christlichen Taufe gemeinsam hatte. Auch beim Wort selbst handelt es sich lediglich um eine Analogie bzw. Annäherung, da wir nicht einmal den Begriff kennen, mit dem die Druiden dieses Ritual bezeichneten. Andererseits haben die Schreiber wohl nichts hinzugedichtet, denn die Hartnäckigkeit, mit der sie auf eine solche Zeremonie hinweisen, muß uns zu denken geben: Tatsächlich stellten Waschung und/oder Namengebung den Anfang einer menschlichen Existenz dar. Der Name wurde dabei keineswegs zufällig gewählt. So können wir im Falle der Derdriu kaum von einer Zeremonie sprechen, doch ist die Geste des Druiden der Anlaß zu einer Prophezeiung, die dem Namen des Kindes zugrundeliegt. Halten wir also abschließend fest, daß der Begriff der "heidnischen Taufe" nur in einem mythologischen Kontext anwendbar ist. Wir liefen sonst Gefahr, von der christlichen Norm auszugehen. So beschrieb der irische Übersetzer der Reisebeschreibungen des John Maundeville, Fingin O'Mahony 1475 die Beschneidung bei den Israeliten und Arabern folgendermaßen: 'Isaak war der Sohn Abrahams, und acht Tage nach seiner Geburt wurde ihm die heidnische Taufe zuteil. Ismaël, der zu dieser Zeit vierzehn Jahre alt war, wurde am selben Tag getauft. So taufen die Juden ihre Kinder am achten Tag, da sie sich auf Isaak berufen, während die Sarrazäner ihre Kinder im vierzehnten Lebensjahr der heidnischen Taufe unterziehen, da sie sich auf Ismaël beziehen. Ed. Whitley Stokes, *The Gaelic Maundeville*, in *Zeitschrift für Celtische Philologie* II, S. 52-54.

5 *Tochmarc Monera*, ed. O'Curry, nach dem *Cath Maighe Leana*, S. 165; vgl. Whitley Stokes, *Irische Texte* III, S. 423 und *The Voyage of the Hui Corra*, in *Revue Celtique* 14, S.29.

6 *Peri a wnaethant bedydyw y mab o'r bedyd a wneit yna*, ed. R.L. Thomson, *Pwyll Pendeuic Dyuet, Mediaeval and Modern Welsh Series* I, Dublin, 1957, S. 20; vgl. John Rhys, *Celtic Heathendom*, Oxford 1898, S. 499-500. Eine ähnliche Umschreibung wird für die Taufe der Blodeuwedd im *Mabinogi von Math*, ed. Gruffydd, *op.cit.,* S. 26 gebraucht.

7 Ed. Gruffydd, *op.cit.,* S. 30.

8 *Altceltischer Sprachschatz*, 3 Bände, Leipzig, 1896-1917. Die Sammlung ist von großem Wert, wenn sie auch nicht vollständig und sicher ist.

9 V, 34. Zur Etymologie von Mediolanum, einem Ortsnamen, der etwa sechzig mal in Westeuropa belegt ist, siehe Christian-J. Guyonvarc'h, *Mediolanum Biturigum, deux éléments de vocabulaire religieux et de géographie sacrée*, in *Celticum* 1, 1962, S. 142-158.

10 Wir begegnen ihm im Sanskrit und etwas allgemeiner im gesamten indoeuropäischen Bereich. Siehe Georges Pinault, *L'expression indo-européenne de la nomination,* in *Études Indo-Européennes*, Lyon, 1982 / 3, S. 15-29.

11 *De Fluviis* VI, 4. Natürlich ist die tatsächliche Etymologie von *Lugudunum* eine andere: Sie ist die "Stadt des (Gottes) Lug(us)", siehe Françoise Le Roux, *Notes sur le Mercure Celtique*, in *Ogham* 4, 1952, S. 306 und Christian-J. Guyonvarc'h, *Notes de toponymie gauloise 2. Répertoire des toponymes en Lugudunum*, in *Celticum* 6, S. 368-376. Siehe auch unser Buch über die Kriegerherrschaft

in Irland, *La souveraineté guerrière de l'Irlande, op. cit.,* Kapitel 7. *Les corbeaux et la fondation de Lyon*, S. 75-78.

12 Trogus Pompeijus bei Justinius XXVI, 4; J. Zwicker, *Fontes Historiae Religionis Celticae* I, S. 94.

13 *Glossar des O'Clery*, in *Revue Celtique* 4, S. 404. Whitley Stokes, *Cormac's Glossary, Additional Articles*, S. 60.

14 *Zeitschrift für Celtische Philologie* 7, S. 301, 15.

15 *Ériu* 8, S, 120. Eugene O'Curry, *On the Manners and Customs of the Ancient Irish* I, S. ccclxx. In der Folklore der keltischen Länder, besonders der irischen, wird den Vögeln noch heute große Bedeutung beigemessen. In Irland und in Wales gilt das vor allem für den Zaunkönig. Zur irischen Jagd auf den Zaunkönig siehe die Doktoratsarbeit von Véronique Guibert, *Les quatre fêtes d'ouverture de saison de l'Irlande ancienne*, Montpellier, 1978, 1. Band.

16 Wie z.B. bei der Prophezeiung durch das Hundegebell; siehe Standish O'Grady, *Irish Prognostication from the howling of dogs*, in *Mélusine* V, col. 85-86.

17 Elienus, *Die Natur der Tiere* XVII-XIX.

18 Dionus Cassius LXIII, 6.

19 B.G. V, 12; vgl. C. Jullian, *Notes gallo-romaines XVI. Remarques sur la plus ancienne religion gauloise,* in *Revue des Études Anciennes* IV, 1902, S. 271-277.

20*De divinatione* II, 36,76; vgl. Valerius Maximus I, 4, 2.

21 *Conjuges et liberos suos trucidant*, Justinius XXVI, 2, 2.

22 B.G. V, 6-7.

23 Wir verweisen hier außerdem auf Françoise Le Roux, *La divination chez les Celtes*, in *La divination* I, Paris, 1968, S. 233-256.

24 *De Divinatione* I, 15, 26.

25 Bei Justinius XXIV, 4, 3.

26 *Contributions to a Dictionary of the Irish Language, G,* Dublin, 1955, col. 56-58.

27 Christian-J. Guyonvarc'h, *La mort de Cuchulainn, Version A,* in *Ogham* 18, 1966, S. 347.

28 Christian-J. Guyonvarc'h, *La mort de Cuchulainn, Version B,* in *Ogham* 14, 1962, S. 498.

29 *Book of Leinster*, ed. Best-Bergin-O'Brien, II, fol. 107a, S. 405.

30 *Bruiden Da Chocae*, ed. Whitley Stokes, in *Revue Celtique* 21, S. 152.

31 Ed. Whitley Stokes, *op.cit.,* S. 149, 312, 388; Version des *Gelben Buchs von Lecan*, ed. Eleanor Knott, S. 6.

32 *Tochmarc Emire* ("Die Brautwerbung um Emer"), ed. A.G. van Hamel, S. 65.

33 Auf wen auch immer ein solcher Fall zutraf, der "hatte das Recht auf eine Abfindungsumme, die ein Siebtel der Summe auszumachen hatte, die für den Mord an einer Person desselben Ranges hätte entledigt werden müssen." aus: D'Arbois de Jubainville, *L'épopée celtique en Irlande*, S. xxxi, Anmerkung 1.

34 *Tain Bo Cualnge*, ed. Windisch, *op.cit.,* S. 677.

35 *Do flathiusaib hÉrend, Book of Leinster* 23 b, ed. Best-Bergin-O'Brien.

36 *Comtoth Loegairi co cretim* "Die Bekehrung Loegaires zum Glauben", ed. Charles Plummer, in *Revue Celtique* 6, S. 155.

37 Die Schreiber bedienen sich oft der Abkürzung *tongu ocus rl.*

38 *Scéla Mucce Meic Dâtho*, ed. R. Thurneysen, *Mediaeval and Modern Irish Series* VI, Dublin, 1935, S. 15-16.

39 Christian-J. Guyonvarc'h, *La mort de Cuchulainn, Version A,* in *Ogham* 18, 1966, S. 346.

40 Version des *Gelben Buches von Lecan*, ed. Strachan-O'Keeffe, Dublin, ohne Datum, S. 121; Christian-J. Guyonvarc'h, *La razzia des Vaches de Cooley*, in *Ogham* 16, 1964, S. 225; vgl. ed. Ernst Windisch, *Irische Texte* V, S. 880, Anmerkung 1.

41 Version des *Gelben Buches von Lecan*, *op.cit*, S. 108; Christian-J. Guyonvarc'h, *op.cit*, S. 405; vgl. ed. Ernst Windisch, *op.cit*, S. 747, Anmerkung 2.

42 Version des *Gelben Buches von Lecan*, *op.cit*, S. 119; Christian-J. Guyonvarc'h, *op.cit*, S. 412; vgl. ed. Ernst Windisch, *op.cit*, S. 861, Anmerkung 2.

43 Version des *Buchs von Leinster*, ed. Ernst Windisch, S. 243; ed. O'Rahilly, S. 44, 1630-1632.

44 Ptolemäus Lagidus bei Strabo VII, 3, 8.

45 *Ethik* III, 7, 7; siehe D'Arbois de Jubainville, *Etudes sur le droit celtique* I, S. 14-25; Françoise Le Roux, *Taranis, dieu celtique du ciel et de l'orage*, in *Ogham* 10, 1958, S. 35-38.

46 In diesem Punkt hat C. Jullian, *Notes gallo-romaines XVI. Remarques sur la plus ancienne religion gauloise, in Revue des Études Anciennes* 6, S. 132, recht, wenn er sich von D'Arbois de Jubainville abgrenzt: "Die Kelten gaben sich keiner beliebigen Prahlerei hin, als sie Alexander erwiderten, sie fürchteten nur den Himmelssturz, sondern erinnerten vielmehr an eine das Ende der Welt betreffende, religiöse Tradition, Dichtung oder Legende."

47 Zahlreiche Einzelheiten der Pflanzenmagie wurden im *Vitae Sanctorum Hibernae,* Oxford 1910, S. cliii ff. von Charles Plummer zusammengefaßt, doch gehören die meisten unter ihnen insofern in den Bereich der Folklore, als daß der Verfasser der Heiligenlegenden sich auf bestimmte Vorfälle bezog.

48 Aufgrund der Sachlage und der uns erhaltenen Dokumente ist uns im Bereich der Medizin der Druiden immer der der Pflanzenmedizin am bekanntesten. Doch hat ihr Studium kaum begonnen.

49 *An Irish Dictionary*, Dublin, 1877, S. 548a.

50 *Focloir Gaedhilge agus Bearla*, Dublin, 1927, S. 1292b.

51 Norman Macleod & Daniel Dewar, *A Dictionary of the Gaelic Language,* Edimbourg, 1893, S. 583b. Auch in der Ausgabe von *The illustrated Gaelic-English Dictionary* von Edward Dwelly, Glasgow, 1967 (1. Auflage 1901-1911), S. 993a wird dieses Wort erwähnt, doch dient es hier lediglich dazu, das lange Zitat Plinius' einzuleiten, wobei angemerkt wird: "Said by some to be the badge of the Hays, but it does not grow wild in Scotland."

52 Im Wörterbuch von Silvan Evans, siehe J. Loth, in *Revue Celtique* 19, S. 18.

53 *Dictionnaire François-Breton* (Handschrift der Nationalbibliothek in vier Bänden), 2. Band, S, 154. Es bestehen merkliche Unterschiede zum kleinen *Dictionnaire Breton-François du Diocèse de Vannes*, S. 49 vom gleichen Autor, das 1723 in Vannes erschien: *deur derf* "Hier [in Sarzeau] *isél-varre* "Eichenmistel" (*ihuel* "hoch" wurde zu *isel* "tief"); vgl. Emile Ernault, *Glossaire moyen-breton,* S. 731, dessen Verzeichnis jedoch ziemlich ungenau ist.

54 Für die Details der walisischen und bretonischen Lexikographie möchten wir ebenfalls auf die etymologische Anmerkung Joseph Loths verweisen, in *Revue Celtique* 19, S. 18.

55 Christian-J. Guyonvarc'h, *Textes mythologiques irlandais* I/1, S. 49.

56 Christian-J. Guyonvarc'h, *La maladie de Cuchulainn*, in *Ogham* 10, S. 310.

57 *Thesaurus Paleohibernicus* II, S. 248; vgl. D'Arbois de Jubainville, *Mélanges*, in *Revue Celtique* 12, S. 153-160. Anm.d.Ü.: Diese Stelle der im Jahre 1395 verfaßten Sankt-Gallener Handschrift bezeichnete Georges Dumézil als "Fest der Unsterblichkeit".

58 Nach den Worten der Abhandlung *Uraicecht Bhecc* oder "Kleiner Grundkurs": *Cruit is e aen dan ciuil indscin, dliges sairi cen imteid la hordam ; sairi boairech tuise do.* "Die Harfe ist eine Kunst, der der Adel zusteht, ohne daß sie eines anderen Titels bedürfte. Ihm [dem Harfenspieler] kommt der Rang eines *bô aire tuise* zu", d.h. eines Viehbesitzers, dessen Ehrenpreis vier Kühe betrug, *Ancient Laws of Ireland* V, S. 106.

59 Ed. Wolfgang Meid, *Tain Bo Fraech, Mediaeval and Modern Irish Series* 22, Dublin, 1967, S. 4-5.

60 Sieh Eugene O'Curry, *On the Manners and Customs of the Ancient Irish* III, S. 220; zur Interpretation der Namen der Harfenisten Goltraige, Gentraige und Suantraige siehe Christian-J. Guyonvarc'h, *Notes d'Étymologie et de Lexicographie gauloises et celtiques XXIV. 107. Irlandais*

traige "mode musical", in *Ogham* 18, 1966, S. 326-329. Zur Musik und der Harfe des Dagda siehe vor allem *Textes mythologiques irlandais* I/2, Kapitel V. *L'Autre Monde et la Souveraineté,* Unterkapitel 7. *Le temps humain et l'éternité du sid,* S. 229-232.

61 Der Ortsname geht allem Anschein nach auf das Adjektiv *glan* ("rein") zurück, welches in allen neukeltischen Sprachen belegt ist. Siehe Christian-J. Guyonvarc'h, *Notes d'Étymologie et de Lexicographie gauloises et celtiques II. 6. Le nom de Glanum, Saint-Remy-de-Provence (Bouches-du-Rhônes); irlandais, gallois, cornique, breton glan "pur"*, in *Ogham* 11, 1959, S. 279-284; vgl. Françoise Le Roux, *Notes d'Histoire des Religions. V, 9. Introduction à une étude de l'"Apollon" celtique*, in *Ogham* 12, 1960, S. 59-72.

62 Christian-J. Guyonvarc'h, *Textes mythologiques irlandais* I/1, S. 55.

63 *ibid.,* S. 56.

64 *Immram Maile Dûin,* ed. Van Hamel, *Mediaeval and Modern Irish Series* 10, S. 46-48.

65 Ed. Ernst Windisch, S. 599; Ed. C. O'Rahilly, S. 100, 3597-3604.

66 *Leabhar Breatnach. The Irish Version of the Historia Britonum of Nennius,* ed. Todd, Dublin, 1848, S. 122-124.

67 Blatt 15a, ed. Best-Bergin-O'Brien I, Dublin, 1954, S. 17, Zeile 1832.

68 Edward Gwynn, *The Metrical Dindshenchas* III, S. 164-166; vgl. *Dindshenchas de Rennes,* ed. Whitley Stokes, in *Revue Celtique* 15, S. 427: "Ein Druide der Pikten, Drostan sagte also: 'Laßt drei mal fünfzig gleichfarbige Milchkühe in einem Graben melken und die, die von den Fidga verletzt werden, sollen in diese Milch getaucht werden; so werden sie vom Gift der Waffen geheilt. Doch soll allen, die getötet wurden, der Kopf abgeschlagen werden'."

69 Version des Egertonmanuskripts 1782, ed. Ernst Windisch, *Irische Texte* I, S. 129; Christian-J. Guyonvarc'h, *Textes mythologiques irlandais* I/1, S. 256.

70 Siehe Kuno Meyer, *Mitteilungen aus irischen Handschriften*, in *Zeitschrift für Celtische Philologie* 3, S. 460 und Rudolf Thurneysen, *Baile in Scail*, in *Zeitschrift für Celtische Philologie* 20, S. 220.

71 Ed. Whitley Stokes, *Irische Texte* III, S. 409.

72 MS Rawlinson B 502, Blatt 157, 36. Zu Mog Ruith und dem Doppelcharakter des Druiden im allgemeinen siehe Françoise Le Roux, *Le dieu-druide et le druide divin. Recherches sur la fonction sacerdotale celtique*, in *Ogham* 12, 1960, S. 349-382.

73 *ibid.,* S. 369.

74 *Aiged Eoin Baisti 7 mrbuili a chind andso* ("Der Tod des Heiligen Johannes des Täufers und die Wunder seines Kopfes"), *Yellow Book of Lecan,* 849b. Siehe Annie M. Scarre, *The Beheading of John the Baptist by Mog Ruith*, in *Ériu* 6, S. 173 ff; Käte Müller-Lisowski, *La légende de Saint Jean dans la tradition irlandaise et le druide Mog Ruith*, in *Études Celtiques* 3, S. 46 ff.

75 Das bretonische *tarabara*, welches in einigen Gemeinden während der Zeit verwendet wurde, in der die Glocken zu schweigen hatten, war eine Art Schnarre, eine Variante der kreisförmigen Spieluhr namens *Santig ar Rod* ("Kleiner Heiliger des Rades"), die eine allen zugängliche Form des Glücksrades darstellte, so wie es der Heilige Thomas beschrieben hatte und welches direkt auf antike, klassische oder keltische Vorstellungen zurückgeht. Zu all diesen Punkten siehe Émile Jobbé-Duval, *Les idées primitives dans la Bretagne contemporaine. Essais de folklore juridique et d'histoire générale du droit,* Paris, 1920, S. 53-611; vgl. *Le Fureteur Breton* II, S. 256-257; siehe schließlich und vor allem auch *Dictionnaire des Symboles*, ed. 1969, S. 661ab, 8.

76 Ed. Standish O'Grady, *Silva Gadelica* I, S. 314.

77 Christian-J. Guyonvarc'h, *Le meurtre de Fergus, fils de Roeg*, in *Ogham* 12, 1960, S. 347.

78 *Imteachta Moighi Ruith "Les aventures de Mogh Ruith",* ed. Käte Müller-Lisowski, in *Zeitschrift für Celtische Philologie* 14, S. 145 ff.

79 *Tromdamh Guaire* ("Die schwere Gesellschaft Guaires"), ed. Maud Joynt, *Mediaeval and Modern Irish Series* 2, 1941, S. 7; siehe auch Françoise Le Roux, *La cécité et la voyance*, in Ogham 13, 1961, S. 377.

80 *Ogham* 13, *loc. cit.,* S. 337. In Bezug auf die Blindheit dürfen wir nicht vergessen, auf das ähnliche Beispiel Odins, des höchsten Gottes der germanischen Mythologie, hinzuweisen, der ein Auge gegen die Gabe des Hellsehens eintauscht; siehe Georges Dumézil, *Les dieux des Germains*, S. 41.

81 Ed. Van Hamel, *op.cit.,* S. 80-81; Christian-J. Guyonvarc'h, *La mort de Cuchulainn*, in *Ogham* 13, S. 512-513.

82 *Textes mythologiques irlandais* I/1, S. 55.

83 *ibid.,* S. 150b.

84 Titus Livius XXIII, 24; siehe Pierre Le Roux, *Les arbres combattants et la forêt guerrière,* in *Ogham* 11, 1959, S. 14. Diesem Artikel vom Februar 1959 ist die erste Analyse der Doppelebene von Mythos und Geschichte zu verdanken.

85 Christian-J. Guyonvarc'h, *Keltische Wortsymbolik,* in *Kairos* 1963/3, S. 189-197; vgl. *Notes d'Étymologie et de Lexicographie gauloises et celtiques XXIII. 100. Remarques sur le nom des druides, *dru(v)id-es, les "très savants"*, in *Ogham* 18, 1966, S. 111-114. Es gibt eine eigenartige Unterhaltung im *Querolus*, in der der Name des Druiden, ohne direkt ausgesprochen zu werden, zwischen den Zeilen hinter der Eiche des Rechts erscheint. Der Querolus fragt Gott Lare, wie er sich ungestraft der Räuberei hingeben kann.

"Querolus: Daß es mir erlaubt sei, all die zu berauben, die keine Schulden haben, die Fremden zu töten und sogar meine Nachbarn zu bestehlen und umzubringen.

Der Lare: Ah, du fragst nicht um Macht, sondern um Raub. Bei Pollux, ich wüßte nicht, wie dir so etwas gestattet werden sollte. Doch habe ich gefunden, was du suchst: Begebe Dich nur an die Ufer der Loire.

Querolus: Warum denn?

Der Lare: Dort leben die Menschen wie Barbaren, dort gibt es keinen Betrug: Die wichtigsten Urteile werden am Fuße der Eiche gefällt und sie sind auf Knochen geschrieben.- Da klagen die Dorfbewohner und Privatpersonen richten. Alles ist erlaubt."

(J. Zwicker, *Fontes Historiae Religionis Celticae* I, S. 109.) Wir müssen hier wie auch an anderer Stelle behutsam vorgehen, was das späte literarische Aufgreifen religiöser Gegebenheiten betrifft. Der *Querolus* ist bereits zu weit vom erhabenen Rechtsapparat entfernt, den wir hinter der Druidenversammlung erahnen können, so wie sie Julius Cäsar zu allgemein beschreibt. Doch dürfen wir eine solche Quelle nicht ganz verwerfen: es wurde einfach später nicht mehr verstanden.

86 *Revue Celtique* 43, S. 105-107.

87 *Dissertationes* VIII, 8. D'Arbois de Jubainville, *Les Celtes et les langues celtiques*, S. 125, hat auf den germanischen Ursprung dieses Faktums hingewiesen. Er erinnert an die Verse des Claudius *(Consulat von Stilichon* I, 288*)* den Harzer Wald betreffend. Doch war dieser Wald ursprünglich keltisch.

88 *Passio Domini*, ed. Edwin Norris, *The Ancient Cornish Drama*, Oxford 1859, S. 446.

89 *Vie de Sainte Nonne,* Handschrift der französischen Nationalbibliotek, 35b, 9-11: vgl. ed. Ernault, in *Revue Celtique* 8, S. 430.

90 *Revue Celtique* 16, S. 313-314 und 44, S. 1 ff.

91 Ed. Kuno Meyer, in *Revue Celtique* 13, S. 221-223. Der Text wurde schon früher in einer jüngeren Orthographie von Eugene O'Curry in *Lectures on the Manuscripts Materials of the Ancient Irish History,* Dublin, 1861, S. 472-474 veröffentlicht.

92 Geoffrey Keating, *History of Ireland*, ed. Dinneen, I, S. 102; vgl. Eugene O'Curry, *On the Manners and Customs of the Ancient Irish* II, S. 4.

93 *Senchus Mor, Ancient Laws of Ireland* III, S. 66.

94 *Lebar Aicill, Ancient Laws of Ireland* III, S. 336.

95 *ibid.*

96 *ibid.,* S. 438.

97 *ibid.,* S. 140.

98 *Germania* X.

99 *Echtra Cormaic i Tir Tairngiri,* ed. Whitley Stokes, *Irische Texte* III, S. 195,

100 *Dindshenchas von Rennes,* ed. Whitley Stokes, in *Revue Celtique* 15, S. 456-457.

101 Edward Gwynn, *The Metrical Dindshenchas* III, S. 292-294.

102 *Ectra Condla meic Cuind Chetchathaig inso* ("Die Abenteuer Condlas des Schönen, Sohn Conns mit den hundert Schlachten"). Text aus *Lebor na hUidre,* folio 120 a, ed. Best-Bergin, Dublin, 1929, S. 302.

103 *Textes mythologiques irlandais,* I/1, S. 111

104 *Immrama,* ed. A.G.van Hamel, Dublin, 1941, S.9. *La navigation de Bran, fils de Febal,* in *Ogham 9,* S.304. Wir verfügen heute außerdem über die sehr detaillierte und genaue Ausgabe von Seamus Mac Mathuna, *Immram Brain. Bran's Journey to the Land of Women,* Tübingen, 1985; vgl. dort S. 33.

105 *Echtra Cormaic i Tir Tairngiri* ("Die Abenteuer Cormacs im verheißenen Land"), ed. Whitley Stokes, *Irische Texte* III, S.193-194.

106 Ed. Van Hamel, *op.cit.,* S.32.

107 Ed. Van Hamel, *op.cit.,* S.33-34.

108 *Immramh Churraig hUa gCorra* ("Die Seefahrt des Schiffes der Ui Corra"), ed. Whitley Stokes, in *Revue Celtique* 14, S.42.

109 *Scéla Conchobuir maic Nessa* ("Die Erzählungen Conchobars, Sohn des Ness") Version des *Buches von Leinster,* Christian-J. Guyonvarc'h, *La naissance de Conchobar, Version A, in Ogham* 11, 1959, S. 64-65.

110 Siehe Th. M. Th. Chotzen, *Emain Ablach - Ynys Avallach - Insula Avallonis - Ile d'Avallon,* in *Etudes Celtiques 4,* S. 255-274.

111 Christian-J. Guyonvarc'h, in *Ogham* 11, 1959, S. 424.

112 *Revue Celtique* 43, S. 74-76.

113 Christian-J. Guyonvarc'h, *Textes mythologiques irlandais* I/1, S. 52-53.

114 Ed. Ernst Windisch, *Irische Texte* V, S. 786. Dieser Schluß, der sich hier auf das Wasser bezieht, kann auch für die Medizin in all ihren Formen, doch vor allem der bereits erwähnten pflanzlichen und wassertherapeutischen, geltend gemacht werden. Die Iren scheinen in dieser Hinsicht seit langem einen guten Ruf gehabt zu haben. Steht die Bemerkung des Festus Avienus bezüglich des "Stammes der Hierni, die eine große Anzahl von Kräutern anbauen" (J. Zwicker, *Fontes Historiae Religionis Celticae* I, S. 1) auch nicht in direktem Zusammenhang zu unserer Frage, so verfügen wir dennoch in der französischen Literatur des Mittelalters, die wahrscheinlich aus einem gemeinkeltischen Gedankengut schöpfte, über sehr genaue Hinweise bezüglich der - zumindest mythischen - medizinischen Fähigkeiten der Iren. Sie berichten demnach von der Heilung des schwer kranken Yder, Sohn des Königs Nutt durch die Ärzte, "einem irischen Königssohn und den der Tafelrunde Ebenbürtigen". (Siehe Joël H. Grisward, *Ider et le Tricéphale : d'une aventure arthurienne à un mythe indien,* in *Annales, Économies, Sociétés, Civilisations,* 1978/2, S. 281-293).

115 Ed. Whitley Stokes, *Irische Texte* III, S. 392-394.

116 *Talland Etair* ("Die Belagerung von Howth"), ed. Whitley Stokes, in *Revue Celtique* 8, S. 48.

117 *Textes mythologiques irlandais* I/2, S. 202 ff.

118 *Dindshenchas de Rennes,* ed. Whitley Stokes in, *Revue Celtique* 15, S. 315-316; *Textes mythologiques irlandais* I/1, S. 270.

119 Ed. Whitley Stokes, in *Revue Celtique* 26, S. 8.

120 *Revue Celtique* 43, S. 106-108.

121 Wir können heute eine Beziehung herstellen zwischen den von Diodor erwähnten fünf Jahren und den fünf Jahren des Kalenders von Coligny. Dabei handelt es sich um einen vollständigen Zyklus, welcher das gesamte religiöse, rituelle Leben und alle Opfertätigkeiten regelte (siehe Kapitel IV).

122 Françoise Le Roux, *Des chaudrons celtiques à l'arbre d'Ésus. Lucain et les Scholies Bernoises*, in *Ogham* 7, 1955, S. 34-35. Eine folgende Erklärung findet sich in unserem Buch *Le rite et la doctrine du sacrifice, op. cit., passim.*

123 *History of Ireland,* ed. Dinneen II, S. 246.

124 *ibid.*, S. 246-248. Der irische *Bel* entspricht dem gallischen Belenos und der Göttin *Belisama* "Die Strahlendste", die sich mit der gallo-romanischen Minerva deckt. Siehe Jacques Gourvest, *Le culte de Belenos en Provence occidentale et en Gaule*, in *Ogham* 6, 1954, S. 257 ff und zuletzt Christian-J. Guyonvarc'h, *Études de vocabulaire gaulois*, in *Ogham* 14, 1962, S. 161-167.

125 P.W. Joyce, *A Social History of Acient Ireland* I, S. 291.

126 Ed. Whitley Stokes, *Revue Celtique* 15, S. 297.

127 Ed. Whitley Stokes, *Three Irish Glossaries, op. cit.,* S. 6; vgl. Version des *Yellow Book of Lecan*, ed. Kuno Meyer, *Anecdota from Irish Manuscripts*, IV, *op. cit.,* S. 12: "Sie brachten all ihre Herden zu diesen Feuern, um sie gegen die Krankheiten des Jahres zu beschützen; sie schoben das Vieh zwischen den Feuern hindurch."

128 Ed. Whitley Stokes, *The Tripartite Life of Patrick* II, S. 278-279.

129 *Textes mythologiques irlandais* I/1, S. 53.

130 *Lebor Gabal Erenn*, ed. Macalister I, S. 54-56.

131 *Revue Celtique* 43, S. 26-28.

132 *ibid.,* 112-114.

133 *Adamnani Vita Sancti Columbae*, ed. Alan Orr Anderson & Marjori Ogilvie Anderson, *Adaman's Life of Columba,* London, 1961, S. 404-406.

134 *Revue Celtique* 43, S. 80.

135 *Textes mythologiques irlandais* I/1, S. 52; bezüglich des Namens *Mathgen*, siehe Kapitel II, 5, Fußnote 176.

136 Das vollständige Zitat findet sich in Kapitel II. 1.

137 Ed. Georg Henderson, *Irish Texts Society* II, London, 1899, S. 44-45.

138 Ed., Henderson, S. 48.

139 *ibid.*

140 Ed. Ernst Windisch, *Irische Texte* III, 474-476.

141 *Adamnani Vita Sancti Columbae*, ed. Anderson, S. 400-404.

142 *Ancient Laws of Ireland* I, S. 2.

143 *Lebor na hUidre*, Blatt 50b, ed. Best-Bergin, Dublin, 1929, S. 127.

144 *Lebor Gabala Erenn,* ed Macalister, V, S. 114, Gedicht LXX.

145 *Textes mythologiques irlandais* I/1, S. 55.

146 *ibid.* S. 56. In der späteren Version, in der der kriegerische, "odinsche" Aspekt Lugs wesentlich stärker herausgehoben wurde, verläuft die Erzählung anders: "Da nahm Lug die Gestalt einer krummen, einbeinigen, alten Frau mit einer Hand und einem Auge an und drehte die Runde bei beiden Armeen, wobei er den Fomoire alle Schwierigkeiten und Tod voraussagte und die Männer Irlands ermutigte." (*ibid.,* S. 69-70).

147 Ed. Whitley Stokes, *The Bodleian Amra Choliumb Chille*, in *Revue Celtique* 20, S. 421-422.

148 *Tain Bo Cualnge*, ed. Ernst Windisch, *Irische Texte* V, S. 441; ed. O'Rahilly, S. 72, 2621-2625.

149 *Book of Ballymote*, Blatt 284a, Zeile 24-51, ed. Whitley Stokes, *Revue Celtique* 12, S. 119-121; siehe auch Christian-J. Guyonvarc'h, *Notes d'Étymologie et de Lexicographie gauloises et celtiques XX. 82. Moyen-irlandais corrguinech "magicien" et glâm dicinn "malediction suprême"*, in *Ogham* 16, 1964, S. 443-444. "Wir sehen also erneut, was vom Roman zu halten ist, den der alte Autor des *Buchs von Ballymote* aus mehreren Stücken zusammengefügt hat: theoretische und ungeschickte Christianisierung heidnischer Religionselemente. Das entspricht zugleich jedoch auch der Kraft der Tradition, der der erfindungsreiche Schreiber nicht entgehen konnte. Seine Phantasie spielte sich immer in den alten Normen ab: Sein phantastischer *glam dicinn* stellt immer die zwei Hauptfiguren

König und Dichter (oder Druide) gegenüber. Was das von letzterem erzeugte Wunder betrifft, so steht ihm als einziges Zauberwerkzeug die Satire zur Verfügung." (Françoise Le Roux, *La divination chez les Celtes, op. cit.* S. 242-243.

150 Das Kauen von Eicheln berichtet bereits der Scholastiker *Lucanus* (*Pharsalia* I, 451): "Hatten sie den Brauch der Weissagung, weil sie Eicheln kauten?" (J. Zwicker, *Fontes Historiae Religionis Celticae* I, S. 51). Doch sind die *Scholien* zu spät, als daß wir ihnen wirklich vertrauen könnten.

151 Ed. Whitley Stokes, *Three Irish Glossaries*, S. 25.

152 Getäuscht von der Versicherung des Schreibers versuchte J. Loth, einen Bezug zwischen *imbas* und dem gallischen *ambosta* "gefesselt" herzustellen, welches in weiten Teilen des römischen Bereiches belegt ist, *Revue Celtique* 37, S. 311-312.

153 Rudolf Thurneysen, *Zeitschrift für Celtische Philologie* 19, S. 163; Nora K. Chadwick, *Scottish Gaelic Studies* 4, S. 97-135; *Contributions to a Dictionary of the Irish Language* I/1, col. 66; Françoise Le Roux, *La divination chez les Celtes*, S. 239.

154 Christian-J. Guyonvarc'h, in *Ogham* 15, S. 143-144

155 *Tain Bo Cualnge*, Version des *Buchs von Leinster,* ed. Ernst Windisch, *Irische Texte* V, S. 37-39; ed. Cecile O'Rahilly, S. 8, 264-275.

156 Kuno Meyer, *Fianaigecht, Todd Lecture Series* XVI, Dublin, 1910, S. 38.

157 Eugene O'Curry, *On the Manners and Customs of the Ancient Irish* II, S. 209.

158 *Les Celtes et les langues celtiques*, S. 248- 249.

159 Die keltischen Gegebenheiten sind direkt mit dem lateinischen Ritual der *incubatio* vergleichbar, von dem Vergil in *Äneis* VII, 83-103 schreibt. Der lateinische Wahrsager legt sich für den prophetischen Schlaf auf Schaffelle, und auch aus Griechenland sind ähnliche Riten bekannt, was abermals auf die überaus große Bedeutung hinweist, die der Weissagung in den indoeuropäischen Religionen zukam.

160 Ed. Whitley Stokes, *Three Irish Glossaries*, S. 34; vgl. *Contributions to a Dictionary of the Irish Language*, I/1, S. 118.

161 Ed. Standish O'Grady, *Silva Gadelica* I, S. 91.

162 Ludwig-Christian Stern, *Le manuscrit irlandais de Leyde*, in *Revue Celtique* 13, S. 7.

163 Ed. Whitley Stokes, *Three Irish Glossaries*, S. 14; Kuno Meyer, *Sanas Chormaic*, in *Anecdota from Irish Manuscripts* 4, S. 28.

164 Ed. Whitley Stokes, *Irische Texte* III, S. 366.

165 *Three Irish Glossaries*, S. 14.

166 *Dindshenchas de Rennes,* ed. Whitley Stokes, in *Revue Celtique* 16, S. 34.

167 *Acallamh na Senorach*, ed. Whitley Stokes, *Irische Texte* IV, S. 27.

168 *Ancient Laws of Ireland* I, S.44.

169 siehe *Ogham* 10, 1958, S. 305-306.

170 *Tain Bo Cualnge,* ed. Ernst Windisch, *Irische Texte* V, S. 341-345.

171 *Textes mythologiques irlandais* I/1, S. 262.

172 *Tain Bo Cualnge,* ed. Ernst Windisch, *Irische Texte* V, S. 551-553.

173 *Textes mythologiques irlandais* I/1, S. 258.

174 *Contributions to a Dictionnary of the Irish Language,* F/1, 101-103 und 110-112.

175 *Thesaurus Paleohibernicus* II, S. 354.

176 Ed. Whitley Stokes, *The Irish Ordeals, Cormac's Adventure in the Land of Promise,* in *Irische Texte* III, S. 183-221.

177 *op. cit.,* S. 188-190.

178 Tomas de Bhaldraithe, *English-Irish Dictionnary*, Dublin, 1959, S. 496b; Niall O'Donaill, *Focloir Gaeilge-Béarla*, Dublin, 1977, S. 926b; vgl. Littré, *Dictionnaire de la langue française*, ed. 1873, III, S. 844c; Ducange, *Glossarium ad Scriptores mediae et infirmae latinitatis*, ed. 1681, III, 59; vgl. auch *Dictionnaire de Trevoux*, ed. 1752, V, 192-193.

179 Als Beweis dafür wollen wir eine Stelle aus dem *Coir Anmann* ("Übereinstimmung der Namen") anführen, die umso bedeutsamer ist, da sie einen Bruder Moranns betrifft: "Feradach Fachtnach, das heißt der Gerechte, wegen der Gerechtigkeit während seiner Herrschaft über Irland. Denn *feachtnach* heißt "gerecht", weshalb er wegen seiner gerechten Regierung Feradach Fachtnach genannt wurde. Zu seiner Zeit gab es das Halsband Moranns und Morann selbst. Das Halsband Moranns sprach die Wahrheit über alle. Aus diesem Grund erhielt er diesen Beinamen." ed. Whitley Stokes, *Irische Texte* III, S. 332; vgl. unten die *Legende der Empfängnis Cuchulainns.*

180 *The Irish Ordeals, op. cit.,* ed. Whitley Stokes, *Irische Texte* III, S. 191-192.

181 *ibid.,* S. 192.

182 *ibid.,* S. 192.

183 Strabo, *Geographie,* IV, 6.

184 *The Irish Ordeals, op. cit.,* ed. Whitley Stokes, *Irische Texte* III, S. 191.

185 *ibid.,* S. 190.

186 *ibid.,* S. 191.

187 *ibid.,* S. 192-193

188 *ibid.,* S. 191.

189 *ibid.,* S. 196-198.

190 Vgl. die indische Übereinstimmung, welche Whitley Stokes kurz in einer Anmerkung erwähnte. *Op. cit.,* S. 224.

191 *Les Celtes en Espagne,* in *Revue Celtique* 14, S. 371-372.

192 Titus Livius XXXVIII, 21.

193 O'Connor, *Rerum Hibernicarum Scriptores* II, S. 142.

194 *Revue Celtique* 17, S. 143-144.

195 Ed. Standish O'Grady, *Silva Gadelica* I, S. 79.

196 Vgl. die Geschichte von der Verbannung der Dessi, in Kuno Meyer, *Anecdota from Irish Manuscrpts* I, S. 23, 7.

197 Christian-J. Guyonvarc'h, *Notes d'Étymologie et de Lexicographie gauloises et celtiques IX. 34. Irlandais cainte "satiriste",* in *Ogham* 13, 1961, S. 328-330. Das Wort wird oft, aber nicht ausschließlich pejorativ gebraucht.

198 Christian-J. Guyonvarc'h, *Notes d'Étymologie et de Lexicographie gauloises et celtiques II. 10. Gaulois CANTALON "chant" ou "pilier" ?, irlandais cetal, gaulois cathl, breton kentel "chant leçon",* in *Ogham* 11, 1959, S. 288-293. Die Inschrift wurde erstmals von G. Dottin, *La langue gauloise*, Paris, 1920, S. 62, verzeichnet.

199 *Textes mythologiques irlandais* I/1, S. 120.

200 *Aided Oenfir Aife* ("Der Tod Aifes Sohn"), in *Ogham* 9, 1957, S. 121.

201 Ed. Kuno Meyer, *Anecdota Oxoniensia,* Oxford, 1885, S. 28.

202 Ed. Ernst Windisch, *Irische Texte* I, S. 158.

203 *Cath Maighe Lena* ("Die Schlacht von Mag Lena"), ed. Kenneth H. Jackson, *Mediaeval and Modern Irish Series* 9, Dublin, 1938, S. 12.

204 *ibid.,* S. 82.

205 *Textes mythologiques irlandais* I/1, S. 247.

206 Das vollständige Zitat ist in Kapitel V zu lesen.

207 *Aidheda forni do huaislib Erenn inso* ("Die Tode einiger Adeligen Irlands"), ed. Whitley Stokes, *On the Deaths of some Irish Heroes*, in *Revue Celtique* 23, S. 304.

208 *Les Celtes en Espagne*, in *Revue Celtique* 14, S. 370-371. Leider mißverstand d'Arbois jedoch die keltische Vorstellung des Zweikampfes und seiner Bedeutung bei den Trauerspielen. M. J. M. Blazquez schreibt in seinem *Diccionario de las Religiones Preromanas de Hispania*, Madrid, 1975, S. 105, den Spielen des Scipio italischen Ursprung zu. Wir sind nicht seiner Ansicht: Scipio wäre kein Römer gewesen, hätte er die Gladiatorenkämpfe nicht gekannt, und es steht auch nicht zur Diskussion,

daß es sich bei diesen römischen Spielen um die vulgarisierte Form alter Trauerspiele handelte. Doch zieht der römische Brauch nicht die Bereitschaft der keltiberischen Krieger in Rechnung, sich gegenseitig kostenlos umzubringen. Ein weiterer Unterschied ist der, daß es sich bei den römischen Gladiatoren um Sklaven handelte. Leider fehlen uns alle Mittel, die römischen Spiele stichhaltig mit den keltischen zu vergleichen. Zumindest was die römischen Spiele betrifft, können wir auf Roland Auguets *Cruauté et civilisation : les jeux romains*, Flammarion, Paris, 1970, 267 Seiten, verweisen.

209 Christian-J. Guyonvarc'h, *Notes d'Étymologie et de Lexicographie gauloises et celtiques XVI. 58. Gaulois ANDABATA "gladiateur aveugle"*, in *Ogham* 15, 1963, S. 107 ff.

210 *Glossaire de Cormac*, ed. Kuno Meyer, *Anecdota from Irish Manuscripts* IV, S. 49.

211 *Aided Crimthaind Maic Fhidaig* ("Der Tod Crimthanns, des Sohnes Fidachs"), ed. Whitley Stokes, in *Revue Celtique* 24, S. 184.

212 *Ilias* XXIII, 166-176; D'Arbois de Jubainville, *Les Celtes et les langues celtiques,* S. 157.

213 *Dindshenchas de Rennes*, ed. Whitley Stokes, in *Revue Celtique* 15, S. 311.

214 Siehe *Textes mythologiques irlandais* I/1, S. 204-205.

215 *Revue Celtique* 43, S. 21-30.

216 *Livre de Leinster*, ed. Best-Bergin-O'Brien I, S. 124.

217 Ed. Ernst Windisch, *Irische Texte* V, S. 27: ed. Cecile O'Rahilly, S. 5, 176-181.

218 Christian-J. Guyonvarc'h, in *Ogham* 15, 1963, S. 142.

219 *Tain Bo Cualnge,* Fassung des *Buchs von Leinster,* Christian-J. Guyonvarc'h, *Les exploits d'enfance de Cuchulainn*, in *Ogham* 11, 1959, S. 326-327.

220 Christian-J. Guyonvarc'h, *La naissance de Conchobar*, in *Ogham* 12, S. 238.

221 *La naissance de Conchobar*, A-Fassung des *Buchs von Leinster*, in *Ogham* 11, S. 58. Conchobar stirbt aus wütendem Zorn, als er von der Kreuzigung Christi erfährt; siehe *Ogham* 10, S. 135-137.

222 Ed. Whitley Stokes, *The Battle of Mag Mucrima*, in *Revue Celtique* 14, S. 450-452.

223 Ed. Douglas Hyde, *Deirdre*, in *Zeitschrift für Celtische Philologie* 2, S. 138-155. Hyde hält die Bemerkungen zur Handschrift ziemlich knapp, S. 139: "It is [der Text] contained in one of the six unnumbered Irish MSS, now in the Belfast Museum [schrieb Hyde 1899], and is bound up with a version of the *Tain Bo Chuaillgne* copied by the same scribe, and a number of Irish poems, sermons, elegies and grammatical tracts, in several handwritings, none older than the middle of the 17th century. Neither the date of writing nor the name of the scribe who copied this MS. is given, but he was certainly Samuel Bryson, Mac Brisi or Briosain, as he variously writes his name, in whose possession I believe all these MSS. once were." Hier handelt es sich also genau um ein Beispiel der spät verfaßten, archaischen Erzählung, deren Erhaltung allein der mündlichen Überlieferung zu verdanken ist.

224 Ed. R. Henebry, *The Life of Columb Cille*, in *Zeitschrift für Celtische Philologie* 3, S. 544-546.

225 *ibid.,* S. 548.

226 *Vitae Sancti Patricii, pars prima*, ed. Kathleen Mulchrone, *Bethu Phatraic, The Tripartite Life of Patrick,* Dublin 1939, S. 22.

227 *Textes mythologiques irlandais* I/1, S. 50. Das technische Vokabular der irischen Satire wurde von F. N. Robinson in *Satirists and Enchanters in Early Irish Literature*, in *Studies in the History of Religions presented to Howell Toy*, New York, 1912, S. 95-130 untersucht. Zur Satire im Allgemeinen siehe R. C. Elliott, *The Power of Satire : magic, ritual art,* New Jersey, 1060, xi, 300 Seiten; Donald Ward, *On the poets and poetry of the Indo-Europeans*, in *Journal of Indo-European Studies* I/2, 1973, S. 127-144. Zum Namen des *corrguinech* und des *glam dicinn*, siehe die bereits zitierte etymologische Anmerkung in *Ogham* 16, S. 441-446 und 17, 143-144.

228 *Tochmarc Luaine* ("Die Brautwerbung Luaines"), ed. Whitley Stokes, *Revue Celtique* 24, S. 278; vgl., die neue Auflage von Liam Breatnach, in *Celtica* 13, 1980.

229 *ibid.,* S. 280.

230 *Talland Etair* ("Die Belagerung von Howth"), ed. Whitley Stokes, *Revue Celtique* 8, S. 50.

231 *Ancient Laws of Ireland* I, S. 24.

232 Christian-J. Guyonvarc'h, *La naissance de Conchobar, Version A,* in *Ogham* 11, 1959, S. 65.

233 *Ancient Laws of Ireland* I, S. 10.

234 *ibid.,* S. 22-24.

235 *ibid.,* S. 228.

236.*Textes mythologiques irlandais* I/1, S. 204.

237 *History of Ireland* II, ed. Dinneen, S. 346

238 Ed. Whitley Stokes, *The Dublin Fragment of Tifernach's Annals*, in *Revue Celtique* 18, S. 382.

239 *Brislech Mor Maige Murthemne* ("Der große Untergang der Ebene von Murthemne"), Fassung des *Buches von Leinster*, Christian-J. Guyonvarc'h *La mort de Cuchulainn,* in *Ogham* 18, S. 349.

240 Ed. Whitley Stokes, in *Archiv für Celtische Lexicographie* II, S. 376, 378 und 382.

241 *Betha Beraidh,* ed. Charles Plummer, in *Bethada Naem nÉrenn, Lives of the Irish Saints,* Oxford, 1922, I S. XVI und 38.

242 *Letha* ist der klassisch, irische Name für die Bretagne (vgl. walisisch *Llydaw*, lateinisch *Letavia*). Analog dazu leitet sich auch der Name Italiens *(Latium)* davon ab. Hier handelt es sich jedoch lediglich um einen Ort im Munster. Siehe E.J. Hogan, *Onomasticon Goidelicum*,Dublin, 1910, S. 438b.

243 Wörtlich ("Kuhhaut"), Titel einer Handschrift, die mit dem *Lebor na hUidre* ("Buch der braunen Kuh") vergleichbar ist, welches ebenso nach seinem Einband benannt ist.

244 Ed. Ernst Windisch, *Irische Texte* V, S. LIII

245 Nicandrus von Colophon bei Tertullius, *De anima* 57.

246 Das irische Wort *talamh* ("Erde") ist männlich.

247 *Banba* ist einer der zahlreichen Namen Irlands.

248 *Dindshenachs de Rennes,* ed. Whitley Stokes, *Revue Celtique* 15, S. 430-431.

249 Ed. Lil Nic Dhonnchadha, *Aided Muirchertaig Meic Erca, Mediaeval and Modern Irish Series* 19, Dublin, 1964, S. 26; Christian-J. Guyonvarc'h, *La mort de Muirchertach, fils de Erc, Texte iralndais du Très Haut Moyen Age : la femme, le saint et le roi,* in *Annales, Économies, Sociétés, Civilisations,* 1983/5, S. 1009-1010.

250 *Textes mythologiques irlandais* I/1, S. 35. Die Erwähnung der Schrift ist hier eine Folge der späten Fassung der Erzählung.

251 Standish O'Grady, *Silva Gadelica* I, S. 80.

252 Eugene O'Curry, *Lectures on the Manuscripts Materials of the Ancient Irish History,* Dublin, 1861, *Appendix*, S. 620; siehe auch R.A.S. Macalister, *Tara : a Pagan Sanctuary of Ancient Ireland*, London, 1931, passim.

VIERTES KAPITEL

RAUM UND ZEIT DES DRUIDENTUM

Die Bruchstücke einer gewissen Sakraltechnik, in welche wir durch die Übertreibungen der Legenden einen kleinen Einblick bekamen, stützten sich sicherlich auf ein durchdachtes und harmonisches Weltbild und ein zusammenhängendes Lehrgebäude. Von diesem lassen sich noch die groben Züge eines Gesellschaftsbildes nachvollziehen, welches besonders in Irland von einem Mittelsmann, dem obersten König von Tara verkörpert wird. Der Begriff des Zentrums, die Anhaltspunkte der Feste und die Struktur des Kalenders sind hierbei die wichtigsten und sichtbarsten Punkte in Irland, einem Land, welches sich noch das gesamte Mittelalter hindurch als mikrokosmisches Abbild des Universums verstand. Auch in den mageren Verweisen des Kontinents finden wir einige Erinnerungen daran.[1]

I. "*omphalos*" und "*nemeton*"

1. Der Begriff des Zentrums und der höchsten Königswürde

Die Vorstellung des Gleichgewichts und der Harmonie des Landes - und so der Welt - findet, geographisch gesehen, ihren Ausdruck in der Vereinigung geistlicher Würdenträger auf einem zentralen Gebiet, zeitlich gesehen, in einem historischen oder mythischen Augenblick, in dem ein idealer Herrscher alles auf sich konzentriert, indem er die Vollendung einer großzügigen und wohltätigen Regierung ausstrahlt. Mit anderen Worten entkommt der perfekte König, der zu mythischen Zeiten in einem traditionellen Zentrum regiert, den Zwängen von Raum und Zeit, da er sich an ihrem Schnittpunkt befindet. Er ist ewiger Weltenkönig. Es handelt sich sicherlich um keinen von der Druidenlehre unabhängigen Zufall, daß wir dieser Vorstellung des Königtums in Gallien, in Irland und in geringerem Maße auch in Wales begegnen. Die diesbezüglichen Texte erwähnen die Druiden nicht immer namentlich, doch sind sie in Irland meist belegt, und die verschiedenen Übereinstimmungen sprechen für sich. Ohne ein fest verankertes und zusammenhängendes Lehrsystem, wäre der keltischen Königswürde nie eine bedeutende Rolle zugekommen.

Die Überlieferung des "Weltenkönigs", der zugleich also auch ein "ewiger König" ist, hat sich in Gallien nicht durch eine Sagengestalt, sondern in einem Volksnamen, dem der *Bituriges* erhalten, der sich aus *bitu-* ("Welt" und zugleich "Alter") und *riges*, dem Plural von *rix* ("König") zusammensetzt. Diese *Bituriges*, deren Name je nach Betonungsakzent die französische Provinz *Berry* und deren Hauptstadt *Bourges* (*Biturigibus* im lateinischen Dativ Plural) ergibt, befanden sich tatsächlich im Zentrum Galliens, wo das Städtchen *Chateaumeillant* ("Burg

Meillant") denselben antiken Namen - und zwar *Mediolanum* - trägt, wie auch das *Meiland* im ehemals cisalpinen Gallien. Sie sind also Nachbarn des *locus consecratus*, der geweihten Stätte bei den Karnuten, die laut Cäsar B.G. VI, 13 "als der Mittelpunkt Galliens gilt", und an der die Druiden ihre Jahresversammlungen abhielten.[2] Wir können heute mangels an Belegen nicht mehr sagen, ob dieser *locus consecratus* aus politischen Ursachen verändert wurde, oder ob das symbolische Zentrum, wie es in Irland der Fall war, sich in zwei Pole aufteilte, die sich an zwei verschiedenen, jedoch benachbarten Stätten befanden. Wir neigen allerdings eher zur zweiten Möglichkeit.[3]

Diese Vorstellung ist auf alle Fälle von beträchtlichem Alter und findet ihren Niederschlag bis in die Platzverteilung auf den Festen von Tara. Man setzte sich nicht irgendwohin, und jedem wurde ein Platz und eine Mahlzeit zugeteilt, die seinem Rang und Alter entsprachen, was ein solches Fest zu einer umfassenden Darstellung der menschlichen Gesellschaft und zugleich der mythischen und heiligen Geographie Irlands werden ließ:

"Die Könige und Doktoren setzten sich zu Seiten Diarmaits, des Sohnes Cerballs [dem obersten König], das heißt, die Könige und Doktoren zugleich, die Krieger zusammen mit den Seeräubern; die jungen Männer und Mädchen und das stolze und eitle Volk nahm in den Räumen zu beiden Seiten der Türen Platz. Und jedem wurde die ihm zustehende Portion erteilt: da gab es ausgewählte Früchte, Rind, Schwein und Schinken für die Könige, Doktoren und auch für die Adeligen und die alten Freien der Männer Irlands; Diener und Dienerinnen hatten aufzuteilen und zu servieren; für die Krieger und Seeräuber gab es rotes Fleisch auf Eisenspießen mit Cerevisia, neuem Bier und Molke, wobei sie von den Narren und Mundschenken bedient wurden, die ihre Portionen aufteilten; die Köpfe, Füße und niedrigen Teile [?] waren den Kutschern und Jongleuren bestimmt, wobei es den Pförtnern zukam, unter ihnen aufzuteilen und ihnen zu servieren; Kalb-, Schaf- und Schweinefleisch und den siebten Teil, gab es [..?..] draußen für die jungen Leute und Mädchen, da ihre Freude sie befreite [?] und ihr Rang [?] sie erwartete [?]. Söldner und freie Dienerinnen teilten unter ihnen auf und bedienten sie."[4]

Andere Erzählungen, die diese räumlichen Aufteilungen bestätigen, erklären überdies - mit kleineren Abschweifungen, die jedoch in diesem Fall nicht zur Diskussion stehen - die Lage und die Benutzung der verschiedenen Bauwerke der königlichen Residenz. Eine der verständlichsten Passagen dazu finden wir im *Fleadh Duin na nGedh ocus Tucait Catha Muigi Rath* ("Das Festmahl von Dun na nGedh anläßlich der Schlacht von Magh Rath"). Da die ursprüngliche Haupt-stadt Tara im V. Jahrhundert vom Heiligen Ruadhan verflucht worden war, resi-dierten die obersten Könige ab jener Zeit am Ort ihrer Wahl:

"Gleich nachdem sich Domhnall, Sohn Aedhs, der irischen Königswürde bemächtigt hatte, wählte er Dun na nGedh an den Ufern der Boyne zum Ort seiner befestigten Residenz. Er umgab diese Festung mit sieben großen Stadtmauern wie Tara der Könige und erbaute die Häuser darin in Anlehnung an die Häuser von Tara der Könige. Das heißt, das große Haus der Mitte, in dem sich der König selbst, die Königinnen, die Doktoren und die besten einer jeden Kunst aufhielten; die Residenz von Munster, die Residenz von Leinster, der Festsaal von Connaught, das Haus der Ulaten, das Gefängnis der Geiseln, der Stern der Dichter und die Wohnung der Einzigen Säule, welche Cormac der Sohn Arts einmal für seine Tochter Grinne hatte anfertigen lassen, und alle anderen Häuser neben diesen."[5]

Es ist ebenso bemerkenswert als selbstverständlich, daß die Druiden (oder "Doktoren") im Gebäude des Königs residierten. Wir benötigen wohl kaum weitere Beweise, daß sie, auf den Inseln ebenso wie auf dem europäischen Festland, untrennbar mit der Sakralgeographie in Verbindung standen, denn sie waren es zweifellos selbst, die sie bestimmt hatten.

Titus Livius beschreibt in seiner *Römischen Geschichte* V, 34 (ed. Hans Jürgen Hillen, Artemis Verlag, 1991, S. 421) wie der sagenhafte Biturigerkönig Ambigatus ("Der auf zwei Seiten kämpft") in den mythischen und pseudohistorischen Zeiten das Zeichen zur Eroberung des cisalpinen Gallien gibt:

"Vom Übergang der Gallier nach Italien haben wir folgendes erfahren: Als Tarquinius Priscus in Rom herrschte, hatten bei den Kelten, die den dritten Teil Galliens ausmachten, die Bituriger die höchste Macht. Sie stellten dem Bevölkerungsteil der Kelten den König. Das war damals Ambigatus, ein überaus mächtiger Mann durch seine Tüchtigkeit und weil das Glück ihm und vor allem seinem Volke hold war; denn unter seiner Herrschaft war Gallien so reich an Früchten und Menschen, daß es schien, als könne die übergoße Menge kaum noch regiert werden. Weil er das Königreich von der drückenden Überbevölkerung zu entlasten wünschte, selbst aber auch schon hoch an Jahren war, erklärte er, er werde Bellovesus und Segovesus, die Söhne seiner Schwester, energische junge Männer, zu den Wohnsitzen schicken, die die Götter ihnen durch ihre Zeichen geben würden. Sie sollten eine Anzahl Leute aufbieten, so viele, wie sie selbst wollten, damit keine Völkerschaft die ankommenden abwehren könne. Darauf erhielt Segovesus durch die Lose die Hercynischen Wälder; dem Bellovesus gaben die Götter den weit erfreulicheren Weg nach Italien[...]."

Titus Livius verlieh einer Legende, die er nur von den cisalpinen Kelten entlehnt haben kann, ein geschichtliches Kleid. Doch ist diese Eroberung vor allem auch das Vorspiel zur Gründung Meilands mit dem sehr keltischen Namen *Mediolanum*. Der Begriff des "(heiligen) Zentrums" ist also von grundlegender

Bedeutung, so wie es ebensowenig zufällig aus der Luft gegriffen ist, daß die vier mächtigsten Staaten Galliens sich in seiner Mitte ansiedelten: Karnuten, Bituriger, Arverner und Häduer.[6] In Irland stoßen wir auf ein ähnliches Phänomen: Hier wurde die Zentralprovinz *Mide* (Meath - “Mitte”) aus je einem Teil der vier übrigen Urprovinzen zusammengestellt. So befand sich auch die politische und religiöse Hauptstadt Tara in *Mide*. Doch lag hier noch ein weiterer empfindlicher, d.h. ein noch empfindlicherer Punkt, und zwar der Hügel von Uisnech, von dem in der *Gründung des Gebietes Tara* die Rede ist.

“Danach kamen die Adeligen, wie wir es bereits erwähnten, um Fintan nach Uisnech zu begleiten, und sie verabschiedeten sich auf dem Gipfel von Uisnech voneinander. In ihrer Anwesenheit stellte er eine fünfseitige Steinsäule genau auf der Spitze von Uisnech auf. Jeder der Provinzen teilte er eine Seite zu. Denn so liegen Tara und Uisnech in Irland wie zwei Nieren in einem wilden Tier. Dann bezeichnete er hier ein Maß, das heißt einen Teil einer jeden Provinz auf dem Uisnech. Fintan sang folgendes Lied, nachdem er die Säule errichtet hatte [...]”[7]

Die Zentralprovinz entspricht also einem komplexen Schema, welches wir in der folgenden Skizze zusammenzufassen versuchen:

CONNAUGHT Uisnech		ULSTER Tailtiu
	MEATH	
MUNSTER Tlachtga		LEINSTER Tara

Sie verdichtet, konzentriert und vereint das gesamte Irland in sich, welches als geschlossene Welt empfunden wurde.[8]

Wir mußten ebenso aufzeigen, wie wenig geschichtliche Konstanz Tara beigemessen werden kann, so wie es auch unbestreitbar ist, daß die heutige Grafschaft Meath sich nicht mit dem tatsächlichen, geographischen Mittelpunkt der Insel deckt.[9] Doch dürfen wir in diesem Zuge nicht vergessen, daß die Vor-stellung eines religiösen “Zentrums” nicht den materiellen Einschränkungen der menschlichen Geschichte und Geographie unterliegt. Es gibt zahlreiche andere Textbelege für das Alter der irischen Teilung in vier plus eine Provinz. Vielleicht die archaischste, wenn nicht sogar die älteste unter ihnen ist das *Buch der Eroberungen*:

“Die Fir Bolg teilten, wie wir bereits erwähnten, Irland in fünf Teile auf. Das Fünftel von Gann, auf dem Coirpre Nia Fer war; das Fünftel von Sengann, auf dem Eogan Mac Luchta herrschte; das Fünftel von Slainne, auf dem Ailill, der Sohn

Matas sich befand; das Fünftel von Rudraige stand unter Conchobar, dem Sohn der Ness. Dies ist die Aufteilung, wie sie die Fir Bolg bestellten und die immer in den Provinzen bleiben wird."[10]

Der Text kündigt fünf Provinzen an, doch werden nur vier genannt, gefolgt von den Namen der Könige. Da jedoch die fünfte das gemeinsame Zentrum der vier anderen darstellt, ist es leicht verständlich, daß sie gar nicht eigens bezeichnet werden muß und ihr Vorhandensein stillschweigend vorausgesetzt wird. Wir haben es also mit einem festen Begriff zu tun, der so in der Tradition verankert ist, daß der Name der Provinz in allen Texten *coiced* ("Fünftel") ist. Was die Fir Bolg anbelangt, so soll im Vorübergehen erwähnt werden, daß sie kein geschichtliches Volk sind.[11]

Der Archaismus des Königtums Tara wird hierbei auf gängige Weise zum Ausdruck gebracht. In der Erzählung der *Gründung des Gebietes Tara* wird sein Alter an mehreren Stellen unterstrichen:

- Durch den ältesten der Druiden, den fünftausend Jahre alten Fintan, dessen letzter Auftrag gewissermaßen ist, zu beweisen und zu verankern, daß Tara für immer der Sitz des obersten Königs von Irland bleiben wird. Er kommt dieser Verpflichtung übrigens auch bestens nach, da er "alle gerechten Urteile kennt, welche seit Anbeginn der Welt bis heute gefällt wurden". Er war es auch, der in Irland die erste Eibe pflanzte, aus der die Urbäume der fünf Provinzen wuchsen.

- Durch den höchsten der Götter, Lug, der an dieser Stelle Trefuilngid Treochair genannt wird. Er nahm an der ersten sagenhaften Versammlung der Männer Irlands unter dem legendären König Fergus Cerball teil und beschloß dort, daß die traditionelle Verfassung des Königtums unter keinen Umständen verändert werden durfte: "Es sei, wie wir es vorgefunden haben," sprach Fintan, "wir werden nicht gegen die Anordnungen verstoßen, die uns Trefuilngid hinterlassen hat, denn er war ein Engel Gottes oder Gott selbst."[12]

Als weiterer Beweis für das hohe Alter kann das Kontrollsystem Taras zur Rechtmäßigkeit der Königswahl angesehen werden. Diese Mittel, die durchaus in den Rahmen des Rituals fallen, stellen ein bemerkenswertes "Szenario" dar, von dem uns das *De Sil Chonairi Mor* ("Über das Geschlecht Conaires des Großen") berichtet:

"In Tara gab es den Wagen des Königs, dem zwei Pferde vorgespannt waren, die noch keinen Wagen hatten. Bei demjenigen, dem die Herrschaft nicht vorbestimmt war, holperte der Wagen und die Pferde sprangen vor ihm herum. In diesem Wagen lag ein Mantel. Dem, der nicht für die Regierungsgewalt auserwählt war, war der Mantel zu groß. In Tara gab es zwei Steine, Blocc und Bluigne: Vor dem, den sie akzeptierten, gingen sie auseinander, daß der Wagen zwischen ihnen hindurchfahren konnte. Und da gab es noch Fal, den Steinernen Penis, der am Ende der Wagenfahrt stand. Vor der Wagenachse dessen, der zur Herrschaft über Tara berufen war, schrie der Stein so laut, daß es alle hörten. Bei dem, der nicht für die Führerschaft Taras ausersehen war, schoben sich die beiden Steine Blocc und Bluigne nicht auseinander und man kam gerade mit der Handfläche zwischen ihnen durch. Wem die Herrschaft über Tara nicht vorbestimmt war, vor dessen Wagenachse schrie auch der Stein von Fal nicht. So nahmen sie auch Lugaid Riabnderg nach dem Mord an Etarscel nicht an."[13]

Wir verlassen hierbei niemals den Bereich des Mythos, und so wird auch in den Stammbäumen der irischen Könige die Gründung der Zentralprovinz Tuathal Techtmar ("Der aus dem Meer kommt") zugeschrieben:

"Durch Tuathal wurden alle Provinzen Irlands ihres Haupts beraubt, und seither spricht man von Mide, d.h. Mide ("Hals") einer jeden Provinz. Tuathal besaß große und bedeutende Macht über Irland, nachdem er die Seeräuber und Banditen vernichtet hatte. Daraufhin hatte Tuathal Techtmar das Fest von Tara veranstaltet und die Provinzen Irlands kamen zur Versammlung von Tara. Und hier die Provinzen, die sich dazu einfanden: [Es kamen] Fergus, Febal und Eochu mac Conrach, die sich die Königsherrschaft über den Ulster teilten; Eogan mac Ailella Erann, [Herrscher] über den Süden Munsters; Conrach mac Derg, [Herrscher] über Connaught, Eochu mac Deiri, [Herrscher] über Großmunster und Echach Doimléin von den Domnann, [Herrscher] über den Leinster. Sie verbürgten sich bei Sonne, Mond und aller Macht des Himmels und der Erde dafür, daß die Provinzen Irlands niemals mehr so viel Macht hätten, wie ihre Vorgänger, auch wenn sie untereinander gleichwertig seien.[14]

Schließlich kommt jedoch Keating der größte Verdienst bei der Erklärung und Klarstellung der Beziehungen zu, welche die vier Provinzen untereinander hinsichtlich der Zentralprovinz hegten, wenn er den Ablauf der vier Kalender-festtage beschreibt und auf ihre Lokalisierung innerhalb des Gebietes Mide eingeht:

"Nachdem er diese Schlachten geschlagen hatte [...] gab Tuathal das Fest von Tara, so wie es für einen neuen König bei Amtsantritt üblich ist, eine große Generalversammlung abzuhalten, um die Gesetze und Gebräuche des Landes in Ordnung zu bringen. Die adeligen Gaelen kamen aus allen irischen Provinzen zu ihm und nahmen ihn zum König, da er sie von der Knechtschaft der unfreien Männer, das heißt der Vasallenstämme, befreit hatte. Sie verpflichteten sich bei allen Elementen, ihm und seinen Nachfolgern die Oberherrschaft Irlands zu überlassen, wie es in Ugaine Mor versprochen worden war.

Dann teilte man die Provinz in vier Teile und machte daraus Midhe in seiner heutigen Form, so daß es zu einem Gebiet wurde, welches jedem obersten König vorbehalten war, der über Irland regierte. Denn wenn auch die Gegend bei Uisnech bereits seit der Zeit der Kinder Nemeds bis zur Epoche Tuathals Midhe geheißen hatte, so war es noch nicht die Bezeichnung für die Teile gewesen, welche von den Provinzen bis zur Zeit Tuathals abgetrennt worden waren. Er machte daraus also eine eigene Provinz.

Nachdem Tuathal diese vier Teile zu einem einzigen Land namens Midhe gemacht hatte, erbaute er vier große Königsburgen, eine in jedem Teil. So errichtete er Tlachtga im Teil Munsters, der zu Midhe gekommen war, und das Feuer Tlachtgas wurde gestiftet; hier kamen gewöhnlich die Druiden Irlands in der Samainsnacht zusammen, um allen Göttern Opfer darzubringen. In diesem Feuer verbrannten sie ihre Opfer, und es war bei Strafe vorgeschrieben, in dieser Nacht alle Feuer Irlands zu löschen; und für jedes Feuer, das trotzdem in Irland brannte, bekam der König von Munster einen Skrupel oder drei Pfennig, eben weil der Teil, in dem Tlachtga liegt, von Munster an Midhe abgetreten worden war.

Die zweite Festung baute er im Teil namens Uisneach, den er von der Provinz Connaught erworben hatte, wo die Generalversammlung der Männer Irlands stattfand, die man 'Große Versammlung von Uisneach' nannte und die an Beltaine veranstaltet wurde. Hier wurden Güter, Handelswaren und Gegenstände ausgetauscht. Hier wurde auch dem von ihnen meistverehrten Gott mit dem Namen Bel geopfert. Es war der Brauch, zwei Feuer zu Ehren Bels in jedem Kanton Irlands anzuzünden und ein krankes Tier einer jeden Gattung des Kantons zwischen diesen beiden hindurchzuführen, um sie das ganze Jahr hindurch gegen alle Krankheiten zu beschützen. Von diesem Feuer zu Ehren Bels wird der Name Beltaines abgeleitet, der diesem Fest verliehen wurde, welches am Tage der beiden Apostel Philipp und Jakob stattfand: Beltaine ist also das Feuer Bels. Das Pferd und die Ausrüstung jedes Anführers, der zur Großen Versammlung von Uisneach kam, gebührte als Steuer dem König von Connaught, da diese Zusammenkunft sich im Teil der Provinz Connaught vollzog.

Die dritte Festung, die Tuathal errichtete, trägt den Namen Tailtiu und steht im von der Provinz Ulster erworbenen Teil Midhes. Hier fand der Jahrmarkt von Tailtiu statt, bei dem die Iren untereinander Bindungen der Ehe oder der Freundschaft eingingen; ein Brauch, der bei dieser Versammlung beobachtet wurde, war der, daß sich die Männer auf der einen und die Frauen auf der anderen Seite aufhielten, während Väter und Mütter die Verträge erstellten. Jedes Paar, welches einen Vertrag und einen Pakt geschlossen hatte, galt als verheiratet, wie es der Dichter sagt:

'Die Frauen dürfen sich den schönen und strahlenden Männern nicht nähern;
und die Männer dürfen sich nicht zu den Frauen begeben.

Alle müssen voneinander getrennt bleiben
an dieser Stelle des großen Jahrmarkts.'

Es war jedoch Lughaid Lamhfhada gewesen, welcher zuerst die Versammlung von Tailtiu zum jährlichen Andenken an seine Ziehmutter Tailtiu einberief, die , wie bereits erläutert, die Tochter Maghmors, des Königs von Spanien und Frau Earcs, des letzten Königs der Fir Bolg gewesen war. Als Tailtiu von Lughaid an diesem Hügel bestattet wurde, hielt jener die Versammlung von Tailtiu als Zusammenkunft zu ihrem Gedenken ab. Das ist der Grund, weshalb der Tag des ersten Augusts, an dem heute das Fest der Festnahme Petri gefeiert wird, *Lughnasadh*, d.h. Zusammenkunft oder Andenken, heißt. Auch wenn es den Berg und die Versammlung von Tailtiu schon zur Zeit Lughaid Lamhfhadas gab, existiert die Königsfestung erst seit der Zeit Tuathal Techtmars. Da der Ort, an dem Tailtiu lag, einst der Provinz von Ulster angehört hatte, standen die Steuern der Versammlung von Tailtiu dem König von Ulster zu. Sie betrugen eine Silberunze für jedes Paar, welches sich hier getroffen hatte.

Die vierte königliche Festung lag im Teil, den Leinster Midhe übergeben hatte. Hier fand alle drei Jahre das Fest von Tara statt, bei dem allen Göttern Tlachtghas (wie bereits erwähnt) Opfer dargebracht wurden. Diese königliche Versammlung, welche also das Fest von Tara genannt wurde, wurde öffentlich angekündigt. Hier wurden Gesetze und Bräuche beschlossen und die Annalen und Altertümer Irlands verabschiedet, so daß alle Beschlüsse von den obersten Doktoren in der Liste der Könige verzeichnet wurden, die das Psalmenbuch von Tara genannt wird. Jeder Brauch und jede Annale, die mit diesem großen Buch nicht übereinstimmte, wurde nicht als echt angesehen."[15]

Wir wollen als Zusammenfassung und kurzen Kommentar zu dieser Textstelle abermals unterstreichen, wie solidarisch sich Druiden und Könige gegenüberstanden und wie sie sich gegenseitig ergänzten. Indem sie in den vier Gebieten oder vielleicht besser "Heiligtümern" Mides, in Tara, Tailtiu, Uisnech und Tlacht-ga zu bestimmten Festen zusammenkamen, erhielten sie durch ihre Anwesenheit, ihre Beschlüsse und Handlungen die Ordnung und den Wohlstand Irlands, dem Abbild des Kosmos.[16]

Der Hauptname der Insel ist *Ériu*, da die Königin dieses Namens Uisnech, die symbolische Mitte Irlands, zu ihrer Residenz erkoren hatte. Dort kam der *File* Amorgen sie besuchen, wie er es bei ihren beiden Schwestern Banba und Fotla getan hatte, die ebenfalls, jedoch zu zweitrangigen Namensgeberinnen Irlands wurden:

"Sie kamen an Land und gelangten schließlich nach Sliab Mis. Banba ging ihnen in Begleitung ihrer Gruppe Druiden und Zauberer entgegen. Amorgen fragte sie: 'Wie heißt du?' 'Banba,' erwiderte sie, 'und von mir stammt der Name dieser Insel Banba.' Dann gingen sie nach Sliab Eiblinne, wo Fotla ihnen entgegenkam. Der Dichter fragte sie ebenso: 'Wie heißt du?' Sie kamen nach Uisnech in Mide, wo sie auf Ériu trafen. Der Druide fragte auch sie: 'Was ist dein Name?'. Sie antwortete, daß sie Ériu heiße und daß die Insel nach ihr benannt sei."[17]

Diese drei Schwestern stellen die mythische Dreigestalt der Herrschaft dar. Und da die drei Namen für ein Land stehen, handelt es sich hier auch um ein und dieselbe Gestalt.

In einer anderen Fassung des *Buchs der Eroberungen* wird die Sachlage etwas anders dargestellt. Diesmal fordern Banba und Fotla, welche die Ansiedlung der Goideln in Irland vorausgesagt hatten, daß der Insel ihre Namen verliehen würden. Bei Ériu spitzt sich die Lage jedoch zu:

"Sie sprachen in Uisnech mit Eriu. Sie sagte ihnen: 'Oh ihr Krieger, seid willkommen. Die Propheten haben eure Ankunft schon lange vorausgesagt. Diese Insel wird euch für immer gehören. Im Osten der Welt wird es keine bessere Insel geben. Kein Geschlecht wird hier zahlreicher sein, als das eure.' 'Das ist gut,' erwiderte Amorgen, 'so wie auch die Prophezeiung gut ist.' 'Wir hätten nicht ihr danken sollen,' sprach Eber Donn, der Älteste der Söhne Mils, 'sondern eher unseren Göttern und ihrer Macht.' 'Das sieht dir gleich,' sprach da Ériu, 'du und deine Kinder sollen keinen Nutzen aus dieser Insel ziehen. Macht mir ein Geschenk, oh Söhne Mils und Kinder Bregons,' sagte sie, 'und nennt diese Insel nach meinem Namen.' 'Es soll ihr wichtigster Name sein,' sagte da Amorgen."[18]

Und hier die Überlieferung, wie sie sich dem walisischen Mönch Giraud von Kambrien in seiner *Topographia Hibernica* im XII. Jahrhundert darstellte.

"Da sie es [Irland] unbewohnt vorfanden, teilten sie es in fünf Teile, deren äußerste Grenzen am sogenannten Stein von Mide, in der Nähe der Burg von Kyllar aufeinandertrafen. Dieser Stein wird der Nabel Irlands genannt, da er fast im Zentrum und in der Mitte der Welt steht; nach ihm wird die irische Region Midhe benannt, in deren Mitte er steht."[19]

Bei Giraud von Kambrien ist keine Rede von Druiden, doch dürfen wir uns nicht allzusehr auf ihn verlassen. Die Einleitung der *Schlacht von Mag Tured,* in der die Ankunft der Tuatha Dé Danann auf Irland erzählt wird, mißt ihnen hingegen große Bedeutung bei. In ihrem ursprünglichen Herkunftsland, im Norden der Welt, wurden sie von vier Druiden unterrichtet, von denen ein jeder eine symbolische Insel bewohnte:

- Mor-fessae	in	Falias
- Esras	in	Gorias
- Uiscias	in	Findias
- Semias	in	Murias [20]

Die politische Vierteilung der keltischen Geographie ist auch bei den Galatern in Kleinasien belegt, von denen Strabo, *Geographie* XII, 5, 1 (in: Karl Kärcher, ed., S.1037) berichtet:

"Da es drei Völker von gleicher Sprache waren, und sich in nichts anderem voneinander unterschieden, so teilte sich jedes in vier Teile, deren jeder eine Tetrarchie (Vierfürstentum) genannt wurde, und einen eigenen Tetrarchen (Vierfürsten), einen Dikasten (Richter), einen Stratophylar (Heermeister), die alle unter dem Tetrarchen standen, und zwei Hypostratophylates (Unterheermeister) hatte."

Im ersten nachchristlichen Jahrhundert spricht Strabon bereits in der Vergangenheit. Doch genügt es, daß es diese altertümliche Aufteilung gab und daß sie sich mit den vier irischen Urprovinzen deckte. Die fünfte Provinz stellte somit einen idealen Punkt mit bemerkenswerter Symbolkraft dar. In Tara, dieser Hauptstadt, in der der Stein von Fal unter den Füßen des rechtmäßigen Herrschers schrie, war alles nach der Regel der Vierteilung organisiert.[21]

Die Vierteilung eines Gebiets stellt keine administrative oder politische Notwendigkeit dar. Im äußersten Fall ist sie sogar, wie so manche moderne Länder oder Bezirke, eine Folge von Zwängen unterschiedlichster Ursachen. Doch haben wir es hier in Irland mit einem unumstößlichen Prinzip zu tun. Sogar in einem stark christianisierten Text der irischen Literatur, da wo kein Widerspruch mehr besteht zwischen vorchristlichem *sid* und neuer Theologie, ist dieser traditionelle Begriff noch völlig intakt.

"Dann gelangten sie auf eine andere hohe Insel, die von vier Wällen gevierteilt wurde: Die erste Mauer war aus Gold, die zweite aus Silber, die dritte aus Bronze und die vierte aus Glas. Im vierten Teil wohnten Könige, im nächsten Königinnen, im nächsten Krieger und im letzten Mädchen. Ein Mädchen kam vor sie, brachte sie an Land und gab ihnen Nahrung. Sie sah so aus wie Käse und jeder fand darin den Geschmack, den er wollte. Sie reichte ihnen ein Getränk in einem kleinen Gefäß, von dem sie drei Tage und drei Nächte lang in trunkenen Schlaf verfielen. Diese ganze Zeit über bediente sie das Mädchen. Als sie drei Tage später erwachten, waren sie auf ihrem Schiff auf hoher See. Sie sahen nirgends mehr die Insel oder das Mädchen."[22]

Die wichtigste Folge der Christianisierung des *sid* ist wohl das Verschwinden der Thematik der schönen und anziehenden Kreatur, die dem Besucher oder dem, den sie holen kam, neben der ewigen Glückseligkeit auch ihre Liebe schenkt. Aus einem weiteren, noch stärker christianisierten Text, der *Seefahrt der Ui Corra,* ist das Mädchen ganz verschwunden, doch bleibt die Insel viergeteilt:

"Dann ruderten sie lange und es wurde ihnen noch eine Insel gezeigt, auf der sich vier Arten von Menschen befanden. Sie hatten die Insel in vier Gebiete unterteilt: die ruhigen, grauhaarigen Leute wohnten im ersten, die königlichen Herren im zweiten, die Krieger im dritten und die Diener im vierten. Sie waren schön und strahlend. Sie spielten ohne Unterlaß. Einer von ihnen [den Ui Corra] fragte sie um Neuigkeiten. Neben diesen strahlenden Menschen, auf die er zuging, schien er dunkel und häßlich. Er fing sofort an, mit ihnen zu spielen und zu lachen, so daß er ebenso froh und leuchtend wurde wie sie. Er blieb bei ihnen auf der Insel und die Ui Corra waren traurig darüber. So ruderten sie weg."[23]

2. Das Heiligtum oder "*nemeton*"

Über den Begriff des "Zentrums", im griechischen Sinne des *omphalos* gelangen wir zum Heiligtum, welches eine Stätte bezeichnet, die besonders starke, heilige Energie ausstrahlt. Dies kommt, allein schon durch die Wortherkunft, im Ortsnamen *Mediolanum* zum Ausdruck, für den zwei Interpretationsmöglichkeiten vorgeschlagen wurden: Eine profane als "Mitte der Ebene" und eine religiöse als "Zentrum der Perfektion".[24]

Das keltische Spiel mit Analogien und der Kunst der Wortauslegung bewirkt, daß beide sich zudem gar nicht ausschließen. *Mediolanum* ist hierbei nicht der einzige Name, es gibt auch Synonyme wie *Mezunemusus* (vgl. *Medionemeton* "Heiligtum der Mitte")[25] . Doch gab es vor allem auch den *drunemeton* der Galater, von dem Strabo in seiner *Geographie* XII, 5, 1 *(loc. cit.)* berichtet.

" Der Senat der zwölf Tetrarchen bestand aus dreihundert Männern, die sich in dem sogenannten *Drynemetum* versammelten. Über peinliche Vergehen entschied dieser Senat, über das andere die Tetrarchen und die Richter. Dies war die ältere Einrichtung "

Nichts erlaubt uns jedoch mit Sicherheit zu behaupten, daß in diesem galatischen Wort *drunemeton*, das *dru-* für Druiden oder, wenn wir der griechischen Etymologie des Plinius folgen wollen, für Eichen steht. Auch können wir beim heutigen Wissensstand der Dinge nicht beweisen, daß es sich dabei um einen Eichenwald handelte, wenn das auch ganz und gar nicht unmöglich wäre. Alles, was wir aus dem Kontext Strabos schließen können, ist, daß der *drunemeton* der Galater eine Art eidgenössisches Heiligtum darstellte, das in der symbolischen Mitte des Landes oder an einem hochheiligen Ort lag, der in etwa dem *locus consecratus* der Karnuten oder auch dem Versammlungsort des *Concilium Galliarum* entsprach, ohne daß wir dabei eine der beiden Möglichkeiten vorzögen. Wir können daraus also weder eine ausschließlich den Eichen geweihten Stätte sehen, noch die Druiden davon ausschließen. Die Angaben des griechischen Autors sind zu ungenau, wenn er in seiner Beschreibung der Provinzregierungen auch schön die Dualität zwischen König und Richter herausstreicht, bei der es sich, wenn wir uns an die irischen Fachbereiche erinnern, nur um die des Königs und des Druiden handeln kann.[26] Wie dem auch sei, der Druide hatte sicher den ersten Rang im politischen und umso mehr noch im religiösen Leben inne. Tatsächlich wurde im Altkeltischen der allgemeine Begriff *nemeton* in allen keltischen Ländern für Heiligtümer, Tempel und *omphaloi* gebraucht.[27] Dieses Phänomen kann bis in die lateinische Übersetzung des *sanctissimum templum* der italischen Bojer verfolgt werden, als Titus Livius die tragische Anekdote vom Tod des Postumius erzählt.[28] Das keltische Heiligtum richtet sich also eher nach einer symbolischen oder tatsächlichen Vorstellung des "Zentrums" denn nach seinem gegenständlichen Aussehen, da er zur Gänze durch ein Wort ausgedrückt wird, welches das Heilige selbst bezeichnet:

- als genauer geographischer Ort
- als genaues Kalenderdatum
- als Person und von der restlichen Gesellschaft klar abgegrenztes Individuum.[29]

Dem heiligen oder geweihten Ort kam als solcher bereits eine größere Bedeutung zu, als allen vorübergehenden oder bleibenden Bauwerken, die es an ihm vielleicht gegeben haben mag. Es gab keine keltischen Tempel im lateinischen Sinn des Wortes *templum*, was natürlich nicht bedeuten soll, daß die gallo-romanischen Tempel von einheimischen Einflüssen oder Erinnerungen ausgeschlossen waren. Das heißt auch nicht, daß nicht schon vor der römischen Eroberung, durch klassischen Einfluß Holz- und Steintempel in Süd- und Mittelgallien errichtet worden wären.[30]

Auf der mythischen Ebene ist der berühmteste keltische "omphalos" wohl die Insel Avalon, von der eines Tages König Arthur wiederkehren soll, die Briten und Bretonen von der Fremdherrschaft zu befreien.[31] Doch befand sich in keltischen Gefilden ein guter Teil der *omphaloi* des europäischen Netzes, deren wichtigste Punkte Delphi, die Externsteine, der Magdalensberg, Carnac, Stonehenge und Uisnech, eine enorme Bedeutung in der Religionsgeschichte der Antike einnahmen.32 Die Widersprüche der verschiedenen Formen der Tradition lassen sich unschwer durch die Anpassung an lokale Mentalität und Umstände erklären.

3. Der heilige Wald

Der *nemeton* ist von Natur aus an den Wald ge- und mit dem Baum verbunden, der selbst wieder durch eine religiös-etymologische Kreuzung *(vidu)* mit dem priesterlichen Wissen in Bezug steht.[33] Alles geht vom Druiden aus und kehrt wieder zu ihm zurück. Das erklärt auch, weshalb heilige Bäume an besonderen Orten oft auch mit bemerkenswerten Ereignissen in Zusammenhang gebracht werden:

"Die Nacht in der Conn geboren wurde
war in ganz Irland willkommen.
Hier kamen auch der Baum des Tortu und die Eibe des Ross zur Welt."[34]

Dieser Baum von Tortu und diese Eibe von Ross gehören zu den fünf wichtigsten Bäumen Irlands. Ein weiterer, die Eibe von Mugna konnte tausend Menschen in ihrem Schatten bergen und beschenkte drei Mal jährlich die Bewohner der Ebene, in der sie stand, mit den drei heiligen Früchten: "Eichel, Nuß und Apfel":

"Mugna, der Sohn meiner Schwester, vom glorreichen Wald,
Gott war es, der sie vor langem schuf,
diese Eibe voller Tugenden
mit ihren drei ausgewählten Früchten.

Die Eichel und die Nuß, schmal und dunkel,
und den Apfel schickte, was ausgezeichnet war,
der König regelmäßig
dreimal im Jahr zu ihm [...]

Dreihundert Ellen maß der makellose Baum;
sein Schatten bot tausend Mann Schutz.
Er stand an einem geheimen Ort im Norden und im Osten
bis zur Zeit Conns mit den hundert Schlachten."[35]

Natürlich gibt der Mythos keine Erklärung darüber ab, wie auf einem Baum wie der Eibe so verschiedenartige Früchte wie Eicheln, Nüsse und Äpfel wachsen konnten. Doch ist es ein Wunderbaum und wie alle wunderbaren Urbäume kann er nicht von Menschen eingeordnet oder bewertet werden. Er steht also über allen Gattungen und gibt so alle gewünschten oder zur Nahrung der Eingeweihten notwendigen Früchte. Wir wissen aus zahlreichen Textstellen, daß die Eicheln die Lieblingsnahrung der (Wild-)Schweine darstellten, die in dieser wie auch in der Anderen Welt als heilige Tiere angesehen wurden. Der Apfel war die Frucht der schönen Botinnen des *sid*, gegen die die Zauberkraft der Druiden machtlos war, und die Nuß fiel in die heilige Quelle, wo sie von den Lachsen der Wissenschaft gefressen wurde, deren Fleisch dann verzehrt wurde.[36]

Im Bereich des Holzes - in seinen technischen und allen anderen Anwendungsgebieten - und des Waldes, verlassen wir also nie das priesterliche Wissen und das Wesen des Heiligen.[37] Daraus folgt, daß der Wald und der Tempel für die Kelten Synonyme darstellen, die gegenseitig austauschbar waren. Camille Jullian hatte also nicht unbedingt unrecht, wenn er *nemeton* mit dem lateinischen *nemus* übersetzte.[38] Nach Lucanus *Pharsalia* I, S. 453-454 (*"Der Bürgerkrieg"*, ed. Ehlers, München, 1973, S. 117-118) hielten die Druiden ihre Gottesdienste im Wald ab: *nemora alta remotis incolitis lucis* ("Ihr bewohnt tief im Wald versteckte Heiligtümer"). Die Anspielung ist bedeutsam. Er fügt dem die Erwähnung des in der Nähe von Marseille gelegenen Waldes an, den Cäsar zerstören ließ:

"Da stand ein Hain, seit Menschengedenken nie entweiht; mit verschränkten Ästen bildete er einen Bezirk von Dunkelheit und Schattenkühle, dessen Kuppel Sonnenstrahlen nicht durchdrangen. Hier hatten kein bäuerlicher Pan, kein Waldeskönig Silvanus und keine Nymphe ihre Stätte, sondern ein Götterkult barbarischen Brauchs: die Altäre waren mit gräßlichen Schlachtbänken versehen und alle Bäume mit Menschenblut geweiht. Sofern urtümliches Gefallen an Himmelswundern jemals Glauben verdient hat, scheuten dort sogar Vögel einen Platz in den Zweigen und wilde Tiere ein Ruhelager; auch legte sich kein Wind auf jenes Gehölz und schlug kein Blitz aus schwarzen Wolken ein - keinem Lufthauch boten die Bäume ihr Laub, sondern raschelten von selbst. Dazu floß überall aus dunklen Quellen Wasser, und düster standen, ohne Kunst und roh aus Holz gehauen, Götterbilder da. Bereits der Moder und der Schimmel des faulen Holzes erregten Entsetzen; so fürchtet man kein heiliges Götterbild von üblicher Gestalt, nein, gewaltig steigert sich die Angst, wenn man die Götter, die man fürchten soll, nicht kennt. Vollends, so hieß es, bebte oft die Erde und dröhnte es aus hohlen Schlünden, fielen Eiben um und richteten sich wieder auf, leuchteten Waldbrände ohne Feuer und wanden sich Schlangen rings um die Stämme. Diesen Ort besuchten keine Leute, um ihn aus der Nähe zu verehren, vielmehr überließ man ihn den Göttern; wenn Helios am Mittagshimmel stand oder dunkle Nacht das Firmament umfing, so wagte nicht einmal der Priester einzutreten, fürchtete er doch, den Herrn des Hains zu überraschen."[39]

Lucanus erwähnt nicht, daß dieser zwielichtige Wald eigentlich der Bereich der Druiden war. Doch mußte das gesagt werden? Er bestätigt oder nimmt eher vorweg, was Pomponius Mela III, 2 schreiben würde: *Docent multa nobilissimos gentes clam et diu, vicenis annis, aut in specu aut in abditis saltibus* - "Sie unterweisen die Edlen ihres Volkes in vielerlei Dingen, heimlich und lange Zeit hindurch - zwanzig Jahre - und zwar entweder in einer Höhle oder in abgelegenen Waldhainen."[40] Der Wald war der Ort, an dem der Druide normalerweise seine Schüler unterrichtete. Daß er ihm später auch als Zufluchtsstätte gedient haben mag, ist schon möglich, doch hatte er es nie nötig gehabt, dorthin zu fliehen: er war ja bereits dort, weil der Wald heilig war. Die Kelten standen immer in sehr engem Bezug zum Wald. Das zeigt sich einerseits durch Völkernamen, wie den der *Eburones* ("Männer der Eibe") oder der *Vidu-casses* ("Die mit dem Holz kämpfen"), andererseits durch die Lage der großen Heiligtümer wie dem Wald von Marseille oder dem Heiligtum von Anglesey, welches ebenfalls von den Römern zerstört wurde. Das findet schließlich auch durch die Rolle des Waldes in den Mythen seinen Ausdruck.[41] Doch stand in Gallien wie auch in Irland der Heilige Wald immer unweit der Königsresidenz: So schreibt Cäsar, *B.G.* VI, 30, daß das Haus des Ambiorix

"im Herzen eines Waldes lag, wie das bei fast allen Wohnsitzen der Gallier der Fall ist, die, um die Hitze zu vermeiden, gerne die Nachbarschaft von Wäldern und Flüssen aufsuchen."

Wollte man tatsächlich nur der Hitze entgehen? Was Cäsar hier sehr zusammenfassend beschreibt, dürfte aller Wahrscheinlichkeit nach eine königliche Residenz, eine "Stadt" gewesen sein, - was die Vorstellung des irischen *dun* (gallisch *dunon*) ziemlich ungenau wiedergibt - in denen Land und Wald vorherrschten. Doch ist jeder irische *dun*, der diesen Namen verdient, selbst schon eine Hauptstadt, wie sie jeder ehrbare Anführer zu besitzen hat. Die religiöse Vorstellung des "Zentrums", an dem König, Prinz, Anführer und Berater resi-dieren, kommt automatisch dazu. Es gibt also keinen *dun* ohne Heiligtum und kein Heiligtum ohne Wald. Es ist selbstredend, daß die oft mit den Wäldern verwechselten Heiligtümer, größte gesellschaftliche, politische und lexikalische Auswirkungen in Irland ausübten.[42] Wir vermuten, daß sich Gallien nicht allzu sehr davon unterschied.

II. Die Feste

Indem die Wälder bestimmte heilige Stätten kennzeichneten und abgrenzten, dienten sie, ebenso wie Hügel und Berge den Versammlungen und Zusammenkünften. So konnte auch die Bezeichnung der Versammlung *(oenach)* als Ortsname dienen, wie das z.B. beim *Oenach Maighe Adhair* der Fall ist, welcher im Jahre 981 in den *Annalen der vier Meister*[43] erwähnt wird, oder beim 1292 in den *Annalen von Connaught*[44] angesprochenen *Aenach.* Und wie es vier Provinzen gibt, gibt es auch vier Feste im Kalenderjahr. Vier Mal im Jahr wurden diese Feierlichkeiten an verschiedenen geweihten Orten mit Zeremonien und Spielen abgehalten. Das vierte oder besser das erste war *Samain*, das Fest von Tara, welches in der Zentralprovinz gefeiert wurde, die die vier Teile Irlands in sich vereinigte. Den Druiden kam natürlich der erste Rang zu.[45]

Im Rahmen dieser ersten Feststellungen bedarf es gleich einer wichtigen Anmerkung bezüglich des Datums dieser vier Feste: Alle gehen der "Jahreszeit", deren theoretischen Beginn sie ankündigen, vierzig Tage voraus:

Imbolc	Frühling	1. Februar
Beltaine	Sommer	1. Mai
Lugnasad	Herbst	1. August
Samain	Winter	1. November

Es handelt sich dabei also nicht um Feiern der Tagundnachtgleiche, noch der Sonnenwende. Die beiden bedeutenderen, *Beltaine* und *Samain* kennzeichnen den Beginn der hellen bzw. der dunklen Jahreszeit. Jahresanfang und -ende fielen demnach mit dem Samainsfest zusammen, da es die Epoche ankündigt, in der die Nacht vorherrscht. Doch standen all jene Feste ohnehin außerhalb der Zeit. Wir werden in der Folge sehen, daß es sich beim keltischen Fest im allgemeinen um einen Augenblick eines Ausgleichs und Treffens zwischen menschlicher und der göttlicher Zeit hält, zwischen Kalenderzeit und der Stätte der Feierlichkeiten selbst. Das erlaubt uns, einen indirekten Vergleich zum etymologischen Verhältnis zu ziehen, welches zwischen den lateinischen *tempus* und *templum* besteht.[46]

1. *imbolc,* das Fest des Frühlings

Das Imbolcfest findet am ersten Februar statt. Die klassische, wenn auch nicht unbedingt beste Erklärung ist im *Cormacglossar* zu lesen: "*Oi,* das Schaf, das auch *oisc,* unfruchtbares Schaf oder *oimelc,* stillendes Schaf heißt, so wird auch die Zeit genannt, zu der die Milch in die Schafe kommt, nachdem sie behandelt wurden."[47] Auch einen alten Vierzeiler wollen wir hier anführen:

"Von jeder Speise der Reihe nach zu kosten,
das ist es, was man an Imbolc zu tun hat;
sich die Hände, die Füße und den Kopf zu waschen,
so sage ich es euch."[48]

Vielleicht war es dieser Vierzeiler, der Vendryes dazu veranlaßte, *Imbolc* etymologisch durch die rückbezügliche und verstärkende Vorsilbe *imb-* und *folc* ("Niederschlag") zu erklären.[49] Diese Worterklärung wurde völlig unnötigerweise verworfen, doch durch keine bessere ersetzt.[50] Ganz offensichtlich ist diese jedoch stichhaltig und bleibt demnach zwingendermaßen bestehen.[51] Umso zwingender wird sie vor allem, wenn wir sehen, daß der christliche Nachfolger des *Imbolc* "Mariä Reinigung" bzw. "Lichtmeß", ein Festtag zu Ehren der Jungfrau, wurde, während das keltische Fest in der Fassung der *Tain Bo Cualnge* im *Yellow Book of Lecan* den Beinamen *féil Brigde* ("Fest der Brigitte") trägt.[52] Es deckt sich somit mit den römischen *Lupercales*, einem Fest der Reinigung und Fruchtbarkeit zum Winterende. Doch da alle Informationen bezüglich des Kultes und der Theologie der Brigitte im Mittelalter feinst säuberlich aus der Überlieferung entfernt wurden, ist dieser Festtag fast unmöglich im Detail zu untersuchen. Seine mythologische

Akte ist umso leerer, da die Militärklasse, auf deren Bestreben die meisten Erzählungen übersetzt wurden, selbst nicht daran interessiert war. Wir müssen uns also folglich mit der wahrscheinlichsten Erklärung zufriedengeben, die im Imbolcfest eine Feier der Fruchtbarkeit und vor allem der Reinigung nach den Härten und dem Schmutz des Winters darstellt. Dies sind Charakterzüge, die der großen keltischen Göttin, neben ihren herrschaftlichen und kriegerischen Vorzügen, zukommen. Doch hat dieses Fest im Vergleich zu den drei anderen eine eher zweitrangige Bedeutung: Im äußersten Westen finden die großen Jahreszeitenwechsel im November und Mai statt.[53] Der Vollständigkeit halber müssen wir jedoch hinzufügen, daß die irische Folklore, die sich um das Februar-fest rankt, außerordentlich reichhaltig ist. Doch ist es nun stark christianisiert, und wir gelangen unweigerlich zum Schluß, daß das Fest der Heiligen Brigitte schließlich *Imbolc* ersetzte.[54]

2. *beltaine*, das Fest der Priester

Die zusammengesetzte Form (ein Zeichen ihres Alters) des Wortes *Beltaine* bedeutet wörtlich "Bels Feuer"; im Neuirischen bezeichnet dieses Wort den Monat Mai: Im Wörterbuch Dinneens findet sich unter *bealtaine* "the first day of May".[55] Doch auch hier sind unsere Informationen beschränkt. Aber sie genügen, uns die Symbolik des Festtages eindeutig bestimmen zu lassen, auch wenn wir nicht mehr über die vollständigen Rituale verfügen. Im bereits erwähnten gastronomischen Gewohnheitsrecht ist die *Beltaine* vorbehaltene Strophe etwas mager:

"Ich sage Euch, ein ganz besonderes Fest,
sind die Reichtümer Beltaines,
Bier, Kraut, süße Milch
und Dickmilch auf dem Feuer."[56]

Diese Reichtümer sind jedoch nicht bedeutsam genug, vor allem nicht für ein religiöses Fest. Im *Buch der Eroberungen*, in dem der Schreiber von der Irrfahrt Partholons, des ersten Siedlers von Irland, erzählt, können wir die Atmosphäre jedoch etwas besser erahnen:

"An einem Dienstag gelangte er auf Irland. Es war der siebzehnte Tag des Mondes der Maienkalenden."[57]

Das dieser Feststellung folgende Gedicht verändert zwar das Datum etwas, läßt jedoch den Dienstag bestehen:

"Am vierzehnten Tag, einem Dienstag,
verließen sie ihr Schiff frei,
in Richtung des Hafens des klaren, blauen und strahlenden Landes,
Inber Scene mit dem glänzenden Schild."[58]

Auch stirbt Partholon im Monat Mai:

"Seine vier Söhne teilten Irland in vier Teile: das war die erste Teilung Irlands. So blieb Irland bis zur Vernichtung seines Volkes aufgeteilt. Der Tod kam in den Kalenden des Mais über sie, d.h. vom Montag Beltaines bis zum nächsten Montag vor Mag Elta, starben fünftausend Männer und viertausend Frauen, von einem Montag zum anderen. Hier starb das Geschlecht Partholons in Irland aus."[59]

Wir sollten diese allzu genauen Zahlen dieser prähistorischen Verstorbenen vielleicht mit Vorsicht genießen. Hier ist vielmehr die genaue Datierung *Beltaines* von Belang. Es scheint überdies, daß auch alle späteren Bewohner Irlands zu dieser Zeit in Irland ankamen, und das angefangen von den Tuatha Dé Danann.

"Alle ließen ihre Boote auslaufen, und nach drei Tagen, drei Nächten und drei Jahren, landeten sie am Montag der ersten Woche des Monats Mai am großen, breiten Strand von Tracht Muga bei den Helden von Ulster. "[60]

Und Keating bestätigt:

" Sie ließen ihre Boote auslaufen, und nach drei Jahren, drei Tagen und drei Nächten, landeten sie am Montag der ersten Woche des Monats Mai am großen, breiten Strand von Tracht Muga im Ulster."[61]

Dann verbrennen die Tuatha Dé Danann ihre Schiffe und hüllen sich nach diesem Freudenfeuer in eine Druidenwolke *(céo draoidheachta)*, um nicht entdeckt zu werden. Betrachten wir noch einmal die bereits zitierten *Dindshenchas von Rennes*, entzündet Midhe, nach dem die Zentralprovinz Irlands benannt ist, in Uisnech zu Ehren der Kinder Nemeds ("heilig") ein Feuer, welches sechs Jahre lang brennt. Dort erfuhren wir auch, daß er den Druiden, die dem Rauch eine unheilvolle Wirkung zuschrieben, die Zunge herausschneiden ließ.[62]

Was nun wirklich zu *Beltaine* zählt, ist das Feuer. In einem geheimnisvollen Gespräch beschreibt Cuchulainn seiner Verlobten Emer dieses Fest.

"[...] bis *Beltine*, das heißt zum wohltuenden Feuer, den beiden Feuern, welche die Druiden mit großen Zaubergesängen machten. Sie ließen die Herden zwischen ihnen hindurchschreiten, um sie gegen die Krankheiten des Jahres zu beschützen. Oder bis zu *Bel-dine*, wobei *Bel* der Name des Gottes und *dine* der der Erstgeborenen einer jeden Herde sind, die *Bel* zugesprochen wurden. *Beldine* steht also für *Beltine*."[63]

Der Schreiber ehrt Cuchulainn durch sein etymologisches Wissen, welches einem irischen Krieger jedoch kaum zueigen war, noch weniger denen des *Ulsterzyklus'*. Doch bei der Worterklärung handelt es sich ohnehin um eine Ausgeburt der Phantasie. Sie erinnert an Bibelinterpretationen der Opfer an Jahwe. Jeder Geisteswissenschaftler würde hier sofort Einspruch erheben. Doch deckt sich die Beschreibung mit der des *Cormacglossars*:

"Beltaine, das Feuer Bels, die heilbringende Flamme ist ein Feuer, welches die Druiden durch ihre Magie oder ihre großen Zaubergesänge machten; man brachte jährlich die Herden gegen Epidemien zu diesen Feuern. Sie ließen die Herden zwischen ihnen hindurchschreiten."[64]

So wohnten auch die Fianna zwischen Samain und Beltaine bei den Männern Irlands. Zwischen Beltaine und Samain lebten sie von der Jagd und unter freiem Himmel. Aber sie waren auch zwischen Samain und Beltaine nicht untätig:

"Eines Tages, als Finn und die Fianna in der großen Almain von Leinster waren und auf dem Fest der Trunkenheit und Freude Beltaines tranken und die Adeligen und großen Herren Irlands anwesend waren, fragte Finn, ob es an der Zeit wäre, zur Jagd aufzubrechen. Denn es war der Brauch Finns und der Fianna so das Jahr zu verbringen: von Beltaine bis Samain jagten und wanderten sie, und zwischen Samain und Beltaine unterstand ihnen die Bewachung aller Männer Irlands."[65]

Es wird jedoch nicht angemerkt, ob die Männer Irlands glücklich darüber waren, sechs von zwölf Monaten überwacht zu werden. Doch hatten sich die Männer Irlands, immer noch laut Keating[66], zwischen Samain und Beltaine auch um die *Filid* zu kümmern, welche anscheinend zu jener Zeit angeblich bereits so zahlreich waren, daß sie ein Drittel der Bevölkerung ausmachten. Was sie jedoch während des Sommers trieben, wird nicht berichtet. Daraus wird vor allem eines klar: *Beltaine* war das Fest des Sommeranfangs. Man entfachte die Beltainefeuer also nicht, um sich vor dem schlechten Wetter oder der Kälte und auch nicht nur um das Vieh vor Krankheiten zu schützen. So zündete auch der Heilige Patrick anläßlich dieses Festes, trotz des königlichen Verbots ein christliches Osterfeuer an, welches nicht allen gefiel. Nach der Erzählung Muirchus in der *Vita Tripartita* wandten sich die Druiden an den damaligen König Loegaire:

"Das Feuer, welches wir hier sehen, wird nie mehr erlöschen, wer auch immer es entfacht hat. Es wird stärker sein als alle Feuer unseres Brauchs. Und der es entzunden hat wird uns alle besiegen, denn die Herrschaft steht dem zu, der es in dieser Nacht brennen läßt. Er wird dich und alle Männer deines Reichs unterwerfen. Alle Königreiche werden vor ihm fallen und er wird Jahrhundert über Jahrhundert mit seinen Dingen anfüllen."[67]

Es ist zweifelhaft, ob die Druiden so lateinisch sprachen, wie Muirchu schrieb, und auch ihre Prophezeiung war im nachhinein keine schwere Sache mehr, denn sie wurde lange nach den Ereignissen formuliert, die sie ankündigte. Doch wurde sie nach den traditionellen Normen des alten Irland verfaßt: Eine vielleicht theologische, eher jedoch magische Auseinandersetzung zwischen Heiligem und Druiden, findet am besten zu *Beltaine* bzw. Ostern statt, wobei dem Feuer alles andere als eine profane Rolle zukommt. Das Vieh hat hiermit nichts zu tun. Ganz offenbar hatte Patrick den Hügel von Uisnech im Zentrum Irlands für sein Feuer gewählt, wobei er diesen durch einen Zauberkreis für alle Heiden unzugänglich machte. Ein eigenartiger, doch höchst wirkungsvoller Heiliger, der da die Flammen der Hölle mit dem Feuer bekämpft! Und hier die immer noch lateinischen Worte Muirchus dazu:

"Die Druiden sprachen zu denen, die hingingen: 'König, du aber wirst nicht an den Ort gehen, wo das Feuer brennt, damit nicht gefolgert wird, daß du den verehrst, der das Feuer entfacht hat, nein du sollst in gehörigem Abstand außerhalb davon bleiben. Er wird vor dich zitiert werden, so daß er dich verehrt und du selbst der Herr bleibst. Wir werden mit ihm in deiner Anwesenheit sprechen, so daß du uns auf die Probe stellen kannst [...]. So gelangten sie an den ausgemachten Ort. Nachdem sie von ihren Wagen und Pferden gestiegen waren, drangen sie nicht in den Kreis der Feuerstelle ein, sondern setzten sich neben ihn. Man rief den Heiligen Patrick außerhalb der Brandstätte."[68]

Die Geschichte endet mit Gottesurteilen, bei denen Patrick die Druiden besiegt. Wüßten wir aus den übrigen Heiligenlegenden nicht, daß es sich bei Patrick um einen Heiligen handelt, hielten wir ihn hier für einen seinen Kollegen bei weitem überlegenen Druiden.[69] Doch vollzog sich das Fest nicht ohne einen gewissen religiösen Zwang, wie uns in einer kurzen Stelle des *Aided Diarmada* ("Tod Dermots") berichtet wird, der uns über die geographische Lage der großen Feierlichkeiten und ihren verpflichtenden Charakter aufklärt.

"Diarmaid und die Männer Irlands hielten die große Versammlung von Uisnech zu Beltaine ab, denn es gab drei solcher großen Zusammenkünfte: Die Versammlung von Uisnech zu Beltaine, der Jahrmarkt von Tailtiu zu Lugnasad und das Fest von Tara zu Samain. Wer auch immer unter den Männern Irlands gegen diese Regeln verstieß, dem gebührte die Todesstrafe."[70]

Und wenn wir vom Gott *Bel* auch nur wissen, was der *Tochmarc Emire* ("Die Brautwerbung um Emer") und das *Cormacglossar* uns über ihn berichten, - was einer eingehenderen, theologischen Interpretation leider jedoch nicht genügt - so ist es dennoch unmöglich, die Entsprechung zu übersehen, die zwischen ihm und dem gallischen *Belenos* bestehen. Bis auf die Nachsilbe ist sogar die Herkunft der beiden Namen dieselbe.[71] Der Heilige Patrick hatte sich nicht getäuscht: *incendit divinum ignem valde lucidum et benedictum* "er entfachte ein sehr helles und geweihtes göttliches Feuer".[72] *Beltaine* ist also die Verherrlichung des Feuers, eines druidischen Elements wie auch Luft, Erde und Wasser. Wir können *Bel* in dieser Hinsicht auch als Beinamen Lugs in seinem Aspekt des Lichtes verstehen, dem Gegenstück des Lug des *Samain*, der auf Winter und Dunkelheit vorbereitet. Daraus folgt konsequenterweise, daß *Beltaine* auch das Fest der Priester war: Das erklärt überdies die Seltenheit der Textstellen, da einerseits das Christentum systematisch versucht hatte, alle Spuren des Priestertums zu verwischen, und die Kriegerklasse andererseits auch nicht in diesem Bereich bewandert war, der sie nicht direkt betraf.[73] Die Druiden waren vor allem auf die brennende Sonnensymbolik ihres eigenen Festes bedacht. Und wieder waren sie, hier mehr noch als bei allen anderen Gelegenheiten, die Herren des Feuers. Eine genauere Überprüfung liefert uns wenigstens noch ein einleuchtendes Ergebnis, und zwar bezüglich der Kalendertage, die dem Feueropfer in Gallien vorbehalten waren und von denen uns die antiken Autoren berichten. So verbrannten sie im Mai oder Juni, anläßlich ihres der *Beltaine* entsprechenden Festes, dessen Name uns jedoch heute nicht mehr bekannt ist, große Holzpuppen, voller Menschen und Tiere.[74] Dieses ebenso antike wie unauslöschliche Fest hielt sich im Volk als "Maifest" oder "Johannesfeuer". Doch führt dies über unseren Stoff hinaus.[75]

Die Datierung des Feuerfestes und die Übereinstimmung des irischen und des gallischen Götternamens *Bel* und *Belenus* belegen überdies, daß letzterer, der in der *interpretatio romana* als "Apoll" verstanden wurde, auch ein Beiname ist, den Cäsar dem gallischen Merkur gab. Es ist sicher auch kein Zufall, das in Gallien *Belisama* ein Beiname der "Minerva" ist, so wie auch in Irland die zur Heiligen gewordene Brigitte zur Hüterin des ewigen Feuers des Heiligtums Kildare wurde.[76]

3. *lugnasad*, das Fest des Königs

Das Königsfest *Lugnasad* am ersten August, zählt mit *Samain* und *Beltaine* zu den Schnittpunkten des irischen Kalenderjahres. Der ihm zugrundeliegende Göttername ist zwar pankeltisch[77], doch ist das Fest rein irisch. Darüber hinaus ist die häufige Übersetzung "Brautnächte Lugs" falsch, denn es handelt sich hier um keine Heiligenehe, sondern um eine "Zusammenkunft (zu Ehren) Lugs", denn so lautet die wörtliche Bedeutung von *nasad*.[78]

Die erste einheimische Erklärung stammt aus dem *Cormacglossar*:

"*Lugnasad*, ein Tag bzw. Jahrmarkt, namens *nasad*, das heißt Festlichkeit oder Spiele des Lug, des Sohnes der Eithne, welche jener zu Herbstbeginn abhielt."[79]

Keating paßt als gut irischer Geschichtswissenschaftler die Etymologie ebenfalls den Gegebenheiten an:

"Wie bereits berichtet, hatte Lughaid mit der langen Hand die erste Versammlung von Tailtiu im jährlichen Gedenken an seine Ziehmutter Tailtiu gegründet, welche die Tochter Maghmors, des Königs von Spanien und die Gattin Eochaids, dem Sohn Ercs, des letzten Königs der Fir Bolg gewesen war. Nachdem Tailtiu also von Lughaid unter diesem Hügel bestattet worden war, stiftete er den Jahrmarkt der Tailtiu zu ihrem Gedenken. Aus diesem Grund wird der erste August, der heute das

Fest der Ketten Petri ist, auch *Lughnasadh*, d.h. *nasadh* oder Andenken Lugs, genannt. Auch wenn der Berg und der Jahrmarkt seit der Zeit Lughaids mit dem langen Arm existierten, wurde Tailtiu erst zur Zeit Tuathal Techtmhars zur Königsfestung."[80]

Das Lugnasaidfest fand also am ersten August in Tailtiu (Tailtown) in dem Teil Ulsters statt, welcher Mide einverleibt wurde und sich somit im Besitz des Königs von Irland befand. Wie auch bei den anderen Festen verfügen wir über keine liturgischen Texte mehr. Doch ist es das Fest des Königs, und sobald es zum König kommt, wird Irland weitschweifig. Zuerst haben wir da das unvermeidbare Gedicht aus Rawlinson B 512, dessen vorhergehenden Vierzeiler wir bereits zitierten:

"Zu Lugnasad macht bekannt, was bekanntzumachen ist,
für jedes ferne Jahr;
von jeder berühmten Frucht zu kosten,
[ist] die Nahrung Lugnasads."[81]

Das ist nüchtern und bescheiden. Um *Lugnasad* ranken sich keine Heldenzyklen und Sagenkreise, was jedoch nicht bedeuten sollte, daß die Druiden nicht doch ihr Wörtchen mitzureden hatten. Unsere Texte sind in der Tat ganz anders beschaffen. Den langen Passagen der Vers- und der Prosa-*Dindshenchas* didaktischer, geschichtlicher und anekdotischer Natur gesellt sich noch all das hinzu, was Keating in seiner *Geschichte Irlands* überliefert.

Da uns an dieser Stelle der Platz fehlt, die unzähligen Strophen der *Versdindshenchas*[82] zu zitieren, wollen wir uns mit dem begnügen, was wir in den *Prosadindshenchas* und in den Auszügen Keatings zur Versammlung von Tailtiu finden. Sie bieten uns bereits eine sichere Interpretationsgrundlage. Was jedoch die Versammlung von Carman betrifft, so werden wir trotz ihrer Länge nicht um die *Versdindshenchas* umhinkönnen. Hier also die Texte:

1. Die Versammlung von Tailtiu im Ulster

(a) *Dindshenchas de Rennes*:

"Woher kommt der Name Tailtiu? Das ist nicht schwer. Tailtiu, die Tochter Magmors und Gattin Eochaids des Rauhen, dem Sohn Duachs des Dunklen, erbaute die Festung der Geiseln in Tara. Sie war die Ziehmutter Lugs, dem Sohn Scals des Stummen. Sie war es, die ihren Mann darum ersuchte, den Wald von Cuan roden zu lassen, um eine Versammlung um ihr Grab abhalten zu können. Sie starb in den Kalenden des August. Ihre Totenklage und ihre Trauerspiele wurden von Lugaid abgehalten, auf dessen Name das Wort *lugnasad* zurückgeht. All das fand jedoch bereits tausendfünfhundert Jahre vor Christi Geburt statt, und dennoch hielt jeder König, dem die Herrschaft über Irland zukam, bis zur Ankunft Patricks diese

Versammlung ab. Zwischen der Ankunft Patricks und der schwarzen Versammlung Donchads, des Sohnes von Maelsechlann fanden fünfhundert Zusammenkünfte in Tailtiu statt. Die drei Verbote Tailtius lauteten: getreu und ohne Hast dorthin zu kommen; beim Verlassen über seine linke Schulter zu sehen; nach Sonnenuntergang dort anzukommen. Daher der Name Versammlung von Tailtiu."[83]

(b) Keating:

"Lug mit dem langen Arm, der Sohn Cians, Sohn Diancechts, Sohn Easar Breacs, Sohn Neds, Sohn Iondaois, Sohn Allaois, war vierzig Jahre lang König von Irland gewesen. Lug war es auch, der die Versammlung von Tailtiu zum jährlichen Gedenken an seine Ziehmutter Tailtiu, der Tochter Madhmors, des Königs von Spanien gründete. Sie war die Frau Eochus, Sohn Ercs und letzter König von Spanien. Danach war sie die Gattin Eochus des Rauhen, Sohn Guis des Blinden, dem Prinz der Tuatha Dé Danann geworden. Von dieser Frau war Lug mit dem langen Arm ernährt und aufgezogen worden, bis er Waffen tragen konnte. Zu Ehren ihres Andenkens stiftete Lug die Spiele der Versammlung Tailtius, welche fünfzehn Tage vor und fünfzehn Tage danach stattfanden und den Spielen ähnelten, die man "Olympiaden" nennt. Aufgrund dieser von Lug eingerichteten Gedenkfeier wird der erste Tag der Kalenden des August *Lugnasad* genannt, also *nasad* oder Andenken Lugs (heute ist es das Fest des Heiligen Petrus in Ketten). Er fiel vor Mac Cuill in Caondruim."[84]

2. Die Versammlung von Carman im Leinster

(a) *Dindshenchas de Rennes*:

"So begaben sie [Carman und sein Sohn] sich nach Irland, um den Tuatha Dé Danann Schaden zuzufügen und den Weizen zu Lasten der Insel zu verwüsten. Das schien den Tuatha Dé Danann schlecht zu sein. So gingen von ihren Dichtern Ai, der Sohn Ollams, von ihren Satirikern Cridenbel, von ihren Druiden Lug Laebach und von ihren Hexen Bé Cuille hin, um gegen sie zu singen. Sie verließen sie nicht, bis sie die drei Männer wieder auf das Meer zurückgetrieben hatten. Jene ließen ihre Mutter Carman als Geisel zurück und gaben sieben Gegenstände als Bürgschaft dafür, daß sie nicht mehr nach Irland zurückkehren würden, solange es vom Meer umgeben wäre."[85]

(b) *Versdindshenchas*:

"Hört zu, Leute Leinsters in euren Gräbern,
Heer, das du Raigne mit heiligem Recht regierst,
bevor ihr euch wieder in alle Richtungen verlauft,
hört diese schöne Geschichte vom glorreichen Carmun.

Carmun ist die Stätte der Festversammlung,
mit einer Wiese, die für Rennen bereit ist;

schon manche Truppe, welche sie zu feiern kam,
trug den Sieg der schönen Wettkämpfe davon.

An diesem edlen Ort liegt auch das Grab eines Königs,
der bei den Kriegern aller Ränge beliebt ist.
Unter den Hügeln der Versammlung sind auch viele Krieger
seines Heers, von hochverehrtem Geschlecht begraben.

Um Königinnen und Könige zu beweinen,
sich der Rache und böser Taten zu beklagen,
kamen viele schöne Truppen im Herbst,
sich an die weiche Wange der alten Carman zu schmiegen.

Waren es mehrere Männer oder ein einziger mit mächtigem Heldenmut
oder gar eine Frau voll ungezügelter Eifersucht,
die dem Jahrmarkt diesen Namen von Ruf gaben,
oder verliehen sie der schönen Carman ihren eigenen Namen?

Nein, es waren keine Männer, auch kein einzelner, noch so wild,
sondern eine Frau, stolz und räuberisch,
mit berühmtem Land und Ruf,
die Carman ihren Namen vermachte.

Carman, die Frau Dibads des Stolzen,
dem Sohn des guten und gastfreundlichen Doirche mit den großen Truppen,
und Enkel des reichen Ancgeis,
war eine erfahrene Anführerin in zahlreichen Schlachten.

Keine Anhäufung von Reichtümern war ihnen genug
in ihrer großen Leidenschaft um die edle Banba,
denn seit jeher waren die Enkel Dibads
im Osten in Not gewesen.

Und abermals zogen sie nach Westen,
Dian, Dub und Dothur,
vom Osten her, weit von Athen,
mit Carman ihrer Mutter.

Bei den Tuatha Dé
verwüsteten nun zwei Feinde
die Ernte aller Ländereien bis hin zur Küste.
Das war eine unerbittliche und gesetzlose Plünderei.

Durch die Zaubergesänge ihres Ruhms
nahm Carman dem hochmütigen Obst den Saft,
trotz aller Rügen wandte sie alle verbotenen Künste an,
und ihre drei Söhne zerstörten in der Schlacht und ohne Gesetz.

Als die Tuatha Dé sie erblickten,
da packte sie Schrecken und Entsetzen;
und für jede Übeltat, die jene begingen,
bürdeten sie ihnen eine gleiche auf.

Cridenbel, und das ist keine Täuschung,
Lug Laebach, der Sohn Cachers,
und Bé Chuille [waren] auf allen Schlachtfeldern,
wie auch Ai, der Sohn Ollams.

Als sie sie besiegten, sagten
die harten und ebenso starken Vier:
'Hier eine Frau gegen eure Mutter
und drei Männer gegen euch drei Brüder.

Der Tod ist euch allen, doch wird euch das nicht lieb sein,
[er wäre] ohne Segen, ohne Wunsch der Glücks,
oder aber ihr laßt freien Willens eine Geisel zurück
und verlaßt zu dritt die Insel.'

So verließen uns die drei Männer,
man bediente sich rauher Sitten, damit sie abzogen;
und auch wenn sie dadurch weit von ihnen entfernt wäre,
ließen sie Carman lebend in ihrem engen Gefängnis zurück.

Es wurde bei allen Bürgen geschworen, damit gegen nichts verstoßen würde:
beim Meer und bei den Tieren, beim Himmel und bei der Erde mit ihrer glänzenden Haut,
daß die starken Krieger nicht vom Süden wiederkämen,
solange das Meer Irland umgäbe.

Siechtum und Tod rafften Carman schließlich hinweg.
Sie erschienen ihr in gräßlicher Gestalt,
und sie starb eines gewaltsamen Todes, wie sie es verdient hatte,
zwischen den Eichen der festen Gräber.

So gab es, wegen ihrer außerordentlichen Schönheit,
das erste Klagelied, welches jemals
bei den Tuatha Dé in der edlen Ebene des Ostens gesungen wurde
und die erste Versammlung, die Carman angemessen war.

Und wer grub das Grab der Carman?
Habt ihr es gelernt, wißt ihr es,
so wie es eure geschätzten Großeltern lernten?
Bres war es, der Sohn Eladus. Doch horcht!

Fünfhundertachzig Jahre liegen
(und das ist keine Lüge),
zwischen der Tribut zollenden Gefangenschaft Carmans
und der in den Psalmen besungenen Geburt des menschgewordenen Jesus.

Vierhundertzweiunddreißig Jahre sind
seit der Geburt Christi verstrichen, die Rechnung stimmt,
seit Crimthann über die gefangene Carman verfügte
bis zum großen, glorreichen Patrick.

Fünfunddreißig Könige [regierten] ohne Fluch
vor Christi Geburt im Osten Leinsters;
Ihr Ruf erreichte Irland
seitdem du, oh Carman, dich mit deinem sanften Gesicht zu uns gesellt hast.

Fünfundfünfzig Könige, Ritter der Christenheit,
herrschten beflissen seit dem wundengewohnten Crimthann
bis hin zum guten und starken Diarmait Durgen.

[Da waren] die acht Söhne Galams mit ihren starken Truppen,
Don, Hir, Eber, Heremon,
Amairgin, Colptha ohne Sorge,
Herech, Febria und Erennan.

Sie waren die Bürgen der Versammlung,
und wurden immer hoch gelobt,
bei ihrer Ankunft und ihrer Abreise,
ohne rauhe Feindseligkeiten.

Seit den Tuatha Dé bis zu den Kindern Mils,
war dies ein Zufluchtsort für die adeligen Damen und Fürsten;
nach den Kindern Mils ist es klar,
daß es bis Patrick von Macha ein Refugium blieb.

Den Himmel, die Erde, die Sonne und das Meer,
die Früchte der Erde und die Algen des Meers,
die Münder, Ohren, Augen und Eigentum,
die Beine, Hände und Zungen der Krieger;

die Pferde, die Schwerter, die schönen Wagen,
die Lanzen, die Schilde und die Gesichter der Männer,
den Reif, die Eicheln, den Glanz der Blätter,
Tag und Nacht, Rückfluß und Springflut,

all das gaben sie als Bürgen,
die Truppen Banbas ewig ohne Sorge,
damit die Versammlung nicht im Dust der Streitigkeiten abgehalten würde,
der sie alle drei Jahre unterbrach.

Die Stämme der Gaelen hielten hier
oft mit großen Lobreden eine Versammlung ab,
die ohne Gesetz und ohne Überschreitungen,
ohne Gewalttätigkeiten und Unreinheiten vonstatten ging.

Ihr Menge von Christgetauften, verschweigt das nicht,
und hört gut zu, denn es ist sicher,
daß dem der größte Fluch gebührt, der sich
von Christus und dem Christentum entfernt.

Doch die Könige und Heiligen Irlands haben,
um Patrick und Crimthand geschart,
die all ihre Kämpfe stolzen Mutes geführt hatten,
diese Zusammenkünfte hier gesegnet.

Vor den lebhaften Tuatha Dé gab es neun Versammlungen,
an der Grenze des ruhmreichen Carmun;
dann folgten schnell fünfhundert im Zentrum
zwischen Heremon und Patrick.

Da fanden fünf mal vierzig angenehme
Zusammenkünfte statt, eine nach der anderen,
und ohne Betrug, von Bresal Broenach,
bis zur letzten Versammlung.

Seit Crimthand von der schönen Gestalt
bis zur großen Schlacht Ochas des Gewaltigen
hatte das Geschlecht Labraids, des liebenswerten Kriegers
neun berühmte Versammlungen ohne Zwist abgehalten.

Sechzehn Könige, für mich ist das sicher,
jeden Weisen, jeden Geschichtsforscher mit reger Zunge,
brachte das Heer zu dieser mächtigen Sitzung,
seit der Zeit, zu der Carman noch ein Wald voller Zweige war.

Acht Könige Dothras reich an Mannen,
hielten mit ihrem gefeierten Heer,
die Zusammenkunft der schönen Carman
mit Ruhm und reinen Waffen.

Zwölf Könige [?] einerseits ohne große Besitzungen
[saßen] auch, ich gebe es zu, in den berühmten Versammlungen,
aus der wertvollen Truppe, die einem Griffon glich
und aus dem königlichen Geschlecht des großen Maistiu stammte.

Fünf der rauhen Fir Gaibli
hatten sich zum großen Ruhm der Carman versammelt
in einer reichen Zusammenkunft, die von
Satteln und Pferdezügen nur so überquoll.

[So kamen auch] sechs Männer von den Rennen Raignes,
vom Geschlecht Bresal Brecs, des Schlägers,
- eine schöne Truppe für Feldzüge gegen den Westen -
auf die Wange der Carman mit den hundert Wunden.

Patrick und Brigitte sind zusammen mit
Coemgen und Columcille
die Bürgen dafür, daß keine Truppe,
ihre eigenen [?] Reitereien angriffe.

Die Versammlung der Heiligen [bedurfte] zunächst der Kraft,
sie abzuhalten und ein Gesetz, sie zu regeln.
Demnach entspricht eine Versammlung der hohen Könige mit [..?..] Reinheit,
der ordnungsgemäßen Vorschrift.

Spiele der Frauen Leinsters am folgenden Tag
aus einer hervorragenden Truppe, und das ist keine Lüge,
einer Truppe von Frauen, die auch außerhalb großen Ruhm genoß,
[das war] die Zusammenkunft der dritten Versammlung.

Die Laegsi, die Fothairt von großem Ruf,
waren nach den Frauen an der Reihe,
ihnen gehört dieser Leinster voller Schätze,
die tapfere Männer bewachen.

Erfahrene Königsanwärter waren es,
die die fünften Spiele von Carman veranstalteten,
und es waren diese ehrbaren Gesellschaften Irlands,
die auch die sechste zu einem guten Ende führten.

Zuletzt waren es die Kinder Condlas,
die das Spiel der wohlgehüteten Carman veranstalteten;
edel war die Menge über alle Truppen hinaus,
über jeden Triumph und jeden königlichen Reichtum war sie erhaben.

Sieben Spiele, wie er sie euch zugestanden,
das erlaubte Patrick
für jeden Tag einer besonderen Woche
aufgrund dieses besonderen Rufs, horcht gut zu.

So hielten es die Leute von Leinster
in ihren Kantonen und Familien,
von Labraid Longsech mit den vielen Truppen
bis hin zu Cathair dem Mächtigen mit den roten Schwertern.

Cathair aber ließ nichts mehr von Carman übrig
außer vielleicht für seine starke Nachkommenschaft,
allen anderen mit ganz besonderen Reichtümern voraus
[war da] das Geschlecht Ros Failges, doch seht selbst:

Der Sitz des edlen Königs Argatros
liegt zur Rechten des Königs von Carman, sanft und bescheiden,
und hat zu seiner Linken auch kein Bettlererbe,
[und zwar] den Sitz des Königs von Gaible mit dem glänzenden Ast.

Die Laigsi sind die Nachkommen
Lugaids, Conall Cendmors Sohn,
und die Fothairt, die die Trockenheit nie besucht,
sind nicht arm genug, ihnen zu folgen.

In den Kalenden des August versammelten sie sich hier
alle drei Jahre ohne Tadel.
Sie veranstalteten sieben Rennen für eine Glanztat,
während der sieben Tage der Woche.

Hier wurden in Wortgefechten
die Rechte und Tribute der Provinzen ausgehandelt;
[denn] jedes königliche Gesetz wurde gottgeweiht
alle drei Jahre erstellt.

Weizen, Milch, glückliches Wohlbefinden,
volle Netze, reiches Meer,
graubärtige Männer, Anführer in Freundschaft,
mit Truppen die in Irland zu befehligen waren;

Beschwerden, harte Besteuerung der Schulden,
Satire, Streit, schlechte Führung,
werden während der Wettkämpfe nicht gewagt,
auch keine Flucht, kein Befehl oder Pfändung.

Die Männer gehen nicht zur Versammlung der Frauen,
und die Frauen besuchen nicht die der schönen und reinen Männer,
hier hört man nichts von Entführungen,
von Zweitmännern oder einer zweiten Familie.

Allen, die das königliche Gesetz übertreten,
hat Benen ausdrücklichst untersagt,
zu seiner Familie zu gehören,
auf daß sie in ihrer tödlichen Sünde stürben.

Und das sind die großen Vorzüge der Feier:
Trompeten, Geigen, hohlkehlige Hörner,
Dorfmusikanten, Beckenschläger, die nicht aus der Ruhe zu bringen sind,
Dichter und sanfte Musikgruppen.

[Sie besingen] die Taten Finns und der Fianna, diesen unerschöpflichen Stoff,
Zerstörungen, Raubzüge, Brautwerbungen,
Tafeln und Bücher der Wissenschaft,
Satiren, große Geheimnisse;

Sprichwörter und Leitsätze der Macht,
die wahren Lehren Fithals,
für dich die geheimnisvollen Verse der Dindshenchas,
die Lehren Cairpres und Cormacs;

[Sie besingen] die Feiern rund um das schwere Fest von Tara,
die Zusammenkünfte rund um die Versammlung von Emain,
die Annalen und, es ist wahr,
alle Trennungen, die Irland aufteilten;

die Geschichte des Hauses Tara, die nicht unbedeutend ist,
die Kenntnis aller Kantone Irlands,
Geschichten von Frauen und von im Kampfe liegenden Armeen,
von Herbergen, Verboten und Gefangennahmen;

die zehn Gebote Cathairs mit den hundert [..?..]
für seine liebenswerten Kinder königlicher Größe,
und sie weisen jedem den Platz zu, der ihm zukommt,
so gut, daß alle darauf hören.

Flöten- und Geigenspieler, Akrobaten,
Kastagnettenspieler und Hornisten,
schreckliche, lärmende und profane Massen
mit ihren Rufen und Schreien,

alle strengen sich an
für den König der brodelnden Banba;
der edle und ehrwürdige König zahlt jedem,
was ihm für die Ehre seiner Kunst gebührt.

Gewaltsamer Tod, Massaker, Klänge der Musik,
vollendeter Gleichtakt des guten Geschlechts,
seine königlichen Ursprünge, eine Segnung Bregmars,
sein Kampf und seine große Tugend;

das ist das Zeichen zum Abbruch des Festes
durch die begünstigte und immer noch frohe Truppe,
auf daß der Herr ihnen die Erde
mit ihren süßen Früchten gibt.

[...] am nächsten Tag sind die Leute von Leinster
und die Schar der Heiligen auch kein enttäuschender Segen,
und sie feiern fromm über dem geweihten Wasser Carmans,
eine Messe, Anbetung und Psalmengesang.

Im Herbst fastete man
in einem Zug in Carman.
[So protestierten] die Leute Leinsters, die nun nicht gerade wenig waren,
gegen Ausschweifung und Unterdrückung.

Priester und Laienbrüder aus ganz Leinster waren da,
Frauen und Männer, die sicherlich ihre Vorzüge hatten:
Gott weiß, was sie verdienen,
und hört auf ihr edles Gebet.

Dann die Gastfreundschaft der Ui Droma,
die Pferderennen von Ossory,
ein schriller Schrei der Lanzenschäfte
des ganzes Heeres; das ist das Ende.

Auch wenn wir dies das Grab der Trunkenheit nennen,
geschieht dies nicht aus Spott oder Bosheit,
denn mit ihrem Gatten Sengarman dem Krummen
wurde sie vor langem hier begraben.

Nach ihnen wurde es [das Grab] benannt
von den versammelten Armeen,
es gehörte ihnen ohne Armut und sie gehörten ihm.
Oh, Leute von den Gräbern Leinsters, hört:

Einundzwanzig *rath*, sagt noch immer ihr Ruf,
gibt es hier, wo die Armeen unter dem Erdboden liegen
und die Anzahl der Friedhöfe berühmt ist,
hier, wo die liegen, die die edle Carman liebte.

Sieben Hügelgräber sind da, die noch nie besucht wurden
anläßlich der häufigen Totenklage;
sieben abgegrenzte Ebenen, die ohne einem einzigen Haus
den Trauerspielen der Carman zur Verfügung stehen.

Drei rege Märkte finden statt in diesem Land,
der Lebensmittelmarkt, der Viehmarkt
und der Markt der fremden Griechen,
da wo es Gold und schöne Kleider gibt.

Hier ist der Hang der Pferde, dort der Hang der Küchen,
und der Hang, wo die Frauen zum Sticken zusammenkommen;
die Männer der Armee der lärmenden Goideln
machen sich nicht über sie lustig oder schwärzen sie an.

Durch Nachlässigkeit der Versammlung kamen
Stolz, Schwäche und verfrühtes Ergrauen
Könige ohne Kühnheit und Schönheit,
ohne Gastfreundschaft und ohne Wahrheit.

Bis heute war der Zorn
der vielen Truppen vom Hofe Labraids
und aller feigen und vertrockneten Armeen groß;
man traut sich und traut sich wieder nicht.

Ich heiße also das himmlische Heer der Heiligen
mit Gott, dem Edlen und Liebenswerten willkommen.
Der König, der die Armeen segnet, schenkt euch dies;
er erhört jedes Bittgesuch."[86]

Tailtiu (Tailtown) ist vor allem ein Ort, dessen Lage genau bekannt ist[87] und dem die Legende eine gleichnamige Göttin zuschreibt. Etymologisch gesehen handelt es sich um den Namen der "Erde"[88] und auch um einen Beinamen des souveränen Irland, bei dem es nun kaum eine Rolle spielt, ob es nun als Nährmutter, Mutter, Schwester oder Gattin angesehen wurde: Irland ist all das zugleich, und noch dazu eine große Kriegerin.[89] All diese Eigenschaften bringen uns in einen Bereich, der weit über phantastische Ortsnamen oder die Verherrlichung eines Ortes hinausgeht. Alle Züge der Tailtiu weisen darauf hin, daß sie aus der Anderen Welt stammt: Ihr Stammbaum geht bis auf die Fir Bolg zurück, so auch die Namen ihres bzw. ihrer Gatten, und schließlich auch der Name ihres Vaters, des Königs von Spanien, wobei anzumerken ist, daß Spanien für die Iren einer der Orte der Anderen Welt war.

Trotz aller Widersprüche (besonders in den Versdindshenchas) wird klar, daß Tailtiu als Gottheit stirbt und daß sie durch ihre Aufopferung das Bestehen und Wohlergehen ihres Volkes sichert. Das jährliche Andenken und die Trauerspiele, die Pferderennen, der Markt, die Dichterstreite sind Bürgen und Gegenleistung für diesen Wohlstand. Eine Auslassung dieses Festes brächte sicherlich Schwierigkeiten, und es liegt am herrschenden Fürsten dies unter allen Umständen zu vermeiden. Die Beziehung zwischen Lug und Tailtiu sind auch Gegenstand eines unumgänglichen, königlichen Schutzfestes, welches Frieden und Überfluß sichern soll. Alle Gesellschaftklassen nehmen daran teil. Im *Senchus Mor* wird dieses Fest indirekt durch die Bemerkung bestätigt, daß es dem Ziehvater obliegt, dem jungen Königssohn ein Rennpferd zur Verfügung zu stellen. "Der Preis der Erziehung eines Königssohnes beträgt dreißig *set*. Zur Zeit der Rennen stehen ihm Pferde zu."[90]

Die Beschreibung des Carmanfestes zeigt überdies, daß *Lugnasad* an einem heiligen Ort gefeiert wurde, der mit - wirklichen oder vermuteten - Fürstengräbern, allen voran dem der Carman selbst, übersät war (es ist jedoch wohl kaum notwendig, nach den archäologischen Spuren des letzteren zu suchen). Das Fest der Tailtiu wurde jedoch jährlich, das der Carman nur alle drei Jahre gefeiert. Doch handelt es sich hierbei um einen kleinen Unterschied ohne weitere Folgen. Es scheint, daß an *Lugnasad*, wie auch anläßlich der anderen irischen Feste, keine Zweikämpfe stattfanden, wie dies bei der Bestattung von Königen und Fürsten der Fall war (vgl. Kapitel III. 4. 8). Hierher kam man ohne Waffen.

Hier also in einigen Vierzeilern von bestechender Genauigkeit, eine allgemeine Definition des Lugnasadfestes, welches in der Ebene von Tailtiu, unter der Schutzherrschaft Lugs stattfand. Dies faßt die lange Beschreibung der Versammlung Carmans kurz und bündig zusammen:

Sie starb in den Kalenden des August
an einem Montag von Lugs Lugnasad.
Um ihr Grab fand seit jenem Montag
die erste Versammlung des schönen Irland statt.

Diese Tailtiu mit ihrer strahlenden Seite
machte ihrem Land eine wahre Voraussage
So lange ein Prinz ihr Dank sagen würde
gäbe es in Irland vollendeten Gesang.

Eine Versammlung mit Gold und Silber,
mit Spielen und der Musik der Wägen,

mit dem Schmuck von Körper und Seele,
durch Wissen und Beredsamkeit.

Eine Versammlung ohne Verletzungen, ohne jegliche Lüge,
ohne Fluch, ohne Streit, ohne Plünderung,
ohne Beanstandung, ohne Beschwerde, ohne Gesetzessitzung,
ohne Flucht, ohne Verhaftung.

Eine Versammlung ohne Tadel, ohne List,
ohne Beschimpfung, ohne Schande,
ohne Zwist, ohne Pfändung,
ohne Diebstahl, ohne Kauf.

Die Männer gehen nicht zum Wall der Frauen;
die Frauen gehen nicht zum Wall der schönen und reinen Männer;
sondern jeder sitzt auf einem ihm zustehenden Platz
am Ort der großen Versammlung.

Das ist die große Freundschaft der Versammlung
zwischen Irland und Schottland,
daß die Männer kommen und gehen
ohne jegliche bösartige Feindseligkeit.

Weizen und Milch auf allen Ebenen,
Frieden und schönes Wetter
wurden wegen ihr den griechischen Stämmen gegeben,
um das Recht zu erhalten."[91]

Lugnasad zeichnete sich also aus durch:
- Märkte und wirtschaftlichen Austausch
- Regelung politischer Fragen
- Vorübergehende oder endgültige Hochzeiten
- Anhörung der Dichter und Musiker
- Waffenstillstand
- Spiele und Rennen mit Pferden, Männern und Frauen
- Verpflichtende Teilnahme aller Klassen

Das Christentum war nun weit davon entfernt, dieses Fest abzuschaffen, sondern es erhielt es am Leben, indem es die friedfertigen und wohltätigen Tendenzen verstärkte:

"Die drei betrügerischen Diebstähle,
welche Patrick untersagte, waren:
Diebstahl des Rindes unter dem Joch, Diebstahl einer Milchkuh,
Brand der Scheunen, Mord am Erstgeborenen"[92]

Das Verbot war umso wirksamer und leichter einzuhalten, da das Fest in freundschaftlicher Feststimmung begangen wurde: sogar die Krieger kamen ohne Waffen. Im heutigen Volksbrauch wurde *Lughnasadh* zu einem Fest, dessen angeblicher Bezug zum Ackerbau, die Gelehrten manchmal täuschte.[93] Doch blieb ihr der Nebenaspekt des gemeinschaftlichen Vergnügens im Freien erhalten.[94]

Abschließend können wir also festhalten, daß der irische Herrscher - der, gleich ob es sich dabei nun um den Gott Lug selbst oder einen irdischen König handelt, Urahne seines Geschlechts ist, da er durch das *jus primae noctis* theoretisch zum Putativvater all seiner Untertanen wird - die gesamte menschliche Gesellschaft in der Anordnung *Lugnasads* verkörpert. Er selbst ist der Mittelpunkt des Festes. Die Druiden sind Vortragende, Dichter, Weise oder lediglich Zuschauer und unbewegliche Motoren. Zwischen dem Priesterfest des ersten Mai *(Beltaine)* und dem militärischen Fest des ersten November *(Samain)* ehrte *Lugnasad* den königlichen Aspekt des Gottes Lug. Es ist dies also das politische Fest, das der guten Regierung und entspricht somit dem *Concilium Galliarum* von Lyon.[95]

4. *samain,* das Fest der Krieger und des Alls

Zum *Samain* des ersten November heißt es schließlich:

"Fleisch, Bier, Nüsse und Wurst,
das steht Samain zu,
frohes Lagerfeuer auf dem Hügel,
Buttermilch, Brot und frische Butter."[96]

Dies ist, glücklicherweise, nicht das einzige Dokument, über das wir verfügen, denn *Samain* wird in zahlreichen Texten erwähnt. Hier kennen wir auch die gallische Entsprechung des irischen Namens im Colignykalender, was die Bedeutung dieses Festes unterstreicht: *Samonios. Samain* bedeutet seiner symbolischen Etymologie nach sowohl "Versammlung" als auch "Ende oder zusammenfassende Wiederholung des Sommers".[97] Trotz der Namensverwandtschaft zwischen *Samain* und *sam* ("Sommer") steht das Datum des ersten November außer Zweifel. Sogar im Neuirischen trägt der Monat November noch den Namen *Samhain.*[98] All das wird durch eine Dreifachdefinition das *Cormacglossars* bestätigt.

- *Cetsoman* "erster Mai", *cetsamain* oder "erste Bewegung der Sommerzeit"
- *Samrad* "Sommer", *sam* auf hebräisch und *sol* auf lateinisch, weswegen von *samson sol eorum* die Rede ist; *samrad* ist also der Lauf *(rad)* der Sonne wenn ihre Höhe und Wärme am spürbarsten sind.
- *Samfuin* "Schwächung oder Tod des Sommers".[99]

In dieser etymologischen Beschreibung ist auch der Name des ersten Mai von Bedeutung: Er gehört zum *Samain*, indem alle Tage zwischen diesem Tag der warmen Jahreszeit und dem ersten November "samainischer" Natur sind. Die Worterklärung ist zwar fehlerhaft, doch schlichtet die Erklärung alle Unklarheiten bezüglich des Datums dieses Festes. Wir können *Samain* zurecht als wichtigste der irischen und gallischen Feierlichkeiten bezeichnen.

So fallen fast alle uns bekannten mythischen oder epischen Ereignisse in diese Zeit. In der grundlegenden Erzählung *Die zweite Schlacht von Mag Tured* trifft sich der Dagda an *Samain* mit der Kriegsgöttin Morrigan, seiner Frau, und sie verspricht ihm, den Tuatha Dé Danann zu Hilfe zu kommen:

"Der Dagda hatte ein Haus in Glenn Etin, im Norden. Dieses Jahr hatte er sich anläßlich des Samainfestes der Schlacht von Glenn Etin mit einer Frau verabredet. Hier rauscht der Fluß Unius von Connaught im Süden. Er sah, wie sich die Frau im Unius und im Corann die Füße wusch, den einen im Süden am Wasser von Allod Echae, d.h. Echumech, den anderen im Norden am Wasser von Loscuinn. Sie hatte neun freie Zöpfe auf dem Haupt. Der Dagda sprach mit ihr und sie vereinigten sich. Der Ort heißt daher das Bett des Paares. Die hier erwähnte Frau ist Morrigan.

Sie sagte dem Dagda, daß die Fomoire bei Mag Scene landen würden und sagte ihm, er solle die Männer Irlands vor sie zur Furt des Unius rufen. Sie selbst begäbe sich nach Scene, den König der Fomoire Indech, den Sohn Dé Domnanns zu töten. Sie würde ihm das Blut aus dem Herzen und die Kraft aus den Nieren nehmen. Mit ihren beiden Händen voller Blut würde sie dann zu den Truppen hinaufsteigen, welche an der Furt des Unius auf sie warten würden. Diese Furt heißt wegen diesem Königsmord seither Furt der Zerstörung."[100]

So versammeln sich auch die Oberbefehlshaber der Tuatha Dé Danann zu *Samain*, um die Entscheidungsschlacht gegen die Fomoire vorzubereiten, wobei die Ereignisse von einem Samainfest zum nächsten springen. Aus mythischer Sicht sind sie jedoch ununterbrochen, da alles, was der Zeit unterworfen ist, nicht wirklich existiert.

"Es war nun die Woche vor Samain und alle verabschiedeten sich von den Ihren, auf daß die Männer Irlands am Vorabend Samains zusammenträfen. Sie waren sechs mal dreißig hundert an der Zahl, d.h. zwei mal dreißig hundert in jedem Drittel."[101]

So hält es sich auch um die Ereignisse, die die Krankheit Cuchulainns begleiten: Nachdem der junge Held am *Samainstag* verletzt wird und zwei Botinnen des *sid* ihn in Vogelgestalt besuchen, schläft er ein. Die Botinnen nehmen menschliche Gestalt an, peitschen ihn grausam und er wird krank. Man bringt ihn heim

"und er blieb bis zum Jahresende an diesem Ort, ohne mit jemandem zu sprechen. Dann umscharten ihn am Ende des Jahres, vor dem nächsten Samainsfest die Ulaten in seinem Haus. [...] Da trug es sich zu, daß sich ein Mann bei ihnen im Haus einfand und sich vor das Bett setzte, in dem Cuchulainn lag."

Dieser Mann ist der Gott Oengus, der dem Helden den Rat erteilt, sich in die Andere Welt zu begeben, d.h. der Einladung zu folgen, die ihm erteilt wurde. Cuchulainn wird auf der Stelle gesund.[102]

Samain war vor allem ein Fest der Pflicht und zwingend für die Allgemeinheit. Ein solches Fest wurde würdig gefeiert:

"Jedes Jahr hielten die Ulaten eine Versammlung ab, und zwar drei Tage vor, drei Tage nach und am Tage Samains selbst. Das war zur Zeit, zu der die Ulaten sich in der Ebene von Murthemne befanden und die Versammlung Samains alljährlich abhielten. Es gibt nichts in der Welt, was sie in dieser Zeit nicht gemacht hätten: Spiele, Zusammenkünfte, Prunk und Pracht, gute Kost und Festmahl. Daher kommen die drei Tage Samains in ganz Irland."[103]

Oder auch:

"Conchobar selbst bediente sie beim Samainsfest, da eine solch große Menge versammelt war. Die große Schar mußte deshalb versorgt werden, da jeder Mann, der sich in der Samainsnacht nicht in Emain befand, den Verstand verlor, und am nächsten morgen bereits sein Grabhügel und -stein errichtet wurden. Doch verfügte Conchobar über große Vorräte. So zeichneten sich bei ihm die drei Tage vor und nach Samain durch ein Fest im Hause Conchobars aus."[104]

Einige, jedoch sehr seltene Stellen berichten von Opfern an einen Götzen:

"Woher kommt der Name Mag Slecht? Das ist nicht schwer. Es handelt sich nämlich hier um den Ort, an dem sich das königliche Götzenbild Irlands befand, welches man Crom Cruaich nannte und um welches zwölf steinerne Götzenstatuen standen, es war aus Gold und stellte den Gott all jener Völker dar, die vor dem Heiligen Patrick die Macht in Irland innegehabt hatten. Ihm wurden die Erstgeborenen aller Würfe und alle ersten Nachkommen einer Sippe geopfert. So kam auch Tigernmas, der Sohn Follachs, des Königs von Irland, mit den Männern und Frauen Irlands nach Samain, um ihm Ehre zu erweisen und sich vor ihm niederzuwerfen. Dabei verletzten sie ihre Stirn, den Nasenknochen, ihre Knie und ihre Ellenbogen so sehr, daß drei Viertel der Iren bei diesem Fußfall starben. Daher stammt auch der Name 'Ebene des Fußfalls'."[105]

Doch ist dieser bereits zuvor erwähnte Text kaum ernster zu nehmen, als die gleiche Stelle in den *Versdindshenchas*.[106] Zu offensichtlich handelt es sich um eine christliche Ausführung, die die eigentliche Thematik mit den Opfern an Jahwe und einem nach Manier der Heiligenlegenden berichteten Heidenkult um den Stein von Fal vermengt. Wir können den Crom Cruaich - so der Beiname des Steins von Fal - und die Anzahl und Anordnung der umliegenden Götzenbilder auch als frühe

Vorschau auf die zwölf Ritter der Tafelrunde unter dem Vorsitz Arthurs sehen. Glaubhaft oder nicht, der Themenkreis ist mythisch.

Zum Sommerende nimmt das Samainsfest die Erntethematik *Lugnasads* wieder auf:

"Irland hatte einen berühmten König, Cormac, den Sohn Conns. Zu jener Zeit gab es auch einen König Ulsters, und zwar Fergus mit den schwarzen Zähnen. Fergus hatte zwei Brüder: Fergus mit dem langen Haar und Fergus, das "Feuer von Breg". Damals hielt sich das Gefolge Cormacs und die Gefolge aller irischen Könige in Tara auf, um das Fest von Tara abzuhalten, welches fünfzehn Tage vor, fünfzehn Tage nach und am Samainstag selbst abgehalten wurde. Der Grund, weshalb sie sich jedes Jahr versammelten war die Reife der Eicheln und des Obstes."[107]

Doch verstehen wir sehr bald, daß diese Eicheln und das Obst nicht die eigentliche Hauptsache darstellen. Das niedere Volk kümmerte sich nicht um die Sitzordnung des Festmahls von Tara, so wie sich auch die Krieger nicht um das Druidenfeuer zu kümmern hatten. Es wäre ein Fehlschluß, eine Stelle wie die eben zitierte als Hinweis dafür zu verstehen, daß es sich bei *Samain* um eine Art Erntedankfest gehandelt hätte.[108] Außerdem finden wir im Anschluß an jene Stelle sofort den rechtlichen Aspekt *Samains* unterstrichen:

"Und hier der Grund, weshalb das Samainsfest abgehalten wurde: Hier wurden von den Männern Irlands Gesetze beschlossen, welche niemand zu überschreiten gewagt hätte, bis sie nach einem Jahr erneut zusammentrafen. Wer auch immer gegen sie verstieß, der wurde von den Männern Irlands ausgeschlossen."

Was auf den ersten Blick jedoch das Samainsfest bestimmte, war sicherlich das große, königliche und militärische Festmahl:

"Im Jahr, an dem die Provinz Ulster in drei Teile geteilt wurde, fand das Samainsfest bei Conchobar in Emain Macha statt. Und so war das Maß des Festes beschaffen: Hundert Fässer eines jeden Getränks. Die Offiziere im Hause Conchobars sagten, daß nicht einmal alle adeligen Ulaten, all das verzehren könnten, da dieses Festmahl so ausgezeichnet war."[109]

Und wie bei jedem Festmahl

"waren die Ulaten einmal sehr betrunken in Emain Macha. Da kam es zu großen Streitereien und Vergleichen von Siegen zwischen Conall, Cuchulainn und Loegaire."[110]

Wollten wir alle ähnlichen Stellen zitieren, so nähme das kein Ende. Trunkenheit und Streitigkeiten bestimmen in allen Beschreibungen des Festes die Hintergrundatmosphäre. Man kann daraus unschwer die Wirkungen auf jene zu Weitschweifigkeit und Lobrede nur allzu bereiten Gemüter erkennen.

Die gängigsten Getränke waren hierbei Bier und Met. Doch wenn der König des Kantons oder der Provinz reich genug war, oder sich auf dem Fest ein fähiger Druide oder eine mächtige Fee befanden, das Wunder zu bewerkstelligen (wofür uns nur wenige Beispiele bekannt sind), so trank man auch Wein, einen Luxusartikel, der in Irland ebenso wertvoll war als selten. König Muirchertach macht einige Tage vor seinem Tod die Erfahrung:

"Dann begab sich der König mit seinem Gefolge in die Festung. Nachdem sie einen Augenblick lang dem Kampf zugesehen hatten, brachte man ihnen etwas Wasser der Boyne und der König sagte dem Mädchen, sie solle Wein daraus machen. So füllte das Mädchen drei Fässer voll Wasser und legte einen Zauber auf sie. Nie hatten sie besseren und stärkeren Wein in der ganzen Welt bekommen. Dann bereitete sie geheimnisvolle Zauberschweine aus Farnen zu. Sie verteilte den Wein und die Schweine an die Armee und sie aßen und tranken, bis sie satt waren. Dann versprach sie, ihnen jeden Tag bis in die Ewigkeit ebensoviel zu geben. Und Muirchertach sprach: 'Noch nie gab es hier eine Speise, wie die die ihr hier seht.'"[111]

Das Schweinefleisch und der Wein, das Bier und der Honigwein ermöglichen den Zugang zur Anderen Welt. Könnte man von angenehmerer und nahrhafterer Speise träumen, auch wenn sie nur dem flüchtigen Augenblick des heiligen Rauschs entspringen. Doch birgt ihr Verzehr so manche Gefahr, denn der häufige Verkehr und die Freuden mit den Wesen der Anderen Welt sind weder kostenlos, noch auf die leichte Schulter zu nehmen:

"Das Geschlecht Tadgs, dem Sohne Cians, wachte diese Nacht nach dem Verzehr des Druidenmahls über den König. Als der König am nächsten Morgen aufstand, war es, als wäre er in tiefe Sehnsucht verfallen, und so ging es allen, die vom geheimnisvollen und druidischen Wein und Fleisch gekostet hatten, die Sin beim Festmahl serviert hatte."[112]

So erklärt sich auch die "Schwäche der Ulaten" die alle, außer Cuchulainn an diesem Samainsfest befallen hatte. Sie hatten für den Zeitraum von fünf Tagen und vier Nächten oder fünf Nächten und vier Tagen nicht mehr Kraft als eine Frau im Kindbett. Die Teilnahme an göttlichen Visionen kostete ihren Preis.[113]

Hier also ein Beispiel, wie der Ablauf eines Samainfestes an einem irischen Hof aussehen konnte. Der Text, aus dem wir die Beschreibung zitieren, gehört zum Ossianzyklus. Es handelt sich dabei um den *Bruden bheg na hAlmaine* ("Die kleine Villa Allens"). Er ist ziemlich spät verfaßt, und die Handschrift stammt aus dem XVIII. Jahrhundert. Doch ist die Sprache mittelirisch und auch die beschriebenen Bräuche könnten dem Gallien der La-Tène-Zeit zur Hochepoche der keltischen Ausdehnung entsprechen. Die Adeligen Irlands sind in großer Zahl bei Finn versammelt.

"Dann setzte sich Finn auf den Heldenstuhl in der Mitte der Villa und Goll, der Sohn Mornas nahm auf dem anderen Heldenstuhl Platz; die Adeligen ihrer beiden Gefolge setzten sich auf je eine Seite der beiden. Jeder setzte sich je nach seinem Adel und seiner Herkunft auf den ihm vorbestimmten und gebührenden Platz, so wie es seit jeher und überall ihr Brauch war.

Da erhob sich eine wahre Menge an Dienern, um die Villa zu bedienen und zu versorgen. Sie nahmen mit Edelsteinen verzierte Trinkschalen mit reinen Kristallen zur Hand, von denen ein jeder Kelch von vollendeter Kunst war. Und man servierte diesen guten Kriegern starke und fermentierte Getränke, angenehme und süße Liköre. Bei den jungen Leuten wuchs der Frohsinn, bei den Kriegern Kühnheit und Witz, bei den Frauen Süße und Scheu, bei ihren Dichtern das Wissen und die Gabe der Prophezeiung.

Da erhob sich ganz plötzlich und gerade ein Herold. Er schwang eine grobe Eisenkette, um die Diener und die Lümmel zum Schweigen zu bringen. Er schwang eine lange Kette von altem Silber, um den Adeligen und den Herren der Fianna, sowie ihren Männer der Kunst Einhalt zu gebieten. Alle hörten still zu. Da erhob sich Fergus mit dem weißen Mund, der *File* Finns und der Fianna. Er sang Lieder, Liebeslieder und schöne Gedichte über die Vorfahren und Eltern im Beisein Finns, dem Sohn Cumalls. Finn und Oisin belohnten den Dichter reichlich mit den vornehmsten Schätzen und Reichtümern. Dann begab sich der *File* zu Goll, dem Sohn Mornas und trug ihm Legenden von Festungen, Zerstörungen, Raubzügen und Brautwerbungen seiner Vorfahren und Eltern vor. Die Söhne Mornas waren froh und guten Mutes wegen dieser Dichtungen."[114]

In wenigen Erzählungen treten die Hauptrolle des *File* bei einem feierlichen Fest, die prächtige Großzügigkeit des Herrschers und seiner Vorzugsgäste, der Frohsinn und der Überfluß der Feste derart klar zu Tage. Wenn die Dinge sich später zum Schlechten wenden und man sich wegen Streitigkeiten und Schwertschlägen an den Herold wendet, ist nie ein Druide daran schuld. Im Gegenteil, die Druiden und die *Filid* sind es, die die Wut besänftigen und den Ausschreitungen Einhalt gebieten.[115]

Wir verstehen nun auch, weshalb Muirchu, der erste offizielle Verfasser der Heiligenlegende Patricks das Samainsfest so verdammte und sich unbewußt so über das sehr abwertende *genus vatum medicorumque* ("diese Brut der Vaten und Ärzte") des Plinius lustig macht:

"In jenem Jahr fand eine Zeremonie der Götzenverheerung statt, die die Heiden immer mit vielen Zaubergesängen, magischen Anrufungen und einigen anderen Aberglauben der Götzenverehrung begingen. Die Könige, Fürsten, Anführer, Herren und Adeligen der Nation und eine noch größere Anzahl an Zaubersängern,

Wahrsagern und aller Art von Magiern und Doktoren waren in derselben Osternacht des Heiligen Patrick zu Loegaire nach Tara berufen worden, wie es einst König Nebukadnezar in Babylon getan hatte."[116]

War das *Samain* oder *Beltaine*? Wir können es nicht mit Sicherheit sagen. Auf jeden Fall sind die Namen Nebukadnezars und Babylons die Aufhänger eines Vergleichs, der die Könige Ausschweifungen bezichtigt, derer sie, sogar und vor allem in Tara, nie fähig gewesen waren. Das Osterfest Patricks handelt seinem eigenen Kalender zuwider und das Latein Muirchus, so sehr er auch Ire gewesen sein mag, nimmt sich ziemlich blaß aus gegen die Edelsteine in der *Kleinen Villa Allens.*

Das Fest des Überflusses und der Trunkenheit verdichtet, schließt und faßt die Kriegssaison zusammen. Doch wurden zu *Samain*, wie bei allen anderen Festen, auch gesetzliche und juridische Fragen besprochen:

"Die Regelungen, Gesetze und Pflichten wurden bestimmt, und die Meinungen der Männer Irlands wurden bei dieser Versammlung eingeholt. Zu jener Zeit gab es drei große Versammlungen, und zwar das Festmahl von Tara zu Samain - denn das war das Ostern der Heiden - und alle Männer Irlands halfen dem König, diese Versammlung abzuhalten, den Jahrmarkt von Tailtiu zu Lugnasad und die große Versammlung von Uisnech zu Beltaine. Die Vorbereitungen zum Festmahl von Tara dauerten sieben Jahre, so daß diese Vollversammlung aller Männer Irlands beim Festmahl von Tara nur alle sieben Jahre stattfand."[117]

Die Wiederkehr des Festes von Tara wird nicht in allen Texten gleich beschrieben. Für den Autor des *Buches der Gesetze* fand es nur alle sieben Jahre statt. Der König von Ulster

"mußte seinen Platz am Uisneach bezahlen, indem er sich alle sieben Jahre auf ihm niederließ. Allen anderen Provinzkönigen kam dasselbe Recht zu. Danach forderten jene den König von Tara auf, das Festmahl von Tara abzuhalten. So nahmen die Könige der Provinzen ihre Plätze am Uisneach ein, und die Bezahlung und der Preis, den sie entrichteten war folgender: Wenn er sich von seinem Stuhl erhob, um zu trinken, ließ er den "Heldenring" aus Rotgold, den jeder Fürst an der Hand trug, dort zurück. Denn wenn diese Könige beim Festmahl von Tara gespeist hatten, wurden die Versammlungen Irlands für sieben Jahre aufgelöst, so daß sie keine Entscheidungen über Schulden, Schuldner und sonstige Streitigkeiten trafen, bis nach sieben Jahren."[118]

Für den Schreiber der *Krankheit Cuchulainns* fand diese Versammlung hingegen jährlich statt[119] Keating ging wiederum davon aus, daß es alle drei Jahre abgehalten wurde, und seine Beschreibung hilft uns, den eben zitierten Auszug aus dem *Buch der Gesetze* besser zu verstehen. Hier tauchen die Druiden außerdem unter dem Namen der "Doktoren" auf.

"So stellte das Festmahl von Tara eine königliche Vollversammlung dar, bei der sich alle Doktoren Irlands, wie in einem Parlament alle drei Jahre zu Samain in Tara zusammenfanden, um die Regelungen und Gesetze zu verfügen und zu erneuern und die Annalen und die Archive Irlands zu beglaubigen. Jedem Adeligen Irlands wurde hier gemäß seines Rangs und Titels ein Platz bereitet. Auch einem jeden Anführer, der die Soldaten des Königs oder die Herren Irlands befehltigte, war ein Stuhl vorbestimmt. Es war ebenso Brauch beim Festmahl von Tara, daß jeder, der eine Gewalttat oder einen Diebstahl beging oder einen anderen mit Waffen angriff oder schlug, hingerichtet wurde, wobei nur dem König und niemand anderem die Befugnis zukam, jenem eine solche Tat zu vergeben. So verbrachten sie gewöhnlich sechs Tage bei gemeinsamem Trinken, bevor sie sich zur königlichen Versammlung begaben, das heißt eigentlich drei Tage vor und drei Tage nach dem Samainsfest, wobei sie Frieden und Freundschaftsbunde untereinander schlossen."[120]

In anderen Texten dauert das Fest sogar bis zu sechs Wochen[121] , wobei wir es wahrscheinlich mit den Spuren einer altertümlichen und hierarchisierten Form des Festes zu tun haben, die vom König oder von der Provinz abhing, denen die Vorbereitung anvertraut wurde. Auf alle Fälle spricht nichts für eine Schlichtheit der Riten oder Etikette. In den *Dindshenchas* finden wir ein Beispiel zur Bestrafung der Schuldigen, die das Verbot der Gewalt und des Diebstahls übertreten hatten. Diese beiläufige Gegebenheit interessiert uns hier mehr als die Erklärung eines Ortsnamens, die den eigentlichen Grund der Beschreibung darstellt:

"Garman der Rauhe, der Sohn Boimm Leccs wurde von Cathair dem Großen in der Quelle von Port Caelranna ("Hafen der engen Spitze") ertränkt. So lautete zumindest der ursprüngliche Name der Stelle, an der heute der See beginnt. Cathair hatte am Samainsfest von Tara teilgenommen, welches drei Tage vor und drei Tage nach Samain ohne Diebstahl und Gewalt, ohne Streit und Beschlagnahmung, ohne Feindseligkeiten und Entführungen stattgefunden hatte. Nur Garman stahl das Golddiadem der Gattin Cathairs, während die Versammlung betrunken war. Garman verschwand mit dem Diadem der Königin und die Männer Cathairs verfolgten ihn. Sie fingen ihn bei der Quelle von Caelrind und waren gerade dabei, ihn zu ertränken, als der See entsprang."[122]

Das Ritualfestmahl ist den Männern alleine vorbehalten, da es sich um eine spezifisch militärische und, das darf nicht vergessen werden, feudale Angelegenheit handelte. Dabei haben wir es keineswegs mit einem späten Merkmal zu tun, denn auch im Gegenstück oder besser der Parodie zum Festmahl von Tara, dem *Fest Bricrius* hält es sich genauso: Männer und Frauen feiern in getrennten Sälen.[123] Und überall stoßen wir auf die Anwesenheit der Doktoren, welche unabkömmlich ist, die unendlichen Komplikationen der Stammbäume, Titel und

Vorrechte jedes einzelnen zu entwirren. Sie müssen der Verpflichtung zu Friedfertigkeit und Freundschaft immer wieder Nachdruck verleihen, denn Erzählungen, die von Unfällen berichten, die mit der schönen Festordnung brechen, stellen keine Ausnahme dar.

Doch werden Gesetze nicht in der Unordnung verfaßt, und die Todesstrafe, die alle Störenfriede verdienen, verweist uns direkt auf den religiösen Aspekt: Gewalt und Streitigkeiten werden nicht toleriert, da Druiden anwesend sind und das Fest gemäß traditioneller Vorschriften vorbereiten, ordnen und führen. Es handelt sich sehr wohl um das *caisc na ngenti* ("Ostern der Heiden"), von dem die Gottesurteile sprechen, nur daß das Opfer kein sanftes Osterlamm des Christentums ist, sondern das Tier der Wissenschaft und der Herrschaft, das dem Dagda und Lug geweihte (Wild-)Schwein.

Bezüglich des Namens des Festes unterschied P.W. Joyce zwischen *féis* ("Festmahl"), *dail* ("Versammlung") und *oenach* ("Jahrmarkt"), welche alle drei, doch nicht synonym verwendet werden. Diese genauen Unterscheidungen müssen unbedingt getroffen werden, und dabei können wir es kaum belassen.[124] In Wirklichkeit gibt es nur einen echten, allgemeingültigen Namen des Festes, und zwar *Samain*, so wie auch alle anderen Feste ihren spezifischen Namen tragen. Alle drei eben angeführten Bezeichnungen stellen dabei eine bestimmte Seite des Festes dar. Dies ist wahrscheinlich als eine Unterteilung der Feierlichkeiten nach Aufgabenbereichen und Gesellschaftsklassen zu verstehen: So hatte die Kriegerklasse Recht auf ein Festmahl und das gemeine Volk auf einen Jahrmarkt, während die Doktoren sich um die Gesetzesversammlung und, vor der Christianisierung, auch um Opfer und religiöse Zeremonien kümmerten. Das Andenken an jene Feste hat sich im Volk gehalten.[125] So stellt *Samain* den Wendepunkt des keltischen Jahres dar.

Schließlich verdankt *Samain* seine Schlüsselrolle zwischen zwei Jahren der Vermittlung zwischen der menschlichen Welt und dem göttlichen Kosmos. Ein Jahr und ein Tag sind in der keltischen Vorstellung der Zeit, das Ebenbild der Ewigkeit. Dazu genügt es, daß der Augenblick, in diesem Fall *Samain*, eine "geschlossene Periode" darstellt, die weder dem endenden, noch dem beginnenden Jahr angehört und so den Zwängen beider Dimensionen entgeht. Zu *Samain* ist die Andere Welt überall anwesend und ihr Zugang wird erleichtert, indem man sich an Orten versammelt, an denen sie gewöhnlich erscheint, wie das an geweihten Stellen der Fall war. Da der Bereich der Ewigkeit sonst den gewöhnlichen Sterblichen nicht zugänglich ist, müssen sie unterstützt und gelenkt werden. So gelangen die Bewohner des *sid* auf die Erde und die Druiden lassen sie walten. Die normalerweise kalte Jahreszeit im November, der Nordwestwind, der aus dem Land der Toten weht und die langen Nächte, die sich so für Zusammenkünfte und

Festgelage eignen, erledigen den Rest. Dabei haben wir es bei den Beschreibungen *Samains* nicht um einzelne, verstreute Erzählungen zu tun. Im Gegenteil, es wird in allen angesprochen,

- die eine Versammlung oder ein königlichem Bankett beschreiben;

- die von Beziehungen mit der Anderen Welt berichten: Sei es von einem Konflikt mit ihren Mächten oder von ihrem Eingreifen in die Angelegenheiten der Menschen oder auch vom vorübergehenden Besuch eines Menschen in der Anderen Welt,

- die den Tod eines Helden oder Königs in Szene setzen, der oft anläßlich eines Festmahls und aus den fast immer selben Gründen eintritt: Verstoß gegen Verbote, schlechte Führung oder ungerechtfertigter Krieg.

Wir könnten ebenso sagen, daß das Samainsfest eine Kreuzung der gesamten irischen Legendenwelt darstellt. Es handelt sich also um eine geschlossene Periode, die feierlich von den Druiden eingeleitet wird, welche sich dabei des mächtigsten ihrer Mittel, des Feuer bedienen. Am Vorabend *Samains* sind alle Feuer in Irland bei Strafe verboten:

"Da wurde mit dem Feuer von Tlachtga begonnen, wo die Druiden Irlands in einer Versammlung der Samainsnacht zusammenkamen, um allen Göttern ihre Opfer darzubringen. Bei diesem Feuer verbrannten sie ihre Opfergaben, und es war an diesem Abend in ganz Irland bei Strafe verboten, ein Feuer zu entfachen."[126]

Gegen Ende der Erzählung *Die Krankheit Cuchulainns* finden wir ein schönes Beispiel, in dem der *sid* im stillschweigenden Einverständnis der menschlichen und göttlichen Mächte unzugänglich gemacht wird:

"Die Druiden reichten ihm das Vergessenselixir. Als er davon getrunken hatte, erinnerte er sich nicht mehr an Fand und auch an nichts mehr, was er getan hatte. Auch Emer wurde das Vergessenselixir verabreicht, um ihre Eifersucht zu vergessen, denn sie befand sich kaum in besserem Zustand als er. Manannan schwang seinen Mantel zwischen Cuchulainn und Fand, auf daß sie sich nie mehr begegneten."[127]

Alles spielt sich in diesem Zeitraum ab, und die Anwesenheit der Druiden ist vonnöten, damit die Menschen der Probe standhalten können. Sind die Druiden nicht zugegen oder respektieren die Krieger nicht die Regel des Friedensmahls, kommt es zu Streitigkeiten und Problemen. Die *Krankheit Cuchulainns* dauert ebenfalls ein Jahr und liegt zwischen zwei Samainfesten. Ohne die Druiden wäre der Held wohl verrückt geblieben. Doch hatten die, die ihn pflegten, sich nur einige Tage um ihn zu kümmern, ganz im Gegenteil zur Reise Brans, die sich über mehrere Jahrhunderte erstreckt (siehe Kapitel V. 3).

Samain konnte aber auch unheimlich sein:

"Während einer Samainsnacht befanden sich Ailill und Medb mit ihrem ganzen Gefolge im Rath von Cruachan. Am Vortag hatten sie zwei Gefangene erhängt. Man war gerade dabei, die Speisen zuzubereiten, da sagte Ailill: 'Der, der ein Band um das Bein eines der beiden Gefangenen zu schlingen vermag, die am Galgen hängen, bekommt von mir die Belohnung seiner Wahl.' Groß war die Finsternis und der Schrecken der Nacht, und die Dämonen zeigten sich immer in dieser Nacht. Alle Männer gingen einer nach dem anderen hinaus, um in jener Nacht [die Probe] zu versuchen, doch kamen sie alle rasch wieder ins Haus zurück."[128]

Auch der rituelle Tod des vom Feinde zu Tode verwundeten Königs, der zuerst in einem Wein- oder Bierfaß ertränkt und dann lebendig im königlichen Haus verbrannt wird, wird zu *Samain* vollzogen.[129] Zu *Samain* sterben Götter und Helden und finden alle mythischen und epischen Schlachten statt. Alle wichtigen Ereignisse konzentrieren sich hier und finden ebenso ihre Vorzeichen und ihr Nachspiel in dieser Periode. Die gesamte Zeit ist hier resümierend verdichtet. Das ist auch der Grund, weshalb *Samain* das gewaltige Privileg zukommt, daß an ihm, mit den Worten M.L. Sjoestadts "alles Übernatürliche sich überstürzt und jederzeit bereit ist, in die menschliche Welt einzufallen"[130]. Zwar ist der Ausdruck schön, doch bedarf er heute einer kleinen Korrektur, bzw. Anpassung: Der Kontakt zwischen Menschlichem und Göttlichem bedarf der Aussetzung oder Unterbrechung des Laufs der menschlichen Zeit.

Samain und *Beltaine* sind also, kurz zusammengefaßt, die beiden Pole des keltischen Jahres, welches zwischen Licht und Finsternis geteilt ist, wie es für eine Vorstellung der Zeit nur natürlich ist, die sich auf nordische Ursprünge beruft. Dieser Gedanke war so stark, so allgemein und so zwingend, daß er sogar im berühmten und seltsamen *Teanga bithnua* ("Die ewige Sprache"), einem rein christlichen Traktat über die Wunder der Welt des Paradieses und der Hölle, Niederschlag fand:

"In diesem Meer gibt es eine Insel mit goldenem Sand und auch das Meer selbst ist anders, es steigt zwischen Beltaine und Samain und geht zwischen Samain und Beltaine wieder zurück, das heißt während einer Jahreshälfte ist es zu-, während der anderen abnehmend. Die Tiere in diesem Meer und die Wale schreien, solange es steigt und schweigen, wenn es sinkt."[131]

III. Die Zeit und der Kalender

Wir dürfen den Kelten ihre zeitlichen Widersprüche und Folgewidrigkeiten nicht vorwerfen: Sie sind lediglich ein Zeichen für den manchmal unfruchtbaren und ungeschickten Versuch, das Unendliche und Ewige in eine allen faßbare Begriffswelt zu zwängen. Wir berühren hier die metaphysische Raum-Zeit-Problematik, die sicher auch der Lehre der Druiden nicht fremd war.

1. Die menschliche und die mythische Zeit

Wir zeigten gerade auf, daß sich die menschliche und die mythische Zeit stark voneinander unterscheiden,[132] und sich die Druiden als Meister der mythischen Zeit mit ihren Folgen in der menschlichen Welt auch nicht der Kenntnisse und der Regelung der menschlichen Zeit mit ihren strengen Anforderungen, d.h. dem Kalender entzogen. Es wäre also falsch, Cäsars Worten zu mißtrauen, wenn er schreibt:

"Viel disputieren sie auch über die Gestirne und deren Bewegung, über die Größe des Weltalls und des Erdkreises, über das Wesen der Dinge, über Gewalt und Machtbereich der unsterblichen Götter und vermitteln das alles der Jugend."

Und Pomponius Mela bestätigt dies, III, 2:

"Diese geben vor, von der Größe und Gestalt der Welt, den Bewegungen des Himmels und der Gestirne sowie vom Willen der Götter Kenntnis zu haben."

Cäsar wird in B.G. VI, 18 sogar noch genauer:

"Deshalb bestimmen sie [die Gallier] alle Zeitabschnitte nicht nach der Zahl der Tage, sondern der der Nächte; Geburtstage, den Anfang der Monate und der Jahre berechnen sie so, daß der Tag der Nacht folgt."

Und nach Plinius, *Nat. Hist.* XVI, 249 "regeln sie ihre Monate und Jahre, und auch ihre dreißig Jahre währenden Jahrhunderte nach dem Mond."

Irland zählte demnach in Nächten: *aidche Samna* ("Samainsnacht") heißt es da manchmal in den Texten, und die Waliser bezeichneten eine bzw. zwei Wochen als *wythnos* ("acht Nächte") und *pymthegnos* ("fünfzehn Nächte"), während das bretonische *antronoz* ("morgen") wörtlich "jenseits der Nacht" bedeutet. So verstanden sich die Gallier als Söhne des dunklen Gottes Dispater, Cäsar, B.G. VI, 18: "Die Gallier rühmen sich, alle vom Vater Dis abzustammen, und sie sagten, das sei ihnen von den Druiden so überliefert worden."

Diese Vorstellung erklärt, weshalb im Kalender die dunkle Jahreszeit den Kalender einleitet. Die Kelten sahen sich als Kinder des Gottes der Nacht, da die Nacht den Tag gebiert, sowie das Sein, dem Nicht-Sein entstammt.

2. Der Kalender

Tatsächlich ähnelt der gallische Kalender, der gegen Ende des letzten Jahrhunderts in Coligny (Ain) gefunden wurde, in seinem Aufbau und Wortschatz den irischen Zeugnissen stark, was den Eindruck eines einheitlichen Lehrgebäudes erhärtet. Die grundlegendste Übereinstimmung ist sicher die des Namen für den Monat *Samonios*, dem irischen *Samain*. Wir schlugen bereits eine Übersetzung für den kurzen Satz TRINOUX(TION) SAMON(I) SINDIU(OS) vor: "Die drei Nächte des *Samonios* [beginnen] heute".[133] Darüber hinaus bedient sich dieser Mond- und- Sonnen-Fünfjahreskalender tatsächlich der Nacht als Zeiteinheit, und die Aufteilung der Monate und Jahre stimmt völlig mit der Beschreibung der dreißigjährigen Druidenjahrhunderte überein, die Plinius erwähnt.

Doch dürfen wir den keltischen Kalender deshalb noch lange nicht als reinen Mondkalender verstehen, da er den Sonnenzyklus durchaus ebenfalls berücksichtigt. Wir wissen nicht, wann und wie er ausgearbeitet wurde: Trotz etlicher Bemühungen konnte er nicht völlig geklärt werden, und er stellt mehr Probleme dar, als er zu lösen imstande ist.[134]

Der ausschließlich religiöse und universelle Zweck eines solchen Kalenders wird jedoch nie in Frage gestellt. Zumindest das ist sicher: Die Zeit und ihr Maß, die das menschliche Leben durch all die Jahre, Feste und Jahreszeiten abgrenzen und ihm seinen Rhythmus verleihen, gehören den Göttern und als Folge auch ihren Mittelsmännern, den Druiden. Insofern ist der Gott der Druiden, der Dagda - und sicher auch sein verschiedentlichst bezeichnetes, gallisches Ebenbild - als Vater des Mac Oc (Gott der Jugend und dadurch auch der Zeit) und als Herr der Ewigkeit ebenfalls der Herr der Zeit und des Wetters. Auch das Christentum hat, bis in unsere heutige Zeit, in der alles profan wird, nie den religiösen Zweck des Kalenders geändert, an dem außer an den großen liturgischen Daten jeder Tag einem oder mehreren Heiligen geweiht ist. Ohne Kalender kann es keine geregelten Riten, Liturgien oder Gottesdienste geben.[135] Ein "Ziviljahr" wäre insofern unmöglich.

Auch wenn wir außerstande sind, eine umfassende Erklärung zum Colignykalender abzugeben, (worauf wir uns wahrscheinlich, neben ein paar Phantasiegebilden noch eine Weile gedulden müssen) enthält er dennoch ganz offensichtlich einige wichtige Einzelheiten. So erinnern wir z.B. an die günstigen und ungünstigen Tage, auf welche sich die Druiden stillschweigend beziehen, als z.B. Cathbad seinen Schülern verkündet, unter welchem Zeichen ein Tag steht, oder als die Druiden der Medb die kampfbereite irische Armee fünfzehn Tage vom Einfall im Ulster zurückhalten.[136] Alle Verfahren der Weissagung, besonders der "Holzwurf" unterstützten die Unterscheidung. Neben den beiden Ausdrücken *prinni lag* und *prinni loud* finden sich die Worte *mat-* und *anmat-* im Colignykalender.

Dasselbe Adjektiv finden wir im bretonischen *mat* ("gut"), im walisischen *mad*, und im irischen *maith*, während es sich bei der Vorsilbe *an-* um ein verneinendes Präfix handelt, welches heute noch in den keltischen Sprachen gebräuchlich ist.[137]

Zusammenfassend möchten wir also trotz der gewaltigen Lücken des Wissensstandes auf mehrere nicht zu vernachlässigende Verdienste des Colignykalenders hinweisen:

- Durch seine Existenz beweist er die Behauptungen Cäsars, *B.G.* VI, 13, bezüglich der astronomischen und folglich auch mathematischen Fähigkeiten der Druiden. Das war auch Camille Jullian bereits klar.[138] Ihn nun genauer zu erforschen, bleibt uns und unseren Nachfolgern überlassen.

- Jede Interpretation des keltischen Kalenders muß zwangsläufig die Informationen dieses Kalenders sowie die des wichtigen Satzes des Plinius berücksichtigen, der er uns erklärt, daß die Gallier ihre Jahrhunderte, ihre Jahre und Monate am sechsten Tag des Mondes beginnen ließen.

- Die beachtliche Anzahl der bereits erstellten Arbeiten zu diesem Thema (die leider nicht alle ernstzunehmen sind) genügt offenbar nicht, das Geheimnis der Anwendung des Kalenders zu lösen. Dennoch ist jede Interpretation, die den Gegebenheiten der Inselkalender widerspricht und nicht auf ihr Abweichen von Sonnenwenden und Tagundnachtgleichen eingeht, von vornherein zu verwerfen.

- Die walisischen Worte des Kalenders sind zwar wichtig, doch bruchstückhaft. Sie bedürfen einer tiefgreifende und kluge Analyse und sollten vor allem keinen wilden Hypothesen dienen oder der keltischen Vorstellung der mythischen und menschlichen Zeit widersprechen.[139]

Anmerkung zum vierten Kapitel

1 Siehe Christian-J. Guyonvarc'h, *Mediolanum Biturigum. Deux éléments de vocabulaire religieux et de géographie sacrée,* in *Celticum* 1, S. 137-158. Diesen Umstand hatte bereits Henri Hubert in *Les Celtes et la civilisation celtique* II, 1932, S. 272 erkannt. Doch ist der Begriff des "Weltenkönigs" ein traditionell keltischer und geht nicht, wie Hubert meint, auf die Lehren des Heiligen Hieronymus oder Oroses zurück. Ein religiöses System ist mit einer Grammatik vergleichbar. Die übernommenen Bestandteile sind immer nur zweitrangig und verändern nie nachhaltig das innere Gefüge. Die Annahme, daß die Kelten einen so grundlegenden Begriff wie den des "Weltenkönigs" erst so spät von außen her übernommen hätten, hieße ihnen jegliche eigene Religion abzusprechen. Überdies ist auch die unwahrscheinliche Behauptung, die keltische Tradition hätte aus dem Christentum übernommen, noch zu beweisen: Erstere wurde vielmehr später durch das Christentum ersetzt, in dessen Schatten die irischen *Filid* den Großteil des ihnen anvertrauten Gedankenguts der Eingeweihten (im Geheimen) erhielten, aber auch "entweihten".

2 Siehe Françoise Le Roux, *Le Celticum d'Ambigatus et l'Omphalos gaulois. La royauté suprème des Biturges*, in Ogham 13, 1961, S. 159-184.

3 Vgl. unten die Definition der "Gründung des Gebietes Tara", *Textes mythologiques irlandais* I/1, S. 157 ff.

4 *Textes mythologiques irlandais* I/1, S. 157 (siehe auch die erklärenden Anmerkungen auf S. 179 und den Kommentar des 2. Bandes, *Tara et l'Irlande royale,* S. 111-142). Georges Dumézil, *La courtisane et les seigneurs colorés*, Paris 1983, Skizze 42, *L'univers de l'augure,* S. 161-170 bezog sich auf dieselbe Stelle in einer Erklärung zur Aufteilung der römischen Ländereien nach Aufgabenbereichen. Um diesen Vergleich noch zu erweitern, soll an dieser Stelle angeführt werden, daß die symbolische geographische Vierteilung der Provinz Meath ebenfalls den vier Himmelsreichen *dextra* (Süden), *antica* (Osten), *laeua* (Norden) und *postica* (Westen) entspricht, welche in Rom "den unerläßlichen Rahmen aller Tätigkeiten der *augures publici* ["öffentlichen Wahrsager"] darstellen" (S. 166). Die Linksausrichtung des Nordens entspricht überdies einer sehr alten, keltischen Vorstellung, auf welche wir in Kapitel V näher eingehen werden.

5 Ed. John O'Donovan, Dublin, 1842, S. 4-6.

6 Camille Jullian, *Histoire de la Gaule* II, S. 532, dachte dabei an einen politischen Bund. Doch ist diese Art von Vierteilung im wesentlichen religiös und geht auf die älteste Antike zurück.

7 *Textes mythologiques irlandais mythologiques irlandais* I/1, S. 163-164.

8 Siehe Françoise Le Françoise Le Roux, *loc. cit.*, S. 174. Die keltische Vorstellung des heiligen Zentrums wird auch in einem lateinischen Text der mittelalterlichen Bretagne bestätigt. Dieses *Chronicon Briocense* ("Chronik von Saint-Brieuc") gehört zur lateinisch verfaßten, bretonischen Literatur, die bislang kaum untersucht wurde. *Rex Iudhael uidit insomnis montem excelsissimum esse constitutam in medio suae regionis Britanniae, id est in umbilico per quem ambulandi callis difficilis inuenabatur* (Bibliothèque Nationale, lateinische Handschriften 60003, Blatt 51-59 und 8889, Blatt 48-56. In der Ausgabe der *Chronique de Saint-Brieuc* von Sterckx-Le Duc aus dem Jahre 1972 scheint diese Stelle nicht auf. Vgl. Léon Fleuriot, *Sur quatre textes bretons en latin, le "Liber vetustissimus" de Geoffrey de Monmouth et le séjour de Taliesin en Bretagne,* in *Études Celtiques* 18, 1981, S. 212-213.

9 D. A. Binchy, *The Fair of Tailtiu and the Feast of Tara*, in *Ériu* 18, S. 113 ff.

10 Ed. R.A.S. Macalister, IV, S. 12.

11 *Textes mythologiques irlandais* I/1, S. 10-12 und 17-20. Siehe auch I/2, S. 131-140.

12 *Textes mythologiques irlandais* I/1, S. 159-160.

13 *De Shil Chonairi Moir,* ed. Lucius Gwynn, in *Ériu* 6, 1912, S. 134. Alwyn & Brinley Rees, *Celtic Heritage, op. cit.*, S. 147, vergleichen den Stein von Fal mit dem *Linga* (Phallus) der königlich indischen Tradition. Doch handelt es sich beim "Penis des Steins" *(Ferp Cluiche)* um ein analogisches

Wortspiel (*Fal* ist einer der vielen Namen Irlands), während der *Linga* "als stabilisierende Achse" eher dem *vajra* entspräche. (Ananda K. Coomaraswamy, *L'Arbre Inversé,* ed. Archè, Meiland, 1984, S. 57, Anmerkung 70)

14 *Livre des Conquêtes,* ed. R.A.S. Macalister, V, S. 311.

15 Keating, *History of Ireland*, ed. Dinneen, II, S. 246-250. Vgl. T.P. MacCaughey, *Tract on the chief places of Meath*, in *Celtica* 5, 1960, S. 173, bezüglich eines Auszugs der Handschrift H. 3. 17 des Trinity College, die den Text Keatings bestätigt (siehe *Ogham* 13, *loc. cit.,* S. 174-175, Anmerkung 42). Die Erwähnung schriftlicher Archive ist natürlich unglaubwürdig und der späten Übertragung Keatings zuzuschreiben.

16 Die Druiden erscheinen in Uisnech zum Beltainefest, welches das der Klarheit und so auch des Feuers ist. Doch kommt ihnen überall, wo sie auftreten, dieselbe Bedeutung zu. Als Gegenstück zu den Beltainefeuern Uisnechs wird, natürlich wieder unter ihrer Aufsicht, das Samainfeuer in Tlachtga entzündet.

17 *Livre des Conquêtes,* ed. R.A.S. Macalister, V, S. 52.

18 *Livre des Conquêtes, op. cit.,* V, S. 35-36; *Textes mythologiques irlandais* I/1, S. 16.

19 *Topographia Hibernica*, ed. James F. Dimock, *Giraldi Cambrensis Opera,* V, London, 1876, S. 144.

20 Siehe Kapitel V.

21 Die Schlüsse, die Alwyn und Brinley Rees in *Celtic Heritage*, London, 1961, S. 146 ff. bezüglich der Hierarchie der irischen Provinzen ziehen, bedürfen teilweise der Einschränkungen, die wir in den *Textes mythologiques irlandais* I/2, S. 111-141 trafen.

22 *Immram Mael Duin,* ed. van Hamel, *op.cit.,* S. 37.

23 *Iomramh Churraig hUa gCorra* "Die Seefahrt des Schiffes der Ui Corra", ed. Whitley Stokes, in *Revue Celtique* 14, S. 42.

24 Siehe Christian-J. Guyonvarc'h, *loc. cit.,* in *Celticum* I, S. 155-158.

25 J. Vendryes, *Notes d'archéologie et de philologie celtique,* in *Revue Celtique* 34, S. 418- 424, zeigt auf, daß es sich bei *Mezunemusus* um die Übertragung von *Metiunemusus* in etruskischer Schrift handelt, welches selbst bereits eine Übertragung des gallischen *Medionemossos* ist, das sehr offensichtlich einen Ortsnamen darstellt, dem sicher die Bedeutung "Heiligtum der Mitte" zukommt. Das Wort ist in eine Säule eingehauen, die 1827 in Zignano im ligurischen Varatal gefunden wurde.

26 Der *locus consecratus* der gallischen Karnuten wurde erstmals von Camille Jullian mit dem von Strabo beschriebenen *drunemeton* der Galater in Zusammenhang gebracht. In seinen *Notes Gallo-Romaines* in *Revue des Études Anciennes* 6, 1904, S. 261 zeigt er auf, daß beide demselben Zweck dienten. Vgl. auch *Histoire de la Gaule* II, S. 97-103 vom selben Autor. Die Frage wird eingehend in *Le vocabulaire sacerdotal du celtique, op. cit.* behandelt.

27 Siehe Christian-J. Guyonvarc'h, *Notes d'Étymologie et de Lexicographie gauloises et celtiques XVIII. 65 (Mars) Nabelcus "maître, seigneur" ou "point central"*, in *Ogham* 15, 1963, S. 372-376. Vgl. J. Loth, *Notes étymologiques*, in *Archiv für Celtische Lexicographie*, 2, S. 29, bezüglich des walisischen *naf* ("Meister, Herr"). Es handelt sich hierbei um eine sehr alte Auslegung.

28 Siehe oben und Christian-J. Guyonvarc'h, *Le vocabulaire sacerdotal du celtique,* Kapitel III. *Termes doctrinaux et rituels.*

29 Es genügt, an den Namen *nemed* zu erinnern, welcher in den irischen Rechtsschriften die privilegierten Klassen bezeichnet, welche nicht den sonst üblichen Formen der Verfolgung durch einen Gläubiger unterliegen.

30 Vgl. die Bemerkung Plutarchs *Cäsar* 26, bezüglich des Schwertes Cäsars, welches in einem Tempel der Arverner hing.

31 Siehe den Artikel von Th. Chotzen, *loc. cit.,* in *Études Celtiques* 4, S. 255 ff.

32 Françoise Le Roux, *loc. cit.,* in *Études Celtiques* 4, S. 255 ff.

33 Vgl. Pierre Le Roux , *Les arbres combattants et la forêt guerrière*, in *Ogham* 11, S. 1 ff. Das gemeinkeltische *vidu-*, aus dem das walisische *gwydd* und das bretonische *gwez* ("Baum") hervorgingen, hängt der Form, Wortwurzel und Bedeutung nach mit dem "Holz" und dem "Wissen" zusammen. Siehe dazu auch unser Werk *Le vocabulaire sacerdotale du celtique, op. cit.* Das Wort *Fid* wird im Gegensatz zu seinen britannischen Entsprechungen im Neuirischen nicht mehr gebraucht. Jene unterscheiden sich vom Namen des Holzes als Material (walisisch *coed*, bretonisch *koad*).

34 *Cath Maighe Tuireadh Léna* ("Die Schlacht von Lena"), ed. K. Jackson, S. 51.

35 Ed. Edward Gwynn, *The Metrical Dindshenchas* III, S. 286-296.

36 *ibid.,* S. 286-296.

37 Auch die Keule des Dagda ist eine dieser Seiten, ein Fragment oder ein Symbol des heiligen Baumes, da sie an einem Ende tötet (in dieser Welt) und auf der anderen wiederbelebt (Andere Welt); siehe Ananda K. Coomaraswamy, *L'Arbre Inversé, op.cit.,* S. 22-23, eine unerläßliche Quelle bezüglich der Symbolik des Weltenbaums.

38 *Notes Gallo-Romaines,* in *Revue des Études Anciennes,* 4, S. 280.

39 *Pharsalia* III, S. 399-425, Übersetzung in *Der Bürgerkrieg*, Ehlers (ed.), München, 1973, S. 117-118). Doch ist und bleibt der wichtigste Kultbaum die Eiche. Vgl. Ananda K. Coomaraswamy, *L'Arbre Inversé, op. cit.*, S. 14-15 zum überirdischen Baum und zur Eiche des Königs Volsung in der *Volsungasaga.* Zum heiligen Hain, siehe, neben den unter Fußnote 42 angeführten Verweisen, auch *Ancient Laws of Ireland* I, S. 162-164 und IV, S. 150-152; D'Arbois de Jubainville, *Études sur le droit celtique,* II, S. 78 ff.

40 J. Zwicker, *Fontes Historiae Religionis Celticae* I, S. 45. Übersetzung in *Geographie des Erdkreises,* Hans Philip (ed.), Voigtländer Verlag, Leipzig, 1912, S. 14.

41 Siehe Vgl. Pierre Le Roux , *loc. cit.*, in *Ogham* 11, S. 1-10 und 185-205.

42 Das irische Wort *ne(i)med,* welches in Orts- und (mythischen) Eigennamen belegt ist, hat mehrere Bedeutungen, die alle auf die des altkeltischen *nemeton* zurückgehen: in der christlich-gaelischen Literatur bezeichnet *neimed* oft eine kleine (Bet-)Kapelle oder einen Friedhof. In den Glossaren und Rechtssammlungen diente das Wort dazu, Vorteil, Unantastbarkeit und Ehre eines geweihten Ortes zu benennen, woher die Bedeutung "Vorrecht, Stand, Würde und Wappen [einer ranghohen Persönlichkeit] abgeleitet wurde. Schließlich bezeichnet es am öftesten im juridischen Gebrauch eine Person oder Gesellschaftsklasse mit einem bestimmten Rechtsstatus oder Vorrecht. Die Feinheit der Rechtsdefinitionen wird durch die kategorische Unterscheidung von *saerneimead* ("Freie") und *daerneimead* ("Unfreie") sogar auf die Spitze getrieben. Zu ersteren gehörten alle Kirchenleute, Anführer, *Filid* und die *Feini* ("Soldaten"), die Unfreien waren Handwerker, die jedoch durch ihre Kunst die Freiheit erlangen können (*Ancient Laws of Ireland,* V, S. 14; vgl. *Contributions to a Dictionary of Irish language,* NOP, 21-23.) Das zusammengesetzte Wort *fidne-med* behält in den meisten, jedoch nicht unbedingt den ältesten, Texten seine ursprüngliche Wortbedeutung "Heiliges Holz"; im übertragenen Sinn wird es für "Krieger" gebraucht (*Contributions,* F/1, 126-127). Eine Vielzahl von Rechtsvorkehrungen und irischen Rechtsprechungen beschreibt, weshalb und in welcher Weise alles *neimed*, allem "nicht-*neimed*" überlegen ist. Wir können mit gutem Recht annehmen, daß diese Unterschiede des Rechtsstatus' die Druiden und die *flaith* ("Kriegeradel"; die *equites*, von denen Cäsar in Gallien spricht) ursprünglich dem übrigen Volk gegenüberstellten, wobei die Druiden selbstverständlich den Kriegern hierarchisch übergeordnet waren. Der bretonische Name des Waldes von *Nevet* in der Gemeinde Plogonnec, Kanton Douarnenez ist dem irischen *neimead* durchaus vergleichbar, wenn er auch weniger komplex, weil älter ist, und keine lexikalischen oder semantischen Erweiterungen erfuhr. Er wird 1031 in einem Kartenverzeichnis von Quimperlé in seiner altbretonischen Schreibweise angeführt: *in silva que vocatur Nemet* (*Cartulaire de l'Abbey Sainte-Croix de Quimperlé*, 2. Aufl. von Léon Maître und Paul de Berthou, Rennes-Paris, 1904, S. 139). Das Wort ist rein keltischen Ursprungs, doch wurde es sicherlich durch das Christentum beeinflußt: Hier bedeutete *nemet* einen Ort, der durch eine Einsiedelei geheiligt wurde: "Der Heilige Renan, Schutzpatron zahlreicher Kirchen der

unteren Bretagne, lebte lange in einer Einsiedelei im Wald von Nevet, welche an der Stelle gelegen hatte, an der später eine ihm geweihte Kirche errichtet wurde, die zum Sitz einer Pfarre wurde." (*op.cit.* S. 139, Anmerkung 2).

43 *Silva Gadelica* II, S. 542.

44 *Annala Connacht,* ed. A. Martin Freeman, Dublin, 1964, S. 126.

45 Wir müssen an dieser Stelle der Klarheit und Genauigkeit wegen anmerken, daß es in allen neukeltischen Sprachen zwei lateinische bzw. romanische Lehnwörter für das "Fest" gibt:

(a) Das religiöse Fest, irisch *féil*, walisisch *gwyl*, bretonisch *gouel*, aus dem lateinischen *vigilia*. Die irischen und bretonischen Bezeichnungen werden nie auf profane Feste angewandt.

(b) Das profane bzw. das Volksfest, irisch *feasta* vom englischen *feast*, bretonisch *fest* vom altfranzösischen *feste.*

Nur im Walisischen hält sich der Fall etwas anders, wo *gwyl* das "Fest", *gwledd* das "Festmahl" bezeichnet. Es ist auf alle Fälle höchst unwahrscheinlich, daß es im Altkeltischen ein eigenes Wort für "Fest" gab, welches die "gewöhnlichen" Tage von Tagen wie *Samain* oder *Beltaine* unterschieden hätte. Siehe unser Werk *Les fêtes celtiques*, 1. Kapitel, *Le nom de la fête.*

46 Siehe unten in den Ausführungen zu *Samain.*

47 ed. Whitley Stokes, *Three Irish Glossaries*, S. 33.

48 ed. Kuno Meyer, *Hibernica Minora*, S. 49.

49 *Revue Celtique* 41, S. 241-244.

50 T. O'Maille, *Miscellanea,* in *Ériu* 10, S. 110 hält das *-c* nicht für etymologisch und versteht daher *bolg* ("Sack"). Demnach wäre die Feier zu Ehren eines zweifellos mythischen Sacks veranstaltet worden, in dem sich die Nahrung eines ganzes Jahres befunden hätte. Doch findet diese Erklärung keinerlei Bestätigung durch die Symbolik oder Atmosphäre des Festes selbst. Die jüngeren Formen *oimolg* oder *oimelc* beweisen überdies, daß es sich keinesfalls um den Namen des "Sacks" handeln konnte. Im Neuirischen ist *Imbolc* jedoch verschwunden.

51 Siehe unser Werk *Les fêtes celtiques, op. cit.*

52 ed. Ernst Windisch, *Irische Texte* V, S. 345, Anmerkung 9.

53 Siehe Françoise Le Roux, *Études sur le Festiaire Celtique II. La fête irlandais de février, Imbolc*, in Ogham 14, S. 174-178.

54 Siehe unser Werk *Les fêtes celtiques, op. cit.*, 3. Kapitel. *Le temps et le lieu de la fête. 3 Les quatre fêtes irlandaises.* Die wichtigsten Informationen zur Folklore finden wir in der Doktoratsarbeit *op.cit.* von Véronique Guibert.

55 *Focloir Gaedhilge agus Béarla*, ed. 1927, S. 87b.

56 Ed. Kuno Meyer, *Hibernica Minora*, S. 49.

57 *Textes mythologiques irlandais* I/1, S. 5.

58 *Livre des Conquêtes,* ed. R.A.S. Macalister, III, S. 4.

59 Keating, *History of Ireland*, ed. David Comyn, I, S. 212.

60 *Textes mythologiques irlandais* I/1, S. 12.

61 *Keating, op.cit.*, I, S. 212.

62 Siehe den Text oben in Kapitel III. 4. Vgl. *Celticum* 1, S. 176. Wir könnten uns auch die Frage stellen, wann die gallische Legende die Abreise der Stammeswanderung unter den beiden Neffen des Ambigatus ansetzte. Wir zweifeln keinen Augenblick daran, daß die Gründer Meilands nicht versuchten, im Winter die Alpen zu überqueren.

63 *Tochmarc Emire,* ed. Van Hamel (Version III), S. 16 ff.

64 Ed. Whitley Stokes, *Three Irish Glossaries, op. cit.,* S. 6.

65 *Toraighecht in ghilla dhecair ocus a chapaill inso* ("Die Verfolgung Gilla Decairs und seines Pferdes", ed. Standish O'Grady, *Silva Gadelica* I, S 258.

66 *History of Ireland,* ed. Dinneen II, S. 326-327 und III. S. 78.

67 Ed. Whitley Stokes, *The Tripartite Life of Patrick*, II, S. 279.

68 *ibid.,* S. 280.

69 Vom Heiligen Patrick wissen wir aus der *Vita Tripartita*, welche sicherlich wesentlich legendärer denn geschichtlich verbürgt ist. Es wäre nicht unmöglich, daß Patrick während seiner irischen Gefangenschaft Einblick in einige der Geheimnisse der druidischen Lehren bekam. Doch ist das natürlich keine Begebenheit, die ein Hagiograph zu unterstreichen wünscht. Hier ist die Magie des heiligen Schutzpatrons von Irland immer eine Folge der sehr negativen Zauberkraft, die den Druiden angelastet wird. Insofern konnte der Heilige sie auch nur in ihrem eigenen Gebiet und mit ihren eigenen Waffen schlagen. Daraus dürfen wir jedoch nicht schließen, daß der Heilige Patrick seit seiner frühesten Jugend Teile des Druidentum gelernt hatte, die er in der Folge gegen seine Lehrer eingesetzt hätte. Das ist auszuschließen, da Patrick von Geburt ein bretonischer Christ war.

70 Ed. Standish O'Grady, *Silva Gadelica* I, S. 73.

71 Zumindest der erste Teil des Wortes, und zwar *bel-* ist klar, und wir verweisen hier auf die Erklärung der *Belisama* ("Die sehr Strahlende"), die sich nur durch das Superlativsuffix unterscheidet. Siehe Christian-J. Guyonvarc'h, *Études sur le vocabulaire gaulois. I. Belisama "la très brillante",* in *Celticum* 3, S. 166-167. Was den zweiten Teil des Wortes *Beltaine* betrifft, so wurde er schon damals als "Feuer" verstanden, wobei diese Art von künstlichen Wortzusammensetzungen immer auf sehr hohes Alter schließen läßt. Eine ausführliche Etymologie findet sich in unserer Arbeit *Les fêtes celtiques,* Kapitel II. 3. *Les fêtes irlandaises.*

72 Ed. Whitley Stokes, *The Tripartite Life of Patrick* II, S. 279.

73 Siehe dazu auch die ausführlichere Analyse in *Les fêtes celtiques, op.cit.*

74 Siehe unsere Arbeit *Le rite et la doctrine du sacrifice, op. cit.*

75 Das "Feuerfest" ist in der Folklore ganz Europas, besonders in den keltischen Ländern, noch sehr lebendig. Eine beachtliche Sammlung folkloristischer Tatsachen bezüglich der Beltainefeuer wurde von James G. Frazer, *Le Rameau d'Or, IV. Balder le Magnifique,* Paris 1984, S. 89-94 zusammengestellt. Diese Informationen, welche sich vor allem auf die Highlands beziehen, werden relativ roh und ohne funktionelle Klassifizierung aufgelistet, doch sind sie schon als solche nützlich, da sie das Überleben einer vorchristlichen, keltischen Tradition in Ländern beweisen, die in Schottland und Wales sogar die Reformation überlebten. Die Beltainefeuer stellen in Irland jedoch nicht unbedingt einen Hauptbestand der reichen, irischen Folklore der modernen Jahreszeitenfeste dar, sie erhielten sich aber trotzdem (vgl. die unveröffentlichte Doktoratsarbeit von V. Guibert, *op.cit.*) All dies läßt uns jedoch kaum um die äußerst reichhaltige Dokumentation umhinkommen, die Arnold Van Gennep in seinem Werk *Manuel de folklore francais contemporain* I/IV Paris, 1949, S. 1421-1726 bietet.

76 Die Zeugnisse sind zwar sehr verschiedenartig, doch unumstößlich: Solin XXII, 10, vgl. J. Zwicker, *Fontes Historiae Religionis Celticae* I, S. 90; Giraud von Kambrien, *Topographia Hibernica* II, XXIV-XXV, ed. Dimock V, S. 120-121.

77 Die allgemeine Analyse des Gottes Lug ist nur skizzenhaft in Françoise Le Roux, *Notes sur le Mercure Celtique,* in *Ogham* 4, 1952, S. 289 ff und V, 1953, S. 9 ff. Doch wird erkenntlich, daß diese Gottheit die gesamte keltische Götterwelt beherrscht. Das gilt für die europäischen Insel- wie für die Festlandkelten, so daß keine allgemeine Erklärung definitiv sein kann, bevor dieser Gott nicht in allen Einzelheiten geklärt ist.

78 Siehe dazu auch die ausführlichere Analyse in *Les fêtes celtiques, op.cit.*

79 Ed. Whitley Stokes, *Three Irish Glossaries*, S. 26; vgl. den Text des *Gelben Buches von Lecan*, veröffentlicht in Kuno Meyers *Anecdota from Irish Manuscripts* IV, S. 66-67: "*Lugnasad, nasad* des Lug, Sohn der Ethle, von ihm gestifteter Jahrmarkt, welcher alljährlich zum Herbstbeginn zur Ankunft *Lugnasads* abgehalten wird, Spiele oder Jahrmarkt mit dem Namen *nasad.*"

80 *History of Ireland,* ed. Dinneen II, S. 218.

81 Ed. Kuno Meyer, *Hibernica Minora*, S. S. 49.

82 Wir verweisen hier abermals auf eine ausführlichere Analyse in *Les fêtes celtiques, op.cit.*

83 Ed. Whitley Stokes, *Revue Celtique* 16, S. 50-51.

84 Keating, *History of Ireland,* ed. David Comyn, I, S. 220.

85 *Dindshenchas de Rennes*, ed. Whitley Stokes, in *Revue Celtique* 15, S. 311.

86 Ed. E. Gwynn, III, S. 2-24.

87 E. Hogan, *Onomasticon Goidelicum*, S. 619b und Edward Gwynn¸ *op.cit.,* IV, S. 413.

88 Vom Stamm **talantio-*, der dem im Irischen gängigen Namen *talamh*, von **talamo-* sehr nahe steht; siehe J. Loth, *Le dieu Lug, la terre-mère et les Lugoves,* in *Revue Archéologique*, 1914/2, S. 217; siehe zuletzt auch Françoise Le Roux, *Études sur le festiaire celtique : Lugnasad ou la fête du roi*, in *Ogham* 14, 1962, S. 351, Anmerkung 27; *Les fêtes celtiques, op.cit., passim.*.

89 Siehe *La Souveraineté guerrière de l'Irlande, Celticum* 25, S. 9-60 und 95-102.

90 *Ancient Laws of Ireland*, II, S. 154.

91 Edward Gwynn, *The Metrical Dindshenchas*, IV, S. 146-148.

92 Edward Gwynn, *The Metrical Dindshenchas*, IV, S. 146-148.

93 Siehe die wichtige Arbeit von Mâire MacNeill, *The Festival of Lughnasa. A Study of the Survival of the Celtic Festival of the Beginning of Harvest*, Oxford, 1962, 697 Seiten.

94 Siehe auch die unveröffentlichte Doktoratsarbeit von V. Guibert, *op.cit.*

95 Françoise Le Roux, *Le Concilium Galliarum*, in *Ogham* 4, 1952, S. 280-285. Das *Concilium Galliarum* von Lyon, welches dem Kaiserkult des ersten August einverleibt wurde, darf nicht mit der Druidenversammlung bei den Karnuten verwechselt werden, die am ersten Mai stattfand und so mit *Beltaine* vergleichbar ist. Die beiden Versammlungen stehen jedoch keineswegs in Konkurrenz zueinander. Die römische Besatzungsmacht bediente sich der einen, dem *Concilium Galliarum*, da sie ihrer Politik dienlich war, und vernachlässigte die andere, die Versammlung im Karnutenwald, die ihnen kaum nützlich gewesen wäre oder widersprach. Andererseits bestand jedoch auch nicht die Notwendigkeit, jene zu verbieten, da die Druiden ohnehin schon ihre religiöse und politische Rolle eingebüßt hatten. Dennoch hat sich D'Arbois de Jubainville, *Les druides et les dieux celtiques à forme d'animaux*, S. 61 zu diesem Fehler verleiten lassen, der in J.J. Hatt, *Celtes et Gallo-Romains*, Paris, 1970, S. 2-43 übernommen wurde.

96 Ed. Kuno Meyer, *Hibernica Minora*, S. 49.

97 Christian-J. Guyonvarc'h, *Notes d'Étymologie et de Lexicographie gauloises et celtiques X. 43 Remarques sur Samain, Samonios*, in *Ogham* 13, S. 474-477. Die Frage wird ausführlich in *Les fêtes celtiques, op.cit.* behandelt.

98 Dinneen, *Foclôir Gaedhilge agus Béarla*, ed. 1927, S. 937ab.

99 Whitley Stokes, *Three Irish Glossaries*, S. 11 und 40.

100 *Textes mythologiques irlandais* I/1, S. 53.

101 *Textes mythologiques irlandais* I/1, S. 53.

102 Christian-J. Guyonvarc'h, *loc. cit.,* in *Ogham* 10, S. 289.

103 *ibid.,* S. 286.

104 Christian-J. Guyonvarc'h, *loc. cit.,*in *Ogham* 11, S. 61.

105 Ed. Whitley Stokes, *The Rennes Dindshenchas,* in *Revue Celtique* 16, S. 35-36, siehe, *Ogham* 13, *loc. cit.* S. 178.

106 Ed. Edward Gwynn, *The Metrical Dindshenchas*, IV, S. 18-20.

107 *Cath Chrionna* ("Die Schlacht von Crinna"), ed. Standish O'Grady, *Silva Gadelica* I, S. 319.

108 J. Vendryes, *La religion des Celtes,* S. 313 glaubte anmerken zu müssen, daß das *Samainsfest* im Gegensatz zu den drei anderen *un caractère mythique plus accusé*, also "einen wesentlich ausgeprägteren, mythischen Zug" aufwies, was gar nichts aussagt. Außerdem begeht er den Fehler, auf der Ackerbauinterpretation zu beharren.

109 Christian-J. Guyonvarc'h, *L'Ivresse des Ulates*, in *Ogham* 12, S. 491.

110 Christian-J. Guyonvarc'h, *loc. cit.,*in *Ogham* 10, S. 129-130.

111 *Aided Muirchertaig Meic Erca* ("Der Tod Muirchertachs, Sohn Ercs"), Christian-J. Guyonvarc'h, in *Annales, Économies, Sociétés, Civilisations,* Sept.-Okt. 1983, S. 1001 (vollständiger Werkverweis sich in Fußnote 129).

112 *ibid.*, S. 1001.

113 Siehe *La Souveraineté guerrière de l'Irlande, Celticum* 25, S. 48-60 und 170-180.

114 Ed. Standish O'Grady, *Silva Gadelica* I, S. 336-337

115 Dies ist eine Folge der Überlegenheit der geistlichen über die weltliche Macht. Siehe oben Kapitel II. 4.

116 Ed. Whitley Stokes, *The Tripartite Life of Patrick* II, S. 278.

117 *Ordalies irlandaises*, ed. Whitley Stokes, *Irische Texte* III, S. 198-199.

118 *Book of Rights*, ed. O'Donovan, S.6; vgl. S. 23 und 272.

119 Siehe oben. Das deckt sich mit der jährlichen Wiederkehr, wie sie im *Tod Aed Slainnes* beschrieben wird, ed. Standish O'Grady, *Silva Gadelica* I, S.82.

120 *History of Ireland*, ed. Dinneen II, S. 132.

121 Françoise Le Roux, *Études sur le festiaire celtique*, in Ogham 13, 1961, S. 481-506.

122 *Dindshenchas de Rennes*, ed. Whitley Stokes, in *Revue Celtique* 15, S. 428-429.

123 *Fled Bricrend*, ed. G. Henderson, *Irish Texts Society* II, S. 12.

124 P.W. Joyce, *A Social History of Ireland*, II, S. 434 ff. D'Arbois de Jubainville, *études sur le droit celtique* I, S. 293-294. Die Studie der verschiedenen Festnamen ist in den ersten beiden Kapiteln unserer Arbeit *Les fêtes celtiques* nachzulesen.

125 Siehe Ellen Ettlinger, *The association of burials with popular assemblies, fairs and races in ancient Ireland*, in *Études Celtiques* 6, S. 30 ff. Die Folklore des ersten November ist hierbei in allen keltischen und ehemals keltischen Ländern von großer Bedeutung. Zu der des *Samain* siehe die Doktoratsarbeit von V. Guibert, *op.cit.*, und zuletzt auch unser Werk *Les fêtes celtiques*, wenn die Volkskunde auch nicht unseren vorrangigen Forschungsbereich darstellt.

126 *History of Ireland*, ed. Dinneen II, S. 246.

127 Christian-J. Guyonvarc'h, *La maladie de Cuchulainn*, in *Ogham* 10, S. 306.

128 *Echtra Nerai* ("Die Abenteuer Neras"), ed. Kuno Meyer, in *Revue Celtique* 10, S. 214. Eine Erklärung dieses etwas verunglimpften Rituals finden wir in Françoise Le Roux, *Sur quelques sacrifices celtiques sans effusion de sang*, in *Études Indo-Européennes I, Ogham* 35/36, 1983-84, S. 95-100.

129 Der vollständige Text dieser Begebenheit kann in *Aidead Muirchertaig Maic Erca* ("Der Tod Muirchertachs, Sohn Ercs") nachgelesen werden, welcher von Lil Nic Donnchadha in *Mediaeval and Modern Irish Series* 19, Dublin, 1964 verlegt wurde. Siehe Christian-J. Guyonvarc'h, *La Mort de Muirchertach, fils d'Erc, texte irlandais du très Haut Moyen Age : la femme, le saint et le roi*, in *Annales, Économies, Sociétés, Civilisations*, Sept.-Okt. 1983, S. 985-1015, mit einem Vorwort von Jacques Le Goff.

130 *Dieux et héros des Celtes*, S. 71.

131 Georges Dottin, *Le Teanga Bithnua du manuscrit de Rennes*, in *Revue Celtique* 24, S. 373-374.

132 Christian-J. Guyonvarc'h , *Über einen alten Zeitbegriff im Keltischen*, in *Studien zur Sprachwissenschaft und Kultur, Gedenkschrift für Wilhelm Brandenstein*, Innsbruck, 1968, S. 55-56. Wir verweisen vor allem auf Kapitel V der *Textes mythologiques irlandais* I/2, S. 222 ff.

133 Françoise Le Roux, *Le calendrier gaulois de Coligny (Ain) et la fête irlandaise de Samain (*Samonios)*, in *Ogham* 9, 1957, S. 337-342. Diese Interpretation ist nur umstößlich, wenn die Stammwurzel NOUX (deren Schreibweise variiert) nicht "Nacht" bedeutet. Doch wüßten wir nicht, was es, trotz einiger überholter Hypothesen, bedeuten könnte. Außer dem Colignykalender verfügen wir nämlich über keinerlei weitere Belege zum Namen der "Nacht" im Kontinentalkeltischen. Eine detaillierte, philologische Studie findet sich in unserem Werk *Le vocabulaire sacerdotal du celtique*, Kapitel V. *Le temps du sacré*.

134 Christian Guyonvarc'h - Françoise Le Roux - Jord Pinault, *Le calendrier gaulois de Coligny (Ain)*, in *Ogham* 13, S. 521-532 und 635-660. Diese Arbeit enthält vor allem eine Bibliographie aller zuvor zu dieser Thematik veröffentlichten Texte.

135 Als indirekten Beweis für unsere Ausführungen wollen wir die Folklore heranziehen, in der sich ein grundlegendes, vorchristliches Merkmal erhalten hat: Die große Bedeutung, die in vielen Bereichen Europas, besonders in den keltischen Ländern, dem "Zwölftageszyklus" zukommt. Diesen Begriff prägte Arnold Van Gennep, *Manuel de folklore français contemporain* I/VII, Paris, 1958. Die von ihm auf den S. 2900-2909 festgehaltenen, bretonischen Umstände werden jedoch nicht auf ihre vorchristliche Vorgeschichte zurückgeführt. Die erste von Van Gennep also vernachlässigte Übereinstimmung erwähnte J. Loth, *Les douze jours supplémentaires (gourdeziou) des Bretons et les douze jours des Germains et des Indous*, in *Revue Celtique* 24, 1903, S. 310-312. J. Loth behandelt sie zwar in einem allgemeineren Rahmen, doch ist sie richtig. Es handelt sich dabei nach Grégoire de Rostrenens *Dictionnaire François-celtique ou Français-Breton*, ed. 1732, S. 632 unter dem Begriff *mois* ("Monat") um die "ersten zwölf Tage des Monats Januar. [...] Im Volksglauben entsprechen diese zwölf Tage den zwölf Monaten des Jahres." J. Loth fügt diesem Beleg des XVIII. Jahrhunderts ein Zeugnis des modernen, bretonischen Lexikographen François Valée an, nach dem es sich im oberen Cornwall bei diesen zwölf Tagen "um die letzten sechs Tage des Dezember und die ersten sechs des Monats Januar handelt. Im Goëlo bezeichnen die *gourdeio (gourdezioù)* "zusätzliche Tage der Trächtigkeit der Tiere" (*loc. cit.*, S. 310), welche im oberen Cornwall *titennaou* ("Brustwarzenspitzen") genannt werden. Loth erfaßte, daß es sich dabei "zweifellos um einen metaphorischen Ausdruck handelte, der darstellen sollte, daß es sich hier um etwas handelte, das an eine runde Ziffer angefügt wurde. Die Briten verstanden das Mondjahr als einen Kreis, dem als kleines Anhängsel zwölf Tage angefügt wurden." (S. 310-311). Es steht fest, daß diese zwölf Tage sehr alt sind, und daß sie in den (ehemals) keltischen Ländern eine Spur eines Schaltmonats sein könnten. Das bretonische *gourdeiz* kann aber auch als "großer Tag" verstanden werden, was uns wieder dahin zurückbringt, die Festtage als "starke" Kalendertage zu verstehen, an denen die menschliche Zeit sich mit der mythischen kreuzt. Jean Haudry merkte in *Hera*, in *Études Indo-Européennes*, Lyon, 1983/84 an, daß in der vedischen Tradition die zwölf Tage in etwa den Unterschied zwischen den zwölf Sonnenmonaten und dem Mondjahr ausmachen. All diese Anmerkungen sind natürlich unvollständig, doch genügen sie, die fest verwurzelte Einheit der indoeuropäischen Welt anhand des Kalenders unter Beweis zu stellen.

136 Siehe oben Kapitel III. 5. 1. Das bedeutet, daß die Folgen der "ungünstigen" Tage zwei, manchmal auch vier Wochen lang dauern können. Der Vergleich mit den Monaten des Colignykalenders, bei dem die einen Monate MAT-, die anderen ANMAT- sind, ist also durchaus gerechtfertigt. Daraus können wir überdies schließen, daß im keltischen Weltbild, nach dem ein Tag und eine Nacht die Ewigkeit symbolisieren konnten, ein Monat wie ein Tag und ein Jahr aus einem klaren und einem dunklen Teil besteht. Was dem natürlich keineswegs im Wege steht, daß es "helle" und "dunkle" Tage oder Monate gibt. Wir müssen an dieser Stelle darauf verweisen, daß die "Siebentagewoche" mit neukeltischen Lehnwörtern aus dem Lateinischen bezeichnet wird. Weder das irische *seachtain* noch das bretonische *sizhun* verfügen über eine Etymologie, die ins Altkeltische zurückreicht.

137 Zur Vorsilbe *an-* siehe Christian-J. Guyonvarc'h, *Dictionnaire étymologique de breton ancien, moyen et moderne*. Es gibt keinerlei Anhaltspunkte in der keltischen Lexikographie und Etymologie, die eine andere Bedeutung des Stammes **matu-* oder **mati-* zuließen, als "gut". Wir müssen dabei "von der Wurzel **ma-* ausgehen, welche die Idee des "Günstigen und Wohlwollenden" zunächst im mystischen und religiösen Sinn zum Ausdruck bringt". (J. Vendryes, *Lexique étymologique de l'irlandais ancien*, MNOP, Paris, 1960, M-12). Die Definition ist zwar unvollständig, doch zeigt sie auf, in welche Richtung die Philologie die Religionsforschung zu lenken hat. Die Bedeutung des walisischen *anfad* ("schlecht"), dem Gegenteil von *mad* ("gut") ist klar genug und bedarf keines Kommentars.

138 *Histoire de la Gaule* II, S. 392-394.

139 Siehe unser Werk *Les fêtes celtiques,* Kapitel II. *Le temps et le lieu de la fête, passim.*

FÜNFTES KAPITEL

LEHREN UND URSPRÜNGE DES DRUIDENTUM

Das druidische Lehrgebäude und der Stoff dieses so langen Unterrichts entgehen uns fast völlig. Die ihn kannten gaben ihr Wissen nicht schriftlich weiter. Wir werden versuchen, diese Ablehnung zu verstehen, und wenden uns dann einigen Leitgedanken zu, die bis heute überlebten. Diese Ideen bringen die überlieferten Begriffe klar und eindeutig genug zum Ausdruck, so daß ihnen ein doktrinärer Stellenwert zukommt, und der allgemeine Überblick, den sie ermöglichen, diesen Titel nicht Lügen straft.

I. Die Schrift

Die Druiden des Kontinents hinterließen uns kein Schriftstück, welches uns heute direkte Kenntnis ihrer Lehren verschaffen könnte. Die Schriftsteller der griechischen und römischen Antike übermittelten uns, mangels an Interesse für die Wissenschaften und Sprachen der Barbaren, nur Meinungen. So z.B. Diogenes Laertius, *Leben und Meinungen berühmter Philosophen, Einleitung* 6 (Felix Meiner Vlg., Hamburg, 1990, S. 5)

"Die Anwälte des barbarischen Ursprungs der Philosophie weisen auch noch hin auf die besonderen Gestaltungen der Philosophie bei jedem einzelnen dieser Völker. Sie behaupten, die Gymnosophisten und Druiden zielten in einer rätselhaften Sprechweise dahin, man solle die Götter ehren, nichts Böses tun und sich der Tapferkeit befleißigen."

Da sie sich mit solchen Allgemeinplätzen zufriedengaben, die schnell als solche erstarrten, hielten sie es nicht für notwendig, auf die Frage einzugehen, weshalb die Druiden nicht schrieben, und besprachen sie diese Frage doch, dann nur ungenügend. Leider sind aus diesem Grund auch die meisten zeitgenössischen Erklärungen durch den Empirismus behindert und verdorben: Entweder heißt es da, die Kelten hätten einfach nicht schreiben können,[1] es aus Umständlichkeit zu vermeiden gesucht[2] oder aber man glaubt, daß das einzige Unterrichtsinteresse der Druiden in der intellektuellen Ausbildung der Kriegerklasse gelegen habe,[3] was ebensowenig ernst zu nehmen ist. Immer wieder kommt der ewige Vorwurf unserer Zeitgenossen an die Druiden, sich nicht wie die Römer oder Griechen der enormen Möglichkeiten der Schrift bedient zu haben, um Archive zu erstellen, die heute den Geschichtswissenschaftlern zugängig wären. Wir können uns diesem Gesichtspunkt nicht anschließen. Natürlich ist es bedauernswert, daß uns ein Diviciacus oder ein anderer Druide nicht die gallische Entsprechung von Ciceros *De divinatione* hinterlassen hat, so wie es schade ist, daß Vercingetorix die Freizeit seiner Gefangenschaft nicht dazu verwendete, seine Memoiren zu schreiben. Es stünde jedoch zu erwarten, daß solche Archive, wenn es sie gäbe, wohl kaum den Anforderungen oder Normen der klassischen Literatur gerecht würden und in erster Linie die Geistes- und Sprachwissenschaftler interessierten, welche ganz im Zuge ihres Berufs die Form zu Schaden des Inhalts betrachten würden. So war es ja schließlich auch mit der mittelalterlichen Literatur Irlands geschehen: Das Wort *druidechta* ("Druidentum") wird aus diesem Grund auch meist nach seiner jüngsten Bedeutung "Hexerei, Magie, Teufelskunst" verstanden[4], mit allen Folgen, die das nach sich zieht. Man vergißt dabei, daß das Wort ursprünglich eine Unzahl von Vorstellungen bezeichnete, die untrennbar mit der geistlichen Autorität in Zusammenhang standen, was die Moralbegriffe - eine Einzigartigkeit in der Antike - mit einschloß.[5]

Wir können all das heute nur sehr schwer beurteilen, da uns zum Studium Galliens nur einige verstreute Informationen zur Verfügung stehen, während die irischen Dokumente oft mit ungeeigneten Methoden und Prinzipien angegangen wurden und es noch immer werden. In den Augen der Kelten kam der Schrift auf alle Fälle bei weitem nicht die Beweiskraft zu, die wir ihr heute gerne beimessen. Sie konnte ebensowenig als dieses einzige Mittel der Überlieferung an die Nachwelt dienen, das die klassischen Zivilisationen, die seit zwanzig Jahrhunderten Europa regieren, im "Buch" sahen. Das Fehlen der Schrift, welches im Prinzip von Cäsar *B.G.* VI, 14 bestätigt wird, wird auch durch den völligen Mangel an archäologischen Textfunden belegt (wir besitzen kein altkeltisches Buch oder sonstiges Schriftstück von welcher Länge auch immer). Das sollte uns in unserer weiteren Untersuchung des Lehrgebäudes zur Vorsicht mahnen.

Natürlich konnte Cäsar kaum verstehen, daß die Schrift für die Kelten als Mittel der Festlegung und nicht der Übermittlung verstanden wurde. *Mihi videntur* schreibt er vorsichtig, "es scheint mir", wenn er feststellt, daß sich die Druiden keiner Schrift bedienen, und er hat Recht, sich so vorsichtig auszudrücken, denn er täuscht sich im Grunde der Problematik. Denn es ist nicht so, daß die Druiden die Schrift nicht gekannt hätten, weil sie sich ihrer nicht zur Überlieferung ihres Wissens bedienten. Das Fehlen gallischer Texte steht in keinerlei Zusammenhang mit dem kulturellen Niveau, welches die Zivilisation Galliens erreicht hatte. Cäsar selbst bezeugt dies, wenn er von den im Lager der Helvetier aufgefundenen Tafeln schreibt, auf denen man in griechischer Schrift die Ergebnisse einer Volkszählung festgehalten hatte, *B.G.* I, 29.

"Im Lager der Helvetier wurden Verzeichnisse, die in griechischer Sprache verfaßt waren, aufgefunden und Cäsar überbracht, in denen eine namentliche

Aufstellung abgefaßt war, wie viele von den Waffenfähigen von zu Hause abgewandert waren, und ebenso getrennt wie viele Kinder, Greise und Frauen."

Diese Schätze der Eigennamen, die mangels anderer Dokumente doch auch das Vorhandensein einer komplexeren Verwaltung unter Beweis stellen, sind uns leider nicht mehr erhalten. Doch werfen wir das lieber Cäsar und nicht den Galliern vor. Auch für die Totenbriefe, die laut Diodor von Sizilien V, 28[6] auf den Scheiterhaufen des Verstorbenen geworfen wurden, verfügen wir natürlich über keine Belegstücke. Die gallischen Münzen tragen keine gallischen, sondern lateinische, griechische oder leptonische Inschriften. All dies zeigt zumindest einen Widerspruch in Cäsars Ausführungen auf.

In Wahrheit war den Druiden die Schrift nicht unbekannt und kein Gesetz verbot ihren Gebrauch. Wäre dem so gewesen, hätte Cäsar trotz seines *mihi videntur* also recht, so besitzen wir dennoch nicht mehr als die paar Zahlen der Töpfer von Graufensenque[7], aber keine Inschrift. Dennoch sind uns aus dem südlichen und dem cisalpinen Gallien, sowie aus Spanien - all dies waren Länder, in denen die Kontinentalkelten in sehr frühem und längerem Kontakt zur klassischen Welt standen - mehrere hundert Inschriften erhalten, die in der Regel ebenso kurz als schwierig zu lesen und zu übersetzen sind, die aber existieren und deren Inhalt fast ausschließlich religiösen oder Bestattungszwecken diente.[8] Natürlich sind solche Dokumente nicht in erster Linie auf die Veranlassung der Druiden, sondern auf die griechischen und später römischen Einflüsse zurückzuführen. Das Vorhandensein des Colignykalenders - der allem Anschein nach aus der römischen Epoche stammt - ist eines der Zeichen dieser Beeinflussung. Dennoch können wir ungeachtet dessen aufzeigen, daß die keltische Doktrin der mündlichen Überlieferung sich in Gallien und überall sonst erhielt.

Es wäre erstaunlich, wenn die Druiden tatsächlich der ganzen oder einem Teil der Gesellschaft den Zugang zu Wissen und Wahrheit hätten erschweren wollen: Alle, die die nötigen Eignungen aufwiesen, konnten bei einem oder mehreren Druiden in die Lehre gehen, oder sogar selbst Druiden werden. Die Lehren der Druiden waren also kaum geheimer als für uns die Grammatik des Altirischen oder des Sanskrit. Sind Wissen und Kenntnis nicht allgemein gleich verbreitet, so liegt das daran, daß es auch die Intelligenz der Einzelpersonen nicht ist und nicht war.

1. Die Oghamschrift

In Wirklichkeit entsprach bei den Kelten die Schrift nicht den Normen, die sie in der heutigen, westlichen Welt einnimmt, außer in den Fällen, in denen sie - zweifellos erst im sehr späten Gallien - für weltliche, administrative oder militärische Zwecke für unerläßlich gehalten wurde. Paradoxerweise handelte es sich bei den irischen und gallischen Druiden und ihren Schülern keineswegs um Gelehrte, die nicht lesen konnten: Im Gegenteil, sie waren jene, die am besten in der Lage waren, zu lesen und zu schreiben. Doch kam der Schrift eine mächtige Zauberkraft zu, die gefährlicher war als das gesprochene Wort. Man bediente sich ihrer also nur in Ausnahmefällen.

Aber es gab da noch einen weiteren Grund, der Cäsar entgangen war. Die Kelten Irlands besaßen vor dem lateinischen Alphabet, welches aus dem VI. und VII. Jahrhundert belegt ist, nämlich eine besondere Schrift, und zwar die *Ogham*, welche aus Haken, geraden und schrägen Strichen bestanden, welche auf beiden Seiten eines Steins eingraviert wurden. Ihr Ursprung ist unklar und es besteht keinerlei Zweifel, daß die Anzahl und Aussprache der einzelnen Zeichen früher oder später dem lateinischen Alphabet angepaßt wurden. Die Anwendungsbereiche sind hingegen hinlänglich bekannt. In Irland, Schottland und den von Iren besiedelten Gegenden von Wales wurden an die dreihundert Oghamischen Inschriften entdeckt, die alle in Grabsteine gemeißelt sind, und selten mehr als ein oder zwei Worte zählen, den Namen des Verstorbenen und seines Vaters. Aus diesen Inschriften konnten die Sprachwissenschaftler wertvolle Schlüsse auf ihren gemeingoidelischen Ursprung ziehen. Doch gibt es keinen Text: Die Behäbigkeit der Handhabung und der Lektüre eines solchen Alphabets war Hindernis genug, alle Anfänge einer Literatur im Keime zu ersticken.[9]

Nach zahlreichen Anspielungen oder Erwähnungen der Legenden zu schließen, wurde die Oghamschrift jedoch auch auf Holzstäbe geschnitzt, wobei die Schnitzer meist Druiden (viel seltener Krieger) waren, die sie für ihre Zaubergesänge und anderen magischen Praktiken benötigten. Der geschriebene Fluch stellt demnach eine schreckliche Strafe dar, so daß der *Auraicept* oder die Abhandlung der Schrift die *Ogham* dem Gott der Bindungen und der Redegewandtheit unterstellt:

"Ogham kommt dem Klang nach von Ogma, *suo inventore primo, quidem*: der Sache nach steht es jedoch mit *og-uaim* ("vollendeter Stabreim") in Verbindung, das heißt, daß ihn die *Filid* in der Dichtung anwenden. Bei den Poeten wird nämlich das Gaelische nach Buchstaben gemessen. Der Vater des Ogham ist Ogme, die Mutter des Oghams ist die Hand oder das Messer Ogmes."[10]

Doch stellte der Autor bzw. Schreiber des ehrwürdigen *Auraicept* zuvor die entscheidenden Fragen:

"Wo, wann, von wem und weshalb wurde die Ogham erfunden? Das ist nicht schwer. Der Ort ist *Hibernia insula quam nos Scoti habitamus.* Sie wurde zur Zeit des Bres, dem Sohn Elathas, Sohn des Delbaeth, König von Irland gefunden. Die Person war Ogma, der Sohn Elathas, Sohn des Delbaeth. Das heißt der in Sprache und Dichtung sehr bewanderte Ogme erfand die Ogham. Der Grund der Erfindung, mit der er seine Intelligenz unter Beweis stellte, war der, diese Sprache zu einem Bereich der Gelehrten zu machen, der den Bauern und Hirten vorenthalten war. Woher stammt nun der Name der Ogham, dem Wort und der Sache nach? Wer sind Vater und Mutter der Ogham? Was war der erste Name, der in Ogham geschrieben wurde? Mit welchen Buchstaben wurde er geschrieben, wer schrieb ihn und warum geht jedem Buchstaben das *b* voraus? *Hic uoluuntur omnia.*"[11]

2. Der Wert der Schrift

Die Etymologie des Namens Ogmios und der Ogham lehrt uns zwar anderes[12], doch ist dies nebensächlich, da der *Auraicept* trotz seiner späten Niederschrift, die Schrift als natürlichen Bereich der *Filid* ansieht. Der *Ollamh* ("Doktor") ist der Sohn Ogmes. Und die dreihundertfünfzig Geschichten unterschiedlicher Länge, die ein *Ollamh* zu kennen hatte, waren nicht dazu gedacht, vorgelesen, sondern vorgetragen und erzählt zu werden, was auch erklärt, wieso viele Texte in mehreren Fassungen existieren, von denen die älteste selten die längste ist. Wie bereits Georges Dumézil schrieb, der die Problematik auf indo-europäische Zeiten zurückführte:

"[...] die buddhistischen *gâthâ* Indiens, die avestischen *gâthâ* des Iran und schließlich die gesamte irische Epik läßt ein und denselben Prototyp durchscheinen: Relativ starre Verspartien für die pathetischen und ausdrucksstarken oder einfach auch die wichtigen Passagen (Reden, Gespräche, manchmal Beschreibungen), doch ist der Rest der Erzählung in flüssiger Prosa verfaßt, die jeder Vortragende auf seine Weise, verkürzt oder ausgedehnt, verschönert, erneuert oder angepaßt weitergab. [...] Es ist wahrscheinlich, daß die zahlreichen Verse, welche laut Cäsar die Druidenlehrlinge (eher jedoch die Lehrlinge der Vaten) auswendig zu lernen hatten, folgendermaßen beschaffen waren: Es waren keine selbständigen Gedichte, sondern vielmehr rhythmische Verbindungen und Anhaltspunkte, die in die prosaisch entwickelte Geschichte eingebettet waren, deren Inhalt hierbei den einzig traditionellen Bestandteil der Erzählung darstellte."[13]

Warum all das, weshalb diese Ablehnung des praktischsten der von Menschen erdachten Verfahren der Gedächtnisstütze? Inwiefern war die Tradition der Druiden nicht mit der Schrift vereinbar? Die Antwort könnte vielleicht so formuliert werden: Während die Schrift der Festigung eines religiösen Augenblicks dient und so eine Zauberformel, eine Grabinschrift, eine Verpflichtung oder einen Fluch wie eine defixio oder geis ewig und dauerhaft werden lassen, kann und darf der wirkliche, aktive, dynamische und sich ständig weiterentwickelnde Gedanke sich, wie das Leben selbst, dessen feinster und wertvollster Teil er ist, nicht in solche Zwänge fügen:

"[...] in jeder Generation, sagt Georges Dumézil weiter, in jedem Studenten, wird das Wissen neu geboren, es wird nicht als Ablage, sondern in einer Form empfangen, die es verjüngt und gewissermaßen aktualisiert, ohne dabei jedoch seine Bedeutung und seine wesentlichen Züge in Mitleidenschaft zu ziehen [...]"[14]

Der allgemeine Gebrauch der Schrift, hätte also die Zeit zu einem bestimmten Augenblick erstarren lassen und dadurch sozusagen getötet, was leben und ewig neuerstehen sollte. Nun verstehen wir auch, weshalb die irischen Mythen alle erst nach der Christianisierung schriftlich festgehalten wurden: die keltische Überlieferung war mündlich, so lange sie lebte.

Die Schrift übertrifft nie das gesprochene Wort. Wir kennen einen Fall, in dem das Tote (Schrift) Zeugnis ablegt gegen das Lebende (gesprochenes Wort). Nun handelt es sich dabei aber um eine falsche Zeugenaussage. Die wirklich erzählenswerte Geschichte findet sich in den irischen Ordalien: Socht, eine Geisel des Königs Cormac, besaß einst ein Wunderschwert, einen jener strahlenden und außergewöhnlichen Gegenstände, welche Neid und Gier hervorrufen und dem die Legende bereitwillig die schmeichelhafteste Beschreibung zukommen läßt. Der Verwalter des Königs fordert dieses Schwert und behilft sich, nachdem er es nicht bekommt, einer lügnerischen und betrügerischen List:

"Und so hielt es sich lange. Dubdreann [der Verwalter] suchte nach dem Schwert und dachte immer daran. Eines Tages nahm er Socht mit sich zu einem Trinkgelage. Dort forderte er den Mundschenk auf, Socht so lange Wein und Met einzuschenken, bis dieser betrunken war. Da nahm der Verwalter das Schwert an sich und begab sich zum Bronzeschmied des Königs, Connu. 'Kannst du,' fragte er jenen, 'den Knauf dieses Schwertes öffnen?' 'Ja,' erwiderte der Bronzeschmied.

So machte der Bronzeschmied eine Öffnung in das Schwert und schrieb den Namen des Verwalters, d.h. 'Dubdreann in den Schwertknauf, und brachte das Schwert daraufhin wieder in seinen vorigen Zustand.

So ging es noch drei Monate weiter. Der Verwalter forderte das Schwert, doch erhielt es nicht von Socht. Schließlich stellte er ein Verfahren um das Schwert an und erfüllte alle Formalitäten. Er behauptete, das Schwert gehöre ihm und es sei ihm gestohlen worden. Socht erwiderte, das Schwert sei sein eigen, daß es sein Schmuck und seine Zier sei und daß er gutes Recht darauf habe."

So ist also das Gerichtsverfahren in die Bahnen geleitet und Socht legt einen Schwur ab, daß er der rechtmäßige Besitzer ist:

"Dann sprach der Verwalter: 'Nun, Cormac, der Schwur, den Socht abgelegt hat, ist ein Meineid.' 'Was sind deine Beweise', fragte Cormac, 'dafür, daß das falsch ist?' 'Das ist nicht schwer,' antwortete jener, 'wenn das Schwert mir gehört, so steht mein Name vom Schwertknauf verdeckt und versteckt, darauf geschrieben.'

Socht wird also vor Cormac geladen und die Sache wird ihm erzählt: 'Das wird eine kurze Angelegenheit sein, und damit wir es wissen,' sprach Cormac, 'laßt uns den Bronzeschmied kommen.' Der Bronzeschmied kam und öffnete den Knauf und man fand darauf den Namen des Verwalters geschrieben. So geschah es, daß, aufgrund des Wertes der Schrift eine tote Sache gegen eine lebende Zeugnis ablegte."[15]

So gelangt das Schwert in den Besitz des Verwalters. Doch stellt es sich heraus, daß es sich dabei um die Waffe handelt, mit der der Mord am Großvater Sochts begangen wurde, so daß König Cormac als Abfindung für diesen Mord das Schwert selbst bestimmt. Ende gut, alles gut, denn das gesprochene Wort hat schließlich seine Rechtfertigung als glaubenswürdiges Zeugnis erhalten. Eine sehr alte Rechtsklausel faßt das noch klarer:

"Wer hat den *Senchus* ["Altertum"] der Männer Irlands erhalten? Das allgemeine Andenken an die beiden Alten, die Überlieferung von einem Ohr zum nächsten, der Gesang des Dichters, der Zusatz des Schriftrechts und die Kraft des Naturrechts, denn dies sind die drei Felsen, auf denen die Urteile der Welt ruhen."[16]

Die alten Gelehrten Irlands vor dem Heiligen Patrick schrieben also keine Bücher, nicht weil sie es nicht konnten, wie d'Arbois de Jubainville es gemeint hatte[17], sondern da sie es nicht für nötig befanden.

Wir können für gesichert annehmen, daß es bei den Druiden Galliens nicht anders stand und halten es kurzum für völlig absurd, den Kelten im allgemeinen und den Druiden im besonderen vorzuwerfen, ihre Lehren nicht der Schrift anvertraut zu haben. Wir bedauern es jedoch zutiefst für die Geisteswissenschaft, die somit das Gallische nie genau kennenlernen wird. Aber das traurige Schicksal, welches der keltischen Mythologie durch so viele Veröffentlichungen und zeitgenössische Autoren zuteil wird, mäßigt dieses Bedauern über sein antikes Versteck. Außerdem waren die Lehrmethoden der Druiden sicherlich denen der indischen "Gurus" oder islamischen "Sufis" näher, als denen der zeitgenössischen, europäischen Universitäten. Nicht das Fehlen der Schrift hat ein solches Lehrgebäude zugrundegehen lassen, sondern der Ausbruch einer neuen Form der Überlieferung, die mit dem Christentum Hand in Hand ging und aus dem Buch die Offenbarung, das Leben und das Vorbild schlechthin machte. Die bekehrten *Filid*, die Nachfolger Patricks, wußten daraus die notwendigen Schlüsse zu ziehen.[18]

II. Die Unsterblichkeit der Seele. Seelenwanderung und Verwandlung

Dieses Verständnis von der Gefahr der Schrift erklärt sich auch aus einem der Hauptelemente druidischer Tradition, dem Glauben an die Unsterblichkeit der Seele. Die antiken Autoren erklären ihn oder auch nicht, doch berichten sie alle, jeder auf seine Weise davon:

Cäsar, *B.G.* VI, 14:

"Vor allem wollen sie [die Druiden] davon überzeugen, daß die Seele nicht untergehe, sondern vielmehr nach dem Tode von einem zum anderen übergehe, und sie glauben, daß dadurch die Tapferkeit ganz besonders geweckt werde, da die Todesfurcht ihre Wirkung verliert."

Lucanus, *Pharsalia* I, 450-458:

"Nach ihrer Lehre suchen die Totenseelen nicht das stille Land der Finsternis, das Geisterreich des Höllenfürsten drunten auf, sondern atmet und lebt der Körper unverändert in einer anderen Sphäre weiter. Verkünden sie Wahrheit, so steht der Tod nur in der Mitte eines langen Lebens; jedenfalls sind die Völker, auf die der Große Bär niederblickt, glücklich in ihrem Wahn, weil sie der größte aller Schrecken nicht bedrängt, die Todesfurcht. Daher stürzen sich die Männer mit Begeisterung einem Schwert entgegen, hat der Tod in ihren Herzen Raum und scheint es ihnen feige, ein Leben zu schonen, das doch wiederkommen soll."

Pomponius Mela III, 2

"Ein Punkt ihrer Lehre ist zu allgemeiner Kenntnis gedrungen: um nämlich das Volk für den Kampf recht geeignet zu machen, lehren sie, die Seele sei unsterblich und nach dem Tode beginne bei den Verstorbenen ein neues Leben."

Diodor von Sizilien V, 28, 6 (in *Geschichtsbibliothek,* ed. Wahrmünd, Stuttgart, 1866, S. 32)

"Es herrscht bei ihnen nämlich der Glaube des Pythagoras, daß die Seelen der Menschen unsterblich seien und nach einer bestimmten Reihe von Jahren wieder ein neues Leben beginnen, indem die Seele in einen neuen Leib übergeht."

Strabo, IV, 4:

"Sie [die Druiden] halten und damit sind sie nicht die Einzigen - die Seele und die Welt für ewig; einst aber werde Feuer und Wasser sie zerstören."

In ihrer extrem verdichteten Form entgehen diese Zusammenfassungen nicht der rationalisierenden Tendenz der klassischen Autoren, und viele moderne Gelehrte begingen den Fehler sie trotz ihrer Ungenauigkeiten beim Wort zu nehmen. Bezüglich der Unsterblichkeit der Seele und der Schrift hielten Cäsar und alle anderen eine Folge für eine Absicht: Die Druiden hätten diese Doktrin unterrichtet, um ihren Mitmenschen Kriegsmut einzuflößen. Doch war der Krieg im keltischen Leben eine allzu häufige und natürliche Angelegenheit, als daß sich die Druiden mit psychologischen Argumenten auseinandergesetzt hätten. Nein, es sind vielmehr die klassischen Autoren, die aufgrund ihres ewigen Argwohns gegenüber den Barbaren nichts von der Mentalität der Kelten verstanden. Einige liefern selbst den Beweis dafür:

Cäsar, *B.G.* VI, 19:

"Die Leichenbegängnisse sind, zumindest im Verhältnis zum sonstigen Lebensstandard der Gallier, prächtig und aufwendig, und alles, wovon sie glauben, daß es dem Toten zu Lebzeiten am Herzen gelegen sei, werfen sie ins Feuer, sogar Lebewesen. Kurz vor unserer Zeit wurden auch Sklaven und Klienten, von denen feststand, daß sie dem Toten am Herzen lagen, nach Beendigung der ordnungsgemäßen Begräbnisriten zusammen mit ihm verbrannt."

Pomponius Mela, III, 2:

"Daher verbrennt und bestattet man mit den Toten zugleich auch Dinge, die für Lebende passen. Einst schrieb man auch die Sorge für geschäftliche Angelegenheiten und das Eintreiben von Schulden den Unterirdischen zu, und mancher Gallier stürzte sich freudigen Herzens in den Scheiterhaufen der Seinen, um gleichsam mit ihnen weiterzuleben."

Sogar gegen Ende des XIX. Jahrhunderts wird in Irland vom Brauch berichtet, den Sterbenden Briefe oder Nachrichten für die Toten mitzugeben.[19] Doch kam in einem Land, in dem die mündliche Überlieferung bis in die jüngste Zeit beim Volk fast an der Regel war, einem solchen Brauch natürlich ein Anflug von Zauberei zu. Auch wenn er nicht aus dem Christentum stammte, konnte er sich dennoch halten, da er jenem nicht widersprach. Er deckt sich interessanterweise auch mit den Worten des Diodor V, 28, die jener nach dem eben angeführten Zitat bezüglich der Unsterblichkeit der Seele anfügt:

"Deshalb geschieht es auch, daß bei den Begräbnissen der Verstorbenen einige an ihre gestorbenen Verwandten geschriebene Briefe in den Scheiterhaufen werfen, gleich als ob diese sie lesen würden."

Valerius Maximus II, 6, 60, der das Ganze noch weniger versteht als alle anderen, entschuldigt die Kelten im Namen des Pythagoras:

"Nachdem diese Beschreibung der Mauern [von Marseille] nun beendet ist, soll noch ein alter gallischer Brauch zur Sprache kommen: Man erzählt, daß sie sich gegenseitig Geldbeträge leihen, die sie sich in der Unterwelt zurückgäben, da sie davon überzeugt sind, daß die menschlichen Seelen unsterblich seien. Ich würde sagen, sie seien dumm, wenn die Ideen dieser hosentragenden Barbaren sich nicht mit denen deckten, an die auch Pythagoras mit seinem Mantelumhang glaubte."

1. Die Metempsychose

Man sagt, die Unsterblichkeit der Seele sie eine Binsenweisheit gewesen. Sicher war sie das in dem Maße, in dem alle bekannten Religionen unausweichlich zwischen den verschiedenen Bestandteilen des menschlichen Wesens unterschieden. Doch ist es bedauernswert, daß die antiken, vor allem jedoch daß auch die zeitgenössischen Autoren noch immer die Unsterblichkeit der Seele als sehr verschwommenes, primitives Konzept behandeln, welches sie dann Metempsychose nennen oder nannten, wobei sie unter diesem Punkt nicht zwischen Seelenwanderung, Verwandlung und Wiedergeburt unterscheiden... Wir müssen den Begriff der *Metempsychose* nach seinem genauen Wortsinn verstehen: Übergang psychischer Elemente von einem Körper in einen anderen. Wir wollen gleich einleitend anmerken, daß diese Vorstellung der keltischen Welt fremd war.

Zuerst wollen wir die Frage des walisischen *Kat Godeu* ("Der Kampf der Büsche") klären, der beim ersten Hinsehen unhaltbare Thesen zur Reinkarnation aufkommen ließ:

"Ich hatte viele Formen,
bevor ich frei war.
Ich war ein gerades und buntes Schwert.
Ich glaube an das, was ich sehe.
Ich war eine Träne im Wind.
Ich war der glänzendste der Sterne.
Ich war ein Wort zwischen Buchstaben.
Ich war ursprünglich ein Buch.
Ich war eine leuchtende Lampe
eineinhalb Jahre lang.
Ich war eine Brücke, geworfen
über sechzig Flußmündungen.
Ich war ein Weg und ein Adler.
Ich war ein Bug im Meer.
Ich war die Gärung des Biers.
Ich war ein Tropfen im Schauer.
Ich war ein Schild im Kampf.
Ich war eine Saite der Harfe
der Zauber, neun Jahre lang.
Im Wasser war ich Schaum;

Ich war ein Schwamm im Feuer.
Ich war Holz im Gestrüpp [...]"[20]

Wir wollen ein Lied damit vergleichen, welches dem *File* Amorgen im *Buch der Eroberungen* zugeschrieben wurde:

"Ich bin Wind auf dem Meer,
ich bin eine Woge im Ozean,
ich bin das Rauschen des Meers,
ich bin der Stier mit sieben Kämpfen,
ich bin der Geier auf dem Fels,
ich bin der Tropfen des Taus.
Ich bin die schönste aller Blumen,
ich bin ein Wildschwein von Wert,
ich bin ein Lachs im Meer
ich bin ein See in der Ebene,
ich bin der Hügel in einem Menschen,
ich bin ein Wort der Kunst,
ich bin die Spitze einer Waffe,
(die den Kampf liefert)."[21]

Taliesin, denn er ist der vermutliche Verfasser des *Kat Godeu* und der sagenhafte *File* Amorgen brachten hier weder eine Seelenwanderungstheorie durch verschiedene Körper in Versform zum Ausdruck, noch eine Wiedergeburt in verschiedenen Gegenständen oder roher Materie, sondern eine Anwendung der metaphysischen Ansicht der verschiedenen Formen und Zustände des Seins. Wir können jedoch mit Recht daran zweifeln, ob eine solche Vorstellung im christianisierten Mittelalter noch nachvollzogen werden konnte. Wir sehen also vor allem eine poetische Form, die schöne und einfache Variationen erlaubt.

Eines der äußerst seltenen Beispiele der Metempsychose, welches uns aus Irland überliefert ist, wurde oft unglücklich als Beispiel für die Wiedergeburt interpretiert:

"Das ganze Geschlecht Partholons starb an einer Krankheit, außer einem einzigen Mann, Tuan, dem Sohn Sdarns, Sohn Seras, Sohn des Bruders des Vaters [Cousin] Partholons. Gott verlieh ihm mehrere Erscheinungen und er lebte von der Zeit Partholons bis zur Zeit Colum Cilles. Er war es, der das Wissen und die Geschichte der Eroberungen Irlands und aller Ereignisse offenbarte, die sich von der Eroberung Cessairs bis dahin zugetragen hatten. Das war die Absicht Gottes gewesen, ihn bis zur Epoche der Heiligen am Leben zu lassen, bis zur Zeit als man ihn Tuan, Sohn Cairells, Sohn Muiredach Muindergs nannte. Und folgendes waren die Formen, die er durchlebte: dreihundert Jahre lang lebte er als Mensch, dreihundert Jahre als wildes Rind in der Wüste, dreihundert Jahre als Wildschwein, dreihundert Jahre als Vogel und dreihundert als Lachs. Ein Fischer fing jenen in einem Netz und brachte ihn der Königin, der Gattin Muirdedach Muindergs. Sie verspeiste ihn und empfing schließlich Tuan. Die Gelehrten erzählen, daß es sich dabei um Fintan Fineolach handelt."[22]

Tuan lebte also zwölfhundert Jahre, und wir sind nicht einmal sicher, ob der Zeitraum zwischen der Sintflut und dem Apostolat des Heiligen Columba diesen zwölf Jahrhunderten entspricht. Doch interessieren uns hier weniger die phantastische Beschreibungsweise, noch die chronologischen Unstimmigkeiten. Die irische Metempsychose bedeutet, daß der Übergang psychischer Elemente von einer Gestalt in eine andere zwangsläufig auch über nicht-menschliche Erscheinungen läuft. Es ist auch wichtig, zu unterstreichen, daß es sich bei der keltischen Metempsychose um kein Allgemeinschicksal handelt, wie dies in mehreren indischen Religionen der Fall ist. Während in jenen also alle Lebewesen diesem Gesetz ausnahmslos unterworfen sind, kommt sie in den irischen Legenden lediglich Sagengestalten zu, bei denen es sich um seltene und vorbestimmte Persönlichkeiten mit bestimmter Sendung handelt. Sie sind Nachfahren der ersten Menschen und überliefern so die zahlreichen Seiten der Wissenschaft, des Wissens und der Wahrheit.[23]

2. Die Metamorphose

Eine andere Erzählung stellt die beiden königlichen Schweinehirten des Nordens und des Südens gegenüber, die vor lauter Streitereien und Verzauberungen, die sie sich gegenseitig zufügen, ihre Herden herunterkommen lassen.

"Bodb [der König Südirlands] nahm ihm seine Schweine weg. Auch dem Mann des Nordens wurden die Schweine entzogen. Zwei Jahre lang lebten sie daraufhin in der Gestalt von Raben: ein erstes Jahr waren sie im Norden bei den Bewohnern von Connaught auf der Festung Cruachans, das zweite Jahr verbrachten sie im Süden bei den Leuten von Munster im *sid* Femens: eines Tages trafen sich die Einwohner von Munster auf einer Versammlung und sagten: 'Die Vögel da vor euch machen ganz schön Lärm. Heute ist ein volles Jahr verstrichen, daß sie sich ihren Kämpfen hingeben.' Als sie so redeten, sahen sie den Verwalter Ochalls auf sich auf den Hügel zukommen; er hieß Fuidell mac Fiadmire. Er wurde willkommen geheißen. 'In der Tat ist der Lärm dieser Vögel da vor euch ziemlich laut,' meinte er. 'Es scheint mir, daß es dieselben Vögel sind, die letztes Jahr bei uns im Norden waren und ein Jahr die gleichen Sachen trieben.' Da sahen sie etwas: Plötzlich hatten die beiden Raben Menschengestalt erlangt. Da erkannten alle, daß es die beiden Schweinehirten waren, die da daherkamen. Alle hießen sie willkommen. 'Eigentlich ist es unpassend, uns willkommen zu heißen,' sagte da der

Schweinehirt Bodbs, 'es wird viele hübsche Leichen und große Klagen geben, wegen dem Kampf den wir ausgefochten haben.' 'Was ist mit euch geschehen?' fragte Bodb. 'Das ist nicht schwer: Nichts Gutes ist mit uns geschehen,' erwiderte er. 'Seit wir euch verlassen haben, blieben wir zwei volle Jahre lang in der Gestalt von Raben. Ihr habt doch selbst gesehen, was wir vor euren Augen taten. Im gleichen Ausmaß trieben wir es ein Jahr lang in der Nähe von Cruachans *sid*, während eines weiteren Jahres ging es in der Nähe von Femens *sid* genauso weiter, so daß die Männer des Nordens und des Südens, den Kampf sahen, den wir uns gegenseitig lieferten. Dieses Mal werden wir uns in der Gestalt von Wasserlebewesen in den Meeren und anderen Gewässern tummeln, bis zwei Jahre verstrichen sind.' Sie verließen die Versammelten auf dem Hügel, und jeder ging seine Richtung. Der erste begab sich in den Shannon, der zweite in die Suir. Zwei Jahre waren sie daraufhin in den Meeren und Gewässern. Ein ganzes Jahr sah man sie in der Suir, wo sie sich gegenseitig bissen; ein weiteres Jahr sah man sie sich im Shannon schlagen."[24]

Der Reihe nach verwandelten sich die Schweinehirten darauf in Helden, Dämonen, (Wasser-)Würmer und Stiere.[25] Dennoch ist es offensichtlich, daß wir es hier mit keinem Beispiel der Metempsychose zu tun haben: zwischen zwei "Erscheinungsformen" werden die beiden Schweinehirten kurz wieder zu Menschen, wobei ihre menschlichen bzw. tierischen Existenzformen nur von kurzer Dauer sind. Es handelt sich dabei vielmehr um Verwandlungen, die ihnen wegen ihres Zwistes auferlegt werden.

Auch in der walisischen Geschichte des Taliesin haben wir es mit Metamorphosen zu tun, wenn die Zauberin Ceridwenn den Zwerg Gwion Bach verfolgt, welcher unberechtigterweise das Wissen erlangte, indem er ein paar Tropfen von dem Gebräu kostete, dessen Kochen er für sie überwachen hätte sollen:

"Sie lief ihm hinterher. Als er es merkte, nahm er die Gestalt eines Hasen an und fing an zu laufen. Doch verwandelte sie sich in einen Windhund, verfolgte ihn und jagte ihn in die Richtung eines Flusses. Dort nahm er die Form eines Fisches an und sie die eines Fischotters. Sie suchte ihn unter Wasser. Er mußte sich in einen Vogel am Himmel verwandeln, doch wurde sie zum Sperber auf der Jagd nach ihm. Sie ließ ihn also auch am Himmel nicht in Ruhe. Als sie ihn fast erreicht hatte und er bereits Todesängste durchstand, bemerkte er einen Haufen geernteten Weizen. Er flog also zum Weizen hinab und verwandelte sich in ein Korn. Sie nahm die Gestalt eines schwarzen Huhns mit Kamm an und hüpfte in den Weizen. Sie scharrte mit ihren Krallen, erkannte ihn und verschluckte ihn, so die Geschichte. Neun Monate war sie schwanger mit ihm, und nachdem sie ihn gebar, brachte sie es nicht über's Herz, ihn zu töten, so schön war er. Doch steckte sie ihn in einen Ledersack und warf ihn, so der Wille ihres Gatten, am neunundzwanzigsten April ins Meer."[26]

Auch die Stellen, die den *Mabinogi von Math* ausschmücken, sind wieder vorübergehende Metamorphosen, die einer Strafe gleichkommen: Gilwaethy und Gwydyon, die Neffen des Königs Math, werden in einer Reihe männlicher und weiblicher Tiere verwandelt, da sie ein junges Mädchen, die Fußträgerin des Königs vergewaltigt hatten:

"Da nahm er seinen Zauberstab in die Hand und verwandelte plötzlich Gilwaethy in eine große Hirschkuh; gleich darauf, hinderte er den anderen daran, zu entkommen und machte ihn zu einem Hirsch, indem er ihn mit seinem Stab schlug. 'Da ihr nun miteinander verbunden seid, werde ich es einrichten, daß ihr miteinander geht. Ihr werdet ein Paar sein und den Instinkt der Tiere haben, deren Gestalt ihr einnehmt. In der Epoche, in der sie gewöhnlicherweise Junge haben, werdet ihr auch eines bekommen. In einem Jahr von heute an kommt ihr wieder zu mir."[27]

Nach einem Jahr kehren sie mit einem Kitz wieder, das Math mit einem Schlag seines Zauberstabes in einen Menschen verwandelt. Dann verzaubert er sie ein Jahr lang in einen Eber und eine Wildsau, anschließend in einen Wolf und eine Wölfin. Danach hält er die Bestrafung für ausreichend und verleiht ihnen ein für allemal wieder ihre menschliche Gestalt zurück.

Math ist also ein Zauberkönig: Er ist kein Druide im eigentlichen Sinn. Doch gibt es solche Druiden in den walisischen Erzählung überhaupt nicht mehr. Nur die alte und magische Ritualpraktik der Metamorphosen konnte sich in den Erzählungen halten. Das ist auch der Grund, weshalb sie in den Legenden viel häufiger auftauchen als die äußerst seltenen Metempsychosen. Indirekt bestätigt uns das auch eine Erklärung für die berühmten Priesterinnen der bretonischen Insel Sein, denen die Sage (und nicht die Geschichtsschreibung) des Pomponius Mela III, 6, 48 (in: *Kreuzfahrt durch die alte Welt,* ed. Kai Brodersen, Wiss. Buchges., Darmstadt, S. 161-163) die Fähigkeit zuschreibt, jede beliebige Tiergestalt annehmen zu können:

"Sena [Sein] im Britannischen Meer gegenüber den ossismischen Gestaden ist berühmt durch die Orakelstätte einer gallischen Gottheit; deren Priesterinnen sollen durch dauernde Jungfräulichkeit geheiligt und neun an der Zahl sein; man nennt sie Gallizenae und glaubt, sie seien in einzigartiger Weise begabt: Sie könnten nämlich Meere und Winde durch ihre Zaubersprüche erregen, sich in jedes beliebige Lebewesen verwandeln und heilen, was andere unheilbar nennen, sie wüßten das Künftige und könnten es vorhersagen, doch täten sie dies absichtlich nur für Seefahrer, und dabei nur für diejenigen, die losgefahren sind, um sie zu befragen."

Wir würden nur unsere Zeit verlieren, wenn wir versuchen wollten, diesen Bericht zu überprüfen. Solche Priesterinnen gibt es nur im vergeschichtlichten

Mythos. Belegt wird das außerdem durch eine Stelle der *Vita Merlini* von Geoffroy von Monmouth, der im Verlauf seiner Beschreibungen der alten britannischen Traditionen auch die reiche Insel schildert, auf die Arthur nach der schlimmen Schlacht von Camlann gebracht wurde. Es ist dies überdies eine Vorwegnahme der Freuden der Anderen Welt:

"Die Apfelinsel, wie man diese glückliche nennt, hat ihren Namen, von dem, was sie von ganz alleine hervorbringt. Hier müssen die Einwohner keine Furchen ziehen. Hier gibt es keinen Ackerbau außer dem, um den sich die Natur selbst kümmert. Sie bringt ganz alleine üppige Ernten, Weintrauben und Äpfel in Wäldern voller Früchte. Die Erde zeugt [all das] hier ganz alleine und im Überfluß statt des Grases. Hier lebt man hundert Jahre und mehr. Neun Schwestern gewähren aufgrund eines angenehmen Rechts, all denen, die von uns her zu ihnen gelangen das [Aufenthalts-]Recht. Die oberste unter ihnen ist am bewandertsten in der Kunst des Heilens und übertrifft ihre Schwestern außerdem durch ihre außerordentliche Schönheit. Sie heißt Morgane und lehrt den Nutzen der verschiedenen Pflanzen bei der Heilung kranker Körper. Eine weitere ihr wohlvertraute Kunst ist es, ihr Gesicht zu verändern und wie Daedalus mit neuen Federn in den Lüften zu fliegen. Wenn sie will, ist sie in Bristus, Carnotus oder Papia; wenn sie es will, gleitet sie gar aus den Lüften auf unsere Küsten. Man sagt, sie hätte ihren Schwestern die Astrologie beigebracht: Moronoe, Mazoe, Gliten, Glitonea, Gliton, Tyronoe, Thiten und Thiton, die sehr geschickt mit der Zitter umgeht. Hierher brachten wir den schwer verletzten Arthur nach der Schlacht von Camelon, unter Anführung des Barinthius, der die Wasser und die Sterne am Himmel hier kennt. Auf diesem Schiff kamen wir mit dem König hier an, und Morgane empfing uns mit der gebührenden Ehrerbietung. Sie brachte ihn in ihr Gemach, legte ihn auf ein Lager von Gold und entblößte mit ihrer zauberhaften Hand die Wunde. Sie untersuchte sie lange und sagte schließlich, daß sie ihm die Gesundheit wiedergeben könnte, wenn er lange genug bei ihr bliebe und bereitwillig ihre Heilmittel einnähme. Voller Freude überließen wir ihr den König und setzten Segel für eine Rückfahrt, bei der uns die Winde günstig waren."[28]

Morgane ist ganz offensichtlich eine Frau der Anderen Welt und ihre Magie bleibt den gewöhnlichen Sterblichen unzugänglich. Später würde diese Zauberei in die Märchen übernommen werden, deren aufsehenerregendste Seiten immer noch Verzauberungen sind, mit dem einzigen Unterschied, daß sie nun ihre religiöse Grundlage eingebüßt hat. Hier können wir also beim besten Willen weder Metempsychose, noch Seelenwanderung oder Wiedergeburt feststellen. Wir finden eine der walisischen Geschichte von Ceridwen und Gwion Bach sehr ähnliche Erzählung im bretonischen Märchen des Koadalan, welches Luzel 1869 im bretonischen Plouaret im Lande von Tréguier aufschnappte. Der bretonische

Erzähler schmückte es zwar ein wenig aus, doch blieb die Hauptsache erhalten: Der in ein Pferd verwandelte Koadalan wurde sehr teuer auf dem Markt von Morlaix an drei als Kaufleute verkleidete Teufel verkauft. Doch als der Handel abgeschlossen war und die Käufer mit ihrem Opfer abzuziehen gedachten,

"sprang das Pferd sofort ins Wasser und verwandelte sich in einen Aal. Die drei Händler sprangen ihm nach und nahmen die Gestalt großer Fische an, um den Aal zu fangen. Da wurde er zu einer Taube, die sehr hoch über den Häusern der Stadt flog. Da verwandelten sich die drei Fische in drei Sperber, die ihm nachflogen."

Als sie über ein Schloß fliegt, läßt sich die erschöpfte Taube als Goldring in einen Eimer fallen, der von einer Dienerin aufgehoben wird. Da verwandeln sich die drei Teufel in Musikanten, die als Belohnung ihrer Kunst den Ring fordern. Man sucht die Dienerin. Doch hatte Koadalan, der kurz wieder menschliche Gestalt angenommen hatte, genug Zeit gehabt, ihr zu erklären, was sie zu sagen hatte. So verlangt sie, daß ein großes Feuer in der Mitte des Hofes entfacht wird:

"Der Holzstoß wurde in Brand gesteckt und die Dienerin warf den Goldring mitten ins Feuer und sagte zu den Musikanten: 'Holt ihn doch.' Doch hatte sich der Goldring in ein verkohltes Weizenkorn verwandelt, welches in einem großen Haufen Weizen am Speicher des Schlosses lag. Die drei anderen jedoch suchten das verkohlte Korn im Weizenhaufen, in der Gestalt dreier Hähne. Nur wurde das Weizenkorn zu einem Fuchs, der nun die drei Hähne angriff."[29]

Die Metamorphosen sind also Unfälle, die den normalen Lebenslauf unterbrechen, ohne jedoch seine eigentliche Bedeutung zu verändern. Es gibt jedoch noch eine andere Art der Verwandlung. Um eine solche "Variante der kreativen Illusion" handelt es sich z.B. als, wieder im *Mabinogi von Math*, König Math und der Magier Gwydyon ihre Kräfte vereinen, um dem jungen Llew eine Verlobte zu (ver-)schaffen. Ein Fluch der eigenen Mutter untersagte ihm, eine Gattin des irdischen Menschengeschlechtes zu nehmen:

"Sie nahmen also Eichenblüten, Ginsterblüten und die Blüten des Geißbarts und schufen daraus das schönste Mädchen, das ein Mann jemals gesehen hatte. Man taufte sie nach der damaligen Art zu taufen und nannte sie Blodeuwedd ("Blumengesicht")."[30]

Als sie später zur betrügerischen Ehebrecherin und Komplizin am Mord ihres Gatten wird, verwandelt Gwydyon Blodeuwedd auf immer in eine Eule. Von der Blume wird sie zum Vogel, nachdem sie keine Frau mehr sein darf, und wird nie wieder in eine Blüte zurückverwandelt. Doch ist dies eine Ausnahme. Erwähnen wir an der Stelle des *Mabinogi* noch die vorübergehende Verwandlung Llews in einen Adler, als sein Gegner Gronw Pebyr, der Liebhaber seiner untreuen Frau ihn mit seiner Lanze schlägt. Er wird wieder zum Menschen, nachdem ihn Gwydyon schließlich nach mühseliger Suche in einem traurigen Zustand wiederfindet.

Kurzum, all diese Verwandlungen haben nichts mit der Unsterblichkeit der Seele zu tun. Sie stellen lediglich eine Spur ziemlich fortgeschrittener Zaubertechniken dar und sind überdies ein Beweis des wandelbaren Aussehens der mythischen und göttlichen Gestalten. Nichts erinnert hier an Metempsychose, Schamanismus, Totemismus oder Naturismus. Taucht er auf, so dient auch der Zoomorphismus nur dem Ausdruck eines Symbols.

Einige wichtige Figuren der Mythen- und Epenzyklen hatten eine Doppelgeburt, eine menschliche und eine göttliche, was jedoch abermals auf keine Metamorphose schließen läßt, sondern vielmehr um eine leichte Veränderung eines etwas beunruhigten Schreibers. Der typischste Fall ist wohl der Cuchulainns, welcher wörtlich "das Kind dreier Jahre" ist. Ein erstes Mal wird er in der Anderen Welt geboren, in die sich die Ulaten verirrt hatten:

"Sie hatten sich kaum im Haus eingerichtet, als sie plötzlich eine Tür vor sich bemerkten. Man gab ihnen zur rechten Zeit zu essen, so daß die Ulaten froh und betrunken waren und einen angenehmen Aufenthalt hatten. Der Mann sagte den Ulaten, daß seine Frau in der Küche in den Wehen lag. Deichtine begab sich zu ihr. Sie gebar einen Sohn. Vor der Haustür stand eine Stute, die zwei Fohlen warf. Die Ulaten nahmen das Kind zu sich, und der Mann gab dem Kind die Fohlen als Spielzeug. Deichtine hob das Kind auf. Am nächsten Morgen sahen sie etwas im Osten des Landes: Sie hatten kein Haus und keine Vögel mehr, sondern nur ihre Pferde und das Kind mit den Fohlen. Da kehrten sie nach Emain zurück. Sie erzogen das Kind bis in seine frühe Jugend. Doch wurde es krank und starb. Man sang seine Totenklage. Deichtine war über den Tod ihres Pflegekindes sehr betrübt."

Ein zweites Mal wird Cuchulainn dem Gott Lug geboren, dessen irdisches Heldenleben er gewissermaßen verkörpert. Wieder ist Deichtine die Mutter, doch dieses Mal vollzieht sich die Empfängnis auf oralem Weg:

"Von der Totenklage zurückgekehrt wünschte sie zu trinken. Sie verlangte das Getränk in einer ehernen Vase. Man brachte ihr eine zu trinken, doch bedingt durch die Art, auf die sie sie zum Mund führte, hüpfte ein kleines Tier in die Flüssigkeit, die ihr in den Mund rann. Als sie den Kelch von ihren Lippen hob war da nichts mehr. Es war nämlich auf ihren Atem gesprungen. Diese Nacht sah sie etwas in ihrem Schlaf: Ein Mann kam auf sie zu. Er wandte sich an sie und sagte ihr, sie wäre von ihm schwanger. Er sei es, der sie in sein Haus gebracht hätte. Bei ihm hätten sie auch geschlafen. Das war er, der Sohn, den sie aufgezogen hatten; er war es, der in ihrem Bauch heranwachsen würde und sein Name sei Setanta. Das war Lug, der Sohn Eithnes gewesen, und man zog die Fohlen für das Kind auf."

Das dritte Mal kommt Cuchulainn nun endgültig zur Welt, und man gibt seiner Mutter, der Schwester Conchobars einen geeigneten Mann, der alle peinlichen Zweifel des Inzests aus dem Weg räumt:

"Das Mädchen war schwanger. Das stellte die Ulaten vor ein schwerwiegendes Problem: man wußte sie nämlich noch nicht in der Macht eines Mannes. Man schätzte und glaubte, daß es Conchobar im Rausch gewesen war, denn er war es, bei dem seine Schwester geschlafen hatte. Also verheiratete Conchobar seine Schwester mit Fergus, dem Sohne Roechs. Sie schämte sich sehr, schwanger in das Gemach eines Mannes zu gehen. Als sie sich niederlegte, stieß sie ein zweites Mal aus, was in ihrem Busen war und war wieder Jungfrau. Nun begab sie sich zu ihrem Mann. Sehr bald war sie wieder schwanger. Sie brachte ein Kind zur Welt, welches man Setanta nannte."[31]

Der christliche Einfluß und der Schrecken der Inzucht veränderten die Thematik des göttlichen Kindes, der Frucht der Liebe eines Königs und seiner Schwester. Doch sah so die Vorstellung aus, die sich die Druiden damals von einem epischen Halbgott machten. Sie fällt dabei nicht aus dem gewöhnlichen Rahmen der göttlichen Geburten, die einige vorbestimmte Helden zu den Abenteuern der Götter der Anderen Welt werden lassen: Die Vereinigung zwischen einem Gott und einer Sterblichen ist also durchaus möglich, und der wahre Vaters Cuchulainns ist natürlich niemand anderer als Gott Lug selbst. Diese britannische Thematik ist mit der Geburt Merlins, dem Sohn eines nächtlichen Dämonen und einer Sterblichen, vergleichbar. Doch hat all dies wieder nichts mit Metempsychose und noch weniger mit irgendeiner Seelenwanderung oder Wiedergeburt zu tun. Unser letztes Beispiel für eine Zustandsveränderung stammt aus der ersten Fassung des Etainzyklus und betrifft Étain, die Gattin Midirs, dem Bruder des Dagda. Jener hatte die schöne Étain als Abfindung für eine schwere Körperverletzung, die ihm bei seiner Teilnahme an den ehebrecherischen Abenteuern des Dagda und der Boand zugefügt wurden (bei ihm wächst auch Mac Oc, die Frucht dieser Götterliebe, auf). Doch hat Midir bereits eine rechtmäßige Frau, Fuamnach, die die Fremde äußerst barsch empfängt:

"Sie hieß Midir, ihren Gatten willkommen, und die Frau sprach viel von [...?...]. 'Komm, oh Midir,' sagte Fuamnach, 'auf daß ich dir dein Haus und die Weiten deiner Ländereien zeige, und damit die Tochter des Königs deine Schätze sehen kann.' So drehte Midir mit Fuamnach die ganze Runde seines Besitzes, den sie ihm und Étain zeigte. Dann brachte er neuerdings Étain vor Fuamnach. Fuamnach ging vor ihnen ins Gemach, in dem sie schlief und sagte zu Étain: 'Du bist im Bett einer vornehmen Frau geboren.' Als Étain sich in der Mitte des Hauses auf einen Stuhl gesetzt hatte, schlug sie Fuamnach mit einem purpurroten Haselnußstab und verzauberte sie in eine Wasserpfütze mitten im Haus. Fuamnach selbst kehrte zu ihrem Ziehvater Bresal zurück, und Midir verließ das Haus mit dem Wasser, in das Étain verwandelt worden war. Danach hatte Midir keine Frau mehr.

Die Hitze des Feuers und der Luft, das Aufwallen des Bodens taten das Ihre dazu, die Wasserlacke in der Mitte des Hauses in eine Made zu verwandeln. Diese Made wurde daraufhin zu einer Purpurfliege. Sie war so groß wie der Kopf eines Menschen und war die schönste auf Erden. Der Klang ihrer Stimme und das Summen ihrer Flügel war süßer als Dudelsäcke, Harfen und Hörner. Ihre Augen glitzerten wie Edelsteine in der Dunkelheit. Ihr Geruch und ihr Duft stillten all denen Hunger und Durst, die sich in ihrer Nähe befanden. Die Tröpfchen, die sie mit ihren Flügeln versprengte, heilten jedes Weh, jedes Leid und alle Pest, bei denen, zu denen sie kam. Sie begleitete Midir und umgab Midir auf all seinen Ländereien, überall dort, wohin er sich begab. Alleine ihr zuzuhören und sie anzusehen, hätte ganze Heere in Ratssitzungen und Feldversammlungen gesättigt. Midir wußte, daß sich Étain hinter dieser Form verbarg. Er nahm also keine Frau, solange diese Fliege sich um ihn kümmerte, und allein ihr Anblick nährte ihn. Er schlief über ihrem Summen ein, und sie weckte ihn auf, wenn jemand kam, den er nicht mochte."

Doch setzt Fuamnach erneut zum Angriff an:

"Fuamnach hörte von der Liebe und Ehrerbietung, die ihr Mac Oc entgegenbrachte. Fuamnach sagte zu Midir: 'Rufe deinen Adoptivsohn, damit ich zwischen euch Frieden stiften kann, und ich werde Étain holen gehen. Ein Bote Midirs kam zu Mac Oc, und er begab sich zum Gespräch zu jenem. Fuamnach machte einen Umweg über Brug und schickte wieder ihren Atem auf Etain, um sie aus dem Raum zu jagen, und schickte sie abermals auf den Flug, in dem jene zuvor ganz Irland durchquert hatte. Dieser Windeshauch trieb Etain ins Elend und in die Erschöpfung, bis sie sich auf dem Dach eines Hauses niederließ, in dem sich die Ulaten zum Trinken versammelt hatten. Sie fiel in den Goldkelch in der Hand der Frau Etairs, dem Helden von Inber Cichmare, aus der Provinz Conchobars. Sie verschluckte sie mit dem Gatränk, das im Kelch gewesen war. Daraufhin wurde sie in ihrem Busen empfangen und wurde ihre Tochter. Man gab ihr den Namen Étain, Tochter Etars. Tausendzweihundert Jahre lagen zwischen der ersten Empfängnis Étains durch Ailill bis zur letzten durch Etar."[32]

Étain ist also der Reihe nach Frau der Anderen Welt, Wasser, Made, Fliege oder Schmetterling (das irische Wort *cuil* bezeichnet beides, wie auch ein "Insekt" im allgemeinen), wird winzigster Wurm und schließlich wieder eine Frau, diesmal jedoch in der irdischen Welt. Sie verändert also ihre Form, doch nicht ihre Persönlichkeit und behält überdies ihren Namen. Schließlich gelingt es Midir sogar, sie ihrem irdischen Gatten, König Eochaid zu rauben, wodurch jener zugleich seine Herrschaft verliert, da Étain die Personifizierung und Allegorie Irlands ist.[33]

Es besteht kein Zweifel daran, daß die einzig traditionelle Lehre der Druiden, die für die Allgemeinheit der Menschen bestimmt war, die der Unsterblichkeit der Seele und des ewigen Lebens in der Anderen Welt war. Aus den irischen Texten wird jedoch ersichtlich, daß die Unsterblichkeit der Seele und die Metempsychose zwei verschiedenen Bereichen angehören: Die Unsterblichkeit war der normale und allgemeine Lauf der menschlichen Seele, während die Seelenwanderung, das Schicksal vereinzelter Sagengestalten darstellt, denen eine bestimmte Rolle im Mythos oder in der Sendung des Volkes zukam.

Davon müssen wir weiters die Verwandlungen in Vögel unterscheiden, die Götter und Menschen auf ihrem Weg aus dieser in die Andere Welt oder umgekehrt erfahren. Verwandelt ein Druide sich jedoch in eine Kuh oder sind die sagenhaften Prophetinnen der Insel Sein imstande, jede gewünschte Tierform anzunehmen, so ist das kein Spiel, sondern ein Zeichen dafür, daß ihre Aufgaben sie über den begrenzten Zustand des gewöhnlichen Menschseins erheben. Die klassischen Autoren, denen all diese subtilen Feinheiten entgingen, täuschten sich daher grundlegend:

"Es besteht keinerlei Zusammenhang zwischen diesen beiden Erzählungen [den beiden Leben der Étain] und der pythagoräischen Metempsychose. Doch ist es durchaus möglich, daß die Legende von Mider und Étain von den Druiden auch nach Gallien gebracht wurde und so einen der Gründe für den Irrtum der griechischen Gelehrten darstellte, der jene glauben ließ, daß die Druiden den pythagoräischen Glauben an die Metempsychose übernommen hätten."[34]

Die Erzählungen des Etainzyklus' sind eigentümlich für Irland, doch auch wenn die gallischen Druiden ähnliche Geschichten erzählten, - was nicht nur möglich, sondern sogar wahrscheinlich ist - so hatten sie es wohl kaum nötig, sie zu übernehmen. Doch ist die andere Beobachtung richtig: Der Fall der irischen Metempsychose entspringt dem eigenen Mythos und keinem pythagoräischen Einfluß. Wären tatsächlich, wie teilweise behauptet wird, auch die einfachen Menschen in den Genuß der Vorzüge der Metempsychose gekommen, so müßten wir hier ein langes Kapitel über alle daraus entstehenden Unstimmigkeiten beginnen. Ein oder zwei Ausnahmefälle stehen der Allgemeinheit der sonstigen Fakten gegenüber.

III. Die Andere Welt und das *sid*

Ganz anders verhält es sich mit der Form und der Ausdehnung, also der Bedeutung, die das Jenseits oder besser die Andere Welt im irischen Weltbild einnimmt, wo die Verstorbenen ein paradiesisches Leben führen. Dieses keltische Paradies, *Tir na mBeo* ("Erde der Lebenden"), *Tir na mBan* ("Erde der Frauen"),

Mag Mor ("Große Ebene"), *Mag Meld* ("Ebene der Freuden")[35] und *Tir na nOg* ("Erde der Jungen"), liegt sehr weit jenseits des Sonnenuntergangs im Westen Irlands, eben dort, wo die Toten hingehen. Manchmal wird dieser Ort, an dem der Baum des Lebens wächst, auch in Anlehnung an die Bibel "Land der Verheißung" *(Tir Tairngiri)* genannt. Die Verstorbenen erwartete hier ein Leben, welches im Vergleich zum irdischen nur beneidenswert genannt werden kann.[36] Alles ist schön, jung, anziehend und rein hier. Diese Andere Welt trägt in Irland einen weiteren Namen, dessen häufiger Gebrauch so manche Umschweife erspart; es ist dies der *sid* (neuirisch *sidh*), Plural *side,* ein Wort, welches wörtlich "Frieden" bedeutet.[37]

Die Iren verlegten die Andere Welt oft auch in Hügel und Seen: So ist z.B. in allen mythologischen Texten der *Brug na Boinne* ("Herberge der Boyne"), mit anderen Worten das Hügelgrab von Newgrange, der Sitz des Dagda. Es ist dabei klar, daß die Götter, die eigentlich über den Dimensionen von Raum und Zeit stehen, nur mittels einer Übereinkunft lokalisierbar sind, da sie allein durch eine solche auf dem menschlichen Verständnis zugängliche Normen eingeschränkt werden können. Dieser Gedanke muß die Druiden sicherlich beschäftigt haben. Unter diesen Umständen waren die einzig möglichen Stätten die *omphaloi*, die als Berührungspunkte zwischen dieser und der anderen Welt verstanden wurden.[38]

Merken wir gleich eingangs an, daß dieses christianisierte, jedoch nicht christliche Paradies der Kelten, dem des Islam in eigenartiger Weise verwandt ist. Die Beschreibungen sind zahlreich und ähneln sich durchwegs. Wir möchten hier trotz ihres Umfangs die Worte zitieren, die die Botin des *sid* am Beginn von *Brans Seefahrt* singt:

"Weit von hier gibt es eine Insel;
rund um sie funkeln Seepferde;
weißer Lauf entlang der schäumenden Welle
von vier Füßen gestützt.

Glanz der Sonne, Folge der Siege,
Ebene, in der die Heere spielen;
die Boote kämpfen mit den Wägen
in der Ebene im Süden des Schönen Silbers.

Unter ihr stehen weißbronzene Füße:
sie strahlt durch diese wunderbaren Welten,
diese liebreiche Erde [strahlt durch] die Welten des Lebens,
wo es zahlreiche Blumen regnet.

Da gibt es den Blumenbaum,
auf dem die Vögel die Stunde ausrufen,

und es geschieht in gewöhnlicher Harmonie,
daß sie alle zusammen stündlich singen.

Farben aller Töne strahlen
über Ebenen voll der Stimmen der Zauberinnen;
Frohsinn um die Musik ist an der Tagesordnung
in der Ebene im Süden der Silberwolke.

Hier kennt man weder Traurigkeit noch Betrug,
in diesem Land, der Freude wohlbekannt.
Kein Wort gibt es hier, grob oder derb,
nur eine angenehme Melodie trifft das Ohr.

Kein Kummer, keine Trauer, kein Tod,
keine Krankheit, keine Schwäche,
daran erkennt man Emain.
Wir finden unter den Wundern kein gleiches.

Schönheit der wunderbarsten Erde,
deren Erscheinungen so anmutig sind;
betrachtet man sie, so ist sie wunderschön;
keinen schöneren Nebel könnte man finden.

Betrachtet man die Ebene der Güte,
dort wo es Drachensteine und Glas regnet,
wo das Meer seine Wogen ins Land wirft,
[sieht man] die Kristallzöpfe ihres Haarschopfs.

Schätze und Reichtümer aller Farben
gibt es in der Erde, Schönheit voller Frische;
man hört süße Musik
und trinkt feinsten Wein.

Goldene Wagen in der Ebene des Meers
fahren mit der Flut der Sonne zu;
silberne Wagen in der Ebene der Spiele
und bronzene Wagen ohne Fehl.

An den Ufern stehen Pferde von gelbem Gold,
andere wieder sind purpurrot;
andere Pferde reiten auf dem Meeresrücken,
von der Farbe des ganzen, blauen Himmels.

Bei Sonnenaufgang kommt
ein weißer Mann, der die Ebenen erleuchtet.
Er durchquert die weiße Ebene, die das Meer schlägt
und bewegt das Meer, bis es zu Blut wird.

Auf diesem reinen Meer kommt dann ein Heer
mit Schiffen auf die Erde zu;
sie rudern auf den [weithin] sichtbaren Fels zu,
von dem hunderte Melodien kommen.

Man singt einen Refrain auf das Heer
quer durch die langen Jahrhunderte: es ist nicht schlecht.
Es wird durch die Musik von hundert Chören gestärkt.
Man wartet nicht auf Rückfluß noch auf Tod.

Emain hat viele Gesichter vor dem Meer,
ob es nun nah ist oder fern;
tausende bunte Frauen
umringt hier das reine Meer.

Als er den Klang der Musik vernahm,
das süße Lied der Vögel in der großen Stille,
stieg ein Frauenchor vom Hügel herab
in die Ebene der Spiele.

Das Glück kommt mit der Gesundheit
ins Land, in dem jedesmal das Lachen laut wird,
in der großen Stille;
Reichtum kommt im Überfluß.

Das ist ein Tag ewig schönen Wetters,
das sein Silber über die Erde verbreitet;
der weiße Fels auf dem Glanz des Meeres,
auf den sich die Hitze der Sonne legt.

Rennen der Armee in der Ebene der Spiele,
auch bei Schönheitsspielen ist sie nicht schwach;
in diesem durch so viel Schönheit entzückenden Land
wartet man nicht auf Rückfluß, noch auf Tod.

In der Nacht hört man Musik
und man kommt auf der bunten Insel an,
im Zauberland, dem Strahlen einer schönen Krone,
von der die weiße Wolke leuchtet.

Drei mal fünfzig ferne Inseln gibt es
im Westen des Ozeans.
Zwei mal größer als ganz Irland
ist eine jede davon, wenn nicht sogar drei mal.

Bei angenehmen und lustigen Spielen
freuen sie sich bei strömendem Wein,
der Mann und die hübsche Frau hinter dem Busch,
ohne Sünde, ohne Verbrechen.

Auf dem Wipfel der Bäume schwimmt
das Schiff zwischen den Baumkronen;
Bäume voll saftiger Früchte
[stehen da] unter dem Kiel deines Bootes.

Bäume mit Blüten und Früchten,
auf denen der wahre Duft des Weines schwebt,
Bäume ohne Bruch und ohne Fehl,
deren Blätter golden sind.

Seit dem Anbeginn der Zeiten sind wir
ohne Alter und ohne den Bruch des Friedhofs;
uns erwartet kein kraftloses Alter;
Gesetzlosigkeit kommt nicht bis zu uns."[39]

Das war also der Grund, weshalb man sich so auf die Andere Welt freute. Der Tod stellte für die Kelten nicht die Erlösung von einem Leben voller Leid oder die Strafe für eine Reihe böser Taten dar. Er wurde vielmehr, mit den Worten des Lucanus, als Mitte eines langen Lebens angesehen. Eines der erlesensten, hinreißendsten und zugleich geheimnisvollsten Themen der irischen Mythen ist das der Götter bzw. Frauen, die geschickt werden oder aus eigenem Antrieb kommen, die Sterblichen, die sie mit ihrer Liebe beschenken, in ihre ewigwährende Glückseligkeit mitzunehmen.

Doch ist diese Thematik - was nicht immer dazu gesagt wird - ebenso tragisch, da dieser wahrhafte Engel des Todes, jene Frau der Anderen Welt einen Lebenden in ein Reich entführt, aus dem es normalerweise kein Zurück gibt. Auch die Zaubergesänge der Druiden sind machtlos gegen ihren Ruf. In einer sehr alten Erzählung, die besonders durch ihre Nüchternheit, die Knappheit des Erzählstils und eine Art Gleichgültigkeit für das menschliche Gefühl so packend wird, kommt die dramatische Beziehung zwischen den Menschen und der Anderen Welt in all ihrer Größe zum Ausdruck. Es handelt sich dabei um die Erzählung der Abenteuer Condlas des Schönen, Sohn Conns mit den hundert Schlachten: Ihr Ende wurde bereits bezüglich des Apfels, der Frucht der Weisheit und Wissenschaft (Kapitel III. 2. 9) behandelt, doch wollen wir uns die Wiederholung hier ersparen:

"Warum nennt man Art den einzigen Sohn? Das ist nicht schwer. Condle der Rote, Sohn Conns mit den hundert Schlachten, stand einmal neben seinem Vater auf dem Hügel von Uisnech und sah eine eigenartig gekleidete Frau auf sie zukommen. Condle sprach: 'Woher kommst du, Frau?' 'Ich komme,' erwiderte die Frau, 'aus den Ländern der Lebenden, dort wo es weder Tod, noch Sünde oder Verbrechen gibt. Wir nehmen an ewigen Festen ohne Bedienung teil und vereinen uns ohne Streit. Wegen des großen Friedens, in dem wir leben, nennt man uns die Leute des *sid*. 'Mit wem,' fragte da Conn seinen Sohn, 'mein Junge, sprichst du?' Denn niemand sah die Frau außer Condle selbst. Die Frau antwortete:

'Er redet mit einer jungen, schönen Frau von edlem Geschlecht, die weder Tod noch Alter fürchtet. Ich habe Condle den Roten geliebt. Ich rufe ihn in die Ebene der Freuden, da wo Boadach ewiger König ist, in dessen Reich es keine Klage und keinen Schmerz gibt, seit er das Königreich übernommen hat.

'Komm mit mir, oh Condle der Rote, mit dem farbigen Nacken, rot wie eine Kerze, mit blondem Haar über seinem purpurfarbenen Gesicht, welches das Zeichen deiner königlichen Schönheit sein wird. Folgst du mir, wird deine Erscheinung weder zur Jugend noch ins Alter welken bis hin zum visionenreichen Urteil.'

"Da alle gehört hatten, was die Frau gesagt hatte, ohne jedoch ihrer gewahr zu werden, sprach Conn zu seinem Druiden Corann : 'Ich bitte Dich, oh Corann, um großen Gesang und große Kunst. Es stellt sich mir eine Macht entgegen, die größer ist als die meine, und ich bin einem Kampf ausgeliefert, der meine Kräfte übersteigt und einem welchen ich nicht zu trotzen hatte, seit ich König bin. In hinterlistiger Fehde tut mir ein unsichtbares Wesen Gewalt an und will meinen Sohn durch den Zauber der Frau der königlichen Befehlsgewalt entziehen.'

Also sang der Druide erfolgreich einen Bannspruch gegen die Frauenstimme, so daß niemand mehr ihre Stimme vernahm und von jenem Augenblick an auch Condle die Frau nicht mehr sehen konnte. Doch noch bevor die Frau vor dem Bannspruch des Druiden zurückwich, warf sie Condle einen Apfel zu. Einen Monat lang nahm Condle daraufhin weder Speise noch Trank zu sich. Es schien ihm, daß nichts außer dem Apfel des Genusses wert sei. Der Apfel hingegen wurde dabei nicht weniger und blieb als Ganzes erhalten, obwohl er von ihm aß. Er war bei guter Gesundheit, doch sehnte Condle sich nach der Frau, die er gesehen hatte. Am Tag, an dem ein ganzer Monat vergangen war, stand er neben seinem Vater in der Ebene von Archomin. Dort sah er dieselbe Frau wieder, die zu ihm sprach:

'Auf einem hohen Stuhl sitzt Condle da zwischen dem nahen Tod und dem Warten auf ein schreckliches Hinscheiden. Die Lebenden, die das ewige Leben besitzen, laden dich ein und warten auf dich unter den Männern Tethras. Jeden Tag betrachten sie dich in den Versammlungen deines Vaters an der Seite deiner geliebten Eltern.'

Als Conn die Stimme der Frau vernahm, sagte er zu seinen Leuten: ‘Ruft mir den Druiden her. Ich sehe, daß ihre Zunge sich heute wieder gelöst hat.’ Da sprach die Frau:

‘Conn mit den hundert Schlachten liebt das Druidentum nicht, da es sich dabei um eine geringe Sache handelt. Ein gerechter Mann mit vielen erstaunlichen Begleitern, kommt zum Großen Strand, um zu urteilen. Bald wird dein Gesetz dich erreichen. Es wird die Zaubergesänge der Druiden vor dem Teufel, dem schwarzen Zauberer verstreuen.’

Es schien Conn eigenartig, daß Condle der Frau nicht geantwortet hatte, seitdem sie aufgetaucht war. ‘Was sagt dir die Frau, die dir zu Herzen geht, oh Condle?’ fragte Conn. Condle antwortete: ‘Das fällt mir nicht leicht, da ich meine Eltern liebe. Doch hat mich die Sehnsucht nach der Frau gepackt.’ Da antwortete die Frau:

‘Deshalb ist dein Verlangen,
sie auf den Wogen zu verlassen größer,
damit wir auf meiner Kristallbarke wegfahren
und an den *sid* von Boadach gelangen.[40]

Es gibt noch ein anderes Land,
welches nicht schwerer zu erreichen ist.
Ich sehe den Untergang der glänzenden Sonne.
Auch wenn er fern ist, erwarten wir ihn vor der Nacht.

Das ist das Land, welches den Geist eines jeden,
der sich dorthin begibt, mit Freude erfüllt.
Hier gibt es nur
Frauen und Mädchen.’

Als die Frau zu sprechen aufgehört hatte, sprang Condle weit von ihnen in die Glasfähre, deren Bug aus reinem Kristall war. Sie sahen sie weiter und weiter weg, so weit das Auge ihnen folgen konnte, als jene sich auf das Meer entfernten. Man sah sie seitdem nie wieder und weiß auch nicht, wohin sie gefahren sind. Da sagte Conn, als er seinen Sohn Art sah: Heute ist Art alleine, denn er hat keinen Bruder mehr.’ ‘Da hast du ein wahres Wort gesprochen,’ erwiderte Corann, ‘das soll auch der Name sein, den er von jetzt an tragen wird, Art, der einzige Sohn.’ Und so blieb ihm dieser Name.”[41]

Der Schmerz des Königs, die Macht des Druiden, das beunruhigende Geheimnis der unbekannten Frau, nichts konnte die weibliche Versuchung und die Faszination der Anderen Welt wettmachen. Der junge, schöne Königssohn zieht nach einem kurzen Wort des Bedauerns für immer von dannen. Man mußte wirklich so unliterarisch sein wie die mittelalterlichen Iren, um diese herzzerreissende und grandiose Geschichte ohne äußere Gefühlsregung zu erzählen. Das ist auch einer der Gründe, weshalb sie einer seriösen Analyse keinerlei Anhaltspunkte geben kann, wenn diese vorgibt, sie wie Texte von Dramatikern oder Romanautoren zu verstehen, deren Vergangenheit und Stil unbekannt sind.

Die gängige, zeitgenössische Lesart dieser Thematik ist nämlich subjektiv. Die Frau der Anderen Welt ist häufig eine Botin, auf die wir in der Folge noch näher eingehen werden. Doch ist sie nicht nur dies, und die glücklichen Günstlinge der göttlichen Gewogenheit, müssen sich dieser erst würdig erweisen und ihre Sehnsucht - diese keltische, mittelalterliche und moderne Krankheit - bewahren. Einer der Reisegefährten Brans, dessen *Seefahrt* ein Klassiker dieser Gattung darstellt, macht jene für ihn "tödliche" Erfahrung, durch welche wir sehen können, welch unüberwindbare Schranke zwischen der ewig-mythischen und der menschlichen Zeit besteht, wobei erstere letztere aufhebt.

"Es schien ihnen, daß sie hier etwa ein Jahr verbracht hatten, doch waren in Wirklichkeit mehrere vergangen. Kein Reiz fehlte ihnen. Einen von ihnen, Nechtan, den Sohn Collbrans, packte die Sehnsucht. Seine Eltern ersuchten Bran, mit ihnen nach Irland zurückzukehren. Die Frau sagte ihnen, daß sie es bereuen würden, abgefahren zu sein. Sie verließen sie jedoch trotzdem und die Frau fügte hinzu, daß keiner von ihnen das Land betreten dürfe, und daß sie ihren Gefährten, den sie auf der Insel der Freuden gelassen hatten, besuchen und mitnehmen sollten.

So zogen sie los und gelangten zur Versammlung an Brans Bach. Man fragte sie, wer da auf dem Meer angekommen sei. Er sprach: 'Ich bin Bran, der Sohn Febals.' 'Wir kennen ihn nicht,' sagte der andere, 'die Seefahrt Brans ist Teil unserer alten Jahrbücher.'

Der Mann [Nechtan] sprang vom Boot. Doch kaum hatte er die Erde berührt, zerfiel er zu Asche, so als hätte er seit hunderten Jahren unter der Erde gelegen. So sang Bran diesen Vierzeiler:

Der Sohn Collbrans beging den großen Wahnsinn,
die Hand gegen das Alter zu erheben.
Ein Spritzer klaren Wassers wurde
auf Nechtan, den Sohn Collbrans geworfen.

Dann berichtete Bran der Versammlung von allen Abenteuern, die sie seit ihrer Abreise bis zu jenem Tag durchgemacht hatten und verfaßte diese Verse in Ogham. Daraufhin verabschiedete er sich von ihnen, und man weiß nicht wohin er fuhr."[42]

Trotz der vielen seither verstrichenen Jahrhunderte und des Verfalls der meisten mythologischen Züge in der Folklore, gibt es noch sehr eindeutige Spuren dieser Vorstellung der Anderen Welt in einigen bretonischen Erzählungen, die Luzel im XIX. Jahrhundert sammelte. Die bezeichnendste ist sicher die des jungen

Burschen, der auf die Suche nach seiner Schwester auszog, welche sich mit einem schönen und geheimnisvollen Prinzen vermählt hatte. Die Geschichte erzählt also von der Rückkehr des Helden in seine Heimat:

"So wanderte Yvon auf dem Weg, auf den ihn sein Schwager geschickt hatte. Er war etwas traurig so zurückkehren zu müssen, doch stellte sich ihm nichts auf seiner Reise entgegen. Am meisten erstaunte ihn jedoch, daß er weder Hunger noch Durst oder Müdigkeit empfand. Da er so Tag und Nacht ohne anzuhalten marschierte, ohne jemals zu ermüden, gelangte er schließlich in sein Land. Er begab sich an die Stelle, an der er erwartete, sein väterliches Haus aufzufinden, und wunderte sich sehr, als er dort nur auf eine Wiese mit Buchen und Eichen von stattlichem Alter stieß. 'Aber es ist doch hier, außer ich täusche mich wirklich schwer,' sagte er bei sich.

Er ging in ein nahes Haus und fragte dort nach der Bleibe seines Vaters Iouenn Dagorn... 'Hier gibt es niemanden, der so heißt,' antwortete man ihm. Doch sagte ein alter Mann, der beim Ofen saß: - Ich hörte meinen Großvater einmal von einem Iouenn Dagorn reden, doch ist der schon lange tot, genauso wie seine Kinder und seine Kindeskinder; in diesem Land gibt es keine Dagorn mehr.

Der arme Yvon war über all das, was er hier hörte mehr als erstaunt, und da er niemanden in diesem Land mehr kannte und auch ihn niemanden mehr kannte, sagte er sich, daß nichts zu machen sei und es wohl besser wäre, seine Eltern dort aufzusuchen, wohin sie gegangen waren. So begab er sich zum Friedhof und sah dort ihre Gräber, von denen einige mehr als dreihundert Jahre alt waren. Dann ging er in die Kirche, betete vom Grunde seines Herzens, starb an dieser Stelle und kam sicher zu seiner Schwester ins Grüne Schloß."[43]

Trotz aller Unterschiede sind die Ähnlichkeiten zwischen dem irischen Mythos und der bretonischen Geschichte unübersehbar. Die *Filid* geizten, weniger noch als die bretonischen Erzähler, nicht mit solchen Beschreibungen der Anderen Welt während der langen königlichen oder fürstlichen Winterabende. Sie lassen die ursprünglichen Vorstellungen, deren unveränderliche Hauptpunkte sich in allen Quellen wiederfinden, in klarerem Licht erscheinen:

- Die Botin des *sid* mit ihrem Versprechen von Liebe und ewiger Glückseligkeit
- Die Lage des *sid* auf weit entfernten Inseln,
die die Seefahrt unumgänglich werden lassen
- Die einschläfernde Zaubermusik
- Das Fehlen jeglicher menschlichen Ordnung oder Hierarchie
- Der Verzehr schmackhafter und unerschöpflicher Speisen;
der Genuß berauschender Getränke wie Bier, Met und Wein
- Abschaffung der Zeit und des Raums
- Verschwinden aller Mängel und Krankheiten

Ist das germanische *Walhalla* ein Paradies der Krieger, so ist der irische *sid* ein Hafen des Friedens, der Köstlichkeiten und der Sinnenlust. Sicher taucht auch manchmal eine Beschreibung von Kriegern oder Schlachten auf, doch geschieht dies nur aus übermäßiger 'Überlagerung menschlicher Gewohnheiten. Die dabei Getöteten oder Verwundeten nehmen keinerlei Anstoß daran und feiern ewig weiter. *Sid* bedeutet "Frieden", mit all den Folgen, die dieser Begriff nach sich zieht: In der Anderen Welt gibt es weder Druiden noch Krieger. Man fragte sich, weshalb diese Aspekte plötzlich nebensächlich werden.[44] Der Grund dafür ist klar: Da der *sid* Ausdruck einer vollkommenen Vollendung ist, fallen alle Unterschiede zwischen den verschiedenen Klassen und Aufgabenbereichen weg, da sie nicht mehr nötig sind. Das deckt sich mit dem Verfall von Zeit und Raum, der ersten Voraussetzung der Unsterblichkeit. Die keltische Vorstellung von der Anderen Welt erklärt und beleuchtet so die druidische Lehre von der Unsterblichkeit der Seele. Da verliert jene plötzlich jeden Anflug von Banalität.

Vielleicht wird man meinen, daß all diese Beschreibungen unvollständig oder ungeschickt formuliert sind, da sie einer theologischen Terminologie ermangeln. Doch standen den Iren damals keine anderen Mittel zur Verfügung, das Unendliche zum Ausdruck zu bringen. Sie erklären jenes vielmehr in einer festen Begriffswelt durch eine Verkürzung oder Dehnung der Zeit, da dies die einzige Möglichkeit darstellte, jene Thematik der menschlichen Intelligenz begreifbar zu machen. So stellen Überfluß und Rausch auch die Regel der *Samainsgelage* dar, da dieses Fest als vorübergehendes Bild der Freuden der Anderen Welt verstanden wurde.[45]

1. Die Vögel des *sid*

Die Frauen der Anderen Welt sind also Botinnen der Götter. Doch zeigen sie sich nicht immer gleich in menschlicher Gestalt. Sehr oft tauchen sie in Form von Vögeln (Schwänen) auf. So nehmen zwei hübsche Mädchen an einem Tag der Vogeljagd mit Cuchulainn Kontakt auf, um ihn in die Andere Welt einzuladen, wo Fand, die Gattin Manannans ihn erwartet. Der Held wird für seine Unfreundlichkeit durch eine schwere Krankheit der Sehnsucht bestraft:

"Als sie dort waren, kam ein Vogelschwarm neben ihnen auf den See herab. In ganz Irland gab es keinen schöneren Vogelschwarm. Vor allem die Frauen verlangte es sehr nach all diesen Vögeln auf dem See. Sie begannen zu streiten, um sie zu bekommen. Eithne Aitenchaithrech, die Gattin Conchobars, sprach: 'Ich wünsche einen der Vögel dieses Schwarmes auf meinen beiden Schultern.' 'Wir wollen sie alle,' sagten die Frauen. 'Wenn sie für irgendwen gefangen werden, dann zuerst für mich,' sagte Eithne Inguba, die Frau Cuchulainns. 'Was tun?' fragten die Frauen. 'Das ist nicht schwer,' erwiderte Leborcham, die Tochter von Oa und Adarc, 'ich werde Cuchulainn für euch fragen.'

Cuchulainn fängt alle Vögel, und alle Frauen bekommen einen, außer der sehr unzufriedenen Eithne Inguba. Der Held gibt ihr daher ein ebenso natürliches wie gewagtes Versprechen:

"Wenn Vögel in die Ebene von Murthemne oder Bond kommen, gehören die beiden schönsten dir.'

Kurz darauf sah man zwei Vögel auf dem See, die durch ein Kettchen aus Rotgold miteinander verbunden waren. Sie sangen eine süße Melodie und die Truppe Krieger schlief ein. Nur Cuchulainn erhob sich, um auf sie zuzugehen. 'Wenn du auf mich hören willst,' sagte Eithne, 'so geh' nicht zu diesen Vögeln, denn eine Kraft versteckt sich hinter ihnen. Sie werden auch ohne dich gefangen werden.' 'Sagst du das, um mich herauszufordern?', sprach Cuchulainn da. 'Loeg, nimm einen Stein für deine Schleuder.' Da nahm Loeg einen Stein und spannte ihn in seine Schleuder. Er schoß ihn auf die Vögel, doch ging er an jenen vorbei. 'Ich Unglücklicher,' sagte er, 'seit ich die Waffen ergriffen habe, habe ich noch nie gefehlt, bis zum heutigen Tage.' Er warf also seinen Speer nach den Vögeln, der den Flügel eines der beiden durchbohrte. Da tauchten sie unter Wasser.

Dann ging Cuchulainn weg und lehnte sich mit dem Rücken an einen Fels. Er war schlechter Laune. Der Schlaf übermannte ihn und er sah zwei Frauen auf sich zukommen. Die eine hatte einen grünen Mantel übergeworfen, die andere einen roten mit fünf Falten. Die mit dem grünen Mantel kam lächelnd auf ihn zu und versetzte ihm einen Hieb mit der Peitsche. Auch die zweite näherte sich ihm, lächelte und schlug ihn genauso. Sie waren lange damit beschäftigt, ihn abwechselnd so zu schlagen und er wäre beinahe an den Hieben gestorben. Da verschwanden sie."[46]

Es gibt noch andere Vögel, wie z.B. jene bunten, denen Tadgh, der Sohn Cians auf seiner langen Irrfahrt auf einer entfernten Insel begegnet:

"Sie [Tadgh und seine Gefährten] verließen diesen Ort und fanden daraufhin einen hübschen Wald von vorzüglichem Geruch und Parfum, in dem es große, rote Beeren gab. Eine jede von ihnen war so groß wie der Kopf eines Menschen. Glänzende Vögel ernährten sich von diesen Beeren. Der Schwarm dieser Vögel war recht eigenartig. Es waren dies nämlich weiße Vögel mit purpurroten Köpfen und goldenen Schnäbeln. Sie sangen eine harmonische Musik, während sie die Beeren verzehrten, und diese Musik war so melodisch und wunderbar, daß sie Kranke und Schwerverletzte eingeschläfert hätte [...]"[47]

Gleich um welche Vögel es sich jedoch handelt, alle kommen sie aus dem Norden, der Anderen Welt, und singen, wie jene Schwäne, wundervolle Melodien:

"Was gibt es sonst noch für Wunder, oh Frau?', fragte Fingen. 'Das ist nicht schwer', sagte die Frau. 'Es kamen drei mal neun Vögel mit rotgoldenen Kettchen, die eine solch wunderbare Musik in den Mauern Taras widerhallen ließen, daß es weder Traurigkeit, noch Kummer oder Angst, weder Furcht, noch fehlende Unterhaltung für die Zeit Taras mehr geben wird."[48]

Auch wenn der Stoff der Botin des *sid* in den einer Geliebten des König Irlands umgewandelt wird, bleibt das Bild der Schwäne erhalten:

"Derb Forgall, die Tochter des Königs von Norwegen, liebte Cuchulainn wegen der Geschichten, die man sich von ihm erzählte. Sie [und eine Dienerin] kamen in der Gestalt zweier Schwäne mit einem Kettchen verbunden aus dem Osten und gelangten zum Loch Cuan. Als Cuchulainn eines Tages mit seinem Adoptivsohn Lugaid, d.h. einem der drei Sohne Emains, am Ufer dieses Sees standen, sahen sie die Vögel. 'Schlage die Vögel,' sagte Lugaid. Cuchulainn schleuderte einen Stein, der sie von den Rippen bis in den Bauch durchbohrte. Unmittelbar darauf fanden jene sich in menschlicher Gestalt am Strand wieder. 'Du warst böse zu mir,' sprach das Mädchen, 'denn deinetwegen bin ich gekommen.' 'Das ist wahr,' erwiderte Cuchulainn und saugte so stark an der Seite des Mädchens, daß er den Stein mit dem Blutklumpen um ihn herum in den Mund bekam. 'Ich bin gekommen, um mit dir zu sein,' sprach sie da. 'Nein, oh Mädchen, mit der Seite, die ich ausgesaugt habe,' antwortete er, 'werde ich mich nicht vereinen.' 'Gib mich also, wem du willst.' 'So will ich, daß du dem edelsten Mann Irlands zukommst, und zwar Lugaid mit den roten Streifen.' 'Gut,' erwiderte jene, 'unter der Bedingung, daß ich dich immer sehen werde.' Da ging sie also zu Lugaid und schenkte ihm Kinder."[49]

Die Reihe dieser Vögel der Anderen Welt, die von den Menschen im Wachzustand und nicht im Traum oder im natürlichen oder bewußt hervorgerufenen Schlaf gesehen werden, könnte mit der kurzen Stelle der walisischen Geschichte der Vögel Rhiannons abgeschlossen werden, die eine etwas verworrene Erinnerung an einen urkeltischen Stoff darstellt.

"Sie gingen nach Harddlech, richteten sich dort ein, versorgten sich mit genügend Speis und Trank und fingen an zu essen und zu trinken. Drei Vögel kamen und sangen ihnen einen Gesang, gegen den alle anderen verblaßten. Für sie waren diese Vögel eine ferne Vision oberhalb der Wellenkämme da draußen, doch erschienen sie ihnen so klar, als ob sie neben ihnen gestanden hätten. Sie verbrachten sieben Jahre bei diesem Mahl."[50]

Sogar in der etwas abgemagerten Mythologie des walisischen Textes ist die Hauptaufgabe der Vögel der Anderen Welt, mit süßer Musik einzuschläfern und alles Leid aber auch das Zeitgefühl verschwinden zu lassen. Ist jedoch die Schwanengestalt die Folge einer böswilligen Verwandlung, bei der ein Mensch einem heimtückischen Zauber zum Opfer fiel, ist dieser Zauber nicht mehr aufzuheben. So kennen wir das tragische Los der Kinder Lirs. Aoife, die Gattin Lirs ist eifersüchtig auf die vier Kinder der ersten Gattin des Königs, ihrer eigenen Schwester Aobh:

"So verließ Aoife den Sid Fionnchaidh und sprach zu ihren Leuten: 'Tötet die vier Kinder Lirs, für die der Vater die Liebe für mich aufgab, und ich werde euch als Belohnung alles Gute dieser Welt geben.' 'Nein,' antworteten diese, 'wir werden sie nicht töten, denn dein Vorhaben ist eine böse Tat, und du hast schlecht daran getan, es überhaupt auszusprechen.'

Da sie es also nicht tun wollten, nahm sie selbst ein Schwert zur Hand, um die Kinder Lirs zu töten und zu vernichten. Doch hielten ihre weibliche Natur, ihre natürliche Furcht und die Schwäche ihres Entschlusses sie davon ab. So zogen jene in die Ebene des Loch Dairbreach, wo man ihre Pferd anhielt. Sie forderte die Kinder Lirs auf, sich zu baden und im See zu schwimmen. Sie taten also, wie Aoife ihnen geheißen hatte. Als Aoife sie aber im See sah, schlug sie sie mit einem druidischen Zauberstab und verzauberte sie in vier schöne, völlig weiße Schwäne.

Alle vier Kinder Lirs, wandten der jungen Frau also ihre Gesichter zu. Fionnghuala sprach zu ihr und sagte folgendes: 'Böse ist die Tat, die du verrichtet hast, oh Aoife, und du hast diese Tat der schlechten Freundschaft außerdem grundlos begangen. Sie wird mit Sicherheit gerächt werden, denn deine Macht, uns zu zerstören ist nicht größer als das Druidentum unserer Freunde, die uns bei dir rächen werden. Setze also eine Frist und beende die Not, die du uns bereitet hast.'

'Gut, ich will es tun,' erwiderte Aoife, 'auch wenn das, worum ihr mich bittet schlimmer für euch sein wird: Ihr werdet diese Gestalt beibehalten, bis die Frau des Südens sich mit dem Mann des Nordens vereint, d.h. Lairgnen, der Sohn Colmans, Sohn Cobhthachs, Sohn des Königs von Connaught, und Deoch, die Tochter Finghins, Sohn Aodhs des Schönen, dem König von Munster. Kein Freund und keine eurer Mächte kann euch dieser Gestalt entledigen außer ihr sucht euer ganzes Leben lang und verbringt dreihundert Jahre auf dem Loch Dairbhreach, dreihundert Jahre auf dem Sruth na Maoile zwischen Irland und Schottland und dreihundert Jahre auf dem Iorrus Domnainn und der Insel von Gluaire Breanann. Denn das werden nun eure Abenteuer sein.'

Da hatte Aoife Bedenken und sprach: 'Da ich euch von nun ab keinerlei Hilfe mehr beisteuern kann, soll eure Stimme erhalten bleiben. Ihr werdet Klagelieder des *sid* singen, bei der die Menschen einschlafen werden und keine andere Musik auf der ganzen Welt wird der euren gleichkommen. Ihr werdet euren Verstand und eure Würde behalten. So werdet ihr nicht traurig sein über euer Leben als Vögel."[51]

Indem sie sie also in Schwäne verwandelt, verzaubert die Stiefmutter die vier Kinder also in diesen höheren Urzustand, der auch der ist, durch den jene aus ihrer

Welt in die irdische gelangten. Sie läßt sie also zugleich aus der natürlichen Entwicklung und aus ihrer Kindheit aussteigen (die vier Schwäne sind erwachsen) und die menschliche Zeit für einen vollständigen "Zyklus" von neunhundert Jahren verlassen. Während dieses Zeitraums wurde Irland christianisiert: als sie zu ihrem Vater heimkehren, finden sie nur noch Ruinen vor und fliehen, immer noch als Schwäne auf eine Insel zu einem der Schüler Patricks, dem Heiligen Mochaomhog:

"Er brachte sie zu sich nach Hause. Sie folgten den Stunden und besuchten die Messe mit dem Pfarrer. Mochaomhog hatte einen guten Handwerker und ließ ihnen weiße glänzende Silberkettchen anfertigen. Er verband mit dem einen Aodh und Fionnghuala und mit dem anderen Conn und Fiachna. Keine Gefahr und keine Müdigkeit, die die Vögel bis dahin durchzustehen gehabt hatten, konnte ihnen in dieser Form mehr etwas anhaben.

Zu dieser Zeit hieß der König von Connaught Lairgnen, Sohn Colmans, Sohn Cobhthachs, und Deoch, die Tochter Finghins, Sohn Aodh Alainns war seine Frau. Jene hörte vom Abenteuer der Schwäne und wurde von Liebe und Gefühl für sie erfüllt. Sie ersuchte Lairgnen, ihr die Vögel zu bringen. Lairgnen jedoch antwortete ihr, daß er sie nicht von Mochaomhog erbitten wollte. Da schwor Deoch, daß sie keine Nacht mehr mit Lairgnen verbringen wollte, wenn er ihr nicht die Vögel brächte, und verließ die Stadt. Lairgnen schickte ihr Boten hinterher, doch holten jene sie erst bei Cill Dalua ein. Sie kam also wieder zurück in die Stadt. Nun schickte Lairgnen Boten ab, die Mochaomhog um die Vögel bitten sollten, doch bekam er sie nicht.

Lairgnen geriet darüber sehr in Zorn. Er begab sich an den Ort, an dem sich Mochaomhog aufhielt und fragte ihn, ob er tatsächlich abgelehnt habe, ihm die Vögel zu geben. 'Das ist tatsächlich wahr,' erwiderte Mochaomhog. Da erhob sich Lairgnen, packte die Vögel und brachte sie zum Altar, zwei Vögel in jeder Hand. Nun wollte er dorthin, wo sich Deoch aufhielt, und Mochaomhog kam hinter ihm her. Doch als er den Vögeln nachlief, verloren sie ihr Federkleid. Die Jungen wurden zu drei vertrockneten und knochigen Greisen und das Mädchen zu einer alten, nackten Frau ohne Fleisch und Blut.

Da sprang Lairgnen zurück und verließ die Stätte.

Fionnghuala sagte nun: 'Komm uns taufen, oh Pfarrer, denn unser Tod ist nah. Und es ist sicher, daß es für dich nicht schlechter ist, dich von uns trennen, als für uns die Trennung von dir sein wird. Mache dann unsere Grabstätten: Lege Conn zu meiner Rechten, Fiachna zu meiner Linken und Aodh vor mein Antlitz.'

Nach diesem Gesang wurden die Kinder Lirs getauft, sie starben und wurden beerdigt. Man legte Fiachna und Conn zu beiden Seiten und Aodh an seinen Kopf, so wie es Fionnghuala aufgetragen hatte. Man errichtete einen Stein auf ihrem

Grab, schrieb ihre Namen in Ogham darauf und veranstaltete ihre Trauerspiele. Ihre Seelen gelangten in den Himmel."[52]

Dieses eigenartige Abenteuer endet also in der Manier der Heiligenlegenden: Taufe und Paradies sind nach der Ankunft Patricks immer das Ende der christianisierten Götter und Sagengestalten. Doch vollzieht sich das in Kompromissen, wie die Idee des Heiligen, einen Handwerker damit zu beauftragen, die Schwäne durch zwei Silberkettchen paarweise zu verbinden. Und die teuren Verstorben haben überdies Recht auf Trauerspiele!

Es kommt auch vor, daß ein Gott die Vogelgestalt annimmt, um eine Königin lieben zu kommen und ihr einen Sohn zu machen:

"Als sie dort war, sah sie einen Vogel durch die Dachöffnung auf sich zukommen. Er ließ sein Federkleid mitten im Haus. Er begab sich zu ihr und besaß sie, indem er sagte: 'Sie kommen vom König geschickt zu dir, um dein Haus zu zerstören und dich zu zwingen, mit ihnen zu gehen. Du wirst schwanger werden von mir und einen Sohn gebären. Dieser Sohn wird keinen Vogel töten und er wird Conaire, Sohn des Mess Buachalla heißen. [...]"[53]

Das war schließlich auch der Grund, weshalb zu den *geasa* des großen Königs Conaire das Verbot gehörte, keine Vögel zu töten. Als dies dennoch geschieht, ist das ein Zeichen seines nahen Todes.[54]

2. Die göttliche Musik

Die Musik ist eine der irdischen Sichtbarwerdungen der Anderen Welt. Alle Vögel singen eine Göttliche Melodie, und wenn sich die Leute des *sid* in menschlicher Gestalt zeigen, so sind auch sie Meister dieser schwierigen Kunst. Die wunderbare Kreatur, die den Schlaf des jungen Oengus, des Bruders des Königs von Irland stört, spielt das *Tympan*, ein undefinierbares Saiteninstrument, welches dem Hackbrett, der Drehleiher oder der Zitter ähnelte.

"Eine weitere Nacht verbrachte Oengus ohne Schlaf. Da sah er etwas: ein junges Mädchen kam an seine Bettkante. Es war das schönste Mädchen ganz Irlands. Oengus wollte gerade aufstehen und sie an den Händen in sein Bett führen, als er noch etwas bemerkte: Sie machte einen großen Satz, weit weg von ihm und niemand wußte, wohin sie verschwunden war. Bis in der Früh war er da, doch hatte er keinen gesunden Geist. Die Gestalt, die er gesehen hatte, ohne mit ihr sprechen zu können, machte ihn krank. Die Speisen wollten nicht mehr in seinen Mund. Eine Nacht noch verbrachte er hier, und er sah einen *timpan* in ihrer Hand, der schöner war, als alle anderen. Sie machte ihm Musik und er schlief ein. Er verweilte so bis am nächsten Morgen und nahm am nächsten Tage keine Mahlzeit zu sich."[55]

Als es Oengus schließlich gelingt, dieses geheimnisvolle Mädchen zu ehelichen, dessen Vater ein König des *sid* war,

"begab er sich zu ihr. Er streckte die Arme nach ihr aus. Sie schliefen in der Gestalt zweier Schwäne und umkreisten drei Mal den See. Nichts war und würde da sein, was ihnen die Ehre rauben könnte. In der Form zweier weißer Vögel brachen sie auch zum *Brug* des Mac Oc auf. Sie sangen beide Musik und tauchten die Menschen drei Tage und drei Nächte lang in tiefen Schlaf. Dann blieb das Mädchen bei ihm."[56]

Mehr noch aber als aller Schwanengesang wird die göttliche Musik schlechthin von der Harfe gespielt, und auch der Gottdruide Dagda besitzt eine. Hier die Umstände der *Zweiten Schlacht von Mag Tured*, unter denen er sie sich von den Fomoire wieder zurückholt, die sie ihm geraubt hatten.

"Lug, der Dagda und Ogme verfolgten jedoch die Fomoire, die den Harfenisten des Dagda namens Uaitne entführt hatten. Sie gelangten zum Haus des Festmahls, in dem sich Bres, der Sohn Elathas, Sohn Delbaeths befand. Da hing auch die Harfe an der Wand. In dieser Harfe hatte der Dagda nämlich alle Melodien gebunden, und sie klangen nur dann wieder, wenn der Dagda sie namentlich aufrief, indem er sagte:

"Auf daß Daurblada komme,
auf daß Coir-Cethar-Chuir komme,
Münder der Harfen, und Säcke und Dudelsäcke."

Denn diese Harfe besaß zwei Namen: Dur-Dabla und Coir-Cethar-Chuir.

Die Harfe kam von der Mauer herab, tötete neun Männer und kam zum Dagda. Er spielte daraufhin drei Melodien für sie, damit sie die Harfenspieler erkannten: Den Refrain des Schlafs, den Refrain des Lächelns und den Refrain der Klage. Er spielte die Weise der Klage und die weinerlichen Frauen weinten. Er spielte ihnen die Weise des Lächelns und die Frauen und ihre kleinen Buben lachten. Er spielte ihnen die Weise des Schlafs und die Armee schlief ein. Durch diesen Schlaf konnten sie alle drei sicher und heil den Fomoire entkommen, obwohl jene sie hatten töten wollen."[57]

Der Dagda hatte übrigens einen berühmten Vorgänger in der Person Lugs, der in derselben Erzählung der *Zweiten Schlacht von Mag Tured* bei seiner Ankunft in Tara drei Proben unterzogen wird: Die erste ist die Schachpartie, in der Lug alle Spiele gegen König Nuada gewinnt; die zweite besteht darin, in der Mitte des Palastes einen riesigen Stein (den Stein von Fal) wieder aufzurichten, den Ogme einst hinausgeworfen hatte; die dritte ist musikalischer Natur:

"Man soll uns die Harfe spielen,' sagten die Truppen. Da spielte der junge Krieger in der ersten Nacht die Weise des Schlafs für die Truppen und den König.

So versetzte er sie von jener Stunde bis zur selben des nächsten Tages in Schlaf. Dann spielte er die Weise des Lächelns und alle waren froh und lustig. Er spielte die Weise der Traurigkeit, so daß sie alle weinten und klagten."[58]

Die Musik ist zugleich Unterhaltung, Magie und Therapie. Die musikalische Vollendung untersteht der Anderen Welt und ist folglich, von einem technischen und irdischen Gesichtspunkt aus gesehen, eine Kunst, die in Irland in den Bereich der Wissenschaft der *Filid*, in Wales in den der Barden fällt. In beiden Ländern blieb die Harfe im Gegensatz zum Kriegs- und Volksunterhaltungsinstrument Dudelsack, der offiziellen Hofdichtung vorbehalten. Denn in Irland konnte man, wie bei allen anderen Kelten auch, durch das Beherrschen einer Kunst zum Rang der Götter erhoben werden.[59] Jeder König oder regierende Fürst hatte also seinen eigenen Harfenisten, wie er einen Geschichtsdruiden, einen Stammbaumforscher, Erzähler, Richter oder Arzt hatte:

"Oder aber der Harfenspieler Craiftine spielte auf einer Harfe ohne den Klang der drei Musikgattungen: Sie heißen Refrain des Schlafs, Refrain der Traurigkeit und Refrain des Lächelns. Craiftine war nun der Harfenist Moriaths, der Tochter Scoriaths, dem König der Fir Morca, die im Süden Irlands im Munster leben."

Diese Prinzessin läßt ihren Harfenspieler vor einem jungen, stummen König, den sie liebt, spielen. Der Harfenist ist jedoch auch ein Botschafter mit heiklen diplomatischen Aufträgen und er ist meist mit Erfolg gekrönt, denn auch hier heilt er den König von seiner Behinderung:

"So begab sich der Harfenspieler zu Maen und spielte in dessen Anwesenheit auf der Harfe. Auf dieser Harfe erzählte er die Neuigkeiten vom Mädchen. Der junge Mann war glücklich über dieses Harfenspiel und die Neuigkeiten, die er da hörte. Da sprach er plötzlich: 'Du machst schöne Musik, oh Craiftine,' und glücklich war der König, so seine Sprache wiedererlangt zu haben. Er [der Harfenist] bat den König um ein Heer, um nach Irland zu ziehen, und der König gab ihm eine Armee, das heißt die Besatzung von dreihundert Schiffen. Sie landeten an der Mündung der Boyne [...]."[60]

Der heilenden oder vor Sehnsucht krank machenden Musik, die ein Leben in Freude oder einen Tod in unsagbarer Traurigkeit bedingt, gelingt es, die Zeit auszusetzen. Im *Mabinogi von Branwen* trägt der durch einen vergifteten Pfeil zu Tode am Fuß verletzte Bendigeit Vran demjenigen seiner Gefährten, der die große und mörderische Schlacht überlebte, auf, ihm den Kopf abzutrennen:

"Nehmt meinen Kopf,' sprach er, 'und bringt ihn Gwynvryn nach London, begrabt ihn mit dem Gesicht nach Frankreich weisend. Ihr werdet lange unterwegs sein. In Harddlech werdet ihr sieben Jahre lang beim Abendessen bleiben, und die Vögel Rhiannons werden für euch singen. Der Kopf wird euch ebensogut Gesellschaft leisten wie zur Zeit, als er noch auf meinem Körper saß. In Gwales, in Penvro werdet ihr achtzig Jahre lang bleiben, bis zum Tag, an dem ihr die Tür öffnet, die auf den Aber Henvelen in Cornwall weist. Ihr könnt dort bleiben, doch wenn ihr die Tür geöffnet habt, müßt ihr wieder fort."

Und so trägt es sich auch zu. Nach einem siebenjährigen Abendmahl in Harddlech, bei dem die Vögel Rhiannons singen, die die Lebenden einschläfern und die Toten erwecken, gelangen sie an den verheißenen Ort in Gwales.

"Sie gelangten an einen angenehmen und königlichen Ort am Meer. Da gab es einen großen Saal, in dem sie sich einrichteten. Zwei Türen standen offen, doch war die dritte, die, die nach Cornwall wies, verschlossen. 'Vor euch,' sagte Manawyddan, 'seht ihr das Tor, welches wir nicht öffnen dürfen.' Diese Nacht verbrachten sie im Überfluß und im Frohsinn. Sie entsannen sich keines Leids mehr, das sie gesehen oder selbst erlebt hatten, und erinnerten sich an nichts mehr, weder daran noch an irgendeinen anderen Schmerz der Welt. Sie verbrachten achtzig Jahre hier und hatten das Gefühl, nie einen angenehmeren und freudigeren Augenblick verbracht zu haben als diesen. Sie waren nie müde und bemerkten keinen, der seid ihrer Ankunft gealtert wäre."[61]

3. Die Zeit und die Ewigkeit

Es ist ebenso außergewöhnlich als bemerkenswert, daß der Aufhebung bzw. Verdichtung der Zeit in der so oft abgewerteten und unschmackhaft gemachten, walisischen Literatur ein so großer Stellenwert zukommt. Das führt uns abermals zum irischen Dagda, dem Gott-Druiden, Herrn der Zeit und des Wetters und vor allem auch Gott der Ewigkeit. Das erklärt bereits der erste Absatz der ersten Fassung des Etainzyklus'.

"Es gab in Irland einmal einen berühmten König aus dem Geschlecht der Tuatha Dé Danann, der den Namen Eochaid Ollathir trug. Man nannte ihn aber auch den Dagda, denn er war es, der Wunder für sie vollbrachte und die Stürme und Ernten maß. Deshalb wurde er also der Dagda genannt. Bei Elcmar vom Brug gab es eine Frau. Sie hieß Ethne und ihr Beiname lautete Boand. Der Dagda wünschte ihre fleischliche Freundschaft. Die Frau hätte wohl nachgegeben, hätte sie sich nicht vor Elcmar gefürchtet, so groß war seine Macht. Der Dagda schickte Elcmar also auf eine weite Reise zu Bres, dem Sohn Elathas nach Mag Inis. Der Dagda schickte Elcmar große Zauberei nach, als er sich entfernte, damit er nicht zu früh zurückkehre. Er beschützte ihn vor der Dunkelheit und bewahrte ihn vor Hunger und Durst. Er erlegte ihm jedoch lange Irrfahrten auf, so daß ihm neun Monate wie ein Tag erschienen. Denn er hatte gesagt, daß er zwischen Tag und Nacht wieder heimkehren würde. In der Zwischenzeit ging der Dagda zur Frau Elcmars und sie schenkte ihm einen Knaben namens Oengus. Die Frau hatte sich von ihren Leiden erholt, als Elcmar heimkehrte. Er bemerkte nichts von dem Fehl, daß sie mit dem Dagda geschlafen hatte."[62]

Der Druide Mog Ruith verfügt über dieselbe Fähigkeit, die Zeit durch das Anhalten des Sonnenlaufs auszusetzen. Sicher geschieht das nicht im Ausmaß der Götter, doch gelingt es ihm trotzdem, aus zwei Tagen einen zu machen (siehe Kapitel III. 2. 6). Die Erklärung dafür liegt darin, daß die Götter und, allgemeiner gesprochen, alle Bewohner des *sid* der festen Zeit entkommen, da sie ewig und unsterblich sind: Für sie sind ein Tag und eine Nacht, ein Jahr, ein Jahrhundert oder eine noch längere Zeitspanne von gleicher Dauer. Das belegt auch der kurze Text, der von der Rechtslist des Oengus gegen den Dagda persönlich berichtet, der versäumt hatte, ihm einen eigenen Wohnsitz zu schenken:

"Einst herrschte ein berühmter König über die Tuatha Dé Danann in Irland. Er hieß der Dagda oder auch Dagan. Seine Macht war groß, auch wenn er nach der Eroberung des Landes den Söhnen Mils angehörte, da die Tuatha Dé Danann den Weizen und die Milch so lange verdarben, bis sie einen Freundschaftspakt mit dem Dagda schlossen. So rettete er ihnen den Weizen und die Milch.

Doch war seine Macht groß. Er war zu allem Anbeginn der König und er war es auch, der die *side* unter den Männern der Tuatha Dé Danann aufteilte, d.h. Lug, dem Sohn Ethlenns gab er den Sid Rodruban, Ogma den Sid Anceltrai und sich selbst gab der Dagda den Sid Leithet Lachtmaige, Oi Asid, Cnoc Baine und Bru Ruair. Man sagt, daß er von allem Anfang auch über den Sid in Broga verfügte.

Mac Oc suchte den Dagda auf, um ihn um ein Stück Erde zu fragen, so wie jener es allen anderen hatte zuteil werden lassen. Er war der Adoptivsohn von Midir von Bri Leith und Nindid dem Wahrsager. 'Ich habe nichts mehr für dich,' sprach der Dagda, 'die Aufteilung ist abgeschlossen.'

'Dann soll es mir gewährt werden, einen Tag und eine Nacht über deine Residenz zu verfügen.' Das wurde gewährt. 'Nun begib dich zum nächsten Wohnsitz, 'sagte der Dagda, 'denn deine Zeit hier ist vorüber.' 'Es ist klar,' antwortete er [Mac Oc], 'daß die Dauer der ganzen Welt eine Nacht und einen Tag beträgt, und das ist es, was mir gewährt worden war.' So ging der Dagda und Mac Oc blieb im *sid*."[63]

In der Fassung I des Etainzyklus', sowie in der christianisierten Version, die den Namen *Speise im Haus der zwei Kelche* trägt, ist der Handlungsablauf etwas anders: Der Dagda rät zunächst seinem Sohn Oengus, Elcmar am Samainstag, an dem man normalerweise keine Waffen zu tragen hat, anzugreifen und ihn sei es mittels von Waffen oder mittels der Zauberei von seinem Grund zu verjagen. Doch wurde die Thematik der Rechtslist beibehalten: "ein Tag und eine Nacht", d.h. nach der irischen Terminologie vierundzwanzig Stunden, sind das ebenbürtige Symbol der Ewigkeit.

4. Der raum des *sid*

Da sie der Zeit entkommen, gelten auch die Zwänge des Raums und der Materie nicht für die Bewohner des *sid.* So kommt auch der Gott Midir ungesehen zu Etain der Königin und Gattin Eochaids, als er sie trotz aller Mauern, Hindernisse und verriegelter Tore raubt.

"Midir kam einen Monat später zu seiner Verabredung. Eochaid vereinte die Elite der Krieger Irlands in Tara, sowie auch die besten irischen Kriegstruppen sich einander umgaben und Tara in ihrer Mitte von außen und von innen beschützten, wobei sich König und Königin innerhalb des Hauses hinter verriegelten Höfen befanden. Denn sie wußten, daß der Mann mit großen Zauberkräften kommen würde. Diese Nacht war Etain auf der Versammlung gewesen und bediente die Herren, denn das war ihre Rolle bei der Versammlung.

Sie sprachen gerade miteinander, als sie Midir mitten im Haus auf sich zukommen sahen. Er war immer noch schön, doch diese Nacht war er noch schöner. Die Truppen waren erstaunt, als sie ihn kommen sahen, und der König hieß ihn willkommen [...]."[64]

Als König Eochaid sich in der Folge zwar weigert, Étain auszuliefern, doch akzeptiert, daß Midir sie umarmt, tut der Gott dies ganz rechtmäßig. Anschließend jedoch verläßt er das Haus jedoch durch das Rauchloch im Dach und nimmt Étain trotzdem mit.

"Ich werde dich nicht hergeben,' sprach Eochaid [zu Étain], 'doch darf er seine beiden Arme hier in der Mitte des Hauses so um dich schlingen, wie du da bist.' 'So soll es sein,' sprach Midir. Er nahm seine Waffen in die linke Hand und die Frau unter seinen rechten Arm und führte sie durch die Öffnung im Dach. Da erhoben sich die Truppen voller Schande um den König. Sie sahen zwei Schwäne um Tara kreisen. Sie flogen in Richtung des Sid ar Femuin."[65]

Ein anderes Mal verirren sich die Ulaten auf der Vogeljagd, natürlich am Samainstag im Schnee und suchen Unterschlupf in einem kleinen Haus. Doch haben sie alle mitsamt ihren Pferden und sogar ihren Wägen darin Platz:

"Conall und Bricriu gingen auf Ausschau und fanden ein neues Haus. Sie gingen hinein und fanden ein Paar vor. Er [der Hausherr] hieß sie willkommen und sie gingen wieder hinaus mit ihren Männern. Bricriu meinte, es wäre nichts wert, ohne Decken und ohne Nahrung in ein Haus zu gehen. Es wäre ohnehin zu klein. Sie kehrten jedoch mit ihren Wägen zurück und hatten sich kaum im Haus niedergelassen, als sie plötzlich eine Tür vor sich bemerkten. Als es an der Zeit war, sie zu verköstigen, waren die Ulaten froh, betrunken und verbrachten eine angenehme Zeit."

Doch haben Freude und Trunkenheit auch ihre Kehrseiten:

"Der Mann sagte den Ulaten, daß seine Frau in der Küche in den Wehen lag. Deichtine begab sich zu ihr. Sie gebar einen Sohn. Vor der Haustür stand eine Stute, die zwei Fohlen warf. Die Ulaten nahmen das Kind zu sich, und der Mann gab dem Kind die Fohlen als Spielzeug. Deichtine hob das Kind auf. Am nächsten Morgen sahen sie etwas im Osten des Landes: Sie hatten nun kein Haus und keine Vögel mehr, sondern nur ihre Pferden und das Kind mit den Fohlen."[66]

Dieses unscheinliche allen unbekannte Haus ist in Wirklichkeit ein Palast der Anderen Welt, voller Getränke und Lebensmittel, wie sie für ein Samainsfest vonnöten sind. In Wirklichkeit findet jenes jedoch gar nicht statt, und die Ulaten stoßen lediglich auf das Haus, weil sie sich verirrt und vorübergehend Raum und Zeit der Menschen verlassen haben. Als das Fest vorüber und die Trunkenheit in der Nacht abgeklungen ist, verschwindet das Haus, während sich die Ulaten mit einem Neugeborenen und zwei Fohlen zur Erinnerung wiederfinden und ihren Weg fortsetzen. In dieser Hinsicht ist es nebensächlich, daß sich der Schreiber, der die sehr archaische Geschichte nur mehr schwer nachvollziehen konnte, sich eines fehlerhaften Stils bedient.[67] Es ist wohl kaum nötig, darauf hinzuweisen, daß die Reisen der Menschen in die Andere Welt immer nur von kurzer Dauer sind, da die Zeit ausgesetzt ist.

Der Glaube an die Unsterblichkeit der Seele, verstärkt durch das Vorhandensein der Anderen Welt, rechtfertigt auch die Anrufung des Fergus, als er in militärischer Kleidung die gesamte *Tain Bo Cualnge* aufsagt. Sie rechtfertigt zuletzt natürlich auch die Bestattung der Verstorbenen mit ihren Waffen, manchmal sogar mit ihrem Vieh und ihren Bediensteten.[68] In ihrer Form wie auch in ihrer Ausdrucksweise unterscheidet sich dieser Glaube allerdings stark von dem des Christentums.

5. Die Vollendung des *sid*

Bei allen Fällen außergewöhnlicher Helden oder Krieger oder zumindest bemerkenswerter Persönlichkeiten verschweigt uns Irland ebenso wie Gallien das Los der gemeineren Seelen, jener Sterblichen ohne militärische Auszeichnungen oder königliche bzw. priesterliche Würden. Der *sid* wird vielmehr als einzigartige, perfekte und parteilose Welt verstanden und beschrieben. In keinem Text finden wir Hinweise auf eine Spaltung in Himmel und Hölle, in die die Seelen nach einem posthumen Los aufgeteilt werden, welches durch die Verdienste oder Fehler ihrer irdischen Existenz bestimmt würde. Der Begriff der Sünde mit all seinen Begleiterscheinungen wie Belohnung und Strafe, Vergebung und Sühne, Paradies und Hölle ist völlig unbekannt. Die Dämonen der vorchristlichen Zeit, mit anderen Worten die Fomoire, erscheinen nie - außer durch nachträgliche Verwirrungen - im *sid*, in dem jede Häßlichkeit ausgeschlossen ist. Hier gibt es nur Vergnügen, Freude und Jugend ohne auch nur den geringsten Schatten der Einschränkung. Auch ein Fegefeuer gibt es nicht: Die verzeihliche Sünde existiert ebenso wenig wie Unfrömmigkeit oder Verbrechen. So kümmern die Einwohner des *sid* sich auch nicht um die Fürsprache von Heiligen, so wie sie auch keinen Teufel kennen. Was das Gericht des jüngsten Tages betrifft, so verfügen wir lediglich in einer Heiligenlegende über eine ziemlich dünne Spur. Hier also die weder feinsinnigen noch theologischen Argumente eines irischen Königs, der sich weigert, sich zum Christentum bekehren zu lassen:

"Mein Vater Nial gestattete mir diesen Glauben nicht, und ich will wie die Krieger in Kriegsausstattung auf den Anhöhen Taras bestattet werden, denn die Heiden haben den Brauch, bewaffnet in ihren Gräbern zu liegen und ihre Waffen und ihr Antlitz dem Feind zuzuwenden, bis zum Tag *erdathe*, der für die *magi* [d.h. die Druiden] den Tag des Gerichts des Herrn darstellt."[69]

Die vorchristliche Vorstellung, die im Wort *erdathe* zum Ausdruck gelangt, kann aus diesem Zusammenhang unmöglich näher bestimmt werden, da wir es mit einem Verweis auf eine Epoche zu tun haben, die vor dem christlichen Begriff des letzten Gerichts anzusetzen wäre.[70] Wir verfügen jedoch über keine wirklichen Belege eines göttlichen "Gerichts" in den keltischen Glaubensrichtungen. Im Hinblick auf die Heiligenlegenden sollten wir uns also nur auf die Informationen bezüglich der Beerdigung stützen, die einen eindeutigen Beweis für den Glauben an ein Überleben in der Anderen Welt darstellt:

"Man trug also den Leichnam Loegaires aus der Festung Tara hinaus und beerdigte ihn im Süden mitsamt seiner Rüstung, das Gesicht gegen Leinster gewandt, so als ob er dessen Einwohner bekämpfte, deren Feind er Zeit seines Lebens gewesen war. Damals befand sich auch der Festsaal des obersten Königs in der Festung Loegaires, weshalb er auch dort beerdigt werden wollte."[71]

Diese hier angeführten Punkte sind Einzelzeugnisse, die als solche keine vollständige Studie zu ersetzen vermögen. Wir wissen heute nicht mehr, wie sie sich in die allgemeinen Lehre integrierten, wie sie in diesem Zusammenhang zum Ausdruck kamen und welcher Stellenwert ihnen im Bezug zum gesamten Weltbild zukam. Die Verbindung, die aus ihrer bloßen Gegenüberstellung bereits ersichtlich wird, läßt in ihrer fragmentaren Natur bereits einige Schlüsse zu. Die Druiden hatten, wie die Priester anderer Religionen auch, eine sehr genaue Vorstellung vom Gefüge der Anderen Welt und von den Unterschieden, die zwischen jener und der irdischen Welt bestanden. Ihnen war dadurch ein Mittel gegeben, die Unannehmlichkeiten, die die zwischenmenschlichen Beziehungen hervorrufen konnten, zu lindern.

IV. Die Orientierung

In Irland bezeichnet *ichtar* zugleich "unten" als auch "nördlich", während *tuas* für "oben" und "südlich" steht. So kam dem Wort *tuath* ("Kanton, Volk") durch seine semantische Bindung an die nordischen Ursprünge der *Tuatha Dé Danann* zugleich die Bedeutung "Norden" und "links" zu, welche später zu "bösartig, magisch" wurde und das eigentliche Wort für links *(clé)* ersetzte. Im Bretonischen gibt es im Dialekt der Insel von Sein noch Spuren dieser Richtungsbezeichnungen: *ar mor dehou* ("das rechte Meer") bezeichnet das südliche Meer, während *ar mor kleiz* ("das linke Meer") das nördliche Meer betrifft. Dasselbe gilt für das walisische *dehau* ("rechts") und *gogledd* ("links, nördlich").[72] Im Kornischen ist *an barth cleth* ("die linke Seite") ein Synonym für *an barth north* ("die nördliche Seite"). In jener Sprache, die uns wie das Bretonische keine mythologischen Texte hinterlassen hat, gibt es wenigstens noch eine klare Anspielung auf ein Orientierungssystem, welches nichts mit den klassischen Modellen zu tun hat. Es handelt sich dabei um eine Stelle der *Beunas Meriasek* ("Lebensbeschreibung des [Heiligen] Meriadec") einem Text des XVI. Jahrhunderts, in dem ein Scharfrichter vom Teufel spricht:

Nov lemen duen ygyn forth
agen tassens an barth north
re roys thynny
purguir y venedycconnha pyle bohosogyon
y commondias thyn dfry

"Nun setzen wir unseren Weg fort;
unser heiliger Vater des Nordens
gab uns durch seinen Segen
das Recht, die Armen auszuplündern.
Er trug es uns eigens auf."[73]

Wendet sich ein Betrachter der aufgehenden Sonne zu, so liegt der Süden zu seiner Rechten, der Norden zu seiner Linken und der Westen befindet sich in seinem Rücken. Die Sonne, deren Bahn vom Osten nach Westen läuft, bleibt den ganzen Tag über im Süden. Dies ist daher auch die helle Seite der Welt, die den Lebenden vorbehalten ist und kein Geheimnis darstellt. In der Nacht ist die Sonne im Norden, auf der Seite, die den Lebenden verborgen ist, auf der Seite der Toten, der Sagengestalten, der Götter, der Helden und des *sid*. Die Eigenheit der religiösen Ausrichtung der Kelten läßt sich also in der leicht erkennbaren Trennlinie zusammenfassen, den die Himmelsrichtungen zwischen der Welt der Toten und der der Lebenden ziehen. Doch bezeichnet das irische Vokabular auch den Westen und den Osten eindeutig, indem es natürlich die traditionelle Orientierung bestätigt: *t-air* ("Osten") ist etymologisch gesehen "vorne", während *t-iar* ("Westen") "hinten" liegt.[74]

1. Die Rechtsdrehung

Bei der Fortbewegung ist es daher wünschenswert, die Richtung des Sonnenlaufs zu berücksichtigen. In der verborgenen Seite der Welt also von links nach rechts, in der hellen Hälfte von rechts nach links, was dem lateinischen Gegensatzpaar *dexter/sinister* entspricht. So dreht der Kutscher der Königin Medb ihren Wagen nach rechts als er die sich anhäufenden, bösen Vorzeichen bannen will (Vgl. Kapitel III. 5. 1). Es ist dies der *deisil* (*des* - "rechts"), der einen langen irischen Brauch zur Folge hatte, nach dem bei einer Beerdigung ein- oder dreimal der Friedhof in Richtung des Sonnenlaufs umkreist wurde,[75] ein Zug des christianisierten Volkstums, der über den Bereich unserer Studie hinausgeht.

Dieselbe *dextratio*, die dieses Mal von einem Wahrsager begangen wird, schließt für Senchan Torpeist ein glückliches Abenteuer ab. Er muß mit einer häßlichen, mit Lumpen bedeckten Leprakranken in dasselbe Boot steigen. Doch wird sie plötzlich zu einem schönen, jungen Mann:

"Als sie in Irland ankamen, sahen sie diesen schönen, jungen und königlichen Mann, mit sehr langem Auge im Kopf [tiefem Blick?] wieder, dessen blondes Haar wie Gold und dessen Kleidung und Aussehen schöner waren als die eines Sterblichen. Dann drehte er eine Runde nach rechts um Senchan und seine Begleitung. Dann tauchte er nie mehr wieder auf. Es kann also kein Zweifel daran bestehen, daß es sich dabei um den Geist der Dichtung handelte."[76]

Die beiden letzten Sätze sind in lateinisch verfaßt, was jedoch ihren keltischen Ursprung nicht in Abrede stellt. Im Gegensatz zu diesem guten Geist zeigt Cuchulainn (in seinem fünften Lebensjahr!) auf seiner Rückkehr von seinem ersten Feldzug an der Grenze Ulsters nach Emain Macha, die linke Seite seines Streitwagens und alle bekommen es mit der Angst zu tun:

"Sie [Cuchulainn und sein Kutscher] kamen nach Emain Macha. 'Ein Mann kommt im Streitwagen auf uns zu,' rief ein Späher in Emain Macha, 'und er wird das Blut aller Männer vergießen, die sich im Hofe aufhalten, wenn sie sich nicht vorsehen und wenn ihm keine nackten Frauen entgegengehen.' Da wandte er Emain Macha die linke Seite seines Streitwagens zu, was verboten war. Und Cuchulainn sprach: 'Ich schwöre beim Schwur der Ulaten, daß ich das Blut aller in dieser Festung vergießen werde, wenn man mir keinen Mann zum Zweikampf schickt."[77]

Viel später gegen Ende seines Lebens begegnet dieses unheilverkündende Zeichen dem Helden selbst, dieses Mal jedoch gegen seinen Willen, als er darauf besteht, zu seiner letzten Schlacht aufzubrechen. Sein Lieblingspferd, der Graue von Macha, der über menschliche Intelligenz verfügt, will sich nicht anspannen lassen und dreht sich drei mal nach links:

"Dann hüllte er sich in seinen Mantel und nahm seinen mit Gold und Silber verzierten Schild an sich. Er sagte zu Loeg, dem Sohn Riangbairs: 'Bereite den Wagen vor, oh mein Vater Loeg.' 'Ich schwöre beim Gott, auf den mein Stamm schwört,' sprach Loeg, 'daß auch die gesamte Provinz Conchobars den Grauen von Macha nicht zum Wagen brächte, wenn sie um ihn stünde. Bis heute mußte ich dir nie so etwas sagen: und ich bin froh darüber, daß mir so etwas noch nie geschehen ist. Wenn du willst, dann sprich selber mit dem Grauen.' Cuchulainn ging auf ihn zu und das Pferd wandte ihm drei mal die linke Seite zu. Die Morrigu hatte in der vorigen Nacht den Wagen zerstört: Sie wollte nicht, daß Cuchulainn in die Schlacht zog, da sie wußte, daß er nie mehr nach Emain Macha zurückkehren würde. Cuchulainn sagte zum Grauen von Macha: 'Du wandtest mir sonst nie die linke Seite zu, oh Grauer."[78]

Um das Unglück abzuwenden, dreht der Kutscher Loeg den Streitwagen nach rechts, doch weiß er, daß seine Geste vergebens ist:

"Es wäre besser, Du verließest sie [die Frauen von Ulster] nicht,' sprach Loeg, 'da du bis heute noch nie die Kraft der Familie deiner Mutter in Unehre brachtest.' 'Leider,' sprach Cuchulainn, 'mußt du das bleiben lassen, oh Loeg, denn die Rolle des Kutschers ist es, die Tiere zu versorgen, der Krieger hat zu beschützen, der Held zu beraten, der Mann männlich zu sein und die Frau zu trauern. Ziehe vor mir in den Kampf. Das Mitleid ist zu nichts gut und wird dich nicht retten. Da begann der Wagen nach rechts zu drehen. Die Frauen fingen daher an zu klagen, indem sie weinten und die Hände zusammenschlugen. Sie wußten, daß er nicht mehr nach Emain Macha zurückkehren würde."[79]

In der langen Reihe der Zweikämpfe des *Raubzuges der Kühe Cooleys*, dreht ein Gegner Cuchulainns seinen Wagen als Zeichen der Herausforderung nach links:

"Der Kutscher drehte den Wagen neuerdings zur Furt. Sie zeigten der Versammlung an der Furt die linke Seite. 'Der letzte Wagenlenker, der vor kurzem hier war, oh Hund..., ' erkundigte sich Laeg, 'Was ist mit ihm?' fragte Cuchulainn. 'Er wendet uns die linke Wagenseite in Richtung der Furt zu.' 'Das ist Etarcumul, mein Junge, er will gegen mich kämpfen. Und das gefällt mir nicht allzusehr, denn er verließ das Lager unter dem Schutz meines Adoptivvaters."[80]

Als der Druide Aithirne mit bösen Absichten gegen das übrige Irland Ulster verläßt, so geht er von rechts nach links:

"Es gab in Irland bei den Ulaten einen harten und mitleidslosen Mann, namens Aithirne, der Anspruchsvolle. Er war ein Mann, der das einzige Auge eines Einäugigen und die Dienste einer Frau im Kindbett forderte. Man nannte ihn so, da er auf den Rat Conchobars hin eine Rundreise gemacht hatte. Er zog zuerst auf die linke Seite Irlands, und drehte eine Runde in Connaught. Dann ging er zum König der Mitte Irlands zwischen zwei Gitterfurten, d.h. zu Eochaid, dem Sohne Luchtas, dem König von Südconnaught."[81]

Nicht einmal die Heiligenlegenden fehlen hier. In seinem malerischen Latein beschreibt Muirchu, der erste Geschichtsschreiber des Heiligen Patrick, einige Umstände, die dem großen Lehrstreit zwischen dem Heiligen und den Druiden vorausgehen:

"Neun Wagen waren nach der Tradition der Götter angespannt und die beiden Druiden Lucetmael und Lochru waren für dieses Streitgespräch vor allen Adeligen ausgewählt worden, bevor Loegaire nach Tara aufbrach. [...], die Gesichter der Männer und der Pferde waren nach links gewandt, wie es bei ihnen üblich war."[82]

Das Detail ist nicht geschichtlich belegt und kann unmöglich überprüft werden. Es ist auch keineswegs sicher, daß tatsächlich eine solche, allein von den Hagiographen beschriebene Feindseligkeit zwischen Heiligen und Druiden bestand. Ist aber auch nur ein Funke Wahrheit an dieser Geschichte, so entging dem Schreiber der Heiligenlegende diese letzte Herausforderung seitens des Königs und der Druiden, eine Herausforderung der zu Vergessenheit und Bekehrung verdammten Verlierer an den triumphierenden Sieger.

Um nun das Kapitel der *dextratio* zu beenden, ohne die Heiligenlegenden zu verlassen, wollen wir noch einmal auf den Text verweisen, der erzählt, wie der Heilige Patrick das von einem Dämonen bewohnte Götzenbild von Mag Slecht (zweifelsohne der Stein von Fal) zerstörte (siehe Kapitel II. 2. 1). Noch nie scheint ein dermaßen böser Dämon es mit einem so großen Heiligen Irlands tun gehabt zu haben. Denn der Heilige hatte sich bei seinem heftigen Schlag mit dem Krummstab mit der Seite geirrt: Der Dämon drehte schnell den Stein, so daß der Bischofs- und Missionarsstab ihm keinen vernichtenden Schlag auf der rechten Seite versetzte, sondern ihn nur links traf. Nur aus diesem kaum empirischen Grund wurde das Götzenbild mit den zwölf umliegenden Steinen nicht völlig vom Erdboden verschluckt. Was die Echtheit dieses Belegs der gefehlten Rechtsdrehung betrifft, so wäre es unschicklich, ihr nicht zumindest seinen rein hagiographischen Wert zuzusprechen. Indem Patrick den Stein von Fal schlug, schuf er die heidnische Herrschaft Irlands ab, was aus seiner Sicht in der Mitte des V. Jahrhunderts weder der Folgen noch der Zweckdienlichkeit ermangelte.

2. Die Umgehung

Eine Umgehung zeugt Zauberkraft: Laut Plutarch *Cäsar* 27 ritt Vercingetorix nach der Übergabe Alesias im Galopp um den Sieger:

"Die, die sich selbst und Cäsar in Alesia viele Probleme bereitet hatten, ergaben sich schließlich. Der oberste Anführer dieses ganzen Krieges, Vercingetorix, kam mit seinen schönsten Waffen auf seinem geschmückten Pferd aus der Stadt. Er machte einen Kreis um den sitzenden Cäsar, warf seine Waffen nieder und setzte sich zu Füßen Cäsars, wo er stumm verharrte, bis der Sieger ihn denen übergeben hatte, die ihn bis zu seinem Triumphzug bewachen sollten."

Doch geht der griechische Autor nicht genauer auf die Richtung dieses Kreisritts ein, und wir wissen ebenso wenig, ob er tatsächlich die Wahrheit berichtet. Der nach Vercingetorix Hauptbetroffene und zugleich unser Augenzeuge, Cäsar, *B.G.* VII, 89, beschreibt die Geschichte ohne Umschweife oder Umritte in vier Worten: *Vercingetorix redditur, arma projiciuntur* "Vercingetorix gab auf und die Waffen wurden niedergelegt", eine Knappheit, die wir unter solchen Umständen nur bedauern können.

So ist denn auch die Grenze zwischen Rechtsdrehung und Umschreitung nur sehr schwer zu ziehen. Die *dextratio* bezeichnet die Umschreitung einer Person im Uhrzeigersinn, und die klassischen Autoren verstanden nicht alle, daß bei den Kelten dieselbe Richtung für heilbringend gehalten wurde wie bei ihnen. Während also Posidonius sehr richtig feststellt, "daß man sich nach rechts wandte, um die Götter zu verehren"[83], so scheint Plinius, *Hist. Nat.* XXVIII, 4, genau das Gegenteil verstanden zu haben: *quod in laevum fecisse Galli religiosus credunt* "die Gallier meinen, daß es der Religion mehr entspricht, es nach links vollzogen zu haben." Alles hängt von der Art und Weise der Fortbewegung ab. Die "gute" Richtung ist die des Sonnenlaufs, den auch die Könige Irlands bei ihren jährlichen Rundreisen befolgten. Als in der mythischen Geschichte der *File* Amorgen als erster Goidel landet, gibt er gut acht darauf, den rechten Fuß zuerst auf die Erde zu setzen. "Als Amorgen Gluingel, der Sohn Mils, den rechten Fuß auf Irland setzte, sang er folgendes Lied [...]"[84]

3. Die vier Himmelsrichtungen

Die keltische Orientierung konnte sich oft in der Folklore und im Wortschatz halten. Denn das Christentum verurteilte sie zwar, doch ließ es sie nie ganz verschwinden. Zu Anfang des XII. Jahrhunderts brachte der Schreiber des *Lebor na hUIdre* die irischen Ursprünge in Verbindung mit dem biblischen Klassizismus, indem er jede der vier Himmelsrichtungen unter die Schutzherrschaft einer vorbestimmten Person stellte:

"Die vier Himmelsrichtungen der Welt sind der Osten und der Westen, der Süden und der Norden: vier Männer sind in ihnen, für jede Himmelsrichtung einer, um die Wunder der Taten Gottes zu preisen und um alte und unbekannte Dinge vom Geschlecht Adams zu verkünden."

Der erste ist Fintan, der Sohn Brochras, Sohn Lamechs, der die alte Geschichte Spaniens und Irlands erzählte und fünftausendfünfhundertfünfzig Jahre, davon fünfzig vor der Sintflut gelebt hatte. Der zweite ist Feren, der Sohn Sistens, Sohn Japhets, der die Geschichten vom Norden der Welt verbreitete; er lebte viertausend Jahre und starb an den Ufern der Araxe im fünfzehnten Jahr der Herrschaft des Tiberius. Beim dritten handelt es sich um Fors, der Sohn der Elektra, der die Geschichten vom Osten der Welt erzählte; er lebte fünftausend Jahre und starb im sechsundzwanzigsten Jahr der oktavianischen Herrschaft, im Jahre der Geburt Christi. Der vierte schließlich ist Annoit, der Sohn Ethiors, Sohn Cas, Sohn Chams, der vom Süden der Welt berichtete; er starb nach diesem Text zur Zeit Cormacs, dem Sohn Conns, im III. Jahrhundert n.Chr.[85]

Dieses Orientierungssystem, das nur allzu leicht als ein biblisches verstanden werden könnte, deckt sich mit der geographischen Vorstellung der Territorialteilung Irlands, wo die Zentralprovinz eine Art fünfte Himmelsrichtung darstellt. Das beste Beispiel dazu finden wir in der Erzählung der *Schlacht von Mag Rath*:

"Das Fest von Tara wurde von Domnall, dem Sohn Aeds, Sohn Ainmires gegeben. Und das sind die drei Feste Irlands: das Fest Emains, das Fest von Tara und das Fest von Cruachan. Er berief die Männer Irlands zu diesem Fest von Tara. Man bereitete Domnall ein Bett in der Mitte des Palastes von Tara, woraufhin die Menge Platz nahm: Der König von Munster im südlichen Teil des Hauses, die Männer Connaughts im Westen, die Männer Ulsters im Norden, die Männer Leinsters im Osten und die aus der Mitte Irlands setzten sich in diesem Haus um Domnall. Und so war der Hof angelegt: Der König von Munster saß rechter Hand, der König Connaughts hinter ihm und der König von Ulster linker Hand. Und so wären sie gesessen, wenn einer der Ui Néill aus dem Süden die Königswürde innegehabt hätte: der König von Leinster wäre an seiner Seite, der König von Ailech zu seiner Linken, der König von Ulster neben ihm und der König von Connaught hinter ihm gesessen [...]"[86]

Ein Auszug aus der *Gründung des Gebietes Tara* beleuchtet die Teilung Irlands durch Fintan in fünf Provinzen nach Kriterien, deren Reihenfolge der Aufzählung sich mit der Richtung der *dextratio* und der Umschreitung decken:

"Oh Fintan,' sprach er, 'wie wurde sie aufgeteilt und was wurde dem beigemessen?' 'Das ist nicht schwer,' erwiderte jener, 'dem Westen die Wissenschaft, dem Norden die Schlacht, dem Osten der Reichtum, dem Süden die Musik und der Mitte die Herrschaft."[87]

Das Schema ist also folgendes:

Wissenschaft	Westen	Connaught
Schlacht	Norden	Ulster
Reichtum	Osten	Leinster
Musik	Süden	Munster
Herrschaft	Zentrum	Meath

Dieses System, das ebenfalls die Hierarchie des Zentrums und der "Seiten" des Kosmos berücksichtigt, hat seine Spuren auch in religiösen Texten und Heiligenlegenden in der Form eines Stilmittels hinterlassen, durch das, wie z.B. hier im anonymen Vierzeiler des *Lebor Brecc*, Christus gepriesen wird:

"Das Gesicht Jesu am Kreuz war gen Westen gewandt,
im Osten war ohne einen Tribut des Fleisches der Rücken des Lamms,
seine linke Seite wies nach Süden zur Sonne,
und er litt auf der rechten Seite, die nach Norden zeigte."[88]

V. Die Inseln im Norden der Welt

Woher stammten die Druiden und ihre Lehre? Zum ersten Mal wird ihr Name in den *Kommentaren* Cäsars etwa 50 v.Chr. erwähnt. Sie sind zwar keine Errichter von Megalithen, doch kann kein Zweifel daran bestehen, daß sie ebenso alt sind wie die Kelten in Europa. Diogenes von Laerte schreibt:

"Die Entwicklung der Philosophien hat, wie manche behaupten, ihren Anfang bei den Barbaren genommen. So hatten die Perser ihre Magier, die Babylonier und Assyrer ihre Chaldäer, die Inder ihre Gymnosophisten, die Kelten ihre sogenannten Druiden und Semnotheen, wie Aristoteles in seinem Buche *Magikos* und Sotion in dem dreiundzwanzigsten Buch seiner *Sukzession der Philosophen [Diadoche]* berichtet."[89]

Und in der Tat reicht die Frage nach dem Ursprung der Druiden und *des* Druidentum zurück auf den Ursprung der keltischen Völker und folglich auch auf den der Indoeuropäer.

"Die Druiden erzählen, daß ein Teil der Bevölkerung einheimisch ist, daß jedoch die anderen von weit entfernten Inseln und aus den Gebieten jenseits des Rheins kamen, weil sie durch die Häufigkeit der Kriege und den Fluten des brodelnden Meeres verjagt worden waren."[90]

Diese Katastrophen und Sintfluten sind sicher vielmehr legendärer als geschichtlicher Natur, und wir verstehen sie daher auch eher als Spur einer Ursachenlehre, die der des *Buchs der Eroberungen Irlands* geähnelt haben dürfte.

Cäsar (*B.G.* VI, 13) gibt uns einen geographischen Hinweis, der ziemlich genau scheint:

"Die Lehre der Druiden ist, wie man glaubt, in Britannien entstanden und soll von dort nach Gallien gelangt sein, und auch jetzt noch gehen diejenigen, die sie genauer erforschen wollen, meist dorthin, um sie zu erlernen."

Diese Anmerkung sollte jedoch nicht als Hinweis auf frühere Zeiten verstanden werden, in denen es keine Druiden gegeben hätte und derer sich die Gallier entsonnen hätten. Der von Cäsar erwähnte britannische Ursprung kann ebensowenig als Beweis dafür angesehen werden, daß die druidischen Lehren durch die Berührung mit fremden Völkern verändert oder beeinflußt wurden.[91] Es sollte auch mit der Tendenz aufgeräumt werden, den religiösen Bereich in einen "druidischen" und einen "vordruidischen", in einen "keltischen" und einen "vorkeltischen" trennen zu wollen, weil eine traditionelle Religionslehre nie eine Synthese der Folgeerscheinungen bzw. Mischformen verschiedenster Religionsströmungen darstellt. Wollten wir die Druiden mit Hilfe von Dokumenten "datieren", kämen wir zum Schluß, daß "die Gallier nach Großbritannien kamen, von wo sie das Druidentum mitbrachten *(sic)*", und das nach dem dritten vorchristlichen Jahrhundert.[92] Einige Geschichtswissenschaftler versuchten sie nach dem ersten Dokument, das ihnen der Zufall in die Hände spielte, räumlich und zeitlich einzuordnen. Doch bedeutet dieser Text nicht mehr, als daß die Druiden ab einem bestimmten Zeitpunkt geschichtlich belegt sind. Die Entstehung des Druidentum geht zeitlich sicher nicht mit dem Gallischen Krieg einher und es wäre unlogisch die Existenz der Druiden von der der Kelten trennen zu wollen.

Die "Zusatzlehre", die die Helden in Großbritannien oder Schottland suchen, ist jedoch gut belegt, und auch wenn es sich hierbei um eine kriegerische Lehre handelt, kommt der Vollendung der Fähigkeiten immer der Charakter einer Einweihung zu. Das ist auch beim jungen Cuchulainn der Fall. Für die schönen Augen seiner Verlobten Emer will er bei seinem einzigen Aufenthalt außerhalb Irlands die schlimmsten Abenteuer in Schottland durchstehen, wobei er den Wunsch seines künftigen Schwiegervaters ihn loszuwerden, völlig ignoriert.

"Man hieß sie willkommen. Sie waren zu dritt. Als er [Forgall Manach, der Vater Emers] seine Leute ein drittes Mal ausgeschickt hatte, pries man Cuchulainn und die Helden der Ulaten vor ihm. Er sagte, daß all das wahr und bewundernswert sei, daß es jedoch noch bewundernswerter von Seiten Cuchulainns sei, zu Domnall dem Kämpfer nach Schottland zu gehen. Mit anderen Worten schlug er das vor, damit Cuchulainn nicht mehr wiederkehren sollte. Forgall kehrte um, sobald er Cuchulainn seinen Wunsch auferlegt hatte."[93]

Doch täuscht sich Forgall, denn Cuchulainn lernt in Schottland zahlreiche Kriegslisten, unter anderem die Bedienung des berühmten *gae-bolga* ("Blitzsack"), die schließlich seine endgültige und unangefochtene Überlegenheit über all seine Gegner ausmacht. Er erwirbt darüber hinaus noch Grundlagen der Zauberei, da er danach versteht, sich in erschreckendem Maße zu verrenken und die Ogham zu schreiben. Für die Iren lag Schottland bereits im Norden.

Nach demselben Brauch und derselben Notwendigkeit gehen auch die Kinder Calatins[94] auf Anraten und Kosten der Königin Medb lange nach Großbritannien, bevor sie Cuchulainn töten. Dieser Aufenthalt wird in einem Text beschrieben, der den irischen Namen Schottlands, *Alba* trägt:

"Sie brachen bald ins Land Alba auf, wo sie ein Jahr lang blieben. Dort erhielten sie alle magischen und teuflischen Lehren. Von dort zogen sie nach Babylon und suchten die Druiden der ganzen Welt auf, von denen sie unterrichtet wurden, bis sie in die überbevölkerten Gegenden der Hölle gelangten."[95]

Der Name Babylons taucht in diesen Zeilen nur als nachträglich vom christlichen Schreiber angefügtes Detail auf, und ist lediglich ein weiterer Beweis eines übelgenommenen Heidentums (die Absicht war ja, den Held Cuchulainn zu töten). Das ist aber nebensächlich: Wenn sich die Krieger und Zauberer niedereren Ranges nach Schottland begaben, so die Druiden erst recht.

"Adnae, der Sohn Uthiders, aus den Kantonen Connaughts, war Doktor der Wissenschaften und der Dichtung in Irland. Er hatte einen Sohn namens Nede. Dieser Sohn lernte die Wissenschaft in Schottland bei Eochu Echbel und er blieb so lange bei Eochu, bis er in der Wissenschaft bewandert war [...]."[96]

Welchen Namen man ihm nun auch immer geben mag, *Alba* in Irland oder *Britannia* in Gallien, Großbritannien ist eine Insel, und symbolisch gesehen stellt jede Insel ein Zentrum der Einweihung dar. Auch Irland selbst ist ein solches, und es fehlt ihm kaum an Titeln. Doch sind so große Inseln noch viel zu weitläufig. Es mußte auf ihnen noch Stellen geben, an denen die Religion und das Übernatürliche sich konzentrierten: Der *omphaloi* von Uisnech oder Stonehenge zum Beispiel. Von all diesen Inseln voll heiliger Kraft, voller Schulen und den Druiden geweihten Stätten konnten wir wenigstens eine durch die "Anstrengungen" des römischen Generals Paulinus Suetonius im ersten nachchristlichen Jahrhundert identifizieren. Wir zitierten bereits die Stelle der *Annalen* über jene Insel Mona (siehe Kapitel I. 3), die der der Silurer zu ähneln scheint, von der Solin XXII, 7 spricht:

"Die Insel der Silurer ist durch eine schwierige Meerenge von der Küste getrennt, die die bretonische Bevölkerung der Domnonii bewohnt. Die Einheimischen haben dort ihre Bräuche aufrechterhalten: Sie lehnen das Geld ab [...], ehren die Götter, und ihre Männer ebenso wie ihre Frauen stellen ihre seherische Wissenschaft zur Schau."

Diese Insel ist also in höchstem Maß religiös, da all ihre Einwohner die Kunst der Wahrsagerei beherrschen. Plutarch liefert uns eine etwas kühnere Beschreibung:

"Hiernach erzählte Demetrios, bei Britannien lägen viele einsame Inseln verstreut, von denen einige die der Dämonen und Heroen hießen. Er selbst sei zum Zweck der Erkundung und Erforschung in kaiserlichem Auftrag nach der nächst gelegenen dieser einsamen Inseln gefahren, die nur wenige Bewohner hatte, welche aber alle von den Briten als heilig und unverletzlich angesehen wurden. Als er eben angekommen wäre, sei ein starker Wettersturz eingetreten, viele Wetterzeichen hätten sich gezeigt, Stürme seien losgebrochen und Blitze niedergefahren. Als das Wetter sich beruhigt habe, hätten die Inselbewohner gesagt, eines der höheren Wesen habe sein Dasein geendigt. 'Denn wie eine Lampe, wenn sie angezündet wird, nichts Unangenehmes an sich hat, aber wenn sie ausgelöscht wird, viele belästigt, so ist das Aufleuchten der großen Seelen wohltätig und unschädlich, ihr Verlöschen und Vergehen aber erzeugt oft, wie jetzt, Stürme und Unwetter, oft vergiftet es auch die Atmosphäre mit seuchenerregenden Substanzen.' Dort befinde sich auch, erzählte Demetrios weiter, eine Insel, auf welcher Kronos schlafend eingekerkert sei, bewacht von Briareos. Der Schlaf sei zu seiner Fesselung über ihn verhängt, und viele Dämonen seien um ihn als Gefolgsleute und Diener."[97]

Die antike Geographie ist uns eine ebenso geringe Hilfe wie die moderne, wenn es darum geht, den Text Plutarchs und den griechischen Einfall bei den Hyperboräern zu klären. Um welche Inseln handelt es sich? Doch tun wir besser daran, uns nicht auf eine genaue Lage zu versteifen: Es fehlt in Nordwesteuropa nicht an Inselgruppen und küstennahen Inseln. Die Griechen und Römer schien jedoch der Überfluß an heiligen Inseln nicht sonderlich zu überraschen, die von der Insel Dumet gegenüber der Loiremündung über die bretonische Insel Sein bis nach Anglesey aus den keltischen Meeren sprießen. Jeder dieser Inseln kommt ungeachtet ihrer Größe eine bestimmte Bedeutung zu. Bereits Avienus nannte Irland in seinen *Ora Maritima* eine *insula sacra*, die Saturn geweiht und *herbarum abundans* ("voller Kräuter") war, was keinen Zweifel zuläßt.[98] Der Hauptzug ist mythologischer Natur: Der schlafende Kronos erinnert an den Dagda, der den Lauf der Zeit aussetzt. Folglich gehören die nordischen Inseln auch der Anderen Welt an und befinden sich nicht in unserem irdischen Raum.[99] Der Mythos taucht in diesen Erzählungen, die der *Odyssee* um nichts nachstehen, überall auf. Auf ähnliche Inseln gehen nach einem berühmten Text auch die Toten. Die von den Briten besiedelte *Letavia*, vor diesem wahren Tor der Anderen Welt, das die Bretagne darstellt, hat seit der Ankunft der Kelten in Westeuropa nie aufgehört, keltisch zu sein:

"An der Küste des Ozeans, der Britannien umgibt, wohnen Fischer, die den Franken Untertan sind, ihnen aber keine Steuern zahlen. Während ihres Schlafes hören sie eine Stimme in ihrem Haus, die sie ruft, und sie haben den Eindruck, Geräusche an der Tür zu vernehmen. Sie stehen auf und sehen fremde Schiffchen voller Passagiere, gehen an Bord, gelangen in einem Stück mit einem einzigen Steuer in die Bretagne, während sie sonst dieselbe Strecke unter großen Mühen in einem Tag und einer Nacht zurücklegen, wenn sie auf ihren Schiffen fahren und alle Segel gesetzt haben. Dort lassen sie die unbekannten Passagiere, die sie übersetzten, von Bord gehen. Ohne irgendjemanden zu sehen, hören sie die Stimmen derer, die sie empfangen und sie bei ihren Namen, ihrem Stamm, ihren Verwandschaftsverbindungen und vereinbarten Zeichen nennen. Sie hören die Passagiere antworten. Dann kehren sie in einem plötzlichen Impuls in ihr Land zurück und merken, daß ihr Schiff um das Gewicht derer erleichtert ist, welche sie übersetzten."[100]

Dieser Text der griechisch-byzantinischen Literatur ist trotz seines späten Datums interessant. Er läßt auf eine bestimmte Stimmung religiöser Vorstellungen schließen, die der Irlands und Galliens gleicht. Denn Armoricum, welches zuerst zur *Letavia*, dann zur *Bretagne* wurde, war sicher schon vor der Kolonialisierung der Inseln eine "Übergangsstätte" der Toten.[101] Daß es diese Eigenschaft schon früher hatte, belegt eine kurze Stelle in Claudius' *In Rufinum* I, 123-128 aus dem Ende des IV. Jahrhunderts:

"Dort, wo sich die entfernteste Küste Galliens erstreckt, gibt es einen Ort, der ganz vom Wasser umgeben ist, und von dem man berichtet, daß Odysseus hier durch Zechgelage mit Blut das Volk der Toten in Bewegung setzte. Hier hört man das schwache Pfeifen der Schatten, die fliegend seufzen. Die Bauern sehen die bleichen Truppen der Toten von hier abziehen."

Plutarch informiert uns sogar noch detaillierter, ganz als ob er selbst die Erzählungen der irischen Seefahrten gehört oder gelesen habe:

"Ich bin nur der Darsteller und will euch darum vorweg seinen Dichter nennen, und zwar will ich, wenn ihr nichts dagegen habt, mit dem homerischen Vers beginnen:

'Eine Insel, Ogygia, liegt weit draußen im Meere',

fünf Tage Seefahrt gen Westen von Britannien aus. Drei weitere Inseln liegen davor, ebensoweit von ihr und voneinander entfernt, ungefähr wo die Sonne im Sommer untergeht [im Nordwesten]. Auf einer von ihnen, so erzählen die Barbaren, ist Kronos [Saturn] von Zeus [Jupiter] eingekerkert und hat Briareos [seinen eigenen Sohn] zum Wächter. Das große Festland, von dem das große Meer rings umschlossen wird, liege jenseits dieser Inseln und des Meeres, das man Kronosmeer nennt, und sei von den anderen Inseln weniger, von Ogygia etwa 5000 Stadien entfernt, und zwar könne man nur auf Ruderschiffen dorthin gelangen, denn das Meer sei nur langsam zu befahren und schlammig infolge der Menge von Strömen. Diese Ströme entsende das große Land, und sie erzeugten Anschwemmungen, und daher sei das Meer schwer und erdhaltig, woraus die Meinung entstanden sei, es sei gefroren. Die Strandgebiete des Festlandes bewohnten Griechen rings um einen Meerbusen, nicht kleiner als der maiotische, und seine Mündung liege derjenigen des Kaspischen Meeres gerade gegenüber. Jene Leute bezeichneten und hielten sich selbst für Festlandbewohner, die Bewohner dieses unseren Landes aber für Insulaner, da es rundum vom Meer umflossen sei; sie glaubten übrigens, dadurch, daß zu den Mannen des Kronos sich später diejenigen gesellt hätten, die mit Herakles heimkamen und da blieben, sei das griechische Element, das dort schon im Erlöschen und in Gefahr war, von der Sprache, den Sitten und Lebensgewohnheiten der Barbaren überwuchert zu werden, gleichsam wieder zum Leben erwacht, stark und zahlreich geworden. Daher stehe Herakles in den höchsten Ehren und nächstdem Kronos. Wenn aber der Stern des Kronos [Saturn] den wir Phainon, jene Nykturos nennen, nach dreißig Jahren in das Sternbild des Stieres eintritt, dann entsendeten sie nach von langer Hand getroffenen Vorbereitungen für Opfer und Ausfahrt durchs Los bestimmte Männer in ebensovielen Schiffen, welche soviel Ausrüstung und Proviant an Bord nähmen, als nötig sei für Leute, die ein so gewaltiges Meer mit Rudern durchschiffen und lange Zeit in der Fremde zubringen wollten. Wären sie abgefahren, so hätten sie natürlich mancherlei Schicksale zu bestehen. Diejenigen, die glücklich über das Meer hinüberkämen, hielten zuerst nach den vorgelagerten Inseln, die von Griechen bewohnt würden, und sähen dort dreißig Tage lang die Sonne weniger als eine Stunde täglich verschwinden; dies sei dann die Nacht, die aber nur eine halbe dämmerungsartige Finsternis bringe, die von der Gegend des Sonnenuntergangs her immer noch etwas Licht empfange. Wenn sie dort neunzig Tage geweilt hätten, freundlich und mit allen Ehren aufgenommen und für heilig gehalten und so benannt, dann träten sie mit Hilfe des Windes die Überfahrt zur Kronosinsel an. Auf ihr wohnten keine anderen Menschen als sie selbst und die vor ihnen Ausgesandten. Denn diejenigen, die dem Gott die dreimal zehn Jahre gedient hätten, dürften zwar wieder nach Hause fahren, die meisten aber zögen es begreiflicherweise vor, dort wohnen zu bleiben, teils aus Gewohnheit, teils weil alles ohne Mühsal und Umstände reichlich zur Verfügung stehe für Menschen, die bei Opfern und Festen oder bei philosophischen Studien leben wollten."[102]

Diese Insel Ogygien, die wie alle anderen Zentren der Einweihung nur sehr schwer zugänglich ist, liegt ebenfalls im hohen Norden, wenn nicht sogar im Polarkreis. Ihre Wunder und Köstlichkeiten erinnern an den irischen *sid*, wie Plutarch (*ibid.,* S. 270) weiter berichtet:

"Denn wunderbar sei die Natur der Insel und die Milde der sie umwehenden Luft, und manchen, die im Sinne hatten, abzufahren, sei die Gottheit selbst entgegengetreten, ihnen wie Freunden und Bekannten begegnend, nicht nur im Traume oder durch Zeichen, sondern vielen sei es zuteil geworden, Dämonen in leibhaftiger Erscheinung zu sehen und zu hören. Kronos selbst sei schlafend von einer tiefen Höhle aus goldfarbenem Gestein umschlossen; der Schlaf sei als Fesselung von Zeus über ihn verhängt; Vögel, die vom Gipfel des Felsen her hereinflögen, brächten ihm Ambrosia, und die ganze Insel sei von einem Wohlgeruch erfüllt, der sich vom Felsen her wie von einer Quelle verbreitete. Jene Dämonen versorgten und bedienten den Kronos und seien seine Gefährten gewesen damals, als er über Götter und Menschen König war. Sie seien prophetisch begabt und wüßten darum schon von sich aus vieles vorauszusagen, das Wichtigste aber und über die wichtigsten Dinge kämen sie und verkündeten es als Träume des Kronos. Denn alles, was Zeus vorausplane, das träume Kronos."

Diese Inseln der Freuden, auf denen man ein intensiv religiöses Leben führte, scheinen großen Eindruck auf die Griechen gemacht zu haben. Doch sind sie mythisch und nicht wirklich. Aber nicht alles sieht so aus, denn so beschreibt z.B. Pytheas nach Strabo, II, 4, 1 den äußersten Norden Europas:

"Angefügt seien Nachrichten über Thule und die dortige Gegend, wo weder Land, noch Wasser, noch Luft sein sollen, sondern ein Gemisch davon, was dem Atem des Meeres [eine Art Fischgelee] ähnlich sei, worin das Land und das Meer und alles emporgehoben werde; und dies sei das Land um das Ganze, das man weder auf dem Trockenen, noch zu Schiffe bereisen können. Das Atemähnliche des Meeres habe er selbst gesehen, das Übrige vom Hörensagen."[103]

Thule ist aber nicht Irland. Doch schließen diese Beschreibungen alle hyperboräischen Gegenden - und dazu gehört auch der Norden Großbritanniens - ein, ohne auch nur den geringsten Unterschied zwischen Kelten und Germanen zu machen, auch wenn die meisten von den Griechen besuchten Inseln von Kelten bevölkert waren. Das Meer des Pytheas scheint, mindestens ebenso mythisch zu sein wie die Inseln des Plutarch, wenn es sich nicht sogar um ein Bild oder Symbol des Urchaos' handelt.

Wir müssen jedoch ganz bestimmt die mythischen Inseln im Bereich der Anderen Welt von jenen sehr wirklichen unterscheiden, auf denen die Druiden ihre höhere Einweihung empfangen und von denen sie ohne größere Hindernisse wieder zurückkehren, um ihre Lehren zu unterrichten. Auch wenn die Griechen nicht alles nachvollziehen konnten und meist sehr frei interpretierten, was sie verstanden, so ändert das nichts an unserer Feststellung, denn es handelt sich um ein und dasselbe Prinzip: Alle diese Inseln liegen im Westen oder im Norden, was in der keltischen Orientierung immer die gleiche Richtung anzeigt. Und wenn die

Druiden auch nicht in den Erzählungen der irischen Seefahrten erwähnt werden, da ihr Platz vielmehr in der wirklichen Geographie war, gibt es wenigstens bei Plutarch genügend Weise und Philosophen. Die Hyperboräer der griechischen Literaturtradition können nur Kelten gewesen sein. Doch nahmen die Götter und Meister in den Erzählungen sehr geheimnisvolle und mythische Züge an. Ihre Inselherkunft war da nicht Grund genug gewesen.[104] Indem Cäsar nur die Kernaussage, den Umstand der Lehrtätigkeit beibehielt, rationalisierte und vereinfachte er bis zum Äußersten, während die Griechen alles Fantastische für bare Münze nahmen, ohne daß einem dabei die naheliegende Idee gekommen wäre, den Stoff dieser Mythen mit der griechischen Sage der Glücksinseln zu vergleichen. Der Gott, der auf jenen Inseln herrscht, ist auf alle Fälle eine ehrwürdige Person, selbst wenn sie schläft: Der Kronos der griechischen Lesart entspricht dem gallischen Dispater, dem Gott der Toten und Vater aller Lebenden. Auch in Irland wird der Dagda *Eochaid Ollathir* ("Mächtiger Vater") genannt. Seine Keule nimmt auf der einen Seite die Leben, die sie auf der anderen wiedergibt. Er wird auch *Ruadh Rofhessa* ("Der Rote der vollendeten Wissenschaft") genannt. Er ist der Gottdruide und der Gott der Druiden. Es ist nur nachvollziehbar, daß sich die Druiden aus dieser Welt mythisch und reell in die seine begaben, um ihre Kenntnisse um die göttlichen Dinge zu vollenden.[105]

Die nordische Herkunft des traditionellen Wissens wird ausführlich in einem der wichtigsten mythologischen Texte Irlands, der häufig zitierten *Schlacht von Mag Tured* bestätigt, der die Ursprünge der Götter, der Tuatha Dé Danann folgendermaßen beschreibt:

"Die Tuatha Dé Danann waren auf den Inseln im Norden der Welt, auf denen sie Wissenschaft und Magie, Druidentum, Weisheit und Kunst erlernten. Sie übertrafen darin alle Weisen der Künste des Heidentums.

Es gab vier Städte, in denen sie die Wissenschaft, und die teuflischen Künste lernten, Falias und Gorias, Murias und Findias.

Von Falias brachte man den Stein von Fal nach Tara. Er schrie unter jedem König, der sich Irlands bemächtigte.

Von Gorias kam der Speer Lugs. Keine Schlacht konnte gegen ihn oder gegen den gewonnen werden, der ihn in der Hand hielt.

Von Findias stammte das Schwert Nuadas. niemand konnte ihm Widerstand leisten, sobald es aus der Scheide der Bodb gezogen wurde, und niemand wehrte sich dagegen.

Aus Murias kam schließlich der Kessel des Dagda. Keine Truppe verließ ihn unzufrieden.

In diesen vier Städten befanden sich vier Druiden. Morfesae war in Falias; Esras in Gorias; Uiscias war auf Findias und Semias auf Murias. Das sind die vier Dichter, von denen die Tuatha Dé Danann Wissenschaft und Erkenntnis lernten."[106]

Trotz der späten (XV. Jahrhundert) christlichen Niederschrift, die die Definition etwas in Richtung "Heidentum" verunglimpfte, ist diese Stelle voll ursprünglicher Religiösität. An dieser Stelle wollen wir weder die erwähnten Götter und ihre Talismans noch die etymologische Symbolik der Namen der Druiden und der von ihnen bewohnten Inseln untersuchen.[107] Wir wollen also nur die Kernproblematik behandeln: Auf den Inseln im Norden der Welt, auf die die irische Überlieferung ihre Ursprünge zurückführt, herrschen vier Druiden - ein jeder über eine Insel und eine mythische Stadt - und nehmen dadurch die Teilung Irlands in vier Provinzen vorweg. Diese vier Druiden waren weiters die vier Meister der mittelalterlichen Literatur, und der Heilige Patrick höchstpersönlich war in der Form seines goidelschen Namens *Cothraige* ihr Diener[108], so wie man auch den Vergleich mit den vier Evangelisten nicht vergaß, deren Anzahl durch einen glücklichen Zufall sich mit der der vier Weltenherrscher deckte.

Eigenartigerweise, zumindest dem Anschein nach, hatte die Christianisierung eine Verschiebung des traditionellen Anziehungspunktes zur Folge: Nicht mehr die Iren kommen nach Großbritannien, sondern die Angelsachsen (nicht die Briten!) kommen nach Irland, um sich unterweisen zu lassen. Dank seiner Klosterschulen wurde Irland im VII. Jahrhundert zu einem Lehrzentrum der christlichen Literatur. Folgendes erfahren wir von Bédé, dem Ehrbaren, einem der bestinformiertesten und verständlichsten Autoren zu einer Epoche, die sonst arm an ernstzunehmenden historischen Dokumenten ist:

"Es gab damals viele Adelige und auch Leute niederer Geburt englischer Herkunft, die sich hierher [nach Irland] zurückgezogen hatten, sei es, um die göttlichen Wissenschaften zu studieren, sei es, um ein besseres Leben zu führen. Einige verpflichteten sich bald einem Orden, andere zogen es vor, von der Zelle eines Meisters zur nächsten zu ziehen, da sie so die Freuden des Studiums erlebten. Die Iren nahmen sie bereitwillig auf und ernährten sie jeden Tag unentgeltlich; sie verschufen ihnen Lektüre und erteilten ihnen umsonst ihre Lehren."[109]

Zu jener Zeit gab es jedoch keine traditionelle Überlieferung des keltischen Wissens mehr. Die Verschriftlichung hatte sich bereits vollzogen. Zusammenfassend und abschließend gesagt, kamen die Lehrer der Kelten also von den Inseln im Norden der Welt. Hier hatten sie auch ihr Heiliges Wissen zu empfangen und zu erneuern. Es ist offensichtlich, daß diese Tradition im allgemeinen Zusammenhang der indoeuropäischen Völkerwanderungen nicht buchstäblich verstanden werden darf. Doch handelt es sich hierbei um eine traditionelle Vorstellung, die wir auch in Indien und in China noch antreffen. Sie beweist die Echtheit und das sehr hohe Alter all dessen, was sie repräsentiert.

Sollte es noch zusätzlicher Beweise bedürfen, so genügt wohl die Feststellung, daß die Legenden den Ursprung aller mythischen Rassen, die Irland bewohnten, auf die Tuatha Dé Danann zurückführten. Die Lehren der Eingeweihten wurden immer für längere Zeit auf den Inseln im Norden der Welt erteilt:

"Bethach, der Sohn des Wahrsagers Iarbonel, Sohn Nemeds: Seine Kinder zogen auf die Inseln im Norden der Welt, um das Druidentum, das Heidentum und die teuflischen Künste zu erlernen, so gut, daß sie in jeder dieser Künste bewandert waren und zu den Tuatha Dé Danann wurden. Zweihundertdreißig Jahre, nachdem sie Irland verlassen hatten, kamen sie wieder dorthin zurück. Bethach, der Sohn des Wahrsagers Iarbonel, Sohn Nemeds starb mit seinen zehn Mannen in Irland. Ihre zehn Frauen fanden dreiundzwanzig Jahre später den Tod."[110]

Irland selbst wurde zu einem Ursprungsland. Eine der ersten Ankömmlinge war eine Frau, Cessair, die hoffte, hier der Sintflut, deren Macht sie kannte, zu entkommen. Sie kam aus Spanien, doch ist dieses Spanien, aus dem die Goideln stammen (was zu bestätigen wir uns jedoch hüten werden), ein allgemeiner Ort der Toten, mit anderen Worten des *sid*. Irland ist also nicht das zufällige Ende irgendwelcher nicht enden wollender Irrfahrten:

"Bezüglich der Eroberungen Cessairs und der Nachrichten, die jene vor der Sintflut betreffen: Wer nahm Irland vor der Schöpfung der Welt ein? Das ist nicht schwer: Cessair, die Tochter Biths, Sohn Noahs, Sohn Lamechs war die Adoptivtochter Saballs, dem Sohn Manuals.

Andere wieder sagen, daß der Name der Frau, welche Irland vor der Sintflut beherrschte, Banba lautete, und daß dieser Beiname Irlands auf sie zurückgehe. Cessair kam damals von der Insel Meroe auf dem Nil. Sieben Jahre verbrachte sie in der Gegend Ägyptens. Acht Tage schwamm sie auf der Oberfläche des Kaspischen Meers. Zwanzig Tage benötigte sie, um vom Kaspischen Meer in das Cimmerische [Schwarze] Meer zu gelangen. Einen Tag verbrachte sie in Kleinasien zwischen Syrien und dem Thyrennischen Meer. Zwanzig Tage segelte sie von Kleinasien zu den Alpen. Achtzehn Tage brauchte sie zwischen den Alpen und Spanien und neun Tage, um von Spanien nach Irland zu gelangen. An einem Samstag kam sie nach Irland und zwar an einem Samstag den Fünfzehnten, wie der Dichter sagt [...]

Cessair und ihre Leute kamen vierzig Tage vor der Sintflut an: Die Besatzung von drei Schiffen landete in Dun na mBarc, an der Südspitze des Corcco Duibne. Zwei Boote kenterten so schwer, daß nur Cessair und die Besatzung ihres Schiffes entkamen. Fünfzig Mädchen und drei Männer waren auf diesem Boot gewesen;

unter ihnen auch Bith, der Sohn Noahs, Sohn Lamechs, nach dem der Sliab Betha benannt wurde. Er selbst wurde im großen Tumulus von Sliab Bethach beerdigt. Da war auch noch der Kapitän Ladra, nach dem Ard Ladrann benannt wurde. Er war der erste Tote Irlands vor der Sintflut: Er starb an einem Übergenuß an Frauen oder aber durch den Stiel des Ruders, der ihm den unteren Rücken durchbohrte. Gleich, welchen Tod er nun starb, er war der erste Tote Irlands. Fintan war der Sohn Labraids, Sohn Bethachs, Sohn Lamechs, Sohn Bochras, denn Bochra hieß dessen Mutter: er war der junge Mann, den man Fert Fintain en Tul Tunide nannte."[111]

Allen alten Legenden kam der Stellenwert von Gesetzen zu. Der walisische Mönch Giraud von Kambrien, der in der ersten Hälfte des XII. Jahrhundert schrieb, erinnert an den Fall Cessairs, auch wenn er sich nicht erklären kann, wie sich ihr Andenken all diese Zeit hindurch halten konnte.[112] In der ersten Hälfte des XVII. Jahrhundert greift Keating in seiner *Geschichte Irlands* den Stoff wieder auf, doch stellt er sich wie Giraud von Kambrien nicht die Frage, ob er nun an die Geschichte Cessairs glauben soll oder nicht, sondern vielmehr wie die Erzählung ihrer Abenteuer uns trotz des Bruchs der Sintflut überliefert werden konnte, da die Erzählung keinen biblischen Namen enthält. Hier also die Gedanken dieses ehrwürdigen und gelehrten Chorherrn und Zeitgenossen Ludwigs XIV:

"Außerdem verstehe ich auch nicht, wie die Geschichtsforscher Erzählungen über Menschen bekommen konnten, die vor der Sintflut nach Irland gekommen waren, außer jedoch Luftdämonen übermittelten sie ihnen, die zur Zeit, als sie noch Heiden waren, ihre Konkubinen im *sid* waren."[113]

Die alte Neigung der mittelalterlichen Gelehrten, den Kelten einen semitischen Ursprung zuzuschreiben (indem sie ihnen einen Platz in den biblischen Stammbäumen zuteil werden ließen), stellten offenbar die Tatsache nicht in Abrede, daß Druiden der Cessair Irland als geeignetstes Land empfahlen.

VI. Die Wasserpassage

Natürlich haben wir bemerkt, daß alle Eroberer über das Meer kommen, wobei die Landpassagen seltene Ausnahmen darstellen, die der geographischen Logik widersprechen: Die Verbindung zur Anderen Welt erfolgt immer über das Meer.

Die Wasserpassage, diese Konfrontation mit den Fluten, wie sie einige andere antike Autoren nennen, steht in unmittelbarem Zusammenhang mit jener Vorstellung, die zugleich die mythische Rechtfertigung der Macht der Druiden über das Wasser darstellt.

Unser erster Zeuge ist Aristoteles, *Ethik von Eudemia* III, 1:

“Sich schrecklichen Dingen auszusetzen, weil man sie nicht kennt, bedeutet nicht, tapfer zu sein [...]; es ist dies ebensowenig der Fall, wenn man sich im Feuer der Begeisterung wie die Kelten mit Waffen den entfesselten Fluten entgegenstellt.”

Der zweite ist Plinius, *Naturgeschichte* II, 220, der angeblich Aristoteles zitiert:

“Und Aristoteles fügt dem hinzu [...], daß kein Tier stirbt, wenn es nicht vom Rücklauf [bei Ebbe] mitgenommen wird. Das wurde vielerorts im gallischen Ozean beobachtet und gilt auch für Menschen.”

Die wichtigste Stelle finden wir jedoch in Strabo, *Geographie* VII, 2,1 (*loc. cit.*, S. 554):

“Auch irrt man sich, wenn man sagt, die Cimbrer hätten gegen die Flut die Waffen ergriffen, oder daß die Kelten, um sich an die Furchtlosigkeit zu gewöhnen, ihre Häuser absichtlich der Überschwemmung aussetzen und sie nachher wieder aufbauen; auch kämen mehr von ihnen durchs Wasser um, als durch den Krieg, wie Ephorus sagt. Denn die Regelmäßigkeit der Flut, und daß man die Gegend kennt, die unter Wasser gesetzt wird, hätte eine solche Albernheit nicht zugelassen. Da sich das nämlich zweimal täglich ereignet, wie sollte man glauben, daß man niemals einsah, dieses Ereignis sei natürlich und unschädlich, und nicht bloß diesen Küsten, sondern allen am Ozean eigen? Auch Clitrachus irrt, wenn er sagt, daß Reiter, als sie das Meer auf sich zukommen sahen, davon geritten und auf ihrer Flucht beinahe von der Flut verschlungen worden seien. Denn wir wissen, daß das Meer nicht so schnell kommt, sondern sich langsam nähert; auch hätte eine alltägliche Erscheinung, von welcher alle hören, die sich ihr nähern, bevor man ihrer gewahr wird, ihnen gewiß keine solche Furcht eingejagt, daß sie geflohen wären, als vor etwas ganz Unerwartetem.”[114]

Aus der Widerlegung Strabos läßt sich unschwer der ursprüngliche Mythos erkennen. Wir wollen diese Zeilen daher auch unmittelbar den Strophen des irischen Gedichts von der *Die Alte von Beara (Sentainne Berri)* aus dem IX. Jahrhundert gegenüberstellen. Das beherrschende Thema von Ebbe und Flut, von Leben und Tod, kehrt hier ohne Unterlaß wieder:

“Der Rücklauf kam gleich einem Meer zu mir.
Das Alter ließ mich erbleichen
und wenn es mich auch grämt,
nähert es sich fröhlich seiner Beute.
[...]
Drei Fluten
kommen auf die Festung Ard Ruides zu;
eine Flut Krieger, eine Flut Pferde
und die Flut der Windhunde Lugaids.

Die Welle der Flut
und die zweite, die der Ebbe,
kommen beide auf mich zu,
so daß ich sie erkennen muß.

Die Welle der Flut,
möge die Stille meiner Zelle sie nur nicht erreichen!
Ist meine Begleitung in der Dunkelheit auch groß,
so hat sich doch eine Hand auf sie alle gelegt.
[...]
Das ist schön für eine Insel im Meer:
Die Flut kommt nach der Ebbe;
und nur ich warte nicht mehr auf
die Rückkehr der Flut, nachdem mich der Rücklauf ergriff.

Nur recht wäre es, wenn es heute einen Ort gäbe,
den ich wiedererkennen würde.
Alles, was in der Flut kam
nimmt die Ebbe wieder weg."[115]

Die Alte von Beara ist das unglückliche, untergehende Irland selbst, welches sich in stechender Melancholie seines vergangenen Glanzes erinnert. Leben und Tod liegen in den Gezeiten des Meeres. Die Verstorbenen nimmt der Rücklauf des Wassers mit in die Andere Welt. Noch heute verläßt die Seele in bretonischen Volksweisen die Erde mit der Ebbe.[116]

Um jedoch auf Aristoteles und Strabo zurückzukommen, so ist es wohl am wahrscheinlichsten, daß sie Legenden von verstorbenen Kriegern, die zu Pferd und in voller Rüstung in die Andere Welt gingen, für bare Münze nahmen.[117] Es ist überdies denkbar, daß sie all das mit ziemlich vagen, dazuerfundenen geographischen und topographischen Einzelheiten vermengten, die sich auf irgendwelche außerordentliche Überflutungen oder Stürme in Nordwesteuropa bezogen.[118] Ihr Verständnis für die keltische Welt war ohnehin ziemlich beschränkt.

Doch sind solche Irrtümer, Mißverständnisse oder Einfältigkeiten der klassischen Autoren zweitrangig. Ist es noch nötig anzumerken, daß sich die keltischen Vorstellungen von den Ursprüngen der nördlichen, oder besser polaren Welt mit den Zügen der Anderen Welt decken? Denn auch die Andere Welt besteht aus fernen und wunderbaren Inseln. Mit dem Rücklauf gelangt man dorthin, wobei das Wasser zugleich den Weg als auch die Schwierigkeit darstellt. Man benötigt also für einen kurzen Augenblick eine Fähre. Doch was für eine Belohnung bei der Ankunft! Entfernungen, Zeit, Krankheit, Fehler und Tod sind ein für alle mal abgeschafft. Die Druiden, ihre Urlehrer und alle von den Botinnen des *sid* auserwählten Menschen gesellen sich zu den Göttern und entkommen nunmehr allen Wechselfällen und Zwängen der Materie und der drei Dimensionen. Irland erreicht so die metaphysischen Gipfel eines Raum-Zeit-Gefüges, welches nicht mit den herkömmlichen Mitteln der menschlichen Sprache zu fassen ist, da es sich nicht mehr auf mathematische Formeln beziehen und reduzieren läßt, sondern absolut wird und weder analysiert noch unterteilt werden kann.

Der Einfluß dieses Inselparadieses war aber so stark gewesen, daß das Christentum weit davon entfernt war, ihn abzuschaffen, sondern ihn in einer abgewandelten Form aufrechterhielt: Die Seefahrten, die, wie die Bran mac Febails, die Abenteuer eines Sterblichen erzählen, der von einer wunderschönen, jungen Frau in die Andere Welt gelockt wurde, werden nun von einer Gruppe Mönche oder Religionsbrüder bestritten, welche sich zu zwölft oder dreizehnt, wenn nicht sogar mehr (15-20) auf einen zerbrechlichen Kutter begeben, für die jedoch der Beweggrund dieser fernen Expedition nicht mehr die weibliche Versuchung darstellt. Die Götter verschwinden und so auch, außer in sehr seltenen Ausnahmefällen, die Frauen, und das Verlangen nach einer Zauberwelt wird zu einer Irrfahrt in den Händen Gottes zur Vergebung der Sünden. Die christliche Seefahrt kehrt also das Ziel und die Mittel um: Es handelt sich nicht mehr um den kurzen Weg in die Andere Welt, sondern um eine sich verewigende Reise. Bald ist sie gespickt von gefährlichen Abenteuern und schweren Versuchungen, bald wird sie zu einer Belohnung voll klösterlicher Annehmlichkeiten. Diese Köstlichkeiten erfahren die Reisenden jedoch immer nur auf sehr fernen, himmlischen oder höllischen Inseln, die wir nicht auf Karten zu orten versuchen werden. Die Beschreibungen sind nicht geographischer Natur, und wir hätten nur allzu schnell die Antillen, Neufundland oder Grönland ausgemacht. Die Inseln liegen nämlich nicht mehr ausschließlich im Norden, sondern irgendwo weit weg, auch im Westen. Selten finden wir Unchristlicheres als diese Folge von paradiesischen und höllischen Inseln, wo Engel und Einsiedlerheilige mit Teufeln, Dämonen und Ungeheuern verkehren. Kaum andere Legenden entfernten sich jedoch weiter von ihrem altirischen, mythischen Ursprung als diese lange Reihe von Gebeten, Bußen, Messen, Wundern und guten Taten. Die Andere Welt verliert hier all ihren Wesensgrund und die evangelische Schönheit des himmlischen Jerusalem wird zu reinem Blendwerk. Da bedurfte es tatsächlich all des Pragmatismus und Idealismus der irischen Mönche des Hochmittelalters, um die Widersprüche wettzumachen.

Einige Absätze der berühmtesten, christianisierten Seefahrtsgeschichten Irlands, die lang und breit die Reisen des Heiligen Brendan erzählt, zeigt besser als jeder Kommentar, was aus der keltischen Vorstellung des *sid* und der Anderen Welt wurde, nachdem sie das Christentum verdaut hatte. Da haben die Druiden natürlich nichts mehr verloren:

“Brendan verabschiedete sich von den Heiligen Arans und ließ ihnen seinen Segen. Sie segelten gerade gen Westen aufs Meer hinaus und sahen aus einiger Entfernung eine hohe, schöne Insel. Sie lenkten also ihre Schiffe in ihre Richtung und kamen an die Ufer der Insel. Am Strand sahen sie eine große Anzahl von häßlichen und wilden Mäusen, die so groß wie Katzen waren. Die Brüder fragten Brendan: ‘Was wollen diese Mäuse?’ ‘Sie wollen uns fressen und verschlingen,’ antwortete Brendan.

Da wurde Brendan offenbart, daß die Stunde des Todes für den Possenreißer gekommen war, der mit ihnen auf dem Schiff fuhr. Brendan sprach also zu ihm: ‘Erhebe dich und nimm den Leib und das Blut Christi zu dir, denn ich höre den Gesang der Engel, die dich zu ihnen rufen.’ Der Narr freute sich über diese Nachricht und sagte: ‘Oh Herr, welch gute Tat habe ich vollbracht, so schnell in den Himmel aufgenommen zu werden?’ Brendan antwortete ihm, daß es an ihm sei, den Willen Gottes zu erfüllen.

Nachdem er den Leib und das Blut Christi zu sich genommen hatte, verließ ihn seine Seele und er wurde mit großer Freude in den Himmel getragen, dort wo Jesus Christus von den neun Stufen des Himmels umgeben ist. Sein Leib wurde an den Strand geworfen, wo ihn die Mäuse verzehrten. Sie ließen nur die Knochen am Ufer liegen. Die Leute Brendans begruben die Gebeine und schrieben seinen Namen ins Buch der Märtyrer, da es ein glorreicher Heiliger gewesen war. Denn die Gnade Gottes hatte gezeigt, daß er den letzten, der auf das Schiff gekommen war, als erstes zu sich in den Himmel gerufen hatte.

Dann setzten die Männer Brendans die Segel. Es war Sommer und der Wind kam von hinten, so daß sie nicht rudern, sondern nur die Segel setzen mußten. Nachdem sie zehn Tage lang so gesegelt waren, hörte das Rauschen und die große Stimme des Windes auf, und sie mußten rudern, da seine Kraft nachgelassen hatte.

Brendan sprach zu ihnen und sagte: ‘Fürchtet euch nicht, denn unser eigener Gott ist unser Führer und Helfer. Zieht eure Ruder ein und macht euch nicht die Mühe der Arbeit. Gott wird sein Schiff und seine Leute dorthin führen, wo es ihm gefällt.’ Jeden Abend nahmen Brendan und seine Mannen ihre Mahlzeit zu sich. Ein Wind kam in ihrem Rücken auf, und sie wußten nicht, wohin er sie bringen würde.

Nachdem sie so vierzig Tage zugebracht und all ihre Vorräte verbraucht hatten, sahen sie weit entfernt eine sandige und steinige Insel aus dem Meer ragen. Als sie sich dieser Insel näherten, sahen sie, daß sie von sehr hohen Klippen umgeben war, von denen blaue Flüsse klarsten Wassers ins Meer stürzten. Sie fanden keinen Hafen, wo sie auf dieser Insel hätten landen können. Die Brüder waren vom Bedürfnis nach Speise und Trank aufgerieben und erschöpft. Sie wollten das

Wasser dieser Flüsse holen und mitnehmen. Da sprach Brendan zu ihnen: 'Raubt nicht das Wasser dieser Insel, denn Gott wird uns in drei Tagen einen Hafen zeigen, wo wir unsere schwachen und kraftlosen Körper wieder stärken können.'

Nachdem sie drei Tage lang um die Insel gefahren waren, fanden sie einen Hafen, wo ein Boot anlegen konnte. Brendan erhob sich und segnete den Hafen, bevor sie an Land gingen. Zu beiden Seiten waren die Felsen wie hohe Mauern. Als sie an Land waren, sagte Brendan zu seinen Leuten: 'Nehmt nicht das geringste Kleidungsstück vom Schiff.'

Als sie daraufhin die Insel durchquerten, sahen sie einen kleinen Hund, der sich Brendan demütig zu Füßen legte. Brendan sagte also zu seinen Brüdern: 'Ist das nicht ein guter Bote, den uns Gott hier geschickt hat? Folgt ihm und er wird euch zu euch führen.' Da folgten die Brüder ihm, wie Brendan ihnen geheißen hatte. Und Brendan sprach weiter: 'Gebt gut acht, daß der Böse Geist euch nicht verführt. Ich sehe den Widersacher gar einen der drei Brüder, die uns aus dem Kloster folgten, zu einem Diebstahl aufstacheln. Betet feurig für die Seele dieses einen der drei Brüder, da sein Körper sich in der Macht des Teufels befindet.' Das Haus, in welches sie gelangt waren, war von unbeschreiblicher Länge und Breite und enthielt viele verzierte Vasen und goldenen Bänder.

Brendan sagte also zum Priester, der gewöhnlich jedem seinen Teil gab: 'Serviere uns den Teil, den Gott uns geschickt hat.' Und als sich der Priester rasch erhob, fand er die Tafeln gedeckt mit Tellern der verschiedensten Farben. Auf ihnen lag eigenartig weißes Brot und sehr viel ausgezeichneter Fisch. Brendan segnete den Tisch und sagte zu seinen Brüdern: 'Laßt dem allmächtigen Gott, der all seinen Kreaturen Speise und Trank zur Genüge gibt, Ehre und Ehrerbietung zuteil werden.' Sie setzten sich also zu Tisch und priesen Gott; sie segneten das Getränk und die Speise und aßen, bis sie genug hatten.

Nachdem sie ihre Mahlzeit verzehrt hatten, sagte Brendan zu ihnen: 'Meine Brüder, rastet und schlaft, denn ihr seid müde nach eurer Reise und Seefahrt. Und als sie eingeschlafen waren, sah Brendan den Bösen Geist in der Gestalt einer kleinen, häßlichen Kreatur, mit einem Goldhalm, den er dem Bruder auf die Brust legte. Der Bruder erwachte und betete zu Gott bis der Morgen anbrach. Als es wieder Tag war, sagte Brendan zu seinen Leuten: 'Auf zur Arbeit, das heißt zu unseren Stunden.' So gingen sie hin. Als sie ihre Stunden beendet hatten, sprach Brendan zu ihnen: 'Begeben wir uns nun wieder zu unseren Booten.' Als sie sich von ihren Betten erhoben, sahen sie die Tische wie gewöhnlich zubereitet. So war es drei Tage und drei Nächte lang.

Danach bereiteten Brendan und seine Mannen sich vor zur Abreise. Er sagte zu seinen Brüdern: 'Seht zu, oh liebe Freunde, daß niemand von euch etwas von dieser

Insel mitnimmt, auf der wir uns befinden.' Und alle erwiderten: 'Auf daß Maria uns davor bewahre, einen Diebstahl auf unserer Reise zu begehen!' Brendan sprach: 'Unter der Achsel des Bruders, von dem ich euch erzählte, ist ein goldenes Band: Letzte Nacht hat der Teufel es ihm durch Diebstahl zugesteckt.' Als der Bruder dies vernommen hatte, warf er das Band weit von sich, warf sich Brendan zu Füßen und sagte: 'Oh geliebter Vater, ich habe zweifelsohne gesündigt, doch erbarme dich meiner und bete für meine Seele, auf daß weder meine Seele, noch mein Körper in Verdammnis geraten.'

Als die Brüder das hörten, knieten auch sie nieder und beteten für die Seele des Bruders. Und als sie sich von ihren Gebeten erhoben, sahen sie, wie der kleine, schwarze und schreckliche Mann von der Brust des Bruders fiel und sich laut beklagte; und hier die Worte, die er dabei sprach: 'Warum hast du mich verjagt, oh Pfarrer, vom Erbe und vom Wohnsitz, an dem ich sieben Jahre verbrachte?' Brendan antwortete ihm: 'Ich befehle dir im Namen des Herrn Jesu Christ, bis zum Tage des Jüngsten Gerichts niemanden mehr zu quälen und zu unterdrücken.' Woraufhin sie der Teufel verließ.

Da sagte Brendan zum Bruder: 'Nimm den Leib und das Blut Christi zu dir, denn nun wird sich deine Seele von deinem Körper trennen, und dies ist die Stätte deines Grabes. Was den Bruder betrifft, der dich seit dem Kloster begleitete, so wird er bald in der Hölle auferstehen.' Die Seele verließ den Bruder, nachdem er die Sakramente empfangen hatte. Die Engel kamen ihm entgegen und brachten ihn in den Himmel. Dann wurde sein Körper in allen Ehren von Brendan und seinen Männern bestattet.

Danach begaben sie sich an die Küste, an der ihr Boot lag, und als Brendan an Bord ging, sah er einen jungen Mann mit einem Gefäß voller Brot und einem anderen voller Wasser auf sich zukommen und sagen: 'Empfangt dies Geschenk aus den Händen eures Dieners, denn ihr habt eine weite Strecke vor euch. Doch wird es euch bis Ostern weder an Brot noch an Wasser mangeln.' Nachdem sie sich voneinander verabschiedet hatten, stiegen alle auf ihre Boote und segelten danach lange auf dem Meer."[119]

Wir wollen es bei dieser Stelle mit jenen zwei Anekdoten bewenden lassen. Die vollständige Erzählung umfaßt mehrere Dutzend, in denen die christliche Wundertätigkeit, verfaßt in diesem weitschweifigen und umständlichen Stil des späten Mittelirisch bald recht eintönig wird. Wir sehen jedoch auf alle Fälle, wozu die völlige Christianisierung eines keltischen Stoffes wird: Das Original, welches all seines mythischen Inhalts beraubt ist, dient lediglich als Rahmen erbauender Legenden, deren unvermeidlicher Held ein Heiliger wird, der sich seiner Gebete und seines Heils ebenso sicher ist, wie Cuchulainn seines Todes und seines Ruhms. Nur wenige Einzelheiten sind unserer Studie hierbei zweckdienlich.[120]

Doch ist diese Inselthematik unabhängig von allen Christianisierungsversuchen in höchstem Maße traditionell. Ein grundlegender Zug der irischen Seefahrtsgeschichten ist der, daß die Reisenden ein Land oder einen Kontinent nur selten und flüchtig betreten. Dabei handelt es sich ungeachtet ihrer Größe immer um Inseln, die als Etappen oder vorläufige Ziele dienen, da das eigentliche Ziel selbstverständlich entweder die Andere Welt als solche, oder aber die Insel Irland war. Doch konnten wir mittlerweile feststellen, daß es Inseln aller Arten gibt, so daß sich uns fast die Frage aufdrängt, welch farbenfrohe und träumerische Phantasie sie da in einem solch irrealen Licht aus den nordwestlichen Nebeln auftauchen läßt.

Zusammenfassend kann also gesagt werden, daß die Inseln im Norden der Welt sich unmöglich von der Anderen Welt und von den Seewegen trennen lassen, die zu ihnen führen. Auch die vier Inseln der vier Urdruiden der Tuatha Dé Danann unterscheiden sich trotz der nüchternen Beschreibung und dem einfachen Lehrgebäude der *Cath Maighe Tuireadh* ("Die Schlacht in der Ebene der Säulen") im Wesentlichen nicht von den unzähligen Inseln, die in den *immrama* beschrieben werden. Doch auch jene paradiesischen Inseln, welche die Griechen bei den Hyperboräern besuchten, lassen sich kaum davon unterscheiden. Es handelt sich um den irischen *sid* in der ganzen Tragweite seiner Bedeutung. Wenn die Druiden von solchen Inseln kommen oder dort ihr Wissen vertiefen, so besteht hier keinerlei Widerspruch zum Umstand, daß bei all den Inseln, auf denen die Seefahrer von Bran bis hin zu Brendan landeten, nie von ihrer Anwesenheit berichtet wird. Die Andere Welt versinnbildlicht einen Zustand der Vollendung, in dem die menschlichen Rangordnungen nicht mehr nötig sind. Erst das Christentum bevölkerte sie mit Einsiedlern, Heiligen, Ungeheuern und den verschiedensten *mirabilia.* Man liest hier die Messe und trägt die Stundengebete vor, doch wandelte es sie nicht in ein christliches Paradies um und "entweihte" sie, ohne ihre Geheimnisse zu lüften. Dies ist kaum die Stätte, an der die glücklichen Seelen weilen, welche durch Tugend und Buße das ewige Heil erlangten.

VII. Der erste Mensch

Cessair ist die Frau allen Anbeginns. Vor ihr gab es kein menschliches Wesen auf Irland. Leider war das männliche Element in ihrer Besatzung (drei Männer und fünfzig Frauen) stark unterbesetzt. Wir zitierten jedoch bereits zuvor (Kapitel V. 5) die Stelle des *Buchs der Eroberungen,* die von den ungewöhnlichen Umständen ihrer Ankunft erzählt.

Der Führer Ladra interessiert uns nicht weiter: Jene kurze Passage sagte bereits, was diesbezüglich zu sagen war. Doch kam Fintan viel mehr die Rolle des Urvaters zu als Cessair selbst, und dies aus zwei Gründen: wegen seines langen Lebens und seiner weitreichenden Kenntnisse. Seine Rolle eines hohen Würdenträgers der irischen Geschichte, zweifelsohne ein Druide, stellt den Stoff eines Gedichts aus der *Gründung des Gebietes von Tara* dar, welches wir hier anführen wollen, da es relativ kurz ist. Fintan lebte also lange genug, um die Sintflut, im Anschluß daran alle Eroberungen Irlands durch die verschiedensten Völker zu erleben und sich schließlich sogar zum Christentum zu bekehren:

"Von Irland weiß ich zur Genüge
wenn man mich darum fragt,
welche Eroberungen es erfuhr
seit dem Beginn der angenehmen Welt.

Cessair kam aus dem Osten.
Diese Frau war die Tochter Biths gewesen
[und kam] mit fünfzig Mädchen
und drei Männern.

Die Sintflut ergriff sie,
das war ein beklagenswertes Unglück,
und ertränkte sie alle,
jeden einzelnen in ihren Untiefen.

Bith [ertrank] im Norden des Sliab Betha,
welch trauriges Geheimnis,
Ladra bei Ard Ladran
und Cessair auf ihrem Rückzug.

Was mich betrifft, so wurde ich gerettet
vom Gottessohn, dem Schutz aller Truppen,
und die Sintflut trug mich
auf das starke Tul Tuinde.

Ein Jahr verbrachte ich unter der Sintflut
auf der Festung von Tul Tuinde
Man verbrachte seither und wird auch keinen
besseren Schlaf mehr verbringen, [als meinen damals]

bis Partholon aus dem Osten,
aus Griechenland zu mir kam,
so daß ich mit seinen Nachfahren lebte,
auch wenn das einen langen Weg bedeutet.

Ich war noch immer in Irland
als es zur Wüste wurde,
bis Agnoman kam
und Nemed mit dem strahlenden Tod.

Dann kamen die Fir Bolg,
und das ist eine schöne und wahre Geschichte.
Auch mit ihnen lebte ich,
während der Zeit, die sie in diesem Land verbrachten.

Doch ist es lange her, daß die
Fir Bolg und die Fir Galioin kamen.
Dann kamen die Fir Domnann
und besetzten Irrus im Osten.

Dann kamen die Tuatha Dé an
in Wolken schwarzen Nebels,
und ich lebte mit ihnen
auch wenn das lange dauerte.

Dann stellten sich ihnen die Söhne Mils
in diesem Land entgegen.
Bei jeder ihrer Familien lebte ich
bis zur Zeit, die ihr heute seht.

Dann kamen die Söhne Mils
von Spanien, aus dem Süden,
und ich lebte bei ihnen
auch wenn ihr Kampf brutal war.

Ich hatte bereits ein fortgeschrittenes Alter erreicht,
was ich nicht zu verbergen suche,
bis mich der reine Glaube
vom König des bewölkten Himmels ergriff.

Ich bin Fintan, der Weiße,
der Sohn Bochras; ich verstecke es nicht.
Ich lebe seit der Sintflut hier
und bin von hohem und edlem Alter."[121]

Vielleicht liegt das Hauptinteresse dieses Gedichtes darin aufzuzeigen, wie das christianisierte Irland seine Ursprünge sah, ohne von ihnen Abstand zu nehmen und dennoch das Heidentum zu verurteilen, also das Unvereinbare zu vereinen. In einem anderen Text können wir eine zusätzliche Information lesen, welche das Gedicht über Fintan verschweigt: Jener erste Mensch und Urdruide ist auch der Herr der Beredsamkeit. Daher stottert er auch, was in dieser Hinsicht als selbstverständlich galt. Seine Ketten sind wohl dieselben wie die des Gottes Ogmios in Dürers *Kunstbuch*[122], was jedoch die mittelalterlichen Iren nicht ahnen konnten:

“Und welch anderes Wunder gibt es, oh Frau?’ fragte Fingen. ‘Das ist nicht schwer,’ antwortete jene: ‘Fintan, der Sohn Bochras, Sohn Ethiars, Sohn Nualls, Sohn Andas, Sohn Cains, Sohn Noahs, betraute der hohe, oberste König mit dem Amt des obersten Weltenrichters der Weisheit. Denn er ist stumm, (d.h. seine Beredsamkeit war nicht gut, obgleich er sie besaß) seitdem er das Grollen der sintflutlichen Wellen an der Flanke des Berges Oilifet vernahm, als er selbst im Südwesten Irlands vor den Wellen stand. Dort wurde er seiner Beredsamkeit beraubt und in tiefen Schlaf versetzt, solange die Sintflut auf der Welt währte. Seit damals blieb er bis zu dieser Nacht ohne Sprache. Die Wahrheit Irlands, die Übereinstimmungen, die Voraussagen, die alte Geschichte und die passenden Gesetze waren bis zu jener Nacht verborgen geblieben, denn er war der letzte Mensch, den die Sintflut übriggelassen hatte. In jener Nacht aber wurde der Geist des Propheten Samuels vom Herrn in Gestalt eines jungen Mannes herabgeschickt, der aus seinem Munde Sonnenstrahlen schleuderte, die ihm in die Nackenhöhle fuhren und danach als sieben Ketten oder sieben Beredsamkeiten auf seiner Zunge lagen. In dieser Nacht wurden die Altertümer und Übereinstimmungen offenbart, und man sagt seither ‘Schweigen ist besser als ein schlechtes Wort’.”[123]

Die Iren erwarteten vom ersten Menschen einen bedeutenden Dienst: Die Überlieferung des traditionellen Wissens, welches ihren Namen und ihre Existenz durch alle Ereignisse der Geschichte rechtfertigen sollte, und das bis einschließlich ihres Religionswechsels. Für eine derart schwierige und harte Aufgabe bedurfte es mehrerer besonderer Fähigkeiten. So wurde der Ausdruck der Ursprünglichkeit auf mehrere Gestalten aufgeteilt: Und wenn Fintan die Beredsamkeit zukam, so wurde die Erfindung der Sprache, in diesem Fall des Gaelischen einem anderen Weisen, und zwar Fenius Farsaid zugeschrieben. Nach dem *Auraicept*, dem antiken Handbuch der irischen Gelehrten, war dieser Fenius Farsaid der Anführer von drei Weisen und zweiundsiebzig Beratern, die die Welt zur Zeit des Turms zu Babel regierten, als es nur drei Sprachen für die gesamte Menschheit gab: das Hebräische, Griechische und das Lateinische.

“Der Name ihres Anführers war Fenius Farsaid, und er war in den wichtigsten Sprachen bewandert, (obwohl er aus dem Norden, von den Skythen kam). Die Überlegenheit dieser drei Hauptsprachen liegt in der Menge der in ihnen abgefaßten Wissenschaften, in der Art und Weise, wie sie sich mit allen anderen Sprachen vermischten, und auch in der Inschrift, die in diesen dreien auf dem Kreuzesholz geschrieben war [...].”

Fenius verfügt über einen biblischen Stammbaum, da er ein Nachfahre (in der etwa zwanzigsten Generation) Gomers, Japhets und Noahs ist.

“Darüber hinaus ist Fenius ein Skythe, so daß die Skythen und die Goten je nach ihren Stammbäumen auf ihn zurückgeführt werden. Alle waren sie vom Geschlechte

Noahs. Vor dem Turmbau war das Hebräische die Sprache der Welt, und sie wird es auch nach dem Gericht sein. Andere wieder behaupten, daß sie sogar von den Himmelsbewohnern benutzt wurde. Erst nachdem seine Schüler von ihrer Lehre zu Fenius zurückgekehrt und von ihren Reisen, d.h. ihren Fahrten und Arbeiten erzählt hatten, baten sie den Weisen Fenius um eine Sprache, die niemand anderen als ihnen gehören sollte.

Aus diesem Grund also wurde die irische Sprache mit all ihren Zusätzen erfunden, jene Sprache, die, wie es im großen Buch der Wälder überliefert wird, von der wichtigsten Literatur gewählt wurde, die Sprache der Dichter, in der sie miteinander verkehren, und die Sprache der Allgemeinheit, die in allen verschiedenen Ländern unterrichtet wird [...]"[124]

Die indoeuropäischen Ursprünge, die uns heute so geläufig sind, waren dem Mittelalter noch nicht bekannt, und kein Gelehrter hätte es gewagt, einen auch noch so relativen Zwiespalt zwischen Bibel und Wissenschaft zu vermuten, wobei letztere nur glaubhaft war, wenn sie die Heilige Schrift bestätigte. Da sich jedoch die hier beschriebenen Ereignisse nicht in Irland zugetragen hatten, mußte man wohl oder übel geschichtliche und sprachliche Bezüge herstellen. Dieses Verfahren beschränkt sich sicherlich nicht nur auf Irland. Der Umstand, dem hier die größte Bedeutung zukommt, ist wohl der heilige Ursprung der gaelischen Sprache, wodurch all das in ihr überlieferte Wissen auf die Urzeiten der ersten Nachkommen Adams zurückreicht. In diesem Fall kann es sich nur um die Christianisierung einer sehr alten Vorstellung bezüglich der linguistischen und ethnischen Ursprünge Irlands handeln.[125] Die Bestätigung und Erklärung dieser Vorstellung wird in außerordentlicher Klarheit im dritten und typischsten Fall der "Urmenschen", dem Tuan Mac Cairills, offenkundig. Eine gekürzte Fassung seiner Geschichte wurde bereits als Beispiel der keltischen Metempsychose angeführt. Hier nun die Umstände seiner Begegnung mit einem der bedeutendsten Nachfolger des Heiligen Patrick, Finnen von Mag Bile:

"Nachdem Finnén von Mag Bile mit dem Evangelium im irischen Land, im Gebiet der Ulaten angekommen war, suchte er einen reichen Krieger auf, der ihm den Einlaß in seine Festung verwerte und ihn einen ganzen Sonntag lang gegen ihn fasten ließ. Der Glaube des Kriegers war nicht gut. So sagte Finnén zu seinen Leuten: 'Ein guter Mann wird zu eurer Unterstützung mit euch gehen und euch die Geschichten Irlands erzählen.'

Am nächsten Morgen kam in aller Frühe ein ehrenwerter Geistlicher zu ihnen, den sie willkommen hießen. 'Kommt mit mir zu meiner Einsiedelei,' sprach er, 'das wird angenehmer sein für euch.' So begleiteten sie ihn und feierten den Sonntagsgottesdienst mit Psalmen, Predigten und Opfergaben. Finnén fragte ihn um seinen Namen. Er antwortete ihnen: 'Ich komme von den Ulaten; ich bin Tuan

Mac Cairill, der Sohn Muiredach Muinderg. Ich habe meine Einsiedelei im Erbe meines Vaters Tuan, Sohn Starns, Sohn Seras, Sohn des Bruders Partholons eingerichtet. So lautet mein Name seit allem Anbeginn.'

Finnén befragte ihn über die Ereignisse Irlands und die Geschehnisse der Zeit Partholons. Finnén sagte, er wolle nicht mit ihm speisen bevor jener ihm nicht die Vorfälle Irlands erzählt hätte. Tuan erwiderte Finnén: 'Das ist schwierig für uns, ohne zuvor über die Worte Gottes meditiert zu haben, welche du uns vor kurzem vortrugst.' 'So soll es dir gewährt sein,' sagte Finnén, 'uns jetzt deine eigenen Abenteuer und die Ereignisse Irlands zu erzählen.'[126]

Und Tuan erzählt von den Eroberungen Irlands durch Partholon, Nemed, die Fir Bolg, die Tuatha Dé Danann und die Söhne Mils. Er berichtet vor allem, wie er bei einer jeden eine andere Gestalt annahm, indem er der Reihe nach vom Hirsch zum Eber, zum Falken und zum Lachs wurde.

"Doch als Gott, meine Hilfe, die Zeit für gekommen hielt und alle Tiere mir hinterherjagten und alle Fischer in allen Seen mich schon kannten, fing mich der Fischer Cairells und brachte mich der Frau Cairells, die Fisch wünschte. Ich erinnere mich genau: Der Mann legte mich auf den Rost und briet mich; die Königin verspeiste mich ganz alleine und ich fand mich in ihrem Busen wieder. Ich entsinne mich auch der Zeit, die ich in ihrem Busen verbrachte, und all dessen, was vor ihr im Hause gesprochen wurde und während dieser Zeit in Irland geschah. Ich erinnere mich, wie ich, wie alle anderen Menschen auch die Sprache erlernte und daß ich alles wußte, was sich in Irland zugetragen hatte. Ich war ein Wahrsager und man gab mir den Namen Tuan, Sohn Cairells. Dann kam Patrick mit dem Glauben nach Irland. Ich war schon sehr alt, man taufte mich, und ich glaubte ganz allein an den König aller Elemente.'

Dann feierten sie die Messe, und nachdem Tuan mac Cairell ihnen diese ganze Geschichte erzählt hatte, ging er mit Finnian und seinen Männern in den Speisesaal. Dort verweilten sie eine ganze Woche bei ihrer Unterhaltung. Die gesamte Geschichte und Stammbaumkunde Irlands stammt also von Tuan, dem Sohn Cairells. Er hatte vor ihnen mit Patrick gesprochen und für ihn prophezeit. Er hatte auch mit Colum Cille gesprochen und weissagte nun Finnian in Anwesenheit des ganzen Volkes. Finnian schlug ihm vor, bei ihm zu bleiben [...], doch wurde ihm das nicht gewährt. 'Dein Haus wird berühmt sein bis zum [jüngsten] Gericht,' sprach Tuan [...] Nach Fintan lebte Tuan hundert Jahre in Menschengestalt in Irland, dann war er zwanzig Jahre lang ein Eber, achtzig Jahre lang Hirsch, hundert Jahre lang Adler, verbrachte dreißig Jahre lang in der Gestalt eines Fisches im Wasser und lebte abermals hundert Jahre in Menschengestalt bis ins hohe Alter zur Zeit Finnéns, dem Sohn hUi Fiachtachs."[127]

Mehrere Male findet diese wunderliche Weisheit Irlands ihren Ausdruck in Form von Gesprächen zwischen zwei Druiden, oder wie hier, zwischen einem (bekehrten) Druiden und einem Heiligen. Ihre Absicht, ihre Ursprünge mit dem Lehrgebäude der Schriften in Einklang zu bringen, ohne sich selbst dabei zu vergessen oder gar zu verleumden, könnte kaum klarer werden. So werden die Tuatha Dé Danann noch lange nicht zu Teufeln oder Dämonen, nur weil sie aus dem Norden der Welt kommen, der dem Heiligen Land so ferne ist, auch wenn die Sintflut den *terminus post quem* der ätiologischen Legenden darstellt. Finnen verhält sich genau wie ein Geschichtsdruide, ein *sencha*, der einen ehrenwerten Alten befragt, um später von seinem angehäuften Wissen profitieren zu können.[128]

In dieser Hinsicht erstaunt oder verwirrt die Erzählung Tuans den großen Heiligen Finnen keineswegs, der sie getreu in sein Gedächtnis aufnimmt, ohne sich die Mühe zu geben, sie schriftlich festzuhalten. Diese kann jedoch für uns nur im Rahmen der fünf Invasionen Irlands verständlich werden, die mit den vier Zeitaltern übereinstimmen, die Hesiod nach klassischer Manier definiert.[129] Die sechste Eroberung, d.h. eigentlich die erste, wird jedoch von der gängigen Aufzählung ausgeschlossen, da sie sich vor der Sintflut abspielte. Sie fanden also der Reihe nach statt unter:

Cessair
....
Partholon
Nemed
Fir Bolg
Tuatha Dé Danann
Söhne Mils oder Goideln

Um Interpretationsfehler zu vermeiden, wie sie z.B. der große irische Gelehrte O'Rahilly beging, sollten wir an dieser Stelle überdies anmerken, daß es sich bei diesen Invasionen um traditionelle und nicht um geschichtliche Erklärungsmodelle handelt.[130] All diese ersten Einwohner Irlands stellen ganz einfach das keltische Gegenstück der königlichen Ursprünge Roms, von Romulus bis Tarquinius dar, wie wir sie bei Titus Livius oder Vergil finden. Es wäre müßig, ihre Spuren in Archäologie oder Geschichte zu suchen, und es leuchtet uns ein, daß jede einzelne Einwanderungswelle einen unerläßlichen Bestandteil der keltischen Religions- und Gesellschaftsstruktur mit all ihren Königen, Druiden und Kriegern darstellt. Das muß wohl auch die Nachfahren der biblischen Patriarchen überrascht haben, die lange in Ägypten und in der Mittelmeergegend herumirrten. Um die Tuatha Dé Danann konzentrierte und rankte sich eine außerordentlich klare Mythologie, wobei die *Filid* alle mythischen Vorbilder, alle Bestandteile ihrer Theologie und alle grundlegenden Strukturen ihrer Legenden mit bewunderswerter Beständigkeit auf all jene Invasionswellen bezogen. Da wurde sicher etwas rasch vergöttlicht, doch wurde diese Arbeit so konsequent vollzogen, daß auch heute noch so mancher zeitgenössische Forscher darin den Faden der Argumentation verliert.[131]

Jede, der im Gedächtnis des ersten Menschen verankerten Einwanderungswellen, stellte insofern einen Neubeginn dar. Die Schöpfer, Partholon, Nemed und all die anderen erschließen das Neuland, bevölkern es und teilen es auf, machen es urbar, erfinden und lassen Seen und Flüsse entstehen. Doch gibt es in allen Fällen, außer dem der Goideln, auch das Ende: Seuchen, Ruin oder Sklaverei. Keiner der Anführer dieser Geschlechter oder Dynastien ist jedoch ein Urvater. Man benötigte also einen, zwei oder drei, die für sie alle standen, um den künftigen und fernen Generationen die Erinnerung, oder besser die Erzählung zu überliefern, die von den grundlegenden Ereignissen berichtete. Dieser Urdruide, gleich wie wir ihn nun nennen, akzeptierte folglich auch, daß Gott ihm Metempsychosen auferlegte, die den Propheten oder Evangelisten nie in den Sinn gekommen wären. All das spielt sich natürlich vor dem Christentum ab, (da es nachher nicht mehr nötig war, denn das Heil war ja offenbart) wobei dem Urdruiden in jedem Zeitalter Irlands eine bestimmte, menschliche oder tierische Gestalt auferlegt wird:

Partholon	:	Druide
Nemed	:	Hirsch
Fir Bolg	:	Eber
Tuatha Dé Danann	:	Falke
Goideln	:	Lachs
Patrick	:	Wahrsager und Geistlicher

Ohne hierbei weiter auf die Symbolik dieser Zustände eingehen zu wollen, da dies bei weitem unseren Rahmen sprengen würde, liegt eine solche jedoch auf der Hand. Diese Seelenwanderungen stellen allem Anschein nach einen mühseligen Zwang dar, wie es sich für eine göttliche Sendung gehört. Die letzte, die die Vollendung des Kreislaufs kennzeichnet, bedeutet die Rückkehr zum Menschsein durch eine königliche Geburt, die der himmlischen Glückseligkeit vorangeht: Nicht jedem Druiden war es schließlich vergönnt, vom Heiligen Patrick persönlich getauft und nach seinem Ableben Teil der Gemeinschaft der Heiligen zu werden.[132]

VIII. Das Seeigelfossil

Die Vorstellung der Ursprünglichkeit verdichtet sich schließlich auch im Symbol des Seeigelfossils, welches von Plinius nur ungenügend geschildert wurde. Dennoch kommen wir nicht um die Beschreibung des lateinischen Autors umhin, da sie die einzige der gesamten Antike ist:

"Außerdem steht eine Art von Eiern in großem Ansehen bei den Galliern, wird aber von den Griechen nicht erwähnt: Wenn sich Schlangen in großer Zahl zusammenballen, bilden sie diese mit dem Speichel ihres Schlundes und dem Schaum ihrer Leiber in kunstvoller Verschlingung; man nennt sie *urinum* [Schlangenei]. Die Druiden sagen, dieses werde zischend in die Höhe geschleudert, und man müsse es mit einem Mantel auffangen, damit es die Erde nicht berühre; der Räuber [des Schlangeneis] müsse zu Pferde fliehen, da ihn nämlich die Schlangen so lange verfolgen, bis sie durch einen dazwischenliegenden Fluß aufgehalten werden; ein Beweis der Echtheit des Schlangeneis sei, daß es, sogar in Gold gefaßt, gegen den Strom schwimme. Und wie die Magier ihre Betrügereien mit scharfsinniger Geschicklichkeit zu verbergen wissen, meinen sie, man müsse es an einem bestimmten Tag des Mondes zu erlangen trachten, als ob es in der freien Entscheidung der Menschen läge, daß dieses Tun der Schlangen mit [dem Mond] zusammenfalle. Ich habe in der Tat ein solches Ei von der Größe eines mäßig runden Apfels gesehen, gekennzeichnet durch eine knorpelige Schale mit zahlreichen Saugnäpfen wie an Polypenarmen. Von den Druiden wird es zur Erringung des Sieges bei Streitigkeiten und für den Zutritt bei den Königen in erstaunlichem Maße gelobt, aber die Lügenhaftigkeit ist so groß, daß ein römischer Ritter aus dem Lande der Vokontier, der bei einem Rechtsstreit ein solches Ei auf der Brust trug, vom vergöttlichten Kaiser Claudius, wie ich weiß, aus keinem anderen Grunde getötet wurde. Diese Umwindung der Schlangen jedoch und ihre fruchtbare Eintracht scheint auch der Grund zu sein, weshalb fremde Völker den Heroldsstab zum Zeichen des Friedens mit dem Bild von Schlangen umgeben gestaltet haben; es besteht nämlich die Sitte, [die Schlangen] am Heroldsstab nicht mit Kämmen zu versehen."[133]

Plinius nimmt hier einen religiösen Glauben zur Kenntnis und tut ihn als Aberglauben ab, da er ihn nicht versteht. Ein archäologischer Fund aus dem Ende des letzten Jahrhunderts, der mittlerweile durch einige weitere erhärtet und vervollständigt wurde, liefert uns jedoch heute den Beweis, daß es sich hierbei um eine wesentlich komplexere Angelegenheit handelte, als Plinius es wahrhaben wollte:

"1899 stellte ich mit meinen Mitarbeitern Grabungen am Tumulus von Poiron en Saint-Amand-sur-Sèvre (Deux-Sèvres) an, der um eine kreisförmige Erdaufschüttung gelagert ist. Dieses Hügelgrab von einem Durchmesser von 20 Metern wurde durch einen 2 Meter breiten und 3,50 Meter tiefen Schnitt angegraben, der über seinen Mittelpunkt hinausging. Er enthielt lediglich eine kleine Kammer, die von sechs Schieferplatten gebildet wurde, und kaum länger als zwanzig Zentimeter war, und in deren Mitte ein versteinerter Seeigel eingeschlossen war."[134]

Der Fall deckt sich mit dem eines Grabhügels von Barjon (Côte-d'Or), welcher zischen 1961 und 1962 von M. Ratel freigelegt wurde: "Die Untersuchungen des Seeigelfossils aus dem Grabhügel E ergaben, daß er dort absichtlich vergraben wurde."[135]

Man errichtete wohl kaum Erdhügel von 20 Metern Umfang ohne ernsthafte Gründe. Der Text des Plinius gibt also zweifelsohne eine bedeutsame, kosmogonische, doch verunstaltete und vertrocknete Legende wieder, von der wir uns nur ein annäherndes Bild machen können, wenn wir sie mit dem Goldembryo *Hiranyagarbha* vergleichen, der der Keim war, aus dem gemäß der vedischen Tradition die ganze Welt entstanden war. Das Seeigelfossil ist demnach das kosmische Ei. Das allein genügt bereits, die Unstimmigkeiten bei Plinius zu korrigieren, deren wörtliche Interpretationen sich zwangsläufig im Sand verlaufen müssen.[136]

Der römische Autor verwertete tatsächlich grundlegende, metaphysische Informationen der Druidenlehre, doch verunstaltete er sie fast zur Unkenntlichkeit, da er sie nicht bzw. nur als lächerliche Fabel verstand: Wie sollten wir demnach auch nachvollziehen können, das dieses *ovum anguinum* durch das Zischen der Schlangen in die Luft geschleudert wurde, wo es sich doch um einen "Knoten aus Vipern" handelte. Und wie sollen wir verstehen, daß dieses wie durch ein Wunder in einem Mantel aufgefangene Schlangenei von einem Reiter fortgeschafft werden sollte, um der Verfolgung unbedeutender Reptilien zu entkommen; und noch weniger leuchtete es uns schließlich ein, weshalb es schwimmen oder in Gold gefaßt werden sollte.[137]

Schließlich wirft jedoch der Vergleich mit dem Hinduismus ein klareres Licht auf die keltischen Umstände:

"Das Weltenei *(Brahmânda)* ist die Hülle des Goldembryos *(Hiranyagarbha)*, jenem Urkeim des kosmischen Lichts. Dieses Ei schwimmt in den Urgewässern und wird vom symbolischen Schwan Hamsa, dem "einzigen Vogel", ausgebrütet. Das kosmische Ei ist die Gestalt, die Brahma annahm, welcher vor dem Leben jenseits von Sein und Nicht-Sein existierte, und der durch seine göttliche Energie das göttliche Ei in Himmel und Erde spaltete und so die veräußerte Welt schuf. Mit anderen Worten steht das im kosmischen Ei enthaltene Embryo an der Spitze des Schöpfungsmythos, oberhalb Prajapatis ("Herr aller Kreaturen"), der Form Brahmas bezüglich der menschlichen Existenz und Purushas, dem ersten Menschen, von dem alle Götter und Menschen abstammen, und welcher von den Göttern selbst geopfert wurde, um die Schöpfung zu bewerkstelligen. So vermag das in den Urgewässern schwimmende, kosmische Ei zu erklären, weshalb das *ouum anguinum* gegen den Strom schwimmt, selbst wenn es in Gold gefaßt ist: Ganz offensichtlich verstand Plinius nicht den Zusammenhang zwischen dem Ei und dem Gold, dem Symbol des Lichts. Das hinduistische Ei Brahmas unterstreicht ebenfalls die

Bedeutung des Eis als "druidisches" Symbol, welches vor allem mit der Priesterklasse in Verbindung gebracht wurde."[138]

Nur eine solche Symbolik kann schließlich auch das Vorhandensein eines Seeigelfossils in einer sonst leeren Grabkammer in einem Tumulus ohne Zeugnisse einer Erd- oder Feuerbestattung erklären. Der römische Ritter der Vokontier trug ein solches Seeigelfossil auch wohl kaum aus bloßem Aberglauben als Talisman, sondern weil er die priesterliche Symbolik des kosmischen Eis kannte. Ebensowenig hatte Kaiser Claudius jenen für seinen Aberglauben hinrichten lassen, sondern weil er sich dadurch als Druide auszeichnete, die wie die *mathematici* verurteilt waren.[139]

Der mythische Stoff hielt sich, wenn auch mit Veränderungen, bis ins walisische Mittelalter und früher noch in der Literatur der Artussage. Wir werden uns hier auf das Wesentlichste, eine Stelle aus der Sage des *Peredur Ab Efrawc,* beschränken. Nach zahlreichen Abenteuern tritt Peredur im Kampf gegen einen schwarzen, einäugigen Ritter an. Er besiegt ihn und zwingt ihn, seine Identität preiszugeben und ihm zu erklären, unter welchen Umständen er sein Auge verlor. Der schwarze Mann erzählt ihm folgendes:

" 'Herr', sprach der schwarze Mann, 'ich werde dir preisgeben, daß ich mein Auge im Kampf gegen die schwarze Schlange des Karn [Grabkammer] verloren habe. Der Tumulus vor uns wird Grabhügel der Schmerzen genannt. In diesem Grabhügel ist ein großer Karn aus Stein, und in diesem Karn liegt eine Schlange. Im Schwanz dieser Schlange ist ein Stein. Sein Vorzug ist, daß der, der ihn in seiner Hand hält, in der anderen all das Gold bekommt, das er wünscht."[140]

Dieser Erdhügel und Tumulus ähnelt dem Modell der kleinen Kammer von Saint-Amand-sur-Sèvre. Schließlich bleibt die Schlange aus der von Plinius erzählten keltischen Legende erhalten, die jedoch die christlich-mittelalterlichen Waliser ebensowenig verstanden zu haben scheinen als jener. Das Motiv des Steins und des Goldes kehrt aber immer und überall wieder, wobei der Stein wahrscheinlich (und unverstandenerweise) das "Schlangenei" ersetzte, welchem der Stellenwert eines Glücksbringers zukam.[141]

IX. Triaden und Druidengruppen

Lange vor den Tuatha Dé Danann verfügte bereits Partholon, der Anführer des ersten Sagengeschlechts, über Druiden. Die irischen Gelehrten konnten sich bis ins Mittelalter nämlich keine Welt ohne Druiden vorstellen.

"Und hier die Anführer Partholons: Partholon selbst, Slanga, Laiglinne, Rudraige und dessen Hilfssöldner Ith. Ihre Frauen hießen Iafe, Elgnat, Berbgen, Cerbnat. Die sieben Bauern Partholons waren Tothach und Torba, Imus und Aitechbel, Cuil,

Dorchu und Dam. Partholons Verwalter Beoil baute ein Haus, machte einen Kessel und lieferte einen Zweikampf in Irland. Darüber hinaus war Malaliach der erste Bürge und Braumeister, der erste, der Farnbier trank. Er machte auch die ersten Opfer, Anbetungen und Bannsprüche. Die drei Druiden Partholons hießen Tath, Fis und Fochmarc ["Trost, Erkenntnis und Forschung"]. Milchiu, Meran und Muinechan waren die drei Helden. Ihre zehn Töchter waren Aidne, Aife, Aine, Fochain, Muchos und Melephard, Glas, Grennach, Ablach und Gribdenach. Deren zehn Gatten hießen Brea, Boan, Ban, Carthend, Ecnach, Athcosan, Lucraidh, Lughair, Liger und Greber."[142]

In dieser langen Aufzählung der verschiedensten Persönlichkeiten stellen die drei Druiden eine bemerkenswerte Gruppe dar. Auch die Nachfolger Partholons wurden von Druiden und Wahrsagern begleitet.

"Dreißig Jahre nach dem Tod Partholons war Irland verlassen, bis Nemed, der Sohn Agnomans mit seinen vier Anführern, die seine vier Söhne waren, von den Griechen Skythiens kam. Vierundvierzig Schiffe hatte er eineinhalb Jahre lang auf dem Kaspischen Meer gehabt, doch erreichte nur das Seine Irland. Seine vier Anführer hießen: Iarbonel der Wahrsager, Annind und Fergus mit der roten Seite. Sie waren die anderen Söhne Nemeds."[143]

Druiden oder Götter? Wohl beides, denn die mittelalterlichen Iren ließen ihren Göttern eine menschliche Vergangenheit zukommen, um ihnen leichter einen Platz in ihren Annalen irgendwo zwischen der Sintflut und dem Heiligen Patrick einräumen zu können, so daß auch die Druiden des Ursprungs nicht unbedingt als Menschen angesehen wurden:

"Es gab drei Götter Danas, auf die der Name der Tuatha Dé Danann zurückgeht, der ihnen später gegeben wurde: Es waren dies die drei Söhne des Bres, dem Sohn Elathas, Triall, Brian und Cet; vielleicht wurden die Tuatha Dé Danann aber auch nach Brian, Iuchar und Iucharba, den drei Söhnen Tuirend Briccreos, den drei Druiden benannt."[144]

Die Namen der drei Urdruiden der Tuatha Dé Danann bezeugen Wissenschaft und Priestertum, denn *Fiss, Fochmarc, Eolas* bedeuten "Wissen, Forschung, Erkenntnis".[145]

Die Druiden sind oft zu dritt. Als die Königin Medb in den ersten Schicksalsschlägen der *Tain Bo Cualnge* einen Bund bricht, den sie mit Cuchulainn geschlossen hatte, schickt sie drei Druiden und drei Druidinnen mit reichlich unangenehmen Namen, ihn durch die Künste ihres Berufs zu töten:

"Medb schickte also sechs Leute los, um Cuchulainn anzugreifen: Traig ("Fuß"), Dorn ("Faust"), Dernu ("offene Hand"), Col ("Sünde"), Accuis ("Fluch") und Eraisi ("Irrlehre"), drei Druiden und drei Druidinnen. Cuchulainn griff sie [aber zuvor] an und sie fielen vor ihm zu Boden."[146]

Dabei handelt es sich aber nicht einfach um eine niedrige Zahl, da sie immer gleich bleibt. Was bedeuten diese Druidengruppen? Nach dem *Buch der Eroberungen* haben die Tuatha Dé Danann alles in drei Exemplaren:

"Rabb, Brott, Robb, ihre drei Narren,
Fiss, Fochmarc, Eolas, ihre drei Druiden,
Dub, Dobur, Doirche, ihre drei Mundschenke,
Seith, Seor, Linad, ihre drei Servierer,
Seic, Rusc, Radarc, ihre drei Wachen,
Talc, Tren, Tres, ihre drei Diener,
Attach, Gaeth, Sidhe, ihre drei Pferde,
Aig, Taig, Tairchell, ihre drei Hunde,
Ceol, Taig, Tetbinn, ihre drei Harfenspieler,
Gle, Glan, Gleo, ihre drei Quellen,
Buaid, Ordan, Togad, ihre drei Adoptivväter,
Sid, Saime, Suba, ihre drei Adoptivmütter,
Cumma, Set, Samail, ihre drei Kelche,
Meall, Tete, Rochain, ihre drei Spielplätze,
Aine, Indmas, Brugna, ihre drei Schwerter,
Cain, Alaig, Rochain, ihre drei Festungen."[147]

Wir werden an anderer Stelle noch darauf eingehen, daß die Triade nicht als Zeichen beschränkter arithmetischer Fähigkeiten verstanden werden darf, sondern als Darstellung der Vielzahl als der Einzahl übergeordnete Einheit.[148] Denn all dies ist mythisch oder zumindest die Erweiterung eines Mythos: Die drei Druiden der Tuatha Dé Danann, Brian, Iuchar und Iucharbar, sind zugleich drei Götter, von denen einer, Brian, den Namen des Siegers über Rom und Delphi im IV. und III. Jahrhundert v.Chr. trägt.[149] All diese Angaben sollten verstanden und interpretiert werden wie die irischen Annalen und Stammbäume. Cian z.B. ist der Vater Lugs. Lug, Dagda, Ogme und Diancecht sind Brüder, wobei Diancecht wieder der Vater Cians ist. Der Dagda ist der Vater seiner eigenen Mutter, der Onkel seines Sohnes, der Liebhaber und Sohn seiner eigenen Tochter, die nicht nur seine Gattin wird, sondern auch die seines Bruders. Da die Götter und in der Folge auch die Druiden, den Dimensionen des Raumes, der Zeit und so auch der Entwicklung trotzen (können), sind sie eins und vielfältig zugleich. Zwar sind sie Väter oder Mutter, Söhne oder Töchter, Brüder oder Schwestern, doch sind sie alle ewig und müssen nicht erst in die zeitlichen Normen geboren werden. Ihre komplexen und manchmal widersprüchlichen Stammbäume dienen lediglich dazu, sie einzuordnen und ihr Verhältnis zueinander zu erklären.[150]

Zwar weichen einige Einzelheiten immer voneinander ab, doch ist das Prinzip fest und traditionell. Es wäre lächerlich, all dies wörtlich verstehen zu wollen und das tiefe Gedankengut zu verkennen, welches sich hinter diesen Phantasien verbirgt. Nichts stünde besser dafür ein, als die genealogische Antwort, die der *File* Nede seinem älteren Konkurrenten Ferchertne im *Gespräch der zwei Weisen* gibt:

"Ich bin der Sohn der Dichtung,
die Dichtung, Tochter der Überlegung,
die Überlegung, Tochter der Meditation,
die Meditation, Tochter der Wissenschaft,
die Wissenschaft, Tochter der Forschung,
die Forschung, Tochter der Großen Wissenschaft,
die Große Wissenschaft, Tochter der Großen Intelligenz,
die Große Intelligenz, Tochter der Fassungskraft,
die Fassungskraft, Tochter der Weisheit,
die Weisheit, Tochter der Drei Götter der Dana.[151]

Diese drei Götter sind wiederum die Söhne der Priesterin, Druidin und Göttin Brigitte, der Tochter des Dagda, wie auch Minerva die Tochter Jupiters ist. Sie ist eine dreifache Göttin:

"Die Dichterin Brigite ist die Tochter des Dagda. Diese Brigite ist auch die Frau der Weisheit, die von den Dichtern verehrt wurde, da ihr Schutz groß und berühmt war. Daher nannte man so die Dichtergöttin, deren Schwestern Brigite, die Frau der Medizin und Brigite, die Frau der Schmiedearbeit waren. Diese Göttinnen sind die Töchter des Dagda."

"Die drei Söhne der Dichterin Brigite waren Brian, Iuchar und Uar, die drei Söhne des Bres, Sohn Elathas. Die Dichterin Brigite, die Tochter des großen Dagda, war ihre Mutter."[152]

So sind die Dreiergruppen der Druiden ein noch sichereres und wirksameres Mittel, das Priestertum mit seinen göttlichen Ursprüngen in Verbindung zu bringen. Das knüpft nun wiederum an die dreiteilige Ideologie an, da sich bei den Kelten mehr noch als bei den meisten anderen indoeuropäischen Völkern die gemeinsamen Ursprünge erhielten, welche eine dreifache Sicht der Welt, der Wesen und der Dinge gewohnt waren.

X. Der Gottdruide

Der Gottdruide ist zugleich der Gott der Druiden. In einem kritischen Augenblick der *Belagerung von Druim Damghaire*, ruft Cennmhar den "ersten Druiden der Welt" an. Dies ist Mog Ruith, der folgende Rede hält, während man das von ihm angeordnete Druidenfeuer errichtet: *de dhruadh, mu dhe tar gac nde* "Gott der Druiden, mein Gott vor allen anderen Göttern".[153] Dieser "Gott der Druiden" oder

Dagda (der "gute Gott" oder "sehr Göttliche")[154] ist Druide und Krieger zugleich, und, wir schilderten es gerade, auch der Vater der Brigitte, der Mutter der drei Urdruiden. Wir können sehen, daß es der Macht der Druiden nicht an Rechtfertigungen mangelte. In der Tat waren für die nicht-priesterliche Allgemeinheit alle Götter Druiden, so wie alle Druiden Götter waren. Die Entsprechung war zweideutig, und so wurde sie auch verstanden.[155]

"Nach Dechtire [seiner Mutter] lehrte mich Cathbad mit dem liebenswerten Gesicht, bis ich in den Künsten des Gottes des Druidentum bewandert war,"[156]

sagt Cuchulainn in der Erzählung *Brautwerbung um Emer*.

Nun verstehen wir auch besser, weshalb dem Urdruiden Tuan mac Cairill diese Metempsychosen vorbehalten sind, welche nur übermenschlichen und mythischen Gestalten zukommen. Auch ein gewisser Connla Cainbrethach ("Mit dem schönen Urteil") hatte schließlich unrecht, seinen zeitgenössischen Druiden vorzuwerfen, sie könnten nichts am Lauf der Dinge ändern. Dazu gibt es eine recht merkwürdige Stelle im *Senchus Mor*, in der dieser sehr alte und wertvolle Text aus dieser Gestalt einen wahren Druidenverächter macht, indem er sich auf die berühmtesten aller Weisen beruft:

"Nach ihr kam Connla Cainbretach, der Weise von Connaught. Er übertraf alle Männer Irlands an Weisheit, da er von der Gnade des Heiligen Geistes erfüllt war. Er argumentierte gegen die Druiden, die behaupteten, sie hätten den Himmel, die Erde und das Meer usw., die Sonne und den Mond usw. geschaffen. Er war es, der zu ihnen sagte: 'Laßt Sonne und Mond im Norden auf die Menschen der Welt scheinen, und wir werden alles, was ihr sagt, glauben.' Als man jedoch sah, daß sie dazu nicht die Macht hatten, sprach er: 'Es ist besser für uns, unseren Glauben in den zu legen, der alle Dinge geschaffen hat und der der Gott des Himmels und der Erde ist. Die Macht und die zahlreichen Kräfte des Gottessohnes, den ihr nicht an eurer Seite haben wollt, sind von anderer Natur. Rühmt euch nicht eurer Stärken, denn ihr seid nicht imstande den Lauf eines einzigen Tages und einer einzigen Nacht zu verändern, die immer gleich in den Elementen ablaufen, je nachdem wie Gott es geschaffen hat."[157]

Uns interessiert hier der Glaube, nicht die Widerlegung. Der Schreiber verkannte, daß das hier in Frage gestellte Prinzip das der Weltenschöpfung durch die Urdruiden und nicht durch ihre fernen Nachfahren ist. Da jene Erben der göttlichen Urdruiden, jenen Erschaffern der Welt und der Lebewesen nach denselben unveränderlichen Prinzipien vorgingen, hatten sie auch keinen Grund, auf eine bloße Herausforderung mit einem zwecklosen und unbegründeten Wunder zu antworten. Nach den religiösen Vorstellungen der Kelten schuf der Kult die Welt. Nun ist der Priester der Motor dieses Kultes, denn ohne Glauben verfiele die kosmische

Ordnung ins Chaos. Hier jedoch handelt es sich um eine bloße Streitigkeit einer Heiligenlegende, die in einen Rechtstext übernommen wurde.

Dennoch sahen die Druiden die Schlußkatastrophe voraus, der auch sie keinen Einhalt gebieten würden können: "eines Tages werden Feuer und Wasser alleine regieren."158 Ende der Welt oder lediglich eines Zyklus'? Auf alle Fälle sahen die Druiden über ihre eigene Geschichte hinaus. Als Abschluß der *Zweiten Schlacht von Mag Tured* prophezeit die Kriegsgöttin Morrigan:

"Ich sehe eine Welt, die mir mißfällt:
Sommer ohne Blumen,
Kühe ohne Milch,
schamlose Frauen,
mutlose Männer,
Verhaftungen ohne König,
Bäume ohne Obst und
Meere ohne Laich,

schlechte Ansichten der Alten,
schlechte Urteile der Richter,
jeder Mensch ein Verräter und
jeder Bursch ein Dieb,

der Sohn geht ins Bett des Vaters
und der Vater ins Bett des Sohnes,
jeder wird der Schwager seines Bruders sein.

Eine böse Zeit, in der
der Sohn seinen Vater und
die Tochter ihre Mutter verraten wird."[159]

Das ist zugleich das Reich der Niedrigkeit als auch die Apokalypse. Die verdichtete und elliptische Form des Ausdrucks ist umso ergreifender, da diese Verse die große Schlacht zwischen Tuatha Dé Danann und Fomoire abschließen. Kaum ist die Welt dem Chaos entkommen, aufgebaut und nach den für eine gesellschaftliche und religiöse Ordnung unerläßlichen Grundsätzen geregelt, da droht ihr schon der Untergang durch die menschliche Dummheit und Bosheit.

Derselbe Stoff steht wesentlich ausführlicher und detaillierter im *Gespräch der beiden Weisen* zur Debatte. Hier jedoch mißt der Autor der Respektlosigkeit und karikativen Umkehrung der Rangordnung größeren Stellenwert bei als Katastrophen und unausweichlichen, natürlichen Schicksalsschlägen. Wir könnten das fast als warnendes Vorgefühl einer Verachtung verstehen, deren intellektuelle Basis erst in unserer Zeit erarbeitet wurde:

"Um die Wahrheit zu sagen, habe ich schlechte Neuigkeiten. Die Zeiten werden schlecht sein; es wird viele Anführer geben mit geringen Ehren; die Lebenden werden ihre guten Urteile brechen.
Das Vieh der ganzen Erde wird unfruchtbar sein;
die Menschen werden die Bescheidenheit verwerfen;
die Helden der großen Herren werden voranschreiten;
die Menschen werden böse sein; es wird wenige Könige geben;
die Thronräuber werden häufig sein;
die Vorwürfe werden sehr zahlreich sein; jeder Mensch wird verstümmelt sein;
die Wagen werden während der Fahrt zerbrechen;
die Feinde werden die Ebene von Niall vernichten;
die Wahrheit wird keine Auszeichnung mehr sein.
Man wird die Wege suchen, die um die Kirchen herumführen;
alle Kunst wird schalkhaft sein;
man wird die Lüge vorziehen.
Jeder wird mit Stolz und Hochmut ein äußeres Erscheinungsbild pflegen, so daß weder Rang noch Alter oder Würde, weder Kunst noch Gelehrtheit geehrt werden.
Jeder fähige Mann wird gebrochen werden; jeder König wird arm sein;
jeder Adelige wird beargwohnt werden, jeder Verbrecher jedoch wird hochgelobt, so daß man keinen Gott noch Menschen verehren wird.
Die Herrscher werden durch die Unterdrückung der Männer mit den schwarzen Spitzen vor ihren Usurpatoren fallen.
Das Gesetz wird abgeschafft werden;
die Opfergaben werden abgeschafft;
die Grundlagen werden abgeschafft;
die Zellen [der Mönche] werden zerstört;
die Kirchen werden verbrannt;
die Zimmer der Habsüchtigen werden verwüstet;
der Mangel an Gastfreundschaft wird die Blumen verheeren;
die Früchte werden wegen der schlechten Urteile abfallen;
für die ganze Welt wird der Weg verschwinden.
Die Hunde werden die Leiber verletzen, so daß all ihre Leute durch Hinterlist, Geiz und Knausrigkeit [...?...].
Das Ende der Welt wird der Armut, der Gier und Knauserei Zuflucht bieten.
Unter den Künstlern wird es viel Streit geben;
alle werden sich Satiriker kaufen, um zu ihren Gunsten zu satirisieren;
Jeder wird dem anderen seine Grenzen auferlegen.
Auf jedem Hügel wird es Verrat geben, so arg, daß weder Bett noch Predigt Schutz gewähren werden;

ein jeder wird seinen Nachbarn verletzen und seinen Bruder verraten;
ein jeder wird seinen Trink- und Tischgenossen verletzen, so daß es weder Wahrheit, noch Ehre oder Gefühl geben wird.
Die Geizhälse werden sich gegenseitig durch ihre Vielzahl aufreiben;
die Thronräuber werden sich gegenseitig mit Hinterlist satirisieren;
die Würden werden umgestürzt werden; die Lehren der Geistlichen werden vergessen; vor den Weisen wird man sich hüten;
die Musik wird ausfällig werden;
der Krieger wird sich zum Mönch und Priester machen;
die Weisheit wird zu schlechten Urteilen werden;
die Hand eines Herrschers wird sich über die Kirche erstrecken;
das Böse wird von der Spitze der Bischofsstäbe kommen;
alle Liebe wird zum Ehebruch werden.
Großer Stolz und Ehrgeiz wird über die Söhne der Flegel und Nichtsnutze kommen.
Große Habsucht, große Fremdenfeindlichkeit und große Not werden über die Verwalter kommen, so daß ihre Gedichte düster sein werden.
Die Stickkunst wird den Narren und Huren unterstehen, so daß farblose Kleidungsstücke zu erwarten sind; schlechte Helden werden zu den Königen und Herren kommen; Undankbarkeit und Bosheit wird sich in allen Seelen einnisten, so daß weder Diener noch Dienerin mehr ihren Herren dienen werden, so daß weder König noch Landesherr die Bitten und Urteile ihrer Kantone erhören werden, so daß die Verwalter nicht mehr auf die Mönche und ihre Leute hören und dem Herrn nicht mehr die ihm zustehenden Abfindungen zahlen werden, so daß der Mönch seiner Kirche und seinem rechtmäßigen Abt nicht mehr durch gute Taten dienen wird, so daß die Frau nicht mehr das Wort des Mannes über ihr ertragen wird, so daß die Söhne und Töchter ihren Vätern und Müttern nicht mehr dienen werden, so daß die jungen Leute sich nicht mehr vor ihren Lehrern erheben werden.
Jeder wird seine Kunst zur schlechten Lehre und falschen Intelligenz werden lassen, um zu versuchen seinen Meister zu übertreffen, so daß der Jüngere sitzen will, während der Ältere neben ihm steht, so daß weder König noch Herr sich schämen werden mit dem Begleiter zu trinken und zu speisen, der ihn bedient, so daß sich kein Bauer scheuen wird, sich in sein Haus zum Essen zurückzuziehen und dem Künstler den Einlaß zu verwehren, der seine Ehre und seine Seele für einen Mantel und Speise verkauft, so daß ein jeder sich bei Speis und Trank gegen seinen Begleiter wendet, so daß die Lust jeden Mann packt, so daß der stolze Mann seine Ehre und seine Seele für einen Skrupel verkauft.
Die Bescheidenheit wird verworfen werden; das Volk wird verhöhnt werden; die Herren werden vernichtet werden; die Gesellschaftsordnung wird mißach-

tet werden; der Sonntag wird entehrt werden; die Wissenschaften werden vergessen werden und die Dichter werden nichts mehr schaffen.
Das Recht wird abgeschafft werden; bei den Thronräubern der letzten Welt werden falschen Urteile auftauchen; das Getreide wird nach seiner Ernte von einer Menge Fremder und Habenichtse verbrannt werden; in allen Ländern wird es zu viele Menschen geben.
Die Länder werden sich in die Berge erstrecken.
Alle Wälder werden zu Ebenen werden; alle Ebenen werden zu Wäldern werden.
Jeder wird mit seiner ganzen Familie in Sklaverei geraten.
Danach werden zahlreiche, grausame Krankheiten, plötzliche und schreckliche Stürme mit dem Weinen der Bäume kommen.
Im Winter wird es Blätter geben; der Sommer wird finster sein; im Herbst wird es keine Ernten geben und im Frühling keine Blumen.
Es wird großes Sterben und Hungersnöte geben.
Krankheiten werden auch die Herden befallen: Koller, Schwindsucht, Wassersucht, Pest, Geschwülste und Fieber.
Entdeckungen ohne Nutzen, Verstecke ohne Schätze, große Güter ohne Menschen; Aussterben der Helden,
Mangel an Weizen,
Meineide,
Urteile des Zorns,
ein drei Tage und zwei Nächte langes Sterben für ein Drittel der Menschheit; ein Drittel dieser Wunden [wird auch] den Tieren des Meeres und der Wälder [zuteil].
Dem werden sieben Jahre Klagen folgen.
die Blumen werden verwelken;
in jedem Haus wird es Trauer geben;
Fremde werden die Ebene Irlands zerstören;
die Männer werden anderen Männern dienen;
um Cnamchaill wird es Kämpfe geben;
schöne Stotterer werden getötet werden;
die Töchter werden für ihre Väter gebären
an berühmten Orten wird man sich Schlachten liefern;
Trostlosigkeit wird um die Anhöhen der Insel der Weiden herrschen
Das Meer wird die ganze Erde mitsamt der Residenzen des verheißenen Landes überfluten.
Sieben Jahre vor dem jüngsten Gericht wird Irland verlassen werden;
nach den Massakern wird es Trauer geben.

Dann werden die Zeichen der Geburt des Antichristen auftauchen;
in jedem Kanton werden Ungeheuer zur Welt kommen;
die Teiche werden sich gegen die Flüsse stellen;
die Materie wird golden sein;
das Wasser wird nach Wein schmecken;
die Berge werden makellose Länder werden;
die Torfstiche werden zu Blumenwiesen werden;
Die Bienenschwärme werden in den Bergen verbrannt werden;
die Meeresfluten werden von einem Tag auf den anderen später an den Strand kommen.
Dann werden sieben düstere Jahre kommen;
sie werden das Licht des Himmels verbergen;
beim Hinscheiden der Welt, werden sie das Gericht begleiten;
ein großes Urteil, oh Söhne, große Neuigkeiten, schreckliche Neuigkeiten, schlimme Zeiten."[160]

Die Vorstellung des letzten Gerichts gegen Ende dieses bemerkenswerten Textes, ist nicht keltisch, sondern christlich. Fast der ganze übrige Teil legt jedoch eindeutig vorchristliche Anschauungen an den Tag. Es scheint klar zu sein, daß der Mangel an Respekt gegenüber den Hierarchien und Fähigkeiten, die Verwirrung der Klassen und Aufgabenbereiche und die durch mangelnde Klugheit und Voraussicht verursachten Naturkatastrophen das Ende der Menschheit besiegeln. Doch mehr noch: die keltische Welt war bereits seit den Anfängen der Antike - und ist es auch heute nicht - geeignet, sich an die mittelalterlichen und neuzeitlichen Entwicklungen der westlichen Welt anzupassen. Was meinte wohl Philostratus, als er unter Septimus Severus schrieb: "Die Philosophie hatte [unter Domitianus] so große Angst, daß so manche ihrer Anhängern ihren Mantel ablegten, um in den Westen zu den Kelten zu fliehen"?[161] Gemäß der druidischen Doktrin brachte nicht der Verlust der Aufgabenbereiche das Ende der Welt, sondern eine Umkehrung bzw. Verschiebung ihrer Anwendung. Nicht das Nicht-Sein oder die Rückkehr zur Ursprünglichkeit der Anderen Welt sind Zeichen des Übels, sondern die Sittenlosigkeit der Existenz und, mehr und sicherer noch, der Eintritt und die Beschleunigung der Geschichte. Nicht die Tradition verschwindet, die Menschen sind es, die sie verloren haben.

Anmerkungen zum fünften Kapitel

1 T.D. Kendrick, *The druids,* London, 1927, S. 119.

2 Nora Chadwick, *The Druids*, S. 44.

3 C. Jullian, *Histoire de la Gaule* II, Jan de Vries, *Die Druiden*, in *Kairos*, 1960, S. 69.

4 Der Gebrauch der Schrift in Verbindung mit Zauberpraktiken ist, nach dem heutigen Wissensstand, fast immer wie in Gallien ein Zeichen für den Niedergang oder die späten Ausläufer einer Kultur.

5 Albert Bayet, *La morale des Gaulois, passim,* sah jedoch nicht, daß diese Moralbegriffe von einem Weltbild ausgingen, das dem unseren sehr fremd war, da es nicht auf den subjektiven Kriterien "gut" und "böse", sondern auf dem Unterschied zwischen "wahr" und "falsch" basierte.

6 Siehe unten das vollständige Zitat des griechischen Autors.

7 Christian-J. Guyonvarc'h, *Les adjectives numéraux en celtique*, in *Ogham* 10, 1958, S. 83 ff und 169 ff.

8 Wir stoßen hier auf einige Götternamen wie *Taranis, Belisama, Belenos, Brigantia, Ucuetis, Anvalonnacos* usw. Doch ist in diesem Bereich bei weitem nicht alles geklärt. So stellt z.B. der fremde Einfluß, zunächst aus Griechenland, schließlich aus Rom auch die erste Schwierigkeit der kontinentalkeltischen Epigraphie dar: Denn die Kelten sind in den seltensten Fällen Verfasser der Inschriften und die Epigraphen sind andererseits nie keltisiert. Daraus folgt, daß die Lektüre einiger Inschriften keine, andere wieder enorme Schwierigkeiten darstellen. Es ist völlig unnütz und abträglich, brillante Hypothesen aufzustellen und Worte, Formen und gar Sätze zu rekonstruieren, wenn wir uns nicht einmal über die Natur der Zeichen, die verwendete Sprache (wurde in Spanien noch keltisch gesprochen?), über Anfang und Ende der einzelnen Worte und Zeilen im Klaren sind, ja nicht einmal wissen, in welcher Reihenfolge die beiden Seiten einer Tafel zu lesen sind. Der Fall der lateinischen Fluchtafel aus (dem französischen) Rom, welche lange Zeit für einen gallischen Text angesehen wurde, da Rhys, Dottin und andere schlecht gelesen hatten (sie ist in einer lateinischen Kursivschrift des dritten Jahrhunderts verfaßt), sollte uns zu äußerster Vorsicht ermahnen; vgl. Rudolf Egger & Christian-J. Guyonvarc'h, *La tablette d'exécration de Rom (Deux-Sèvres), sa langue et les acteurs gallo-romains, Celticum* 5, 1962. Auf alle Fälle gibt es keine druidischen und noch weniger keltische, religiöse Inschriften der Glanzzeit. A priori stammt jede keltische Inschrift der Antike entweder aus Randgegenden wie Norditalien, Spanien oder Südgallien, oder aber aus späteren Epochen (zunächst der hellenistischen in Südgallien und anschließend der lateinischen). Wie die meisten anderen indoeuropäischen Völker auch, verfügten die Kelten über kein eigenes Alphabet, sondern entlehnten von Nachbarkulturen die Schrift als Archiv oder Lernmittel. Es ist erstaunlich, daß noch heute nach lateinischen bzw. griechischen Modellen und Kriterien an die Wiederherstellung oder "Lektüre" der gallischen Inschriften herangegangen wird.

9 Siehe Christian-J. Guyonvarc'h, *Die irische Ogham-Schrift,* in *Studium Generale,* 20, 1967, S. 449-456; Françoise Le Roux, *Le dieu celtique aux liens, loc. cit.,* in *Ogham* 12, 1960, S. 209-234 legte als erste das Verhältnis zwischen Bindung, Schrift, Wort und Beredsamkeit dar; siehe zuletzt auch unser Werk, *Introduction générale à l'étude de la Tradition celtique,* 2. Auflage, Kapitel III. 2 *L'écriture et la transmission de la tradition.*

10 *Auraicept na nÉces*, ed. George Calder, Edinburg, 1917, S. 272; vgl. Anders Ahlqvist, *The Early Irish Linguist, an edition of the canonical part of the Auraicept na nÉces with introduction, commentary and indices*, Helsinki, 1982, 81 Seiten.

11 *Auraicept na nÉces, op.cit.,* S. 272.

12 Christian-J. Guyonvarc'h, *Notes d'Étymologie et de Lexicographie gauloises et celtiques V. 14. Gaulois Ogmios, irlandais Ogma, Ogham,* in *Ogham* 12, S. 47-49; siehe auch Françoise Le Roux, *Notes d'Histoire des Religions. XX. 56. Deux questions relatives à Ogmios : l'origine grecque et la transmission insulaire*, in *Ogham* 22-25, 1970-1973, S. 231-234. Erinnern wir daran, daß es keine Darstellungen Ogmes gibt und daß es sich aller Wahrscheinlichkeit nach dabei um jene Gottheit

handelte, "deren Namen man nicht aussprach", so groß war die Furcht, die er einflößte. Das erklärt auch, weshalb der gallische und auch der irische Name aus dem Griechischen übernommen worden waren.

13 *Revue de l'Histoire des Religions*, Band 12, S. 132. Der Artikel wurde erneut unter dem Titel *La tradition druidique et l'écriture : le vivant et le mort,* in *Georges Dumézil, Cahiers pour un temps,* Centre Georges-Pompidou / Pandora Éditions, Paris, 1981, S. 325-338.

14 *Revue de l'Histoire des Religions, op.cit.,* S. 125.

15 Ed. Whitley Stokes, *Irische Texte* III, S. 200-201

16 *Ancient Laws of Ireland* I, S. 30.

17 *Introduction à l'étude de la littérature celtique,* S. 203.

18 Sie erhielten nämlich, absichtlich oder nicht, bis hin zu den ausgefeiltesten Texten, in der Darstellung der Erzählung immer die unverkennbar, mündliche Note der ursprünglichen Überlieferung ihrer Landestradition. So wußte selbst die gestürzte keltische Kultur das unveränderliche, traditionelle Prinzip zu respektieren, in dem die Überlegenheit des Gedankens gegenüber dem Wort, die des gesprochenen über das geschriebene Wort und schließlich die Überlegenheit der Schrift über das Bild zum Ausdruck kam. Siehe *Introduction générale à l'étude de la Tradition celtique,* 2. Aufl., Kapitel II. 3. *L'écriture et la transmission de la tradition* und Christian-J. Guyonvarc'h, *La littérature mythologique et épique de l'Irlande médiévale, Celticum* 10.

19 Hans Hartmann, *Der Totenkult in Irland. Ein Beitrag zur Religion der Indogermanen,* Heidelberg, 1952, S. 80.

20 Christian-J. Guyonvarc'h, *Le Combat des Arbrisseaux,* in *Ogham* 5, 1953, S. 111-112 und *Textes mythologiques irlandais* I/1, S. 149. Die Übersetzung von Gwenogvryn Evans, *The poems of Taliesin*, S. 26-27, unterscheidet sich in einigen Punkten.

21 *Textes mythologiques irlandais* I/1, S. 148-149.

22 *Textes mythologiques irlandais* I/1, S. 8.

23 Siehe unten unsere Definition des ersten Menschen.

24 *Compert da Muccido* ("Die Empfängnis der beiden Schweinehirten"), Christian-J. Guyonvarc'h in *Ogham* 12, 1960, S. 78-79.

25 *Ibid.,* S. 89.

26 *Hanes Taliesin* ("Die Geschichte von Taliesin"), Christian-J. Guyonvarc'h, in *Introduction générale à l'étude de la Tradition celtique,* 1. Aufl., *Celticum* 13, 1976, S. 89.

27 *Math uab Mathonwy,* ed. Ifor Williams, Cardiff, 1964, S. 64; vgl. J. Loth, *Les Mabinogion,* ed. 1913, I, S. 188; Georges Dumézil, *La quatrième branche du Mabinogie et la théologie des trois fonctions,* Skizze 59 in: *L'oubli de l'homme et l'honneur des dieux,* Paris, 1985, S. 93-111; *Textes mythologiques irlandais* I/2, S. 209-210.

28 Geoffroy de Monmouth, *Vita Merlini,* ed. *La légende arthurienne* III, S. 334-335 und 908-940; vgl. J.S.P. Tatlock, *The Legendary History of Britain*, Berkeley, 1950, Kapitel IV über Arthur, S. 178-229.

29 Ed. F.M. Luzel, in *Revue Celtique* I, S. 126-128.

30 Ed. Ifor Williams, *op.cit.,* S. 83; vgl. J. Loth, *Les Mabinogion* I, S. 199.

31 *Compert Con Culaind* ("Die Empfängnis Cuchulainns"), Fassung des *Lebor na hUIdre,* Christian-J. Guyonvarc'h, in *Ogham* 17, 1965, S. 367.

32 *Textes mythologiques irlandais* I/1, S. 241 ff.

33 *Textes mythologiques irlandais* I/2, S. 165 ff.

34 D'Arbois de Jubainville, *Les druides et les dieux celtiques à forme d'animaux*, S. 141.

35 Vgl. den Namen der Meldi (Meaux) untersucht von Christian-J. Guyonvarc'h, *loc. cit.,* in *Ogham* 11, S. 285-287.

36 Salomon Reinach, *Le mot orbis dans le latin de l'Empire, à propos de l'orbis alius des druides, Revue Celtique* 22, S. 447-457 hat bewiesen, daß der Ausdruck *orbe alio, orbis*, dessen sich Lucanus in seiner *Pharsalia* V, 452 bedient, kein Jenseits in einem Mond- oder Sternenuniversum bezeichnet,

sondern vielmehr eine "andere" Gegend der irdischen Welt, was somit mit der gängigen Bedeutung des Wortes *orbis* im Latein des Römischen Reiches übereinstimmte: "Lucanus dachte dabei an die Inseln der Glücklichen, die die keltische Überlieferung weit draußen im Ozean, im Westen der britischen Inselgruppe ansetzt. Lucanus, der Interpret des Druidentum, bezieht sich also nicht auf ein anderes Leben in einer anderen Welt, sondern auf eine Art Verlängerung des irdischen Lebens unter dem Mond in einem anderen Teil der Welt." Salomon Reinach zeigt somit auf, ohne es jedoch direkt auf den Punkt zu bringen, daß die Gallier dieselbe Vorstellung von der Anderen Welt hatten wie die Iren vom *sid.*

37 Die etymologische und semantische Bezug zwischen "Frieden" und "Anderer Welt" wurde erstmals untersucht von Christian-J. Guyonvarc'h, *Notes d'Étymologie et de Lexicographie gauloises et celtiques XIII. 47. Irlandais Sid, gaulois *SEDOS "Sitz, Bleibe der Götter"*, in *Ogham* 14, 1962, S. 329-340. Nach diesem Artikel wurde dieselbe Frage aus einem anderen Blickwinkel, doch mit derselben etymologischen Grundlage behandelt: Thomas O'Cathasaigh, *The semantics of "Sid"*, in *Éigse* 17/2, 1977-78, S. 137-155. Einzelheiten können in *Le vocabulaire sacerdotale du celtique*, Kapitel III. *Termes doctrinaux, techniques et rituels* nachgelesen werden. Es genügt vorerst, sich drei grundlegende Bedeutungen zu merken, die durch gegenseitige Abhängigkeit und Ableitungen miteinander in Beziehung stehen: "Frieden", "Andere Welt" und "(Erd-)Hügel" (als Sitz der Anderen Welt), und schließlich als letzte Bedeutungserweiterung, "Bewohner der Anderen Welt". Es ist selbstredend, daß die Grenze zwischen diesen verschiedenen Bedeutungen oft verschwimmt.

38 Vgl. das Zögern Camille Jullians bezüglich des Aufenthaltsortes und der Lebensdauer der Götter, *Notes Gallo-Romaines XXII. Remarques sur la plus ancienne religion gauloise,* in *Revue des Études Anciennes* 6, 1904, S. 134-136.

39 Christian-J. Guyonvarc'h, *La navigation de Bran, fils de Febal,* in *Ogham* 9, 1957, S. 305-307; vgl. Seamus Mac Mathuna, *Immram Brain, Bran's Journey to the Land of Women*, Tübingen, 1985, S. 34-40.

40 Die Übersetzung dieser Strophe wurde aufgrund der Studie Rolf Baumgartens, *A Crux in Echtrae Conlai*, in *Eigse* 16/1, 1975, S. 18-23 überarbeitet. Die sieben unterschiedlichen Fassungen der Handschriften dieser Erzählung erlauben, für die fragliche Strophe keine einheitliche und sichere Interpretation. Doch ist die allgemeine Aussage klar.

41 Text aus *Lebor na hUidre*, ed. Best-Bergin, Dublin, 1929, Blatt 120 a,3-120b,26, S. 302-304, Zeilen 9991-10062; vgl. Julius Pokorny, *Conle's abenteuerliche Fahrt*, in *Zeitschrift für Celtische Philologie* 17, S. 195-201; vgl. Hans P.A. Oskamp, *Ectra Condle*, in *Études Celtiques* 14, 1974, S. 207-228; dieser Text wurde eingehend in den *Textes mythologiques irlandais* II/2 untersucht.

42 Siehe *Ogham* 9, *loc. cit.,* S. 309.

43 F.M. Luzel, *Contes populaires de la Bretagne armoricaine,* in *Revue Celtique* 6, S. 318-319. Die Geschichte vom grünen Schloß wurde 1873 in Prat (Nordbretagne) aufgezeichnet.

44 Wir vervollständigen in dieser Hinsicht Daniel Dubuisson, *Les talismans du roi Cormac et les trois fonctions*, in *Revue Historique*, 1973, S. 289-294, der diesen Sachverhalt anmerkte, ohne ihn zu erläutern.

45 Die Schreiber des Hochmittelalters, die bereits die Last zu tragen hatten, einen Mythos als Pseudogeschichte erzählen zu müssen, waren weder in der Lage, die Vorstellung der Anderen Welt auszudrücken, noch sie zu verstehen. Sie ließen dennoch die Teilung der Welt zwischen Goideln (bzw. den Söhnen Mils) und den Tuatha Dé Danann gelten: Erstere lebten auf der Erdoberfläche, letztere im Erdinneren, was schließlich auch der Grund dafür ist, weshalb so viele Sagengestalten in Höhlen, Erdhügeln oder Seen hausen. Sie konnten jedoch nicht mehr nachvollziehen, daß die Andere Welt allgegenwärtig ist und daß die gelegentlichen Kontakte zwischen Menschen und Göttern immer durch einen Einbruch des Göttlichen in die menschliche Welt geschehen, da die Welt des Diesseits ständig in der göttlichen Welt schwebt (ohne sie jedoch wahrzunehmen). Da die Zeit in diesem Fall unterbrochen ist, hat das Individuum das Gefühl, in die göttliche Welt einzudringen, was auf ewige Jugend hinausläuft. Daher hat die Rückkehr in diese Welt auch sofortiges Altern, Krankheit und Tod

zur Folge, da die menschliche Zeit für jene, die die Torheit besaßen zurückzukehren, in beschleunigter Form abläuft. Es ist dies also weniger eine Rückkehr, als ein Verschwinden bzw. ein Rückzug aus der Anderen Welt. Siehe *Textes mythologiques irlandais* I/2, S. 201 ff. und unsere *Introduction générale à l'étude de la Tradition celtique*, 2. Aufl., Kapitel III. 3. *L'Apollon hyperboréen et l'Autre Monde.*

46 Christian-J. Guyonvarc'h, *La mort de Cuchulainn et l'unique jalousie d'Emer,* in *Ogham* 10, 1958, S. 287-289.

47 *Echtra Thaidg mheic Chéin* ("Die Abenteuer Tadgs, Sohn Cians"), ed. Standish O'Grady, *Silva Gadelica* I, S. 347.

48 Es handelt sich hierbei um die Ankündigung der Herrschaft Conns, dem größten aller irischen Könige, *Airne Fingen* ("Nachtwache Fingens"), *Textes mythologiques irlandais* I/1, S. 192.

49 *Aided Lugdach ocus Derbforgaille* ("Der Tod Lugaids und Derbforgaills"), ed. Carl Marstrander, in *Ériu* 5, 1911, S. 208. "Es handelt sich hier um die etwas ungeschickte Nachahmung des ursprünglichen Stoffes des *Serglige Con Culaind* mit dem einzigen Unterschied, daß die Rolle Cuchulainns hier wahrscheinlich nachträglich zugefügt wurde, da die Frau des *sid* (der hier in Norwegen liegt) eigentlich an Lugaid interessiert war, der später König von Irland werden sollte. Wenn wir uns an die Frauen erinnern, die Bran oder Condla holen kommen, und bei denen alle Zaubergesänge eines Druiden zwecklos sind, erstaunt es, daß hier allein der Wille Cuchulainns genügt, Derbforgaill umzustimmen." (Françoise Le Roux, *Le rêve d'Oengus, commentaire du texte,* in *Ogham* 18, 1966, S. 146.)

50 *Branwen verch Llyr,* ed. Gwenogvryn Evans, *Y Mabinogi o Lyvyr Gwyn Rhydderch,* Pwlheli, 1907, S. 29, col. 58; ed. Derick S. Thomson, *Branwen Uerch Lyr, Mediaeval and Modern Welsh Series* II, Dublin, 1961, S. 16.

51 *Oidhe Chloinne Lir,* ed. O'Duffy, *Society for the Preservation of the Irish Language* 7, Dublin, 1908, Paragraph 16-20; Françoise Le Roux, *Le rêve d'Oengus, commentaire du texte,* in *Ogham* 18, S. 143-144.

52 *Ibid.,* Paragraph 61-68.

53 *Togail Bruidne Da Derga,* ed. Eleanor Knott, *Mediaeval and Modern Irish Series* 8, Dublin, 1936, S. 3

54 *Ibid.,* S. 5.

55 *Textes mythologiques irlandais* I/1, S. 233-234.

56 *Ibid.,* S. 235.

57 *Ibid.,* S. 58-59; zur Harfe auch I/2, S. 229-232.

58 *Textes mythologiques irlandais* I/1, S. 52. Keine irische Versammlung findet ohne Musik statt. Ein anonymer griechischer Autor, der fälschlich mit Scymnus von Chio gleichgesetzt wird, berichtete davon bereits im dritten vorchristlichen Jahrhundert, indem er die Umstände griechischem Einfluß zuschrieb: "Die Kelten haben hellenistische Bräuche und Sitten, die sie ihren häufigen Beziehungen mit Hellas und der Gastfreundschaft zu verdanken haben, mit der sie oft die Fremden in ihrem Land empfangen. Ihre Versammlungen halten sie mit Musik ab und erhoffen von dieser Kunst, die Herzen zu erweichen." (V, 183-187).

59 Das versucht eine kurze Stelle des *Coir Anmann* ("Übereinstimmung der Namen") zu belegen, die zwischen denen unterscheidet, die das Feld bestellen und denen, die eine Kunst beherrschen. Die seßhaften Ackerbauer gehörten demnach zu den Nicht-Göttern *(andee)*, die so den indischen *Vaishyas* entsprächen, während die Handwerker und besser die "Männer der Kunst" *(aes danae)* den Göttern *(dee)* vergleichbar wären. Folglich waren in Irland, und sicher auch in Gallien, all jene Götter, die über ein technisches oder intellektuelles Wissen verfügten: Metallarbeiter, Zimmerleute, Ärzte, Dichter oder Druiden: "Die Dichter waren Götter und die Ackerbauer Nicht-Götter [...] Ihre Magier waren Götter und ihre Ackerbauer Nicht-Götter." Ed. Whitley Stokes, *Irische Texte* III, S. 354. All dies wird zu einem Satz ausgeführt, in dem Cuchulainn Morrigan dafür dankt, ihm zu trinken gegeben zu haben. "Der Segen der Götter und Nicht-Götter sei mit dir." Wörtlich will diese Form der Danksagung sicherlich einen Segen aussprechen, der alle göttlichen und ungöttlichen Wesen, alle Menschen und alle

anderen umfaßt." Es ist erstaunlich, daß irische Gelehrte dies als Festlegung der Aufgabenbereiche und des Klassensystems interpretieren konnten.

60 *The Bodleian Amra Choluimb Chille,* ed. Whitley Stokes, *Revue Celtique* 20, S. 429-430.

61 Ed. Ifor Williams, *Pedeir Keinc y Mabinogi,* Cardiff, 1964, S. 46-47; vgl. Proinsias Mac Cana, *Branwen, daughter of Llyr,* Cardiff, 1958, S. 102-109.

62 *Textes mythologiques irlandais* I/1, S. 242; zur Erklärung der keltischen Vorstellung der Ewigkeit und der Zeit des *sid* siehe vor allem I/2, S. 221 ff.

63 *Textes mythologiques irlandais* I/1, S. 272-273 und I/2, S. 221 ff. Diese Vorstellung des Zeitmaßes ist sehr alt und geht auf indoeuropäisches Gemeingut zurück. Im Sanskrit werden die Begriffe "Zeit" und "Jahr" mit demselben Wort bezeichnet.

64 *Textes mythologiques irlandais* I/1, S. 250.

65 *ibid.,* S. 250.

66 Christian-J. Guyonvarc'h, *La Conception de Cuchulainn,* in *Ogham* 17, 1965, S. 367.

67 Françoise Le Roux, *La Conception de Cuchulainn, commentaire du texte*, in *Ogham* 17, 1965, S. 400.

68 Es wäre jedoch unzweckmäßig und unklug, eine Gesellschafts- oder Religionstheorie auf der Bestattungsweise der Kelten aufbauen zu wollen.

69 Ed. Whitley Stokes, *The Tripartite Life of Patrick* II, S. 308.

70 Bei *erdathe* handelt es sich um die unkorrekte Schreibweise von *erdath,* eine andere Schreibweise von *airtach,* welches nach den *Contributions to a Dictionnary of the Irish Language,* A/1, 184 und 240; E 166 "act of refreshing, restoring; act of celebrating; festival, ceremony" bedeutet. Die von d'Arbois de Jubainville in *Les Celtes et les langues celtiques*, S. 188-189 aufgestellte Etymologie ist nicht haltbar. Er war davon ausgegangen, daß es sich hierbei um eine Wortfügung handelte, die sich aus *er-* oder *air-* ("in Richtung, für, in") und einer Form von *dath* ("Farbe") handelte, wonach "*erdath* der Tag wäre, an dem der Tote seine Farbe wiedergewinnt", oder aber, daß es auf *data,* neuirisch *dathamhail* ("angenehm"), zurückgehe und so einen "angenehmen Tag" bedeutete. Wir können aus diesem Wort keinerlei Schlüsse auf das Vorhandensein einer Doktrin ziehen, die von einem Gericht über die Toten ausgeht, welches dem christlichen verwandt wäre.

71 Ed. Charles Plummer, *Irish Miscellanies,* in *Revue Celtique* 6, S. 165.

72 Siehe Christian-J. Guyonvarc'h, *Notes d'Étymologie et de Lexicographie gauloises et celtiques XXIV. 103. Apollon Virotutis; irlandais tuath et tuas, breton tus; gallois et breton tud,* in *Ogham* 18, 1966, S. 311-322. Hier wird diese Frage ausführlich behandelt; Joseph Cuillandre, *La droite et la gauche dans les poemes homériques en concordance avec la doctrine pythagoracienne et la tradition celtique,* Paris, 1944, S. 1-11.

73 Ed. Whitley Stokes, *The Life of Saint Meriasek, Bishop and Confessor, a Cornish Drama,* London, 1872, S. 198, um 3426-3431.

74 Rudolf Thurneysen, *A Grammar of Old Irish*, 1946, S. 305.

75 P. W. Joyce, *A Social History of Ancient Ireland* I, S. 302.

76 Ed. Whitley Stokes, *Three Irish Glossaries*, S. 38.

77 *Tain Bo Cualnge* ("Der Raubzug der Kühe Cooleys"), Fassung aus dem *Gelben Buch von Lecan,* Christian-J. Guyonvarc'h, in *Ogham* 15, S. 156.

78 Christian-J. Guyonvarc'h, *La mort de Cuchulainn, Version A,* in *Ogham* 18, S. 346.

79 *Tain Bo Cualnge,* Christian-J. Guyonvarc'h, *La mort de Cuchulainn* in *Ogham* 15, S. 347.

80 Ed. Ernst Windisch, *Irische Texte* V, S. 245.

81 *Talland Etair* ("Die Belagerung von Howth"), ed. Whitley Stokes, in *Revue Celtique* 8, S. 48.

82 Ed. Whitley Stokes, *The Tripartite Life of Patrick* II, S. 280.

83 Posidonius bei Athénäus XXIII; vgl. J. Zwicker, *op.cit.,* S. 14.

84 *Textes mythologiques irlandais* I/1, S. 15.

85 *Cethri arda in domain* ("Die vier Himmelsrichtungen der Welt"), in *Lebor na hUidre*, ed. Best-Bergin, Blatt 120b, 27-45, Zeilen 10063-10087, S. 305.

86 *Textes mythologiques irlandais* I/1, S. 185.

87 *ibid.*, S. 162.

88 Kuno Meyer, *Irish quatrains*, in *Zeitschrift für Celtische Philologie* 2, S. 225. Die Übereinstimmungen mit dem Sanskrit wurden untersucht von Daniel Dubuisson, *Le roi indo-européen et la synthese des trois fonctions, Annales, Économies, Sociétés, Civilisations,* Januar-Februar 1978, S. 28-34.

89 *Vitae Philosophorum,* Einleitung 1, in *loc. cit.,* S. 3.

90 Timagenes bei Ammianus Marcellinus XV, 94. Es wäre unklug d'Arbois de Jubainville, *Le cycle mythologique irlandais*, S. 262-263 allzu viel Glauben zu schenken, und diese viel zu kurzen Zeilen als Beweis für "Siedlungswellen" keltischer Völker in Gallien zu verstehen. Wir wissen nichts über die ethnischen Umstände der keltischen Besiedlung Westeuropas. Schon die letzten keltischen Volksbewegungen im späten Römischen Reich sind mehr als schleierhaft!

91 Es ist uns heute nicht mehr nachvollziehbar, weshalb d'Arbois de Jubainville, *Les druides et les dieux celtiques à forme d'animaux*, Paris 1906, S. 13-14 aus dem Text Cäsars folgerte, daß das Druidentum auf eine ursprünglich goidelische Einrichtung zurückginge. Der Ursprung der Druiden geht vielmehr Hand in Hand mit dem der Kelten, deren Sprache und Volk noch nicht getrennt waren. Nichts berechtigt weiters zur Annahme, daß die linguistischen Unterschiede zwischen dem älteren Goidelisch und dem jüngeren Britannisch mit zwei verschiedenen keltischen Einwanderungswellen übereinstimmt. Es wäre ebenso falsch, durch ein Verwechseln von Religion und Tradition, im Druidentum eine Art "Bundesreligion" zu sehen, die gleich dem Islam Völker verschiedenen Ursprungs umfaßt hätte. Hier ist die Tradition untrennbar mit Volk und Sprache verbunden.

92 Albert Bayet, *La morale des Gaulois*, S. 36-37. Natürlich gab es nichts dergleichen wirklich. In Britannien gab es keine "Druidenschule", die denen des Kontinents überlegen gewesen wäre. Es ist viel eher wahrscheinlich, daß die Einweihung der Priester, wie auch der Krieger und wohl auch der Handwerker traditionell in nördlichen Gegenden stattfand.

93 Christian-J. Guyonvarc'h, *La courtise d'Emer,* in *Ogham* 11, S. 416-417.

94 Calatin ist ein "Kollege" der Hydra von Lerne. Im Zuge des *Raubzuges* tötet Cuchulainn ihn und seine siebenundzwanzig Söhne. Die Töchter, von denen in der B-Fassung von *Cuchulainns Tod* die Rede ist, sind posthume Kinder.

95 Christian-J. Guyonvarc'h, *La mort de Cuchulainn,* Version b, in *Ogham* 13, S. 509.

96 *Immacallam in da thuaraid* ("Das Gespräch der zwei Weisen"), in ed. Whitley Stokes, in *Revue Celtique* 26, S. 98.

97 Plutarch , *De defectu oraculorum* 18, in: *Über Gott und Vorsehung, Dämonen und Weissagung,* Zürich & Stuttgart, 1952, S. 127. Ein schönes Beispiel für eine Insel, die nicht nach einem Gott oder einem Helden benannt wurde, sondern ihm umgekehrt den ihren verlieh, ist die Insel Man, auf die der (Bei-)Name des irischen Gottes Manannan mac Lir zurückgeht, der unpassenderweise später als Führer und Händler vergöttlicht wurde. Vgl. Th. Chotzen, *loc. cit.*, in *Études Celtiques* 4, S. 266-267.

98 *Ora Maritima*, ed. A. Berthelot, Paris 1934, 108-112. Hier werden die Spuren eines alten Wortspiels erkenntlich, welche den Namen Irlands in den antiken Quellen mit dem griechischen *hiero(n)-* ("heilig") in Zusammenhang bringen. Siehe dazu H. Gaidoz, *Du prétendu nom d'Ile Sacrée anciennement donné à l'Irlande,* in *Revue Celtique* 6, S. 352-361. Wir halten es für klüger, die Untersuchung aller antiker Traditionen um einen hyperboräischen Apoll noch aufzuschieben, der nach den Worten des Diodor die Gläubigen alle neunzehn Jahre besuchte. Ein solches Studium gehört in eine allgemeine Untersuchung der keltischen Gottheit eingebettet, welche sich, ohne große Geheimnisse, hinter dem klassischen Namen verbirgt. Doch weist die Hartnäckigkeit, mit der die Griechen auf diesen mythologischen Kontext der Hyperboräer und die nordische Lage dieser Welt hinweisen (wie dies auch im *Hesperidengarten* geschieht), bereits auf das Interesse hin, welches sie diesem Stoff entgegenbrach-

ten. Es scheint aber, daß die Alten Nordeuropa jedoch nicht genügend kannten. Die klassischen Umstände seiner Entdeckung wurden untersucht von Raymond Chevallier, *La Vision du Nord dans l'Antiquité gréco-romaine, de Phytéas à Tacite,* in *Latomusk* 43, 1984, S. 85-96. Wir können nachträglich nur bedauern, daß die Römer zur Zeit des Imperiums nicht weiter kamen als Pythéas.

99 Aus diesem Grund sind sie auch *im* Norden der Welt und nicht *vom* Norden der Welt, was dem irischen Vokabular nach einen formellen Widerspruch darstellen würde, da sie in jenem Fall dieser Welt angehörten. Insofern ist die Andere Welt auch einzigartig und nicht eine andere Welt in einer Vielzahl von Welten.

100 Tzètzès, *Commentaire sur Hésiode*; siehe Prokop, *De Bello Gothico*, IV, S. 20.

101 Siehe Christian-J. Guyonvarc'h, *Notes d'Étymologie et de Lexicographie gauloises et celtiques XXVIII, 132. Celtique commun *Letavia, gaulois LETAVIS, irlandais Letha; la porte de l'Autre Monde,* in *Ogham* 19, 1967, S. 490-494.

102 Plutarch, *De facie in orbe Lunae* ("Das Gesicht der Mondscheibe") 26, in: *Über Gott und Vorsehung, Dämonen und Weissagung,* Zürich & Stuttgart, 1952, S. 269-270. Dieser immer ungenannt bleibende Gott erinnert an einen Satz Jamblichos' *Die Geheimnisse Ägyptens* I, 1: "Hermes, der Gott der Beredsamkeit, gilt seit langem zurecht als Gott aller Priester, und dieser einzige Beschützer der wahren Wissenschaft der Götter ist immer und überall derselbe. So weihten unsere Vorfahren ihm auch die Erfindungen ihrer Weisheit, indem sie all ihre Schriften unter den Namen Hermes' stellten." Abgesehen von der Schrift könnte das theologische Konzept druidisch sein. Doch vermengt Plutarch hier Kult, Glaube und Legende ohne genaue Anhaltspunkte für eine Identifizierung. Darüber hinaus werden die Kelten, denn um kein anderes Volk kann es sich hierbei handeln, mit der Globalbezeichnung "Barbaren" benannt. In den keltischen Legenden kennen wir keinen Mythos, der von einer Rivalität zwischen "Saturn" und "Jupiter" bzw. Kronos und Zeus berichtet, da der Dagda beide Götter zugleich verkörpert. Der einzige Familienstreit zwischen "jung" und "alt" ist der Zwist des Dagda mit Mac Oc um den Besitz des *sid* (siehe Kapitel V. 3. 4). Der entsprechende, aber gegenteilige römische Stoff wurde von Georges Dumézil, *Les dieux souverains des Indo-Européens,* Paris, 1977, S. 168 ff. untersucht. Erinnern wir daran, daß der Dagda die Ewigkeit, sein Sohn aber die Zeit selbst verkörpert, eine Aufteilung, die nicht mit den voreiligen Definitionen Plutarchs in Einklang zu bringen ist.

103 *Loc. cit.,* S. 202. Als polares "Zentrum" der Welt ist Thule eine mythische Vorstellung, welcher den Kelten und Germanen gemein ist, außer die Germanen hatten ihn von den Kelten übernommen. Zum Namen selbst, welcher durch das keltische erklärbar scheint, siehe Christian-J. Guyonvarc'h, *Notes d'Étymologie et de Lexicographie gauloises et celtiques XXXIII, 167. Remarques sur le nom de Thulé,* in *Ogham* 22-25, 1970-1973, S. 283-284.

104 Auch in der heutigen Volkslegende werden die Inselbewohner noch als andere Wesen angesehen, die nicht dem Allgemeinlos unterworfen sind, auch wenn sie dadurch nicht unsterblich werden. Charles Plummer, *Vitae Sanctorum Hiberniae* I, Oxford, 1890, S. CXL sah darin die Spur einer Sonnenmythologie in einer Überlieferung, die wollte, daß "the inhabitants of the small island Fuda in the outer Hebrides were invincible by day, but powerless after sunset." Wir sehen darin eher eine Spur der alten keltischen Vorstellungen der Anderen Welt. Die Einwohner einer kleinen Insel im Norden Großbritanniens hatten mehr Gelegenheit dazu, mit jener in Kontakt zu kommen und an ihr und ihrem lichten Sonnenwesen teilzuhaben, selbst wenn sie diese Kraft entbehren, wenn sie die Nacht von ihr trennt. Nun ist es an den Volkskundlern, diese Ereignisse und die Folgen dieses Glaubens zu erklären, falls dies noch nicht geschehen sein sollte.

105 *Eochaid* kann als **ivo-katu* ("Der mit der Eibe kämpft") verstanden werden. Auch wenn diese Etymologie umstritten ist, steht sie durchaus im Bereich der Möglichkeiten: Sie ist wahrscheinlich sogar richtig, wobei einem solchen keinesfalls widersprüchlichen Beinamen des Gottdruiden große Bedeutung zukäme. Die Bedeutung "Der mit der Eibe kämpft" ist zweideutig, da die Eibe außerdem das Holz war, in welches meist die Ogham geschnitzt wurden (siehe *Ogham* 19, S. 268). Eine solche etymologische Symbolik mit zwei oder drei Bedeutungen, begründet schließlich auch die göttliche

Herkunft der Druiden und setzt folglich auch voraus, daß die Priesterweihe nicht einfach jedem verliehen wurde, der sie gerne gehabt hätte.

106 *Textes mythologiques irlandais* I/1, S. 47.

107 Siehe Françoise Le Roux, *De la lance dangereuse de la femme infidèle et du chien infernal. La fatalité et la mort dans une légende religieuse de l'ancienne Irlande*, in *Ogham* 10, 1958, S. 381-412; vgl. auch *Les Iles au Nord du Monde*, in Hommages à Albert Grenier II, S. 1051-1062. Die Wahrzeichen, besonders der Kessel des Dagda, der Vorläufer des Gral der Artussage, wurden untersucht von Vernam Hull, *The Four Jewels of the Tuatha Dé Danann* , in *Zeitschrift für Celtische Philologie* 18, S. 73 ff. Eine tiefergehende Studie findet sich in *Textes mythologiques irlandais* I/2, Kapitel II, *Les dieux de l'Irlande.*

108 Der Name kehrt in den liturgischen Texten wieder, vgl. die *Memoranda in the Book of Armagh, Thesaurus Paleohibernicus* II, S. 364.

109 *Historia Ecclesiastica* II, ed. Charles Plummer, Oxford, 1896, S. 192.

110 *Livre des Conquêtes*, ed. R.A.S. Macalister, III, S. 150.

111 *Textes mythologiques irlandais* I/1, S. 5.

112 *Topographia Hibernica* III, 1, ed. Dimock, V, S. 139-140.

113 *History of Ireland,* ed. David Comyn, I, S. 146, IV.

114 Vergleichen wir hiermit die kurze Stelle (die entweder auf Posidonius oder Aristoteles zurückgeht) der *Außerordentlichen Bräuche* des Nikolaus von Damaskus, aus dem ersten Jahrhundert unserer Zeitrechnung: "Die am Ozean wohnenden Kelten halten es für schandhaft, vor zusammenfallenden Mauern oder Häusern zu fliehen, und wenn vom Meere draußen die Fluten die Ufer überspülen, stellen sie sich ihm mit Waffen entgegen und lassen sich ertränken, um nicht den Anschein der Flucht zu erwecken, daß sie den Tod fürchteten." (Fragmente aus Stobäus VII, 40; vgl. E. Cougny, *Extraits des auteurs grecs...* VI, S. 498.); siehe auch Elienus, *Vermischte Geschichten* XII, 22: "Sie [die Kelten] sehen die Flucht als eine solche Schmach an, daß sie sich oft nicht selbst retten, wenn ihre Häuser über ihnen zusammenstürzen; das gleiche gilt, wenn sie brennen und das Feuer sie von allen Seiten umgibt. Mehrere unter ihnen stellen sich dem Meer entgegen, wenn es die Ufer überflutet. Man kann sie beobachten, wenn sie zu ihren Waffen greifen, sich in die Fluten werfen und von ihnen mit einem Schlag erfaßt werden, während sie mit ihren nackten Schwertern und Lanzen auf sie einschlagen, ganz als ob sie sie verängstigen oder verletzen könnten."

115 Ed. Gerard Murphy, *Early Irish Lyrics,* Oxford, 1956, S. 74-82.

116 Auf diesen Glauben verwies Joseph Cuillandre auf der Insel von Sein *A propos de la légende de la mort, Annales de la Bretagne* 35/4, 1923, S. 636-637. So kann auch ein alter Seemann leichter in die Andere Welt gelangen, wenn er während der Ebbe stirbt.

117 Dieser Umstand scheint sich mit der Fabel zu decken, welche Polybus in *Geschichten* II, 33 um den keltischen Brauch anlegte, einem verstorbenen Krieger das Schwert verbogen ins Grab zu legen: "Wir sahen zuvor [...], daß ihre Schwerter aufgrund ihrer Herstellungsweise nur auf einer Seite geschliffen waren, die nun stumpf gemacht und der Länge und der Breite nach verbogen wurden, wie ein schmiedeeisernes Zierstück, so daß jeder weitere Schlag mit einem solchen Schwert ohne jegliche Folge bliebe, außer man gäbe sie jemandem, der sich einen Zeitvertreib daraus bereiten würde, diese Säbel zwischen Fuß und Boden wieder zurechtzubiegen." Das Schwert wird also für die Lebenden unbenutzbar gemacht, bleibt jedoch zum Gebrauch seines Eigentümers in der Anderen Welt erhalten.

118 Vgl. Plinius, *Naturgeschichte* XVI, 5-6 (*loc. cit.* S. 17-19): "Ein anderes Wunder [zeigen] die Wälder: Sie bedecken das ganze übrige Germanien und vergrößern die Kälte durch Schatten; die tiefsten finden sich indessen nicht weit von den oben genannten Chauken, vor allem in der Nähe von zwei Seen [Zuiderzee]. An der Küste selbst wachsen mit größter Üppigkeit Eichen; werden sie von den Fluten unterspült oder von Stürmen fortgetrieben, so führen sie durch den Umfang ihrer Wurzelstöcke riesige Inseln mit sich fort und segeln so, im Gleichgewicht stehend, dahin; durch das Takelwerk ihrer ungeheuren Zweige haben sie schon oft unseren Flotten Schrecken eingejagt, indem sie wie absichtlich

durch die Fluten gegen den Bug trieben, wenn diese nachts vor Anker lagen. Da man keine andere Abhilfe fand, mußte man sich auf ein Seegefecht mit den Bäumen einlassen. In derselben nördlichen Gegend übertrifft die ungeheure Größe der Eichen im hercynischen Wald, seit Jahrhunderten unberührt und zugleich mit der Welt entstanden, durch ihre fast unsterbliche Beschaffenheit [alle] Wunder."

119 *Betha Brenainn Cluana Ferta* ("Das Leben des Brendan von Clonfert"), ed. Charles Plummer, *Bethada Naem nÉrenn* I, S. 52-56. Die entsprechenden Stellen der mittelalterlichen lateinischen und französischen Fassungen finden sich in Carl Wahlund, *Die altfranzösische Prosaübersetzung von Brendans Meerfahrt*, Uppsal-Leipzig, 1900, S. 12 ff.

120 Hier ein paar Auszüge über Inseln, welche von einer oder mehreren Säulen gestützt werden:

- "Da sahen sie eine weitere Insel, die auf einer einzigen Säule ruhte, das heißt, die von nur einer Säule getragen wurde. Sie fuhren um sie herum, um einen Zugang zu finden, doch entdeckten sie keinen Weg. Aber sie sahen am Fuße der Säule eine Türe, welche mit einem Schlüssel versperrt war. Sie verstanden also, daß dies der Zugang zur Insel war. Auf dem Gipfel der Insel sahen sie einen Wagen. Doch sprachen sie mit niemandem und niemand sprach mit ihnen. So fuhren sie wieder ab." (*Immram Maile Duin,* ed. *Mediaeval and Modern Irish Series* 10, S. 43; vgl. ed. Whitley Stokes, *The Voyage of Mael Duin*, in *Revue Celtique* 10, S. 62.

- "Am zweiten Tag wurden sie einer seltsamen Sache auf dem Meer gewahr, wunderbarer als alles [was sie bisher gesehen hatten]. Es handelte sich dabei um eine große, vierkantige Silbersäule mitten im Meer. Von oben hing ein Fischernetz ins Meer hinunter. Dieses Netz war aus Silber und weißer Bronze. Lochan nahm eine Masche dieses Netzes, die drei halbe Unzen Silber und weißer Bronze wog. Als Beweis für diese Geschichte nahm er die Masche zur Seite; Mael Duin hatte das gleiche gesehen." (*Iomramh Churraig Hua gCorra*, ed. Whitley Stokes, *The Voyage of the Hui Corra*, in *Revue Celtique* 14, S. 44.)

- "Eines Tages, nachdem Brendan die Messe in seinem Schiff gelesen hatte, sahen er und seine Leute eine Wassersäule in einiger Entfernung aus dem Meer emporsteigen. Sie schien ihnen sehr nah zu sein, doch fuhren sie drei Tage lang, bis sie zu ihr gelangten. Als sie sich ihr näherten, schien sie ihnen doppelt so hoch zu sein, so daß ihre Spitze bis zum Firmament reichte; von dort bis nach unten hatte sie die Farbe des Kristalls. Es sah aus, als ob sie von einem Zaun aus Silber und Glas umgeben war. Sie war so dünn, daß man durch sie hindurchsehen konnte, und das sowohl von innen als auch von außen. Sie war härter als Glas und voll großer Tore, durch die ein Boot oder kleines Schiff hineinfahren konnte. Brendan trug seinen Mannen auf, den Mast und die Segel zu senken und die Ruder einzuziehen, um durch eines der Tore zu fahren. Das taten sie.

Es war, als ob zwischen dem Zaun und jeder Seite der Säule eine Seemeile lagen. Sie fuhren bis zu ihrem Sockel und brauchten einen ganzen Tag, ein Viertel der Säule zu umfahren. Als sie am vierten Tag ganz herumgekommen waren, fanden sie einen Meßkelch auf einem Vorsprung der Säule. Brendan sah in diesem Geschenk ein Zeichen und sagte zu seinen Mönchen, sie sollten zum Herrn beten, da er es bewerkstelligt hatte, daß sie weder Speise noch Trank entbehrten und da sie einen Grund zu großer Freude an der Säule gefunden hatten. Am fünften Tag fuhren sie beim selben Tor wieder hinaus, setzten ihre Masten und Segel und setzten ihre Reise fort." *Betha Brenainn Cluana Ferta* ("Das Leben des Brendan von Clonfert"), ed. Charles Plummer, *op. cit.* I, S. 71.

- "Ein anderes Mal wanderte Brendan mit seinen Männern in der gallischen Einöde. Da kam ein gewaltiger und unerträglicher Wind gegen sie auf. Einer seiner Leute sagte deshalb zu Brendan: 'Diese Bäume werden auf uns stürzen und uns töten.' Da antwortete Brendan: 'Meine lieben Brüder, hört mir ein wenig zu. Als wir einmal eine Nacht auf dem Meer verbrachten, und alle außer mir schliefen, sah ich eine Insel mitten im Meer, die so beschaffen war: Sieben kalte Pfeiler standen unter ihr und große Segelschiffe konnten unter ihr hindurchfahren. Auf ihr konnte man alle möglichen Stimmen und Geräusche vernehmen. In jener Nacht wurden drei Schiffe unter ihr angebunden. Nun,' sagte Brendan, 'sollte der, der diese Insel trotz aller Winde, die sie auf allen Ebenen peitschen, mitten im Meer auf sieben Säulen stehen läßt, nicht auch imstande sein, uns von der Gefahr dieser Bäume zu befreien, die in all ihrer Länge auf uns zu stürzen drohen? Das ist nämlich der König des Himmels und der Erde." (*Betha Brenainn Cluana Ferta,* ed. Charles Plummer, *op. cit.*, I, S. 90.)

121 *Textes mythologiques irlandais* I/1, S. 158-159.

122 Françoise Le Roux, *Le dieu celtique aux liens : de l'Ogmios de Lucien à l'Ogmios de Dürer,* in *Ogham* 12, Tafel XXVII, nach Fr. Winkler, *Die Zeichnungen Albrecht Dürers* III, S. 79, 644.

123 *Textes mythologiques irlandais* I/1, S. 190.

124 *Auraicept na nÉces,* ed. George Calder, S. 12-14.

125 Sie erklärt überdies auch die etymologischen Untaten, welche die irischen Gelehrten ihrer Sprache zufügten. Da man die Hermeneutik nur in heiligen, oder zumindest liturgischen Sprachen anwenden durfte, konnte man nicht umhin, dem Gaelischen einen lateinischen, griechischen und hebräischen Ursprung zuzuschreiben. Nach der Christianisierung verlor es jedoch seinen heiligen Stellenwert und somit auch seine religiöse Rechtfertigung.

126 *Textes mythologiques irlandais* I/1, S. 145; siehe auch I/2, Kapitel III *L'Homme primordial,* in welchem genauer auf das Verhältnis zwischen Tuan Mac Cairill und Fintan eingegangen wird.

127 *Textes mythologiques irlandais* I/1, S. 204.

128 Die Tierleben Tuan mac Cairills erinnern an die walisische Legende der "Alten der Welt", die uns leider nur mehr in ihrer heutigen Form erhalten ist. Sie decken sich außerdem mit dem indoeuropäischen Stoff des "ältesten Tieres", vgl. Eleanor Knott, *The Hawk of Achill or the Legend of the Oldest Animal,* in *Folklore* 43, 1932, S. 376 ff. Dieser eigenartige Text, der das Gespräch zwischen Fintan und einem Vogel, einem Adler oder Falken, wiedergibt, wurde in den *Textes mythologiques irlandais* I/1, S. 169a-174b im Anhang an die Erläuterungen zu Tuan und Fintan übersetzt

129 Françoise Le Roux, *La mythologie irlandaise du Livre des Conquêtes*, in *Ogham* 20, 1968, S. 383. Bestätigungen dieses grundlegenden Weltbildes finden sich in den *Textes mythologiques irlandais* I/1, S. 17-22 und I/2, S. 1 ff. Der irische Vertrag des *Sex aetates mundi*, ed. Daihi O'Croinin, *The Irish Sex Aetates Mundi,* Dublin, 1983, 188 Seiten, ist jedoch nur biblischer und christlicher Inspiration vorhanden.

130 *Early Irish History and Mythology, passim.* In diesem Werk setzte der irische Wissenschaftler die Fir Bolg mit den Belgen gleich. Da jene zu den Britanniern gehörten, kam er zum Schluß, daß die Bretonen vor den Goideln in Irland angekommen waren. Vgl. dazu die *Textes mythologiques irlandais* I/1, S. 20-30 und I/2 S. 14 ff. John Carey *Suibne Geilt and Tuan mac Cairill*, in *Eigse* 20, 1984, S. 93-105, vergleicht die beiden Titelfiguren seiner Studie in Bezug auf die literarische Verarbeitung des Wahnsinns miteinander und kommt zum Schluß, daß es sich dabei um ein und dieselbe Person handelt. Sicherlich könnte Geilt aus philologischen Gründen durchaus Brite gewesen sein, doch ist Tuan mac Cairill in der irischen Legende nicht wahnsinnig: seine einzige Aufgabe ist die Übermittlung der Annalen und der mythischen Ereignisse der fünf "Invasionen" in Irland.

131 Alwyn & Brinley Rees, *Celtic Heritage*, S. 95-96, merkten an, daß der Christianisierungsprozeß im britannischen Bereich noch lange nicht abgeschlossen war, als die ersten lateinischen Verschriftlichungen durch Nennius und Geoffroy de Monmouth ausgeführt wurden. Doch stammen alle geschriebenen oder pseudoliterarischen, irischen Legenden aus der Epoche nach der Christianisierung, welche in Irland bereits vor der ersten Transkription abgeschlossen war. Insofern unterscheiden sich die Beweggründe der *Historia Britonum* kaum grundlegend von denen des *Buches der Eroberungen Irlands.* Und wenn die britannische Mythologie auch nicht völlig verschollen ist, stellt sie doch keinen hermetisch abgeschlossenen Bereich dar. Überall finden sich irische Querverweise und Überschneidungen. Dies ist wohl auch der Grund dafür, weshalb die britannischen Druiden, die sich in Ausnahmefällen in der walisischen Literatur halten konnten, immer nur *magi* sind. Siehe hierzu auch Christian-J. Guyonvarc'h, *La littérature mythologique et épique de l'Irlande médiévale, Celticum* 10.

132 Solcherlei Gegebenheiten veranlassen uns zur Frage nach dem Grund dieser *schnellen* und *vollständigen* Christianisierung Irlands, die nur durch das Vorhandensein einer vorchristlichen

Priesterklasse möglich gemacht worden war; denn dieser Fall ist einzigartig in der indoeuropäischen Religionsgeschichte. So erleben die meisten Heiligen, deren Heiligkeit über jeden Verdacht erhaben ist, Abenteuer und Wunder, die eher altkeltischen Vorstellungen zu entspringen scheinen als dem Kanon der Evangelien. Der irische Glaubenswechsel stellt zwar einen theoretischen Bruch mit der Doktrin dar, ist praktisch gesehen jedoch vielmehr eine Anpassung einer mit dem christlichen Mittelalter unvereinbaren Mentalität bzw. Gesellschaftsform an eine mit ihren Tiefenstrukturen ebenso unvereinbaren Denkweise. Die Anmerkung Charles Plummers in seiner Einleitung zu den *Vitae Sanctorum Hiberniae* I, S. CXL, zeigt, wie behutsam an diese Problematik herangegangen werden muß: "It is further worth noticing how often epithets and similes are used of these saints which, though perfectly legitimate as metaphorical expressions, yet suggested that they are a gradual christianization of expressions which once had a literal meaning."

133 *Naturgeschichte* XXIX, 52, *loc. cit,*. S. 49-51. Françoise Le Roux, *Notes d'Histoire des Religions XVII. 47. L'oeuf de serpent,* in *Ogham* 19, 1967, S. 495-504 stellte eine grammatikalische und semantische Analyse des Textes Plinius' an.

134 Louis Charbonneau-Lassay, *Le bestiaire du Christ,* Brügge, 1940, S. 947-950; vgl. J. Toutain, *Les cultes païens dans l'Empire romain,* III, S. 371, Anmerkung 4.

135 R. Ratel, *Les tertres funéraires du Mont-Mercure à Barjon (Côte-d'Or),* in *Ogham* 17, S. 211-229. Der diesbezüglich erste archäologische Bericht war der G. Chauvets, *Ovum anguinum,* in *Revue Archéologique* 36, 1900, S. 281-285.

136 Wir verweisen diesbezüglich auf die detaillierteren Arbeiten Françoise Le Françoise Le Roux & Christian Guyonvarc'h, *L'ovum anguinum et l'oursin fossile,* in *Hommages à Marcel Renard* II, Brüssel, 1968, S. 415; vgl. Jean Gricourt, *L'ovum anguinum en Gaule et en Perse,* in *Ogham* 6, S. 227-232.

137 Zur Kritik dieser ungerechtfertigten Interpretation verweisen wir auf Françoise Le Roux, *loc. cit,* in *Ogham* 19, 1967, S. 495-504. Es ist vor allem auszuschließen, daß Plinius selbst gesehen haben will, was er hier beschreibt. Er bezieht sich auf gallische Legenden, - mit denen zu identifizieren er sich hütet - da sie die von ihm behandelte Thematik betreffen. Wir wollen hier nicht den Naturbeschreiber Plinius beurteilen, - das taten andere bereits besser als wir - doch sammelte er hier Belegstellen zusammen, deren religiöser Wert ihm entging. Schließlich vermengte er die konkrete Wirklichkeit des Seeigelfossils mit der keltischen Legende um das Schlangenei, um letztere besser demütigen zu können.

138 Françoise Le Roux, *loc. cit,* in *Ogham* 19, 1967, S. 418, Anmerkung 2.

139 *ibid.,* S. 421-422. Die Beziehung der keltischen Vorstellung des Seeigelfossils zum klassischen Mythos der gehörnten Schlange Zagreus geht auf einen gemeinsamen, indoeuropäischen Ursprung zurück und stellt keine Entlehnung dar, auch wenn es im zweiten vorchristlichen Jahrhundert bei den Thrakern ein keltisches Königreich gab, welches zahlreiche Kulturgüter übernahm; vgl. *Revue Celtique* 31, S. 131. Die Versteinerungen von Seeigeln finden sich häufig in gallo-romanischen Gräbern und Ausgrabungsstätten; siehe dazu auch die in den Fußnoten 134 und 135 erwähnten Arbeiten.

140 Nach der Handschrift Peniarth, Blatt 7, col. 637-638, ed. Gwenogvryn Evans, *Y Mabinogion o Lyvyr Gwyn Rhydderch,* Pwllheli, 1907, S. 307ab.

141 Das bringt diesen ganzen Weltentstehungsmythos auf den Punkt, der nach Cäsar *B.G.* VI zu den Aufgaben der druidischen Betrachtungen gehörte (*de deorum immortalium vi ac potestate* "zur Macht und Kraft der unsterblichen Götter"), von denen uns in Irland nur ein winziger Teil erhalten ist. Die Grundlage dieses Mythos ist immer die Schlange, der Drache oder der "(Lind-)Wurm", den das Mittelwalisische etwas vage als *pryf* bezeichnet und auf den wir wieder in der Mythologie der Melusine und der gallischen "Vouivre" stoßen, da er sich "wie durch ein Wunder" im Volksmund hielt. Für nähere Einzelheiten verweisen wir auf den Kommentar der *Textes mythologiques irlandais* I/2, Kapitel V, *L'Autre Monde et la Souveraineté,* 6. *Les états successifs de la Souveraineté*, S. 202 ff. und

andererseits auch auf unsere *Introduction générale à l'étude de la tradition celtique,* 2. Auflage, Kapitel III. 6. *L'oursin fossile et l'oeuf du monde.*

142 *Textes mythologiques irlandais* I/1, S. 6.

143 *Ibid.,* S. 8.

144 *Livre des Conquêtes,* ed. R.A.S. Macalister, *op. cit.* IV, S. 162.

145 *Ibid.*, S. 162-163.

146 Ed. Ernst Windisch, *Irische Texte* V, S. 329-331; ed. O'Rahilly, S. 57, 2095-2098.

147 *Textes mythologiques irlandais* I/1, S. 124.

148 Siehe *Textes mythologiques irlandais* I/2, S. 215- 217.

149 Außer es handelt sich bei diesen Siegern, was durchaus im Bereich der Möglichkeiten steht, um Heldenepisoden des klassischen Kriegsgottes. Zu Brian und Brennos, siehe unser Werk *La souveraineté guerrière de l'Irlande,* 1983, S. 165-167.

150 Das heißt vor allem, sie auf eine Art und Weise zu erklären, daß die Umstände ihrer Geburt und ihrer Verwandtschaft der menschlichen Intelligenz nachvollziehbar wird. Wir verweisen auf die Erklärung Georges Dumézils, *Les dieux souverains des Indo-Européens,* Paris, 1977, S. 110-111, wo er die vedischen Aditya in einer Anmerkung mit der paradoxen Situation der Jungfrau Maria vergleicht: *genuisti qui te fecit.* Sie ist die Mutter ihres eigenen Schöpfers; vgl. auch die *Textes mythologiques irlandais* I/2, Kapitel 2. *Les dieux de l'Irlande.* 1f. *La question généalogique.*

151 *Book of Leinster,* ed. Best-Bergin, O'Brien, IV, Blatt 187c, S. 824-825.

152 *Ibid.,* S. 825.

153 Ed. M.L. Sjoestedt, in *Revue Celtique* 43, S. 92.

154 Christian-J. Guyonvarc'h, *loc. cit.* in *Ogham* 12, S. 49.

155 Daß alle Götter Druiden waren, wird zwar in den Erzählungen nie ausdrücklich erwähnt, doch wird es offenkundig: Jeder Gott ist absoluter Herr über seinen Aufgabenbereich, ist also erklärtermaßen Druide. Der menschliche Druide ist aus zwei Gründen ein "Gott": Erstens, da er im Prinzip direkt von den Urdruiden abstammt - und schon allein die Vorstellung dieser Verwandtschaft unterstreicht seine heilige Rolle ; zweitens, weil ihn seine Fähigkeiten und Kenntnisse zu einem Mittelsmann zwischen Göttern und Menschen werden lassen. Der Druide der alten Kelten ist also tatsächlich ein "irdischer Gott".

156 Ed. van Hamel, *op. cit.*, S. 30.

157 *Ancient Laws of Ireland* I, S. 22.

158 Strabo IV, 4.

159 *Textes mythologiques irlandais* I/1, S. 59.

160 *Book of Leinster, op. cit.* IV, Blätter 188a-188c, S. 827-833.

161 *Apollon* VI, IV, 2, ed. Cougny, *Extraits des auteurs grecs* V, S. 90.

SCHLUSSWORT

In den vorhergehenden Kapiteln wurde klar, daß alle Aspekte des gesellschaftlichen, politischen, intellektuellen und religiösen Lebens der alten Kelten in den Kompetenzbereich der Druiden fielen. Da gab es weder Lücken noch Ausnahmen.

Diese Vorrangstellung und diese große Bedeutung, die so der Priesterklasse zukamen, bewirkten, daß den Kelten die zeitgenössische, manchmal auch klassische Trennung von Heiligem und Weltlichem unbekannt war. In den altkeltischen Sprachen gibt es demnach auch keinen Begriff, der dem lateinischen *laicus* entsprochen hätte (und im Neuirischen zu *laech* "Held" wurde!). Der Name des "Heiligen", *nem-* jedoch steht auch für den Himmel und das Heiligtum.

Das Druidentum prägte die gesamte keltische Antike, und sein Studium liegt in der genauen Untersuchung aller Fragen bezüglich der Existenz der Kelten quer durch alle sie betreffenden Disziplinen, mit Ausnahme der Archäologie und der Anthropologie, die sich aus bereits erläuterten Gründen nicht auf diesen Bereich anwenden lassen. In keiner gallischen Nekropole der Ta-Tène-Zeit wiesen die Gräber der Druiden oder ihr Schädelumfang außergewöhnliche Merkmale auf.

Die Schwierigkeiten lagen in (zumindest drei) anderen Gebieten, die bislang unzureichend erforscht waren:

Der große Umfang des Stoffs geht Hand in Hand mit seiner Komplexität und seiner Verschwommenheit in den antiken Quellen. Die zeitgenössischen Interpreten, die die Allgemeinplätze der Antike wiederholten, stolperten meist über dieses Hindernis, ohne sich dessen überhaupt bewußt zu werden. Doch wie sollte die Existenz, die Handlungen und das Werk des Druiden anhand des dünnen Fadens ermessen werden, der die beschränkte und oft sehr voreingenommene Beziehung der klassischen Autoren ausmacht? Wie können die Diskreditierung des Plinius ins rechte Licht gerückt oder so verschiedenartige Beschreibungen wie die Cäsars und Strabos miteinander vereint werden? Es bedurfte also dringend einer Definition des Druiden und einer bislang ausstehenden Gliederung der keltischen Priesterklasse:

- Die gesellschaftliche Organisation, die die Rolle der Priesterklasse in der kontinental- und der inselkeltischen Welt erläutert

- Die Organisation der inneren Hierarchie und Verteilung der Aufgabenbereiche

Nur auf diese Weise konnte eines der Hauptprobleme der Definition gelöst werden, das darin bestand, daß die Druiden in unseren klassischen, meist jedoch in den Textquellen der britischen Inseln nicht immer als solche, sondern eher mit dem Namen ihres bestimmten Fachbereiches bezeichnet werden. Das gilt bereits für Gallien, wo Diodor von Sizilien und Strabo den allgemeinen Unterscheidungen

Cäsars widersprechen, die sie jedoch nur ergänzen, ohne sie stichhaltig zu widerlegen: Sie sind demnach auf einer anderen Ebene anzusetzen. In Irland ist dieser Umstand noch ausgeprägter, wo wir nicht nur über ein fein abgestimmtes Gefüge der Aufgabenbereiche, sondern auch um eine präzise abgestufte Rangordnung verfügen. Die antiken Autoren bedienten sich überdies nur ungefährer und oft wechselnder, griechischer oder lateinischer Übersetzungen der keltischen Begriffe. Je nach dem Zufall der Autoren, der Texte oder der Umstände wird der Druide so zu einem Philosophen, der einen Pythagoras träumen läßt, zu einem *sacerdos* voll geheimnisvoller Liturgien, zu einem Haruspex mit bedeutendem Wissen, zu einem Dichter oder Wahrsager, ganz zu schweigen von den Widersprüchen, die so zwischen den einzelnen Berichterstattern entstehen. Cäsar scheint die *Druiden* zu respektieren, wogegen Plinius den *magi* ganz offensichtlich nur Verachtung entgegenbringt. Nun genügt jedoch ein Namensetikett ganz offenbar noch keiner genauen Identifizierung, wenn sie nicht zugleich mit einer Bestimmung des damit verbundenen Aufgabenbereiches einhergeht, die sich auf präzise Fakten oder auf eine eingehendere Beziehung stützt, die in der Lage ist, die Beschreibung zu rechtfertigen. Die Folgen für die Forschung sind dabei bedeutend, was wir ohne große Schwierigkeiten aufzeigen konnten: Der Druide Cäsars, Strabos, Diodors oder Plinius' sind unbedingt ernst zu nehmen; der des Ausonius gegen Ende des IV. nachchristlichen Jahrhundert kommt viel eher einer Lobrede oder einer literarischen Reminiszenz gleich.

Da wir über keine geschichtlichen Anhaltspunkte verfügen, können wir auch kein chronologisches Gerüst nach dem Modell aller modernen Forschungsrichtungen erstellen, welches uns ermöglichen würde, die Ausbildung, die Entwicklung und den Niedergang der keltischen Priesterklasse mit den gängigen Methoden zeitlich einzuordnen. Nur allzu gerne hätte man wie bei den Päpsten die Namen und Geburtsdaten der ersten Initiatoren oder eine Liste der Erzdruiden gekannt, welche in Gallien herrschten. Mit etwas Phantasie wurden da Opferszenen oder die Liebschaften des Vercingetorix mit einer schönen Druidin nachvollzogen. So endet die keltische Geschichte immer in Romanen, die der Würde und Wahrscheinlichkeit entbehren.

Von dem Jahrtausend belegter keltischer Existenz auf dem europäischen Kontinent sind uns nur ein paar spät überlieferte Bruchstücke ihres Glaubens und ihrer Lehrsätze, winzige Bruchteile ihrer Taten und Gesten überliefert. In Gallien kennen wir den Namen des Druiden Diviciacus und einige vereinzelte und verstreute Informationen. Da die Druiden so außerhalb der Geschichte stehen, sahen die Historiker - wie auch viele Philologen - sie durch das verzerrende und verkleinernde Prisma der klassischen Geschichtsschreibung. Der Irrtum ist also so alt wie die Antike selbst und setzt sich in der Welt der gelehrten Renaissance unseres auslaufenden XX. Jahrhunderts fort. Indem man sich auf allgemeine und zusammenfassende Beschreibungen antiker Autoren stützte, - die noch dazu in drei von vier Fällen schlecht analysiert waren - wurden die Druiden in die Schattenwelt der Barbarei verbannt und so den oft recht abträglichen Phantasien der Keltomanen überlassen. Haupterneuerung unserer Methode ist demnach auch die Rehabilitierung des Mythos als Darstellungsmittel. Dazu muß jener vollständig und zusammenhängend sein. Das sicherzustellen, bereitete keine Schwierigkeiten.

Schließlich stellte sich das Problem der Methode: Wie konnten die Angaben der kontinentaleuropäischen Antike mit den mittelalterlichen Inseltexten verglichen und in einer gemeinsamen Analyse und Synthese gegenübergestellt werden, wo da doch zehn bis zwölf Jahrhunderte zwischen beiden klafften? Wie sollten die rein schriftlichen späten Quellen der britischen Inseln auf die archäologischen Daten der Bauwerke, Bilder und Inschriften des Festlandes abgestimmt werden, wo jene in Bezug auf die Druiden kaum vorhanden bzw. frei erfunden waren? Und dann gab es da noch das Hindernis der irischen Christianisierung. Wie und weshalb sollte man versuchen, ein antikes - und vor allem "barbarisches" - Priestertum durch Texte und Dokumente zu erklären, welche von denselben mittelalterlichen Mönchen verfaßt bzw. niedergeschrieben wurden, die sonst im Europa der Merowinger und der Karolinger regste Missionsarbeit betrieben?

Doch überlieferte uns neben dem noch später christianisierten Skandinavien kein einziges, anderes europäisches Land, bewußt eine solche Vielzahl religiöser Lehrsätze eines vorchristlichen Glaubens, eingebettet in eine dermaßen reichhaltige Mythologie, wie dies im Irland nach der Bekehrung der Fall war. Vom Standpunkt geschichtlicher Logik aus gesehen bleibt die Frage nach der Chronologie ebenso unbeantwortet, wie die Schwelle des Christentums für die Religionsgeschichte als unüberwindbar gilt. Doch zum Glück verkennt eine solche Argumentation den einzigartigen Fall Irlands: Paradoxerweise sind uns gerade durch die Einführung der Schrift unter dem Christentum Texte und alte mündliche Überlieferungen erhalten, die die Schrift nur mit aller Mühe und oft nur durch mehrere, verschiedene Fassungen festzuhalten vermochte. Mögen sich die irischen *scéla* auch grundlegend von den skandinavischen *saga* unterscheiden, so sind sie doch mit ihnen vergleichbar (siehe Christian-J. Guyonvarc'h, *La littérature mythologique er épique de l'Irlande médiévale, Celticum* 10, Einleitungsband zu den *Textes mythologiques* und den *Textes épiques irlandais*).

Wir wollen hier nicht näher auf die Schwierigkeiten eingehen, die der Zugang zu den Quellen, besonders den inselkeltischen, aber auch einigen *Graeculi* bedeutet, die auch nicht immer leicht ausfindig zu machen sind, da die letzten Auflagen oft mehr als hundert Jahre zurückliegen. Dabei handelt es sich um ein bibliographisches Problem der Dokumentation und philologischer Kenntnisse, das den

Leser in der praktischen oder empirischen Phase nicht direkt betrifft. Auf alle Fälle bietet uns die Textanalyse, welche durch unsere meist irischen Kollegen vollzogen wurde, eine sichere Basis, da sie die handschriftliche, grammatische und lexikalische Überprüfung der verschiedenen Fassungen einer Erzählung umfaßt. Doch liegt das Hauptproblem des guten Verständnisses des keltischen Stoffes sicherlich nicht in all diesen eben erwähnten Punkten. Es ist vielmehr in der gewaltigen, kaum meßbaren Distanz zu suchen, die zwischen unserer heutigen Mentalität bzw. den Fragen der Menschheit der Moderne und dem Weltbild der Antike und des Mittelalters klafft.

Wir definierten zunächst den Druiden selbst und betrachteten ihn in der Folge im Zusammenhang mit den anderen Gliedern der keltischen Gesellschaft. Denn nur in diesem gesellschaftlichen Rahmen wird eine solche Studie sinnvoll. Wir gingen dabei vom Prinzip aus, daß wir den antiken Autoren zwangsläufig überall dort zu vertrauen hatten, wo sie keine allzu groben Fehler der Berichterstattung oder allzu gravierendes Unverständnis an den Tag legen. Das gilt vor allem für unseren Hauptzeugen Cäsar, doch ebenso für Titus Livius, Cicero, Plinius, Strabo, Diodor von Sizilien und alle anderen noch weniger informierten, da sie entweder später schrieben oder aber einfach weniger begabt waren, jedoch trotzdem gelegentlich ein wertvolles Detail beisteuern können. Dieses Prinzip brachte uns schließlich dazu, die vergleichende Keltenforschung etwas umzukehren: Hier werden nicht mehr die Angaben der Inselliteratur anhand der gallischen Angaben überprüft und bestätigt, sondern die Überlieferungen der britischen Inseln, besonders jedoch des alten Irland, bezeugen Wahrheit und Echtheit der kontinentalen Informationen. Letztere bürgen dann wiederum für das Alter der ersteren.

Natürlich versuchen wir keineswegs eine chronologisch unmögliche Übereinstimmung zwischen Irland und Gallien zu erzwingen, doch bestätigen wir einfach die unwiderlegbare Tatsache, daß die irische Altertumsforschung des Mittelalters uns ein genaues Bild von den Gesellschafts- und Religionsstrukturen, den mythischen Vorstellungen und Schemata und von den politischen Systemen des vorchristlichen Irland vermittelt. Die gallische Dreiteilung von *druides, equites* und *plebs* und die innere Strukturierung der Priesterklasse, welche die Griechen nur unvollständig beschrieben (Druiden, Philosophen oder Theologen, Barden und Wahrsager), werden durch die verschiedenen Spezialgebiete der irischen Druiden bestätigt. In dieser Hinsicht ist die Analyse einer Erzählung wie der *Cath Maighe Tuireadh* ("Schlacht von Mag Tured") formell. Die Unannehmlichkeit der Zeitlücke verschwindet also umso leichter, da die Untersuchung nicht im Gebiet der Geschichte selbst anzusetzen ist. Die Geschichte der Druiden kann nicht geschrieben werden, da wir sie nicht kennen, doch können wir ihre religiöse und soziale Rolle dagegen sehr genau definieren. In gewissem Sinne ist das sogar wertvoller als die geschichtlichen Bruchstücke, denn wir bekommen dadurch unter anderem auch Einblick in die Grundlagen der keltischen und indoeuropäischen Prähistorik.

Indem wir den Druiden so zugleich als Schlußstein und Architekten des gesellschaftlichen Gewölbes erkennen, enthüllen sich vor uns die Beziehungen zu seinen Mitmenschen, vor allem zum König, der der Klasse der Krieger entstammt und als Krieger nie die Höhe des Druiden zu erreichen vermag, dessen Aufgaben jedoch umgekehrt vom Druiden erfüllt werden können. Es ist dies das alte Konzept der *Vedas*, deren Doppelgottheit *Mitra-Varuna* bei den Kelten in noch altertümlicherer Form den Bereich der priesterlichen und kriegerischen Herrschaft abdeckt. In Irland werden die entsprechenden Gottheiten Dagda und Ogme genannt: Der eine ist der Gottdruide, der andere der Gottheld, Krieger und Zauberer. Die indischen, römischen und germanischen Aspekte wurden zunächst sehr klar von Georges Dumézil herausgestrichen und erklärt, ohne jedoch dabei die keltischen Belege mit einzubeziehen, die zu jener Zeit noch nicht freigelegt waren. Der Druide lebt gänzlich im Sakralbereich, nicht jedoch als passives Opfer mit gebundenen Händen, sondern als aktiver Teilhaber, ja Schöpfer. Das Heilige ist der Raum des Druiden, der aus diesem Grund nicht König werden will noch kann, da die Königswürde eine weltliche Aufgabe darstellt, die erst durch seinen Kontakt sakralisiert wird. Seine einzig mögliche "Sünde" - wofür wir nur über ein einziges Beispiel verfügen - ist die Usurpation.

Ohne die Vermittlung des Königs jedoch, könnte der Großteil der Dienste des Druiden nicht das übrige Volk erreichen. Demnach ist das harmonische und dauerhafte Einverständnis zwischen Druide und König unerläßlich für das gesellschaftliche Gleichgewicht, da die Kommunikation zwischen dem menschlichen und dem göttlichen Bereich über sie läuft. Das ist auch der Grund, weshalb keine keltische Gesellschaft ohne Druide und ohne König funktioniert. Die Absetzung der Könige zur Zeit Cäsars war zwar nicht der unmittelbare Grund des Zerfalls Galliens, doch stellte sie das erste und bestimmende Zeichen dafür dar. Ganz im Gegensatz hierzu galt das Tara der Könige in Irland bis zum Ende des Hochmittelalters als Symbol des Ruhms und der Hoheit.

Neben der Methode selbst war ein weiterer fundamentaler Punkt unserer Untersuchung das globale Verständnis der keltischen Welt. Die Zerstückelung und Verstreuung vieler Informationen, von denen einige wieder recht belanglos sind, ist ebenso bekannt wie die gewaltige Ausdehnung des altkeltischen Bereichs in Europa, welcher im Mittelalter auf den britischen Inseln zusammengepfercht wurde. Zwischen einem Druiden der Häduer und einem irischen Mönch, der zehn bis zwölf Jahrhunderte später gaelische, pseudohistorische oder mythologische Texte in Schriftform brachte, bestanden da wohl nur noch sehr wenige Gemeinsamkeiten. Schon der irische *File* war ziemlich weit vom walisischen Barden entfernt; zum bretonischen Volkserzähler folglich dann noch weiter. Doch sprachen sie durch all diese Jahrhunderte hindurch sehr ähnliche Sprachen, deren Worte, Ideen und Vorstellungen die nahe Verwandtschaft augenscheinlich werden lassen. So wäre der Versuch einer Monographie des irischen Druiden sicher kläglich gescheitert, wenn auch die Belege zu den gallischen Druiden recht arm und Informationen zu den der cisalpinen oder galatischen Druiden praktisch nicht vorhanden sind. Es gibt Themenbereiche, die unteilbar sind. Als logische Folge konnten auch wir nur die tief verwurzelte Einheit der Kelten unterstreichen. Das bedeutet natürlich keinen politischen oder administrativen Zentralismus oder völlige sprachliche Geschlossenheit vom Tage bis zur Donau und von Schottland bis zum cisalpinen Gallien, sondern eine enge, religiöse und traditionelle Zusammengehörigkeit. Dank dieser Verbundenheit, die in etwa mit der der mittelalterlichen Christenheit vergleichbar ist und durch denselben Glauben und dieselbe liturgische und gelehrte Sprache erzeugt wurde, benötigten die Kelten gar nicht diese politische Einheit, ohne die wir uns einen Staat oder eine Nation heute gar nicht mehr vorstellen können. Überdies ähnelten sich die Sprachen, die zu beiden Seiten des Ärmelkanals, in Spanien und in Norditalien, in Kärnten und in Galatien gesprochen wurden, sehr - Orts- und Eigennamen beweisen das noch heute - und ermöglichten so beständige und rege Beziehungen. Während in Rom die politische und militärische Macht hauptausschlaggebend war, respektierten die Kelten die Vorherrschaft der geistlichen Autorität, weshalb dem Religiösen, dem Vorzug über dem Weltlichen gegeben wurde und der Druide das letzte Wort über den König zu sprechen hatte. Diese verschiedenartigen Weltsichten zogen zwangsläufig auch eine unterschiedliche Staatsorganisation nach sich: Die gallischen Siedlungen und irischen "Provinzen" waren daher auch nicht in der Lage, das Prinzip der lateinischen *Urbs* zu integrieren, deren Verwaltungsweise sich in Europa und schließlich in der ganzen Welt durchsetzte. Die Vorstellung des römischen *imperium* war ihnen unbekannt, so daß es bis ins Mittelalter auch kein keltisches Wort gab, das ein solches bezeichnen hätte können. Ebensowenig kannten die mittelalterlichen Iren den Begriff des "Vaterlandes", auch wenn sie sich als Kinder ihrer Insel verstanden.

Die keltischen Druiden konnten sich in der römischen Staatsvorstellung unmöglich halten, welche durch die *pax romana* bzw. die römischen Legionen ganz Süd-, Mittel und Westeuropa aufgezwungen wurde. Dies war umso weniger möglich, da die Romanisierung mit dem oder durch das Christentum vollendet wurde. Ebensowenig wie die Druiden konnte die keltische Tradition überleben, die den religiösen und didaktischen Gebrauch der Schrift untersagte, wo doch das Christentum die Bibel zum Buch des Lebens erhob. Das einzige westeuropäische Land, welches nie von römischen Legionen besetzt wurde, war Irland. Hier war auch die Christianisierung das Werk eines einzigen Mannes, einer Art mythischen Heldenheiligen, dem großen Heiligen Patrick.

So entfernt und paradox diese Umstände bzw. geschichtliche Wechselfälle auch sein mögen, so stellen sie doch die Grundlage unserer Studien dar: Da Irland nicht romanisiert wurde, vermischte es das Christentum mit politischen und gesellschaftlichen Strukturen, die jenem eigentlich widersprachen. Haben wir erst einmal die Einleitung zum *Senchus Mor* gelesen, so wissen wir, daß die Vermittlung der förmlichsten Gegensätze und Widersprüche für die feinsinnigen und genauen irischen Doktoren keineswegs ein Ding der Unmöglichkeit darstellte. Sehr zum Leidwesen der Hagiographen kennen die irischen Heiligenlegenden kein historisches Märtyrerschicksal. Die Priesterklasse selbst bekehrte sich nämlich und zog Könige und Adel nach sich, nicht ohne jedoch seine ursprünglichsten Grundlagen mit dem Christentum zu verschmelzen und einigen Schriftgelehrten die Aufgabe zu übertragen, der Nachwelt alles Rettenswerte, das heißt in unseren Augen, das Wesentlichste, zu vermitteln. Die *Filid* hielten also schriftlich alles fest, was sie wußten, und was ihrer Meinung nach nicht den Evangelien widersprach. So haben wir es eigentlich dem Christentum zu verdanken, daß wir die vorchristliche Überlieferung kennen, die übrigens weder als solche dargestellt noch verstanden wurde, sondern unter der Bezeichnung "fabelhafte Erzählungen" oder *figmenta poetica*, also "dichterische Fiktionen" der Geschichte Irlands lief. Daß den Druiden und Göttern dieser Erzählungen dieselben Einteilungen und Aufgabenbereiche zukommen wie denen, von denen Cäsar schreibt, ist nicht auf unser Dazutun zurückzuführen.

In den Heiligenlegenden begegnen wir vielen falschen oder nachträglich verheidnischten Druiden. Doch auch sie sind für uns von Interesse. Denn die Art und Weise, in der sie die legendären Heiligen bekämpfen und besiegen, entspricht mehr den Gewohnheiten der Kelten als den Parabeln der Evangelien. Die mythologischen und epischen Texte sind da wesentlich unverfälschter. Auch bei den berühmten "christlichen Textverfälschungen" handelt es sich schlimmstenfalls um Gedanken oder Glossen der Schreiber. Letztere verstanden bei weitem nicht immer alles, was sie so abschrieben. Doch veränderten sie nie Inhalt oder Form der Legenden in ihrer Gesamtheit. Dem Christentum kommt eine geringere Schuld zu als dem Unverständnis der modernen Gelehrten.

Wir müssen die Druiden und ihre mittelalterlichen Nachfolger, die *Filid* als das sehen, was sie tatsächlich waren: Keine romantischen Träumer zügelloser Phantasie, sondern wißbegierige und genaue Gelehrte, anspruchsvolle Historiker mit großem Erinnerungsvermögen, intelligente Doktoren und Juristen (nur selten enthält ein Text Bestandteile, die nicht durch eine Rechtsklausel erklärbar wären) und Dichter mit einem angeborenen Gefühl für Heldengröße.

Für uns stellt sich nun das Problem, daß die Geschichte des alten Irland sich so sehr von der unseren unterschied. Alle offiziellen Geschichtsschreibungen Irlands - ob es sich dabei nun um die Keatings aus dem XVII. Jahrhundert oder die etwas trockeneren *Annalen* handelt - und die gesamte irische Mythologie (die nie von der Geschichte abgegrenzt wird), geht auf die ätiologische Legende des *Buchs der Eroberungen* zurück, die von den Einnahmen der Insel durch verschiedene, mythische Besatzer berichtet. Diese Legende will sich außerdem von der Vulgata bestätigt wissen: Demnach wäre Irland das Gelobte Land der Gaelen wie es Palästina für die Hebräer gewesen war. Deshalb wird auch das "Naturrecht", welches vor der Ankunft des Heiligen Patrick in Irland herrschte, mit dem Alten Testament verglichen, ja gleichgestellt, während das "Schriftrecht", in welches es durch Patrick abgeändert wurde, dem Neuen Testament entsprach. Hat man die Interpretation, welche die Iren ihrer eigenen Herkunft zukommen ließen, (die sie im Orient, in Griechenland oder in Ägypten ansetzten, da sie nach der Bekehrung mit den neuen Stätten des Heiligen übereinstimmen sollten) nicht verstanden, ist es anzuraten, sich nicht über das alte Irland auszulassen.

Die irische Literatur trägt sehr genau vorgezeichnete Züge: diejenigen, die sie überlieferten oder verfaßten, versuchten nicht sich zu verbergen und nennen sich häufig selbst, so daß wir oft den Augenblick oder die Umstände kennen, in denen sie ins Leben gerufen wurden. Es handelt sich jedoch immer um einen *File* oder eine offizielle Persönlichkeit. In jedem Fall sollten Texte in Prosa oder Versmaß jedoch aus dem Gedächtnis vorgetragen werden. Sogar in der späten Verschriftlichung der keltischen Überlieferung, als die Tradition selbst bereits tot ist, trägt sie das unverkennbare Kennzeichen einer ebenso gelehrten als auch unpersönlichen Mündlichkeit. Kein irischer Autor schrieb jemals einen Roman oder eine unveröffentlichte Neuigkeit; keiner von ihnen erging sich in seiner eigenen Phantasie, außer in einigen wenigen lyrischen Gedichten und Liedern der Liebe, Trauer und Nostalgie. Niemand vergaß sich selbst oder lief Gefahr, aus der Zwangsgattung der *scéla* zu fallen. Alle "Literatur" diente dem Unterricht oder dem Vergnügen der Kriegerklasse, welche der Priesterklasse ehrerbietig gegenüberstand. Das dürfen wir nie vergessen, wenn wir aus dieser unversiegbaren Quelle schöpfen. Wir kennen keinen einzigen Lehrtext, keine explizite Beschreibung eines Rituals und keinen religiösen Kommentar. Fixierte und rettete die Christianisierung durch die Schrift auch die mythologischen Schätze, so hat sie auch den Nachteil, daß sie es uns überläßt, nun die ursprünglichen Lehren von denen zu scheiden, die sie unklar oder deutlich, implizit oder explizit hinzufügte. Ist unsere Methode richtig, können wir uns hier jedoch kaum täuschen. Den Überlegungen und Folgerungen, die sich aus dieser Notwendigkeit ergeben, widmeten wir das Hauptaugenmerk unserer Bemühungen.

Nach der Beschreibung unserer Methode und der Überprüfung ihrer Haltbarkeit und Wirksamkeit, wird der Leser also verstehen, daß unsere Analyse kein einziges Detail bezüglich der rituellen und magischen Techniken vernachlässigen durfte, nicht einmal die unzähligen phantastischen und langweiligen Einzelheiten, von denen wir hier natürlich nur den kleinsten Teil erwähnen. Den bedeutendsten Teil nimmt hier der Bereich der Magie ein, und das zum Nachteil des Rituals und der Liturgie, auch wenn wir diesbezüglich über interessante Fragmente verfügen. Dank ihrer können wir uns nun ein klares Bild von den verschiedenen Opferarten machen und uns überdies erklären, weshalb unter den Namen und Spezialgebieten der irischen Druiden kein "Opferer" auftaucht. Jeder Druide hatte aufgrund seiner Funktion nämlich das Recht zu opfern. Irland geizt nicht mit Einzelheiten - und sogar aus Gallien erhalten wir ein paar - bezüglich der Techniken der Weissagung, des Lobliedes und vor allem der Satire, die das Verhältnis zwischen Druide und König bestimmten.

Zwar wissen wir nicht alles, doch wissen wir viel. Und mag es auch stören, nicht alles zu wissen, so ist das immerhin noch besser, als gar nichts zu verstehen. Loblied und Satire entsprechen der Kraft des druidischen Wortes. Dieses Wort ist so heilig, daß es zu töten vermag, wenn der Druide es wünscht, und ist vergleichbar mit jenen reinigenden Wassern, die durch ihre Makellosigkeit tödliche Verbrennungen zufügen können. Der *geis*, Weisung bzw. Verbot kommt eine solch zwingende Kraft zu, daß weder Held noch König es wagten, ihr zuwiderzuhandeln. So hat ein Widerspruch zweier *geasa*, wegen dem zwangsläufig gegen die eine oder andere verstoßen werden muß, fast immer tragische Konsequenzen. Allein dem Druiden kommt die Macht zu, durch sein Wort und seine Zauberkraft zu binden und zu entbinden. Die Elemente Feuer, Wasser, Luft und Erde stehen ihm zur Verfügung und gehorchen ihm. Er ist ein Fachmann der Medizin, der Pflanzenkunde, der Chirurgie, der Geschichte, der Dichtkunst, der Musik, der Architektur und der Diplomatie. Ihm gehört die Vergangenheit, und er sagt die Zukunft voraus. Er unterrichtet und richtet. Er ist vor allem der Herr des Opfers. Hält er es für angebracht, läßt er Krieg führen, wobei er sich der Unterstützung und Zustimmung der Götter sicher ist. Wer würde es wagen, sich seiner Überwachung zu entziehen oder sich seinem Willen entgegenzustellen? Da gibt es druidische "Techniken" bzw. Rituale, wie anläßlich des *Stierfestes*, die nicht zu vernachlässigen sind.

Wesentlich interessanter und wichtiger sind jedoch die Lehrsätze, welche sich bei genauer Untersuchung der Kalenderfeste und den Erzählungen über die Andere Welt herauskristallisieren. Sie betreffen hauptsächlich:

- Die Risiken und Gefahren der Schrift
- Die Unsterblichkeit der Seele

- Das Verständnis der Zeit und der Anderen Welt
- Die Ursprünge der Kelten und des Druidentum

Nach all unseren Ausführungen zur Schrift ist es wohl kaum noch nötig, sich hierüber auszubreiten; und das trotz des rationalisierenden Irrtums Cäsars, der die mündliche Überlieferung als bloßes Gedächtnistraining mißverstand. Als Mittel und Werkzeug eines Zaubers, der so lange aufrechterhalten bleibt, als der Buchstabe ins Holz oder in den Stein geritzt bleibt, stellt sie vielmehr eine gefährliche Waffe derer dar, die sie handzuhaben wissen. Das wußten die Druiden besser als alle anderen. Doch gehen sie dabei nie über das Nötige hinaus und machten die Schrift nie zum Mittel oder Zweck ihrer Lehrtätigkeit.

Dieser Besonderheit der Doktrin ist auch der Umstand zuzuschreiben, daß wir weder das Gallische, noch andere vorchristliche keltische Sprachen kennen, und es besteht auch keinerlei Hoffnung dieses Unwissens eines Tages Herr zu werden. Die keltischen Inschriften sind immer sehr kurz und finden sich meist auf Grabsteinen, ob es sich dabei nun um irische Oghaminschriften des VI. Jahrhunderts oder um frühere gallische Inschriften aus Südfrankreich und Norditalien handelt. Allen ist der Name des Verstorbenen und seines Vaters gemein. Viel seltener findet man einen Titel und nur in Ausnahmefällen ein Verb. Stoßen wir zufällig auf längere gallische Inschriften, so bereitet es ungeheure Mühe, sie hypothetisch zu übersetzen, da wir von ihrer Sprache nur ein paar belanglose Bruchstücke kennen, auf denen wir kein lexikalisches oder syntaktisches System aufbauen können. Die Inschrift auf dem Kelch von Banassac, die wir nur durch den Vergleich mit neukeltischen Sprachen entschlüsseln können, ist profaner Natur: *nessamon delgu linda* ("Ich enthalte das Getränk [Bier?] des nächsten"). Über religiöse Inschriften verfügen wir nicht. Die *defixiones* aus Gallien sind bis auf weiteres nur lateinisch (eine Sprache, die dem Großteil der Gallier noch im dritten nachchristlichen Jahrhundert nicht geläufig war). Auch die erste gallische Literatur ist leider in lateinischer Sprache verfaßt, da sie aus den erklärten Gründen nicht auf gallisch sein konnte. Die Gekritzel von Graufensenque, durch die wir die Ordnungszahlen von eins bis zehn kennen - sind Töpfnerrechnungen, nichts weiter. Vielleicht werden eines Tages die äußerst seltenen kontinentalketischen Inschriften von mehr als drei Zeilen entschlüsselt, - wir denken dabei z.B. an die keltiberische Inschrift von Botorrita - doch wird ihr philologischer Inhalt auch dann noch lange ungewiß und ihre Bedeutung enttäuschend bleiben, da sie zwangsläufig intellektueller Vorstellungen entbehrt. Das geschriebene Druidenritual gehört, in Gallien wie in allen übrigen Ländern, in den Bereich der Vorstellung und der Autosuggestion. Der typischste Fall ist da die Inschrift (eine *defixio*!) auf der Bleitafel von Rom im französischen Deux-Sèvres: Aus den etwa zwanzig Zeilen, die auf der Vor- und der Rückseite der Tafel zu "lesen" waren, hatte ein Forscher 1958 ein gallisches

Vokabular mitsamt der Verbalformen des Konjunktiv und des Optativ erstellt. Endlich verfügen wir über die Konjugation und Deklination. Doch nachdem ein Fachmann der Kursivschrift die Tafel seinerseits liest, kommt zum Vorschein, daß die gesamte Inschrift in Latein verfaßt ist: Die gallischen Formen entsprangen allein der Phantasie, die die schwer entzifferbare Schrift hervorgerufen hatte. Allein die Eigennamen sind hier gallisch. Aus den etwa zweitausend Wörtern der etwa zweihundert Zeilen des Colignykalenders, können wir lediglich die Monatsnamen entziffern, ohne sie überhaupt alle erklären zu können. Eine Reihe von Abkürzungen entgehen uns völlig, und wir verstehen keinen einzigen Satz, ohne uns ungewisser Ergänzungen und Hypothesen zu bedienen. Wir müssen uns wohl oder übel damit abfinden, daß das Gallische mit denen verschwand, die es sprachen, und mit ihnen die Druiden, die es lehrten. Für sie bedeutete die Schrift den Tod, eine leblose Sache, die sich dem Gesetz des Lebens der ewigen Fortentwicklung entgegenstellte. Sie hatten also keinerlei Grund uns einen Leichnam zu hinterlassen. Die zeitgenössischen Linguisten müssen sich mit dem schwachen Trost abfinden, den ihnen das geringe Vokabular und die Phonetik (nach Eigen- und Ortsnamen, gelegentlich auch ihren meist französischen Neuformen) zu bieten vermögen. Vielleicht werden sie eines Tages ein paar Bestandteile der Grammatik entschlüsseln, doch wird ihnen der Wortschatz des Gallischen niemals so zugänglich sein wie der von Ciceros Latein. Was Irland betrifft, so wissen wir, weshalb dort geschrieben wurde. Doch überliefert uns das Alt- und Mittelirische - eine Sprache der Gelehrten aber keine liturgische Sprache wie das Latein oder das Griechische - nur mehr eine tote Tradition, die wir nun in diesem Zustand zu untersuchen haben. Wir dürfen auch nie vergessen, daß das Irische trotz seines Alters eine neukeltische Sprache ist: die keltischen Sprachen zur Zeit des klassischen Latein sind uns also gänzlich unbekannt.

Die Studie zum Verständnis der Unsterblichkeit der Seele erlaubte es uns, einige moderne Ideen zum Glauben der Kelten zu klären. Es lag hier vor allem daran zu beweisen, daß man nicht an Seelenwanderung oder Wiedergeburt glaubte, welche von ungeschickten Interpreten mit der metaphysischen Theorie der Vielfachexistenzen verwechselt wurde. Auch die Metempsychose stellt eine Ausnahme dar, die einer oder zwei Sagengestalten vorbehalten ist, die über den menschlichen Zustand hinausgehen und denen, wie Tuan mac Cairill oder Fintan, die Überlieferung des heiligen Wissens zukam. Alles Übrige ist Illusion, Fehlinterpretation oder schlechte Literatur.

Die Vorstellung der Zeit wird uns durch *Samain,* das wichtigste Kalenderfest am ersten November näher gebracht, dessen Namen wir in der älteren Form *Samonios* im Colignykalender wiederfinden. *Samain* liegt außerhalb der Zeit, da es Jahresanfang und -ende, das Ende der hellen und den Beginn der finsteren

Jahreszeit bezeichnet, ohne zum alten noch zum neuen Jahr zu gehören. Das ist auch der Grund, weshalb dieses Fest der großen Gelage, Versammlungen und religiösen Zeremonien auch das Eindringen der Zauberwesen der Anderen Welt in Raum und Zeit der Menschen ermöglichte. Doch ist die menschliche Zeit endlich, meßbar und bemessen, während die der Anderen Welt die unveränderliche Gegenwart der Ewigkeit darstellt. Diese Gegenüberstellung von Endlichem und Unendlichem ist allen Religionen und Metaphysiken gemeinsam, doch fügten die Iren - und wahrscheinlich auch die Gallier - eine originelle Note hinzu, die ihnen das Unendliche durch eine undefinierbare Dehnung der endlichen Zeit näher brachte. Die Helden oder Auserwählten, die sich aus dem einen oder anderen Grund in die Andere Welt begeben und glauben mehrere Stunden oder Tage dort verbracht zu haben, kehren nach wenigen Minuten, öfter aber erst nach mehren Jahren, Jahrzehnten oder gar Jahrhunderten wieder zurück. Deshalb ist ihnen auch die Rückkehr in die menschliche Zeit unter Androhung des Wahnsinns, des Verfalls oder des Todes untersagt. Die Druiden gehören nicht der Anderen Welt an (in der es sie nicht gibt, da dort alles perfekt ist), doch verwalten, kontrollieren, erlauben oder verbieten sie die Beziehungen der Menschen mit den Wesen der Anderen Welt, den Göttern, übernatürlichen Geschöpfen, Feen oder wunderschönen, jungen Frauen. Das Samainsfest stellt also den einzigen Augenblick des Kalenderjahres dar, in dem die Menschheit den Zwängen des Raumes und der Zeit entkommt. Andererseits springen mythische Ereignisse oft von einem *Samain* zum nächsten, ohne, daß jedoch ihr Handlungsfaden dadurch unterbrochen würde. Nur der zerstückelnde Bericht einer Erzählung verleiht hier die Illusion eines Bruchs der mythischen Zeit.

In Übereinstimmung mit den Angaben des Kalenders setzt die keltische Orientierung die Andere Welt im Norden oder Westen auf einer Vielzahl von Inseln jenseits des Ozeans an. Der *Sid* ist ein Paradies ewiger Jugend und vollendeten Glücks. Dieses Paradies ist nicht christlicher Natur, doch diente es das ganze Mittelalter hindurch (abzüglich der Frauen) als Vorwand für die *immrama* oder Seefahrten der irischen Mönche auf der Suche nach Abenteuer und Sühne. Da gibt es weder Hölle noch Fegefeuer, und es scheint, daß der von allen Zwängen des Raumes und der Zeit befreiende Tod, den Kelten nach strengen Regeln der Gleichheit gegönnt wird. Alle entgehen gleichermaßen Krankheit und Fehl und erhalten dieselbe Intelligenz und moralische Vollendung, denn die Andere Welt verbessert alle menschlichen Fehlvergehen. Der Tod stellt dabei keineswegs eine Strafe oder einen Schmerzensweg dar, sondern lediglich eine Zustandsveränderung im Laufe eines langen Lebens, wie es Lucanus in einer berühmten Definition der *Parsalia* ausdrückt.

Eine weitere wichtige Übereinstimmung besteht zwischen der Lage der Anderen Welt der Kelten und dem nordischen Ursprung der Druiden und ihrer Lehre. Die gottgewordenen Helden Irlands oder Tuatha Dé Danann kommen aus dem Norden der Welt, während die gallischen Druiden nach Britannien zogen, um ihre Bildung zu vertiefen. Natürlich entbehrt dieser Ursprung historische Belege; er ist rein mythischer Natur. Zusammen mit einigen Elementen der Textkritik müssen wir deshalb auch die geschichtliche Herkunft einiger "Rassen" anzweifeln, die Irland zwischen der Sintflut und der Ankunft der Goideln besiedelt haben sollen. Die vier bzw. fünf "Belagerungen" oder "Eroberungen" Irlands sind die keltische Entsprechung der hesiodischen Theorie der vier Zeitalter der Menschheit: Das goldene, das silberne, das eherne und das eiserne Zeitalter. Dadurch werden auch die mühseligst ausgearbeiteten Theorien einer früheren britannischen Besiedlung Irlands während einer vorgeschichtlichen Epoche verworfen. Hier müssen vielmehr die alten irischen Quellen in ihrem ursprünglichen Wortsinn herangezogen werden. Denn schon die Druiden unterrichten uns auf recht indirekte doch unmißverständliche Weise davon, daß es sich bei der Spaltung zwischen Goideln und Briten um einen linguistischen Archaismus und nichts anderes handelte. Sie ist auf die abgelegene Insellage Irlands weit ab von allen europäischen Kommunikationswegen zurückzuführen und kann nie auf eine ernstzunehmende Theorie hinauslaufen, die die völkische oder kulturelle Verschiedenheit durch verschiedene Einwanderungswellen zu erklären sucht. Auch das *Buch der Eroberungen* wird das nicht dementieren.

Ein weiterer Umstand, der in dieser Arbeit herausgestrichen wurde, ist der keltische Ursprung der Druiden, den wir von der Einleitung an betonten: Keine Spur und kein Indiz läßt auf die Keltisierung einer neusteinzeitlichen Priesterschaft oder Klasse von Zauberern nach dem Einbruch der Kelten in Westeuropa schließen. Vorhandensein und Urspung der Druiden hängen untrennbar mit ihren praktischen und magischen, theologischen und doktrinalen Lehren zusammen. Der "Druidentum" und die keltische Tradition sind ein und dieselbe Sache, deren Natur und religiöses Wesen auf die indoeuropäische Kultur zurückgehen.

Diesen Eigenschaften widerspricht auch nicht die Verlängerung des Druidentum' in den Heiligenlegenden, die das gesamte irische Mittelalter bestimmten.

VERZEICHNIS DER IRISCHEN UND WALISISCHEN ERZÄHLUNGEN UND HANDSCHRIFTEN DES MITTELALTERS

Dieses kurze Verzeichnis beschränkt sich auf die etwa vierzig Titel und vier Handschriften, die in diesem Werk herangezogen wurden. Es enthält die Namen aller Schriftstücke und ihrer eventuellen Varianten, in einigen Fällen eine kurze, zusammenfassende Erläuterung und die wichtigsten Quellenverweise, besonders, falls sie noch nicht eigens in dieser Arbeit oder in den *Textes mythologiques irlandais* erwähnt wurden, auf die wir alle Leser verweisen, die die vollständigen Erzählungen kennenlernen möchten.

Wir erwähnen also:
- Die verschiedenen *Fassungen*; meist zwei, manchmal auch eine oder drei.
- Das *Alter der Handschrift*.
- Die *Veröffentlichung* und gegebenenfalls auch die *Übersetzung*.

Keine der Erzählungen wurde ohne vorigen Rückgriff auf einen sicheren Originaltext herangezogen. Doch verfügen wir über mehr als tausend irische Handschriften,mehrere hundert Erzählungen und weitere Schriftstücke allgemeiner Natur. Mehr als hundert davon wären es wert, baldigst veröffentlicht zu werden. Unser Sachregister beschränkt sich jedoch auf die wichtigsten Titel und die grundlegendsten Handschriften, ohne die der Leser kaum auskommen wird. Außer den hier erwähnten finden sich die wichtigsten Schriftstücke in der *Rawlinson*-Reihe der Bodleian Library in Oxford und in der *Egerton*-Reihe der British Library in London.

Aided Con Culaind - "Der Tod Cuchulainns": Wir kennen zwei Fassungen dieser Erzählung. Die erste und ältere trägt den Titel *Brislech Mor Maighe Murthemne* oder "Der große Sturz der Ebene von Murtemne" und findet sich im *Book of Leinster*. Die zweite, jüngere und längere Version in vormodernem Irisch liegt in einem Text aus dem XVI.Jahrhundert auf der National Library of Scotland.

Aided Loegairi Buadaig - "Der gewaltsame Tod Loegaires, des Siegreichen": Eine kurze Erzählung des Unfalles, dem ein Held Ulsters zum Opfer fiel, als er versuchte, einen Dichter zu retten, der wegen Ehebruch vor seinem Haus ertränkt werden sollte. Sie ist in der Edinburgh XL - Handschrift aus dem XV. Jahrhundert erhalten. Siehe Christian Guyonvarc'h, *La mort de Cuchulainn*, in *Celticum* 7, 1962, 40 Seiten.

Aided Oenfir Aife - "Der gewaltsame Tod des einzigen Sohnes Aifes": Erzählung vom Tod des Sohnes, von Cuchulainn und Aife, einer Kriegerkönigin, die jener während seines Aufenthalts in Schottland besiegt hatte. Der Sohn wurde von seinem eigenen Vater im Zweikampf getötet, da ein Verbot ihm nicht nur untersagte, das Duell abzulehnen, sondern auch, sich durch einen anderen Krieger vertreten zu lassen. Der Text findet sich im *Yellow Book of Lecan* und ist auf altirisch (IX. und X. Jahrhundert) verfaßt. Siehe Christian-J. Guyonvarc'h, *La mort violente du fils unique d'Aife,* in *Ogham* 9, 1957, S. 115-121.

Airne Fingen - "Fingens Nachtwache": Kurze Erzählung eines Gesprächs zwischen einem König und einer Fee, über die Wunder der triumphalen Geburt Conns eines irischen Köings, dessen Regierungszeit von Großzügigkeit, Macht und Reichtum bestimmt war. Fingen selbst ist der besiegte und verdrängte König, der sich nur schwer in sein Schicksal fügt. *Textes mythologiques irlandais* I/1, S. 189-202.

Aislinge Oengusso - " Oengus' Traum": Eine sicherlich dem Etainzyklus zugehörige Erzählung, die uns in einer einzigen Fassung im Egertonmanuskript von 1782 erhalten ist. Siehe Christian-J. Guyonvarc'h, *Le Rêve d'Oengus,* in *Ogham* 18, 1966, S. 117-121 und *Textes mythologiques irlandais* I/1, S. 233-239.

Altrom Tige Da Medar - "Die Speise im Haus der zwei Kelche": Die am stärksten christianisierte Fassung des Etainzyklus', die den Herrschaftsstreit mit der Bekehrung Irlands verbindet, für die Eithne stellvertretend ist. Siehe Christian-J. Guyonvarc'h, *La nourriture de la maison de Deux Gobelets,* in *Celticum* 18, 1966, S. 315-343 und *Textes mythologiques irlandais* I/1, S. 257-266.

Ancient Laws of Ireland oder **Hibernae leges et institutiones antiquae**: Allgemeine Sammlung von irischen Texten und Rechtstraktaten in sechs Bänden (einschließlich des Glossarienbandes), die zwischen 1865 und 1901 in Dublin und London von mehreren Gelehrten nach den Abschriften John O'Donovans und Eugene O'Currys veröffentlicht wurden. Das Glossar stammt von Robert Atkinson. Die oft fälschlichen Lesarten sind heute in den sechs Bänden des *Corpus Juris Hibernici* von D.A. Binchy zu lesen.

Auraicept na nÉces - "Die Anfänge des Dichters": Umfangreiches Sammelwerk, welches die ganze Wissenschaft der *Filid* einschließlich der Oghamschrift umfaßt. Wir kennen zwei Fassungen: Die kürzere ist Teil von vier Handschriften, deren wichtigste das *Book of Ballymote* darstellt. Die längere finden wir in fünf Manuskripten, deren Hauptwerk das *Yellow Book of Lecan* darstellt. Das gesamte Werk wurde von George Calder mit einer englischen Übersetzung verlegt: *Auraicept na n-Éces, The Scholar's Primer,* Edinburgh, 1917, 374 Seiten.

Book of Leinster - "Das Buch von Leinster" hieß bis 1874 *Book of Glendalough.* Sein irischer Titel *Lebar na Nuachongbala* oder "Buch der neuen Grundlagen" stimmt jedoch mit keiner dieser beiden überein. Die Handschrift aus dem XII. Jahrhundert liegt auf der Bibliothek des Dubliner Trinity College (H.2.18, Katalognummer 1339). Es handelt sich hierbei um das bei weitem wichtigste Manuskript des irischen Mittelalters. Die beglaubigte Auflage umfaßte Anfang 1986 die ersten 374 Seiten der 410 (205 Blätter) der gesamten Handschrift. R.I.Best - Osborn Bergin - M.A. O'Brien, *The Book of Leinster formerly Lebar na Nuachongbala* I, Dublin, 1954, XXVI und S. 1-260; II, 1956, X und S. 261-470; III, 1957, XVII und S 471-760; IV, 1965, XVII und S 761-1117; V, 1967, S. 1119-1325; ed. Annie O'Sullivan, VI, 1983, XVI und S. 1327-1708.

Cath Maighe Tuireadh - "Die Schlacht von Mag Tured" oder wörtlich "Die Schlacht in der Ebene der Säulen". Dies ist wohl entweder eine Anspielung auf Megalithdenkmäler oder aber metaphorisch zu verstehen, wobei die Krieger als "Säulen der Schlacht" bezeichnet werden. *Mag Tured* ist ein Ortsname, dessen englische Schreibweise *Moytura* in etwa die irische Aussprache wiedergibt. Von diesem fundamentalen Mythos, welcher den Kampf der Tuatha Dé Danann gegen die Fomoire beschreibt, sind uns zwei Fassungen erhalten, wobei wir bei der zweiten über zwei Handschriften verfügen. Alle drei Texte wurden vollständig in den *Textes mythologiques irlandais* I/1, S: 25-104 übersetzt.

Coir Anmann - "Die Angemessenheit der Namen": Eine mittelalterliche Etymologiensammlung Irlands, welche den Ursprung der Namen von etwa 300 mythischen und pseudo-historischen Persönlichkeiten meist analogisch erklärt (das Werk enthält 298 Eintragungen). Es gibt eine lange und eine kurze Fassung. Erstere findet sich im Manuskript H.3.18 des Trinity College of Dublin, die Kurzversion ist uns in drei verschiedenen Handschriften überliefert: dem *Book of Ballymote,* dem *Book of Lecan* und dem *Edinburgh Kilbride III.* Sie enthält elf Einträge, die in der langen Fassung fehlen. Der *Coir Anmann* wurde von Whitley Stokes ins Englische übertragen und in den *Irischen Texten* III, S. 285-432 veröffentlicht.

Compert Conchobair - "Die Empfängnis Conchobars": Die Erzählung berichtet, wie der spätere König Conchobar aus der bewegten Verbindung der Königin Ness mit dem Druiden Cathbad entsteht. Sie ist in mehreren Handschriften enthalten, von denen die wichtigste die D.4.2 der Royal Irish Acadamy ist. Siehe Christian-J. Guyonvarc'h, *La Conception de Conchobar,* in *Ogham* 12, 1960, S. 235-240. Eine zweite, nur wenige Zeilen lange Version trägt denselben Titel. Siehe Christian-J. Guyonvarc'h, *La naissance de Conchobar,* in *Ogham* 11, 1959, S. 335-336. Die dritte Fassung jedoch ist unter dem Namen *Scéla Conchobuir* oder "Die Erzählungen Conchobars" bekannt. Siehe auch hier Christian-J. Guyonvarc'h, *La naissance de Conchobar,* in *Ogham* 11, S. 50-65.

Compert Con Culaind - "Die Empfängnis Cuchulainns". Die Erzählung ist uns in zwei Fassungen erhalten. Die erste findet sich in den Handschriften *Lebor na hUidre* und *Egerton 1782,* die zweite ist nur in *Egerton 1782* enthalten. Letztere trägt den Untertitel *Feis Tighe Becfolthaig* oder "Das Fest im Hause des kleinen Reichtums"; siehe Christian-J. Guyonvarc'h, *La conception de Cuchulainn*, in *Ogham* 17, 1965, S. 363-380.

Compert in da muccido - "Die Empfängnis der beiden Schweinehirten": Diese Erzählung berichtet von der Verwandlung in die verschiedensten Tiergestalten, durch die die beiden königlichen Schweinehirten aus dem Norden und Süden Irlands für Zwist bestraft werden. Dieser eigenartige Text findet sich in den Handschriften *Egerton 1782* und dem *Book of Leinster,* Blatt 246a-247a, V, S. 1121-1124, Zeilen 32930-33042. Siehe Christian-J. Guyonvarc'h, *La conception des deux porchers*,in *Ogham* 12, 1960. Vgl. Ulrike Roider, *Wie die beiden Schweinehirten den Kreislauf der Existenzen durchwanderten. De chophur in da muccida. Eine altirische Sage, herausgegeben nach den Handschriften im Buch von Leinster und British Museum Egerton 1782, übersetzt und mit Kommentar versehen, Innsbrucker Beiträge zur Kulturwissenschaft* 28, Innsbruck, 1979, 165 Seiten (Die Interpretation bedarf eines gewissen Vorbehalts.)

Crith Gablach - wörtlich "Der gegabelte Ast" ist der Titel einer irischen Rechtsabhandlung. Er wurde 1941 ohne Übersetzung von D.A. Binchy in den *Mediaeval and Modern Irish Series* 11, Dublin, 109 S. veröffentlicht.

Dindshenchas - "Altertümer" oder "Geschichten der Festungen". Ursprünglich bezeichnet *dind* eine Spitze oder einen Gipfel; später wandelt sich die Wortbedeutung zu "Zitadelle, Festung". Die *Dindshenchas* sind eine Art topographische, geschichtliche, biographische und etymologische Gebrauchsanleitung, welche die Geschichte eines bestimmten Ortes und gewisser, natürlich mythischer Gestalten aufzeigte, deren Leben oder Tod mit diesen Stellen in Verbindung stand. Es gibt zwei Reihen:

- Der *Dindshenchas von Rennes* oder *Prosadindshenchas*
- Der wesentlich längere *Versdindshenchas*

Die *Prosadindshenchas* wurden von Whitley Stokes nach einer Handschrift der Universitätsbibliothek von Rennes in der *Revue Celtique* 15, S. 272-336, 418-484 und 16, S. 31-83, 135-167 und 269-312 veröffentlicht. Die *Versdindshenchas* wurden in Anlehnung an dreizehn verschiedene Handschriften von Edward Gwynn veröffentlicht, von denen die wichtigsten das *Book of Leinster,* das *Book of Ballymote,* das *Yellow Book of Lecan* und die *Todd Lectures Series* VII-XII sind:

I. Dublin, 1903, 82 S.
II. Dublin, 1906, 108 S.
III. Dublin, 1913, 562 S.

IV. Dublin, 1924, 474 S.
V. Dublin, 1935, 314 S.

Fled Bricrend - "Das Fest Bricrius": Beschreibung eines von Bricriu organisierten Festes, dessen Ziel es war Zwietracht unter den Kriegern Ulsters zu säen. Doch wenden sich die dadurch verursachten Abenteuer alle zum Guten Cuchulainns, dessen kriegerischer Wert und Vorrang sich durchsetzen. Diese Version wird uns in fünf verschiedenen Handschriften überliefert, von denen die wichtigsten der *Lebor na hUidre* und *Egerton 1782* sind. George Henderson verlegte sie mit einer (sehr freien) englischen Übersetzung: *The Feast of Bricriu,* in *Irish Texts Society* 2, Dublin, 1899, 217 S.

Foras Feasa ar Éirinn - Der Titel, der meist mit "Geschichte Irlands" (*History of Ireland)* übersetzt wird, bezeichnet ein didaktisches Werk, welches Geoffrey Keating in der ersten Hälfte des XVII. Jahrhunderts nach heute sicherlich verschollenen Quellen verfaßte. Wörtlich übersetzt bedeutet der Titel "Die Grundlage des Wissens Irlands". Dabei handelt es sich nicht nur um die Geschichte, sondern vielmehr um die Gesamtheit der ebenso historischen als auch legendären Einzelheiten, die die Vergangenheit des Landes betreffen. Das Werk wurde mit einer englischen Übersetzung von David Comyn und Patrick S. Dinneen in der Reihe der *Irish Texts Society* zwischen 1903 und 1914 in vier Bänden -IV (1902), VIII (1908), IX (1909) und XV (1914) aufgelegt.

Forbuis Droma Damhghaire - "Die Belagerung von Druim Damhghaire": Diese Erzählung berichtet vom Krieg, den König Cormac gegen die Provinz von Munster führte, um sie zur Bezahlung ihrer Abgaben zu zwingen. Doch trotz anfänglicher Erfolge, verliert er diesen Krieg, da die Männer von Munster vom Druiden Mog Ruith ("Diener des Rades") unterstützt werden, dessen Zauberkraft die der Druiden des irischen Königs übertreffen. Der Text wurde von M.L. Sjoestedt in *Revue Celtique* 43, 1926, S. 1-123 und 44, 1927, S. 157-186 nach dem *Book of Lismore* veröffentlicht.

Gespräch Fintans mit dem Falken Aichills: Langes, archaisches Gedicht, welches uns einige Einzelheiten zur Seelenwanderung Fintans liefert, der als Mensch und als oberster Druide das gesamte Wissen um die irische Geschichte von ihren Anfängen bis zur Ankunft Patricks überliefern sollte. Siehe *Textes mythologiques irlandais* I/1, s. 169-174. Die walisische Entsprechung dieses Gesprächs findet sich in einer völlig überarbeiteten und vereinfachten Form in der spät niedergeschriebenen Erzählung von den *Ahnen der Welt* wieder (siehe *ibid.* S. 166-167).

Hanes Taliesin - "Die Geschichte von Taliesin": Diese walisische Erzählung schildert die eigenartigen Umstände der Geburt des legendären, walisischen

Barden Taliesin. Nachdem der Zwerg Gwion Bach unerlaubt vom Wissenstrank kostet, dessen Zubereitung er für die Zauberin Ceridwenn überwachte, wird er von dieser verfolgt. Er verwandelt sich in verschiedene Tiergestalten und wird schließlich zu einem Weizenkorn, welches Ceridwen, die sich in ein Huhn verwandelte, verschluckt. Neun Monate später gebärt sie ein Kind, welches bereits sprechen kann und die Gabe des Hellsehens besitzt. Nachdem er in einem Sack ins Meer geworfen wird, wird er von einem Königssohn aufgefischt. Siehe *Textes mythologiques irlandais* I/1, S. 151-152.

Immacallam in da thuarad - "Das Gespräch der zwei Weisen": Akademisches Streitgespräch zwischen zwei *Filid,* welche beide das Amt des obersten Doktors von Ulster anstreben. Der Versdialog ist in einem Stil voller Anspielungen und zweideutiger und metaphorischer Bemerkungen in einer gewählten und außergewöhnlichen Sprache verfaßt. Die wichtigsten Handschriften, die diesen Text enthalten sind das *Book of Leinster*, das *Yellow Book of Lecan* und *Rawlinson B 502.* Es wurde von Whitley Stokes mit einer englischen Übersetzung versehen und in *The Colloquy of the two Sages,*in *Revue Celtiques*26, 1905, S. 4-64 veröffentlicht.

Immram Brain maic Febail ocus a echtra andso sis - "Die Seefahrt Brans, des Sohnes von Febal und seine dortigen Abenteuer": Erzählung einer Fahrt ins Jenseits und der unmöglichen Rückkehr; teilweise christianisiert. Auch dieser Text ist in mehreren Handschriften enthalten, von denen die bedeutendste *Rawlinson B 512* ist. Siehe Christian-J. Guyonvarc'h, *La navigation de Bran, fils de Febal,* in *Ogham* 9, 1957, S. 304-309; vgl. Seamus Mac Mathuna, *Immram Brain, Bran's Journey to the Land of the Women,* Tübingen, 1985, 510 S.

Kat Godeu - "Der Kampf der Sträucher": Walisisches Gedicht, welches zwar Taliesin zugeschrieben wurde, doch aus einer späteren Epoche stammt. Mit zahlreichen Anspielungen auf die verschiedensten Wesenszustände des Menschen wird hier der Pflanzenkrieg geschildert, dessen Beschreibung mit der zweiten Fassung des *Todes Cuchulainns* zusammengefügt wurde. Das Gedicht findet sich im sogenannten *Book of Taliesin*; siehe *Textes mythologiques irlandais* I/1, S. 149-151.

Lebor Baile-Mota - "Das Buch von Ballymote" oder *The Book of Ballymote* liegt unter der Nummer 23 P 12 auf der Bibliothek der Royal Irish Academy. Es wurde gegen Ende des XIV. Jahrhunderts verfaßt. Die Handschrift ist nur in der Faksimileausgabe Robert Atkinsons von 1887, Royal Irish Academy einsehbar.

Lebor Gabala Érenn - "Buch der Eroberungen Irlands" oder *Book of the Takings of Ireland*: Umfangreiche Sammlung aus dem Mittelalter, welche die Legendengeschichte und die pseudohistorischen Annalen Irlands von der Sintflut bis zum obersten Königtum Taras berichtet und sie an die Vulgata und die biblische Zeitrechnung anpaßt. Die Verfasser griffen dabei auf Hesiods Theorie der fünf mythischen Urvölker der vier Menschenzeitalter zurück. Siehe *Textes mythologiques irlandais* I/1, S. 3-23 und I/2, S. 1-25. Die Gesamtausgabe wurde von R.A.S. Macalister unter dem Titel *Lebor Gabala Érenn, The Book of the Taking of Ireland* in der Reihe der *Irish Texts Society* erstellt : I, XXXIV, 1938; II, XXXV, 1939; III, XXXIX, 1940; IV, XLI, 1941; V, XLV, 1956.

Lebor na hUidre - "Buch der braunen Kuh" oder *Book of the Dun Cow*, in Anspielung auf die bekannte, schwarzbraune Kuh des Heiligen Ciaran von Clonmacnoise. Seit 1844 befindet sich die Handschrift im Besitz der Royal Irish Academy, nachdem sie lange in privaten Händen lag. In ihrem heutigen, sehr lückenhaften Zustand zählt sie 67 Blätter. Das Manuskript stammt aus dem XII. Jahrhundert. Die beglaubigte Auflage (XLIV) wurde von R.I. und O.J. Bergin 1929 in Dublin verfaßt und hat 341 Seiten.

Mabinogoin - Sammlung walisischer Texte aus dem Mittelalter, die folgende Titel enthält:

Mabinogi von Pwyll, Prinz von Dyfed
Mabinogi von Branwen, Tochter Llyrs
Mabinogi von Manawyddan, Sohn Llyrs
Mabinogi von Math, Sohn Mathonwys

Sie beinhalten zahlreiche, mythologische und mythische Erinnerungen, für die es zwar irische Übereinstimmungen gibt, die jedoch keine zusammenhängende Studie der britannischen Mythologie erlauben. Dazu kommen überdies noch einige Erzählungen der Arthussage:

Lludd und Llevelys
Kulhwch und Olwen
Der Traum Ronabwys
Peredur und Evrawc
Gereint und Enid.

Die einzig annehmbare französische Übersetzung ist die Joseph Loths, *Les Mabinogion,* Paris, 1913, in zwei Bänden, die auf den Handschriften *Das rote Buch von Hergest* und *Das weiße Buch von Rhydderch* basieren. Es gibt keine neuere, doch wurden seither mehrere Arbeiten in Wales und Irland zu den *Mabinogion* veröffentlicht. Hier die wichtigsten:

- Ifor Williams, *Pedeir Keinc y Mabinogi allan o lyfr Gwyn Rhydderch,* Cardiff, 1930 (Neuauflagen 1935, 1951, 1964) University of Wales Press, 336 S (nur in walisisch).

- W.J. Gruffydd, *Math Vab Mathonwy, an inquiry into the origins and developpement of the fourth branch of the Mabinogi with the text and a translation,* Cardiff, 1928, 193 S. (mit oft fraglichen Interpretationen).

- *Pwyll Pendeuic Dyuet,* ed. R.L. Thomson, *Mediaeval and Modern Welsh Series* 1, Dublin, 1957, XXXIV, 72 S.

- *Branwen verch Lyr,* ed. Derick S. Thomson, *Mediaeval and Modern Welsh Series* 2, Dublin, 1961, LII, 78 S.

- *Cyfranc Lludd a Llefelys*, ed. Brynley F. Roberts, *Mediaeval and Modern Welsh Series* 7, Dublin, 1975, XLIII, 38 S. (Diese drei letzten Werke beinhalten eine Einleitung und ein Glossar, jedoch keine Übersetzung).

Macgnimrada Conculaind - "Heldentaten aus der Kindheit Cuchulainns": Titel einer Stelle der *Tain Bo Cualnge*, die von der kriegerischen Ehre und Maßlosigkeit des verfrühten Helden, dem jungen Setanta berichtet, noch bevor er den Namen Cuchulainn trägt. Siehe Christian-J. Guyonvarc'h, *Les exploits d'enfance de Cuchulainn*, in *Ogham* 11, 1959, S. 206-215 und 325-335 nach dem *Book of Leinster.*

Mesca Ulad - "Die Trunkenheit der Ulaten": Erzählung eines verrückten Abenteuers der Ulaten, welches jene in der Nacht nach dem trunkenen Samainfest bis nach Tara bringt. Der Text setzt sich aus zwei Fragmenten zusammen, die in zwei verschiedenen, unvollständigen Handschriften enthalten sind: Die längere der beiden ist das *Book of Leinster*, die kürzere, in der sich das Ende der Erzählung befindet, ist der *Lebor na hUidre.* Siehe Christian-J. Guyonvarc'h, *L'Ivresse des Ulates*, in *Celticum* 2, 1961, 38 S.

Oidhe Chloinne Tuireann - "Der tragische Tod (bzw. Mord) der Kinder Tuireanns": Erzählung der Abenteuer der drei Söhne Tuireanns, der drei Götter von Dana, Brian Iuchar und Iucharba (Ebenbilder des ersteren). Als Strafzahlung für den Mord an seinem Vater Cian erlegt ihnen Lug eine lange Suche nach wunderbaren Gegenständen auf. Ihre Suche ist zwar erfolgreich, doch sterben sie an Erschöpfung. Der Text ist uns nur in einer einzigen Version erhalten, die uns in einer späten Handschrift überliefert ist. Sehr kurze, lateinische Fassung gibt lediglich nebensächliche Einzelheiten. Siehe *Textes mythologiques irlandais* I/1, S. 105-143.

Sanas Cormaic - "Cormacs Glossarium": Text aus dem X. Jahrhundert, verfaßt von Bischof Cormac von Cashel. Außer einiger recht eigenartiger und altertümlicher Wörter enthält er auch zahlreiche, oft mythologische Definitionen und analogische Worterklärungen. Wir verfügen über zwei Hauptfassungen: Die der Handschrift der Royal Irish Academy (Codex A), die Whitley Stokes in den *Three Irish Glossaries,* London, 1862, S. 1-46 veröffentlichte und die der des *Books of Leinster* entspricht, und die des *Yellow Book of Lecan,* verlegt von Kuno Meyer in *Anecdota from Irish Manuscripts* IV, 1912, S. I-XIX und 1-128.

Scél Tuain maic Cairill do Fhinnén Maighe Bile inso sis - "Die Geschichte Tuans, dem Sohn Cairells, so wie sie Finnén von Mag Bile erzählt wurde": Hiervon gibt es zwei fast identische Abschriften der einzigen Version dieser sehr alten Erzählung, die (zusammen mit der Geschichte Fintans) den einzigen in der keltischen Legende bekannten Fall der Seelenwanderung beschreibt. Siehe *Textes mythologiques irlandais* I/1, S. 145-156.

Seirglige ConCulaind inso sis 7 oenet Emire - "Die Krankheit Cuchulainns und die einzige Eifersucht Emers": Die Erzählung berichtet von dem kurzen Ehebruch Cuchulainns mit Fand, der Frau Manannans, in der Anderen Welt, und die Eifersucht der rechtmäßigen Gattin Emer. Es existiert eine einzige Fassung, die am besten im *Lebor na hUidre* wiedergegeben wird. Siehe Christian-J. Guyonvarc'h, *La maladie de Cuchulainn*, in *Ogham* 10, 1958, S. 285-310.

Senchus Mor - "Großes Altertum": Irische Rechtssammlung, enthalten in den *Ancient Laws of Ireland* I, S. I-LI und 1-335; II, S V-IX und S. 1-409; III, S. XLI-LXXVI und 1-80.

Suidigud Tellach Temra - "Die Grundlage des Hauses Tara": Dieser Bericht rühmt und rechtfertigt durch die Vermittlung des obersten Druiden Fintan, die "zentrale" Obergewalt und die Vorherrschaft des obersten Königtums von Tara. Siehe *Textes mythologiques irlandais* I/1, S. 157-187.

Tain Bo Cualnge - "Der Raubzug der Kühe Cooleys": Wir haben es hier mit der längsten Erzählung des Ulsterzyklus' zu tun, von dem alle anderen abhängen. Sie schildert ausführlich die Bemühungen der Königin Medb, sich des göttlichen Stieres von Cualnge (in der englischen Schreibweise "Cooley") zu bemächtigen und wie der junge Held Cuchulainn die Grenzen Ulsters erfolgreich verteidigt. Sie ist in zwei Versionen überliefert, deren wichtigsten Abschriften wir einerseits im *Book of Leinster*, andererseits im *Lebor na hUidre* finden. Die Fassung im *Book of Leinster* wurde mit der ausgezeichneten deutschen Übersetzung von Ernst Windisch, in *Irische Texte* V, Leipzig 1905, 1118 S. und mit einer englischen Übersetzung von Cecile O'Rahilly, *Tain Bo Cualnge from the Book of Leinster,* Dublin, 1967, 356 S. verlegt. Die Fassung des *Lebor na hUidre* wurde 1912 ohne Übersetzung von J. Strachan und J.G. O'Keefe in Dublin veröffentlicht. Das Fehlen der Übersetzung wurde hier durch den Zusatz des *Yellow Book of Lecan* wettgemacht. Die französische Übersetzung der zweiten Fassung wurde von Christian-J. Guyonvarc'h in *La Razzia des Vaches de Cooley*, in *Ogham* 15, 1963 S. 139-160, 265-288, 393-412 und 16, 1964, S. 225-230 und 463-470 veröffentlicht. Die Verweise auf andere Fassungen und Handschriften werden in der Einleitung dieser Übersetzung angeführt. Zu diesen kamen seitdem folgenden Werke: Cecile O'Rahilly, *Tain Bo Cualnge, Recension I,* Dublin, 1976, 312 S (nach der *Lebor na hUidre* und dem *Yellow Book of Lecan, Egerton 1782* aus dem XVI. Jahrhundert und *O'Curry MS*

1, ebenfalls aus dem XVI. Jahrhundert); vom selben Autor *The Stowe Version of Tain Bo Cualnge*, Dublin, 1961, 282 S.

Tochmarc Emire - "Die Brautwerbung um Emer": Erzählung der Abenteuer der kriegerischen Einweihung und Verlobung Cuchulainns mit Emer. Es sind zwei Fassungen mit dem gleichen Titel erhalten. Die ältere ist kürzer als die wesentlich längere und jüngere, von der acht Abschriften existieren. Die erste A-Version wurde ins Französische übersetzt: Christian-J. Guyonvarc'h, *La Courtise d'Emer,* in *Ogham* 11, S. 413-423. Die zweite ist nur in der übersetzungslosen Normauflage *Mediaeval and Modern Irish Series* 3, S. 16-18 von A.G. van Hamel erhältlich.

Tochmarc Etaine - "Die Brautwerbung um Etain": Titel einer Textsammlung im *Yellow Book of Lecan,* die aus den drei wichtigsten Fassungen einer Erzählung besteht, die von den Abenteuern der Götter Irlands ausgehend von der Hauptfigur Etain oder Eithne berichten, welche als Personifizierung und Sinnbild der Souveränität verstanden wurde. Eine vierte in *Egerton 1782* enthaltene Version übernimmt großteils wieder die erste. Die fünfte Fassung im *Book of Fermoy* trägt den Titel *Altrom Tige Da Medar* "Nahrung im Haus der zwei Kelche" und ist stark christianisierte Variante: Sie endet mit der Bekehrung Eithnes und einem Zauberkampf, in dem der Heilige Patrick den Gott Oengus, den Anführer der Tuatha Dé Danann besiegt; siehe *Textes mythologiques irlandais* I/1, S. 241-281.

Tochmarc Ferbe - "Die Brautwerbung um Ferbe": Hierbei handelt es sich um eine der *remscéla* oder "Vorerzählungen" der *Tain Bo Cualnge*, in der vom Einfall der Ulaten in Connaught unter König Conchobar und von den verschiedenen Schicksalswendungen berichtet wird. Die Hauptversion ist im *Book of Leinster,* eine zweite, kürzere in der Handschrift *Egerton 1782* enthalten. Siehe die mit einer deutschen Übersetzung versehenen Ausgabe Ernst Windischs in *Irische Texte* III/2, Leipzig, 1897, S. 445-595.

Yellow Book of Lecan - "Das gelbe Buch von Lecan": Handschrift aus dem XIV. Jahrhundert, die unter der Nummer H.2.16 auf der Bibliothek des Trinity College von Dublin liegt. Sie enthält verschiedene alte Handschriften, darunter auch die, der sie ihren Namen verdankt. Robert Atkinson veröffentlichte 1896 eine Faksimileausgabe für die Royal Irish Academy, dessen Qualität jedoch zu wünschen übrigläßt. Dieses Werk darf nicht mit dem *Book of Lecan* verwechselt werden, welches aus dem beginnenden XV. Jahrhundert stammt.

GLOSSAR

Das folgende Stichwortverzeichnis will sich eher als Lesehilfe denn als Rechtfertigung oder als Beweissammlung verstanden wissen. Daher enthält es auch nur die uns am unentbehrlichsten scheinenden Quellenverweise. Es werden hier jedoch alle wichtigen irischen und gallischen Namen und Wörter aus dem vorliegenden Werk angeführt, auch wenn die unzähligen nebensächlichen Eigen- und Ortsnamen ausgespart wurden, die für das allgemeine Verständnis kaum von Interesse sind.

Wir haben diesem Glossar überdies eine Reihe deutscher und lateinischer Begriffe angefügt, die aus dem Gesichtspunkt der Keltologie, der allgemeinen Wissenschaft oder einfach auch der traditionellen Überlieferung von Bedeutung sind und kurzer Erläuterung bedürfen.

Zur Darstellung:

- Im gesamten Werk wurden, wie auch im Glossar, die langen irischen Selbstlaute aus typographischen Gründen â, é, î, ô und û geschrieben.

- Die inselkeltischen, irischen und walisischen Wörter und Eigennamen, werden in Kleinbuchstaben angeführt. Bei den irischen Einträgen wird die Herkunft nicht eigens angegeben.

- Die gallischen Wörter und Eigennamen werden in Großbuchstaben geschrieben.

- Die deutschen oder lateinischen Stichwörter werden kursiv geschrieben.

A

Abhcan, Sohn Bicelmos: Name des Harfenisten der Tuatha Dé Danann im *Cath Maighe Tuireadh* oder "Die Schlacht von Mag Tured". *Abhcan* ist ein Diminutiv von *abacc*, was soviel wie "kleiner Zwerg" bedeutet. Der Eigenname *Bicel(l)* ist zwar als solcher, nicht jedoch in der Form *Bicelmos* bekannt, welcher an keiner anderen Stelle belegt ist und wahrscheinlich von *Bec-Fhelmas,* "kleine Verzauberung, Hexerei", herrührt.

Achad Abla: Mythischer Name des Ortes, an dem sich laut des *Cath Maighe Tuireadh* die Wunderquelle der Tuatha Dé Danann befand. Von der Stelle wissen wir nicht mehr, als daß sie im Nordwesten Moyturas liegt. Wörtlich bedeutet dieser Ortsnamen offenbar "Apfelhain".

Adnae mac Uthidir ("Adnae, der Sohn Uthiders", von den Stämmen Connaughts): Name eines der obersten *Filid* von Ulster, der im irischen **ad-sena* wurzelt, was "betagt" (lateinisch *senex*) bedeutet. Die genaue Etymologie des Namen Uthidir ist nicht mehr festzustellen. Der Sohn Adnaes ist Nede, einer der beiden Bewerber im Wortgefecht um den Posten des obersten Doktors von Ulster, von dem im *Acallaim in Da Thuaraid* oder dem "Gespräch der zwei Weisen" berichtet wird. Es handelt sich dabei zweifelsohne auch um dieselbe Person, die ein tragisches Ende nimmt, da sie sich widerrechtlich des Thrones Caiers, des Königs von Connaught bemächtigt hatte.

Adrad ("[Stein der] Anbetung"): Ein Wort, welches nur im rein juristischen Ausdruck *lia adrada* bekannt ist, der auf dem lateinischen *adoratio* basiert, dessen religiöse Bedeutung es jedoch verloren hat.

Aed: Ein in Irland häufiger Name von Kriegern und Königen. Etymologisch gesehen geht dieser Name, so wie der der gallischen *Aedui* (Häduer), auf das Wort für "Feuer" zurück. In jüngeren Texten finden wir häufig auch die Schreibweise Aodh. Wir erwähnen in den *Druiden* drei Personen dieses Namens: Aed Ruad, "Aed, der Rote", der einer der drei Könige ist, die in der Legende der kriegerischen Macha abwechselnd in Ulster regieren. Aed mac Ainine ist der Dichter, der auf frischer Tat beim Ehebruch mit der Königin von Ulster ertappt und daraufhin vergeblich von König Conchobar zum Tod durch Ertrinken verurteilt wird. (Er belegt nämlich die Gewässer mit einem Zaubergesang und wird schließlich von Loegaire gerettet, der dabei das Leben verliert.) Bei Aed mac Ammere handelt es sich schließlich um den König, der in der Geschichte des Heiligen Columba die *Filid* aus Irland verbannt, da sie zahlreich geworden sind.

AEDITUUS, das lateinische Wort für "Tempelwächter" besitzt keine keltische Entsprechung: Dieses Wort, mit welchem Ausonius einen "Druiden" bezeichnet, ist also eine lateinische Variante und hat keinerlei Bezug zum keltischen Fachvokabular.

Aes dana: Siehe *Männer der Kunst.*

Agnoman: Nach dem *Buch der Eroberungen* wurde Irland vom Vater Nemeds ("heilig") besetzt, der der Anführer des zweiten Sagengeschlechts nach Partholon und vor den Fir Bolg war. Er soll von den griechischen Skythern gestammt haben, doch besitzen wir keine Erklärungen bezüglich seines Namens.

Ai, Sohn Ollams: Laut der Vers- und der Prosaversion der *Dindshenchas* war er ein Dichter der Tuatha Dé Danann. Er beschützt die Ernte gegen die Söhne Carmans (die Fomoire).

Aicnid, im Ausdruck *recht aicnid* ("Naturrecht"): Rechtsbegriff der juridischen Sammlungen, der die Rechtsprechung vor dem Christentum bezeichnet,durch das das auf dem Evangelium basierende *recht litre*, das "Schriftrecht" eingeführt wurde. Die beiden Gesetzesformen wurden oft mit dem Alten und Neuen Testament verglichen.

Aidlinn oder **Ailinn, Tochter Lugaids**: Heldin der Erzählung *Scél Baili Binnberlaig* oder "Geschichte Bails mit der süßen Sprache". Sie stirbt aus Gram über den Tod ihres Verlobten Baile Binnberlach. Doch ist ihr Tod vor allem für den druidischen Gebrauchs des Eibenholzes bedeutsam. Auf beiden Gräbern wuchs nämlich je eine Eibe und ein Apfelbaum, aus denen man kleine Scheibchen schnitzte, die man nicht voneinander trennen konnte, solange sie sich in der Nähe der Scheibchen aus dem Holz des anderen Baumes befanden.

Ailbe: Tochter des Königs Cormac, der wiederum Sohn des Art und Enkel Conns war. Ailbe besaß einen bedeutenden Ruf als Richterin. Ihr Name bedeutet "Weißdorn" und stammt höchstwahrscheinlich von dessen lateinischer Bezeichnung *alba spina*.

Ailill: Name mehrerer mythischer oder pseudohistorischer Herrscher, von denen Ailill, der König Connaught und Gatte der Königin Medb der bedeutendste war. Von beiden ist in zahlreichen Mythologien und Epen die Rede. Der Name bedeutet wahrscheinlich "Geist". Von einem anderen Ailill (Anguba), dem Bruder des mythischen Königs Eochaid berichtet die Erzählung *Die Brautwerbung um Etain*. In den Annalen tragen noch einige andere Persönlichkeiten diesen Namen. Ailill mit dem Honigmund, der Sohn Carbadhs, verdankt seinen Namen seiner großen Gelehrtheit und seiner sanften Stimme.

Airmed ("Maß"): Name der Tochter des Gottarztes Diancecht. Sie ist es, die in der Erzählung *Die Schlacht von Mag Tured* die Pflanzen sammelt, die in den Gesundbrunnen geworfen werden sollen. Dies ist die einzige Stelle, wo auf sie verwiesen wird.

Aithirne Ailgesach ("Der Anspruchsvolle"): Dieser Druide Ulsters trug jenen Beinamen, da er unter Androhung tödlicher Satire übermäßig hohe Forderungen an seine Opfer stellte. Die Erzählung der *Brautwerbung um Luaine* berichtet von dem gewaltsamen Tod, den ihm die Ulaten aufgrund seiner Anmaßung und der seiner beiden Söhne bescheren. Zusammen mit jenen (*Cuingedach*, "Der Neider" und *Apartach*, für *abachtach*, "Der Sarkastiker") hatte er versucht, die Gunst Luaines, der Verlobten Conchobars, zu erlangen. Er spielt in mehreren Erzählungen, darunter dem *Talland Etair* oder der "Belagerung Howths" eine bedeutende Rolle.

Alba: Gaelische Bezeichnung für Schottland als Land, welches sich klar von der britannischen (walisischen) und germanischen (angelsächsischen) Bevölkerung abgrenzte. Doch diente diese Bezeichnung ebenso häufig dazu, Großbritannien von Irland (*Eriu*) zu unterscheiden und kann so nur in Zusammenhang mit *Albio*, der alten Bezeichnung Inselbritanniens verstanden werden.

ALESIA, heute Alise-Sainte-Reine (Côte-d'Or - Westfrankreich): Mandubierfestung, in der der von Cäsar belagerte Vercingetorix sich trotz des Eingriffs der zu Hilfe geeilten Truppen ergeben mußte. Dieses Ereignis besiegelte den gallischen Krieg im Jahre 52 v. Chr. J.C. Dottin erklärt den Ortsnamen in *La langue gauloise*, S. 225 durch **alisa-, *aliso-,* neufrz. *alise,* "Eberesche". Es könnte aber auch mit dem irischen *ail* "Fels" verwandt sein.

Allod Echae : Mythischer Ortsname im *Cath Maighe Tuireadh*, der die Stelle bezeichnet, an der sich die Morrigan bei ihrem Treffen mit dem Dagda wusch. Die wörtliche Bedeutung ist zweifelhaft; vielleicht handelt es sich um den "Ruhm Eochus".

ALLOBROGES oder **ALLOBROGAE**: Stamm aus Narbonnegallien, der nördlich der Isère und östlich der Rhône, zwischen Savoyen und dem Genfer See angesiedelt war. Der Name setzt sich aus *allo-* "anders" und *brogi-* "Land, Erde" zusammen.

Almu, gen. *Alman* oder *Almain(e)*, in der engl. Schreibweise *Allen*: Name zweier Hügel die fünf Meilen nördlich bzw. südlich der Stadt Kildare liegen. Die genaue Lage dieses mythischen Ortes konnte jedoch nicht lokalisiert werden.

AMBIGATUS ("Der nach zwei Seiten kämpft"): Mythischer Herrscher Galliens, von dem Titus Livius spricht, als er von den Umständen des *ver sacrum* berichtet, der als Grund für die keltische Einwanderung ins cisalpine Gallien und für die Gründung *Mediolanums* (Meilands) angesehen wurde. Der Anführer dieser Bewegung war Bellovesus, der Neffe des Herrschers, während Segovesus, ein weiterer Neffe einen anderen Teil in den Harzer Wald führte. Die irische Entsprechung des Wortes Ambigatus ist *Immchadh*, dem die gleiche Bedeutung und eine ähnliche Geschichte zukommen. Siehe Françoise Le Françoise Le Roux & Christian Guyonvarc'h, *Le Celticum d'Ambigatus et l'omphalos gaulois,* in *Celticum* 1, 1961, S. 159-184.

AMBIORIX: Einer der beiden Eburerkönige zur Zeit Cäsars; der zweite war Catovulcus. Da er sich gegen jegliche Unterwerfung Cäsars wehrte, war er für den großen Aufstand Nordgalliens verantwortlich. Es gelang ihm schließlich, den Römern zu entkommen, bevor er von der militärischen und politischen Bildfläche Galliens verschwand.

***AMBOSTA** ("gefesselt"): Dieses gallische Wort wurde nach romanischen Dialekten wiederhergestellt. J. Loth brachte es fälschlicherweise mit dem irischen Zaubergesang *imbas forosnai* in Verbindung, doch gehört das *-b-* von *imbas* noch zum Präfix *imb-* und kann so nicht das irische Wort *bas* "Handfläche" ergeben. Siehe Françoise Le Roux, *La divination chez les Celtes, op. Cit.,* I., S. 238-240.

Ambrosius: Lateinischer Name des bretonischen Fürsten *Emreis Gwledig* (oder altwalisisch *Embreis Guletic*), der in Nennius' *Historia Britonum* Vortigern den symbolischen Kampf zwischen dem weißen Drachen (Sachsen) und dem roten Drachen (Bretonen) und den Sieg der Bretonen voraussagt. Nennius spricht nicht von Merlinus Ambrosius, sondern von dem wirklichen und historisch belegten Herrscher Ambrosius Aurelianus, der zur Zeit der Römer einer bretonischen Familie entstammte und in die Legende versetzt wurde.

Amorgen Glungel ("Mit dem weißen Knie"): Erster *File* und mythischer Richter der Goideln bei ihrer Ankunft in Irland, von dem im *Buch der Eroberungen* berichtet wird. Er ist der Adoptivsohn des Cai Cainbrethach ("Mit dem schönen Urteil"). Wörtlich bedeutet Amorgen "Die Geburt des Gesangs" bzw. "der Klage". Im Ulsterzyklus haben wir es mit einem anderen Amorgen, dem Hofdichter des Königs Conchobar, zu tun. Seine Frau ist Findchoem ("Die Sanft-Weiße"), die Tochter des Druiden Cathbad und Mutter des Helden Conall Cernach, dem Milchbruder Cuchulainns. Siehe *Cai Cainbrethach.*

Ana oder **Anu**: Siehe *Dana.*

Anair: Name eines besonderen Versmaßes, welches dem *File* vom Range des *Cli,* dem dritten Würdengrades nach dem *Ollam* und dem *Anrudh*, vorbehalten war. Im mittelalterlichen Irland verstand man das Wort analogisch als *an-aer* ("Un-Satire"), doch scheint es wesentlich wahrscheinlicher, daß es entweder auf das Wort *anae* ("Reichtum" durch Dichtkunst) oder seine walisische Entsprechung *anaw* ("Inspiration") zurückzuführen ist. Bei dem Adverb *anair* ("aus dem Osten kommend") handelt es sich um ein Homonym. In den zusammengesetzten Formen ergibt dies *anairdes* ("aus dem Südosten kommend") und *anairtuaid* ("aus dem Nordosten kommend"). Siehe *Orientierung.*

Anamain: Versmaß, welches dem *Ollam* oder dem höchsten Würdenträger der *Filid* vorbehalten war. Etymologisch gesehen, steht dieses Wort mit der Verbform *anaid* ("er atmet") in Zusammenhang, welches auch die Bedeutung "er ist inspiriert" mit anklingen läßt. Es gab den *anamain mor* ("die große Inspiration") und den *anamain becc* ("die kleine Inspiration"). Ein drittes Wort *anamain cain chaithiriach* ("die schöne ...?... Inspiration") ist höchstwahrscheinlich nur eine weitere Bezeichnung für ersteren. Das Wort *anamain* taucht häufig in Verbindung mit Zauberformeln auf. Siehe *Ollamh.*

ANDABATA ("Blinder Gladiator"): Die Bezeichnung bezieht sich auf eine Art gallischen Gladiator, dem beim Kampf durch einen Helm die Sicht verwehrt war. Das Wort setzt sich aus der Sanskritwurzel **anda-* ("blind") und dem Verbalstamm *-bata* ("schlagen, töten") zusammen. Siehe Christian-J. Guyonvarc'h, *Notes d'Étymologie et de Lexicographie gauloises et celtiques XVI. 58 Gaulois ANDABATA "gladiateur aveugle"*, in *Ogham* 15, 1963, S. 107-116.

ANDARTA: Gallischer Göttername, der sich in galloromanischen Inschriften in Südfrankreich (Drôme) wiederfindet. Er bedeutet "großer Bär" und setzt sich aus der Steigerungsform *ande-* und dem Substantiv *arta* ("Bär") zusammen. *Andrasta* war laut Dionus Cassius (in Xiphilin LXII, 6) die Kriegsgöttin der Bretonen unter der Königin Boudicca im ersten nachchristlichen Jahrhundert. Siehe Christian-J. Guyonvarc'h, *Notes d'Étymologie et de Lexicographie gauloises et celtiques XXIX, 134. La "pierre", l'"ours" et le "roi". Gaulois artos, irlandais art, gallois arth, breton arzh, le nom du roi Arthur,* in *Celticum* 16, 1967, S. 234-235.

Andee: "Nichtgötter" im Gegensatz zu den "Göttern", *dee*. So werden im *Coir Anman* die Kunsthandwerker mit "Göttern", die Bauern dagegen mit den "Nichtgöttern" verglichen. Natürlich handelt es sich bei einem solchen Vergleich weder um eine gesellschaftliche, noch um eine funktionelle Definition: Das Irland der Antike und des Mittelalters war ein Land der Viehzüchter und nicht der Bauern. Der Ausdruck *dee 7 andee* wird auch von Cuchulainn in einer allgemeinen Dankesformel gebraucht, die den Segen aller Wesen, ob nun göttlicher Herkunft oder nicht, erbittet, und dabei nicht an einen Gegensatz zwischen Göttern und Dämonen oder zwischen der adeligen Herrscher- und der dienenden und beherrschten Klasse denkt.

Andere Welt: Die Kelten verstanden darunter im allgemeinen den Bereich der Götter, übernatürlichen Wesen und Feen, der nicht mit der Welt der Menschen identisch ist, sie jedoch nachhaltig prägt. Das erklärt auch, weshalb es außerordentlichen Helden gelingt, mit solcher Leichtigkeit mit den Wesen der Anderen Welt zu kommunizieren oder gar Zutritt zu ihr zu haben. Siehe *Sid.*

Anglesey: Siehe *Mona.*

ANMAT: Bezeichnung der "ungünstigen" Tage im Gegensatz zu *MAT,* den "günstigen" Tagen im Coligny-Kalender. Wie das walisische *anfad* ("schlecht, böse") setzt sich das Wort aus dem Negationspräfix *an-* und dem Wort *mat ("gut")* zusammen. Siehe *MAT* und *Kalender.*

Annoit, Sohn Ethiors: Einer der vier Weltenherrscher, nach dem kurzen Text der *Cethri arda in Domain* oder "Die vier Himmelsrichtungen der Welt" in *Lebor na hUidre*. Das Wort stellt eine Schriftvariante von *andoit* (lateinisch *antitas*) dar, das eine alte Kirchenstiftung oder eine Kirche mit Reliquien bezeichnet.

Anrudh, Schriftvarianten von *anrad, anradh, anruth*: Titel des zweithöchsten *Filid*, der direkt unter dem *Ollamh*, bzw. "Doktor" steht. Der Name bezeichnet daher später auch einen Adeligen, und durch abermalige Bedeutungserweiterung ebenfalls einen Krieger oder Helden. Wahrscheinlich setzt sich das Wort aus *an* ("glänzend") und *sruth* (Wissens-"Fluß") zusammen.

Antistes ("Der vor dem Anführer steht"): Laut Ernout-Meillets *Dictionnaire Étymologique de la langue latine,* 653a, ist dies ein religiöses Fachwort für "einen Priester von höherem Rang". Wir können also davon ausgehen, daß die lateinischen Autoren, die sich nicht des keltischen Wortes **druis* bedienen, mit diesem Namen das soziale und politische Ansehen der keltischen Druiden ziemlich exakt widerspiegeln. Verwendete Titus-Livius diese Bezeichnung bei seiner Beschreibung des Todes von Postumius sehr bewußt, so kann sie einige Jahrhunderte später bei Ausonius nur mehr als lexikalischer Archaismus verstanden werden.

ANVALONNACOS: Gallischer Göttername, der uns in der gallischen Inschrift von Autun in der Dativform *Anvalonnacu* erhalten ist. Über die Herkunft des Wortes bestehen Zweifel.

Aobh: Erste Gattin des Königs Ler in der christianisierten Erzählung *Der Tod der Kinder Lers.* Ihre vier Kinder, die Tochter Fionnghuala und die drei Knaben Aodh, Conn und Fiachna (alle drei tragen also Königsnamen), werden von der Stiefmutter Aoife in Schwäne verwandelt, da jene nicht den Mut dazu hatte, sie zu töten. Neunhundert Jahre später werden sie vom Heiligen Mochaomhog erkannt und nach ihrer Bekehrung zum Christentum wieder zu Menschen zurückverwandelt. Nach ihrem Tod, gelangen sie direkt ins Paradies. Beim Namen *Aobh* handelt es sich um eine neuere Schreibweise des Familiennamens *oib* ("Form, Gestalt, Schönheit").

Aoife: Zweite Gattin des Königs Ler und Schwester seiner ersten Frau in der Erzählung *Der Tod der Kinder Lers.* Aus Eifersucht auf ihre Schwester, der sie als Königin nachfolgte, gibt sie den Auftrag, deren vier Kinder zu töten, hat jedoch nicht den Mut oder die Macht dazu, diesen Befehl durchzusetzen, woraufhin sie sie in Schwäne verwandelt, denen sie aber die Gabe des Gesangs und der Sprache verleiht. Beim Namen *Aoife* handelt es sich um eine jüngere Schreibweise des Familiennamens *Aife,* den wir häufig in der Literatur des Mittelalters antreffen und der wahrscheinlich "Hang" bedeutet.

Apfel: Frucht der Unsterblichkeit, dessen Verzehr Gesundheit und ewige Jugend verschafft. Der Apfel vermittelt überdies das Wissen und teilt diese Eigenschaft mit den anderen beiden Früchten der Erkenntnis, der Nuß und der Eichel.

Aran: Bezeichnung der drei vor der Westküste Irlands in der Bucht von Galway liegenden Inseln. Die Insel *Inishmore* ("große Insel") wird auch *ara na naomh* ("Ara der Heiligen") genannt und es ist durchaus möglich, daß es sich dabei um die Insel handelt, von der in der *Reise des Heiligen Brendan* die Rede ist. Siehe Kapitel 5.VI.

Architekt: An drei verschiedenen Stellen der altirischen Literatur ist die Rede von Druiden, die die Aufgaben eines Architekten erfüllen. Im *Cath Maighe*

Tuireadh handelt es sich dabei sogar um den Gottdruiden Dagda selbst. Doch verfügen die keltischen Sprachen lediglich über Lehnwörter aus dem Lateinischen oder moderne Wortschöpfungen, um diesen Aufgabenbereich zu bezeichnen. In den Texten wird ihre Tätigkeit immer mit Verbalkonstruktionen wie (ein Haus oder eine Festung) "machen oder bauen" umschrieben. Das Fehlen einer eigenen Berufsbezeichnung läßt sich dadurch erklären, daß die Kelten die Arbeit des Steinmetzes nur gering schätzten und sie anfangs auch nur schlecht beherrschten. Der einzig bekannte Beruf des Hausbaus war der *saer*, der Zimmermann. Ihm entspricht auf der göttlichen Ebene der "Große Bauherr des Universums". Der Druide errichtet ein Bauwerk nach dem Abbild der göttlichen Schöpfung der Welt.

Arianrhod ("Silberrad"): Mutter Llews im *Mabinogi von Math.* Im Gallischen wurde eine Sternenkonstellation so benannt.

Armorique**, latinisiert gallische Form* ***Armorica: Alter Name der Bretagnehalbinsel vor der Ankunft britannischer Einwanderer. Die genaue, geographische Grenze ist jedoch heute verschwommen, auch wenn es sich früher um ein sehr klar abgegrenztes Gebiet handelte: das sogenannte armorikanische Massiv geht jedoch weit über die historische Bretagne des IX. und X. Jahrhunderts hinaus. Die Gallier, und später auch die Römer verstanden unter *Armorica* eine Küstengegend, die in manchen Fällen (Cäsar und Plinius) sogar von Aquitanien bis zur Nordsee reicht. Wörtlich übersetzt bedeutet die Bezeichnung "(Land) vor dem Meer".

Art ("Bär"): Name des obersten Königs von Irland, Sohn Conn Catchathachs und Vater des Richterkönigs Cormac. Die Symbolik des Namens ist eng mit der Königswürde verbunden. In der Erzählung *Die Brautwerbung um Bécuma* wird Art auch *Oenfer* ("einsamer Mann") genannt, da er von seinem Vater verbannt wird, der nicht erkannt hat, daß die ehebrecherische Frau Arts schuld an allen Problemen ist.

Arthur: Mythischer Herrscher oder Kaiser der Bretonen, dessen Abenteuer und Heldentaten in einem umfangreichen Epenzyklus beschrieben wurden. Die grundlegenden Texte der Artussage sind alle inselkeltischer Herkunft, doch wurde die Thematik weit darüber hinaus in den französischen, englischen und deutschen Kulturschatz übernommen. Symbolisch basiert der Name Arthurs sicher auf dem des Bären *arth (*arto-)*, doch ließe die lateinische Form Artorius auch auf einen fremden Ursprung schließen. Siehe Christian-J. Guyonvarc'h, *Notes d'Étymologie et de Lexicographie gauloises et celtiquesXXIX. 134. La "pierre", l'ours" et le "roi". Gaulois ARTOS, irlandais art, gallois arth, breton arzh, le nom du roi Arthur,* in *Celticum* 16, 1967, S. 232-233.

ARVERNER (aus **Are-verni*): Laut Cäsar eines der zwei bedeutendsten Völker Galliens, die den Zusammenschluß bzw. das Bündnis gegen die Häduer anführten. Heute findet sich ihr Name in der französischen Region der Auvergne wieder. Zusammen mit Vercingetorix waren die Arverner die Hauptakteure des großen Gallieraufstandes gegen Cäsar, der mit der katastrophalen Niederlage in Alesia endete. Im ersten Jahrhundert vor unserer Zeitrechnung müssen sie unter der Führung Celtillos, des Vaters des Vercingetorix das Zentrum eines ansehnlichen Reiches gebildet haben. Ihr Name bedeutet "(die) vor den Sümpfen (leben)".

Ashvamedha: Pferdeopfer im alten Indien. Es wurde aufgrund seines Vollzugs und seines Zwecks fälschlicherweise mit dem königlichen Thronerhebungsritual im Ulster verglichen, von dem der walisische Mönch Giraud von Kambrien in einem Fragment des XII. Jahrhunderts berichtet. Demnach wurde zu diesem feierlichen Anlaß ein Schimmel geopfert, zerstückelt und schließlich verzehrt. Siehe Françoise Le Françoise Le Roux & Christian Guyonvarc'h, *Recherches sur les éléments rituels de l'élection royale irlandaise et celtique*, in Ogham 15, 1963, S. 123 ff und 245 ff.

Assa: Laut der Erzählung *Compert Conchobuir* oder "Die Empfängnis Conchobars" der erste Name der Mutter des Königs Conchobar. Sie hätte diesen Namen getragen, da sie "süß und umgänglich" war. Als sich ihr Charakter aufgrund des Mordes ihrer zwölf Vormunde durch ihren späteren Gatten, den Druiden Cathbad ins Gegenteil wandelte, sei sie *Niassa* genannt worden. Doch handelt es sich hierbei lediglich um ein Wortspiel, welches auf dem Adjektiv *assa(e)* bzw. *ansa* ("leicht") und dem Ausdruck *ni assa* ("das ist nicht schwer") basiert, welcher eine geläufige Einleitung für eine Antwort auf eine Frage darstellte. In Wirklichkeit handelt es sich bei ihrem zweiten Namen um *Ness* ("Wiesel"). Siehe *Ness.*

Astrologen, Astronomen: Wir verfügen über keine Beweise bezüglich einer Druidenastrologie, die der gallo-romanischen Astrologiemode zugrundegelegen haben könnte. Der kurze Hinweis Cäsars hinsichtlich der Überlegungen der Druiden angesichts der Bewegung der Sterne ließe höchstens auf eine Astronomie schließen, von der wir jedoch nichts wissen, da die Texte nicht auf diesen Punkt eingehen. Dennoch wurden die Druiden in den Dekreten des Tiberius und des Claudius verurteilt, da sie zu den *mathematici,* Magiern, Astrologen und Hexern gezählt wurden, welche - jedoch häufiger aus dem Osten - Rom überflüteten. Es ist jedoch eher unwahrscheinlich, daß die von der römischen Behörde von ihrer sozialen und politischen Rolle verdrängten Druiden der Hexerei verfielen. Ihre Lehren wurden mit der pythagoräischen Esoterik verglichen.

ATEPOMAROS ("großer Ritter"): Gallische Sagengestalt, die laut Pseudo-Plutarch an der Gründung *Lugdunums* (Lyon) teilhatte. Der Name ist in einer gallo-romanischen Inschrift erhalten. Es handelt sich dabei auch und vor allem um einen Beinamen des gallischen Apolls. Siehe Françoise Le Françoise Le Roux & Christian Guyonvarc'h, *Christian-J. Guyonvarc'h, Notes d'Étymologie et de Lexico-*

graphie gauloises et celtiques d'Histoire des Religions IV. 8. Introduction à une étude de l'Apollon gaulois, in Ogham 11, 1961, S. 219.

Ath ("Furt"): Dieses Wort taucht in zahlreichen irischen Ortsnamen auf. Viele Zweikämpfe der Mythen und Epen finden an Furten statt.

Ath Daru ("Eichenfurt"): Hogan erwähnt in seiner Nomenklatur *Onomasticon Goidelicum*, S. 58 b, mehrere Orte mit einem solchen Namen. Derjenige, von dem in der *Schlacht von Ath Dara* die Rede ist, scheint nahe der Barrow in Mag Ailbe in der Grafschaft Kildare zu liegen.

Ath na gCarbad ("Furt der Wagen"): Im XIII. Jahrhundert finden wir diese Stelle gemäß ihrer Aussprache als *Adnagarbad* im Dekanat Lismore wieder, welches östlich von Goirt-an-Oir in Mag Femen liegt. Es gibt zwar zahlreiche irische Ortsnamen, die das Wort Wagen enthalten, doch ist dies der einzige, in dem *carpat* einen Artikel trägt und im Genitiv Plural gebraucht wird.

Aufgabenbereiche: Allgemeine Bezeichnung für die Rolle der gesellschaftlichen Klassen. Konkret werden sie auch durch die Ausübung des Glaubens deutlich, die sich nach den Fähigkeiten, Spezialisierungen und Rangordnungen einer jeden Gesellschaftsklasse richtet. Alle Aufgabenbereiche, ob priesterlicher, kriegerischer oder bäuerlicher Natur, sind deutlich abgegrenzt. Während der Krieger- und der Produktionsklasse die religiösen Dienste untersagt sind, ist bei den Kelten der Priesterklasse der Zugang zu beiden letzteren gestattet, die sie im ihr zukommenden Maße kontrolliert. Dadurch ist dieser dritte Aufgabenbereich wesentlich schwerer einzugrenzen, als die beiden ersten und er kann wohl am leichtesten dadurch definiert werden, daß er alles einschließt, was nicht unter die beiden anderen Klassen fällt. Siehe *Klasse* und *Dreiteilung*.

Augur, augurium: Der *Augur* war der Priester, der den Römern, die (günstigen) Vorzeichen voraussagte. Im Lateinischen bezeichnet das *augurium* ungleich dem *auspicium* ein Vorzeichen. Der *Augur*, Mitglied eines offiziellen Kollegiums, war also durchaus mit dem gallischen Vaten und dem irischen *Faith* vergleichbar, woraus sich auch die Verwendung dieses Begriffs in den Beschreibungen der klassischen Autoren über die Kelten erklärt.

Avallon, gallisch *Aballo*, walisisch *(Yniys) Afalach*, irisch *(Emain) Ablach*: Name der mythischen Insel, auf der König Arthur durch seine Schwester Morgane von den Verletzungen der Schlacht von Camlann gesundgepflegt wird, um die Briten von den sächsischen Unterdrückern befreien zu können. Der Name geht auf das Wort *Apfel* (gallisch *afal*, bretonisch *aval*) zurück. Der Verzehr dieser Frucht, verhilft zu Weisheit und Unsterblichkeit. *Avalon* ist zugleich auch der Wohnsitz der Könige der Anderen Welt.

B

Badurnn: Name eines Königs in den irischen Gottesurteilen, dessen Frau im *Sid* von einigen anderen Frauen, die sie an einer Quelle getroffen hatte, eine Vase bekam, die das Wahre vom Falschen zu scheiden wußte: Sie zerbrach, wenn in ihrer Gegenwart eine Lüge gesprochen wurde, und setzte sich wieder zusammen, wenn man die Wahrheit sagte. Bei dieser Vase handelt es sich um eine Kopie des Kelches von Cormac, der als Kelch der Herrschaft wiederum dem Kessel des Dagda entspricht. Siehe *Kessel* und *Kelch.*

Baile Bindberlach mac Buain ("Der mit der sanften Sprache, Sohn Buans"): *Baile* ist uns als Eigen- und als Ortsname bekannt. Als Substantiv bedeutet dieses Wort "Wahnsinn, Raserei". *Buan* heißt "gut" aber auch "ewig, konstant, ausdauernd". Zum Tod dieser Figur siehe *Aidlinn.*

BAIOCASSES: Volk im Nordwesten Galliens in der Gegend von Bayeux (Bessin), welches ihren Namen trägt, der eine Verkürzung des Wortes *Badiocasses* ist, doch gibt es dazu verschiedene Interpretationen. Die wahrscheinlichste davon wäre, sie als "(die mit) den blonden Haaren" zu sehen.

Balder: Germanischer Gott der Jugend und Sohn Odins. Er stirbt durch einen beim Spiel von Hodr geworfenen Mistelzweig, der sich während des Fluges in einen Pfeil verwandelte. Eine solche Geschichte ist dem keltischen Kulturgut unbekannt.

Balor: Großvater des Gottes Lug und Anführer der *Fomoire*. In der Erzählung des *Cath Maighe Tuireadh* wird er von seinem Enkel mit der Steinschleuder getötet. Die Geschichte wird wesentlich ausführlicher in der reichlich geschmückten, jüngeren Fassung geschildert. Balor war ein riesiger Zyklop mit lähmendem Blick. Seine walisische Entsprechung trägt in der Erzählung Kulhwch und Olwen den Namen Yspadadden Penkawr, "entmannter Riese und Anführer". Etymologie und Bedeutung des Namens Balor sind nicht mit Sicherheit festzulegen: Wahrscheinlich handelt es sich um eine Form der **bel*-Thematik, die den Blitz und den Tod umkreist. Siehe *Lug* und *Fomoire.*

Banba ("jünger Banbha"): Eine der Bezeichnungen Irlands, zugleich aber auch der Name der Königin der Tuatha Dé Danann, der stellvertretend und in allegorischem Sinne für das ganze Land stehen kann. Durch diese Form erhält das irische Reich neben seinen Bezeichnungen *Fotla* und *Eriu* eine dritte Benennung, die die Viefalt in der Einheit unterstreicht. Der Name geht auf das Wort *banb* "(Wild-) Schwein" zurück, welches dem priesterlichen Symbolbereich entstammt.

Bandrui ("Druidin" wörtlich "Frau-Druide"). Siehe *Druide.*

Banfaith ("Prophetin", wörtlich "Frau-Prophet"). Siehe *Wahrsager.*

Banfile ("Dichterin", wörtlich "Frau-Dichter"). Siehe *Dichter* und *File.*

Bär: In der keltischen Vorstellungswelt entspricht der Bär dem Symbol des Königs, während das Wildschwein den Priesterstand versinnbildlicht.

Bärlapp: Heilpflanze, deren rituelles Pflücken bei Plinus beschrieben ist.

BARDOS: Gallischer Name des Barden. Diese Bezeichnung hat mehrere Bedeutungen und liegt verschiedenen Wirklichkeitsauffassungen zugrunde, die nach Ort und Epoche variieren: Beim gallischen *bardos* handelte es sich um eine hohe, offizielle Persönlichkeit, der am Königshof die Aufgabe zukam, Lob und Tadel in Versform zu besingen. Im mittelalterlichen Irland erfüllte der *bard* dieselben Aufgaben, doch stand er rangmäßig unter dem *File.* Der walisische *bardd* ist bereits der christianisierte Barde. In Cornwall und in der armorikanischen Bretagne entbehren *barth* bzw. *barzh* jeglicher religiösen oder literarischen Bedeutung. Die keltischen Sprachen bedienten sich nie des lateinischen *poeta,* um ihre Dichter zu bezeichnen. Siehe Annex.

Baum: Der kosmische Baum des ursprünglichen Glaubens, von dem in den Texten berichtet wird, reicht mit seinen Wurzeln bis ins Erdinnere, während sein Wipfel den Himmel berührt. Dieser Kosmische Baum ist von keiner bestimmten Gattung und trägt demnach auch beliebige Früchte (Äpfel, Nüsse oder Eicheln). In Irland gibt es ebensoviele kosmische Bäume wie Provinzen.

Bé Chuille ("Hexe"), (d.h. eigentlich Druidin oder Zauberin) in der Erzählung des *Cath Maighe Tuireadh,* wörtlich "Frau des Cuill". Es handelt sich dabei um einen der unzähligen Namen der großen Göttin.

Bécuma: Bösartige Frau des irischen Königs Conn Cetchathach, welcher sie als Witwer wegen ihrer Schönheit geheiratet hatte. Ihre bloße Anwesenheit läßt das ganze Land bar werden. Es ist sehr gut möglich, daß sich der Name aus *bé* "Frau" und *cuma* "Sorge" zusammensetzt.

Bé Danann ("Frau Danas"): Name einer Hexe der Tuatha Dé Danann in der Erzählung *Cath Maighe Tuireadh.* Hier gilt dasselbe wie für den Namen Bé Chuille.

BELGAE: Sammelbegriff für alle Stämme des antiken Belgien (*Belgium*), von denen einige noch vor Cäsars Ankunft in Gallien nach Großbritannien ausgewandert waren. Cäsar schreibt ihnen einen germanischen Ursprung zu, da sie östlich des Rheins siedelten, doch kann ihre keltische Herkunft nicht in Frage gestellt werden. Im gallischen Krieg spielen vor allem die Nervier, die Bellovaken, die Ambier und die Atrebaten eine wichtige Rolle. Ihr Name steht in Bezug zu den irischen Fir Bolg. Zu diesem Begriff, zu den Atrebaten und den Ambiern siehe auch: Christian-J. Guyonvarc'h, *Les noms des peuples belges,* in *Celticum* 15, 1966, S. 385-400.

Bel (Beal, Beil): Beiname Lugs wegen seines Bezugs zum Licht; eine Form auf die nur Keating in seiner *Geschichte Irlands* hinweist. Er stimmt mit dem gallischen *Belenus* überein.

BELENOS: Beiname des gallischen Apoll, der sich auf Inschriften und auf Münzen findet. Die Gleichsetzung mit Apoll zieht sich durch die gesamte Geschichte der gallo-romanischen Inschriften. Die erste ist noch in griechischen Lettern verfaßt und findet sich auf einem Brunnen von Calissanne.

BELISAMA ("Hell Strahlende"): Einer der gallischen Namen der Minerva. Der Name der Göttin hat seine Spuren bis heute in der französischen Sprache hinterlassen. Siehe Christian-J. Guyonvarc'h, *Etudes sur les vocabulaire gaulois. 1. Le théonyme gaulois Belisama "la très brillante",* in *Celticum* 3, 1963, S. 137-158.

BELLOVESUS: Neffe (Sohn der Schwester) des sagenhaften, gallischen Herrschers Ambigatus: Anführer der Gesandtschaft, die laut Titus-Livius (der sich auf traditionelle Quellen berief) *Mediolanum* (Meiland) im cisalpinen Gallien gründete. Der Bruder des Bellovesus war Segovesus, der dieselbe Mission in Germanien hatte. Siehe *Ambigatus.*

Beltaine, Bealtaine, Beilteine: In allen irischen Texten als "Feuer Bels" verstanden. Name des zweiten Glaubensfestes im Jahr, welches im irischen Kalender auf den 1. Mai fiel. *Bel* ist in den gallischen Götternamen *Belenos* und seiner weiblichen Entsprechung *Belisama* (Minerva) enthalten.

Bénen: Irischer Heiliger der ersten Generation. Vertrauter des Heiligen Patrick mit dem er einige bemerkenswerte Zauberturniere gegen die Druiden ausficht. Der Name ist die altirische Form des lateinischen Namens *Benignus.*

Benn Etair ("Spitze des Etar"): Gaelischer Name der Halbinsel Howth, in der Grafschaft Dublin. Hier spielt die Erzählung "Die Belagerung Hoths".

Berach: Einer der heiligen Nachfolger Patricks, der dessen Ankunft und Ruhm bereits sechzig Jahre früher vorausgesagt hatte. Als christlich getaufter Königssohn erlebte er missionarische Abenteuer, die denen des Heiligen Patrick nahezu ebenbürtig waren.

Berla Féné, "Sprache der Féné": Umschreibende und metaphorische Bezeichnung der komplizierten und gewählten Sprache der irischen Dichter.

Bernad na Forairi, "Furt der Alten": Anderer Name der einfacheren Form *Ath na Forairi.* In Hogans *Onomasticon Goidelicum,* 112b findet sich dieser Ortsname unter *Berna na forairi.* In der *Tain Bo Cualnge* wird jener mythische Ort an der Grenze Ulsters zwischen Mag da Gabul ("Ebene der zwei Gabelungen") und Ath Carpait Fergusa ("Furt des Wagens des Fergus") angesetzt.

Bestattung: Den verschiedenen Texten nach zu schließen, vollzog sich eine Bestattung im vorchristlichen Irland in folgenden Schritten:

- Rituelle Waschung des Leichnams
- Beerdigung
- Errichtung einer Stele
- Einmeißelung des Namens des Verstorbenen in der Oghamschrift
- Von einem Druiden gesungenes oder psalmenhaft vorgetragenes Klagelied
- Totenfeier zu Ehren des Verstorbenen

Die Inseltexte beschreiben nur Beerdigungen; Cäsar schreibt auch von der Verbrennung der Verstorbenen in Gallien. Doch schließen sich die beiden Bestattungsformen nicht gegenseitig aus.

Bethach: Sohn des Wahrsagers Iarbonel, Sohn des Nemed. Mythischer Führer der Fir Bolg und der Tuatha Dé Danann. Der Name bedeutet "Birke".

Bith: (Sohn des Noé, Sohn Lamechs): Vater Cesairs, der ersten Frau, welche vor der Sintflut nach Irland kam und so die Urahnin aller mythischen Geschlechter war, die die Insel bewohnten. Der Name bedeutet "Welt, Alter".

BITUITOS: Sohn Luernios' und König der Arverner (bzw. - laut Appian - der Allobroger), der 121 v.Chr. von den Römern besiegt wurde. Der Name enthält das Wort *bitu-* "Welt", doch ist uns die genaue Bedeutung der Nachsilbe *-ito-,* und somit auch des Eigennamens selbst nicht bekannt.

BITURIGES: Volk aus der geographischen Mitte Galliens, welches den heutigen Berry, einen Teil der Touraine und des Bourbonnais bewohnten. Ihre Hauptstadt war Avaricum, und laut Cäsar spielten sie eine bedeutende Rolle im gallischen Krieg. Vor der römischen Eroberung müssen sie sehr mächtig gewesen sein, da Titus-Livius ihnen das oberste Königtum des Ambigatus im V. und IV. vorchristlichen Jahrhundert zuschreibt. Ihr Name bedeutet "Könige der Welt" und durch semantische Kreuzung auch "ewige Könige". Sie gaben dem *Berry (Bituriges)* und seiner Hauptstadt *Bourges (Biturigibus)* ihren Namen. Siehe Christian-J. Guyonvarc'h, *Deux éléments de vocabulaire religieux et de géographie sacrée. 1. Le nom des Bituriges, 2. Mediolanum,* in *Celticum* 1, 1962, S. 137-158.

Blai Briuga: Herbergsvater unter König Conchobar in den Erzählungen des Ulster-Zyklus'. Sein Beiname bezeichnet seinen Beruf (*brug* "Herberge"). Seine Aufgabe ist es, die Ulaten zu ernähren und als solcher ist er einer der wenigen erwähnten Vertreter der dritten Klasse der "Fabrikanten". In der Erzählung *Die Empfängnis Cuchulainns* erhält Blai Briuga die Aufgabe des Heldenziehvaters zugesprochen. Siehe Christian-J. Guyonvarc'h, *La conception de Cuchulainn,* in *Ogham* 17, 1965, S. 379 und 381. Jede der drei Aufgabenbereiche hat an der Verantwortung für die Erziehung des jungen Helden teil.

Bloc: Einer der drei Druiden des obersten Königs von Irland, Conn Cetchathach; die zwei anderen waren Maol und Bluicne. Vielleicht ist der Name römischen oder englischen Ursprungs, wonach er einen «Block», aus welchem Stoff auch immer, bezeichnete.

Blodeuwedd ("Blumengesicht"): Im *Mabigoni von Math* wird beschrieben, wie Math und Gwydyon diese Frau aus Blumen schufen, um sie mit Llew zu vermählen, dem ein Fluch der eigenen Mutter verbot, eine irdische Frau zur Gattin zu nehmen. Doch ist Blodeuwedd untreu und wird gegen Ende der Geschichte in eine Eule verwandelt.

Bluicne: Name einer der drei Druiden des obersten Königs von Irland, Conn Cetchathach. Es scheint, der Name *Bluicne* sei eine Form des Namens *Bloc* an dessen Genitivform ein Verkleinerungssuffix angehängt wurde.

Bo-aire ("Viehbesitzer"): Laut irischem Recht die erste Gesellschaftsklasse freier Männer.

Boadach: Name, mit dem eine junge Frau den Prinzen bezeichnet, auf dessen Befehl sie aus der Anderen Welt kam, den Conle zu holen. Sie nennt ihn auch "ewigen König". Der Name stellt eine Form des Wortes *buadach* dar, welches "siegreich" bedeutet.

Boand oder **Boann** (**bo vinda* "weiße Kuh"): Name der Gattin Elcmars und anderer Beiname der Brigit, der einzigen Göttin des irischen Pantheons. Aus ihrem Verhältnis mit dem Dagda entspringt der Sohn Oengus "Einzige Wahl" oder Mac Oc "Junger Sohn". Sie verlieh dem Fluß Boyne ihren Namen, denn in ihm findet sie den Tod, als sie sich im klaren und tödlichen Wasser seiner Quelle Segais von ihrer Sünde reinwaschen will. Das Wasser verstümmelt sie (ein Arm, ein Bein und ein Auge) und verfolgt sie auf ihrer Flucht zum Meer, auf der sie den Fluß selbst gebärt. Ihr Name findet sich auch in der Residenz des Dagda, dem *Brug na Boinne*, der "Herberge der Boyne" wieder.

Bodb ("Krähe"): Name der Kriegsgöttin, die auch die Namen Morrigu oder Morrigan trägt. In den irischen Epen und Mythen ist häufig die Rede von ihr. Auch einer der Söhne des Dagda heißt *Bobd.* Siehe Françoise Le Roux & Christian Guyonvarc'h, *La souveraineté guerrièrre de l'Irlande,* in *Celticum* 25, 1983, op.cit.

BOII (Bojer): Zuerst in Westdeutschland (im Main-Neckar-Gebiet) ansässiger, keltischer Stamm, der in der Folge mit den Helvetiern das Gebiet verlassen wollten, eine Abwanderung, welche durch den Einfall Cäsars im Gebiet der Häduer zwischen Loire und Alier unterbrochen wurde. Bei Titus Livius ist die Rede von einem zweiten Teil dieses Stammes, der sich bereits früher im cisalpinen Gallien angesiedelt hatte. Laut Ernault stellt ihr Name eine Abwandlung der *Bogii*, "der Schrecklichen" dar.

Boroma (neuirisch *boroimhe*): In Vieh bezahlbare Abgaben bzw. Steuern der Provinzkönige an den obersten König Irlands. Um diese Schuld einzufordern, führte König Cormac in der Erzählung *Forbuis Droma Damghaire* ("Die Belagerung Druim Damghaires") Krieg gegen die Bewohner Munsters.

Botinnen (der Anderen Welt): Sie besitzen keine andere Aufgabe, als sich, manchmal auch anderen, einen glücklichen Sterblichen, einen Prinzen, König oder ranghohen Krieger ihrer Wahl in die Andere Welt zu holen. Meist handelt es sich dabei um wunderschöne Frauen, die als durch ein Gold- oder Silberkettchen verbundenes Schwanenpaar in diese Welt gelangen. Im Irischen werden sie *bansid* genannt, was im Englischen zu *banshee* wurde.

BOUDDICA ("Siegreiche"): Kriegerkönigin der Iceni Großbritanniens im Jahre 62 n.Chr. und Anführerin des Britenaufstands gegen die Römer. Ihr Name geht auf den Stamm **boudi-* zurück und liegt auch dem irischen Wort *buaid* "Sieg", dem walisischen *budd* "Gewinn" und dem altbretonischen Eigennamen *Budoc* zugrunde.

Bran mac Febail, "Bran, Sohn Febals": Von dieser Figur berichtet nur die Erzählung *Immram Brain* oder "Die Seefahrt Brans". Vielleicht stimmt sein Name mit dem Wort *bran* ("Rabe") überein. In diesem Falle würde er sich jedoch von *Bran Vendigeit* ("gesegneter Bran") im *Mabinogi von Branwen* unterscheiden, dessen Name dem irischen *Brian* und dem gallischen *Brennos* entspricht. Auch der Hund des Find mac Cumaill heißt *Bran,* und im Altbretonischen begegnen wir diesem Namen immer wieder. Siehe Françoise Le Roux & Christian Guyonvarc'h, *La souveraineté guerrièrre de l'Irlande,* in *Celticum* 25, 1983, op.cit., S. 143-169.

BRATUSPANTIUM: Oppidum und Hauptstadt der Bellovaken, in der sie sich Cäsar im gallischen Krieg (B.G. II, 13) ergeben. Die Herkunft des Namens ist ebenso umstritten wie der genaue Standort der Stadt. Das Wort ist als "(Ort der) Rechtsprechung" zu verstehen. Siehe Christian-J. Guyonvarc'h, *Etudes de vocabulaire gaulois II. Le toponyme gaulois Bratuspantium,* in *Celticum* 3, S. 167-173 und *Notes d'Étymologie et de Lexicographie gauloises et celtiques XV. 57. Bratuspantium, note additionelle,* in *Ogham* 14, 1962, S. 609-614.

Brautwerbung: Diese Bezeichnung gibt in etwa die Bedeutung des irischen *tochmarc* wieder. Es handelt sich in Irland dabei nicht im engen Sinne um eine galante Brautwerbung, sondern im Gegensatz zur höfischen Minne um alle Unternehmungen und Formalitäten, die einer Hochzeit vorausgehen und sich auf zwei Punkte zusammenfassen lassen:

- Der Brautwerber hält beim Vater des Mädchens um ihre Hand an.
- Die Bezahlung des Brautpreises an den Vater der Braut.

Es handelt sich also eher um eine Frage des Rangs, der Würde und des Reichtums, als der Gefühle, wobei bei einer guten Hochzeit beide Partner in etwa den gleichen sozialen Rang einnehmen. Die vorchristliche Bezeichnung für den rechtlichen Trauungsakt, auf den die Zeremonien hinauslaufen, ist uns, sofern es eine solche überhaupt gab, nicht bekannt. Das irische *pôsadh,* mittelaltirisch *pôsad* ist eine Verbalkonstruktion, die auf *posaid* ("er heiratet") und in der Folge auf das lateinische *sponsare* zurückgeht, welches bereits für die christlichen Hochzeitsfeierlichkeiten verwendet wurde.

Breg, Bregia, Brega: In allen Texten häufig wiederkehrender Ortsname. Er bezeichnet sowohl eine Ebene als auch ein Volk im Zentrum Meaths, z.B. *Temair Breg* ("Tara von Breg"). Der Name taucht vor allem in den Aufzählungen der Kantone und Provinzen auf. Auch der Sitz des Gottes Midir, *Breg Leith* bei *Bri Léith* enthält dieses Wort.

Bregon und seine verschiedenen Schreibweisen **Breaghan, Bregund, Breogon, Breogan**: Mythischer Ort, der wahrscheinlich in Leinster lag.

Brendan (von Clonfert): Der bekannteste der irischen "Seefahrerheiligen", dessen wunderbare und kaum christianisierte Lebensbeschreibung den größten Widerhall in der westlichen Literatur fand.

Bres: Vertreter, nicht Thronräuber des Königs Nuada, der in der *Ersten Schlacht von Mag Tured* seinen rechten Arm verloren hatte. Er stammte von den Fomoire ab und war den Tuatha Dé Danann aufgrund seiner Habgier und seines Ehrgeizes offenbar ein schlechter König. Eine Satire des Dichters Coirpre zwingt ihn abzudanken, und die Erzählung des *Cath Maighe Tuireadh* berichtet von seinem mißlungenen Versuch Irland mit der massiven Unterstützung der Fomoire wieder zurückzuerobern. Die Mutter des Bres ist Éri(u), d.h. Irland, eine Tochter der Tuatha Dé Danann, und als Vater den Fomoiren Sohn Delbaeths. Im mittelalterlichen Irland wurde dieser Name - sicherlich wegen der Beziehung zur Königswürde - oft als "schön" ausgelegt, doch ist es viel wahrscheinlicher, daß er auf die Verbform *brisid* zurückgeht, die "er bricht" bedeutet.

Bresal Echarlam, Sohn des Eochaid Baethlam: *Bresal* oder *Bressal* ist ein häufig vorkommender Eigenname, dessen Ursprung jedoch ungeklärt ist. Im Wörterbuch von Dinneen finden wir unter dem Stichwort *breasal* auf S. 120b "a raddle, often used for marking sheep". Ein solches Wort ist uns zwar nicht für das Mittelalter belegt, doch scheint uns diese Erklärung ziemlich stimmig. Es scheint, daß sich der Name *Echarlam* aus den Worten *echar* "Rand, Grenze, Schneide" und *lam* "Hand" zusammensetzt und soviel wie "schneidende Hand" bedeutet. *Baethlam* verfügt über eine Wortkonstruktur, wobei *baeth* "verrückt, wild und launenhaft" und so der ganze Name "wilde Hand" bedeutet. Natürlich haben wir es bei Bresal mit einem Druiden zu tun.

Bretagne: Die französische Sprache verfügt nur über ein einziges Wort für die armorikanische Bretagne und Inselbritannien, welches dem heutigen Großbritannien ohne Schottland und Irland entspricht. Cäsars Britannia bezieht sich ausschließlich auf letzteres Gebiet, in dem man britannisch sprach und der angelsächsische Einfluß noch unerheblich war. Die Bretagne, bei deren Sprache es sich ebenfalls um eine Form des Britannischen handelt, wird erst in späteren Texten nach dem V. Jahrhundert erwähnt, in denen das ehemalige *Armorica* zu *Brittia* wird. Dieser Bereich ging über die heutige Bretagne hinaus, umfaßte also das ganze armorikanische Massiv und war von (romanisierten) Galliern besiedelt.

Brethem, brithem ("Richter"): Juristisches Spezialgebiet der *filid*. In der englischen Übertragung wird das Wort gemäß seiner mittelalterlichen Aussprache *brehon* geschrieben. Siehe *Druide* und *Dichter.*

-BRETUS, (in *vergobretus*): Laut Cäsar das höchste Amt der Häduer. Siehe *VERGOBRETUS.*

Bri, Sohn Baircids: Druide des obersten Königs Cathair. Er deutete jenem einen geheimnisvollen Traum, welcher dessen ganze Königsherrschaft symbolisch verdichtete. *Bri* ist eine Apokope des Wortes *briathar* und bedeutet "Wort, Sprache", aber auch "Redner".

Briamon smethraige: Magische Geste des *File*, die darin bestand, jemandem das Ohrläppchen zu reiben. Das *Glossarium Cormacs* gibt an, daß dies im Falle von Befehlsverweigerung geschah. In Irland schloß das Ergreifen der Ohren eine Widerrede aus, doch steht anzunehmen, daß diese Gebärde von einem Zaubergesang oder einem Zauberspruch begleitet wurde. Die Herkunft des Ausdrucks ist ungeklärt.

Brian, Iuchar, Iucharba: Siehe *Drei Götter der Dana.*

Briccreo: Der erste Mensch. Siehe *Tuireann Briccreo.*

Bricriu, Genitiv Bricrenn: Sagengestalt des Ulsterzyklus, von dem besonders in der nach ihm benannten Erzählung *Fled Bricrend* ("Das Fest Bricrius") berichtet wird. Seine Hauptaufgabe bestand darin, Streit zwischen seinen Mitmenschen zu säen, wodurch er durchaus mit dem skandinavischen Loki vergleichbar ist. Etymologisch gesehen steht sein Name in Beziehung zum Adjektiv *brecc* "bunt, gescheckt".

Brigit: Tochter Eochaid Ollathirs (der Dagda) und Mutter der drei Dana, deren Name auch unter der Kurzform *Brigh* bekannt ist. Als Tochter des Dagda gleicht sie der Tochter Jupiters, Minerva; doch ist sie im Gegensatz zu jener die einzige Göttin im keltischen Pantheon. Da sie später mit der christlichen Heiligen gleichgesetzt wurde, ist sie heute kaum noch unter der Namenskurzform bekannt. Es scheint jedoch ganz so, als ob es sich bei anderen weiblichen Sagengestalten wie

Boand, Eithne oder Etain um dieselbe Göttin in anderer Erscheinungsform handelte. Ihr Name findet sich in zahlreichen keltischen Orten in der Wurzel *brig* wieder, z.B. *Brigindu* (Dat. *Brigindonae)* oder *Brigantia* (Bregenz), usw. Siehe *Eochaid* und *Dagda.* Vgl.: Françoise Le Roux, *Notes d'Histoire des Religions XX. 55. Brigite et Minerve : le problème d'interprétation d'un monument figuré*, in *Ogham* 22-25, 1970-1973, S. 224-231.

BRITANNIA: Lateinische Bezeichnung für das heutige Großbritannien. Der Name stammt wahrscheinlich aus dem Griechischen, welches sich wieder auf britannische Worte gestützt hatte, die dem walisischen *Prydein*, bzw. dem irischen Namen für die Pikten, *Cruithnig* zugrundeliegen. Siehe *Bretagne.*

Brittia: Andere lateinische (eigentlich griechische) Bezeichnung für Inselbritannien. Nach der Antike wurde darunter die armorikanische Bretagne verstanden, worauf die heutige bretonische Bezeichnung *Breizh* basiert. Siehe *Armorica* und *Letavia.*

Briten: Keltische Bewohner Britanniens im Altertum und im Mittelalter. Diese eher allgemeine Bezeichnung erlaubt es, jene von den Bretonen zu unterscheiden, deren bretonische Sprache ebenfalls britannischen Ursprungs ist. Doch ist die ethnische Unterscheidung ebenso ungerechtfertigt als die linguistische, denn die Waliser sind in demselben Maße "Britannier" wie die Bretonen der Bretagne und sprechen beide nahezu das gleiche "Britannisch". So bezeichnet das französische *Brittons* auch die Einwohner beider Gebiete.

Broichan: Druide und Milchbruder des Piktenkönigs Brude. Er hatte versucht, durch Anrufung des Meeres und der Nebel den Heiligen Columba an einer Seereise zu hindern. Doch beruhigte der Heilige der Sage nach den Sturm und löste den Nebel auf. Wenig später zwang jener Broichan, einen irischen Sklaven freizulassen, indem er ihn fast sterben ließ. Bei *Broichan* handelt es sich um eine vereinfachte Schreibweise des alten Wortes *brotchan* ("Suppe, Zubereitung" bzw. im Fachvokabular "Mixtur, Medizin, Gebräu").

BRUCTERI (*Brukterer*): Nordwestgermanisches Volk, das schon allein durch seine Prophetin *Velleda* (oder Welleda) mit den Kelten in Verbindung stand. Es handelt sich dabei nicht unbedingt um einen Eigennamen, sondern durchaus auch um die Bezeichnung einer Funktion, die nicht zuletzt durch ihre etymologische Herkunft mit der des irischen *File* vergleichbar ist.

Bruden (in etwa "Herberge" oder "Hotel"): Es handelt sich dabei eigentlich um Residenzen von Prinzen oder Königen (meist in der Anderen Welt), die von einem sehr angesehenen "Intendanten" bzw. "Herbergsvater" geführt wurden. Herbergen, wie sie das sonstige Europa seit der Antike kennt, scheinen den keltischen Epen und Mythen fremd zu sein. Auf die *Bruden* wird jedoch in den Erzählungen

Togail Bruidne Da Derga ("Die Zerstörung der Herberge von Da Derga") und *Togail Bruidne Da Choca* ("Die Zerstörung der Herberge von Da Choca") genauer eingegangen. Siehe *Brug na Boinne.*

Brug na Boinne ("Herberge der Boyne"): Residenz des Dagda, die im prähistorischen Tumulus von Newgrange liegen soll. Siehe *bruden.*

Buan: In der Erzählung *Cormacs Abenteuer im Lande der Verheißung* ist Buan der Eigentümer bzw. Wächter der Quelle der Wissenschaft, welche von Haselnußsträuchern umgeben ist, deren Früchte von Lachsen gegessen werden. Der Name bedeutet "ewig, dauernd und gut".

C

Cai Cainbrethach ("Mit dem schönen Urteil"): Sohn des berühmten *File* Amorgen und selbst für seine gerechten Urteile in besonders schwierigen Fällen zu Ruhm gelangt. Überdies ist er das "Pflegekind" (Ziehsohn) des "Urdruiden" Fenius Farsaid. Sein Name findet sich im *Senchus Mor* bei Connla Cainbrethach, einem weisen Druidenverächter aus Connaught zur Zeit des Heiligen Patrick wieder. Bei *Cai* handelt es sich vielleicht um eine Schreibweise des Wortes *coi*, welches soviel wie "Straße, Weg" bedeutet, oder aber um eine verkürzte Form von *cain* ("Klage, Elegie").

Caier: Legendärer König von Connaught, dem die Adoption seines Neffen, des *File* Nede, zum Verhängnis wurde. Nede sang nämlich eine Satire gegen ihn, nachdem er von der ehebrüchigen Königin selbst dazu aufgehetzt wurde. Doch wird der *File*, der dadurch an Caiers Stelle König wird, für seinen Thronraub durch das Schicksal bestraft: Ein Fels zerbirst und er wird von einem Splitter getötet. Siehe Kapitel 3.V.

Cainte ("Satiriker"): Fachbereich des *File*, der sich auf gesungene Satiren spezialisiert. Siehe *Dichter* und *Satire.*

Caisc na ngenti ("Das Passah der Heiden"): In den Heiligenlegenden wird das *Beltainefest*, welches am 1. Mai stattfindet, mit diesem Namen bezeichnet. Doch wird es manchmal mit dem *Samainfest* des 1. November verwechselt. Bei beiden handelt es sich um lateinische Lehnwörter.

Calatin: Die keltische Entsprechung der Hydra von Lerne. In einem Zweikampf der *Tain Bo Cualnge* tötet Cuchulainn ihn und seine siebenundzwanzig Söhne. Doch berichtet die B-Version des *Aided ConCulaind* ("Der Tod Cuchulainns"), wie seine sechs posthumen Söhne auf den Befehl der Königin Medb das Zauberspiel organisieren, welches zum Tod Cuchulainns führt. Der Ursprung des Wortes ist heute nicht mehr festzustellen.

Camall mac Riagail: Einer der zwei Pförtnerdruiden Taras in der Erzählung *Cath Maighe Tuireadh.* Die Person wird nur hier erwähnt. Die wörtliche Bedeutung des Namens ist angeblich "Kamel, Sohn der Regel". Doch handelt sich dabei um keinen alten Namen und es wäre ebenso möglich, *Camall* durch die Vorsilbe *camm* ("falsch, krumm") zu erklären.

Camlann: Stätte der legendären Schlacht, bei der König Arthur tödlich verwundet wurde, um daraufhin auf die Insel Avalon gebracht zu werden, von wo er wiederkommen sollte, die Briten vom Joch der Sachsen zu befreien. In den kontinentalen Arthussagen ist uns der Name *Camlann* in der Form von *Camelot* erhalten.

Cana: Vierte Stufe in der Hierarchie der *Filid* nach dem *Ollam, Anrud* und dem *Cli.* Der Name weist auf den Gesang (siehe *cainte*) dieses Dichters hin. Siehe auch *Ollamh, Anrud, Cli,* usw.

CANTALON: Eine gallische Inschrift weist auf diese Gedächtnisstütze für religiöse Feierlichkeiten hin. Es entspricht somit dem irischen *cetal* ("[Zauber-] Gesang") und dem bretonischen *kentel* ("[mündlich überlieferte] Lehre")

Caondruim, Caendruim ("Hübscher Gipfel"): Ursprünglicher Name Taras in der Geschichtsschreibung des *Buchs der Eroberungen* und der *Dindshenchas.* Auch die umgekehrte Wortstellung dieses Namens ist bekannt. Siehe *Druim Chain.*

Carman, Carmun: Göttin, die einem in Leinster auf ihrem vermutlichen Grab abgehaltenen Fest ihren Namen verlieh. In der Vers- wie auch in der Prosaversion der *Dinshenchas* wird erzählt, wie die Carman und ihre drei Söhne aus dem Geschlecht der Fir Bolg die Ernte der Tuatha Dé Danann vernichteten. Als sie von jenen schließlich besiegt worden waren, mußten sie jedoch die Insel verlassen, und ihre zurückgebliebene Mutter mußte dafür bürgen, daß jene nie mehr zurückkehren würden. E. Hogan *Onomasticon Goidelicum,* 156a-158b berichtet von drei Carmanversammlungen, von denen jedoch nur zwei mit Sicherheit lokalisiert werden können: Eine in Wexford, die andere im Süden von Kildare. Der Name Carman ist ungeklärt.

Carn ("Tumulus"): Irische Bezeichnung für einen Grabhügel aus Steinen. Etwa dreihundert Ortsnamen gehen auf diese Bezeichnung zurück. Im *Cath Maighe Tuireadh* ist die Rede vom Carn Octriallach, dem Grabhügel Octriallachs, dem Sohne des Fomoirenkönigs Indech.

CARNUTES (Karnuten): Bevölkerung, deren Gebiet im Zentrum Galliens neben dem der Bituriger lag und die somit die Gegend um Orleans, Blois und Chartres (dem die Karnuten ihren Namen verliehen) bewohnte. Cäsar berichtet mehrmals von den Versammlungen der Druiden im Karnutenwald, die sich gegen die römische Besatzung laut machten.

Cathair Mor ("Der Große"): Name eines Königs von Irland, der ein direkter Nachkomme Cormacs war. Sein Druide war Bri, der Sohn Baircids.

Cathbad (jüngere Form von Cathfad, "Der im Kampfe tötet bzw. bedroht"): In allen Erzählungen des Ulsterzyklus, wird er als erster Druide Ulsters, Gatte der Königin Ness und Vater Conchobars angeführt. Seine anderen Söhne sind die Druiden Genann Gruadhsolus und Imrinn. Seine Tochter Findchoem ist Gattin des Dichters und Richters Amorgen. Er selbst ist zugleich Druide und Krieger. Siehe Christian-J. Guyonvarc'h, *Notes d'Étymologie et de Lexicographie gauloises et celtiques, V, 18. L'anthroponyme irlandais Cathba, Cathbad (*Katubatuos) "celui qui tue en combat"*, in *Ogham* 12, 1960, S. 197 und VII, 27. *A propos du nom du druide irlandais Cathbad, ibid.* S. 449-450.

CATOVULCUS: Einer der beiden Eburerkönige, der mit Ambiorix den grossen Nordgallienaufstand gegen Cäsar anführte. Nach dem Scheitern dieses Versuchs nahm er sich, durch Schlachten und Alter geschwächt, das Leben. Sein Name bedeutet "Kampfeswolf" und geht auf die Wurzel **volko-* zurück, die zwar nirgends in dieser Form belegt ist, doch auch dem Namen der *Volcae* zugrundeliegt. Auch im irischen *olc* ("böse, schlecht") und dem Namen *Elcmar* (siehe auch dort) finden wir diese Thematik wieder.

Cecht (mac): Einer der drei sagenhaften Könige, die bei der Ankunft der Goideln über Irland regierten und von ihnen in der Schlacht von Druim Chain (Tara) getötet wurden. Siehe auch *Mac Cuill, Mac Greine.*

CELTAE (Kelten): Das lateinische *Celtae* (oder *Galli*) und das altgriechische *Keltoi* (bzw.*Galatoi*) dienten lediglich als Bezeichnungen für die Kelten des Festlandes und auch da meist, jedoch nicht ausschließlich für die Gallier. (Die Inselkelten wurden *Britanni* oder *Hiberni* genannt). Dabei handelt es sich um eine Bedeutungserweiterung des Namens einer bestimmten, ortsgebundenen Volksgruppe (so wie auch im ähnlichen, doch weniger bekannten Fall der *Volcae*). Cäsar, der erste Autor, der die Kelten klar von den Germanen trennt, unterscheidet überdies auch zwischen Galliern, Belgern und Briten, wobei er sich wahrscheinlich auf das Brauchtum der verschiedenen Völker stützte. Er benutzt jedoch nie das Wort *Celtae*, um die Kelten alle zusammen zu benennen, noch stellt er sie ausdrücklich zur klassischen Welt in Gegensatz. Die Schreiber der irischen Texte waren sich offenbar auch nie ihrer Sprachverwandtschaft mit den Walisern und Bretonen bewußt, so daß die Gelehrten sogar noch im XVIII. Jahrhundert im Hebräischen nach den etymologischen Wurzeln der keltischen Sprache suchten. Die heutige Geläufigkeit der Begriffe "Kelten" und "keltisch" haben wir der Romantik zu verdanken. Wir bedienen uns ihrer, die Kelten allgemein zu bezeichnen und von den anderen indoeuropäischen Völkern abzugrenzen, tun dies jedoch lediglich in linguistischer Hinsicht, da die Sprache wohl das einzige

Definitionskriterium für die Kelten der Antike und des Mittelalters ist. Siehe *Galater.*

Celtchar, Sohn Uthechars: Held Ulsters und des Hofes Conchobars. Er ist die Hauptfigur zweier Erzählungen: In der *Geschichte des Schweines von Mac Da Tho* wird von einem Unfall berichtet, der seiner Männlichkeit zuwiderfährt, als er von einem Speer am Oberschenkel verletzt wird, die andere berichtet von seinem Tod: Er stirbt an einem Blutstropfen seines Hundes, den er mit einer Lanze tötete, da er eine Plage für ganz Ulster geworden war. Wir haben es hier mit dem Prototypen der blutenden Lanze der Gralsburg der Artussage zu tun. Sein Name bedeutet "listig".

CELTILLUS: Laut Cäsar der Vater des Vercingetorix. Er sei demnach von den Arvernern hingerichtet worden, als er versuchte seine eigene Königswürde wiederherzustellen. Seinem Sohn gelingt es jedoch, ohne größere Schwierigkeiten die oberste Befehlsgewalt für sich in Anspruch zu nehmen. Der Name setzt sich aus der Wurzel **kelt-* und dem in der gallischen Namengebung häufigen Nachsilbe -*illo-* zusammen. Aus galloromanischen Inschriften ist uns ebenfalls der Frauenname *Celtilla* bekannt.

Cennmhar ("Großer Kopf"): Name eines Schülers des Druiden Mog Ruith im *Forbuis Droma Danhghaire.*

Cesarn: Einer der drei *Filid* des Königs Conn (die beiden anderen hießen Corb und Ethain), dem auch drei Druiden mit nicht näher definierten Aufgabenbereichen dienten. Die Herkunft des Namens ist unklar.

Ceridwen: Legendäre Zauberin und Mutter des walisischen Barden Taliesin in der Erzählung *Hanes Taliesin* ("Die Geschichte von Taliesin").

Cesair, Cessair (Tochter Biths): Frau, die der Sage der Annalen nach, in den fünfzig Tagen vor der Sintflut Irland besetzt hatte. Die Stammbäume bezeichnen sie als Nachkommin Noahs. Ihr Name bedeutet "Hagel, Niederschlag".

Cet mac Magach: Bruder der Ness und somit Onkel des Königs Conchobar und der Findchoem, der Gattin des Dichters von Ulster, Amorgen. Doch Cet ist ein Krieger Connaughts, und als seiner Schwester ein Kind namens Conall Cernach (der Milchbruder Cuchulainns) geboren wird und die Druiden weissagen, daß gerade jener mehr als die Hälfte aller Männer Connaughts töten würde, packt er ihn brutal und versucht in mit seiner Ferse zu zerquetschen. Dabei verdreht er jenem zwar das Genick, doch vermag er es nicht zu brechen. Conall Cernach wird dadurch behindert, aber er lebt weiter und erfüllt schließlich auch das ihm vorausgesagte Kriegerschicksal. Der Name Cet bedeutet "hundert" und wäre demnach als metaphorische Verkürzung von "Hundert Kampfesbataillone" zu verstehen.

Cetal, airchetal, forchetal, dichetal: *Cetal* bezeichnet mit oder ohne ergänzende Vorsilben die den *Filid* vorbehaltenen Zaubergesänge und somit das gesungene Wort als Ausdruck von Wissen und Macht. Siehe *CANTALON.*

Cethern, Sohn Fintans: Held Ulsters, dem nach einer schweren Verletzung eine äußerst schnelle und wirksame Behandlung durch den Arzt Fingen zuteil wird: Er wird drei Tage und Nächte lang in ein Faß voll Mark gesteckt. Nach dieser Frist kann er weiterkämpfen, auch wenn seine Eingeweide nur durch die Latten seines Streitwagens zusammengehalten werden. Die Bedeutung seines Namens ist ungewiß.

Cetsoman: Anderer Name für den ersten Mai und wörtlich "Erster [Tag] des *Samain*". Der Begriff zeigt die Verbindung und das Gleichgewicht, die zwischen den beiden Festen *Beltaine* und *Samain* bestehen.

Chateaumeillant: Kleiner Ort im Cher, 20 km von Bourges entfernt. Das Dorf liegt auf einer Anhöhe ganz in der Nähe des geographischen Mittelpunkts des alten Galliens. Der Name geht auf die Bezeichnung *Mediolanum* zurück.

Cian: Vater des Gottes Lug in der Erzählung *Oidhe Chloinne Tuireann*. Er wird von den drei Göttern von Dana, Brian, Iuchar und Iucharba ermordet, die in der Regel als die Kinder Tuireanns bezeichnet werden und die Gegenpartei der Tuatha Dé Danann darstellten. Die Mörder steinigen Cian, doch weigert sich die Erde, den Leichnam aufzunehmen und erzählt Lug vom Verbrechen, der eine lange Rache an den Schuldigen ausübt. *Cian* bedeutet "weit weg".

Cimbaeth: Einer der drei Könige, die der Machalegende nach abwechselnd über Ulster regieren. Nach dem Tode Aed Ruads, einem dieser drei Könige, will dessen Tochter Macha mit dem roten Haar (*Mongruad*) seine Nachfolge antreten, was ihr die beiden anderen, Cimbaeth und Dithorba verweigern. Doch besiegt Macha Cimbaeth und ehelicht ihn, um über seine Truppen befehlen zu können. Als nun auch Dithorba stirbt, gewinnt sie die militärische Oberhand und verführt ihre fünf Söhne, um sie an sich zu binden. *Cimbaeth* bedeutet soviel wie "Dieb, Räuber, Plünderer". Siehe *La souveraineté guerrière de l'Irlande, op. cit.* S. 47 ff. und für die Etymologie Christian-J. Guyonvarc'h, *Notes d'Étymologie et de Lexicographie gauloises et celtiques II, 11. Le nom des Cimbres, "voleurs, brigands", irlandais cimbid "prisonnier de guerre", gallo-latin cambiare "changer",* in *Ogham* 11, 1959, S. 294.

Cithruadh ("Rote Wolke"): Druide des Königs Cormac in seinem unglücklichen Munsterfeldzug. Er ist ein treuer Diener seines Herrn, dem er von allen zum Scheitern verurteilten Unternehmungen abrät. Nach Cormacs Niederlage wird er von Mog Ruith, dem Druiden der Sieger zu Stein verwandelt.

Cleitech: Sagenresidenz der irischen Götter in der Nähe der Boyne und der *Brug na Boinne*. Auch einige Herrscher wie z.B. Cormac oder Muirchertach wohnten hier, welcher dort den dreifachen Opfertod der Könige erlitt, welche die Macht verdorben hat.

Cli: Bezeichnung des Dichters, welcher in der Hierarchie der *Filid* an dritter Stelle hinter *Ollam* und *Anrud* steht. Das Wort *cli* ("Säule, Stütze, Held") ist hier im übertragenen Sinne gebraucht. Siehe *File, Anrud, Ollam.*

Cluichi caintech, ("Trauerspiele"): Wettbewerb im vorchristlichen Irland, der den Bestattungsfeierlichkeiten beim Tod eines Helden folgte. Siehe *(Kriegs-) Spiel.*

Cnamchaill, (wörtlich "Holz der Zerstörung"): In der Mog Ruith Sage ist dies die Bezeichnung einer Holzsäule ziemlich obskurer Herkunft und Funktion, die angeblich aus Großbritannien stammt und ein Teil des kosmischen Rades war. Siehe *Mog Ruith.*

Coelbren: Walisisches Wort, als Verkürzung des *coelbren y beirdd* ("Alphabet der Barden"). Die Bezeichnung entspricht dem irischen *crann-chur* und dem bretonischen *prenn-denn.* Wörtlich bedeutet der Begriff "Zeichen aus Holz".

Coiced ("Fünftel" bzw. "Provinz"). Siehe *Provinz.*

Coirpre, Cairpre: *File* der dem *Cath Maighe Tuireadh* nach die erste Satire Irlands verfaßte und so den schlechten König Fomoire Bres zum Abdanken zwang. Mehrere andere Sagengestalten und halbhistorische Figuren tragen diesen Namen: Der König Coirpre Nia Fer oder der Waffengefährte des Druiden Colphte, Cairpre Liffechar in der Erzählung *Forbuis Droma Damghaire.*

Colman: König von Connaught und Vater des Königs Guaire, welcher die "Schwere Gesellschaft" der ungerechten und anspruchsvollen *Filid* zu verköstigen hatte. Sein Name ist eine Form von *colum*, einem Lehnwort des lateinischen *columba*.

Colptha: Einer der fünf Druiden Cormacs, in dessen ungerechtem Krieg, den er mit den Bewohnern von Munster führt, um sie zu Tributzahlungen zu zwingen. Colptha ist ein Kriegerdruide von ebenso kräftigem wie schrecklichem Aussehen. Dennoch berichtet die Erzählung des *Forbuis Droma Damghaire*, wie er im Zweikampf von Cennmhar, dem Schüler des Druiden Mog Ruith besiegt wird. Sein Name bedeutet "stolz, hochmütig".

Columcille, Sohn des Feilem: Irischer Name des Heiligen Columba, der 532 starb. *Colum* geht wie *colman* auf das lateinische *columba* ("Taube") zurück, während *cille* "Gefährte" bedeutet. Der Heilige Columba spielt durch seine Taten und seinen Einfluß eine bedeutende Rolle in der politischen Geschichte des hochmittelalterlichen Irland.

Colum Cualeinech: Schmied der Tuatha Dé Danann in der Erzählung *Cath Maighe Tuireadh.* Der Name ist bildhaft und wenig ehrerbietig, denn er bedeutet "Taube mit russigem Gesicht".

Conaille Murthemne: Name eines Stammes bzw. Klans und eines Ortes im Ulster, welcher wahrscheinlich in der Grafschaft Louth lag. *Conaille* geht auf den in Irland häufigen Namen *Conall (Cernach)* zurück (z.B. *Tir Conaill*). Murthemne ist die Bezeichnung einer Ebene zwischen Sliab Fuaid und Dundalk.

Conaire Mor ("Der Große"): Sohn des Mess Buachalla, einem Nachkommen Cormacs, und oberster König von Irland.

Conall Cernach ("Der Siegreiche"): Milchbruder Cuchulainns und Sohn des Dichters Amorgen und seiner Gattin Findchoem. Er rächt den Mord an Cuchulainn, indem er Lugaid tötet. Er verfügt über alle Fähigkeiten Cuchulainns, doch ist er nicht imstande, den *gae-bulga* zu führen. Die Sage erzählt, daß Cernach mehr als die Hälfte der Männer Connaughts tötete und daß es keinen Tag gab, an dem er nicht einen umgebracht hätte. Diese bemerkenswerte Feindschaft war bereits bei seiner Geburt von den Druiden vorausgesagt worden. Siehe *Cet mac Magach.*

Conchobar mac Nessa: Mythischer König von Ulster, dessen Name immer wieder in den irischen Epen auftaucht. Er ist Sohn des Druiden Cathbad und der Kriegerkönigin Ness. Er selbst hat mehrere Söhne, unter denen der berühmteste Cuchulainn ist, der die Frucht einer Liebschaft mit seiner eigenen Schwester und Wagenlenkerin Deichtre ist. Der Name bedeutet "Rettung des Hundes" und spielt somit auf die kriegerischen Eigenschaften dieses bei den Kelten hochgeschätzten Tieres an. Auch der Fluß, in dem der König bei seiner Geburt gewaschen wurde, hieß Conchobar. Im Neuirischen ist dieser Name noch ziemlich häufig und die verenglischte Schreibweise *Conor* stimmt in etwa mit der Aussprache überein. Siehe *Cathbad, Cuchulainn, Deichtre, Ness,* usw.

CONCILIUM GALLIARUM ("Versammlung der Gallier"): Lateinische Bezeichnung des keltischen Festes vom ersten August, dessen gallischen Namen wir zwar nicht mehr kennen, welches in Irland jedoch *Lugnasad* hieß. Das Fest wurde von den römischen Behörden in einen Kult für das Imperium umgewandelt, aber seine ursprünglichen Züge sind noch gut erkenntlich:

- Religiöse Feierlichkeiten;
- Spiele und Wettkampf der Sänger und Dichter;
- Erledigung politischer und gerichtlicher Angelegenheiten.

Das *Concilium Galliarum* darf nicht mit der Druidenversammlung im Karnutenwald verwechselt werden, welche anläßlich des *Beltainefestes* und nicht zum *Lugnasad* stattfand. Siehe Françoise Le Françoise Le Roux & Christian Guyonvarc'h, *Lyon et le Concilium Galliarum*, in *Ogham* 4, 1952, S. 280-285 und

Etudes sur le Festiaire celtique. IV. Lugnasad ou la fête du roi, in *Ogham* 14, 1962, S. 343-372.

Conle (Condle): Sohn des legendären Königs Con Cetchathach. Die Erzählung der *Echtra Conle* ("Die Abenteuer Conles") berichtet, wie er von einem schönen Mädchen trotz des Leids seines Vaters und den vergeblichen Versuchen des Druiden Corann in die Andere Welt mitgenommen wurde, von wo er nicht mehr zurückkehrte. Sein Beiname ist *Caem* ("Der Schöne"). Auch der Sohn Cuchulainns mit der Kreigerkönigin Aife trägt den Namen Conle oder Conla. Die Erzählung *Aided Oenfir Aife* ("Der Mord am einzigen Sohnes der Aife") berichtet, wie der junge Mann im Zweikampf von seinem Vater getötet wird.

Conn Cetchathach ("Mit den hundert Schlachten"): Legendärer König Irlands, dessen Herrschaft an Reichtum, Fülle und Gerechtigkeit unübertroffen war. Sein Name erinnert an die zahlreichen Schlachten, die er führte, um seine Vasallen, die Könige der Provinzen Irlands zu unterwerfen. Als Urvater einer langen Reihe oberster Könige (er war der Großvater Cormacs) ist er der Held der Erzählung *Baile in Scail* ("Des Helden Ekstase"), in der beschrieben wird, wie ihm der Gott Lug selbst auf seiner Reise in die Andere Welt den symbolischen Kelch der Herrschaft schenkt. Die Erzählung *Airne Fingein* ("Das Fingental") zählt alle Wunder auf, die sich zu seiner Geburt zutrugen. Der Wohlstand, der seine gesamte Herrschaftsperiode bestimmte, wurde lediglich durch seine Ehe mit der ehebrüchigen und bösartigen Bécuma unterbrochen. Siehe *Bécuma.*

Connla: Quelle, die sieben Bäche speist, von denen einer zum heiligen Fluß Shannon wird (der zweite heilige Fluß Irlands ist die Boyne). Am Ufer der Quelle wachsen Haselnußsträucher, deren Früchte ins Wasser fallen und so die Lachse der Wissenschaft nähren.

Connla Cainbrethach ("Mit dem schönen Urteil): Rechtsgelehrter, der im *Senchus Mor* die Druiden in Verlegenheit brachte, indem er von ihnen verlangte, sie sollten den Lauf der Sonne verändern. Sein Beiname bezeichnet in erster Linie seinen Aufgabenbereich und erst in zweiter Linie seine Ehrbarkeit.

Connacht ("Connaught"): Siehe *Provinz.*

CONVICTOLITAVIS: Beamter der Häduer, dessen Einsetzung Cäsar gegen die Partei des Cotus durchsetzt. Dennoch nehmen beide, Cotus und Convictolitavis am Gallieraufstand des Vercingetorix teil.

Corann: Druide Conn Cetchathachs, dem es trotz aller Bemühungen nicht gelingt, den Königssohn Conle daran zu hindern, sich von einem Mädchen in die Andere Welt mitnehmen zu lassen. Seine Zauberkraft kommt nicht an die der jungen Frau heran. *Corann* bedeutet "Krone, Girlande" und geht auf das lateinische *corona* zurück. Der Name ist auch als *corôin* geläufig.

Corb: Einer der drei Dichter Conn Cetchathachs. Die beiden anderen heißen Cesarn und Ethain. Sein Name bedeutet "Streitwagen":

Cormac Conlongas oder **Conloingas** ("Der Verbannte"): Einer der Söhne Conchobars. Nach dem verräterischen Mord, den sein Vater an den drei Söhnen des Uisliu (oder Usnech) begangen hatte, geht er mit anderen ranghohen Ulaten ins Exil nach Connaught. Sein Beiname ist eine Anspielung auf diese Episode des Ulsterzyklus.

Cormac mac Airt ("Sohn des Art"): Oberster König von Irland, von dem in zahlreichen Erzählungen die Rede ist. Er und sein Gegenspieler, der Druide Mog Ruith sind die Hauptdarsteller des *Forbuis Droma Damghaire*, welcher von seinen vergeblichen Versuchen berichtet, Munster zu unterwerfen und seine Bewohner zu Tributzahlungen zu zwingen. Etymologisch gesehen steht sein Name sicherlich mit dem Wort für "Bier" in Zusammenhang, welches im Altirischen *cuirm* bzw. *coirm* hieß. Es war das Getränk der Festgelage, bei denen die königliche Großzügigkeit Vergnügen und Trunkenheit zu bescheren hatte. Der Name Art geht auf die beiden Herrschaftssymbole "Bär" und "Stein" zurück.

Cornwall: Im Gegensatz zu Irland, Wales und zur Bretagne ist die Rolle, die dieses Land in der keltischen Geschichte seit dem Mittelalter spielte, heute nur noch schwer nachzuvollziehen. Seine politische Unabhängigkeit währte nur bis ins X. Jahrhundert und seine Sprache starb nach einem langen Niedergang im XVIII. Jahrhundert endgültig aus. Die cornische Sprache wurde nicht wie das Walisische von den christlichen Priestern verwendet, und auch die Bibel wurde nie ins Cornische übersetzt. Abgesehen von wenigen ausschließlich religiösen und oft schlecht verfaßten Erinnerungen, finden sich in den ohnehin spärlichen cornischen Texten, die uns meist erst seit der zweiten Hälfte des XIX. Jahrhunderts bekannt sind, kaum mythische oder mythologische Elemente. Und doch dürfen wir nicht vergessen, daß sich viele Stätten der Artussage in Cornwall befinden.

Corrguinech ("Verletzende Spitze"): Bezeichnung für einen spezialisierten Satiriker. Das Wort wird im *Cath Maighe Tuireadh* gebraucht.

COTUS: Anführer der Häduer. Cäsar setzt sich hinsichtlich der Besetzung des höchsten Amtes der Häduer zugunsten des Convictolitavis gegen ihn durch. Der Name scheint auf die Wurzel **kotto-s* ("alt") zurückzugehen.

Crann-chur, crann-chor ("Holzwurf"): Holzstückchen, mit denen in den irischen Rechtsschriften das Los gezogen wurde. Die Zusammensetzung der Wortgrupe läßt auf ein sehr altes Kompositum schließen. Vgl. bretonisch *prenn-den* und walisisch *coel-bren(n)*. Siehe *Holz, Wald.*

Credne Cerd: Bronzeschmied der Tuatha Dé Danann im *Cath Maighe Tuireadh*. *Credne* geht auf das Wort *cred* ("Bronze") zurück und *cerd* bedeutet "Handwerker". Der Bronzeschmied ist für die Rüstung der Armeen unabdinglich.

Cridenbel ("Herzmund"): Satiriker der Tuatha Dé Danann im *Cath Maighe Tuireadh*. Er streitet eine gewisse Zeit mit dem Dagda, dem er ein Drittel der Nahrung abspenstig macht. Doch endet die Geschichte schlecht für Cridenbel, der an drei Goldstücken erstickt, die der Dagda als Gift in einer Speise versteckt. Die List war die Idee von Dagdas Sohn Mac Oc.

Crimthann: Im irischen Sagenschatz tragen mindestens drei Prinzen diesen Namen. Der bekannteste unter ihnen ist Crimthann, der Sohn von Ende Cennselach. Der *Cior Anmann* berichtet, wie er seine Tochter Eithne Uathach ("Die Schreckliche") mit Kinderfleisch ernährt, um sie so schneller wachsen und eher heiratsfähig werden zu lassen. Das Wort *Crimmthann* entspricht dem *sinnach* ("Fuchs").

Crom Cruaich ("Wölbung des Hügels"): Den irischen Heiligenlegenden nach befindet sich dieser Hauptort der Götzenverehrung in der "Ebene des Fußfalls" (*Mag Slecht*). Der hier hausende Dämon wurde vom heiligen Patrick vertrieben.

Crom Darail und **Crom Deroil**: Die beiden Druiden, die auf dem Stadtwall Taras Wache halten, als die Ulaten in der Erzählung *Mesca Ulad* ("Die Trunkenheit der Ulaten") auftauchen. Crom Darail, der die Krieger von Ulster als Bäume verkannte, fliegt nach außen über die Stadtmauer, während Crom Deroil, der sie richtig erkannt hatte, nach innen fällt und so noch sein Auge auf sie werfen kann, um das feindliche Unheil abzuwehren. Die Namen sind ähnlich und gehören zusammen, doch sind sie untypisch für Druiden, denn *Crom* bedeutet "Krümmung, Kreis" und *deroil* "schwach, klein". *Darail* ist ein sonst nirgends belegtes Adjektiv, welches auf die "Eiche" *dar* zurückgehen könnte. Siehe auch *Camall mac Riagail.*

Cromdes: Druide des Königs Conn Cetchathach, der nach dessen Hochzeit mit Bécuma dem Prinzen Art die Verbannung zu verkünden hat. Sein Name entspricht seiner Rolle in der Erzählung und bedeutet "schlechte Ordnung".

Cruachan, Cruachu: Hauptstadt der Provinz Connaught und Residenz des Königs Ailill und der Königin Medb. Es stimmt mit dem heutigen *Croghan* in der Grafschaft Roscommon überein. *Cruachan* ist die Genitivform von *Cruachu*, was soviel wie (Erd-)Hügel bedeutet. Auch die Form *cruach* findet sich in den Texten. Siehe *Ailill, Medb.*

Cruitine, Cruttine: Dichter in einer Anekdote des *Cormacglossars*. Der Name stellt die Verkleinerungsform des Wortes *crot* ("Harfe") dar.

Cruitire: Harfenspieler. Siehe *Harfe.*

Cuallaid, Sohn Diarmaits: Das *Leben des Heiligen Berach* berichtet von diesem Druiden und Königssohn, der vergeblich versucht, den bereits vom Heiligen prophezeiten Tod Diarmaits zu rächen. Die Herkunft des Namens ist unklar, er könnte jedoch möglicherweise "Wildhund" bedeuten.

Cuchulainn ("Culans Hund"): Sohn des Gottes Lug und der Eithne. Seine irdische Geburt ist eine Folge der Beziehung des Königs Conchobar mit seiner Schwester Deichtire auf ihrer Reise in die Andere Welt. Sein angeblicher Vater ist Sualtam, sein Ziehvater der Druide Amorgen. Durch diese vier Väter wird ist er bereits zur Heldenrolle für ganz Ulster vorbestimmt. Ursprünglich heißt er *Setanta* ("Wanderer"). Seinen endgültigen Namen erhält er erst nach seiner ersten Heldentat, als er noch als Kind den Wach- bzw. Kampfhund des Schmiedes Culann tötet. Cuchulainn ist die wichtigste Figur der Erzählung der *Tain Bo Cualnge*, in welcher seine heldenhaften Zweikämpfe bei der Verteidigung der Grenzen Ulsters ausführlichst beschrieben werden. Es gelingt ihm, den Einfall der alliierten Streitkräfte der vier Provinzen Irlands unter der Führung der Königin Medb zu verhindern.

Cuicthi ("Fünf Tage"): Situationsbedingter Beiname der Göttin Brigit, der die gesetzliche Frist vor einem Zweikampf zwischen Gläubiger und Schuldner festlegt. Die Fünftagesfrist wird auf das Eingreifen der Göttin zurückgeführt.

Cuil ("Wurm, Schmetterling, Fliege, Insekt"): Im *Tochmarc Étain* dient diese Bezeichnung kleinerer Insekten dazu, die Rückkehr Étains zum unendlich kleinen Urzustand zu beschreiben. Sie wird aus diesem wurmhaften Zustand wieder in ihre menschliche Form zurückverwandelt, als die Frau des Königs von Ulster Etar, sie beim Trinken aus einem Kelch verschluckt. Siehe *Wurm.*

Cuill (mac): Sohn Cermats und somit Enkel des Dagda. Einer der drei Könige, die bei der Ankunft der Goideln über Irland herrschten. Sein Name bedeutet "Sohn des Haselnußstrauchs" und spielt auf die Zauberkraft der Tuatha Dé Danann an. Siehe auch *mac Greine, mac Cecht.*

Cuilliu (Schlacht von): Der Ortsname, dessen genaue Lage in Leinster nicht mehr ermittelt werden kann, ist einzigartig in dieser Form, die auf den Nominativ *Cuillen* zurückgeht, der jedoch wiederum öfters zu finden ist. Das Wort steht wahrscheinlich mit *coll* ("Haselnußstrauch") in Zusammenhang.

Culann: Schmied aus Ulster. Sein Name ist es, den der Druide Cathbad dem jungen Cuchulainn verleiht, als jener im zarten Alter von vier Jahren den Kampf- und Wachhund des Schmiedes tötet.

Cu Roi: Sagenhafter König, der mit dem Grünen Ritter der Sagen der Waliser und der Artusrunde identisch ist. Wir begegnen ihm in mehreren Epenzyklen, besonders im *Fled Bricrend* und in der *Mesca Ulad.* Zunächst hilft er Cuchulainn nach einer Reihe schwieriger Proben seine heldenhafte Überlegenheit unter Beweis zu stellen, stellt sich jedoch gegen ihn, nachdem jener seine Frau Blathnat ("Kleine Blume") verführt. Sein Name bedeutet wörtlich "Hund des Schlachtfelds". Siehe auch *Cuchulainn, Ritter* (und in jener Anmerkung das Zitat A. K. Coomaraswamys).

Culmen ("Kuhhaut"): Name einer verlorenen, wenn nicht gar legendären Handschrift.

Curcog: Tochter des Gottes Oengus in der Erzählung *Altrom Tige Da Medar* ("Die Speise im Hause der zwei Kelche"). Ihre Geburt fällt in die gleiche Zeit wie die der Eithne. Sie ist die Allegorie und Personifizierung Irlands und ihr ist, nach ihrer menschlichen Geburt als Tochter eines einfachen Dieners, die Bekehrung zum Christentum vorbestimmt. Der Sage nach verlieh ihr eine blonde Strähne (*curach*) an der Stirn ihren Namen.

D

Dagda *(*dago-devo-s)*, ("Guter Gott", oder "Sehr göttlich"): Gottdruide und Druidengott, Herr der Elemente und der Wissenschaften (d.h. dem priesterlichen Wissen), Gott der Freunschaft und der Verträge, der Zeit, des Wetters und der Ewigkeit und zugleich allmächtiger Krieger. Laut dem *Cath Maighe Tuireadh* und den verschiedenen Versionen des Étainzyklus' ist er hinter Lug und vor Ogme und Diancecht der wichtigste Gott des irischen Pantheons und der Tuatha Dé Danann. Seine Tochter Brigit bzw. Boand, die Gattin seines Bruders Elcmar bzw. Ogme, schenkt dem Dagda - so überliefern es zumindest die der christlichen Moral der Schreiber angepaßten, späteren Fassungen - nach ihrem Ehebruch den Sohn Oengus ("Einzige Wahl") bzw. Mac Oc ("Junger Sohn"), dessen Jugendlichkeit mit der Apolls vergleichbar ist. Auch der Dagda trägt mehrere Namen: *Dagan* ("Der kleine Gute"), *Eochaid Ollathir* ("Mächtiger Vater") und *Raudh Rofhessa* ("Durch die vollkommene Wissenschaft gerötet"). Er wohnt in der *Brig na Boinne* ("Herberge der Boyne"), die im Tumulus von Newgrange liegt. Als er seinem Sohn Mac Oc seine Residenz einen Tag und eine Nacht lang vermacht, verliert er sein Eigentum an jenen, da diese Frist symbolisch der Ewigkeit gleichkommt. Er wird mit einer Keule dargestellt, die in der irdischen Welt das Leben nimmt und es in der Anderen Welt wiedergebiert. Seine beiden anderen Wahrzeichen sind der Kessel des Reichtums, der Unsterblichkeit und der Wiedergeburt und das kosmische Rad, welches wir bei Mog Ruith und dem gallischen Gott Taranis wiederfinden. Siehe die anderen Götternamen *Boand, Brigit, Diancecht, Elcmar, Lug, Mac Oc, Oengus,Ogme (Ogmios),*und außerdem *Mog Ruith* und *Taranis.*

DAGOLITUS: In Inschriften überlieferter, gallischer Name. Die Bedeutung "Sehr den Riten hingegeben" geht von dem superlativen Gebrauch des Adjektivs *dago-* ("gut") aus, welches dem mittelirischen *dag-/deg-* entspricht. *Litus* entspricht dem irischen *lith*, dem walisischen *llid* und dem bretonischen *lid* ("religiöses Fest"). Siehe Christian-J. Guyonvarc'h, *Notes d'Étymologie et de Lexicographie gauloises et celtiques III. 7. Gaulois DAGOLITUS "très adonné au rite"*, in *Ogham* 11, 1959, S. 284-285.

Dail, dal ("Versammlung"): Versammlungen wurde in der Regel anläßlich der großen Feste wie *Lugnasad* und *Samain* abgehalten. Die Bezeichnung trägt in erster Linie der ursprünglichen Funktion solcher Zusammenkünfte Rechnung, bei denen es sich zunächst um Fragen des Rechts, bestimmter Abkommen oder Verbote und aller administrativer, finanzieller oder politischer Verfügungen handelte. Eine Versammlung hat also nichts mit einem *oenach* ("Treff") zu tun, der oft ungenau mit "Jahrmarkt" (englisch *fair*) übersetzt wurde. Siehe *oenach.*

Darbre, Dairbre: Residenz des legendären Druiden Mog Ruith. Das Wort bedeutet "Wald" oder "Eichengebüsch".

Daithe: Tochter der Ross Aichi, der Schwester Ailills und Mundschenk des Lug. Wörtlich übersetzt bedeutet ihr Name "Licht, Leichtigkeit, Lebhaftigkeit".

Dallan, Dâlan: Druide des Königs Eochaid (Eochu) in der Egertonversion 1782 des *Tochmarc Étaine.* In dieser Fassung wird beschrieben, wie er dank seiner Zauberkünste und seiner in Eibenstäbe geschnitzten Ogham (Geheimsprache) Étain, die Frau Eochaids wiederfindet, welche der Gott Midir entführt hatte. Sein Name ist die Verkleinerungsform des Adjektivs *dall* ("blind").

Dana: Einer der Namen der großen, irischen Göttin, die der gallischen *dôn* gleichgesetzt werden kann. Im *Cormacglossar* wird sie auch *Ana* und *Anu* genannt, doch ist es nicht sicher, ob es sich hierbei wirklich um die gleiche Gottheit handelt. Am häufigsten kommt ihr Name in der Formel Tuatha Dé Danann ("Leute der Göttin Dana") vor, mit der die Iren die vorchristlichen Gottheiten und die mythische Bevölkerung vor dem Einfall der Goideln bezeichneten. Siehe *Brigit, Boand, Etain, Eithne.*

Daurblada: Name der Harfe des Dagda, der sich wahrscheinlich aus den Worten *da* und *bla* zusammensetzt, und soviel wie "Eiche der beiden Stätten" bedeutet.

Dergraith (in Magh Feimhean), ("Rote Festung"): Alte Bezeichnung des heutigen Derrygrath im Tipperary.

Deichtire, Deichtine: Schwester und Wagenlenkerin des Königs Conchobar, und schließlich Gattin des späteren Königs von Ulster, Fergus, welcher von Cochobars Mutter Ness enthront wurde. Die Erzählung *Compert ConCulaind* ("Die Empfängnis Cuchulainns") berichtet, wie sie anläßlich einer im Hause der Anderen Welt endenden Reise durch ihren Bruder den dreimal gezeugten und dreimal geborenen Sétanta, den späteren Cuchulainn empfängt, der dadurch auch der Sohn des Gottes Lug und der Eithne ist. Ihr Name scheint mit dem lateinischen *dextera* verwandt zu sein, wobei die Variante *Deichtine* die irische Diminutivendung *-ine* aufweist.

Dee ("Götter"): Teil des Ausdrucks *dee 7 andee* ("Götter und Nichtgötter"). Siehe *andee.*

DEIOTAROS: Name mehrerer Galaterprinzen, von denen einer nach Angaben Ciceros die Kunst der Prophezeiung beherrschte und nichts unternahm, ohne die Vorzeichen zu erkunden. Der Name ist die geschrumpfte Form des **dei-vo-tarvo-s* "Göttlicher Stier", welches überdies als Zeichen des Königtums verstanden werden konnte. In Irland diente der *tarbh* ("Stier") als Zeichen für die physische und militärische Kraft eines Königs.

Deirdriu, Deirdre: Heldin der Erzählung *Longes mac nUislenn* ("Die Verbannung der Söhne Uislius"). Sie ist seit ihrer Geburt dem König Conchobar versprochen, doch liebt sie jenen nicht und läßt sich von Noisé und seinen Brüdern entführen, mit denen sie zahlreiche Abenteuer erlebt und von einem Ort zum anderen flüchtet. Nachdem die Ulaten Conchobar das feierliche Versprechen abgerungen haben, Deirdriu und ihren Entführern nichts anhaben zu wollen, kehren jene nach Emain Macha zurück. Doch läßt der König Noisé und seine zwei Brüder durch eine List beseitigen um Deirdriu als Konkubine zu nehmen. Nachdem sie ihren verlorenen Geliebten lange beweint hat, wirft sich Deirdriu aus Verzweiflung bei einer Wagenfahrt mit dem König mit dem Kopf voran gegen einen Felsen. Die Garanten Noisés, unter ihnen der Sohn des Königs Cormac Condlongas, gehen daraufhin ins Exil nach Connaught, während der Druide Cathbad, der Vater Conchobars Emain Macha durch einen Fluch in Flammen legt.

Deiseil, dessel, deiseal ("Lauf der Sonne nach rechts", d.h. im Uhrzeigersinn): Als Adverb oder Präposition gebraucht, bedeutet dieses Wort "in der Richtung des Sonnenlaufs". Es setzt sich höchstwahrscheinlich aus *des-* ("Süden") und *sul* ("Auge") zusammen und geht somit auf die ursprüngliche Bezeichnung der Sonne zurück. Siehe *Rechtsdrehsinn.*

Delt: Eigenname und Name eines in der Conaille Murthemne gelegenen Flusses in der *Tain Bo Cualnge*. Die Wortbedeutung ist ungeklärt.

Deoch, Tochter Finghins: In der Geschichte vom Tod der Kinder Lers ist sie die Gattin Lairgnens, des Königs von Connaught, die zu ihrem eigenen Vergnügen versucht, sich der vier Schwäne zu bemächtigen, in die die Kinder Lers verwandelt wurden. Sie fordert sie vom König, der sie so gewaltig packt, daß jene wieder in Menschen zurückverwandelt werden, sich zum Christentum bekehren und in Heiligenmanier sterben. Ihr Name ist eine Variante des Wortes *deog* ("Getränk, Liebestrank").

Deogbaire "Mundschenk": Siehe *Mundschenk.*

Derb Forgaill: Tochter des Königs von Norwegen, die sich in Begleitung ihrer Dienerin dem Cuchulainn anbietet. Da sie in Vogelgestalt ankommen, verletzt sie der Held mit einem Stein seiner Schleuder. Nachdem er sie geheilt hat, vermählt er sie mit seinem Adoptivsohn Lugaid. Ihr Name bedeutet "auf das Zeugnis hin".

Dergdamsa: Druide von Mog Neid, dem König von Munster. Sein Name ist durchaus ungewöhnlich, denn *derg* bedeutet "rot" und *damsa* "Tanz".

Dergnat: Frau des Partholon, deren Ehebruch mit Topa, dem Diener ihres Gatten, im *Buch der Eroberungen* erzählt wird. Ihr Name bedeutet "Floh", wörtlich "Kleine Rote" und wird abwertend gebraucht. Vergleiche den Ausdruck *dergnat chormthighi* ("Floh des Bierhauses"), der für eine Störung oder Belästigung eines Festes gebraucht wird. Auch eine kriecherische Person, die unerläßlich vor ihren Vorgesetzten aufsteht, wird so bezeichnet.

dervo- : Pankeltischer Wortstamm für die Eiche, der fälschlicherweise mit dem Namen der Druiden (deren Wurzel jedoch eine andere ist) in Zusammenhang gebracht wurde, da man sich oft auf die analogische Etymologie stützte, die Plinius in seiner *Historia Naturalis* XVI, 249 aufstellte. Siehe Annex.

Dextratio: Lateinische Bezeichnung für die Rechtsdrehung, d.h. der Bewegung in der Richtung des Sonnenlaufs. Dieser technische Begriff entspricht dem irischen *deisil*, der nicht nur die *dextratio*, sondern auch allgemein eine Umgehung bezeichnet.

Diancecht: Gottarzt der Tuatha Dé Danann. Von ihm ist am häufigsten in der Erzählung des *Cath Maighe Tuireadh* die Rede, wo er die verwundeten Krieger heilt und die Toten wieder zum Leben erweckt, indem er sie unter Zaubergesängen in den Gesundbrunnen taucht. Er hat zwei Söhne, Miach ("Scheffel") und dessen Zwillingsbruder Oirmiach und die Tochter Airmed ("Maß"). Als eifersüchtiger und rachsüchtiger Gott tötet er seinen Sohn Miach, dem es gelungen war, Nuada einen verlorenen Arm zu ersetzen, wo Diancecht selbst sich mit einer Silberprothese zufriedengegeben hatte. Sein Name bedeutet "Schneller Griff" und spielt wohl auf die Wirksamkeit seiner Techniken als Arzt und Zauberer an. Siehe Christian-J. Guyonvarc'h, *Notes d'Étymologie et de Lexicographie gauloises et celtiques XXXI.142. Irlandais Airmed "mesure" et Miach "boisseau", breton arvezîn "examiner",* in *Ogham* 20, 1968, S. 351-352. Siehe *Airmed, Miach, Oirmiach.*

Diarmaid, Diarmuid, Diarmoid (oder mit Auslaut-t), **Dermaid** ("Vergessen"), die engl. Schreibweise ist *dermot*: Vergleichbar mit dem Namen des Heiligen Patrick (*Padraig*) wird auch dieser Eigenname als typisch irisch angesehen. Vgl. den Satz Dinneens, *Foclôir*, S. 333a: *tâ diarmaid dâ chiapadh* "the Irish are being tortured".

Dichetal do chennaib cnâime ("Zauber mit den Spitzen der Knochen"; d.h. mit den Fingerspitzen): Den *Filid* vorbehaltener Zaubergesang, von dem wir heute keine Einzelheiten mehr kennen. Es scheint jedoch, daß der Spruch improvisiert wurde.

Dichter: Einzig mögliche und doch mangelhafte Übersetzung des irischen *File* - der bereits im Lateinischen zum *poeta* wurde - und all der alten und neuen, keltischen Bezeichnungen, denen der *bardos* ("Barde") zugrundeliegt. Es handelt sich jedoch beim *File* wie beim Barden eigentlich um einen bestimmten Fachbereich innerhalb der Priesterklasse. Der traditionell keltischen Dichtung liegen genaue Normen und Zweckbestimmungen zugrunde, die sie zu einem offiziellen Bereich der Wissenschaft werden lassen, die keine Entsprechung in der klassischen Dichtkunst kennt. Der keltische Vers ist in erster Linie ein mnemotechnisches Hilfsmittel und kein Vorwand zu Wortspielereien - Sprachvirtuosität und Redegewandtheit gehören in den Bereich der Krieger. Siehe *Barde* und *File*. Zum Verhältnis der keltischen Poesie zu indoeuropäischen, poetischen Normen siehe Enrico Campanile, *Ricerche di cultura poetica indoeuropea*, Pisa, 1977, 138 S.

Dil mac hu Chrecga di Ossraigib ("Sohn des Muccu Creagcga aus Ossory"): Der Druide, der für die Geburt des großen Königs Fiachna Muillethan "verantwortlich" ist, da er seine Tochter Moncha mit Eogan vermählt. Dieser Eigenname diente für Männer als auch für Frauen und bedeutet so viel wie "lieb, teuer, wertvoll, gewinnbringend".

Dinas Emrys ("Festung des Ambrosius"): Hauptstadt des Königreichs Britannien zur Zeit des mythischen Herrschers Vortigern.

Dis Pater: Name mit welchem Cäsar in seinen Erklärungen zum gallischen Glauben den Gott bezeichnet, den die Gallier als ihren Urvater verstanden. Man hat versucht, *Dis* auf das irische *dith* ("Zerstörung") zurückzuführen, da der Vater der Lebenden auch der der Toten sein mußte. Doch handelt es sich dabei lediglich um das lateinische Wort und der Vergleich entbehrt jeglicher lexikalischen Grundlage.

Dithorba: König von Ulster, der sich in der Sage der Macha weigert, jener den Teil seines Reiches zuzugestehen, der ihr zukommt. Seine drei Söhne setzen die Politik ihres Vaters zunächst fort, werden jedoch einer nach dem anderen durch die physische Überlegenheit Machas besiegt. Der Name muß eine anthroponymische Abwandlung des Wortes *dithrub* ("Wüste") sein.

Diviciacus: Druide und eigentlicher Anführer der häduischen Regierung zu Beginn des gallischen Krieges. Seine Politik war es, sich auf das Bündnis mit Rom zu stützen, um Gallien vor der germanischen Bedrohung zu retten und zugleich eine Oberherrschaft der Häduer zu erzielen. Bereits 63 v. Chr. zog er nach Rom, um Unterstützung zu erbitten, und unterhält eine dauernde Beziehung mit Cäsar, welche jedoch unter den verschiedensten Blickwinkeln des *Gallischen Krieges* schwer zu definieren ist. Cäsar schreibt ihm große Geschicklichkeit in der Kunst der Unterhandlung und des Kompromisses zu - die diplomatische Tätigkeit par excellence - als jener z.B. auf Ersuchen Cäsars in bellovakisches Gebiet eindringt und in der Folge unter Vermeidung jeglicher kriegerischer Auseinandersetzung beim Prokonsul für die Bellovaken eintritt, die zu diesem Zeitpunkt noch mit den Häduern befreundet sind. Er ist der einzige Druide, dessen Existenz uns historisch verbürgt ist, doch verfügen wir über keine Informationen, was seine genauen Befugnisse, Aufgaben und religiösen Tätigkeiten anbelangt. Mit seinem Bruder Dumnorix verbindet ihn schon allein durch den Namen eine seltsam parallele Beziehung: *Diviciacus* ist der "Weissager" während *Dumnorix* der "König der Welt" ist. Ähnlich scheinen sich ihre politischen Funktionen ergänzend gegenüberzustehen: Während Diviciacus für die römische Allianz eintritt, ist Dumnorix einer der Anführer des gallischen Widerstands. Einmal gewährt Cäsar auf die Bitte des Diviciacus dem Dumnorix Gnade, doch als jener sich unter dem Vorwand eines religiösen Verbots weigert, nach Großbritannien zu gehen, läßt ihn Cäsar töten. Danach ist von Diviciacus keine Rede mehr im *De Bello Gallico*. Siehe Françoise Le Roux, *Nouvelles recherches sur les Druides,* in *Ogham* 22-25, 1970-1973, S. 207 ff..

Dlui fulla: Zaubergesang, den laut dem *Coir Anmann*, unserer einzigeen Quelle konkreter Informationen, die *Filid* praktizierten. Der Ausdruck bedeutet "Zweig oder Halm der Illusion", wobei der genaue Wortsinn von *fulla* verschwommen ist, jedoch immer mit einem magischen Hauch der Illusion oder des Wahnsinns gebraucht wird.

Doborchu ("Seeotter", wörtlich "Wasserhund"): Bevor Cuchulainn stirbt, beendet er die Reihe seiner Heldentaten, indem er einen Fischotter tötet, der von seinem Blut trinkt. Er hatte sie begonnen, als er den Hund des Schmiedes Culann tötete, was ihm seinen Namen einbrachte. Siehe *Cuchulainn.*

Doerbaird ("Sklavenbarde"): Dieser Barde ist unfrei, im Gegensatz zum *soerbaird*, dem freien Barden, der Vieh besitzt ohne bei einem Besitzer vertraglich gebunden zu sein. Im Gegensatz dazu war ein Priesterstand ohne Adel und ohne Freiheit immer undenkbar gewesen. Siehe Annex.

Domnall, neuirisch **Domhnall**: Ein seit dem Hochmittelalter sehr gebräuchlicher Familienname. Die englische Schreibweise ist *Donnell.*

Dond, Donn, Sohn Mils: Nach der Sage des Buches der Eroberungen war er der erste Gaele, welcher seinen Fuß auf irischen Boden setzte. Das Wort bezeichnet ein helles Braun, welches fast ins Gelb oder Rot übergeht. Dieser Eigenname konnte als durchaus auch für die Haut-oder Haarfarbe von Menschen oder Tieren stehen. Auch der berühmte Stier, der "Braune" von Cualnge hieß *Donn.*

Dos: Dichter im dritten Lehrjahr, der den fünften Grad der Dichterhierarchie erklommen hat. Ihm ist der Gesang des *laid* vorbehalten und als Preis für seine dichterischen Kompositionen steht ihm eine Milchkuh zu. Er hat Anrecht auf eine

Eskorte von vier Mann. Sein Name geht auf die metaphorische Bedeutung von *dos* ("Gebüsch, Baum mit dichtem Zweigwerk") zurück, welches im Laufe der Zeit zu "Schutz, Held" wurde. Siehe *laid.*

Drache: Das walisische Märchen von Lludd und Llewelys erzählt von einem weißen und einem roten Drachen, die Lludd in einen steinernen Schrein einsperrt und in der Festung von Dinas Emreis begräbt. Solange sie dort eingesperrt bleiben, droht der Insel Britannien keine Invasion. In der Geschichte, die Nennius von Vortigern erzählt, werden sie zu einem roten und einem weißen "(Lind-)Wurm". Der rote symbolisiert die Briten, der weiße die Sachsen. Der weiße Wurm, bzw. Drache verjagt zunächst den schwächeren roten, wird jedoch von jenem vertrieben, was die Rückkehr Arthurs und die Verdrängung der Sachsen aus ganz Britannien versinnbildlicht. Auch in der irischen Erzählung von der *Empfängnis der beiden Schweinehirten* kehren die beiden Drachen wieder. Sie haben jedoch nichts mehr mit den galloromanischen "Aalsfüßern" zu tun. Siehe *cuil.*

Drei Götter: Die "drei Götter" des irischen Pantheon sind der klassenlose, oberste Gott Lug und seine beiden "Brüder", der Gottdruide Dagda und der Gottheld Ogme. Der erste transzendiert die drei sozialen und kosmischen Klassen, während die beiden anderen die beiden gegenüberliegenden und komplementären Seiten der großen Gottesherrschaft darstellen, die mit dem indischen Duell zwischen Mitra und Varuna vergleichbar sind. Sie symbolisieren überdies die gesamte, offenbarte Welt, das Hell und Dunkel, das Gute und das Böse, das Himmlische, Irdische und Höllische. Siehe *Tuatha Dé Danann.*

Drei Götter Danas: Die drei Söhne Tuireanns Brian, Iuchar und Iucharba, die auch als Verdreifachung einer einzigen Sagengestalt, und zwar Brian gelten, der der Konkurrent und Gegenspieler Lugs war, doch zugleich derselben Familie entstammt. In der Erzählung vom *Tod der Kinder Tuireanns* töten die drei Brüder den Vater Lugs. Als Strafe für diesen Mord müssen sie ihm zahlreiche Zaubergegenstände in der Welt zusammensuchen, die in der Folge den Sieg über die Fomoiren in der Schlacht von Moytura ermöglichen. Sie sterben am Ende ihrer langen Suche an Erschöpfung. Siehe *Textes mythologiques irlandais* I/1, S. 105-143.

Drei Tage: Zeiteinheit und Maß während des *Samainfestes*, welches in der Regel drei Tage vor, am Tag selbst und drei Tage nach *Samain* stattfindet. Auch der Colignykalender spricht von "den drei Tagen Samains (die heute beginnen)" *TRINOUX(TION) SAMONI(I) SINDIU(OS)*. Siehe Françoise Le Roux, *Le calendrier gaulois de Coligny (Ain) et la fête irlandaise de Samain (Samonios),* in *Ogham* 9, 1957, S. 337-342.

Dreiteilige Ideologie: In den Anwendungen und Definitionen, die in der vergleichenden Religionsgeschichte angestellt werden, muß das Wort *Ideologie* im Sinne der "Geschichte der Ideen" und nicht im heutigen Sinne der "ideologischen Lehrsätze" verstanden werden. Die dreiteilige Ideologie entspricht der Gepflogenheit bzw. der Neigung aller Indoeuropäer, einschließlich der Kelten, den Kosmos triadisch anzuordnen und zu denken. Darauf basiert die Dreigeteiltheit der religiösen, gesellschaftlichen und politischen Organisation, die sich konkret in drei Klassen und drei hierarchisch angeordneten Aufgabenbereichen ausdrückt: Priester, Krieger und "Hersteller". Die Dreiteilung ist also ursprünglich keine soziologische Gegebenheit, sondern auf der menschlichen sowie auf der göttlichen Ebene eine gesellschaftliche Folge einer überlieferten Denkweise. Denn es ist die Religion, die die Gesellschaft formt und nicht umgekehrt. Vgl. die indischen Gesetze Manous *(Manavadharmashastra).*

Dreiteilung: Organisation, welche zuerst Georges Dumézil in der religiösen Ideologie der Indoeuropäer festgestellt hatte und welche sowohl die Welt der Götter als auch die der Menschen in drei Klassen unterteilt, die die Gesamtheit der möglichen Tätigkeiten umfassen:

- *Erste Klasse der Priester*:
  Religiöse Aufgaben, Verabreichung des Heiligen
- *Zweite Klasse der Krieger*:
  Krieg, Zauberei
- *Dritte Klasse der "Hersteller"*
  Handwerk, Ackerbau, Viehzucht,
  Frieden, Genuß, Überfluß

Die in Indien zu Kasten verhärteten Klassen und ihre Aufgabenbereiche werden in den *Manavadharmashastra* ("Manous Gesetze") beschrieben, die folgende Tafel ergeben:

Brahmanen	:	Priester
Kshattriyas	:	Krieger
Vaighyas	:	Kaufleute

Die vierte Kaste der Shûdras hat keinen bestimmten Aufgabenbereich, während die Parias des Kastensystems gänzlich unwürdig sind.

Diese Organisation deckt sich im großen und ganzen mit der der keltischen Welt Irlands und Galliens (nach den soziologischen Hinweisen Cäsars zu schließen):

druides	*druid*	Priester
equites	*flaith*	Krieger
plebs	*bo-aire*	Viehbesitzer

Die erste Klasse der Priester organisiert und kontrolliert dabei die Tätigkeiten der beiden anderen Klassen. Siehe *Klasse, Aufgabenbereiche.*

Drisac, drisiuc, driseoc: Unfreier Barde des dritten Grades, der sich auf die Satire spezialisierte und zwanzig Erzählungen auswendig können mußte. Der Name ist als Anspielung auf die Satire ein metaphorischer Gebrauch des Wortes *drisiuc, driseoc*, welches sowohl für den Brombeerstrauch, als auch für einen von ihm verursachten Kratzer steht.

Drobés: Irischer Name der Drowes, eines Flusses, der an der Donegal Bay aus dem Lough Melvin fließt.

Dron, Tochter Larrens: Gattin des mythischen Druiden Mog Ruith. Ihr Name steht für "solide, fest, stark".

Drostan: Druide der Pikten dessen Name häufig in den Annalen wiederkehrt. Es scheint sich dabei um eine Verkleinerungsform von *Drost, Drust,* des Namens eines Piktenherrschers zu handeln, der auch als *Trost, Trust, Derst, Drerst* bekannt ist. Seine britannische Entsprechung ist *Tristan.* Die Wortbedeutung ist jedoch ungewiß.

Drucht: Frauenname, wörtlich "Tau".

Druide: Wir verwenden diese Bezeichnung für alle Mitglieder der keltischen Priesterklasse, gleich welcher Fachbereich ihnen zukommt und welchen Rang sie einnehmen. Alle hatten sie nämlich das Recht und die Macht, das Heilige zu verabreichen und das Privileg, die Beziehungen ihrer Mitmenschen zu diesem Heiligen zu bestimmen, zuzulassen oder zu verbieten. Wir haben es hier also mit einem allgemeinen Begriff zu tun. Doch sind uns aus Irland, dem wir fast alle Informationen aus diesem Bereich verdanken, nicht die Namen der Fachbereiche erhalten, die dem Geist und der Schrift des Christentums widersprachen. Unsere Analyse berücksichtigt diese Besonderheit der Inselquellen, da uns der Großteil der Opferrituale und Zaubertechniken unbekannt ist. Dennoch steht es außer Frage, daß der Druide Priester war und somit über die absolute, spirituelle Autorität verfügte, und daher auch keiner anderen Hierarchie unterworfen war, als der der heiligen Wissenschaft. Zur Etymologie siehe Annex.

Druidecht ("Druidentum, Wissenschaft der Druiden"): Daß dieses Wort in jüngerer Zeit oft mit "Zauberei" oder "Hexerei" übersetzt wurde, erklärt sich aus der Stellung des Christentums. Siehe Annex.

Druim Chain ("Hübscher Gipfel"): Eine der alten Bezeichnungen Taras in den *Dindshenchas* und den Annalen. Diese getrennte Form ist jünger als das zusammengefügte *Caondrium.* Siehe *Caondrium* und *Tara.*

DRUNEMETON: Der von Strabo überlieferte Name des Heiligtums der Galater in Kleinasien. Form und Bedeutung von *nemeton* sind klar, doch hat die Vorsilbe *dru-* zahlreiche Spekulationen aufkommen lassen, die es auf die "Eiche" oder aber auf den "Druiden" zurückführen. Beide Hypothesen scheinen jedoch wenig überzeugend. Siehe Annex.

Duach: Ahne Tailtius, der mythischen Königin Irlands und Adoptivmutter Lugs in einer von Keating wieder aufgegriffenen Genealogie. Sonst ist diese Figur unbekannt. Bei dem Namen handelt es sich um die Genetivform des Wortes *Daui.*

Dub Da Rind ("Schwarz von beiden Spitzen"): Name des Druiden des Königs Muirchertach, der zugleich dessen Milchbruder war. Er interpretiert den Traum, der dem König den Tod verheißt richtig.

Dubloch ("Schwarzer See"): Hogan zählt vier Beispiele für dieses Hydronym auf: Black Lough in der Grafschaft Meath, in Leix bei Stradbally, in Ulster südlich der Gemeinde Kilgeever und in der Diözese Tuam.

Dubthach: Name eines *File* und zahlreicher anderer Sagengestalten. Eine von ihnen erhielt den für Irland wenig schmeichelhaften Beinamen *Doel Ulad* ("Mistkäfer von Ulster"), da er alle jungen Frauen von Emain Macha getötet hatte. Die englische Form dieses Namens ist *Duffy.*

Duili fedha (wörtlich "Elemente aus Holz"): Bezeichnung für die auf Holzstücke geschnitzten, geheimen Sprachzeichen, die Ogham genannt wurden. Ein Barde erlernte erst im zehnten Lehrjahr, sie handzuhaben.

Duili sluinnte (wörtlich "Elemente der Kennzeichnung"): Dieser Ausdruck bezeichnete Stammbäume oder wurde verwendet, den Vortrag eines solchen anzukündigen. Das Studium der königlichen Genealogien gehörte zu den Aufgaben der *Filid.*

DUMNONII: Britannisches Volk, das die Südwestspitze der Insel, das heutige Cornwall und Devonshire (walisisch *Dyfneint*) bewohnte. Der Name *Domnonia*, der das Königreich Bretagne (Diözesen Tréguier, Saint-Malo und Dol) im IX. Jahrhundert bezeichnete, berechtigt zur Annahme, daß sich die *Domnonii* um das V. Jahrhundert an der Nordküste der bretonischen Halbinsel ansiedelten. Die Bedeutung ist zwar unklar, doch entspricht der Name den irischen *Dé Domnan.*

DUMNORIX ("König der Welt"): Bruder des Druiden der Häduer, Diviciacus. Siehe *Diviciacus.*

Dun Cermna(i) oder **Dun Patraic,** laut Hogans *Onomasticon Goidelicum*, S. 379b "at the foot of the Old Head of Kinsale": Festung Cermnas, des Königs, der mit seinem Bruder Sobhairce über Irland herrschte.

Dun Imbrith, oder **Imrith, Imrid**: Sagenhafter Ortsname von Ulster und Festung des Cuchulainn in der Murthemne-Ebene.

Dun na mBarc ("Festung der Barken"): Laut Hogans Liste der irischen Ortsnamen, gibt es zwei solche Orte: Der eine liegt in Corco Duibne (Corcaguiny) im Munster, der andere in Tirconnell.

Dun Lethglaisse: Das heutige Downpatrick im Ulster.

DUNUM ("Hügel, Festung"): Latinisiertes Gallisch, dessen ursprüngliche Form *dunon* lautete, welches mit dem irischen *dun* und dem walisischen *din* verwandt ist, die beide immer wieder in Ortsnamen auftauchen. Anfangs bezeichnete dieses Wort eine Umzäunung oder eine befestigte Siedlung. Es entspricht also dem lateinischen *oppidum*. Die Bedeutung "Hügel" ist eine Ableitung und kam erst später hinzu. Auch in den gallischen Ortsnamen ist *Dunum* eines der häufigsten Bestandteile. Siehe Christian-J. Guyonvarc'h, *Notes d'Étymologie et de Lexicographie gauloises et celtiques 1. Le toponyme gaulois DVNVM. 2. repertoire des toponymes en LVGDVNVM* in *Celticum* 6, 1963, S. 363-373.

E

Eber Dond (oder **Donn** "der Braune"), **Sohn Mils**: Urahne der Gaelen, welcher dem *Buch der Eroberungen* nach, mit seinen Brüdern und dem *File* Amorgen aus Spanien nach Irland kam, um den Tuatha Dé Danann die Herrschaft streitig zu machen. In den sagenhaften oder pseudohistorischen Stammbäumen stoßen wir immer wieder auf diesen Namen. Er stammt zwar nicht aus der Bibel, doch geht er ziemlich sicher auf das lateinische *hibernia* zurück. *Eber* heißt "Ire".

Eberesche: Strauch, den die Druiden zu Zauberriten benutzten und der in den Texten oft mit dem Haselnußstrauch *(coll)* verwechselt wurde.

EBURONES ("Eburonen"): Belgisches Volk, dessen Gebiet sich in etwa auf die heutigen Provinzen Limburg und Lüttich und das östliche Rheinland in Richtung Köln erstreckte. Mit den Königen Catovulcus und Ambiorix organisieren die Eburonen den Nordgallienaufstand von 53. Ihr Name geht auf das Wort *eburo-* ("Eibe") zurück. Vielleicht ist das auch der Grund, weshalb sich Catovulcus - so schreibt es Cäsar in seinem *Gallischen Krieg* - nach dem Scheitern dieses Umsturzversuchs das Leben mit dieser Pflanze nimmt. Siehe Christian-J. Guyonvarc'h, *Notes d'Étymologie et de Lexicographie gauloises et celtiques I, 4. Gaulois EBURONES, EBUROVICES "(les combattants), les hommes de l'if"*, in *Ogham* 11, 1959, S. 39-42.

EBUROVICES: Zweig der *Aulerci* ("Aulerken"), die im heutigen Eure wohnten und auch der Stadt *Évreux* ihren Namen gaben. Auch dieser Völkername geht auf *eburo-* ("Eibe") zurück und ist somit mit dem der *Eburones* vergleichbar. Er bedeutet "Die Kämpfer der Eibe". Siehe oben.

Echtach, Sohn Ordans, Sohn Allaois: Anderer Name des Vaters von Nuada in der Erzählung *Der Tod der Kinder Tuireanns.* Er könnte zwei verschiedene Bedeutungen haben: "Zerstörer, der das Leben nimmt" oder "Nachtvogel, Eule".

EDUI, AEDUI, HAEDUI, HEDUI, HAEDUES ("Häduer"): Einer der mächtigsten gallischen Stämme zur Zeit Cäsars, der sich als Gegner der Arverner und Sequaner wie die Remer mit den Römern verbündet hatte. Ihr Gebiet umschloß die heutigen Departements Saôn-et-Loire, Nièvre und Teile von Allier und der Côte-d'Or. Ihre große Bedeutung geht wohl vor allem auf ihre günstige, geographische Lage zurück, die die Täler der Loire, der Seine und der Saône dominiert. Ihre widersprüchliche Position während des gallischen Krieges ist die Folge zweier entgegengesetzter politischer Faktoren: Die Treue zur römischen Allianz, welche sie aus wirtschaftlichen Gründen dazu bewegte, Cäsar den Arvernern, Sequanern oder Helvetiern, und im Hintergrund, doch nicht allzu weit entfernt, den Germanen des Ariovist vorzuziehen; und den verbissenen Ehrgeiz, Gallien zu beherrschen, welcher sie schließlich auch dazu bewegte, sich gegen Cäsar zu wenden, um den Arvernern die Führung des Generalaufstands zu entreißen. Dies erklärt auch das inkonsequente Verhalten von Diviciacus und Dumnorix, aus dem Cäsar seinen Nutzen zu ziehen verstand. Der Name der Häduer ist mit dem irischen *Aed (Aodh)*, dem walisischen *aidd* und dem bretonischen *oaz* ("Eifer, Eifersucht") verwandt, dem ursprünglich die Bedeutung "brennendes Feuer" zukam. Dank Cäsar ist dies der gallische Stamm, dessen politische Organisation uns am vertrautesten ist.

Éicse ("Dichtung, Literatur, Wissenschaft"): Allgemein technische Bezeichnung für die Kunst und das Wissen der *Filid* und der irischen Barden und dadurch ein Synonym des Wortes *filidecht.*

Eibe: altirisch *ibar, ibor*, neuirisch *iûr* (von den Varianten *iubar, iubhar*). Das Eibenholz diente einerseits in Stäbchenform zur Gravur der Ogham für die Zaubertechniken und -beschwörungen der Druiden, andererseits zur Herstellung bestimmter Waffen, vor allem jedoch der Griffe von Schwertern und Schilden. Die Etymologie des Beinamens des Dagda, Eochaid (**ivo-katu-s* "der mit der Eibe kämpft") ist also durchaus zweideutig und weist zugleich auf den priesterlichen als auch auf den kriegerischen Aspekt der Herrschaft hin.

Eiche: Heiliger Baum der gallischen Druiden, deren Namen Plinius in seiner analogischen Etymologie auf das griechische druz zurückführt, ohne jedoch dabei den gallischen Namen der Eiche anzuführen. Jener geht in allen keltischen Sprachen auf den Stamm *dervo-* zurück, der nichts mit dem Namen der Druiden zu tun hat. Die Thesen Plinius' stützen sich lediglich auf ein einziges Ritual, und aus den Inseltexten ist zu schließen, daß die Eiche zwar der wichtigste, jedoch bei weitem nicht der einzige heilige Baum der Druiden war. Er symbolisiert die Kraft, wobei er als Baum die pflanzliche Stütze des menschlichen, göttlichen und heiligen Wissens darstellt.

Eithne: Weibliche Sagengestalt, deren Name in verschiedenen Formen auftaucht, von denen Eithne nicht unbedingt die häufigste darstellt: *Ethle, Eithliu,*

Eithlenn, Eblend. Sie ist die Tochter Delbaeths (der "unveränderten Form") und die Gattin Lugs, doch, da sie auch die Mutter aller Götter ist, ist sie auch die Mutter Lugs selbst. Sie ist also die größte Göttin, die auch Brigit oder Boand genannt wird. Der Name *Eithne* ist eine Abwandlung bzw. eine Zweitform *Etains* (siehe Christian-J. Guyonvarc'h, *Textes mythologiques irlandais* I/1, S. 241-281). Eithne / Etain taucht vor allem in zwei Sagenkreisen auf: In den fünf Versionen des *Tochmarc Étaine* und in den pseudohistorischen Beziehungen des *Buches der Eroberungen*, welches sich teilweise mit der Theogonie des *Cath Maighe Tuireadh* überschneidet. In der Dichtung und Folklore ist Eithne die Personifizierung Irlands, was nicht zuletzt auch erklärt, weshalb Königinnen oder höchste Adelige diesen Namen trugen, deren bekannteste Vertreterinnen wohl E(i)thne Aitenchaithrech, die Gattin Conchobars, und Eithne Inguba (der Beiname Emers), die Gattin Cuchulainns sind. Beim Namen Eochaid haben wir es mit einem ähnlichen Fall zu tun. Siehe *Étain.*

Elatha mac Delbaeth: Anführer oder König der Fomoire und Vater des späteren Königs Bres, den er mit einer Frau der Tuatha Dé Danann zeugt. Sein Name bedeutet "Kunst, Wissenschaft, Wissen, Fähigkeit".

Elcmar: "Bruder" des Dagda. Um seinen Ehebruch (so die Bezeichnung nach der christlichen Moral) mit Boand besser begehen zu können, hält er den Lauf der Sonne an, so daß der bei dieser Verbindung gezeugte Sohn Oengus "noch am Abend desselben Tages zur Welt kam, an dem er geschaffen wurde". Im *Tochmarc Étaine* wird beschrieben, wie Oengus auf Veranlassung seines Adoptivvaters Midir hin und dank einer List des Dagda, Elcmar das Reich des Brug entreißt. Der Name bedeutet "Großer Neider, Eifersüchtiger". *Elc* ist eine Abwandlung von *olc*, welches wir auch im Namen der *Volcae* und dem uralten, indoeuropäischen Namen des "Wolfs" antreffen, der nach einem Religionsverbot aus dem Keltischen verschwand. Elcmar muß als ein Beiname Ogmes verstanden werden.

Elemente: Die Kelten kannten vier Elemente: Erde, Wasser, Feuer und Luft. Die Druiden beherrschen sie und bedienen sich ihrer, um ihren Unternehmungen den gewünschten Erfolg zu sichern. Der Nebel, der an allen vier Elementen teilhat wird oft als fünftes Element verstanden. Siehe *Nebel, Wasser* und *Feuer.*

Elgnat: Name einer Frau des Partholon, des ersten sagenhaften Bewohners von Irland nach der Sintflut. Es scheint, daß ihr Name manchmal mit *Dergnat* ("Floh") und *Delgnat* ("kleine Brosche") verwechselt wurde, und das aufgrund eines metaphorischen Namens Irlands: *Elg* ("nobel, edel, berühmt") oder *Elga*, welche in zahlreichen Texten auftaucht. Die Schuld kommt wahrscheinlich vor allem den Glossen Cormacs und O'Mulconry zu. Ihr Name bedeutet demnach entweder "Kleine Edle" oder noch eher "Kleines Irland", was eine Folge der Tatsache wäre, daß jeder Herrscher als Gattin die Herrschaft über sein Gebiet hat, und mit sovielen Frauen vermählt ist, als es Worte für diese Souveränität gibt.

Elûtach, elûdach, elôdach, elûidech, elûtach, elûithech: Substantiviertes Adjektiv, welches auf der Verbalform *elûd, elôd, elâd* (von *as-lui*) basiert, welches "weggehen, entkommen, fliehen" bedeutet. Das Wort bezieht sich auf "Flüchtige", die den rechtlichen Bestimmungen einer Verpflichtung zu entgehen suchten. Auch flüchtige Diebe oder sonstige Verbrecher werden so bezeichnet. Sie stehen nicht mehr unter rechtlichem Schutz, der Mord an ihnen ist also nicht mehr strafbar, und niemand darf ihnen helfen oder Unterkunft gewähren, ohne dadurch selbst zum *elutach* zu werden. Diese Definition stimmt also mit der überein, die Cäsar von denen gibt, die durch ein von den Druiden auferlegtes Religionsverbot aus der gallischen Gesellschaft verstoßen wurden. (Siehe Kapitel II.2.1. Der Druide als Richter.

Emain Macha: Residenz des Königs von Ulster, Conchobar, welche heute Navan Fort heißt und in der Nähe von Armagh liegt. Der Ortsname wurde gemäß einer analogischen Etymologie in Anspielung auf eine Stelle der *Neuntagesandacht der Ulaten* als "Zwillinge von Macha" verstanden: Nach einer Verwünschung der Fee oder Königin Macha, sind alle Ulaten außer Cuchulainn vier Tage und fünf Nächte, bzw. fünf Tage und vier Nächte lang so schwach wie "Frauen im Kindbett". Cuchulainn muß daher die Grenze von Ulster alleine gegen die irische Armee verteidigen, einen Heldentat, von der der Anfang der *Tain Bo Cualnge* berichtet. In Anspielung auf die Andere Welt wird diese Residenz manchmal auch *Emain Ablach* ("der Äpfel") genannt. Vgl. *La souveraineté guerrière de l'Irlande*, S. 29-60 und 135-143.

Emer, Eimer: Gattin Cuchulainns und Tochter des Königs Forgall Manach. Ihr Name scheint auf den Pflanzennamen *eimer* ("Schafgarbe, Ambrosia") zurückzugehen.

En mac Ethamain: Eigenname mit der bemerkenswerten Bedeutung "Vogel, Sohn der Bewegung".

Eochu, Genitiv **Eochaid** und seine rekonstruierte Nominativform **Echtach**: Beiname des Dagda, in Gänze *Eochu (bzw. Eochaid) Ollathir* ("Mächtiger Vater"). Als der Dagda zum König Irlands wird, wird der göttliche Beiname fallengelassen und Eochaid bleibt königlicher Titel par excellence. Zahlreiche irische Könige oder Persönlichkeiten mit der Macht eines Königs wie die *Filid* tragen diesen Namen: Wie z.B. Eochu Echbel ("Pferdemund"), der Lehrer Nedes in Schottland, Eochu Salbuide ("Mit der gelben Ferse"), der Vater der Königin Ness, Eochu mac Luchta, Eochu mac Conrach, usw. Die Etymologie dieses Namens geht auf die rekonstruierte Form * *ivo-katu-s* zurück, was "der mit der Eibe kämpft" bedeutet und als Anspielung auf die Doppelrolle des Holzes verstanden werden kann, welches einerseits als Waffenmaterial (Lanzenschaft oder Schildgriff), andererseits als Grundlage der Oghamschrift diente.

Eogan (engl. Owen): Name zahlreicher Sagengestalten, von denen die berühmteste Eogan Mor ("Der Große"), König von Munster und Sohn Mog Reids ist. Aus seiner kurzen Beziehung mit Moncha, der Tochter des Druiden Dil, entspringt der große König Fiacha Muillethan ("Mit dem großen Kopf"). Traditionellerweise werden alle Nachfahren Eogan Mors sowie die von ihnen vorgenommene Provinzaufteilung Munsters als *Eoganacht* bezeichnet.

Eolas ("Kenntnis"): Einer der drei mythischen Druiden der Tuatha Dé Danann. Die zwei anderen heißen *Fiss* ("Wissen") und *Fochmarc* ("Forschung").

Proben: Drei Proben werden Lug bei seiner Einkehr in Tara auferlegt, um seine Macht festzustellen. Er bringt den vom Gotthelden Ogme weggeschleuderten Stein wieder an seinen Platz; er gewinnt eine Partie Schach gegen König Nuada und er spielt die Harfe in den drei klassischen Weisen der irischen Musik: Weise (oder Refrain) des Lächelns, der Traurigkeit und des Schlafs.

Erananm: Der jüngste Sohn Mils bei der Eroberung Irlands durch die Goideln. Er fällt dem druidischen Wind der Tuatha Dé Danann zum Opfer. Seine Name steht in direktem Bezug zu dem der Insel, denn er bedeutet "Kleines Irland".

Erdathe: Das Wort ist eine Aussprache- bzw. Schriftvariante des Verbalsubstantivs *erdach, ertach, airtach*, welches von *ar-utaing* abstammt, das im Altirischen so viel wie "Erholung, Feier, Zeremonie" bedeutet.

Eremon: Laut dem *Buch der Eroberungen* der erste König der Goideln auf irischem Boden. Dieser sehr alte Name geht auf das indo-iranische *Aryaman*, dem dritten Gott der Herrschertriade *Mitra-Varuna-Aryaman* zurück. Er hat nichts mit dem Namen Irlands *Eriu* oder dem Beinamen Eochaids *Airem* ("Ackerbauer") zu tun.

Erzählung: Siehe *scél*.

Esoterik: Teil der Tradition, der normalerweise nicht dem profanen und uneingeweihten Menschen zugänglich ist. In einigen Bereichen ist die keltische Esoterik noch gut ersichtlich, sobald sie von der indischen richtig abgegrenzt ist. Ein solcher Vergleich der beiden Bereiche (wie z.B. bezüglich des Goldenen Embryos oder der Seeigelfossilien) könnte noch höchstinteressante Aufschlüsse geben.

Esras: Einer der vier Urdruiden der Tuatha Dé Danann, die auf den Inseln im Norden der Welt lehren. Esras unterrichtet auf Gorias, von wo auch die Lanze Lugs stammt. Sein Name ist wahrscheinlich eine Abwandlung von *esrais, esrus* ("Mittel, Gelegenheit").

ESUNERTUS ("Mit der Kraft des Esus"): Gallischer Göttername, der sich in alten gallo-romanischen Inschriften wiederfindet. Der Name Esus entstand durch Abfall des Initial-v aus **veso-s, *vesu-s*, ein Phänomen, welchem wir in der keltischen Phonetik immer wieder begegnen. Siehe Christian-J. Guyonvarc'h, *Der Göttername Esus*, in *Die Sprache,* 15/2, 1969, S. 172-174.

Étain, Étan, Genitiv **Étain, Étaine**: Höchste Göttin. Sie ist die Gemahlin des Gottes Midir in der Anderen Welt und in der irdischen die des Königs Eochaid. Ihre Abenteuer werden in den fünf Fassungen des *Tochmarc Etaine* ("Brautwerbung um Etain") erzählt, die einem globalen ziemlich einfachen Schema folgen, auch wenn dies mehrere Interpretationsmöglichkeiten nicht ausschließt. Als Midir sie zur zweiten Frau nimmt, wird sie von dessen ersten, Fuamnach - die zwar nicht königlicher Abkunft, jedoch Zauberin ist - zunächst in einen Schmetterling und dann in einen Wurm verwandelt. Sie wird von der Frau Etars, des Königs von Ulster wiedergeboren, die den Wurm verschluckt, als sie aus einem Kelch trinkt, in den jener gefallen war. Als Gattin des Königs Eochaid kommt sie wieder zu Gott Midir zurück, der sie als Einsatz eines Schachspiels vom König zurückgewinnt. Die Versionen des *Tochmarc Etaine* widersprechen sich nur in wenigen Punkten:

- Die Einsetzung des Dagda als weltlicher König, der lediglich seinen Beinamen Eochaid (Ollathir) beibehält;
- Die Christianisierung, die aus Eithne (Étain) eine allegorische Personifizierung Irlands machte, welcher die Bekehrung bereits vorbestimmt war.

Aufgrund dieser geschichtlichen Turbulenzen ist der Stammbaum der Étain ebenso unsicher als wechselhaft. Im *Buch der Eroberungen* wird sie als Tochter des Diancecht (der überdies der Vater Cians und der Großvater Lugs ist) geführt, während der *Fled Bricrend* von den "drei Töchtern Riangabairs, Eithne, Etan und Étain" spricht. Eithne ist die Tochter der "Pferde des Ozeans" (eine Metapher der Meereswellen), so die wörtliche Übersetzung des Namens Riangabiar. Ihr Name bezeichnet eigentlich die "Dichtung", weshalb sie oft auch die "Dichterin" genannt wird. Vgl. den Fall der *Brigit.*

Etar, Etair: Name des Königs von Ulster, dessen Frau die Étain in Menschengestalt gebar, nachdem sie beim Trinken aus einem Kelch den Wurm verschluckte, in den jene verzaubert worden war. Scheinbar bedeutete dieser Name in der Dichtersprache "groß".

Etarcumul, Etarcomol: Adoptivsohn der Herrscher Connaughts Ailill und Medb. In der Erzählung der *Tain Bo Cualnge* stellt er sich Cuchulainn im Zweikampf entgegen, obwohl der Druide Fergus ihn mit allen Mittel davon abzuhalten suchte. Zunächst versucht Cuchulainn ihn zu verschonen, indem er ihm zuerst das Gras unter den Füssen wegschneidet, dann die Gewänder zerschlitzt, ohne ihn dabei zu verletzen und ihm als letzte Warnung mit einem dritten

Schwertstreich den Kopf rasiert. Als er jedoch die Hartnäckigkeit seines unerwünschten Gegners verspürt, schlägt er in mit einem Hieb von Kopf bis Fuß entzwei. Die Bedeutung seines Namens ist nur schwer festzulegen: *etar* könnte vielleicht "groß", *comol, comul, cumal, cumol* könnte unter Umständen "Vereinigung" oder "Streit" bedeuten.

Etarscele: Mythischer oberster König Irlands; Gatte der Es, die Tochter des Inzests, den Eochaid an seiner eigenen Tochter beging, welche ihm Etaine schenkte, bevor sie der Gott Midir wieder zu sich nahm. Die Erzählung *De Shil Conaire Mor* ("Das Geschlecht Conairs des Großen") berichtet von einem ähnlichen Schicksal, das der Etaine zuteil wurde: Nach ihrer Entführung in den *sid* wird sie von ihrem Mann zurückgeholt und schenkt ihm eine Tochter, Mesbuachalla. Später ehelicht jene ihren eigenen Vater, um ihm den großen König Conaire zu gebären.

Ethain: Einer der drei Dichter des Königs Conn Cetchathach. Der Name ist ungeklärt, außer es handelt sich um eine aspirierte Variante *Etains* ("Dichtung").

Ethne Aitenchaithrech ("Mit Haaren wie Ginster"): Gattin des Königs Conchobar, die jedoch meist Mugain genannt wurde. Es ist bedeutsam, daß die Königin den königlichen Namen *E(i)thne* trägt. Doch spielt die Gattin Conchobars eher eine hintergründige Rolle und ihr Mann begeht als Folge seiner Königsherrschaft mehrere Ehebrüche. Siehe *Eithne*.

Eubage, euhage: Siehe *Vate* und Annex.

Exoterik: Als Gegenteil der Esoterik bezeichnet die Exoterik den enthüllten Teil der Religion, der allen erklärt und gelehrt werden darf. Im Prinzip weisen alle Epen und Mythen exoterische Merkmale auf, doch ist es nicht sicher, daß die Druiden Exoterik und Esoterik wirklich außer durch die Schwierigkeit der Studien scharf voneinander abgrenzten.

F

Fachtna: Name zweier verschiedener Sagengestalten. Die eine ist der Arzt des Königs Eochaid in der zweiten Fassung des *Tochmarc Étaine*. Die zweite ist Fachtna Fathach, der Rivale oder Vater des Druiden Cathbad, dem manchmal auch die Vaterschaft des Königs Conchobar zugeschrieben wird, der deshalb auch den Beinamen "Sohn des Fachtna Fathach" trägt. Außerdem ist Fachtna Tulbrethach ("Mit dem schnellen Urteil") ein Beiname des Druiden Sencha, dessen Sohn Fachtna Fathach ist. Der Name bedeutet ("besessen, reich an der Wissenschaft der Weissagung").

Faith (faid): Irischer Wahrsager, der etymologisch gesehen, dem gallischen Vaten entspricht. Siehe Annex.

Fal ("Stein von Fal"): In allen Texten symbolisiert dieser Stein die Macht und die Rechtmäßigkeit der Königsherrschaft über Tara. Es handelt sich hierbei um den *omphalos*, den Stein im Mittelpunkt Irlands, der an der Grenze der vier Provinzen der Insel steht, wo die wichtigsten Wege sich kreuzten. Dieser Fels schrie, wenn ein Mann auf ihm stand, dem es vorbestimmt war, König von Irland zu werden, und ohne diesen Schrei gab es keine Souveränität. Cuchulainn zerschlug ihn mit einem Hieb seines Schwertes, da der Stein still geblieben war, als er seinen Fuß auf ihn setzte. *Fal* hat mehrere Bedeutungen, von denen die häufigsten "Hecke" und "Herrschaft" sind. Siehe *Falias.*

Falias: In der dunklen Legende der Tuatha Dé Danann war dies der Namen einer der vier Inseln im Norden der Welt, wo jene die Künste, die Weisheit und die Dichtung erlernten. Von dieser Insel stammt der Stein von Fal, der keinem einzelnen Gott, sondern allen zusammen gehört, da sie alle Herrscher sind.

Fand: Gattin des Gottes Manannan, die in Cuchulainn verliebt ist und der es schließlich auch gelingt, ihn einen Monat lang in die Andere Welt zu bringen, um ihn zu verführen. Die Iren interpretierten ihren Namen als "Träne", da sie Tochter des *Aed Abrad* ("Feuer des Augapfels") war und auch aufgrund der Trauer, die sie litt, als sie Cuchulainn wieder verließ. In Wahrheit kommt ihr Name jedoch von der Schwalbe (*fandall, fanall*). Von ihr ist in der Erzählung *Serglige ConCulaind* ("Die Krankheit Cuchulainns") die Rede. Das Scheitern der Beziehung Fands und Cuchulainns ist abermals ein Zeichen dafür, daß jenem die Oberherrschaft nicht rechtmäßig zusteht. Er ist Krieger und vermag sich nicht über diese Eigenschaft hinwegzusetzen.

Febal: Vater Brans in der Erzählung *Immram Bran*. Die Figur tritt sonst nirgends auf. Auch ein See (Lough Foyle) und ein Fluß, die Foyle, in Ulster tragen diesen Namen. Ein weiterer Fluß dieses Namens fließt in die Boyne. Die englische Schreibweise *Foyle* entspricht in etwa der gaelischen Aussprache.

Fedelm: Name der Wahrsagerin, die der Königin Medb ankündigt, daß der "Raubzug der Kühe" ein entsetzlicher Fehlschlag werden würde. Nach der Art der Weissagung zu urteilen, handelt es sich bei Fedelm um die Kriegsgöttin Morrigan selbst.

Féil Bridge ("Fest der Brigitte"): Das vom lateinischen *vigilia* herrührende *feil* bezeichnet lediglich religiöse Feste, so wie das bretonische *gouel* dem profanen *fest* gegenübersteht. Das *Féil Bridge* hat das vorchristliche *Imbolcfest* vom 1. Februar ersetzt und stellt den Rahmen der Mariä Lichtmeß dar.

Féine, Féni: Name, den sich die Iren als Kriegsvolk gaben. Es scheint sich hier um eine Genitivform eines heute schwer bestimmbaren Wortes zu handeln. Siehe *Fianna.*

Fenius Farsaid ("Pharisäer"): Name oder Beiname einer Sagengestalt, die nach dem *Buch der Eroberungen* und dem *Auraicept* die gaelische Sprache erfand. *Fenius* ist das latinisierte *Féine*, welches als solches wieder ins Irische aufgenommen wurde. Bei *Farsaid* handelt es sich um ein biblisches Lehnwort. Den mittelalterlichen Vorstellungen nach war das Gaelische eng mit dem Hebräischen verwandt, und Fenius Farsaid, welcher der Sage nach die Tochter eines Pharaos geehelicht hatte, sei von Ägypten nach Griechenland und von dort nach Irland geflohen, um nicht am ungerechten Feldzug gegen die Hebräer teilnehmen zu müssen.

Ferchertne, Sohn des Coirpre: *File* der Ulaten zur mythischen Zeit des Königs Conchobar, von dem die Erzählungen des Ulsterzykus berichten. Sein Name bedeutet aller Wahrscheinlichkeit nach "Mann der Kunst". Noch andere Persönlichkeiten tragen diesen Namen: u.a. ein Ferchertne, Sohn Garbs, Sohn des Fer Rossa Ruaidh, Sohn Rudraiges.

Ferdiad: Waffengefährte Cuchulainns auf dessen Reise der Kriegerinitiation nach Schottland. Die *Tain Bo Cualnge* berichtet, daß er an der von der Königin Medb versammelten irischen Armee teilnimmt. Durch eine geschickte List gelingt es ihr, ihn so zu umgarnen, daß er in einen Zweikampf mit Cuchulainn einwilligt. Nach drei Tagen verbittertem Kampf tötet ihn Cuchulainn, der sich des *gae bolga* bedient und daraufhin in einem langen, bewegenden Gedicht den Tod des Freundes beweint. Sein ganzer Name lautet Ferdiad mac Damain meic Dare "Sohn des Daman, Sohn des Dare" mit der Bedeutung "Sohn des Rauchs" (*doe*, Genitiv *diad*). Ferdiad hatte in Schottland bei Scathach, dieselbe kriegerische Ausbildung wie Cuchulainn genossen und kannte so auch die gleichen Techniken außer der Bedienung des *gae bolga*. Sein ganzer Körper war von einer Hornhaut überzogen, so daß er für alle außer Cuchulainn unbesiegbar war.

Feren, Sohn des Sisten: Nach dem Text der *Cethri Arda in Domain* ("Die vier Himmelsrichtungen der Erde"), einer der vier Weltenherrscher. In zwei Stellen der von O'Donovan veröffentlichten topographischen Gedichte kommt dem Wort *ferén* die Bedeutung "Gürtel" zu.

Ferdord: Wort, welches sich aus *fer* ("Mann") und *dord* ("Gesang, Klagelied, Summen") zusammensetzt. Doch ist sein Sinngehalt nicht eindeutig. Der *dord fiansa* bezeichnet eine Art Gesang der Fianna, der durch das Hämmern ihrer Lanzenschäfte begleitet wurde. In der Erzählung *Longes Mac nUislenn* scheint ein ähnliches Wort *andord* den Gesang eines Tenors zu bezeichnen.

Fergus mac Roeg ("Sohn des Roech"): Im Mythos des Ulsterzyklus regiert Fergus die Provinz Ulster vor Conchobar. Er verliert sie, als er die Herrschaft vorübergehend der Königin Ness für ihre Dienste abgibt: Die Königin behält die

Herrschaft und die Ulaten akzeptieren die Absetzung Fergus'. Nach dem Mord an den Söhnen Uislius (siehe *Deirdre*) geht Fergus mit anderen berühmten Ulaten ins Exil nach Connaught und nimmt am von der Königin Medb organisierten Raubzug der Kühe teil. Doch kämpft er nicht und versucht nicht seine Sympathien für Cuchulainn und die anderen Ulaten zu verbergen. Die Iren führten seinen Namen, in Anspielung auf seine kriegerischen Qualitäten, auf *ferg* ("Wut") zurück. Doch setzt er sich eher aus *fer-gus* ("Mann der Wahl") zusammen. Noch andere Persönlichkeiten tragen diesen Namen: So z.B. Fergus mit der roten Seite, der Bruder des Wahrsagers Iarbonel und Andiends (im *Buch der Eroberungen*), Fergus mit dem weißen Mund, der Dichter der Finn und der Fianna, Fergus mit den schwarzen Zähnen, dessen zwei Brüder Fergus mit dem langen Haar und Fergus, das Feuer von Breg heißen. Auch im Neuirischen gibt es diesen Namen noch.

Fes ("Fest, Festmahl"): Name des Festes bzw. Mahls, welches regelmäßig vom König Irlands veranstaltet und während des *Samainfestes* am 1. November abgehalten wurde. Das wichtigste war das *Fes Temrach* ("Fest von Tara"). Ein anderes, dieses jedoch rituellerer Natur, war das *tarbfes* ("Stierfest"), welches den Beginn der Königswahlzeremonien unter dem Vorsitz der Druiden einleitete.

Feiertage: Wir kennen nur vier keltische Festtage:

- *Samain* ("Zusammenkunft") am ersten November. Fest des Jahresendes und -beginns (gallisch SAMONIOS im Coligny-Kalender);
- *Imbolc* ("Glanz") am ersten Februar;
- *Beltaine* ("Belfeuer") religiöses Fest am ersten Mai;
- *Lugnasad* ("Versammlung Lugs") am ersten August. Fest des Königs in der Funktion des Verteilers von Reichtum und Wohlstand.

Diese vier Feiertage haben zahlreiche Spuren in der irischen, ja der gesamten keltischen Folklore hinterlassen. Ihre Bezeichnungen sind jedoch rein irisch und können nur schwer außerhalb dieses Kontextes definiert werden, abgesehen vielleicht von den einzig bekannten, gallischen Entsprechungen, dem *Concilium Galliarum,* welches am *Lugnasad,* und der Druidenversammlung im Karnutenwald, welche zur *Beltaine* stattfand. Das Keltische verfügt über kein Wort, welches den Begriff "Feier" wiedergäbe und greift in solchen Belangen immer auf lateinische, römische oder germanische Lehnwörter zurück (wie das irische *feasta*, bretonisch *fest*).

Feth fiada: Der Ausdruck bezeichnet einen Zaubernebel oder unsichtbar machenden Schleier, dessen Geheimnis die Tuatha Dé Danann kannten, und der Tarnkappe der germanischen Mythologie. Der *feth fiada* bekräftigt den materiellen Unterschied zwischen den Göttern der Anderen Welt und den Menschen. Diese können jene dadurch sehen, ohne gesehen zu werden. Die genaue Bedeutung ist hinsichtlich der Tatsache, daß beiden Worten eine Vielzahl von Konnotationen zukommen, schwer festzustellen. Wahrscheinlich bezeichnet der Ausdruck jedoch den "Schleier der Wissenschaft".

Feuer: Das Feuer ist mit dem Wasser und der Erde eines der Elemente, über welches die Druiden ihre Macht ausüben. Auch in reichlich belegten, doch noch wenig geklärten Opferriten fand es seine Anwendung. Nach dem Weltbild der Druiden bestimmen Feuer und Wasser das Ende der Welt. Die einzig bekannten, rituellen Scheiterhaufen sind die, welche die Druiden der beiden Lager im *Forbuis Droma Damghaire* errichten.

Fiacha Muillethan ("Mit dem großen Kopf"): Sohn des Eogan Mor, dem König von Munster und von Moncha, der Tochter des Druiden Dil. Sein Beiname ist *Fer Da Liach* ("Mann mit zwei Sorgen"), da sein Vater am Tage nach seiner Zeugung verschied und seine Mutter bei seiner Geburt starb. Der Druide hatte geweissagt, daß ihr Sohn ein großer König werden würde, wenn es ihr gelänge, die Geburt bis zum nächsten Morgen hinauszuzögern. Sie kauerte sich also auf einen Fels inmitten eines Flusses, was die Verformung des Kopfes des Kindes zur Folge hatte. Fiacha ist wahrscheinlich mit dem Wort *fiach* verwandt, welches sowohl "Schuld" als auch "Rabe" bedeutet.

Fianna: Plural von *fian*, für welches verschiedene Etymologien vorgeschlagen wurden: Demnach könnte es entweder auf dem altnorischen *fiandi* "Feinde", oder auf dem Namen der *Feine,* oder aber auch auf dem Wort *fine* ("Familie, Klan") basieren. Die Bezeichnung wurde für eine Truppe von Kriegern unter einem Anführer oder, in einer leicht abgeschwächten Form, für eine Gruppe von Männern verwendet, welche, vergleichbar mit einer Art Militärkaste, von Jagd, Krieg und anderen Abenteuern lebte. In den Legenden waren die Fianna die Männer von Find, die zwischen November und Mai bei den Iren und von Mai bis November außerhalb fester Behausungen lebten. Die Rekrutierung bei den Fianna ging nach äußerst strengen Richtlinien vor sich: Außer der körperlichen Eignung und höchstem Mut mußten die Bewerber auch große dichterische Kenntnisse aufweisen.

Figol, Sohn des Mamos: Einer der beiden Druiden, die laut *Cath Maighe Tuireadh* am Tore Taras Wache hielten. Bei *Fogol* handelt es sich eventuell um ein Lehnwort, welches auf das lateinische *vigilia* zurückgeht.

File, Plural **Filid** ("Dichter"): Irisches Wort für die Druiden, die sich auf alle Bereiche der Magie, der Weissagung und der Intellektualität spezialisiert hatten. Der *File* ist etymologisch gesehen ein"Seher", dem im Gegensatz zum Barden der Zugang zur Schrift gestattet war.

Findchoem, Finnchoem, Finnchaem ("Weiße Sanfte"): Tochter der Königin Ness und des Druiden Cathbad und Schwester Conchobars, des Königs von Ulster. Sie ist die Gattin des *File* Amorgen und Adoptivmutter des Helden Cuchulainn.

Findias ("Die Weiße"): Eine der vier mythischen Inseln im Norden der Welt, wo die Tuatha Dé Danann von den vier Urdruiden im Druidentum unterwiesen werden. Der Herrscher dieser Insel, von der auch das Schwert Nuadas stammte, heißt *Uiscias* "Wasser". Siehe auch die anderen drei Inseln *Falias, Gorias, Murias.*

Finn (Find) mac Cumaill: Hauptperson im ossianischen Zyklus, dessen Inhalt jünger und populärer als der des Ulsterzyklus ist. Find vollbringt die gleichen oder ähnliche Heldentaten wie Cuchulainn und Lug. Er ist der Vater Oisins (Ossian) (wörtlich "Kleines Kitz") und sein Name bedeutet "weiß" oder "schön, heilig". Find ist der Anführer der Reitermiliz der Fianna.

Fingen: Arztdruide des Königs von Ulster, Conchobar. Er war überaus geschickt in allen drei Zweigen der Medizin, der blutenden (Chirurgie), der pflanzlichen und der magischen (durch Zaubergesänge). Er war derart gelehrt, daß er allein aus dem Rauch, der von einem Hause aufstieg, sehen konnte, wieviele Kranke in diesem Hause lebten und woran sie erkrankt waren. Es gibt auch einen König Fingen, die Schlüsselfigur der Erzählung *Airne Fingen* ("Fingens Nachtwache"), dem eine Frau der Anderen Welt die Wunder aufzählt, die sich in der Nacht der Geburt des künftigen Königs Conn Cetchathach zutragen würden.

Finnian, Finnén: Einer der größten Heiligen Irlands, Nachfolger Patricks und christlicher Missionar Ulsters. In seinem Kloster Mag Bile (Moville) schreibt er die wertvolle Geschichte Tuan mac Cairills auf, der nach zahlreichen Metempsychosen und Metamorphosen in Tier- und in Menschengestalt von den Zeiten Partholons bis zum Heiligen Patrick gelebt haben soll. Seine Aufgabe war gewesen, das gesamte Wissen Irlands weiterzuvermitteln. Es scheint, daß der Name vom bretonischen *Winniau* stammt.

Fintan: Sagengestalt und Urdruide, der wie Tuan mac Cairill in Menschen- und in Tiergestalt seit der Sintflut bis zur christlichen Bekehrung Irlands lebte, um das gesamte Wissen und alle Erkenntnisse der irischen Geschichte und der Annalen weiterzuvermitteln. Als Bindeglied zwischen dem Gott Lug und den Iren lehrt er den in Tara versammelten Adeligen, daß die Aufteilung Irlands in fünf Provinzen mit der Zentralprovinz Meath mit ihrer Hauptstadt Tara nie verändert werden dürfe. Diese Geschichte wird im *Suidugud Tellach Temra* ("Gründung der Stadt Tara") erzählt. Der Name Fintan geht auf die nachkonstruierte Form **Vindo-seno-s* ("Altes Weiß") zurück und sein Stammbaum ist matrilinear: Sein vollständiger Name lautet "Sohn Bochras", was ihm eine biblische Abstammung verleiht: "Sohn Labraids, Sohn Lamechs, Sohn Bochras, Tochter Ethiars, Sohn Nualls, Sohn Andas, Sohn Cains, Sohn Noahs". Fintan ist auch der Gesprächspartner im eigenartigen Dialog mit dem Falken (oder Adler) Aichills. Siehe *Textes mythologiques irlandais* I/1, S. 169-174.

Fionnghuala: Neue Schreibweise des altirischen *Finnguala* oder *Findguala* ("Weiße Schulter"). Fionnghuala ist in der Erzählung vom Tod der Kinder Lers das älteste der vier Kinder. Sie befiehlt den drei anderen und ist für ihren Schutz verantwortlich.

Fir Bolg: Sagenhaftes Geschlecht, welches in den Legenden der dunklen Vorzeit, auf das der Nemed folgte und den Tuatha Dé Danann vorausging, welche jene in der Schlacht von Mag Tured besiegten. In der Regel wird ihr Name mit "Männer in den Säcken" übersetzt, doch handelt es sich dabei nur um ein Spiel von Analogien. *Bolg* ist vielmehr mit dem lateinischen *fulgur* ("Blitz") verwandt. Überdies ist ihr Name noch lange kein Beleg für ein vorgaelisches, britannisches (belgisches) Volk Irlands.

Fir Domnann ("Männer Domnas"): Irische Bezeichnung für die Bevölkerung Connaughts, welche den britannischen *Domnonii* entspricht.

Fireolaig ("Weise", wörtlich "Mit der wahren Kenntnis"): Andere Bezeichnung für die Druiden und ihre verschiedenen Aufgabenbereiche. Das Wort umfaßt auch die spirituelle Autorität des *fir flatha* ("Wahrheit des Herrschers"), der die weltliche Macht auszeichnet.

Fir flatha ("Wahrheit und Recht des Herrschers"): *Fir* bedeutet sowohl "wahr" als auch "gerecht", wobei beide Worte in der keltischen Tradition ein und derselben Vorstellung entsprechen. Der Ausdruck verdichtet, symbolisiert und faßt also die gute Führung der weltlichen Macht durch den König unter der Kontrolle und mit dem Rat der Druiden zusammen.

Fir Ga(i)lioin: Irische Bezeichnung für die pseudohistorische Bevölkerung Leinsters. Die juridischen Texte unterscheiden in der Regel drei "Urvölker" Irlands: die Feine, die Ulaten und die Fir Gailioin. Scheinbar ist ihr Name mit dem Galliens verwandt. Dennoch verfügen wir über keine Beweise einer gallischen Einwanderung oder Siedlung in Irland, auch wenn es offensichtlich ist, daß zwischen Gallien und Irland bis zum Ende der Antike rege Beziehungen herrschten. Die Nahmensähnlichkeit oder -verwandschaft könnte also auf einen gemeinkeltischen Ursprung zurückzuführen sein.

Fis ("Wissen"): Symbolischer Name eines der Druiden der Tuatha Dé Danann im *Buch der Eroberungen*. Die Pluralform *fisig* diente als Synonym für die Druiden.

Flaith ("Herrschaft, Adel"): Die walisische Entsprechung *gwlad* steht für "Land, Erde", während das gallische *VLATO* auf Münzen geprägt wurde. Die Nebenbedeutung "Bier, Getränk" läßt sich aus dem symbolischen Zusammenhang erklären, der im allgemeinen zwischen berauschenden Getränken und der Herrschaft bestand. Siehe *Souveränität* und Françoise Le Roux & Christian Guyonvarc'h, *La souveraineté guerrière de l'Irlande, Celticum* 25, 1983.

Flamen, -inis: Eigener Priester eines einzelnen Gottes in Rom. Der wichtigste war der *flamen dialis*, der Jupiterpriester, dem jedoch wie dem irischen König (siehe geis) Verbote auferlegt waren. Er durfte z.B. weder eine bewaffnete Armee, noch einen Leichnam zu Gesicht bekommen oder Rom verlassen. Etymologisch gesehen ist *flamen* mit dem indischen *brahman* verwandt und ist somit Bestandteil der Beziehungen, die zwischen dem italo-keltischen und dem indo-iranischen, religiösen Vokabular bestehen. Doch ist uns heute kein ähnliches, keltisches Wort bekannt, was sich aber auch durch eine Verweltlichung des Vokabulars nach der Christianisierung erklären ließe.

Flesc: Einer der drei, von Nechtan mit der Bewachung der heiligen Quelle der Segais beauftragten Druiden. Sein Name bedeutet "Stab".

Fochloc, fochlocon, fochlocan: Schüler, bzw. Student des vorletzten Grades in der Rangordnung der *Filid*. Ihm stand bereits ein eigenes Versmaß und eine Belohnung für seine Dichtungen zu, die sich auf eine junge Kuh belief. Er durfte bis zu fünf Personen lehren und eine Eskorte von zwei Mann mit sich führen. Bei *fochlocon* und *fochlocan* handelt es sich um Verkleinerungsformen von *fochloc*, welche soviel wie "Knabe, Schüler" bedeuten. Die Etymologie ist noch ungeklärt.

Fochmarc ("Forschung"): Symbolischer Name eines der Druiden der Tuatha Dé Danann im *Buch der Eroberungen*. Die beiden anderen heißen *Fis* ("Wissen") und *Eolas* ("Kenntnis").

Fomoire: Geschlecht, welches mit allen nachfolgenden Herrschergeschlechtern Irlands verfeindet war und sich ihnen mit allen Mitteln entgegensetzte. Die Erzählung, die die Fomoire am eingehendsten beschreibt ist der *Cath Maighe Tuireadh,* doch tauchen sie in der irischen Mythologie und Kosmogonie überall da auf, wo von den dämonischen, dunklen oder infernalen Kräften die Rede ist. Es heißt, sie seien zur Zeit Partholons auf Irland gelandet, doch ist ihr Geschlecht schon immer eng mit der Insel verbunden. Die Tuatha Dé Danann bekämpften sie wie die griechischen Titanen die Götter des Olymp. In allen Erzählungen, in denen von ihnen die Rede ist, wird ihr Aussehen als schrecklich, mißgestaltet und böse dargestellt. Ihre Menge ist unzählbar. In der belegten Geschichte Irlands werden sie oft mit den Skandinaviern gleichgesetzt - oder besser, alle Skandinavier wurden als "Fomoire" bezeichnet -, doch haben wir es hierbei eher um eine folklorische als um eine mythologische Tatsache zu tun. Die Fomoire verkörpern eigentlich vielmehr das Urchaos denn das eigentliche Böse. Die wichtigsten Persönlichkeiten und Götter Irlands, wie Lug, Dagda, Ogme, Nuada, Diancecht, Brigit usw., sind alle in gewisser Weise mit den Fomoire verwandt oder verehelicht. So ist Lugs Großvater mütterlicherseits Balor, und die Tuatha Dé Danann akzeptierten bereitwillig den Fomoire Bres, um ihren König Nuada zu ersetzen. Man versuchte bislang, die Etymologie durch *fo-* ("unter") und die **mor*-Thematik zu erklären, die man auch in *Nachtmahr*, engl. *night-mare*, frz. *cauche-mar* ("Alptraum") wiederfindet. Eine solche Erklärung ist sicher falsch, und die Beziehung zum Meer ist wohl analogischer Natur. Es scheint vielmehr, daß es sich beim vokalisierten Anlaut *m* bzw. *mh* um eine irische Variante der bislang unbestätigten *-b-* bzw. *-bh-* Thematik handelt, die zusammen mit dem gemeinkeltischen **vo-bera* den Namen der gallischen *vouivre*, d.h. des Lindwurms ergibt. Zur gesamten etymologischen Analyse siehe *Textes mythologiques irlandais, Celticum* 11/3. Die christlichen Autoren setzten die Fomoire sofort mit Dämonen gleich und schrieben ihr eine biblische Herkunft zu, die sie von Ham, dem Sohn Noahs abstammen ließ. Die Beziehung zwischen Fomoire und Tuatha Dé Danann läßt sich jedoch viel eher durch den Vergleich mit der der indischen Dêva und Asûra erklären.

Forgall Manach ("Der Listige"): Vater Emers, der Verlobten des jungen Helden Cuchulainn. Da er seine Tochter eigentlich einem anderen versprochen hatte, versucht er sich Cuchulainns zu entledigen, indem er ihn nach Schottland in die Kriegerlehre zu Scathach schickt, in der Hoffnung, er würde nicht mehr zurückkehren. Doch wendet sich seine List gegen ihn, da Cuchulainn dort noch bei weitem größere, kriegerische Fähigkeiten erwirbt.

Forgoll: Ein Dichter, der laut der Legende von Mongan droht, das gesamte Land zu satirisieren, da der König ein Detail einer seiner Erzählungen in Abrede stellte, welches sich nach Überprüfung eines Zeugen aus der Anderen Welt tatsächlich als falsch herausstellte. Bei Forgoll handelt es sich um eine der Schreibweisen von *forgell, forgall* ("Zeugenaussage").

Fors, Sohn Electras: Nach den *Cathri Arda in Domain* ("Die vier Himmelsrichtungen der Erde") einer der vier Weltenherrscher. Der Name scheint jedoch nicht gaelischen Ursprungs zu sein.

Fothrucad ("Bad"): In der Regel durch das Eintauchen des Körpers. Das Wort konnte also eine Tauf- oder kultische Reinigungsszeremonie bezeichnen, doch ist es keineswegs sicher, ob ihm eine ausschließlich religiöse Bedeutung zukommt, denn dasselbe Wort benennt das Bad, zu welchem ein Gast als Zeichen der Gastfreundschaft eingeladen wird.

Fotla, Fodla: Mythische Königin der Tuatha Dé Danann bei ihr Ankunft im gaelischen Irland und dadurch wie auch Banba und Ériu einer der Beinamen der Insel. Die Herkunft des Wortes ist noch unklar.

Fraech mac Idath ("Heidekraut, Sohn der Eibe"): Sohn Boands und Hauptperson in der Erzählung *Tain Bo Fraech* ("Raubzug der Kühe Fraechs"). Er ist der Liebhaber Finbairs, der Tochter Ailills und der Königin Medb und nimmt auch am Raubzug der Kühe Cooleys teil, der schlecht für ihn ausgeht, da ihn Cuchulainn beim Zweikampf ertränkt. Die kontinentalkeltische Entsprechung finden wir im gallischen *Vroica* wieder. Siehe Christian-J. Guyonvarc'h, *Notes d'Étymologie et de Lexicographie gauloises et celtiques XXXIII, 160. Irlandais Fraech, gaulois VROICA "bruyère"*, in *Ogham* 22-25, 1970-1973, S. 237-240.

Fremain Tethba: Der Hügel, der der englischen Schreibweise nach *Frewin (in Teffia)* heißt, liegt am Westufer des Lough Owel bei Wattstown im Westen Munsters.

Fruchtbarkeit: Im keltischen Kulturkreis verfügen wir über keine Hinweise auf eine Fruchtbarkeitsgöttin oder einen Fruchtbarkeitskult. Natürlich wird diesem Bereich Rechnung getragen, doch ist er Bestandteil der funktionellen Aufteilung der Gesellschaft in drei Klassen: Die Produktion kommt der dritten Klasse zu (in Indien die *Vaishyas* und in Irland die der Handwerker und Viehzüchter), die somit die materielle Grundlage für die Klasse der Krieger und die der Priester schafft. Die Fruchtbarkeit der Erde und der Tiere, ganz zu schweigen von der der Menschen selbst, ist die Grundvoraussetzung für ein soziales und religiöses Gleichgewicht und für die Harmonie zwischen Erde und All. Das ist der Grund dafür, daß der König unter der Kontrolle der Druiden für die Fruchtbarkeit einsteht, die also für ihn eher ein Mittel als ein Ziel darstellt. Überdies ist es ersichtlich, daß die Druiden gerade deshalb ein gesundes Gleichgewicht in der dritten Klasse zu erhalten suchen.

Fuamnach: Rechtmäßige Gattin des Gottes Midir, doch nicht Herrscherin über Bri Léith. Als Midir in Begleitung Éthains heimkehrt, verwandelt die eifersüchtige Zauberin jene in eine Wasserpfütze, da ihr die Macht fehlt, sie zu töten. Aus der Wasserlacke kriecht eine Raupe, die zu einem Schmetterling (oder einer Fliege) wird, der einen wunderbaren Geruch verströmt, worauf Fuamnach ihn neuerdings in einen Wurm verwandelt, der vom Winde verweht sieben Jahre lang ohne Rast einherwandert und schließlich durch den Schornstein in den Kelch fällt, aus dem gerade die Frau Etars, des Königs von Ulster trinkt. Etain wird daher in menschlicher Gestalt in die irdische Welt geboren. Fuamnach wird aus Rache für ihre bösen Taten von Midir oder einem seiner Söhne getötet, obgleich sie die Tochter des Druiden Bresal Etarlam ist. Ihr Name bedeutet vielleicht "Taschentuch, Schal".

Fuidell, Sohn Fiadmires: Der Verwalter des Königs Ochel in der Erzählung *Die Empfängnis der beiden Schweinehirten*. Fuidell bedeutet "Stück, Rest", was seiner zweitrangigen Funktion entspricht.

Fuirmid (mac): Bezeichnung für einen Dichter im zweiten Lehrjahr. Er hat noch nicht am Spiel poetischer Leistungen mit festgesetzten Entlohnungen teil, doch hat er bereits das Recht, eine Entschädigung für seine Dienste einzufordern. *Fuirmid* ist ein Verbalsubstantiv von *fo-ruim* und bedeutet "Anstrengung, Schlag, Verpflichtung, Strafe", Wörter, die auf die strenge Ausbildung des jungen Schülers schließen lassen. Der Titel kann als “Sohn des (poetischen) Einfalls” bzw. “der Dichtung” verstanden werden.

G

Gae bolga: Normalerweise mit “Speersack” übersetzt, doch bedeutet *bolg* wie im Namen der *Fir Bolg* aller Wahrscheinlichkeit nach auch “Blitz”. Der *gae bolg* ist die unbesiegbare, strahlende, letzte Waffe Cuchulainns. Drang er einmal in den Körper eines Opfers ein, öffnete sich seine Spitze und setzte zahlreiche Stacheln frei, die es unmöglich machten, die Waffe wieder aus der Wunde zu ziehen. Cuchulainn hatte bei seiner Kriegerlehre bei der schottischen Königin Scathach gelernt sich seiner zu bedienen.

Gaelen, gaelisch: Die deutsche Bezeichnung geht über das englische *Gael* und *Gaelic* auf das irische *Gaedheal* und *gaedhealg*, die jüngsten Formen des Namens der *Goidil* (“Gaelen”) zurück, dessen Aussprache die englische Schreibweise in etwa Rechnung trägt. Diesen Namen geben sich die (überdies katholischen!) Iren und Highlanders, um sich von den *Sasanaigh*, den protestantischen Angelsachsen zu unterscheiden. Die heutige, vereinfachte Schreibweise ist *Gael(ach)* und *Gaelige* (siehe *Goidels*). In der Linguistik nennen wir das Gaelisch des schottischen Hochlandes *erse*, welches als Dialekt vom irischen Gaelisch seit dem XVI. Jahrhundert und vor allem vom angelsächsischen Dialekt des Niederlandes, dem Schottischen oder *Scotch* zu unterscheiden ist. Die Bezeichnung *erse* kommt über das Englische vom schottischen *iersh* und geht auf den Namen Irlands, *Éire* (Adjektiv *éirennach*) zurück.

Gairech: Adoptivmutter Mides (dem Eponym der Zentralprovinz Meath), die die Tochter *Gumors* gewesen sein soll. Wollen wir dieses *Gumor* als Verkürzung von *gûth mor* verstehen, ergäbe das den Namen “Geschrei, Tochter der großen Stimme”. Der Name ist auch als Ortsname gebräuchlich. Gairech ist der Ort, an dem die Knaben Ulsters in der *Tain Bo Cualnge* ums Leben kamen, als sie Cuchulainn zu Hilfe eilen wollten. Der Ort soll diesen Namen wegen des Schreis erhalten haben, den jene ausstießen, als sie den schwer verwundeten Helden erblickten. Laut Hogans *Onomasticon Goidelicum,* S. 434b, liegen Gairech und Ilgairech (“viele Schreie”) zwischen Tara und Athlone.

GALATOI (“Galater”): Keltisches Volk, welches sich im III. vorchristlichen Jahrhundert, nach dem Feldzug von Delphes in Kleinasien im Raume des heutigen Anatolien niederließ. Sie hatten sich rasch helenisiert, so daß wir außer wenigen Einzelheiten, die jedoch sehr genau den kontinental- und inselkeltischen Gegebenheiten entsprechen, kaum Informationen über ihre Sprache und über ihre politischen und religiösen Institutionen besitzen. Wir dürfen daher aus dem Schweigen der antiken Autoren bezüglich galatischer Druiden nicht vorschnell schließen, daß es solche nicht gab. Siehe *Kelten* und *Gallier*.

GALLIZENAE, GALLISENAE: Priesterinnen oder Druidinnen der Insel Sein, die laut Pomponius Mela zu neunt waren und alle das Keuschheitsgelübde abgelegt hatten. Sie sagten die Zukunft voraus, besänftigten die Winde und Stürme und konnten sich in alle beliebigen Tiere verwandeln. Doch sind diese Priesterinnen eher mythisch als tatsächlich geschichtlich belegt. Sie ähneln viel zu sehr der Morgane, die mit ihren neun Schwestern Arthur auf Avalon pflegte, damit der gesundete König einst Britannien von den Sachsen befreien würde.

Gamal, Sohn Figals: Einer der Pförtnerdruiden, die im *Cath Maighe Tuireadh* am Tor Taras Wache hielten, als Lug um Einlaß ersuchte. *Gamal* ist vielleicht eine andere Schreibweise von *gamul*, ein Wort, das eventuell "Mühlstein" bedeutet. Bei *Figal* handelt es sich um denselben Namen wie *Figol*, den Sohn des Mamos. Der ähnliche Wortlaut der beiden Namen Gamal, Sohn Figals und Camall, Sohn Riagals ist durchaus beabsichtigt und sollte eher als Zeichen der Solidarität verstanden werden, die zwischen den beiden Druiden herrschte, als unbedingt zur genauen Analyse der einzelnen Wortbedeutungen veranlassen.

Gann, Gand: Krieger der Fir Bolg in der Erzählung von der Ersten Schlacht von Mag Tured. Das Wort bedeutet "dünn, mager" und ist vielleicht eine Anspielung auf die Lanze, mit der die Fir Bolg kämpften.

Gallien: Wir verstehen unter dieser Bezeichnung den von Cäsar geographisch definierten Raum, der außer dem heutigen Frankreich auch Belgien, die Schweiz und das Rheinland umfaßte. Doch veranlassen die antiken Texte und die archäologischen Gegebenheiten zur Annahme, daß in der Blütezeit kein Unterschied zwischen dem eigentlichen Gallien und dem Teil bestand, den die Römer als "cisalpin" bezeichneten, d.h. als diesseits der Alpen, dem heutigen Norditalien. Überdies scheinen sich auch die Gallier nicht sonderlich von den übrigen Kelten des Kontinents, d.h. Zentraleuropas, Spaniens und des Donauraums unterschieden haben. Die Vorstellung einer politischen und nicht nur rein geographischen Entität Galliens (vergleichbar mit der Griechenlands) geht jedoch schon auf die vorrömische Epoche zurück, wie es das *Concilium Galliarum* und die alljährliche Versammlung der Druiden im Karnutenwald bestätigen. Die religiöse und sprachliche Einheit ließ jedoch eine politische Einheit unnötig werden.

Gallisch: In der Linguistik verstehen wir darunter die Sprache oder die Gesamtheit der keltischen Dialekte, die bis zum Ende der Antike in Gallien gesprochen wurden. Doch kann die Trennlinie zwischen dem Gallischen und den übrigen in Europa gesprochenen, keltischen Dialekten nur äußerst schwer gezogen werden, und es ist oft unmöglich, das belegte Gallisch (bzw. Kontinentalkeltisch) von der hypothetischen Sprache des "Allgemeinkeltischen" zu unterscheiden, welches sich aus dem Vergleich und der Rekonstruktion von Themenkreisen ergibt, welche dem Inselkeltischen und dem Kontinalkeltischen gemeinsam sind. Die einzige typologische Unterscheidung, welche wir treffen können, ist die zwischen dem Britannischen (welches das Gallische mit einschließt) und dem gaelischen Keltisch. Wir können also nur das antike Keltisch, welches vor allem auf dem Kontinent belegt ist, vom mittelalterlichen Keltisch abgrenzen, das auf den britischen Inseln und der Bretagne gesprochen wurde. Eine Reihe von Zeichen lassen darauf schließen, daß das Kontinentalkeltisch sich in phonologischer Hinsicht wesentlich schneller fortentwickelte als das Inselkeltisch.

Gehenkte: In den keltischen Erzählungen stoßen wir nur äußerst selten auf sie, auch wenn es möglich ist, daß die Erhängung Teil eines organisierten Rituals darstellte. Die einzig bekannten sind die zwei Kriegsgefangenen, welche auf Befehl Ailills und Medbs aus uns heute unbekannten Gründen in den *Echtra Nerai* ("Abenteuer Neras") erhängt werden. Das Wort für Erhängung ist das lateinische Lehnwort *crocad.*

Geis, Plural **geasa** "Weisung, Verpflichtung, Verbot": (Vergleiche die Definitionen in Kapitel III.1.3). Ursprünglich bezeichnete das Wort einen Zaubergesang, welcher auf der Macht des lebenden Wortes basierte, eine Vorstellung, die sich etymologisch auch in *guidid* "er betet" und in *gûth* "Stimme" wiederfindet. *Gûth* darf nicht als "Tabu" verstanden werden. Das Tabu ist kein indoeuropäischer Begriff und seine ausschließlich negative Bedeutung widerspricht der oft positiven, die dem irischen Wort zukommt. Die Christianisierung ließ alle britannischen Entsprechungen verschwinden.

Geisel (irisch *giall*): In der Regel ein Mitglied einer Königsfamilie, welches als Garantie für einen Vertrag, einen Schwur und manchmal sogar ein Familienbündnis am Hof von Tara zurückbehalten wurde. In den seltesten Fällen handelt es sich dabei jedoch tatsächlich um Geiseln im heutigen Sinn des Wortes. Der Vater des berühmten Königs Loegaire trägt sogar den Namen Niall Noigiallach ("Niall mit den neun Geiseln").

Genann Gruadhsholus ("Mit der glänzenden Wange"): Einer der Söhne Cathbads, des Druiden von Ulster, der jenen nicht nur begleitet, sondern auch gelegentlich vertritt, wie das z.B. in der zweiten Fassung von *Cuchulainns Tod* der Fall ist.

Genealogie: Die wichtigste Aufgabe des Geschichtsdruiden war es, den Stammbaum der königlichen Familie, der er verpflichtet war, richtig und auf dem neuesten Stand zu halten. Diese Aufgabe steht in direktem Bezug zum keltischen System der Eigennamen, dem *duo nomina*: Name der Person und ihres Vaters, und in der ausgedehnten Form ihres Großvaters, Urgroßvaters und aller bekannten Vorfahren. Ob sie nun legendär sind oder nicht, die meisten irischen und walisischen Stammbäume zitieren zahlreiche Generationen, manchmal mehrere dutzend. Der irische Name für die Stammbaumkunde, *genealach*, ist zwar ein lateinisches Lehnwort, doch ist das System selbst nicht aus einer anderen Kultur übernommen.

Gentraige ("Refrain des Lächelns"): Einer der drei Harfenisten in der *Tain Bo Fraech*. Sein Name bezieht sich auf eine der drei traditionellen Musikweisen: Refrain der Traurigkeit, Refrain des Schlafs und Refrain des Lächelns. Siehe *Goltraige, Suantraige.*

Gergovie (lateinisch *Gergovia*, seltener auch *Gergobia*): Großes Oppidum der Arverner, welches heute in der Gemeinde Roche-Blanche, im Kanton Veyre und im Landkreis von Clermont-Ferrand liegt. Hier erlitt Cäsar die schwerste Niederlage des gesamten gallischen Krieges. (BG VII, 34-59)

Gesicht: Körperteil, der als erstes durch die Satire der *Filid* in Mitleidenschaft gezogen wurde. In der Regel bildeten sich drei Furunkel ("Schmach", "Schandfleck" und "Häßlichkeit"), die das Opfer so entstellten, daß es keinen königlichen Pflichten mehr nachkommen konnte, und es so in Verzweiflung und Tod trieben. Im irischen Wortschatz sind die Ausdrücke für "Preis des Gesichts" und "Preis der Ehre" Synonyme, die mit dem deutschen "Gesicht bewahren" vergleichbar sind.

Gilwaethwy: Eines der fünf Kinder Dôns in der walisischen Mythologie des *Mabinogi von Math*. Sein Freund und Bruder ist der Zauberer Gwydyon, wie er ein Neffe des Königs Math. Jener hilft ihm, die junge Goewin, die Fußträgerin des Königs zu vergewaltigen. Gilwaethwy leidet an derselben Krankheit der Liebessehnsucht wie Oengus in der Erzählung von *Oengus' Traum.*

Glaube: Siehe *Tradition.*

Gladiator: Die unabhängige, keltische Welt, die noch die archaischeren Formen der Trauerwettkämpfe betrieb, kannte keine Gladiatorenspiele. Jedoch richtete sich dieser römische Brauch aufgrund des Vorhandenseins der Trauerspiele bald in Gallien ein. Siehe *andabata.*

Glam dicinn ("Höchster Fluch"): Von einem *File* ausgesprochene Satire als deren unmittelbare Folge drei Furunkel auf dem Gesicht des Opfers zu sehen waren ("Schmach, Schandfleck und Häßlichkeit"), durch die es sich nicht mehr in der Öffentlichkeit sehen lassen konnte und bald darauf schmachvoll verstarb. Das hier angewandte, magische Prinzip ist das der Verzauberung durch den Schrei, welche einem legalen Protest entsprach. In den Texten stellt der *glam dicinn* fast immer die Reaktion eines *Filid* dar, dem ein König oder eine andere ranghohe Persönlichkeit, rechtmäßig oder auch nicht, ein Geschenk oder eine Gunst verwehrte. Siehe Christian-J. Guyonvarc'h, *Notes d'Étymologie et de Lexicographie gauloises et* *celtiques, XX, 82. Moyen-irlandais corrguinech "magicien" et glam dicinn "malédiction suprême"*, in *Ogham* 16, 1964, S. 441-446 und 17, 1965, S. 143-144.

GLANUM: Antiker Name der archäologischen Ausgrabungsstätte von Saint-Remy-de-Provence, vergleichbar mit dem irischen Quellennamen *Glan* ("rein") oder mit dem Gesundbrunnen der Tuatha Dé Danann in der Erzählung *Cath Maighe Tuireadh,* dessen Ebenbild bei den Ausgrabungen in Saint-Remy entdeckt wurde. Siehe Christian-J. Guyonvarc'h, *Notes d'Étymologie et de Lexicographie gauloises et celtiques, III, 6. Le nom de GLANUM (Saint-Remy-de-Provence),* in *Ogham* 11, 1959, S. 279-284.

Glei, Glan, Gleisi: Eine der drei Gruppen von Mundschenken der Tuatha Dé Danann im *Cath Maighe Tuireadh.* Außer der Bedeutung "rein" (*glan*) können diese Namen in der irischen Lexikographie nicht genauer definiert werden. Wie auch in den beiden anderen Gruppen sollen diese assonanten Wortreihen auf die ihnen inhärente Triade hinweisen. *Glei* könnte aus *glé* ("Kampf") und *Gleisi* aus *glese, glesse* ("brillant") gebildet worden sein.

Goibniu: Schmied der Tuatha Dé Danann und göttlicher Schutzpatron der Metallhandwerker, unter denen seinem Ermessen nach der Bronzeschmied den höchsten Rang einnimmt. Die Schmiedekunst gehört der dritten Klasse an, doch auch der Schmiedegott und die Waffen, die die Krieger und eventuell auch die Druiden im Kampf verwendeten. Dennoch erlangen die Götter erst auf dem *fled Goibnenn,* dem Fest, welches Goibniu ihnen gewährt, die Unsterblichkeit und ewige Jugend. Vor allem im *Cath Maighe Tuireadh* ist von ihm die Rede. Sein Name, der sich in den verschiedenen, keltischen Bezeichnungen für "Schmied" wiederfindet (irisch *gabha*, walisisch *gof*, bretonisch *gov*) taucht auch in gallischen Eigennamen wie z.b. *Gobannitio*, dem Onkel des Vercingetorix oder *Gobannicus* auf. Im Indoeuropäischen hat jedoch diese keltische Thematik keine anderen Bezüge.

Goidels: Alter, mittelirischer bzw. *goid(h)il'* scher Name für die Bevölkerung Irlands, Schottlands und der Ile of Man vor der Sprachspaltung in drei linguistische Gruppen:

- Das Gaelische Irlands oder Irische
- Das Gaelische Schottlands oder Erse
- Das Gaelische von Man oder Manx

Der ungeschiedene Sprachgebrauch der gaelischen Kelten ist also das Goidelische, welches sich vom Britannischen abgrenzt.

Goirt-an-Oir: Alte Bezeichnung des heutigen Gortanoura, welches in der Nähe Derrygraths in der Grafschaft von Tipperary liegt. Die wörtliche Bedeutung "Feld des Goldes" spielt auf die mythische Episode an, in der der König Lugaid mac Con getötet wurde, als er Gold an die Dichter von Ulster verteilte.

Goll mac Morna: Held von Connaught und Gegner von Finn mac Cumaill. *Goll* bedeutet "Wegstein".

Goltraige ("Refrain der Traurigkeit"): Einer der drei Harfenisten Fraechs in der *Tain Bo Fraech.* Siehe *Gentraige, Suantraige.*

Gorias: Eine der vier sagenhaften Inseln im Norden der Welt, wo die Tuatha Dé Danann das Druidentum und die Wissenschaften erlernten. Auch die Lanze Lugs stammt aus Gorias, und der Name der Insel ist mit dem irischen *gor* ("Feuer, Entzündung, Eiter") identisch. Der Druide, der über diese Insel herrschte, war Esras. Siehe *Esras, Falias, Findias* und *Murias.*

Gourdeizioù (bretonisch "große Tage"): Siehe *Zwölf Tage.*

Grabstele: Element oder Bestandteil der Bestattungsfeierlichkeiten. Auf dem Grabstein wurde der Name des Verstorbenen in Oghamschrift festgehalten.

Grainne: Tochter des Cormac mac Airt, des obersten Königs von Irland. Das Wort bedeutet entweder "Samen, Korn" oder "Häßlichkeit".

Graues Haar: Körperdetail, welches im allgemeinen Ogme/Ogmios zugeschrieben wird. Manche irische Krieger haben graues Haar und unterstehen daher diesem Gott der Bindungen. Haben Druiden graues Haar, so einerseits aus demselben Grund, andererseits, da ein hochrangiger Druide immer ein stattliches Alter aufweist.

Großer Bär: Der Ausdruck diente dazu, den Norden zu bezeichnen. Lucanus meinte folglich die Bewohner nördlicher Regionen, wenn er in *Pharsalia* I, 450-458 von den "Völkern, die den Großen Bären betrachten" spricht. Die Kelten gehörten sicherlich zu diesen Völkern, die vage und ziemlich allgemein als "Hyperboräer" bezeichnet wurden.

Greine (mac) ("Sohn der Sonne"): Einer der drei Sagenkönige der Tuatha Dé Danann, welche in Tara zur Ankunft der Goideln herrschten. Die beiden anderen waren mac Cecht und mac Cuill. Ihre drei Königinnen tragen die drei Namen Irlands: Banba, Eriu und Fotla.

Grauer von Macha (Liath Macha): Das bekannteste der Pferde Cuchulainns, welches über menschliche Intelligenz verfügte.

Gronw Pebyr ("Festung"): Liebhaber Blodeuwedds in der Erzählung des *Mabinogi von Math.* Er wird als Strafe für seine Untat von Llew mit der Lanze getötet, während Blodeuwedd in eine Eule verwandelt wird. Siehe *Llew.*

Guaire, Sohn Colmans: König von Connaught und Opfer der übermäßigen Forderungen der "Schweren Gesellschaft" der irischen Dichter. Erst eine List seines Bruders Marban, der den *Filid* aufträgt alle Texte der *Tain Bo Cualnge* zu sammeln, befreit ihn von ihnen. Guaire handelt bereits nicht mehr wie ein irischer

König sondern als Christ, der seine Feinde geduldig erträgt. Sein Name bedeutet "edel".

GUTUATER: Druide, dessen Name und Aufgabenbereich mit dem "Wort" verwandt ist. Siehe Annex.

Gwawd: Walisischer Name der Satire. Doch hat dieses Wort heute seine vorchristliche Bedeutung verloren. Siehe Annex.

Gwion Bach ("Der Kleine"): In der walisischen Erzählung der *Hanes Taliesin* ("Geschichte Taliesins") ist er der Diener der Zauberin Ceridwenn. Zufällig verschluckt er einen Tropfen des Gebräus, dessen Kochen er überwacht, und bemerkt, daß er dadurch in die Zukunft sehen kann. Ceridwenn verfolgt ihn in den verschiedensten Tiergestalten und frißt den in ein Weizenkorn Verwandelten schließlich in der Gestalt eines Huhns. Der Barde Taliesin, der unter diesen Umständen der Ceridwenn geboren wird, besitzt daher die Gabe der Weissagung. Die Geschichte von Ceridwenn und Gwion findet sich auch in der bretonischen Folklore im Märchen von *Koadalan* ("Holz-Alain").

Gwydyon: Zauberer und Bruder Gilwaethwys im *Mabinogi von Math*, wo er jenem hilft, die junge Goewin, die Fußträgerin des Königs Math, zu vergewaltigen. Als Strafe dafür verwandelt sie jener mehrere Jahre lang in Tiere: Zuerst in Hirsch und Hirschkuh, dann in Wolf und Wölfin und schließlich in einen Eber und eine Wildsau. Gwydyon ist einers der fünf Kinder Dôns: Amaethon, Gilwaethwy, Govanon, Gwydyon und Arianhod, die sich in etwa mit den wichtigsten Herrschern der irischen Tuatha Dé Danann decken: Dagda, Ogme, Nuada, Diancecht, Goibniu und Brigit, welche unter der Oberherrschaft Lugs stehen. Arianhod entspräche dabei der Brigit, Gwydon ("Weiser") dem Dagda und Govannon dem Goibniu. Die übrigen Übereinstimmungen sind unklar oder aber unmöglich: Einen Amaethon ("Ackerbauer") kannten die Iren nicht, der irische Ogme hat kein walisisches Gegenstück und vom Waliser Nudd (in seiner Zwillingsform Lludd), der Nuada gleichkommt, ist hier nicht die Rede. Llew, die Entsprechung Lugs, spielt hier eine andere Rolle. Trotzdem ist es offensichtlich, daß sich die Spuren der walisischen Mythologie nicht ohne den Vergleich mit der irischen und der altkontinentalen studieren lassen.

Gwynvryn ("Weißer Hügel"): Heilige Stätte im heutigen London, an der Bran Vendigeit im *Mabinogi von Branwen* seinen Kopf bestattet wissen wollte. Solange sein Kopf nämlich dort liege, sei die britische Insel vor Invasionen sicher.

H

Halsband: Zeichen des Rechts, welches der große Richterdruide Morann verwendete. War das Urteil gerecht, so lockerte sich das Band, verkündete er jedoch ein Unrecht, so zog es sich so zusammen, daß es ihn zu ersticken drohte.

Handwerker: Siehe *Männer der Kunst.*

Harddlech ("Schöner Ort"): Residenz des Walisers Bran Vendigeit im *Mabinogi von Branwen*, heute Harllech an der Küste von Merionetshire.

Harier: Mittelgermanisches Volk, von deren Bräuchen Tacitus in seiner *Germania* berichtet, da sie sich zum Kampf Gesicht und Körper schwarz bemalten und sich so zur "wilden Jagd" der Mythologie begaben. Ihr Name findet sich noch heute im deutschen "Heer" und ihr Beispiel dient dazu, die "varunische" Komponente des Krieges in den indoeuropäischen Archaismen zu beleuchten.

Harfe (irisch ***cruit***) : Das einzige Instrument, welches an den mittelalterlichen Königshöfen Irlands und Wales' gespielt wurde und als Saiteninstrument den Blasinstrumenten (Dudelsack) und den Trommeln gegenübersteht, welche im Krieg und zur Volksbelustigung verwendet wurden. In den Texten ist von fünf verschiedenen Harfen die Rede: Von der großen Stehharfe bis zur kleinen Harfe, die am Gürtel getragen wurde. Der Harfenist, eine Spezialisierung der *Filid* bzw. der Dichter, war hoch angesehen und besaß den Rang eines Druiden. Virtuosität und Qualität wurden danach beurteilt, wie er die drei Weisen aller guten Musik zu spielen verstand:

- Den Refrain des Schlafs
- Den Refrain der Traurigkeit
- Den Refrain des Lächelns

Siehe *Gentraige, Goltraige, Suantraige.*

Haruspex: Priester, der bei den Römern, die Eingeweide der Opfertiere begutachtete; eine Bezeichnung, welche die antiken Autoren verwendeten, um die Weissagetechniken der Kelten zu beschreiben. Wir kennen leider nicht mehr den altkeltischen Namen dieser Funktion und die irischen Bezeichnungen der Weissagung sind immer allgemeiner Natur, so wie *filidecht* ("Dichtkunst") oder *faitsine* ("Wahrsagekunst"). Die Christianisierung ließ fast alle Beschreibungen oder Erwähnungen bezüglich der Ritualtechniken verschwinden. Siehe *File* und Annex.

Haselnußstrauch (oder Eberesche): Seine Früchte *cnô* sind lexikalisch nicht von Walnüssen zu unterscheiden. Es handelt sich um die Früchte der Weisheit, die in die heilige Quelle fallen und von Lachsen gefressen werden. Fast alle Zauberstäbe der Druiden sind aus seinem Holz angefertigt.

HELVETII (Helvetier): Gallisches Volk, welches bei der Ankunft Cäsars in der heiutigen Schweiz ansäßig war. Ihr Versuch nach Westgallien auszuwandern, diente dem Prokonsul als Vorwand für seinen militärischen Eingriff: Er schlug sie und zwang sie, in ihr ursprüngliches Gebiet zurückzukehren. Die Helvetier hatten ursprünglich das rechte Rheinufer Deutschlands besiedelt, und es steht anzunehmen, daß sie sich zur Zeit Cäsars erst seit kurzem in der heutigen Schweiz befunden hatten. Ihr Name ist durch das in gallischen Orts- und Eigennamen sehr häufige Suffix *-etio-s* mit dem der *Elvii* (Freunde der Sequaner, die zuerst die Ufer der Allier bewohnten) verwandt.

Herakles / Herkules: Klassischer Halbgott, dessen Kult durch Inschriften und Abbildungen im römischen Gallien häufig belegt ist. In den wenigen Fragmenten der griechischen Texte, die sich mit der gallischen Mythologie befassen, heißt es, Herkules habe sich in Gallien aufgehalten, dort Alésia gegründet und die Bretonen und Galater (Gallier) nach einer Prinzessin benannt. Sein irisches Ebenbild ist Cuchulainn (Setanta), dessen Kindheitserfahrungen an die Heldentaten des griechisch-römischen Helden erinnern. Seinen gallischen Namen kennen wir nicht. Siehe *Ogmios*.

Held: In den irischen Epen und hier vorwiegend im Ulsterzyklus, stellt Cuchulainn den Prototyp des Helden dar. In der griechisch-religiösen Terminologie steht der Heros als Mensch oder Halbgott, den Göttern an Macht und Fähigkeiten nach. In den irischen Mythen, die höchstens verschiedene qualitative bzw. funktionelle Bezeichnungen innerhalb ein- und derselben Kategorie kennen, besteht dagegen kaum ein Unterschied zwischen den Heldentaten des Gottes Lug und des Helden Cuchulainn. Eine Sagengestalt kann König, Druide, Dichter oder Krieger sein, doch mangelt unserem modernen Wortschatz der Reichtum, die Vielzahl der irischen Wörter des Typs *loach, curad, trenfer* usw. wiederzugeben.

Hexer: Eine Bezeichnung, welche oft - mit oder ohne schlechter Absicht - für die Druiden gebraucht wurde, einerseits aufgrund der Bedeutungsverschlechterung des Wortes *draoi* (Druide) im Neuirischen, andererseits da viele Berichte sich hauptsächlich auf die magische Seite des keltischen Priesteramtes bezogen, ohne dabei die Fakten zu den Techniken des Zaubergesangs, der Weissagung oder der Riten im Allgemeinen zu berücksichtigen. Der Begriff ist daher zu vermeiden, weil er keiner der keltischen Normen oder Aufgabenbereiche entspricht. Die Hexerei ist eine späte Folge des Abstiegs der Priesterklasse nach der Romanisierung Galliens und der Christianisierung Irlands.

HierOghamie: Im strengen Wortsinn ("Heilige Ehe") kennt die keltische Religion keine Heiratsriten. Das Pferdeopfer, von welchem Giraud von Cambrien im XII. Jahrhundert in Ulster berichtet, wurde zu unrecht mit dem indischen *ashvamedha* verglichen, da es Bestandteil eines Rituals der Königswahl ist. Die einzig wahre Form der HierOghamie besteht im Falle der Thronbesteigung des höchsten Königs von Irland, der eine Herrschaft übernimmt, die durch eine weibliche Allegorie versinnbildlicht wird.

Holz: In vielen Belangen unersetzliches Element der keltischen Priesterschaft: Als Grundlage der Zaubersprache (die Ogham wurden ins Holz geritzt), als heilige

Stätte des Waldes und als Material (Eibe und Haselnuß), aus dem die Zauberstäbe geschnitzt waren. Aufgehängt galt das Holz als priesterliches Opfer, wie uns die *Scholies Bernoises* für Gallien und die sehr unvollständigen *Echtra Nerai* oder "Abenteuer der Nera" für Irland bestätigen. Siehe Françoise Le Roux, *Sur quelques sacrifices et rites sacrificiels celtiques sans effusion de sang*, in *Ogham* 35-36, *Etudes Indo-Européennes* 1, S. 95-110.

Howth (Halbinsel von): Irisch *Benn Etair* ("Kap von Etar") an der Ostküste der Insel. Hier spielt die Erzählung *Talland Etair* ("Die Belagerung von Howth").

I

Iarbonel, der Wahrsager: Sohn Nemeds und Vater Bethachs, Urahne der Tuatha Dé Danann, dem es vorbestimmt war von Irland auf die Inseln im Norden der Welt zu ziehen. Der Ursprung des Namens ist nicht mehr nachvollziehbar.

Ichtar: Bezeichnung für den Norden in einigen irischen Ortsnamen wie z.B. *ichtar Connacht* ("Norden Connaughts") oder *ichtar Laighion* ("Norden Leinsters"). Lexikographisch gesehen bezeichnet *ichtar* "unten" bzw. das "Unterteil" einer Sache oder eines Ortes und im erweiterten Wortsinn auch "hinten" bzw. das "Hinterteil".

Idpart, altwalisisch und altbretonisch **aperth**, neubretonisch (Lehnwort aus dem Walisischen) **aberzh** aus dem Gemeinkeltischen **ati(od)-berta* ("Gebrachtes, Geschenktes"): Bezeichnung der Opfergabe, die später zur christlichen Eucharistie wurde. Siehe *Opfer* und Kapitel II.2.1 Fußnoten 52 und 56.

Imbas forosnai ("Große, erleuchtende Wissenschaft"): Irischer Zaubergesang, von dem uns der Name und auch einige Erklärungsbruchstücke erhalten sind. Er stand in Verbindung mit einem Opferritual. Der Zaubergesang, welcher im Zuge des Stierfestes recht ausführlich beschrieben wird, ist ebenso ein *imbas forosnai* wie die Stelle, in der Feidelm der Königin Medb vor dem Raubzug der Kühe von Cooley einen schlechten Ausgang des Feldzuges prophezeit, nur daß in jenem Fall lediglich die Schlußphase eines längeren Rituals überliefert ist.

Imbolc: Fest am ersten Februar, um das Ende des Winters zu feiern, welches durch ein Marienfest und den Tag der Heiligen Brigitte ersetzt wurde. *Imbolc* bedeutet "Waschung" und ist der irische Feiertag, zu dem wir trotz der zahlreichen folkloristischen Traditionen über die wenigsten mythologischen Dokumente verfügen. So wissen wir auch nicht, wie die eventuelle britannische Entsprechung hieß. Siehe Kapitel IV.2.1.

Imperium: Lateinische Bezeichnung für die politische und militärische Befehlsgewalt. Der keltischen Welt, die lediglich von "Souveränität" (irisch *flaith*) spricht, ist diese Vorstellung jedoch fremd. Um die weltliche Macht der Häduer zu beschreiben, gebraucht Cäsar die Worte *regia potestas* ("königliche Macht"). Siehe *flaith.*

Imrinn: Einer der beiden Söhne des Druiden Cathbad. Der Name steht für ein Versmaß, in dem die Verse einer Strophe durch einen Reim verbunden sind.

Indech, Sohn des Dé Domnann: Prinz der Fomoire und einer der verbissendsten Kämpfer gegen die Tuatha Dé Danann. Sein Name bedeutet "Rächer".

Inseln: Die mythischen Inseln im Norden der Welt sind ein Symbol der Anderen Welt, in der die Tuatha Dé Danann ihre Einweihung erfuhren. Doch war für die Kelten jede Insel ein heiliges Zentrum. Das gilt auch für Irland und Großbritannien selbst, deren große Bedeutung in der keltischen Tradition sich sonst kaum erklären ließe.

Irland (altirisch *Ériu*, neuirisch *Éire*): Die antike, unmythische Geschichte Irlands ist uns unbekannt, da die ersten schriftlichen Überlieferungen aus dem Hochmittelalter stammen. Dennoch ist dieses Land von höchstem Interesse:

- Es wurde weder politisch noch verwaltungsmäßig romanisiert, und so vollzog sich auch die Christianisierung völlig anders als im übrigen Westeuropa.

- Durch seine abgeschiedene Insellage konnte es seine äußerst alte Sprache und Gesellschaftsstruktur aufrechterhalten.

Das politische Konzept, welches durch die oberste Königsherrschaft mit Sitz in Tara symbolisiert wurde, ist eher mythischer denn historischer Natur. Die Vergöttlichung des ursprünglichen Namens des Landes, *Ériu*, und in der nachpatrizianischen Epoche seine Gleichsetzung mit dem gelobten Land der Hebräer, deuten auf ein tiefes Nationalbewußtsein hin, auch wenn jenes kaum in einem anderen politischen Licht als in dem der Hegemoniebestrebungen der einzelnen Provinzen erscheint. Eine Prophezeiung der Ériu, einer Königin der Tuatha Dé Danann, sagte den Goideln voraus, sie würden die Insel bis zum jüngsten Gericht bewohnen.

J

Jahrmarkt: Deutsche Übersetzung des englischen *fair*, welches jedoch die Bedeutung des irischen *oengus* nur unzureichend wiedergibt, denn beim *oengus* handelte es sich vielmehr um eine Zusammenkunft denn um einen Jahrmarkt im modernen oder mittelalterlichen Sinn, bei dem die Kauftätigkeiten durch einen Zustrom von Käufern und Verkäufern angeregt werden. Dem ursprünglichen, irischen Jahrmarkt war diese kommerzielle Seite gänzlich unbekannt.

Jenseits: Im heutigen Wortgebrauch wird das Jenseits hinlänglich als Welt der Toten bzw. der Zukunft (englisch "world to come") im Gegensatz zu der der Lebenden verstanden. Dieser Begriff impliziert die Vorstellung einer unmöglichen

Rückkehr, die nicht ganz der des *Sid* entspricht. Die keltische Andere Welt ist nur deshalb anders, weil sie von hier aus nicht richtig wahrgenommen werden kann. Die keltischen Sprachen kennen kein Wort, welches die Vorstellung eines Totenreiches wiedergäbe. Siehe Lucanus' *orbis alius.*

K

***Kanton* (tuath)**: Grundlage der irischen Verwaltungsbezirke, die auf den früheren *tuath* basieren und sowohl ein Gebiet als auch seine Bewohner bezeichnen. Siehe *Stamm.*

Kaste: Begriff, der oft fälschlicherweise in den religiösen und geschichtlichen Studien auf die Kelten angewandt wurde, der jedoch nur auf die Inder zutrifft, welche die Klassen verhärteten und unterteilten, indem sie die inneren Grenzen ausbauten. Es gibt in der keltischen Gesellschaft genau definierte Hierarchien, von welchen später die irischen Texte berichten, die jedoch bei der kurzen Beschreibung des gallischen Gesellschaftssystems in Cäsars *Gallischem Krieg* keine Erwähnung finden. Bei den Kelten gibt es kein undurchdringliches Kastensystem, in denen der einzelne nicht von einer Klasse in eine andere hätte gelangen können. Der Sohn eines Druiden konnte ohne weiteres Krieger werden und umgekehrt. Gewann man an Besitztümern dazu, so stieg man dem irischen Recht nach automatisch in die nächsthöhere Klasse auf.

Kelch: Ersatz des Kessels der Herrschaft. Er enthält Getränk, dessen Genuß den (Macht-) Rausch hervorruft und erlaubt, die heilige Ekstase zu erlangen. Er fungiert oft auch als Becher der Wahrheit, der zerspringt, wenn über ihm eine Lüge ausgesprochen wird. Dieser Kelch ist schließlich auch der Vorläufer und Archetyp des Grals der Artussagen.

Kette: In der irischen Literatur des Mittelalters ist häufig von Ketten die Rede: So sind die in Schwanengestalt reisenden Boten der Anderen Welt durch ein Silberkettchen miteinander verbunden, Kämpfer ketten sich aneinander, um in die Schlacht zu ziehen und Herolde bedienen sich einer Kette, um bei königlichen Festen Ruhe zu schaffen. Nicht zuletzt sind auch die Ketten Ogmes /Ogmios zu erwähnen. Ein altirisches Wortspiel streicht die symbolische Verbindung zwischen der Kette *slabrad* und der Redegewandtheit *solabrad*, der ersten Eigenschaft des Gottes Ogme heraus.

Keltische Zivilisation: Es handelt sich hierbei um eine zeitgenössische Definition eines antiken bzw. mittelalterlichen Begriffs. Das Wort Zivilisation kann jedoch nur für die materiellen Spuren und Aspekte des Lebens der Kelten in Altertum und Hochmittelalter herangezogen werden. Wir haben es hier also mit keiner spirituellen, linguistischen oder religiösen Kategorie, sondern mit einem archäologischen Begriff zu tun, soweit die Zugehörigkeit zur keltischen Bevölkerung erwiesen oder wahrscheinlich ist.

Kessel: Einer der vier wichtigsten Glücksbringer, die der Dagda den Tuatha Dé Danann geschenkt hatte. Er dient nicht nur als Füllhorn, sondern auch als Mittel zur Wiederbelebung und als Symbol der Herrschaft. Im letzten Fall entspricht er dem Kelch der Trunkenheit und des Machtrausches. Dieses Vorläuferelement der Gralssage wurde mit Blut oder Gift gefüllt, in das die Lanzenspitze eingetaucht wurde, um ihre zerstörende Kraft zu bannen. Der christliche Gralsmythos kann zwar als Fortsetzung der Legende vom Kessels des Dagda angesehen werden, doch steht er zugleich auch für den Untergang des keltischen Souveränitätsverständnisses, da im Christentum Christus ein König und auch der Papst ein Vertreter der weltlichen Macht ist.

Keule: Eines der Wahrzeichen des Dagda neben seinem Kessel. Diese Keule *(lorg)* tötet auf der einen Seite im Diesseits, während ihr Griff in der Anderern Welt wieder zum Leben erweckt. Die Spur, die sie auf der Erde hinterläßt, wenn der Dagda sie hinter sich schleift, kann als Grenze zwischen zwei Provinzen dienen. Sie entspricht dem Holzhammer des gallischen Sucellus und - etwas weiter entfernt - auch dem bretonischen *mell benniget* ("Segenshammer"), der noch im XIX. Jahrhundert gebraucht wurde, nicht um den Sterbenden den Gandenstoß zu versetzen, sondern, um ihnen den Übergang in die Andere Welt zu erleichtern.

Klan: Der gaelische *clann* bezeichnet in der Regel eine Stammesherkunft, gilt jedoch auch, ja sogar häufiger, für Tier- und Pflanzengattungen. In der Politik der Inselkelten bekam die Bezeichnung schließlich die Bedeutung "Klan, Nation, Stamm" bzw. "vom gleichen Geschlecht". Im wörtlichsten Sinn definiert *clann* alle Kinder desselben Vaters. Das walisische *plant* ist dem *clann* identisch, ohne jedoch seine linguistische Verbreitung zu teilen, auch wenn es ebenfalls auf das lateinische *planta* ("Pflanze") zurückgeht. Über hundertfünfzig Ortsnamen in Hogans *Onomasticon Goidelicum,* S. 235b-246a gehen auf dieses Wort zurück.

Klasse: Gesellschaftsgruppe oder -stand, der eine bestimmte Aufgabe zukommt. Für unsere hiesigen Belange konzentrieren wir uns auf die religiösen Prinzipien des Klassensystems, doch ist es offensichtlich, daß es auch gesellschaftliche, gemeinschaftliche und individuelle Konsequenzen nach sich zieht. Das hier ersichtliche Konzept ist ein typisch indoeuropäisches Phänomen. Was den keltischen Bereich anbelangt, so werden die Klassen zwar nicht ausdrücklich erwähnt oder behandelt, wie dies z.B. in den indischen "Gesetzen Manous" (*Manavadharmashastra*) der Fall ist, doch lassen die Texte eindeutig auf ihre Existenz schließen. Wie bei den Indern (Brahmanen), besaß auch bei den Kelten (Druiden) die Priesterklasse den größten Einfluß. Auf sie folgten die Klasse der Krieger (*kshatriyas*) und die der Handwerker (*vaishas*). Siehe *Dreigeteilte Ideologie* und *Dreiteilung.*

Knienahme: Geste, die darin bestand, einen Neugeboren als Zeichen der Vaterschaft oder Adoption auf die Knie zu nehmen. Sie wird z.B. in der *Empfängnis Cuchulainns* in den Fassungen Egerton 1782, I und Stowe D. 4.2 erwähnt: Cuchulainn wird von Fergus als Zeichen der Adoptivvaterschaft auf den Schoß genommen. Siehe Christian-J. Guyonvarc'h, *La Conception de Cuchulainn*, in *Ogham* 17, 1965, S. 380 und 381. Für eine theoretische und klassische Interpretation der Knienahme siehe Pierr Suys, *A propos de la genuposition*, in *Revue celtique* 45, 1928, S. 322-324 (Hier sind jedoch keine keltischen Beispiele erwähnt.)

Koadalan ("Holz-Alain"): Hauptfigur des gleichnamigen Märchens aus der Bretagne, welches der walisischen Geschichte von Gwion Bach und Ceridwenn, der Mutter Taliesins entspricht. Doch sind in der bretonischen Geschichte nur noch die spektakulären und oberflächlichen Aspekte der Metamorphosen erhalten und verstärkt, welche immer nur der Zauberkünste wegen dargestellt werden.

Körperbehinderungen: Im symbolischen Bereich betreffen sie drei Körpergegenden und haben (in den meisten Fällen) abwertenden oder (bei einigen ranghohen Druiden) aufwertenden Charakter:

- Der **Arm** (Behinderung der Könige und Krieger): Nuada kann nicht mehr regieren, da er in der ersten Schlacht von Mag Tuireadh seinen rechten Arm verlor. Es kommt vor, daß ein Krieger seinen Arm an den Körper bindet, um gegen einen einarmigen Gegner zu kämpfen.
- Das **Auge** (priesterliche Behinderung schlechthin), in der Regel das linke, welches der Nacht gehört. So ist z.B. der Pförtnerdruide des Nuada einäugig, eine Behinderung die im allgemeinen aufwertender Natur ist.
- Die **Geschlechtsteile** (königliche Behinderung, die eine Kargheit des gesamten Königreichs nach sich zieht): Der einzig bekannte Fall in Irland ist der Celtchars (eine der Erscheinungsformen Ogmes), der König Méhaigné in der Artussage entspricht.

Kräuter: Der pflanzlichen Heilmedizin wurde in allen keltischen Ländern größte Bedeutung beigemessen. Daraus erklären sich auch z.B. der Pflanzensee und der Gesundbrunnen des *Cath Maighe Tuireadh* oder die Tatsache, daß Solin Irland auch als Kräuterinsel *(Insula Herbarum)* bezeichnete.

Krieger: Der soziale, politische und religiöse Stand des Kriegers, ob Gott oder Held, ist der der zweiten Klasse, deren militärische Aufgabe sich auch durch die Teilhabe an der *flaith* ("Souveränität") charakterisiert. Doch verfügt der Krieger, gleich welchen Rang er einnimmt, durch Vermittlung des Königs lediglich über den Teil der Macht, der nicht den des Priestertums betrifft. Im großen und ganzen verbleibt ihm somit all das, was unter dem Befehl des Gottes der Bindungen Ogme (Ogmios in Gallien) steht, d.h. Magie und Gewalt, kurz, der Krieg. Der Prototyp des irischen Kriegers ist Cuchulainn, der perfekte Held, der folgende Fähigkeiten, bzw. Züge aufweist:

- Körperkraft
- Intelligenz und Mut, welche sich durch seine verschiedenen Siege bestätigen, die manchmal auch "Spiele" oder "Tricks" genannt werden. Er überrascht z.B. den Gegner durch übermäßige Sprünge, weiß eine Truppe durch gutes Spurenlesen auszuboten oder mehrere Waffen zugleich handzuhaben...
- Redegewandtheit
- Zauberei (Handhabung der Ogham, verschiedenster Verrenkungen, Grimassen oder Kriegstarnungen)
- Schönes Aussehen mit allen Konsequenzen, die das bei den Frauen nach sich zieht
- Um all diese Vorzüge auszugleichen, ein kurzes Leben. Der Held stirbt noch in jungen Jahren, aufrecht im Kampf mit dem Feind.

Siehe *Held.*

Kronos: In der keltischen Götterwelt ist die Dualität bzw. Nachfolge, wie sie z.B. im griechischen Pantheon zwischen Uranus, Kronos und Zeus herrscht, unbekannt. Der Dagda ist der Gott der Ewigkeit und hat als solcher über die Zeit, deren Vater er ist, zu befehlen.

Kulhwch und Olwen: Titel der walisischen Artussage, die von der Suche nach wunderbaren Gegenständen berichtet und so, zumindest in dieser Hinsicht Ähnlichkeiten mit der Erzählung vom *Tod der Kinder Tuireanns* aufweist. Doch gestalteten die Waliser die Erzählung in eine Rahmenhandlung um und veränderten überdies das Ziel der Suche: Hier geht es nur mehr darum, den Helden zu verheiraten.

Kult: Teil der Religion, den Cäsar als *religiones* bezeichnet. Die Kulthandlungen der Kelten sind uns relativ unbekannt, doch verfügen wir über einige wenige, manchmal recht klare Beschreibungen ritueller Handlungen.

L

Labraid ("Der Sprecher"): In der Erzählung *Serglige ConCulaind* ist dies ein Gott der Anderen Welt, während in den Stammbäumen und Annalen eine Sagengestalt diesen Namen trägt, die zu den Vorfahren der Könige Taras gezählt wird und Leinster gegründet haben soll. Dieser Labrad von Leinster trägt den Beinamen *Moen,* den Thomas O'Rahilly in seiner *Early Irish History and Mythology*, S. 103, Fußnote 4, zu Recht mit dem Jupiters, *Aius Locutus* vergleicht, ohne jedoch den Widerspruch zwischen Namen und Beinamen zu erklären. Wir können Labraid als Beinamen des Gottes der Beredsamkeit, Ogme, sehen, und es ist nur natürlich, daß jener stottert, um die absolute Symbolkraft zu vollenden. Siehe die Erzählung

Airne Fingein in den *Textes mythologiques irlandais* I/1, S. 189-202. Siehe *Ogmios.*

Ladra: Einer der drei Männer, die laut dem *Buch der Eroberungen* Cesair und seine fünfzig Frauen begleiteten, als diese fünfzig Tage vor der Sintflut auf Irland landeten. Der Name ist nicht keltischen Ursprungs, sondern eine rekonstituierte Nominativform des lateinischen *latro* ("Dieb").

Laegaire (neuirisch *Leogaire*, englisch *Leary*): Name zahlreicher mythischer oder historischer Figuren. Die bedeutendste unter ihnen wird im *Siaburcharpat ConCulainn* ("Der Geisterwagen Cuchulainns") beschrieben und ist der König von Tara, Laegaire mac Néill, der zur Zeit der irischen Christianisierung durch Patrick regierte. Den Worten des Heiligen nach verlangte der König von ihm, den Helden Cuchulainn vor ihm erscheinen zu lassen. Patrick gehorchte und Cuchulainn tauchte voll christlicher Wohlgesinnung auf und erklärte dem König, daß eine einzige Nacht in der Hölle schwerer zu ertragen sei, als alle Kriegsproben, die er selbst als Held durchzustehen gehabt hätte, und daß nur die Iren, die ans Wort Christi glaubten, ins Paradies aufgenommen würden. So mußte sich Laegaire wohl oder übel bekehren lassen. Ein weiterer Loegaire, mit dem Beinamen *Buadach* ("Der Siegreiche") war ein Waffengefährte Cuchulainns, von dem im Ulsterzyklus berichtet wird.

La Graufesenque: Ort im Aveyron, an dem Inschriften gallo-romanischer Töpfer entdeckt wurden. Durch sie kennen wir die Namen einiger Vasen und die gallischen Zahlwörter von eins bis neun.

Laid: Im allgemeinen ein Gedicht, Lai oder Lied, als technische Fachbezeichnung ist es der Name einer bestimmten Dichtform des *dos*, d.h. des Dichters im dritten Lehrjahr. Dieses Wort lateinischen Ursprungs bezeichnet öfters auch ein von einem Krieger gesungenes oder verfaßtes Gedicht.

Lagin ("Leinster"). Siehe *Provinz.*

Lam ("Hand"): Einer der drei Mundschenk-Druiden, die für Nechtan die Zauberquelle der Segais bewachen. Die beiden anderen heißen Flesc ("Stab") und Lua ("Führer").

Lamfada ("Mit dem langen Arm"): Häufigster Beiname Lugs. Er bezieht sich nicht auf die physische Länge seiner Arme, sondern auf die Schnelligkeit, Unverzüglichkeit und Reichweite der Schläge dieses Gottes (vgl. der walisische *Llew Lawgyffes* "mit der schnellen Hand"). Ein weiterer Beiname, der diese Erklärung untermauert ist *Laebach*, eine Adjektivableitung von *laeb*, lateinisch *laevus* ("links, widernatürlich").

Leborcham ("Große Hinkende"): Häßliche und mißgestaltete Sklavin, Tochter Oas ("Ohr") und Adarcs ("Horn"), Dienerin und Botin Conchobars, des Königs von Ulster. Sie war so schnell, daß sie ihm immer noch am selbigen Tag alles berichtete, was sich in Irland zugetragen hatte.

Leier: Dieses Saiteninstrument wurde auf gallischen Münzen in verschiedenen Formen dargestellt. Bei den Inselkelten ist nicht von der Leier, sondern von der Harfe die Rede, die als höfisches Instrument dem Dudelsack des Kriegs und der Volksmusik gegenüberstand. Es ist jedoch schwer zu sagen, ob es sich nicht bei den kontinentalen Leiern auch um Formen der Harfe handelte, die sich an griechischen oder klassischen Modellen inspirierten. Der Harfenist ist ein Druide. Siehe *cruit, Harfe, Musik.*

Ler ("Meer, Ozean"), Genitiv **Lir**: Vater des Manannan, einer der wichtigsten Götter der irischen Mythologie. Natürlich ist sein Name metaphorisch gebraucht (eine weitere Bedeutung ist "Vielzahl, Überfluß") und spielt auf die unendliche Weite des Ozeans an. *Ler* steht sicher mit *lâr* ("Oberfläche, Hausmittelpunkt") in Verbindung. Die Existenz dieser Gottheit, die einen der Uraspekte der Tuatha Dé Danann repräsentiert wurde lange fälschlicherweise angezweifelt. Die Sagengestalt Ler tritt in einer späten und christianisierten Fassung der Erzählung *Oidhe Chloinne Lir* ("Tod der Kinder Lers") auf. Dort ist er der Vater von vier Kindern, der drei Knaben Aedh, Conn, Fiachna und des Mädchens Fionnghuala, die ihre Stiefmutter Aife, die zweite Frau Lers neunhundert Jahre lang in Schwäne verwandelte. Nach dieser Zeit nimmt sie der Heilige Mochaomog zu sich, der sie bekehrt und ihre Seelen nach ihrer erneuten Menschwerdung ins Paradies schickt.

Letha: Irischer Name der Bretagne (walisisch *Llydaw*, bretonisch *Ledav*), der oft mit dem *Latium* geographischer Beschreibungen verwechselt wurde. Etymologisch gesehen ist die *Letavia* ein "flaches" Land, ähnlich der Ebene *(mag)*, die das Land der Toten, der Anderen Welt oder des *Sid* ist, für die die Bretagne als Zugang angesehen wurde. Siehe Christian-J. Guyonvarc'h, *Notes d'Étymologie et de Lexicographie gauloises et celtiques XXVIII, 133. Celtique commun *Letavia, gaulois LATAVIS, irlandais Letha, la porte de l'autre monde*, in *Ogham* 19, 1967, S. 490-494.

liaig: Bezeichnung für den Dichter bzw. Druiden, der in der Medizin spezialisiert ist. In der übertragenen Bedeutung eines "spirituellen Arztes", der die Seelen heilt, wird dieses Wort auch in der hagiographischen Literatur für einen Heiligen gebraucht. Siehe *Medizin.*

Life (engl. Schreibung *Liffey*) : Eine Ebene und ein Fluß in Ostirland. Der Fluß trennt die Provinzen Meath und Leinster voneinander.

LISCUS: Adeliger Häduer, der das Amt des *vergobretus* innehatte und von dem Cäsar am Beginn seiner Beziehungen zu den Häduern berichtet. Angeblich hätte Liscus Cäsar durch Anspielungen verstehen lassen, daß Dumnorix, der

Bruder des Diviciacus für die Ausschreitungen gegen die Römer verantwortlich war.

LITANA ("breit, groß"): Von Titus-Livius überlieferter Name des Waldes im cisalpinen Gallien, in dem die Bojer dem Konsul Postumius und seinem Heer eine tödliche Falle gelegt hatten, indem sie sie mit Bäumen erschlugen, die sie zuvor angesägt hatten, so daß sie bei der geringsten Berührung umfielen. Es handelt sich zwar um eine Legende, doch ist der Name eindeutig. Vgl. irisch *leathan,* walisisch *llydan*, bretonisch *ledan* ("breit").

Literatur: Es gibt keine keltische Literatur im modernen Sinne dieses Wortes, sondern lediglich eine Gruppe von Erzählungen oder Texten, die nur deshalb überliefert wurden, da das Christentum den Gebrauch der Schrift mit sich brachte oder befahl. Die Oghamzeichen hatten nie zur Niederschrift eines ganzen Textes gedient und das irische *litriocht* ist ein Lehnwort aus dem Lateinischen, da das Irische über kein Wort aus diesem Bereich verfügte. Siehe *Schrift, Ogham, Scél.*

Llew Lawgyffes ("Mit der schnellen Hand"): Name einer dem Lug entsprechenden walisischen Sagengestalt, dessen Abenteuer im *Mabinogi von Math* erzählt werden. Da seine Mutter ihn dazu verdammt hatte, keine Frau des irdischen Menschengeschlechts zu haben, wurde er mit Blodeuwedd ("Blumenwesen oder -gesicht") vermählt, die seine Ziehväter Gwydyon und Math aus Blumen erschaffen hatten. Doch ist ihm Blodeuwedd untreu, und Llew, den jene durch ihren Liebhaber Gronm Pebyr töten zu lassen versucht, wird von Gwydyon als heruntergekommener Adler gefunden. Gwydyon und Math heilen ihn, Llew rächt sich und tötet Gronw Pebyr mit einem Speerwurf, während Blodeuwedd in eine Eule verwandelt wird.

Lobgesang: Hauptaufgabe des Barden (oder des *File*) am Königshof in allen keltischen Ländern. Es handelt sich dabei um das natürliche Gegenstück zum wesentlich selteneren Tadel. Beide gingen in Irland wegen des Schriftverbots für Barden nach der Christianisierung an die *Filid* über.

Loch Lo (oder **Lou**): See in der Nähe Senlabors, dessen genaue Lage nicht geklärt ist und an dem, der Sage nach, König Mongan getötet wurde. Wörtlich bedeutet das sehr selten gebrauchte Wort *lô* "See, Wasser".

Lochru: Einer der beiden Druiden des Königs Loegaire bei der Ankunft des Heiligen Patrick in Tara. Siehe *Lucetmael.*

Loeg mac Riangabra (oder **Riangabair**): Kutscher Cuchulainns. Sein Name bedeutet "Kalb, Sohn des Seepferdes" und entspricht der neueren Schreibweise *Laeg, Laegh. Loeg* ("Kalb") wird häufig auch als Kosename ("Schatz, Liebling") gebraucht.

Lomna: Name des Narren Finds, der ihn durch eine Prophezeiung der Ogham vor seinem bevorstehenden, ehelichen Unglück warnt.

Lonnandsclech: Einer der Beinamen Lugs. *Lonn* scheint "stolz, wütend, gewaltsam" zu bedeuten, doch bezieht sich der zweite Teil auf kein bekanntes altirisches Wort.

LONDINIUM: Alter Name Londons, wie er sich bei Tacitus und Ptolomäus wiederfindet und der dem walisischen *Llundein* und dem englischen *London* zugrundeliegt. Auch das französische *Londres* stammt von dieser Form (vgl. *Langres* von *Lingones*), die wahrscheinlich auf einen Eigennamen **Londin(i)os* zurückgeht, dessen Bedeutung noch nicht gesichert ist, welches jedoch möglicherweise auf die Adjektivwurzel **londo-* zurückgeht, wie wir sie im irischen *lond* ("wild") finden können.

Lorica ("Panzer"): Lateinischer Name eines berühmten Gebetes, welches den Heiligen Patrick gegen die Machenschaften des Teufels und seiner irdischen Anhänger beschützen sollte und welches auch unter dem Namen "Patrickshymne" bekannt ist. Angeblich verfaßte es der Heilige selbst, als er sich zur Zeit Loegaires, des Sohnes Nialls nach Tara begab, um dort den christlichen Glauben zu verbreiten. Wenn Patrick dieses Lied sang, sahen seine Feinde, die in einem Hinterhalt auf ihn lauerten, nur Hirsche gefolgt von einem Kitz auf sich zukommen.

Lösegeld (irisch *glinn,* pl. *Glinni*): In allen Texten stoßen wir auf dieselbe Vorstellung von Lösegeld oder Bürge. Ist ein Fall nicht genauer durch einen geschriebenen Vertrag oder die Rechtstexte bestimmt, so fungiert der Bürge als Pfand und als Zeuge zugleich, um mit seinem Wort für die Ausführung eines Versprechens oder Schwurs einzustehen. Wird dem nicht nachgekommen, so verteidigt er das Opfer und hat den Schuldigen herauszufordern oder anzugreifen. Auch die Naturelemente Wasser, Luft, Erde, Feuer, Sonne, Mond usw. können Garanten sein.

Luaine: Heldin des *Tochmarc Luaine* ("Hof der Luaine"), die König Conchobar versprochen gewesen war. Als sie dem Druiden Aithirne und seinen drei Söhnen jedoch die Zusage verweigert, satirisieren sie diese und lassen sie durch einen *glam dicinn* vor Schande sterben. Als Rache dafür töten die Ulaten den Druiden und seine Söhne. Der Name Luaine ist vielleicht mit *lûan* ("Mond" bzw. "hell, leuchtend") verwandt.

Luam ("Führer"): Einer der drei Mundschenk-Druiden, die für Nechtan die Wunderquelle von Segais bewachen. Die beiden anderen heißen Flesc ("Stab") und Lam ("Hand").

Lucetmael, Lucetmel, Lucatmel: Einer der beiden Druiden am Hofe Legaires, zur Zeit der Ankunft des Heiligen Patrick in Tara. Er wird vom Heiligen in

Zauberkämpfen besiegt. Dabei läßt er Schnee fallen, ist jedoch nicht imstande, diesen wieder verschwinden zu lassen, während es dem Heiligen "ohne Feuchtigkeit, ohne Sonne und ohne Wind" allein durch einen Segensspruch gelingt. In der Folge läßt er "große Dunkelheit aufkommen", doch auch die kann nicht er, sondern lediglich der Heilige, der jedoch durch ein einziges Wort, hinwegzaubern. Nach dieser und noch einigen Proben mehr, bekehren sich der König und die Seinen ohne weitere Schwierigkeiten zum Christentum. Siehe auch *Laegaire.*

Luchorpan, luchrupân, lucharban, lupracân (neuirisch *leipreachân*): Volksbezeichnung für Zwerge, die den bretonischen Korrigans entsprechen und manchmal auch mit den Fomoire gleichgesetzt werden. Der stark christianisierte Text der *Sex Aetates Mundi* führt ihren Ursprung auf einen Fluch Noahs zurück bis auf Cham. Das Wort setzt sich aus *lû* ("klein") und *corpân* ("Körperchen" vom lateinischen *corpus*) zusammen.

LUERNIOS, LOVERNIOS: Arvernerkönig und Vater des Bituitos, der von den Römern geschlagen wurde. Sein Name bedeutet "Fuchs" Vgl. irisch *loarn*, ein eher seltenes Wort, welches später durch *sinnach* oder *madra rua* ("roter Hund") ersetzt wurde; mittelwalisisch *leuyrn*, bretonisch *louarn.*

Lug, neuirisch **Lugh**: Oberster Gott in der irischen Mythologie, dessen Name sich im Fest des ersten August, dem *Lughnasadh (Lûnasa)* ("Versammlung Lugs") bis heute erhalten hat. Wie auch dem Dagda wurde ihm in den legendären Annalen des *Buchs der Eroberungen* eine menschliche Vergangenheit als König zugeschrieben. Durch die Christianisierung wäre er fast in Vergessenheit geraten, wäre er nicht im *Cath Maighe Tuireadh* als Anführer der Tuatha Dé Danann beschrieben worden, dem weder eine Klasse noch ein bestimmter Aufgabenbereich zukommen, da er alle zugleich repräsentiert, was auch in seinem Beinamen *Samildanach* ("Alleskönner") zum Ausdruck kommt. Eine spätere Fassung des *Cath Maighe Tuireadh*, die sich grundlegend von der ersten unterscheidet, beschreibt ihn in sehr "odinischen" Zügen als schrecklichen Kriegsgott. Am häufigsten wird sein Beiname *lamfhala* ("mit der langen Hand" bzw. "mit dem langen Arm") gebraucht. Das Theonym ist pankeltisch und findet sich auch in gallischen Worten, vor allem in Ortsnamen auf *Lug(u)-*, wie z.B. *Lyon (Lug(u)-dunum)* oder walisisch *Llew* wieder. Lug ist der Sohn Cians, der Sohn Diancechts und Eithle(nn), der Tochter des Fomoire Balor, die überdies die allegorische Personifizierung der Herrschaft über Irland darstellt. Lug ist der Sonnengott und sein Name bedeutet "leuchtend". Siehe *Lugaid, Lugdunum* und Christian-J. Guyonvarc'h, *Note de toponymie gauloise. 1. Le toponyme gaulois DVNVM. 2. Répertoire des topnymes en LVGDVNVM*, in *Celticum* 6, 1963, S. 363-376.

Lugaid: Adoptivsohn Cuchulainns und oberster König Irlands, von dessen außergewöhnlicher Königswahl die Erzählung *Serglige ConCulaind* berichtet.

Sein vollständiger Name lautet *Lugaid Reo nDerg* ("Mit den roten Streifen") und beruht auf der Überlieferung, die ihm drei Väter zuschreibt: Nar, Bres und Lothar. Dem ersten ähnelte sein Kopf, dem zweiten der Oberkörper und dem dritten der restliche Körper. Diese verschiedenen Zonen wurden jeweils durch einen roten Streifen abgegrenzt. In den irischen Sagen und Epen tragen noch über ein dutzend weiterer Personen den Namen Lugaid. In den jüngeren Texten wird er sogar auf Lug selbst angewandt, wogegen der Name Lug fast nie als Eigenname für Menschen verwendet wurde.

LUGDUNUM (zusammengezogenes **LUGUDUNUM**): Hauptstadt Galliens zum Zeitpunkt des Gallischen Krieges und während der gesamten gallo-romanischen Epoche. Der Name bedeutet "Festung bzw. Hügel Lugs" und ist für mehrere Orte der antiken, keltischen Welt belegt (z.B. *Laon, Loudun, Leyde*). Siehe *Lug, Lugaid.*

Lugnasad ("Versammlung Lugs", neuirisch *Lughnasad, Lûnasa*): Fest am ersten August, welches als Zeichen für Überfluß und Wohlstand unter dem Vorsitz des Königs von Irland stattfand, dessen gutes Regieren den Reichtum garantierte. Theoretisch wird dieses Fest, welches sich aufgrund seines landwirtschaftlichen Aspekts in der Folklore beständig fortentwickelte, als Anfang des Herbstes verstanden. Die häufig angestellte Übersetzung "Brautnacht Lugs" geht auf die fälschliche Interpretation von *nasad* zurück. Die gallische Entsprechung ist das *Concilium Galliarum* ("Versammlung der Gallier").

M

Mac ("Sohn"): Eine häufige Einfügung in irischen Eigennamen, die auf die *duo nomina* Namengebung durch Filiation zurückgeht. Auch im Britannischen sind noch deutliche Spuren in der Form von *Ab (Ap)* erkenntlich, welches sich aus dem Abfall des Intitial- *v* bildete, welches durch Lautverschiebung das Initial- *m* von *mab (map)* ersetzt hatte. Im Gallischen wurde die Filiation meist durch ein angefügtes *-knos* ("geboren von") gekennzeichnet.

Mac Oc ("Junger Sohn"): Beiname Oengus', des keltischen Apolls, was sein jugendliches Aussehen betrifft. Als Sohn des Dagda symbolisiert er die Zeit.

Macha (**magosia* "Ebene"): Göttin, die der Hauptstadt Ulsters, Emain Macha ihren Namen gab. Sie stellt vor allem einen weiteren Aspekt der Kriegsgöttin Morrigan oder Bodb dar. Zu all ihren Kriegsabenteuern und ihrem Platz in der keltischen Götterwelt siehe *La Souveraineté guerrière de l'Irlande, Celticum* 25, *op.cit.*

Mag Bile (in der englischen Schreibweise *Moville*): Laut Hogans *Onomasticon Goidelicum*, 513b, Residenz des Heiligen Finnian in der Grafschaft Down im Nordosten von Newtonnards.

Mag Inis: Gegend in der Baronei von Lecale, Grafschaft Down. Der Name bedeutet "Ebene der Insel", und der Sage nach liegt hier die Residenz des Fomoirenkönigs Bres.

Mag Meld ("Ebene der Freuden"): Einer der zahlreichen Namen für die Andere Welt in den irischen Sagen und Epen. Er findet sich im Namen der gallischen *Meldi* wieder, die der Stadt *Meaux* ihren Namen gaben. Siehe Christian-J. Guyonvarc'h, *Notes d'Étymologie et de Lexicographie gauloises et celtiques II, 8. Le nom des Meldi (Meaux, Seine & Marne),* in *Ogham* 11, 1959, S. 285-287.

Mag Mogna: Sagenhafte Ebene im Norden Irlands, ohne weitere Ortsangaben.

Mag Mor, Magmor ("Große Ebene"): Eine der zahlreichen Bezeichnungen für die Andere Welt. Es ist dies außerdem der Name eines mythischen Königs von Spanien (dem angeblichen Ursprungsland der Goideln) und des Vaters der Tailtiu, die wiederum die Erde Irlands versinnbildlichte und den Gott Lug gebar.

Mag Slecht ("Ebene des Fußfalls"): Heilige Stätte zu der die Iren, so die Heiligenlegenden, pilgerten, um sich in Verehrung vor einem Götzenbild namens Crom Cruaich niederzuwerfen, welches von zwölf weiteren, kleineren Idolen umgeben war. Der Ort befindet sich laut Hogans *Onomasticon Goidelicum,* S. 530b in Ballymagauran, in der Grafschaft Leitrim.

Magdalensberg: Berggipfel etwa zwanzig Kilometer von Klagenfurt im österreichischen Kärnten, auf dem bei archäologischen Ausgrabungen besonders reiche Funde einer keltischen Kultur getätigt wurden, welche sich weit bis in die Epoche der Römer zog. Die römische Stadt Virunum, die Hauptstadt von Noricum, befand sich am heutigen Zollfeld in der Nähe von Mariasaal.

Magier: Deutsches Lehnwort basierend auf dem lateinischen *magus*, ein Wort, welches manchmal, besonders in den späteren Texten der Antike oder des Mittelalters, für die Druiden gebraucht wurde. Die Bezeichnung war zweifelsohne abwertend. Der Name Simon der Magier *(Simon magus)* wurde in Irland mit *Simon drui* (Simon der Druide) übersetzt.

Magie: Der sichtbarste Teil der Tradition, der überdies am leichtesten der allgemeinen Intelligenz zugänglich ist. Es wird oft fälschlich angenommen, die Zauberei hätte in der keltischen Welt einen überhöhten Stellenwert eingenommen, was auf die Tatsache zurückgeht, daß sie in der Endphase ihrer Gesellschaft deutlich sichtbar wurde. Doch ist sie weit davon entfernt, einen Hauptbestandteil ihrer Kultur darzustellen, da sie in der Regel der souveränen Gottheit Ogmios (in Gallien) bzw. Ogme (in Irland) vorbehalten war.

Magistratus ("Hoher Beamter"): Lateinisches Wort, mit dem Cäsar im *De Bello Gallico* den Titelträger eines zivilen Verwaltungspostens bei den Galliern bezeichnet. Bei den Häduern handelte es sich dabei um den *vergobretus*. Die anderen Titel, die wahrscheinlich im übrigen Gallien dafür gebräuchlich waren, sind uns heute nicht mehr bekannt. Wie im Lateinischen handelt es sich dabei nie um eine religiöse Funktion. Um die keltischen Priester zu benennen, verwendet Cäsar die Worte *druides* oder *sacerdotes.*

Manannan: Der vollständige Name lautet auf *Manannan mac Lir* ("Herr, Sohn des Ozeans"). Es handelt sich dabei um den Herrscher der Anderen Welt, von dem in vielen Erzählungen die Rede ist. Er ist zwar kein Gott des Meeres, doch liegt die Andere Welt der Iren jenseits des Ozeans, den Manannan jedesmal zu überqueren hat, um in die Welt der Menschen zu gelangen. Außerdem wurde das Meer jedoch auch als Element und Ursprung allen Lebens verstanden (siehe *Ler*). Manannan ist der Bruder des Dagda, Ogmes und aller anderen Götter des Pantheons. Seine Gattin ist Fand ("Schwalbe") und eines seiner Merkmale, welches in den Texten am meisten hervorgehoben wird, ist seine natürliche Gabe zu Verwandlung und Allgegenwart. Er taucht zwar nicht im *Cath Maighe Tuireadh* auf, doch spielt er eine wichtige Rolle in allen Fassungen des Etainzyklus'. Siehe *Manawyddan.*

Manawyddan: Walisischer Name der Sagengestalt, die dem irischen Manannan entspricht, und dem dritten Zweig des *Mabinogi*, dem *Manawyddan vab Llyr* ("Sohn des Ozeans") entspricht.

Männer der Kunst (irisch ***aes dana***): Bezeichnung, die in den irischen Texten im allgemeinen, ohne Rücksicht auf die verschiedenen Ränge, all jenen zukommt, die ein bestimmtes Handwerk beherrschen. So kann z.B. ein Schmied durchaus in gleichem Maße wie ein Dichter oder Geschichtsdruide auch als "Doktor" oder gar als "Druide" bezeichnet werden. Ein Handwerksberuf wurde in Irland nie als "minderwertig" verstanden. Der Ausdruck beschreibt also lediglich eine bestimmte Eigenschaft und stellt keine Klassifizierung dar.

Mantis: Griechische Bezeichnung für "Wahrsager- und Prophet(inn)en", welche die klassischen Autoren verwendeten um die gallischen Vaten zu benennen.

Maol ("Glatze"): Einer der drei Druiden des höchsten Königs von Irland Conn Cetchathach.

Marban ("Kleiner Tod"): Schweinehirt und Bruder Guaires, des Königs von Irland in der Erzählung *Tromdamh Guaire* ("Die schwere Gesellschaft").

MAT-: Bezeichnung der "günstigen" Tage im gallischen Kalender von Coligny. Es handelt sich dabei um dasselbe Wort wie das bretonische *mat*, das irische *maith* ("gut"), welches auch als negative Vorsilbe *ANMAT-* existiert. Siehe *anmat-.*

Math, Sohn des Mathonwy: Mythischer König von Gwynedd, laut dem *Mabinogi,* der nach ihm benannt ist: *Math Vab Mathonwy.* König Math ist in erster Linie ein Magier und mit Gwydyon ("Weiser") verbündet. Sein Name beinhaltet die königliche Thematik des Bären, die sich auch im gallischen *Matu-* wiederfindet, die in zahlreichen Eigennamen auftaucht; vgl. irisch *Mathgen.*

Mathematicus: Das lateinische Wort bezeichnete nicht nur Mathematiker, sondern auch Wahrsager oder Astrologen und im weiteren Sinne, all jene, die sich mit den okkulten Wissenschaften oder religiösen Mysterien abgaben, die der offiziell-römischen Religion fremd waren. Natürlich fielen auch die keltischen Druiden den Repressalien zum Opfer, welche im ersten nachchristlichen Jahrhundert versuchten, den Einfluß aller fremden, besonders jedoch der östlichen Kultformen im Römischen Reich zu mindern.

Mathgen: Druiden der Tuatha Dé Danann im *Cath Maighe Tuireadh.* Sein Name geht wahrscheinlich auf die altertümliche Form *matu-genos* ("vom Bären geboren") zurück, die auch in gallischen Eigennamen häufig war. Siehe *math.*

Medb ("Trunkenheit"): Königin von Connaught, Gattin des Königs Ailill und Initiatorin des "Raubzuges der Kühe von Cooley", in dem sie die vier irischen Provinzen Connaught, Leinster, Munster und Meath gegen die fünfte Ulster verbündete. Die zahlreichen Liebesgeschichten der Medb, bei der "ein Mann immer im Schatten eines anderen stand", zeugen vor allem vom raschen Machtwechsel der Zeit, während ihr Name auf die Trunkenheit anspielt, die diese Macht verursachen kann. Der Name ihrer Tochter Findabair findet sich im Namen der Gattin des Königs Artus, Gwenhwyfar in der britannischen Version der Sage wieder.

Medizin: Was die Ärzte und die Medizin der Kelten der Antike und des Mittelalters betrifft, so verfügen wir nur über relativ allgemeine Informationen. Wir wissen jedoch, daß alle Ärzte den Rang eines Druiden einnahmen und daß sie drei verschiedene Arten der Medizin betrieben, die sich nach dem Rang in der Hierarchie richteten:

- Auf der Ebene der Priester die Medizin durch Zaubergesang.
- Auf der Ebene der Krieger die blutende Medizin, d.h. die Chirurgie.
- Auf der Ebene der Bauern und Handwerker die Pflanzenmedizin.

Die Medizin bedurfte also zugleich der Intelligenz, der Überlegung, einer gewissen Zauberkraft und eines technischen Wissens. Sie kann daher nicht allein auf den "dritten Stand" beschränkt werden. Wollen wir den klassischen Autoren Plinius, Celsus und Dioscoridus Glauben schenken, so nahm die Pflanzenmedizin den bedeutendsten Teil der alltäglichen Heilmethoden ein. Leider sind uns aus Irland nur allgemeine Definitionen und keine eingehenderen medizinischen Abhandlungen erhalten, doch ist es ganz offensichtlich, daß die keltische Medizin, ganz wie die keltische Rechtsprechung von Religion und Tradition bestimmt waren. Der Arzt konnte also nur Druide sein. Vgl. *liaig, Diancecht, Airmed, Miach.*

MEDIOLANUM ("Heiligtum der Mitte"): Ursprünglicher Name Meilands im cisalpinen Gallien. Die Gründung dieser Stadt schreibt Titus-Livivus einem Feldzug des Bellovesus, dem Neffen des mythischen Herrschers Ambigatus zu.

Etwa sechzig weitere Orte der kontinentalkeltischen Welt trugen diesen Namen. Er wird oft mit "Ebene der Mitte" übersetzt, doch trägt diese Übersetzung nicht dem religiösen Symbolismus Rechnung, da es sich durchwegs um Orte handelt, die sich auf Anhöhen befinden. Siehe Christian-J. Guyonvarc'h, *Mediolanum Biturigum. Deux élements de vocabulaire religieux et de géographie sacrée. 1. - Le nom des Bituriges. II. - Mediolanum*, in *Celticum* 1, Rennes, 1961, S. 137-158.

MELDI: Gallisches Volk in der Gegend von Meaux, Nachbarn der Parisii. Ihr Name ist mit dem irischen *Mag Meld* ("Ebene der Freuden"), einer anderen Bezeichnung für die Andere Welt verwandt. Siehe *Mag Meld.*

Merlin: Auf der latinisierten Form *Merlinus* basierender Name der walisischen Sagengestalt Myrddhin, dem die Legende eine außerordentliche Gabe der Weissagung zuschreibt. Wie auch Taliesin gehört er zu den *cynfeirdd* ("Urbarden") der walisischen Literatur. Der Name geht auf die alte Form **mori-dunon* ("Meeresfestung") zurück.

Metamorphose: Eine der wichtigsten Fähigkeiten der Bewohner der Anderen Welt, die meist in der Gestalt von Vögeln (Schwänen) ins Diesseits gelangen oder von dort wieder zurückkehren. Die Magie der Anderen Welt erlaubt alle nur denkbaren Verwandlungen oder Veränderungen des Existenzniveaus (vgl. den Fall Étains). Wenn Menschen, sei es von Göttern oder von Zauberern verwandelt werden, so geschieht dies meist als Strafe. Oft wird die Metamorphose (Verwandlung) fälschlicherweise mit der Metempsychose (Seelenwanderung) oder der Reinkarnation (Wiedergeburt) verwechselt.

Metempsychose: Dieses Wort kennzeichnet ziemlich exakt die Lehre vom Übergang einer Seele in einen anderen Körper, die lange Zeit als Folgeerscheinung des Unsterblichkeits- und Wiedergeburtsglaubens und als Grundlage des Druidentum angesehen wurde. In Wahrheit jedoch beschränkt sich die Metempsychose in Irland auf die zwei Beispiele von Fintan und Tuan mac Cairill. Alle weiteren wurden entweder aus Mißverständnis oder aus mangelnder Information mit Fällen der Metamorphose verwechselt. Das keltische Urvokabular verfügt über kein Wort für eine solche Vorstellung.

Miach ("Scheffel") Sohn des Gottarztes Diancecht. Der *Cath Maighe Tuireadh* berichtet, wie ihm der Versuch gelingt, den abgetrennten Arm des Königs Nuada durch einen lebenden zu ersetzen, während sich sein Vater mit einer Silberprothese zufriedengegeben hatte. Der rach- und eifersüchtige Diancecht ermordet darauf hin seinen Sohn. Doch taucht Miach etwas später in der Erzählung wieder auf (die Götter sind unsterblich!). Sein Name steht, wie auch der seiner Schwester Airmed in semantischem Bezug zum "Maß", der Grundlage aller indoeuropäischen, medizinischen Lehrsätze. Oirmiach ist das "Double" Miachs. Siehe Christian-J.

Guyonvarc'h, *Notes d'Étymologie et de Lexicographie gauloises et celtiques XXI, 142. Irlandais Airmed "mesure" et Miach "boisseau"; breton arvezîn "examiner"*, in *Ogham* 20, 1968, S. 351-352.

Mide (englisch *Meath*): Zentralprovinz Irlands, die aus je einem Landstrich der anderen vier Provinzen gebildet wurde und so in der geographischen und symbolischen Mitte der Insel liegt. Daher befand sich auch die Residenzstadt des obersten Königs von Irland, Tara in dieser Provinz. Mide bedeutet "Mitte", doch bringen die *Dindshenchas* diesen Namen auch mit *mî dê* ("schlechter Rauch") in Verbindung und erzählen von einem Feuer, welches Mide entfacht hätte und sechs Jahre lang brannte. Die Druiden der Gegend hätten den Rauch dieses Feuers angeblich als schlecht bezeichnet, woraufhin ihnen Mide wegen respektlosen Wortspiels die Zunge herausschneiden hätte lassen. Die Worterklärung ist typisch für das Vorgehen der irischen Etymologen.

Midir (von Bri Léith): Entsprechung des gallischen **Medros*, einem "Bruder" des Dagda und Gott der Anderen Welt. Es handelt sich sicher um einen Beinamen oder Doppelgänger des Dagda selbst. Er spielt eine wichtige Rolle im gesamten Étainzyklus, wo er als Ziehvater und Lehrer des Oengus und Gatte der Étain auftritt. Er raubt sie zurück von König Eochaid, dem er die Tochter Étains läßt, welche durch unbeabsichtigten Inzest (Eochaid verwechselte sie mit ihrer Mutter) Urahnin einer langen Reihe von Königen wird.

Midluachair (Slige Midluachra) ("Straße von Midluachair"): Name der alten Straße, deren genauer Verlauf zwar unbekannt ist, die jedoch den Texten nach von Tara im Osten von Armagh über Drogheda, Dundalk und Sliab Fuait nach Emain Macha führte.

Mil: Sagengestalt und Urahne der Goideln (Gaelen), die angeblich von Spanien nach Irland kamen und sich die "Söhne Mils" nannten. Der Name ist kein lateinisches Lehnwort, wie häufig vermutet wurde, sondern geht auf den Stamm **mileto-* ("Kampf, Zerstörung") zurück.

Mistel: Heilpflanze mit den verschiedensten Anwendungsbereichen. Plinius beschreibt im Rahmen eines alten Thronerhebungsrituals, von dem in Gallien nur noch der ausschlaggebende Moment des Stieropfers bekannt ist, wie die Mistel gepflückt wurde. Die alleine bei Plinius zitierte lateinische Form *omnia sanantem* ("die alles Heilende") entspricht dem irischen *oll-îcad*. Die Verwendung der Mistel durch die Inselkelten ist zwar nicht ausdrücklich belegt, doch ist sie sehr wahrscheinlich.

Meiland: Siehe *Mediolanum*.

Mog Neid: König von Munster. Sein Namen bedeutet wohl "Diener des Kriegers", da *Neid* allem Anschein nach auf den Genitiv *niad* der alten Form *nia* zurückgeht.

Mog Ruith ("Diener des Rades"): Mythischer Druide, der aufgrund der offensichtlichen Symbolik wahrscheinlich eine weitere Erscheinungsform des Dagda darstellt. Er ist die Hauptperson der Erzählung *Forbuis Droma Damghaire* ("Die Belagerung von Druim Damghaire"), wo er sich in den Dienst der Einwohner Munsters stellt, um gegen den irischen König Cormac zu kämpfen, der von ihnen den Tribut des *boroma* einfordert. Er ist Krieger wie auch Cathbad, der Druide von Ulster, obwohl er als Zeichen seiner prophetischen Sehkraft blind ist. Das Christentum verschlechterte seinen Ruf, indem es ihn für die Enthauptung Johannes' des Täufers, den Grund allen Übels in Irland, verantwortlich machte und ließ ihn so aus dem Großteil der Epen und Legenden verschwinden.

MOMOROS: Einer der Gründer Lyons nach Pseudo-Plutarch. Der Name ist ungeklärt.

Mona: Ursprünglicher Name der Insel von Anglesey, neuwalisisch *Môn* oder *Sir Fôn*. Tacitus meint, hier habe sich das große Heiligtum der Bretonen befunden, welches Paulinus Suetonius mitsamt allen Druiden, die es bewohnten und verteidigten, vernichtete. An dieser Stelle sollte angemerkt werden, daß in den antiken Quellen eine ständige Verwirrung zwischen den Inseln Anglesey und Man herrschte, welche zwischen Irland und Großbritannien liegt *(insula quae appellantur Mona*, nach Cäsar BG VI, 13).

Moncha: Tochter des Druiden Dil, Gattin des Königs Eogan Mor und Mutter des großen Königs Fiacha Muillethan ("Mit dem großen Kopf"). O'Rahilly führt seinen Namen in *Early Irish History and Mythology*, S.31, auf das "nichtgaelische" **Monapia* zurück, in welchem der Name der Insel Man erkenntlich wäre. Doch geht der Stamm auf *-p-* von einer Hypothese aus, welche auf der Vorstellung basiert, Irland sei vor den Goideln von einem britannischen Volk bewohnt worden. Moncha ist sicherlich eine Sagengestalt, doch sollte tatsächlich ein etymologischer Zusammenhang mit dem Namen der Ile of Man bestehen, so läge wohl eher ein Stamm auf *-k-* vor, da das Wort mit größerer Wahrscheinlichkeit auf den Namen der *Fir Manach (Fermanagh)* zurückgeht.

Mongan: Legendärer König von Ulster, Sohn von Fiachna und Findtigernd, auch wenn er eigentlich von Manannan gezeugt wurde. Das Kriegsabenteuer, bei dem das geschah, wird in einer Textsammlung beschrieben, welche den Titel *Die Legende von Mongan* trägt (Siehe Christian-J. Guyonvarc'h, *Textes mythologiques irlandais* I/1, S. 203-232). Mongan wird manchmal auch als "Doppelgänger" von Find mac Cumaill angesehen, doch beruht dies auf einem Irrtum aufgrund seines Beinamens Find ("Der Schöne"). Bei Mongan selbst handelt es sich um eine Verkleinerungsform von *mong* ("Haar, Scheitel, Strähne"), was auf die göttliche Vaterschaft Manannans hinweist, dem eine dichte, blonde Mähne zugeschrieben wird.

Morann: Sagenhafter Richter Irlands und Sohn des schlechten Königs Cairpre Cenn Cait ("Katzenkopf"). Er trug ein Halsband, welches bei gerechten Urteilssprüchen weiter wurde, während es sich bei ungerechten so zusammenzog, daß es ihn zu erwürgen drohte. Siehe *Halsband.*

Morfessa ("Großes Wissen"): Sagenhafter Druide, welcher über Falias, eine der Inseln im Norden der Welt herrschte, von der der Stein von Fal stammte.

Morgane: Königin der Insel Avallon in der Anderen Welt, welche mit ihren Schwestern (Moronoe, Mazoe, Gliten, Glitonea, Gliton, Tyronoe, Thiten und Thiton) Arthur gesundpflegt, bis er wieder auf die britischen Inseln zurückkehren kann. Ihr Name beruht auf der alten Form **mori-gena* ("Meergeborene").

Morrigu, Morrigan: Irische Kriegsgöttin, welche auch Bobd (Krähe") oder Macha ("Ebene") genannt wird. Sie spielt eine wichtige Rolle im *Cath Maighe Tuireadh* und taucht auch in der *Tain Bo Cualnge* und anderen Texten auf. Sie ist die Gattin des Gottdruiden Dagda und stellt den kriegerischen Aspekt der Herrschaft dar. Was die Herkunft ihres Namens betrifft, so zögerte man lange zwischen "großer Königin" und "Geisterkönigin", da die Wurzel *Mor-* auch auf die des Namens der Fomoire zurückgeführt wurde. Doch bedeutet die alte, zusammengesetzte Form viel eher "große Königin". Siehe *La souveraineté guerrière de l'Irlande, Celticum* 25, S. 9-60 und 95-102.

Mugna (Eibe von): Urbaum, der magische Früchte trug. Die Früchte fielen in eine Quelle, wo sie vom Tier der Weisheit, dem Lachs gefressen wurden. Das seltene Wort *mugna*, bedeutet "Lachs", und die englische Schreibweise *Moon* gibt in etwa seine Aussprache wieder. Der Baum stand in der Baronei Kilkea und Moone in der Grafschaft Kildare.

Muirchertach, Sohn Ercs: Irischer König, dessen tragisches Schicksal darin bestand, einen dreifachen Opfertod zu sterben: So wurde er von einer Lanze durchbohrt, in einem Weinfaß ertränkt und in seinem Palast verbrannt. Dieser Tod ist eine Folge der Intrigen einer Frau aus der Anderen Welt, der es gelang, den König trotz der vergeblichen Mühen des Heiligen Cairnech, einer der großen Nachfolger Patricks, zu umgarnen und zu verführen. Die Erzählung vom *Tod Muirchertachs* ist vor allem deshalb von Interesse, da an ihr der Verfall der irischen Mythologie zur christianisierten Folklore ersichtlich wird..

Muirchu: Irischer Hagiograph und Autor der lateinischen Vita des Heiligen Patrick zu Beginn des VIII. Jahrhunderts.

Muiredach Muinderg: König von Ulster zur Zeit des Heiligen Patrick, dessen Frau nach einigen Metempsychosen den Wahrsagedruiden Tuan mac Cairill zur Welt bringt. Sein Name bedeutet "Anführer mit dem roten Hals".

Muirthemne, Murthemne: Ebene im Ulster, von der in allen Epenzyklen und Mythologien die Rede ist. Laut Hogans *Onomasticon Goidelicum*, S. 551a befindet sie sich zwischen Sliab Fuait und Dundalk. Siehe *Conaille Muirthemne.*

Mumu ("Munster"): Provinz Irlands. Siehe *Provinz.*

Mundschenk (irisch *deogbaire*): Bezeichnung für die Druiden, denen die Aufgabe des Ausschanks und der Überwachung der Getränke (Met, Bier und Wein) an den Königshöfen zukam. Dieser Fachbereich hat nichts Außergewöhnliches an sich, da auch berauschende Getränke als Mittel zur Kommunikation mit der Anderen Welt und als Herrschaftssymbole angesehen wurden. Doch erstrecken sich die Befugnisse des Mundschenks auf alle flüssigen Elemente: So beauftragt z. B. in der Sage des *Tochmarc Etain* der Bruder des Dagda drei Mundschenk-Druiden mit der Bewachung der Wunderquelle der Segais. Siehe *Dagda, Nechtan, Boand.*

Murias: Eine der Inseln im Norden der Welt, von der nicht nur die Tuatha Dé Danann, sondern auch der Kessel des Dagda stammen. Ihr Name geht auf *muir* ("Meer") zurück.

Musik: Die Musik des *sid*, welche die Botinnen der Anderen Welt spielen, unterscheidet sich in der Regel kaum vom menschlichen Gesang. Sie kann von einem Zweig oder Stab ausgehen, den jene bei sich tragen. Auf der menschlichen Ebene wird die heilige Musik, die auch die des Hofes ist, von der Harfe gespielt, die die drei Weisen der Traurigkeit, des Schlafs und des Lächelns spielt. Die Blasinstrumente sind dem Krieg und der Volksbelustigung vorbehalten. In der geographischen Aufteilung der "Aufgaben und Fähigkeiten" kommt die Musik dem Süden, die Dichtkunst dem Norden Irlands zu.

N

Nacht: Es gibt zwar keinen ausdrücklichen Gott der Nacht, doch gehört sie implizit dem Ogme (Ogmios), so wie der Dagda über den Tag gebietet. Das keltische Verständnis der Zeit, in welchem sich das Konzept der doppelten Gottesherrschaft wiederfindet (wie in der vedischen Doppel- und nicht Mehrgottherrschaft von Mitra und Varuna), sieht die 24 Stunden eines Tages in eine Nacht und einen Tag unterteilt, was im irischen *lâ ocus oidche* seinen Ausdruck findet. Das erklärt auch das "polare" Verständnis der Zeit, welches sich völlig mit dem der Inder deckt: Ein Tag und eine Nacht entsprechen einem Jahr (sechs Tagmonate und sechs Nachtmonate), während ein Jahr die Gesamtheit der Zeit, d.h. die Ewigkeit - die der Dualität des Paares Oengus / Dagda ("jung und alt") folgt - zusammenfaßt bzw. versinnbildlicht. Siehe *Textes mythologiques irlandais* I/2, S. 229 ff.

Nath: Im engeren Wortsinn eine bestimmte Dichtform, welche dem *Anruth*, dem zweithöchsten Dichter nach dem *Ollam* ("Doktor") vorbehalten ist. Das Wort wird jedoch in einem allgemeineren Sinn als "Gedicht, Gesang, Klagelied" gebraucht. Die Etymologie ist noch ungeklärt.

Naturismus: Lehre, die versucht, alle religiösen Gegebenheiten durch die Interpretation natürlicher Phänomene und Elemente zu erklären. In Bezug auf die Kelten trägt eine solche Erklärungsmethode nur bestimmten Zügen der Volkskulte oder Folklore Rechnung, kann jedoch keine allgemeine Erklärung einer Religion liefern, die von einer hierarchisch organisierten Priesterklasse strukturiert und verwaltet wurde.

Nebel: Praktisch das fünfte Element, da es an allen anderen vier teilhat. Es ist zwar weder Wasser noch Feuer, Erde oder Luft, doch ist es leicht wie Luft und feucht wie das Wasser, gleicht dem Rauch des Feuers und ist dabei ebenso sichtbar wie ein fester Körper. Die Wesen der anderen Welt kommen in der Regel im Nebel auf diese Welt und ziehen es vor, auch in diesem wieder zu verschwinden. Der sogenannte "Druidennebel" dient letzten Endes auch nur diesem Zweck, auch wenn er manchmal anders genannt wird. Siehe *feth fiada.*

Nechtan, Sohn Collbrans: Figur des *Immram Bran* ("Brans Seefahrt"), doch auch und vor allem ein "Bruder" des Dagda, Gott der Anderen Welt und Besitzer der Wunderquelle von Segais, deren Wasser Boand verbrannte und verstümmelte. Seine Quelle wird von den drei Mundschenkdruiden Flesc, Lâm und Luam bewacht. Der Name *Nechtan* ist mit dem lateinischen *Neptun* verwandt.

Nédé, Sohn Adnaes: *File,* der in jungen Jahren beim Streit um den Titel des höchsten Doktors von Ulster Gegner des *Ollam* Ferchertne wird, eine Episode, von der der *Immacalam in Da Tûaraid* ("Dialog der zwei Weisen") berichtet. Sein Vater Adnae hatte ihn zur Lehre zu Eochu Echbel nach Schottland geschickt. Später adoptiert ihn sein Onkel Caier, der König von Connaught, doch wirft dessen Frau ein Auge auf Nede, der sich von ihr verführen läßt. Auf ihr Betreiben bittet er den König um einen Dolch, den dieser ihm nicht geben darf und hat durch diese Geschenksverweigerung das Recht, ihn durch einen *glam dicinn* zu satirisieren, worauf sich der durch drei Furunkel entstellte Caier aus Schande versteckt und nicht mehr an die Öffentlichkeit tritt. Doch wird Nédé grausam für seine Untat bestraft. Als er mit seinem Wagen in die Burg kommt, in der sich Caier versteckt hält, zerbirst ein Fels und ein Splitter tötet ihn. Nédé hat die drei Sünden des Druiden begangen (vgl. Kapitel II.5) :

- Ungerechter Mißbrauch der Satire.
- Usurpation der Königswürde.
- Ehebruch mit der Königin.

Nemed ("Der Heilige"): Anführer des zweiten Geschlechts, das laut der mythischen Chronologie des *Buches der Eroberungen* nach dem Partholons und vor dem der Fir Bolg Irland beherrschte. Das irische Recht bezeichnete alle Angehörigen des Adels oder *flaith* als *nemed.*

NEMETON: Gallische Bezeichnung für ein Heiligtum bzw. für alles Heilige, das dem irischen *nemed* entspricht und sich in einigen kontinentalen Orts- und Eigennamen wiederfindet. Es besteht eine etymologische Verbindung zwischen dem Stamm *nem-*, dem *nem-* des "Himmels" und dem *niab-* der "Heiligkeit". Dagegen kann von einer solchen bezüglich des "Holzes" und des "Heiligen" nicht die Rede sein. Zwar dient das Holz als unerläßliche Grundlage der "Erkenntnis" des Heiligen, so wie auch ein hermeneutischer Bezug zwischen dem "Baum" und der "Kenntnis" *(vidu-)* besteht, doch kann das *nemeton* selbst kein Wald sein, auch wenn jeder Wald im Prinzip heilig ist. Vgl. *drunemeton.* Siehe Christian-J. Guyonvarc'h, *Notes d'Étymologie et de Lexicographie gauloises et celtiques VI. 17. NEMOS, NEMETOS, NEMETON; les noms celtiques du "Ciel" et du "Sanctuaire",* in *Ogham 12,* 1960, S. 185-197.

Ness ("Wiesel"): Kriegerkönigin von Ulster ,Tochter des Eochaid Salbuide, Gattin des Druiden Cathbad und Mutter des Königs Conchobar und der Findchoem ("Weiß-Weiche"), die wiederum die Frau des Dichters Amorgen und Adoptivmutter Cuchulainns war. Sie gewinnt die Königsherrschaft über den Ulster durch eine List. Nachdem sie König Fergus ihre Dienste gewährte, ersucht sie ihn darum, ihrem Sohn ein Jahr lang die Herrschaft zu überlassen. Doch ist sie während dieses Jahres so großzügig, daß die Ulaten beschließen, Fergus das Reich nicht wieder zurückzuerstatten und ihn so für die Leichtfertigkeit zu bestrafen, mit der er die Königswürde behandelte. Die Iren übersetzten die Schwierigkeiten der Ehe zwischen Cathbad und Ness durch ein pseudo-etymologisches Wortspiel. Siehe dazu *Assa.*

Newgrange: Ort im *Brug na Boinne* ("Herberge der Boyne"), der Residenz des Dagda und vieler anderer Götter, an dem sich die meisten mythologischen Episoden des Étainzyklus' abspielen. Der Tumulus liegt am Nordufer der Boyne im Osten von Slane. Siehe *Brug na Boinne.*

Niall Noigiallach ("Mit den neun Geiseln"): König Irlands und Vater Loegaires, welcher zur Ankunft Patricks regierte. Die irischen Annalen setzen die Herrschaft Loegaires zwischen 427/428 und 462/463 an, wobei es sich um die denkwürdige Epoche der Bekehrung zum Christentum handelt, die den Anfang einer gesicherteren, historischen Datierbarkeit der Annalen darstellt. Niall wäre demnach der letzte heidnische König der Insel gewesen.

NODONS / NODENS: Britannischer Göttername und Beiname des Mars ab dem IV. nachchristlichen Jahrhundert. Siehe *Nuada.*

Noise: Held der tragischen Geschichte des *Longes mac nUislenn* ("Verbannung der Söhne Uilslius"). Noise entführt Deirde, die nicht willig ist, sich mit König Conchobar, dem sie versprochen war, zu vermählen. Mit seinen zwei Brüdern fliehen sie von Ort zu Ort vor dem Haß des Königs von Ulster. Nachdem die Ulaten dem König das Versprechen, sie zu verschonen entlockt haben, kehren Deirde, Noise und seine zwei Brüder zurück nach Emain Macha. Doch bricht Conchobar sein Wort, läßt Noise und seine Brüder durch Verrat töten und zwingt Deirde in die Rolle seiner Gefährtin. Sie nimmt sich aus Verzweiflung das Leben, indem sie ihren Kopf gegen einen Fels schmettert. Nach diesen Ereignissen ziehen die Garanten Noises nach Connaught ins Exil, von wo aus sie jeden Tag ausziehen, Ulster zu verwüsten. Die Hauptstadt Emain Macha wird schließlich durch einen Fluch Cathbads in Schutt und Asche gelegt. Der Name Noise geht auf den Genitiv von *nôs* ("Ruf, Ruhm") zurück. Siehe *Deirdre.*

Nuada Airgetlam ("Nuada mit dem Silberarm"): Sagenhafter König der Tuatha Dé Danann im *Cath Maighe Tuireadh.* Da er in der Ersten Schlacht seinen rechten Arm verliert, muß er abdanken und vorübergehend den Fomoirenkönig Bres regieren lassen. Seine Königswürde wird wiederhergestellt, nachdem der Gottarzt Diancecht den verlorenen Arm durch eine Silberprothese ersetzt, die Diancechts Sohn schließlich gegen einen menschlichen Arm austauscht. Nuada bedeutet aller Wahrscheinlichkeit nach "Verteiler(-könig)" und im übertragenen Wortsinn "Held, Krieger". In den verschiedenen Texten stoßen wir auf mehrere Personen dieses Namens, deren Stammbäume sich nicht decken. Die walisischen bzw. bretonischen Entsprechungen lauten *Nudd (Lludd), Nuz,* doch handelt es sich beim bretonischen *Nuz* nur mehr um einen Eigennamen, der auch als Familienname *(der) Nuz* oder *(der) Nu* weiterbesteht. Die walisischen und bretonischen Formen gehen auf das britannische *Nodons,* Dativ *Nodonti* oder *Nodenti* zurück, die in einigen Inschriften zu Ehren des Mars Nodons in einem römisch-bretonischen Tempel des IV. Jahrhunderts in Lydney Park an der Mündung der Severn gefunden wurden. In den irischen Stammbäumen scheint Nuada als "Sohn Echtachs, Sohn Ordans, Sohn Allaois" auf. *Echtach*, ein Genitiv von *Eochaid* wurde manchmal auch als Substantiv mit eigener Bedeutung verstanden (siehe *Eochaid*). Zu Nuada siehe Françoise Le Roux, *Le dieu-roi Nodons/Nuada*, in *Celticum* 6, 1963, S. 425-454 und Christian-J. Guyonvarc'h, *Le théonyme Nodons/Nuada*, in *Ogham* 15, 1963, S. 229-237.

O

Oblaire: Unterster Grad in der Rangordnung der *Filid* und zugleich der niedrigste der *doerbaird* ("unfreie Barden"), da er unter dem *Taman* und dem *Driseoc* steht. Seine Dichtung nannte man *buaingnech* oder *buangech*, eine

Variante davon *obloir*, welches wie der Name des Dichtergrades von *obull*, einer Abwandlung von *oball* (Apfel) stammt. Etymologisch gesehen ist der *oblaire* ein "Apfeljonglierer".

Oblation: Eine der Gottheit dargebrachte Opfergabe. Die keltische Bezeichnung für Opfer entspricht dieser Definition. Siehe *idpart.*

Octriuil, Octriallach: Sohn Indechs und König der Fomoire. Siehe *Carn.*

Odhinn: Skandinavische Form des höchsten Gottes der germanischen Mythologie, welcher dem kontinentalgermanischen *Wotan (*wotanaz)* entspricht und bei dem durch eine Abwandlung der Aufgabenbereiche die Seite des Zauberers und Kriegers überwog. Auch Lug trägt diese Züge in der jüngeren Fassung des *Cath Maighe Tuireadh.*

Odhrann: Kutscher des Heiligen Patrick, welcher auf Veranlassung des Königs von Irland Loegaire in Tara ermordet wurde. Sein Name ist eine Verkleinerungsform von *odur* ("dunkelbraun").

Oenach ("Versammlung"): Diese Bezeichnung, die auf das Wort *oen* ("ein") zurückgeht, steht für alle Versammlungen anläßlich der großen Kalenderfeste. Diese werden manchmal mit "Jahrmarkt" übersetzt, doch sind sie in Irland politische Zusammenkunft, Volksfest und Wallfahrt zugleich. Sie sind also nicht nur durch religiöse Feierlichkeiten, sondern auch durch Feste, Wettkämpfe und Diskussionen zur Provinz- und Landesverwaltung geprägt. Sie finden an bestimmten Orten statt, die sowohl politische und religiöse Hauptstädte, als auch königliche Residenzen sind.

Oengus (engl. **Aengus**) ("Einzige Wahl"): Sohn des Dagda und der Boand (Boyne), der Frau Elcmars (Bruder des Dagda), im Étainzyklus. In der kurzen Erzählung *Die Einnahme des Sid* raubt Oengus seinem Vater das Gebiet des *Brug na Boinne* durch eine Rechtslist: Er ersucht ihn um die symbolische Überlassung seines Eigentums für einen Tag und eine Nacht. Doch steht diese Zeitspanne auch für die Ewigkeit, was die Leihgabe der zeitlichen Beschränkung entledigt. Oengus ist in seiner ewigen Jugendlichkeit mit Apollo vergleichbar. Sein Beiname ist *Mac Oc* oder *Mac ind Oc* ("junger Sohn" bzw. "Sohn der Jugend"). Während der Dagda der Herr der Ewigkeit ist, befiehlt er über die Zeit.

Ogham: Irische Schriftzeichen, die an etwa dreihundert Steininschriften der gaelischen (goidelschen) Epoche belegt sind, und bei denen es sich durchwegs um Grabinschriften aus Irland, Schottland und bestimmten Gegenden von Wales handelt, in denen es gaelische Siedlungen gab. Das Oghamalphabet besteht aus Schriftzeichen, welche gerade oder schräge Striche aufweisen, die in einigen Fällen von horizontalen oder schrägen Linien gekreuzt werden. Die einzigen bis heute erhaltenen Oghamzeichen sind in Stein geritzt, doch ist in allen Texten von in (Eiben- oder Haselnuß-)Holz geritzten Ogham die Rede. Ihr Ursprung ist unbekannt, doch scheint es wahrscheinlich, daß es sich dabei um eine Anpassung eines eigentümlich keltischen Schriftsystems (vergleichbar mit den skandinavischen Runen) ans lateinische Alphabet handelt. Der keltischen Philosophie Folge leistend, dienten die Oghamzeichen nie der Verfassung von Texten, sondern ausschließlich dem Gebrauch bei Magie und Weissagung. Ihre Erfindung wird Ogme, dem Gott der Beredsamkeit, des Krieges und der Zauberei (die untrennbar mit der Schrift verbunden ist) zugeschrieben und ihr Gebrauch ist alleine den *Filid*, d.h. also den Druiden vorbehalten. Sie werden in der Abhandlung *Auraicept na nÉcés* ("Grundkenntnisse des Dichters") genauestens erläutert. Siehe *Ogmios, Schrift* und *Dichter.*

Ogme, Sohn Elathas, Sohn Delbaeths: Siehe *Ogmios.*

OGMIOS: Gallischer Göttername, auf den Lucianus von Samosat, ein griechischer Schriftsteller des zweiten nachchristlichen Jahrhunderts ausführlich eingeht, indem er ihn als Gott der Beredsamkeit bezeichnet und mit Herakles vergleicht. Der Name wurde auch auf einigen *defixiones*, d.h. gallo-romanischen Verwünschungstäfelchen entdeckt. Mit Lug(us) und Brigantia handelt es sich dabei um den einzigen kontinentalen Gott, dessen Name sich mit einer Gottheit des irischen Pantheon deckt (Ogma, Ogme). Ogmios ist der Gott der "Bindung", der Erfinder der Schrift und Herr der Magie und des Krieges, der seine Opfer lähmt. Laut Cäsar ist er Mars, der den Krieg leitet *(Martem bella regere)*, ihn jedoch nicht selbst führt (das ist die Aufgabe der Krieger und Helden und nicht der Herrscher). Ogmios / Ogme entspricht der vedischen Gottheit Varuna und übt seine Macht in den Bereichen der Dunkelheit, Gewalt, Unordnung und Zauberei aus. Er ist das komplementäre Gegenstück zum Dagda (der Mitra entspricht), dem "guten Gott", während er selbst in den verschiedenen Fassungen des Étainzyklus' auch Elcmar ("Der Böse, Der große Neider") genannt wird. Er trägt aber auch die Beinamen Labraid, Vater Fintans ("Der Redner") und Celtchar ("Der Listige"), der Vater Niabs / Niams ("Himmel"), einer Frau, die eine wichtige Rolle in der zweiten Version von *Cuchulainns Tod* einnimmt. Der unkeltische Name Ogmios geht auf das griechische ogmoz (*ogmos*- "Weg", "Pfad") zurück, wodurch auch der Bezug zu Cuchulainns eigentlichem Namen Setanta ("Wanderer") erkenntlich wird. Etymologisch gesehen ist Ogmios der "Führer", und sein fremdsprachiger, griechischer Name könnte darauf zurückzuführen sein, daß wir es hier mit einer Gottheit zu tun haben, die aufgrund ihres furchtbaren Charakters besser nicht direkt benannt wird. In Irland decken sich die Stammbäume Ogmes und des Dagda (Sohn Ethlius, einem Beinamen der Eithne / Étain). Siehe Françoise Le Roux, *Le dieu celtique aux liens : de l'Ogmios de Lucien à l'Ogmios de Dürer*, in *Ogham* 12, 1960, S. 209-234 und *Notes d'Histoire et des Religions XX. 56: Deux questions* *relatives à Ogmios :l'origine grecque de la transmission insulaire,* in *Ogham* 22-25, 1970-1973, S. 231-234.

Ormiach: Sohn des Gott-Arztes Diancecht und "Bruder" Miachs ("Scheffel"), dessen Name lediglich durch eine Vorsilbe erweitert auf den Double-Charakter der beiden Figuren hinweist. Siehe *Diancecht, Miach, Airmed, Medizin.*

Oisin (engl. *Ossian* - "Kitz"): Sohn Finds und Held der Fianna. Sein Name ist eine Verkleinerungsform von *os(s)*, die ursprünglich ein Rind oder Rotwild bezeichnete.

Ollam (in jüngeren Texten **ollamh**, engl. gelegentlich *ollave*): Bezeichnung für den ranghöchsten *Filid* oder "Doktor". Es handelt sich um den Superlativ von *oll* ("mächtig").

Ollathir ("Mächtiger Vater"): Beiname des Dagdas in seiner Funktion als König von Irland (Eochaid Ollathir). Siehe *Eochaid.*

Omphalos: Griechisches Wort für "Nabel" und im erweiterten Wortsinn "Zentrum, Mitte und Erdmittelpunkt", wenn von Delphi die Rede war. Es bezeichnet daher religiöse Zentren von außergewöhnlicher Bedeutung, an denen sich die Essenz des Heiligen konzentriert. In diesem Wortsinn entspricht es dem keltischen *nemeton* und *Mediolanum.*

Opfer: In der irischen Literatur gibt es lediglich Spuren eines Pferde- und eines Stieropfers, welche im Zuge der Königswahl vollzogen wurden. In Gallien war das Stieropfer ein Bestandteil des Rituals, welches um das Mistelschneiden angelegt war. Die antiken Autoren sprechen zwar von unzähligen Menschenopfern, doch nimmt der Mensch den höchsten Rang in der "Opferhierarchie" ein, auf den wohl in den allerseltensten Fällen zurückgegriffen wurde. Wir wissen nicht, ob das Keltische denselben Unterschied zwischen *victima* und *hostia* macht wie das Lateinische. Siehe *Opferung.*

Opferung: Das Opfer ist, mit dem Gebet und der Meditation, Bestandteil des religiösen Aktes, der die menschliche Gesellschaft ans Heilige bindet, ohne das sie nicht existieren könnte. Doch während Gebet und Meditation unter bestimmten Umständen dem Laien möglich sind - der jene wirksam zu gebrauchen wissen kann -, so stellt das Opferritual in all seinen Formen die Daseinsberechtigung des Priesters dar. Jener vollzieht es zunächst zu seinem eigenen Nutzen, an dem er in der Regel dann die Teilnehmenden oder seine Assistenten teilhaben läßt. Es gibt keine Religion ohne Opfer, ob dies nun pflanzlicher, flüssiger oder tierischer Natur ist. Das Menschenopfer war in frühen Kulturen also unumgänglich, doch zugleich ebenso selten als unvermeidbar, da der Mensch das höchste Glied in der rituellen Rangordnung darstellt. Wir wissen nicht, ob die Kelten wie die Römer zwischen der *victima*, dem Dankopfer für eine göttliche Gunst, und der *hostia*, dem

Sühneopfer, unterschieden, welches den Zorn der Götter besänftigen sollte. Es ist jedoch möglich, die verschiedenen Ritualformen des Opfers in der keltischen Welt gegeneinander abzugrenzen:

- *Unblutige, priesterliche Opfer durch die Elemente und ohne Waffengebrauch:*

Erhängen (Holz)
Kreuzigung (Holz)
Ertränken (Wasser)
Verbrennung (Feuer)
Beerdigung (Erde)

- *Blutige, kriegerische Opfer:*

Tötung durch Schwert, Speer oder eine andere Waffe

- *Flüssiges oder pflanzliches Opfer der dritten, der "Produktionsklasse":*

Trankspende (einer Flüssigkeit),
Gabe (von Pflanzen)

Es ist offensichtlich, daß der Opferer immer ein Druide ist, daß die Opferart jedoch von den Absichten des Opfernden abhängt. Das Opfer größerer Tiere, wie Pferd oder Stier kommen aufgrund des Rahmens der Königswahl der Kriegerklasse zu; die Trankspende fermentierter Getränke (vgl. das vedische Soma) geht sicherlich von der Ebene der Herrscher aus.

Ordal: Gerichtliche Probe, welche im Mittelalter eine Predigt, ein Duell oder ein meist durch die Elemente Wasser und Feuer gefälltes Gottesurteil bezeichnet. Siehe Kapitel III.4.5

Orientierung: In der keltischen Welt ist sie vertikal angelegt, d.h. der Norden befindet sich links und der Süden rechts, wobei unten nördlich und oben südlich bedeutete.

Otter: Siehe *doborchu* ("Wasserhund").

Ovum anguinum ("Schlangenei"): Lateinische Bezeichnung für das Seeigelfossil, ein Glücksbringer der Kelten, dessen symbolische Bedeutung als kosmisches Ei Plinius entgeht, wenn er dafür eine allein materialistische Erklärung findet. Auch hier überschneidet sich das keltische Konzept mit der indischen Thematik des "Goldembryos" *(hiranyagarbha).*

P

Partholon: In der mythischen Chronologie der Völker Irlands, wie sie im *Buch der Eroberungen* festgehalten wurde, ist Partholon der Anführer der ersten Bewohner der Insel nach der Sintflut. An seinem Hof tauchen die ersten Druiden und Dichter auf, und er liefert den Fomoire die erste Schlacht. Er ist es, der die Welt aus dem Chaos hebt. Sein ganzes Geschlecht geht an einer Krankheit zugrunde und der Schöpfungszyklus beginnt mit seinem Nachfolger Nemed von neuem. Interessanterweise trägt dieser Urvater der Inselkelten einen Namen lateinischen Ursprungs, den bereits die Schreiber der Heiligenlegenden als *Bartholomäus* identifizierten.

Patrick (Heiliger), irisch **Padraig**, lateinisch *Patricius*: Irischer Missionar im fünften nachchristlichen Jahrhundert. Das Leben dieses gebürtigen Bretonen ist uns aus einer persönlichen *confessio* und einer *Dreiteiligen Lebensbeschreibung* bekannt, die erst lange nach seinem Tod von dem Hagiographen Muirchu verfaßt wurde. Doch sind diese Schriften nicht historisch verbürgt und uns ist trotz zahlreicher Studien und Kontroversen recht wenig über die Person Patricks bekannt. In den Heiligenlegenden werden seine Taten eher als die eines äußerst begabten Druiden beschrieben, wobei seine Heiligkeit vor allem darin besteht, die Zauberkraft seiner Gegner zu übertreffen. Im Gegensatz zu den meisten kontinentaleuropäischen Heiligen durchläuft er keinerlei Martyrium. Das von ihm vermittelte Evangelium und besonders die Anfänge der Schrift stellen einen radikalen Wendepunkt in der Geschichte Irlands dar. Das mythische Irland der Sagen und der mündlichen Überlieferung ist vorpatrizianisch, während das historische und christliche Irland der schriftlichen Überlieferung nachpatrizianisch ist. Die Christianisierung dieses Landes ist das Werk eines einzigen Mannes, der, so scheint es, nicht zuerst das Volk, sondern die Prinzen, die Priesterklasse und die Krieger zu bekehren wußte. Nach seinem Tod hatten seine Nachfolger, welchen fast ebenso sagenhafte Heiligenlegenden zukommen als ihm, lediglich das von Patrick begonnene Werk zu vollenden.

Pferd: Wie in allen anderen indoeuropäischen Kulturkreisen ist bei den Kelten das Pferd ein edles Tier, welches hauptsächlich dem Kampfe dient. In Gallien stellte alleine der Reiteradel die Kavallerie dar. In Irland war ein Held ohne Streitwagen mit Kutscher und doppeltem Gespann unvorstellbar. Die beiden Pferde Cuchulainns, besonders der Graue von Macha (*Liath Macha*) verfügen über menschliche Intelligenz. Sie kommen aus der Anderen Welt und kehren nach dem Ableben des Helden wieder dorthin zurück. Alle keltischen Sprachen verfügen über zwei Bezeichnungen für das Pferd: **ekwo-s* (irisch *ech*, gallisch *epo-*) und **marko-s* (irisch *marc,* walisisch *march,* bretonisch *marc'h,* gallisch *marco-s*) doch bezeichnet keines dieser beiden Worte das berittene, bzw. gezäumte Pferd.

Pflanzen: Siehe *Kräuter*.

Pflanzenkrieg: Eine keltische Kriegsthematik, in der Pflanzen oder Steine durch Zauberei vorübergehend zu Kriegern werden und mit der Zeit den Feind, gegnerischen Helden oder König zermürben.

Pförtner (irisch *dorsaide*): Der Pförtner war immer Druide. Er hatte nicht nur die Aufgabe, Besucher oder Neuankömmlinge einzulassen, sondern auch durch

Kenntnis und gezielte Fragestellung alle nötigen Informationen zu ermitteln. In den meisten Fällen sind die Pförtner zu zweit (vgl. *Cath Maighe Tuireadh*).

Philosophie: Der Gebrauch dieses Wortes hinsichtlich der Druiden geht auf die Übersetzung griechischer Texte zurück. Es trägt jedoch nur dem oberflächlichen Aspekt der Weisheit der Druiden Rechnung. Sein Gebrauch in einigen Studien kann zur Fehlannahme verleiten, diese Weisheit schlösse das Priesteramt aus oder könnte dieses zumindest entbehren, denn die Philosophie bezeichnet im engen Wortsinn die "Freunde der Weisheit", d.h. die menschliche Suche eines Gedankensystems oder einer Denkweise, welche nicht unbedingt religiös zu sein hat und typischer für die griechische Weltanschauung ist. Sie ist also nicht direkt auf die keltische Weltsicht übertragbar.

Physiologie: Griechisches Wort, mit welchem Cicero die Wissenschaft des Diviciacus bezeichnet, der als Druide und Bittsteller für die Sache der Häduer nach Rom kam. Doch geht die Definition kaum über dieses Wort hinaus, wenn sie sich auch mit den Erwähnungen Cäsars bezüglich der intellektuellen Überlegungen der Druiden deckt. Jene diskutierten demnach auch über die Natur der Dinge *(de natura rerum).*

Pikten (lateinisch *Picti* oder *Pictae*): Altes Volk aus dem Norden Großbritanniens und Schottlands. Das Ende ihrer Kultur im Hochmittelalter ist zwar bekannt, doch wissen wir nichts über ihre Sprache. Die Iren nannten sie *Cruithnig*, was der gaelischen Form der *Pritani* (walisisch *Prydyn* oder Prydein) darstellt, die der lateinischen *Britannia* ihren Namen gaben. Nachdem sie lange Zeit die römische Besatzungsmacht der britischen Inseln störten, gingen sie in den Gaelen *(Scotti)* auf, welche Schottland ab dem VI. Jahrhundert kolonialisierten und ihm seinen heutigen Namen verliehen. In verschiedenen irischen, bretonischen oder angelsächsischen Chroniken ist von ihren Kämpfen gegen die Iren, Bretonen und Angelsachsen die Rede, doch von ihrer Sprache sind uns nur einige Orts- und Eigennamen erhalten. Wir wissen nicht einmal, ob sie zur britannischen oder gaelischen Sprachgruppe gehörten.

Plebs: Lateinisches Wort, welches ursprünglich im Gegensatz zu *populus* "alle unadeligen Bürger Roms" bezeichnete. Später kam dem Wort eine immer schlechtere Bedeutung zu. Cäsar bedient sich seiner, um den Rest der gallischen Gesellschaft von der Priesterklasse der Druiden und der Kriegerklasse der Ritter abzugrenzen. Dadurch setzt er ihre Gesellschaft mit der römischen gleich, die eine Trennung in Patrizier und Plebejer gewohnt war und zählt daher auch ohne weitere Einschränkungen die Handwerker, Bauern und Sklaven zur Plebs. Die Kelten kannten jedoch keine Unterteilung in *artes liberales* und *artes serviles*. Wer auch immer über das nötige Wissen oder Handwerk verfügte, stieg in den Rang der *aes dana* ("Männer der Kunst") auf. In Irland wurden alle *bo-aire* ("Viehbesitzer") als freie Männer angesehen. Der Gebrauch des Wortes *Plebs* hinsichtlich einer bestimmten, sozialen Klasse der Kelten läuft also Gefahr, nicht mehr als eine lateinische Annäherung zu sein, ja schlimmer noch, durch die Verwendung im Neuhochdeutschen, den völlig falschen Gedanken an den "Pöbel" hervorzurufen.

Pol: Da die irische Tradition nördlichen und polaren Ursprungs ist, ist es nur selbstverständlich, daß die Götter der Iren oder die Tuatha Dé Danann auf die Inseln im Norden der Welt zogen, von wo sie wieder zurückkehrten, nachdem sie in das priesterliche Wissen eingeweiht worden waren. Auch die Druiden (und Krieger) gingen in den Norden Großbritanniens, um ihre Kenntnisse zu vertiefen oder ihre Einweihung zu erhalten. In keinem der Inseltexte ist die Rede vom Pol, doch wird auch die Tradition nie ohne den Rückgriff auf den nordischen Ursprung erklärt. Dies erklärt auch die Hyperboräer der griechischen Schriftsteller.

Pontifex: Mitglied des Hauptkollegiums der römischen Priester, dem die Überwachung der öffentlichen und offiziellen Kulte oblag. Der Gebrauch dieses Wortes bezüglich der Kelten bei Titus-Livius kommt, wie andere lateinische Worte auch (z.B. *sacerdos* oder *antistes templi*), höchstens einer annähernden Beschreibung gleich. Wir können daraus keine Schlüsse auf die Organisation des Priestertums der cisalpinen Gallier ziehen, außer vielleicht den, daß eine solche Organisation bestand.

Prophezeiung: Häufigster Dienst, um den ein König oder Krieger die Druiden, *Filid* oder Wahrsager ersucht. Sie stellt die bekannteste Form der Weissagung dar, doch beschränken sich unsere Kenntnisse auf einige wenige irische Formeln, wie den *glâm dicinn, imbas forsnai, teinm laegda,* usw., die gelegentlich von technischen Anweisungen begleitet werden, die jedoch keinesfalls als gesichert angenommen werden dürfen, da die Überlieferung der Informationen der christlichen Zensur unterzogen wurde. Wir wissen jedoch, daß die Kelten ihre Weissagungen auf die Elemente Erde, Wasser, Feuer, Luft oder auf Zeichen und Träume stützten, sich der Magie und der Zaubersprüche oder aber auch des Tier- oder Menschenopfers bedienten. Wir verfügen aber über keine genaueren Details.

Priester: Wir bezeichnen hiermit den Druiden im allgemeinen, ohne dabei eine Unterscheidung der verschiedenen Aufgabenbereiche des Priesteramtes zu treffen, da diese Klasse, im Gegensatz zu den beiden anderen, nicht als solche fragmentierbar ist - die dritte Klasse ist in zahlreiche, die zweite in zwei Aufgabenbereiche, und zwar den des Königs und den der Krieger unterteilt. Das Priesteramt ist in der Tat ebenso alt als die Verwaltung des Heiligen selbst, und sein, wenn auch nicht einziges so doch wichtigstes, Bestandteil, das Opfer. Der Druide ist also in erster Linie Priester in dieser Hinsicht. Dennoch ist dieser Begriff zu eng, um den gesamten Aufgabenbereich der Druiden - vom Unterricht über die Rechtsprechung bis hin zur Dichtung - abzudecken.

Principatus ("Fürst"): Lateinischer Begriff, den Cäsar verwendet, um die hohen Beamten zu bezeichnen, welche in den gallischen Städten, vor allem bei den Häduern, mit der Verwaltung und anderen öffentlichen Aufgaben betraut waren. Die Bezeichnung ist allgemeiner Natur und bezieht sich auf alle Regierungsposten.

PRINNI LOUDI, PRINNI LAG: Unvollständige Formeln des Kalenders von Coligny. Die Entsprechung von *prinni* mit dem bretonischen *prenn* und dem irischen *crann* "Holz" berechtigt zur Annahme, darin einen Ausdruck zu sehen, der mit dem irischen *crann-chur* und dem bretonischen *prenn-denn* verwandt ist, die beide "Holzwurf" bedeuten und eine Orakeltechnik bezeichnen. Es könnte sich dabei um das (Gottes-)Urteil durch das Werfen der Hölzer handeln, welches mit den irischen Ordalien vergleichbar wäre.

Provinz: Herkömmliche, doch ungenaue Übersetzung des irischen *coiced* ("Fünftel"), welches die irischen Regierungsbezirke bezeichnet, die mit den gallischen *civitas* vergleichbar sind. Unter ihnen besteht wie in Gallien keine andere Rangordnung oder festgelegte Beziehung als die vorübergehender Feindschaften oder Allianzen. Die Residenz des obersten, irischen Königs *(ardri)* befindet sich in Tara, der Hauptstadt der Zentralprovinz *Mide* (englisch *Meath*). Doch ging die Unterordnung der anderen Provinzen keineswegs ohne Probleme vor sich, so wie auch in Gallien die Bewohner eines "Staates" keinen sonderlichen Nationalpatriotismus auf der Ebene des ganzen Landes aufwiesen. So gab es auch Stämme wie die Remer, welche den ganzen gallischen Krieg hindurch auf Seiten der Römer kämpften. Die vier Urprovinzen Irlands, die alle noch in etwa dreißig *tuatha* ("Kantone") unterteilt waren, sind:

- Ulad	Ulster	Nordosten
- Connacht	Connaught	Nordwesten
- Mumu	Munster	Südosten
- Laigin	Leinster	Südwesten

Zur Zeit des Gallischen Krieges waren die wichtigsten Stämme Galliens die:

- Häduer
- Sequaner
- Arverner
- Remer
- Helvetier

Cäsar wußte aus ihrer Rivalität Gewinn für die politische, wirtschaftliche und militärische Hegemonie Galliens zu schlagen.

Pythagoras: Griechischer Philosoph und Mathematiker, dessen Name öfters in Zusammenhang mit den Druiden auftaucht, welche enge Beziehungen zu den Pythagoräern unterhielten und sogar Einfluß auf die pythagoräischen Lehrsätze ausgeübt haben sollen. Wir wissen heute, daß die Kelten vor der römischen

Besatzung wesentlich regere Beziehungen zu den Griechen als zu den Römern besaßen. Das ist jedoch wohl eher auf eine generelle Helenisation der antiken Welt zurückzuführen, die durch den internationalen Rang des Griechischen nur gestützt wurde. Die Ähnlichkeiten und Übereinstimmungen, die zwischen den pythagoräischen Lehren und denen bestehen, die wir von den Druiden kennen, gehen auf zufällige Überschneidungen und Gemeinsamkeiten zurück, welche allen Formen der westlichen Traditionen gemeinsam sind.

R

Rath: Anderes Wort für "Festung" oder "Fürstenresidenz", z.B. *Rath Brese* "Festung des Bres" im *Cath Maighe Tuireadh* oder *Rath Cruachain* ("Festung Cruachans"), die Hauptstadt Connaughts und Residenz der Königin Medb und des Königs Ailill. Das Wort taucht in einigen gallischen Ortsnamen in der Form *ratis* auf.

Recht ("Recht, Gesetz"): Die irische Gesetzgebung der juridischen Abhandlungen unterteilt das Recht. bzw. Gesetz in zwei Gruppen: Das vorchristliche *recht aicnid* ("Naturgesetz") und das *recht litre* ("Schriftgesetz"), welches den Reformen der Christianisierung entspricht. Vom *recht aicnid* wurden nur die Bestandteile beibehalten, die weder den Evangelien noch der christlichen Lehre widersprachen. Die beiden Rechtsformen wurden daher auch explizit mit dem alten und dem neuen Testament verglichen, wobei das *recht litre* nicht die Aufhebung des *recht aicnid*, sondern lediglich seine Vollendung bedeutete. Diese Spitzfindigkeit erlaubte den irischen Doktoren, die wichtigsten Bestandteile ihres Rechts zu retten, welches auf dem Prinzip der Entschädigungen und des Nichteingreifens des Staates beim Verfahren gegen Schuldige basiert.

Rechtsprechung: Die Rechtsprechung und Urteilsverkündung ist normalerweise eine praktische Folge des Rechts. Zumindest im Falle Irlands, wo wir das keltische Recht durch lange und ausführliche Texte am besten kennen, muß jedoch festgehalten werden, daß die Druiden zwar rechtsprechen, daß die Verkündung des Urteils oder der Strafe jedoch dem König zufällt. Es gibt nirgends Spuren druidischer Gerichte, die mit denen der mittelalterlichen Inquisition vergleichbar wären. Beim Opferverbot, welches Cäsar in Gallien beschreibt (siehe *elutach*), handelt es sich um eine religiöse Sanktion und nicht um ein Rechtsurteil. Kurz, der Druide ist Richter, da er der einzige ist, der das Recht wirklich kennt. Er kümmert sich um alle praktischen Anwendungen, da er Meister der Rechtsprechung ist, während die Justizmacht beim König liegt, da jener als Mittelsmann zwischen dem Druiden und der Gesellschaft fungiert, die er zu verwalten hat.

Redegewandtheit: Die Kunst gut zu sprechen oder zu überzeugen kommt in Irland dem Gott Ogme zu. Er vermag diejenigen zu fesseln, die seine Worte (an)hören. Schon allein das war ein Grund, weshalb die Redegewandtheit zu den allgemeinen Fähigkeiten der Krieger gezählt wurde. Siehe *Kette.*

Regia potestas ("Königliche Macht"): Ausdruck, den Cäsar gebrauchte, um die Regierungsform der Häduer zu beschreiben. Siehe *weltliche Macht, spirituelle Macht, rix, vergobretus.* Siehe auch Françoise Le Roux, *A propos du Vergobretus gaulois : la Regia Potestas en Irlande et en Gaule,* in *Ogham* 11, 1959, S. 66-80.

Reinkarnation: Lehre, die nach dem Tod von der Wiedergeburt einer Seele in einem anderen Körper ausgeht. Sie hebt sich klar vom christlichen Gedanken der Wiederauferstehung nach dem jüngsten Gericht ab, wird jedoch oft mit der Seelenwanderung oder Metempsychose verwechselt., die fast immer über Tierexistenzen läuft. In der keltischen Tradition finden sich keine Formen eines Reinkarnationsglaubens.

Reiter, Ritter: Wir haben es hier mit der Übersetzung des lateinischen *equites* zu tun, mit dem Cäsar die gallische Kriegerklasse bezeichnete. Es steht in keinerlei Zusammenhang zu den mittelalterlichen oder adeligen Rittern. Darunter haben wir also in Gallien - und in Irland, in der dieser Stand *flaith* genannt wird - jenen Teil der Gesellschaft zu verstehen, der wohlhabend genug war, ein Pferd zu besitzen und dadurch, mit oder ohne Vasallen, zum Kriegsdienst verpflichtet war. Einer der bekanntesten ist der Grüne Ritter der keltischen Mythen und der Artussage, der ausgezeichnet von Ananda Coomaraswamy erklärt wird: *La doctrine du sacrifice III. Sire Gauvain et le Chevalier Vert : Indra et Namuci,* Paris, 1978, S. 101-138.

Religion: Wir verstehen dieses Wort hier in seiner modernen Bedeutung, d.h. als Gesamtheit der Beziehungen, die der Mensch zum Göttlichen hegt, und das sowohl auf der intellektuellen Ebene der Lehrsätze und des (Aber-)Glaubens als auch auf der formellen Ebene der gebräuchlichen Kulthandlungen. Wir wollen jedoch die offenbarte, allen zugängliche, also exoterische Religion von der Tradition im ursprünglichen Wortsinne abgrenzen, welche wir als Ausdruck der universellen Wahrheit verstehen, die nur jenen zugänglich ist, die die Fähigkeit besitzen, sie zu erfassen.

Rhiannon (**rigantona* - "Große Königin"): Walisische Sagengestalt, deren Abenteuer im *Mabinogi von Pwyll* erzählt werden: Ihre bewegte Hochzeit mit Pwyll, die an die tragi-komischen Mißgeschicke der Iren Mongan und Dublacha in der *Legende von Mongan* erinnert, und ihre ungerechte Bestrafung, nachdem sie fälschlicherweise des Mordes an ihrem eigenen Sohn Pryderi angeklagt wurde. Rhiannon wurde gelegentlich mit der gallischen Göttin Epona gleichgesetzt, weil sie bei ihrer ersten Begegnung mit Pwyll zu Pferde unterwegs ist. Doch ist dieser Punkt ungenügend für eine solche Annahme. Rhiannon stellt sicher einen Aspekt der großen, keltischen Göttin dar, die jedoch in der walisischen Literatur zu sehr in Vergessenheit geriet, als daß ihr Fall heute religionsgeschichtlichen Studien dienen könnte.

RIX (latinisierter Genitiv *rigis*, Plural *riges*): Gallisches Wort für "König", dem wir deshalb auch in zahlreichen kontinentalen Orts- und Eigennamen begegnen *(Albiorix, Ambiorix, Biturix, Caturix, Dumnorix, Orgetorix, Vercingetorix, usw.)* Das Wort hat sich in allen keltischen Sprachen gehalten: Irisch *rî*, Genitiv *rîg*, altwalisisch und altbretonisch *ri*. Der auch außerhalb des Keltischen indoeuropäisch belegte Stamm lautet **reg-* und findet sich im sanskritischen *râjah* und dem lateinsichen *rex, regis* wieder. Das Germanische **riko-s* stellt ein Lehnwort aus dem Keltischen dar, welches zum althochdeutschen *rih* und zum neuhochdeutschen *Reich* wurde. Der Niedergang des Königstums zur Zeit Cäsars war ein junges Phänomen in Gallien und einige "Staaten" besaßen noch ihren König. Der keltischen Vorstellung nach wurde der König als Mittelsmann zwischen der Klasse der Priester, der Krieger und der der Handwerker und Bauern verstanden. Er ist der "unverrückbare Motor", welcher das Gleichgewicht und soziale Gefüge, das Wohlergehen und den Reichtum der Provinzen aufrechterhält. Ein guter König ist ein großzügiger Verteiler, ein schlechter zieht übermäßige Steuern ein. Der König verfügt das Recht, welches der Druide beschließt. Er ist für den siegreichen Krieg unerläßlich, auch wenn er selbst nicht in die Schlacht zieht. Seine Symbolfarbe ist das Weiß, wie die der Druiden, doch ist er kein Priester, sondern wird durch eine von den Druiden beaufsichtigte Wahl zur Königswürde erhoben. Er darf sich ebensowenig dem Rat der Druiden entziehen, wie jene ihm ihre Dienste vorenthalten dürfen. Er, nicht der Druide ist es, dessen Handlungsfreiraum durch die zahlreichen Verbote und Weisungen der *geasa* eingeschränkt ist. Siehe *geis*.

Rom: Ort in den Deux-Sèvres, wo 1887 eine Bleitafel mit Verwünschungsformeln in Kursivschrift aus dem III. und IV. Jahrhundert entdeckt wurden. Die schwierige Lesbarkeit hatte lange die Vermutung unterstützt, sie sei auf Gallisch verfaßt, doch ist sie in Lateinisch und nur einige Eigennamen sind gallisch. Siehe Rudolf Egger und Christian-J. Guyonvarc'h, *La tablette d'exécration et les acteurs galloromains. Les anthroponymes gaulois,* in *Celticum* 5, Rennes, 1962.

Ross (Eibe von): Erster Baum, an dem Zauberfrüchte wuchsen, bei deren Verzehr man weise wurde. Hogan setzt den Ort in seinem *Onomasticon Goidelicum,* S. 400a in Rush in der Grafschaft Dublin an.

Roth ramhach ("Ruderndes Rad"): In den Fragmenten über den mythischen Druiden Mog Ruith ist die Rede von einem "rudernden Rad", welches wir mit dem "kosmischen Rad" gleichsetzen können. Sein Fall leitet den Untergang der Welt ein. Es ist das Wahrzeichen des Taranis in allen gallo-romanischen Darstellungen.

Ruad Rofessa ("Rot der perfekten Wissenschaft"): Beiname des Dagda, der all sein druidisches Wissen durch den Doppelsymbolismus der Souveränität (Wissen und Rot der Krieger) versinnbildlicht.

Rückstrom: Bewegung des Meeres, wenn es sich bei der Ebbe von der Küste entfernt. Der Rückstrom wurde als der Augenblick angesehen, bei dem die Seelen der Verstorbenen in die Andere Welt zurückkehrten, ein Übergang, der zwangsläufig über das Wasser zu erfolgen hatte.

S

Sacerdos ("Priester"): Ein Wort, mit dem Cäsar im *Gallischen Krieg* öfters die Druiden bezeichnet, wenn es nicht nötig ist, sie von einer anderen Klasse zu unterscheiden. Auf diesem Wort basiert überdies auch das irische Lehnwort für christliche Priester *(sagart)*. Siehe *Druide, Priester, Klasse* und *Aufgabenbereich.*

SALLUVII (Salier): Stamm aus Narbonnegallien, der das Gebiet zwischen Aix und Arles bewohnte. Mit der Zerstörung ihres Oppidums von Entremont begann 121 v.Chr. die Eroberung der Narbonnaise, die eine direkte Verbindung zwischen Spanien und Italien ermöglichen sollte.

Samain: Irisches Fest am ersten November anläßlich des Jahresendes bzw. -anfangs. Doch gehört Samain weder ins alte noch ins neue Jahr und stellt eine eigene Zeitspanne außerhalb der Zeit dar, die einzige, in der die Menschen mit der Anderen Welt kommunizieren können. Aus diesem einzigen Grund spielen die meisten Epen und Mythen oder zumindest ihre entscheidenden Phasen am Samain. Das Wort bedeutet "Zusammenkunft", doch die Iren verstanden darunter "Ende oder Rekapitulierung des Sommers" in Analogie zu *sam* "Sommer". Mehr noch als bei allen anderen Festen finden zu Samain Versammlungen, Festgelage und Feierlichkeiten statt, welche eine, manchmal zwei Wochen lang dauern und spätestens drei Tage vor Samain beginnen und frühestens drei Tage nach dem eigentlichen Samaintag enden. Die gallische Entsprechung *SAMONIOS* findet sich im Kalender von Coligny in einer Formel, die von den "drei Tagen" Samains spricht. Siehe *Samonios.*

Samair: Irischer Fluß, der dem Lough Erne entspringt.

Samildanach ("Polytechniker") Beiname Lugs im *Cath Maighe Tuireadh*, der auf seine alles umgreifenden Fähigkeiten hinweist. In ihm konzentrieren sich die Eigenschaften und Mächte aller anderen Götter. Siehe *Lamfada* und *Lonnandsclech.*

Samolus ("Kreuzkraut"): Heilpflanze, deren rituelles Sammeln bei Plinius beschrieben wird; vgl. *selago*

SAMONIOS: Monatsname im Kalender von Coligny, der dem irischen *Samain* entspricht und an dem das Fest des ersten November stattfand. Siehe *Samain.*

Satire: Im Gegensatz zur lateinischen oder klassischen Satire, einem von einem bestimmten Autor verfaßten, literarischen Werk, handelt es sich bei der keltischen Satire um einen Zaubergesang, welcher von einem Mitglied der Priesterklasse, einem Druiden oder *File,* gesungen wird. Sie unterscheidet sich also grundsätzlich von Lob und Tadel, die in den Bereich des Barden fallen und keinerlei magische Sanktion nach sich ziehen. Die Satire hat hingegen, zumindest der Sage nach, den sofortigen Tod oder unmittelbare Verzweiflung des Opfers zur Folge. Sie steht also dem Zaubergesang sehr nahe, ja kommt ihm, wie z.B. im *glam dicinn,* manchmal sogar gleich. Ihre starke, religiöse Bedeutung ist der Beweis der Allmacht der Priesterklasse, die in ihr über eine äußerst wirksame Waffe verfügt, ihren Willen durchzusetzen. In den seltenen Fällen des Mißbrauchs der Satire wird der schuldige Druide nur selten tatsächlich bestraft, doch gibt es Beispiele dafür (wie z.B. Athirne Ailgesach) und die Rechtsabhandlungen sehen legale Sanktionen vor, da dieses Unrecht der Lüge und Unkenntnis gleichgesetzt wird. Siehe *Druide, File, Dichter, Wahrsager, faith.*

Säule, Pfeiler: In den Beschreibungen der Seefahrten werden die wunderbaren Inseln, von denen die zahlreichen Heiligen Irlands stammen, durch Säulen gestützt. Es handelt sich hierbei wohl um Nachahmungen und Umwandlungen der Stützpfeiler der Erde der ältesten Überlieferungen, deren Spuren sich in der irischen Mythologie verloren.

Scél, Plural **scéla** ("Erzählung"): In der irischen Sprache gibt es kein anderes Wort für die Texte, die wir Mythen und Epen nennen. Verwandt mit dem gleichbedeutenden, walisischen Wort *chwedl* und dem bretonischen *kel* ("Neuheiten"), bezeichnet das Wort die mündliche Überlieferung ein "Gesagtes", welche in erzählter Form und nicht geschrieben weiterzugeben ist. Literarische Gattungen waren den Iren ebenso fremd als stilstische Einordnungen. Dagegen sind die einzelnen Kategorien klar voneinander abgegrenzt. Während *scél* also die Prosaerzählung darstellt, hat jedes Gedicht mit oder ohne End- oder Stabreim seinen eigenen Namen, der nicht nur die poetische Technik, sondern auch den Verfasser und Vortragenden des Gedichts selbst bestimmt: *anamain, bairdne, laid, nath,* usw. Das gleiche gilt für die emphatischen Passagen und Formeln der Rhetorik, deren Bedeutung uns heute kaum nachvollziehbar ist, sei es, da der Sprachgebrauch so starke Veränderungen erfahren hat oder aber so kompliziert ist. Die Iren teilten ihre Erzählungen, die häufig mit Versen durchmengt sind, nicht nach Zyklen, sondern nach der behandelten Thematik ein, die meist schon aus dem Titel ersichtlich wird: Schlachten, Morde, Empfängnisse, Belagerungen, Raubzüge, usw. Der vortragende Druide oder Erzähler mußte seine Geschichten immer auswendig kennen.

Schach: So wird in der Regel das irische *fidchell* und das walisische *gwyddbwyll* (welches im neubretonischen *gwezboell* übernommen wurde) übersetzt, die wörtlich "Intelligenz des Holzes" bedeuten. Diese Worte bezeichnen ein Spiel, welches mit Figuren und einem schwarz-weiß-karierten Schachbrett gespielt wurden. Auch von einem Spiel namens "Schwarzer Rabe" (*brandubh*) können wir lesen, ohne daß jedoch aus den häufig auf sie verweisenden Texten außer der Einsatzverpflichtung Genaueres über den Spielablauf hervorginge. Das Schachspiel ist das Spiel der Könige und Wahrsager schlechthin. Es kann als Probe verstanden werden und der Einsatz kann, wie im dritten Etainzyklus sogar die Herrschaft in der Person der irischen Königin sein.

Schamanismus: Bezeichnung nicht-indoeuropäischer, meist asischer Zauberpraktiken. Der Schamanismus bedient sich der Magie als ausschließlichem Mittel zu Ekstase und spiritueller Verwirklichung und nicht als religiösem Beistand. Er steht in keinerlei Verbindung zu einem etablierten Priesterstand, so daß wir auch in der keltischen Überlieferung keine Spuren davon finden können.

Schmied: Mit dem *saer* ("Zimmermann") ist der *gabha* ("Schmied") der einzige dem alten Irland bekannte Handwerker, was seine Fähigkeiten auf das Bearbeiten von Holz und Metall einschränkt. Siehe *Goibniu*.

Schlangenei: Siehe *ovum anguinum*.

Schrift: Vor der Christianisierung gab es keine keltische Schrift außer den irischen Ogham, welche der Magie und Weissagung vorbehalten waren. Über jene besitzen wir jedoch keine konkreten Informationen außer einige kurze Inschriften vom Ende der Antike, die den Namen des Verstorbenen und seines Vaters zum Gegenstand haben. Die Gallier bedienten sich laut Cäsar der griechischen Schrift, was sich in einigen Inschriften bestätigt. Die übrigen Kelten benutzten je nach Ort oder Epoche und den verschiedenen äußeren Einflüssen das lateinische, etruskische oder iberische Alphabet. Der allgemeine Gebrauch der Schrift ist für Gallien nach der Romanisierung, für Irland nach der Christianisierung anzusetzen. Die Inschriften der keltischen Antike stammen ausnahmslos aus Randgegenden, die dem klassischen Einfluß ausgesetzt waren: Mittelmeergallien, Norditalien und Spanien. Siehe *Ogham*.

Schwan: Symbolisches Fabeltier, als welches die Götter und die Boten der Anderen Welt auf Erden erscheinen. In der Regel fliegen sie dann zu zweit und sind mit einem Silber- oder Goldkettchen aneinandergebunden.

Schweinehirt: Der Schweinehirt *(muccido)* ist, wie auch der Pförtner und der Verwalter, ein ranghoher Beamter am irischen Königshof, da das Schwein, welches damals noch sehr dem Wildschwein ähnelte, das erste Haustier und so das erste Fleisch darstellte, von dem sich die Kelten ernährten. Die Erzählung *Compert* *in Da Muccido* ("Die Empfängnis der beiden Schweinehirten") berichtet von den Abenteuern und Verwandlungen, die zwei Schweinehirten aus dem Norden und Süden Iralnds aufgrund ihrer Zwietracht durchleben müssen.

Schwur: Der Gott des Schwurs ist auch der des Vertrags, also der Dagda, der Herr der Elemente, was auch erklärt, weshalb der irische König Loegaire durch die Elemente Erde und Luft starb, weil er seinen Schwur vergessen hatte, nie mehr Viehzoll von den Bewohnern von Leinster einzuheben.

Seelen: Die Unsterblichkeit der Seele ist eine der doktrinalen Grundlagen des keltischen Glaubens, die deshalb jedoch nicht unbedingt die Seelenwanderung und Wiedergeburt zur Folge hat. Zu ersterer verfügen wir lediglich über zwei Beispiele (Tuan mac Cairill und Fintan) zu letzterer ist uns gar keines bekannt. Siehe das Kapitel *Unsterblichkeit, Seelenwanderung und Wiedergeburt.*

Seelenwanderung: Übergang einer Seele von einem Körper in einen anderen. Sie entspricht also der Metempsychose.

SEGOVESUS: Neffe des sagenhaften, gallischen Herrschers Ambigatus, Bruder des Bellovesus und Anführer des Feldzugs im Harzer Wald. Sein Name bedeutet "siegeswürdig oder -fähig".

Semias ("subtil"): Urdruide der Tuatha Dé Danann auf den Inseln im Norden der Welt. Er bewohnte die Insel Murias, deren Name mit dem Meer *(muir)* in Verbindung steht. Von dieser Insel stammt der Kessel des Dagda.

Semnothos (vom griechischen *semnothoz*): Gelegentliche Bezeichnung für die Druiden, welche jedoch nichts mit ihrem keltischen Namen zu tun hat. Siehe Annex.

SENA: Gallischer Name der bretonischen Insel Ile de Sein. Siehe *Gallisenae.*

Senath Mor ("Große, alte Furt"): Anderer Name von Ath Luain (englisch Athlone).

Sencha, Sohn Ailills: Historiker am Hofe Conchobars, des Königs von Ulster. Sein Name bezeichnet seine Funktion (*senchas* - "Altertum"). Seine wichtigsten Kollegen sind der Kriegerdruide Cathbad (Anführer der Druiden von Ulster), der Dichter Amorgen und der Arzt Fingen. Es ist immer er, der die Ulaten besänftigt, wenn sich ihre Gemüter zu sehr erhitzen.

Senchan Torpeist: *File*, der den Geist des Königs Fergus wachruft, da keiner seiner Kollegen imstande ist, die gesamte *Tain Bo Cualnge* aufzusagen. *Senchan* ist die Diminutivform von *Senchas*, doch ist der Ursprung von *Torpeist* bis heute nicht geklärt: *-peist* könnte unter Umständen ein Genitiv von *piast* ("Tier"), vom lateinischen *bestia* sein.

Sengann: Held der Fir Bolg in der Erzählung der *Ersten Schlacht von Mag Tured*. Der Name besteht aus *Gann*, einem als solchen bekannten Eigennamen, und der Vorsilbe *sen-* ("alt"). Siehe *Gand, Gann.*

SENONES (Senonen): Gallischer Stamm in der Südchampagne und Nordbourgogne, den heutigen Departements Seine-et-Marne, Loiret und Yonne. Ihre Hauptstadt hieß Agedincum und sie gaben der Stadt Sens (Yonne) ihren Namen, der "die Alten" bedeutet. Ein Zweig der Senonen hatte sich im cisalpinen Gallien angesiedelt.

SEQUANI (Sequaner): Gallischer Stamm, welcher zur Zeit des Gallischen Krieges im Jura zwischen Saône, Rhein und Vogesen siedelte. Ihre Hauptstadt war *Vesontio* (Besançon). Als Rivalen der Häduer hatten sie die Germanen unter Ariovist um Unterstützung gebeten, um ihre Vorherrschaft in Gallien durchzusetzen. Diese Rivalität hatte, zusammen mit der Völkerwanderung der Helvetier, Cäsar als Vorwand für sein Eingreifen in Gallien gedient, denn die Häduer riefen ihrerseits Cäsar zu Hilfe, um sie von den Sequanern und der Gefahr der Germanen zu befreien. Ihr Name kommt vom Flußnamen *Sequana* (Seine), deren umstrittene Etymologie oft auf die Ligurer zurückgeführt wurde. Das *-kw-* in diesem Wort läßt jedoch eher auf ein Wort sehr alten Ursprungs schließen.

SERERONEOS: Wahrsager, welcher laut Pseudoplutarch an der Gründung Lugdunums teilgenommen hatte. Der Name ist ungeklärt, und es handelt sich dabei sicher um eine Sagengestalt.

Sétanta: Ursprünglicher Name Cuchulainns, den er bis zu seinem fünften Lebensjahr trug, als ihn der Druide Cathbad auf den Namen Cuchulainn taufte, da er den Hund des Schmiedes Culann getötet hatte. Sétanta ist eine Partizipialkonstruktion von *set* ("Weg" - bretonisch *hent*) und bedeutet so viel wie "Wanderer", ein Name, der an den des "Führers" Ogmios erinnert. Siehe Christian-J. Guyonvarc'h, *Notes d'Étymologie et de Lexicographie gauloises et celtiques XII. 46. L'anthroponyme irlandais Setanta et les Setantii*, in *Ogham* 14, 1962, S. 592-598.

Sichel (goldene): Werkzeug, mit dem die Druiden laut Plinius die Mistel schnitten. Offensichtlich handelt es sich hier um ein Ritualobjekt, dessen Wirksamkeit für sonstige Belange aufgrund des weichen Metalls zweifelhaft erscheinen muß. Vielleicht handelt es sich hier um einen symbolischen Verweis auf die Mondsichel im ersten Viertel.

Sîd, Plural **s"de**, neuirisch : **s"dh**: Eigenname der Anderen Welt. Die ursprüngliche Bedeutung des Wortes ist "Frieden" (vgl. walisisch *heddwch*). Die Häufigkeit des Wortes und seine Nebenbedeutung "kleiner Berg, Hügel" in zahlreichen Ortsnamen erklärt sich aus der irischen Vorstellung des Jenseits und aus den die Tuatha Dé Danann betreffenden Legenden:

- Zum einen befindet sich der *Sid* jenseits des Meeres, aber auch andere Gewässer, so wie ein See oder Fluß bieten Zugang zu ihm. Das erklärt, warum man den Ozean zu überqueren oder in die Tiefen eines Sees bzw. einer Quelle (als reduzierte Abbilder des Meeres) vorzudringen hatte, um in die Andere Welt zu gelangen.

- Zum anderen zogen sich die Tuatha Dé Danann unter die Erde zurück, nachdem sie von den Gaelen besiegt worden waren: der *Sid* kann also auch unter Erdhügeln, Tumuli, und sonstigen Erderhebungen liegen, was die Nebenbedeutung «Hügel» erklärt. Jede Gottheit besitzt und bewohnt im Prinzip einen eigenen *Sid.*

In jedem Fall stellt der *Sid*, wo auch immer er sich befinden mag, ein wunderbares Land dar, in welches die Menschen nicht mit ihren eigenen Mitteln vordringen können. Das häufigste Auftreten des *Sid* auf irdischer Ebene ist die Erscheinung einer *bansid* (engl. *banshee*) oder «Frau des *Sid*», die einen Sterblichen (einen Mann, nie eine Frau) holen kommt, um ihn ins Land ewiger Jugend mitzunehmen. Die verschiedenen Namen des *Sid* zeigen deutlich die keltischen Vorstellungen der Anderen Welt auf :

- *Mag Meld*	«Ebene der Freuden»
- *Mag Mor*	«Große Ebene»
- *Tir na mBéo*	«Erde der Lebenden»
- *Tir na mBân*	«Erde der Frauen»
- *Tir na nOg*	«Erde der Jungen»
- *Tir Tairngire*	«Erde der Verheißung»

(Die letzte Bezeichnung ist bereits eine christianisierte Version, die sich an das Verheißene Land der Hebräer anlehnt.) Bezüglich der Etymologie des *Sid* siehe Christian-J. Guyonvarc'h, *Notes d'Étymologie et de Lexicographie gauloises et celtiques XIII. 47. Irlandais SID, gaulois *SEDOS, «Siège, demeure des dieux»*, in *Ogham* 14, 1962, S. 329-340.

Siedlung (lateinisch *civitas*): Begriff aus Cäsars *Gallischem Krieg*, welcher die etwa sechzig gallischen Gebiete bezeichnet, die den irischen Provinzen entsprechen. Diese Siedlungen sind wieder in *pagi* ("Länder") unterteilt, die mit den irischen "Stämmen" oder "Kantonen" zu vergleichen sind. Wir kennen zwar das gallische Wort nicht mehr, aber es dürfte in etwa **brog-* geheißen haben. Das lateinische *civitas* ist mit *urbs* ("Stadt") vergleichbar und steht in dieser Bedeutung dem Feld (*ager*) gegenüber. Doch ist er nicht für die keltische Gesellschaft anwendbar, da jener städtische Ballungszonen unbekannt waren. Siehe *Kanton (tuath).*

Simulacra: Name, mit dem Cäsar (BG VI, 16) *(contexta viminibus membra)* die riesigen Strohpuppen bezeichnete, in die die Gallier alle fünf Jahre Verbrecher oder Kriegsgefangene einsperrten, um sie den Flammen zu übergeben.

SILURES (Silurer): Britannischer Stamm, der den Süden und Westen von Wales bewohnte. Zur Zeit der Römer war ihre Hauptstadt *Venta Silurum* (Caerwent im Monmouthshire).

Sinand (Sinann): Irischer Name des Shannon.

Siûr: Fluß im Munster. Die englische Schreibweise ist Suir.

Slaine: Irischer Name der Slaney, des Flusses, der sich in der Grafschaft Meath, im Norden von Boyne in den gleichnamigen Fluß ergießt.

Slemain Mide: Wichtiger Ort der *Tain Bo Cualnge,* an dem die Ulaten ihr Lager aufschlugen, als sie der Armee der Medb entgegenzogen. Die Lage des Ortes kann nicht mehr eruiert werden. Siehe dazu Hogan, *Onomasticon Goidelicum,* S. 604ab.

Sliab (englisch: *Slieve* - "Berg"): Häufiger Bestandteil verschiedener, mythologischer und reeller Ortsnamen wie *Sliab Dallan* ("Dallansberg"), *Sliab Betha* ("Bithsberg"), *Sliab Eiblinne* ("Eithnesberg"), usw.

Socht ("Stille"): Eine der Geiseln Cormacs, deren Schwert einen Besitzstreit auslöste, in dem die Schrift falsches Zeugnis gegen das gesprochene Wort ablegte.

Soscela ("Gute Neuigkeit"): Irische Bezeichnung des Neuen Testaments, welche auf einem griechischen Wort basiert.

Souveränität: Das keltische Herrschaftssystem ist kompliziert, was seine Folgen und Auswirkungen betrifft, doch geht es von einem einfachen Prinzip aus, welches aus allen mythischen, epischen und mythologischen Texten der Inselkelten ersichtlich wird: Der König ist kein absoluter Herrscher, sondern gelangt auf eine gängige und unveränderliche Art und Weise zur Herrschaft. Die Souveränität, die Allegorie Irlands, wird von einer schönen, jungen Frau, der Königin Irlands oder einer Provinz verkörpert, der der König ihren Preis zu zahlen hat. Der Definition der Medb nach darf der König "weder Furcht, noch Eifersucht oder Habgier" kennen, während die Königin nie "ohne einen Mann im Schatten eines anderen" ist, da die Souveränität im Gegensatz zum weltlichen und ersetzbaren König, immer jung, jungfräulich und von verführerischer Schönheit bleibt, wie das Prinzip, welches sie verkörpert und vorstellt. Der schlechte, unkluge, geizige oder von der Macht verdorbene König verliert sein Königtum entweder durch seinen Tod oder seine Absetzung. Allein die Götter, Väter, Brüder, Söhne oder Gatten der Souveränität sind wirkliche und vollkommene Herrscher. Die Souveränität ist nämlich zugleich einzigartig und doppelseitig, denn sie stellt die Gesamtheit der spirituellen Autorität dar, die durch das Priesteramt allen anderen Klassen überlegen ist, während sie zugleich die weltliche Macht verkörpert, die der geistlichen untergeordnet ist. Diese Beziehung zwischen König und Druide findet bei den Indern im komplementären Paar *Mitra-Varuna* ihren Ausdruck. In funktioneller

Hinsicht betrifft die Souveränität Priesteramt und Krieg zugleich. Doch während die Priester (Druiden) das Recht und manchmal die Pflicht haben, in den Krieg einzugreifen, bleibt dem König jeglicher Zugang zum Priestertum verwehrt: Seine Rolle ist es, den Rat der Druiden einzuholen und zu befolgen.

Speer des Lug: Er ist einer der vier Glücksbringer der Tuatha Dé Danann in ihrem Ursprungsland, den Inseln im Norden der Welt. Sie ist untrennbar vom Kessel des Dagda. Jener muß voller Blut oder Gift sein, in das die Lanze getaucht wird, um nicht alles um sie herum zu verwüsten. In den wenigen Erzählungen jedoch, in denen von ihr die Rede ist, dient sie Lug dazu, das Königtum zu übertragen.

Spiel (irisch *cles,* Plural *clessa*): Kämpferische bzw. kriegerische Kunststücke, welche die irischen Krieger beherrschten und die zugleich Stärke, Geschicklichkeit, Gewandtheit, Fertigkeit und Intelligenz erforderten. So beherrscht Cuchulainn unzählige dieser Kunstkniffe, die sich unter verschiedenen Namen in zwei größere Gruppen einteilen lassen:

- Diejenigen, die eine "Verrenkung" oder eine zeitweilige körperliche Deformierung verlangen und

- diejenigen, die mit oder ohne List, das Führen einer Waffe zum Gegenstand haben. Dabei kann es sich um einen Schild, eine Lanze oder ein Schwert, aber auch um andere Gegenstände wie Äpfel, Nadeln usw. handeln.

Manchmal werden sie mit Metaphern beschrieben, was es uns heute erschwert, sie genau zu identifizieren. Die Kriegsspiele haben nichts mit den "Trauerspielen" *(cluichi caintech)* gemein.

Spirituelle Autorität: In Bezug auf die keltischen Traditionen dient dieser Begriff einer (komplementären) Abgrenzung von der weltlichen, politischen und militärischen Macht, wie sie im lateinischen *imperium* zum Ausdruck gebracht wird und vom König, seinen Stellvertreten oder - in späteren Staatsformen - den obersten Beamten verkörpert wurde. Die spirituelle Autorität stellte also die Essenz des Priesteramtes dar, welches dem Druiden zufiel. Sie wurde als Macht, die sogar über der weltlichen stand, nicht in Frage gestellt und bedurfte wie alle höheren Prinzipien keiner Rechtfertigung. Sie bedeutet also die höchste Stufe der Souveränität, die sich im Druiden kristallisiert, der dadurch auch über dem Krieger oder Helden steht.

Sprache: Als Ausdrucksmittel für den Gedanken ist das gesprochene Wort der toten Schrift überlegen (die Oghamischen Inschriften finden sich daher auch nur auf Totenstelen). So kann auch z.B. ein Fluch nur durch das gesprochene Zauberwort ewige Wirksamkeit erlangen. Aus diesem Grund finden wir im Keltischen zwar das Wort für Sprache (irisch *gûth* - "Stimme", walisisch *gutuater* - "Anrufer, Priester"), doch kein Wort für die Schrift, für welche sich das jüngere Keltisch eines lateinischen Lehnworts bedient. Siehe *Schrift* und *gutuater*.

Stamm: Ebenso häufige als ungenaue Übersetzung des irischen *tuath*, welches, basierend auf dem Stamm **touta-* ("Leute, Volk") basierend (vgl. walisisch *tud* "Leute"), zugleich eine begrenzte Gegend als auch ihre Bewohner bezeichnet. So bedeutet *Ulad* z.B. Ulster wie auch Ulate. Der Vergleich mit den gallischen *pagi*, den Unterteilungen, der von Cäsar beschriebenen *civitates* drängt sich auf und läßt uns dabei an "Kantone" denken.

Stein von Fal: Siehe *Fal* und *Talisman.*

Sualtam, Sualtach ("Guter Ernährer"): Putativvater Cuchulainns. Er wurde durch seinen eigenen Schild getötet, da er gegen die *geis* verstieß, nicht vor dem König das Wort zu ergreifen.

Suantraige ("Refrain des Schlafs"): Symbolischer Name eines der drei Harfenisten Fraechs in der *Tain Bo Fraech.*

Sünde: Die christliche Vorstellung der Sünde ist im keltischen Wortschatz und in allen neukeltischen Sprachen nur durch auf dem lateinischen *peccatum* basierenden Lehnwörtern vorhanden. Die sogenannte "Sünde" (eines Druiden oder eventuell auch eines Kriegers) ist in diesem Sinne kein Fehlen oder Verstoß gegen eine Moral, sondern vielmehr das Überschreiten bestimmter Regeln und der Deontologie seiner Funktion oder seiner Klasse, wobei das absolute Böse die Lüge und in zweiter Linie die Unkenntnis ist. So hat jede Klasse ihre eigenen "drei Sünden": Für den Krieger sind es Eifersucht (oder Geiz), Feigheit und Genußsucht. Für den Druiden sind es Mißbrauch der Satire, Streben nach weltlicher Macht und weibliche Versuchung (vgl. den Fall Nédés).

T

Tadel: Gegenteil des Lob(lied)s. Beide sind dem Barden vorbehalten. Die irische Neuverteilung der Zuständigkeitsbereiche, die alle Aufgaben der Barden den *Filid* unterstellt hatte, trug zu der großen Verwirrung bei, welche schon durch die Einführung der Schrift im V. Jahrhundert verursacht worden war und welche die Trennlinie zwischen der Satire aus dem Bereich der Zauberkünste und der poetischen Gattung des Schmählieds verschwimmen ließ.

Tae, Talom, Trog ("Geburt, Erde [?], Gebären"): Eine der drei Gruppen von Mundschenken im *Cath Maighe Tuireadh.*

Tailtiu: Tochter Mag Mors, des "Königs von Spanien", Adoptivmutter des Lug, Frau Eochus, des letzten Königs der Fir Bolg in den legendären Annalen. Das Wort ist mit *talamh* ("Erde") verwandt, welches etymologisch gesehen dem lateinischen *tellus* entspricht. Es ist dies eine der allegorischen Personifikationen Irlands, und ihr Name ist noch in Teltown, in der Provinz Meath erhalten, an dem die Versammlungen des *Lugnasadfestes* stattfinden.

Talamh ("Erde"): Siehe *tailtiu.*

Talisman: Ein Begriff, der auf den gesamten indoeuropäischen Bereich angewendet wird und heilige oder wunderbare Gegenstände bezeichnet, die die funktionellen Wahrzeichen der Götter der irischen Tuatha Dé Danann waren und die materielle Basis ihrer göttlichen Macht darstellten. Darunter fallen:

- Die Lanze Lugs
- Das Schwert Nuadas
- Der Kessel und die Keule des Dagda
- Der Stein von Fal

Die Lanze des Lug ist die unfehlbare Waffe des höchsten Gottes, die ihm jedoch vor allem dazu dient, die Königswürde zu verleihen. Das Schwert des Nuada ist das "Schwert des Lichts", welches den kriegerischen Aspekt der königlichen Macht symbolisiert. Der Kessel des Dagda, der Vorläufer des Gral der Arthursage versinnbildlicht den Überfluß, während seine Keule an einem Ende tötet und am anderen wieder zum Leben erweckt und so als Wahrzeichen des Herrn über Leben und Tod zu verstehen ist. Der Stein von Fal, der keiner eigenen Gottheit zukommt, ist das Symbol der mit der Erde Irlands verbundenen Souveränität. Siehe Françoise Le Roux & Christian Guyonvarc'h, *La souveraineté guerrière de l'Irlande, Celticum* 25, S. 9-60 und 95-102.

Taman: Niedrigster Grad der Dichter. Das Wort hat mehrere Bedeutungen:
"Baumstamm"
"Dummkopf"
"Kopfloser Körper",
läßt sich also durchaus auf einen jungen Dichterlehrling am Anfang seiner Karriere anwenden.

Tara: Als Hauptstadt der Provinz in der symbolischen Mitte Irlands ist sie zugleich die Residenz des obersten Königs von Irland, dessen mehr oder weniger willigen Vasallen die Könige der vier anderen Provinzen Ulster, Connaught, Leinster und Munster sind. In Tara fanden in der grauen Vorzeit Irlands nicht nur politische und religiöse Versammlungen statt, sondern hier wurde in regelmäßigen Abständen auch das "Fest von Tara" abgehalten, welches eine prunkvolle Demonstration zu Beginn oder zur Bestätigung einer jeden Königsherrschaft darstellte. Der Name ist die englische Schreibweise von *Temair*, Genitiv *Temrach.* Siehe *Druim Chain, Caon Druim.*

Tarabara: Bretonisches Wort für das Glücksrad, welches wir noch in einigen Kirchen und Kapellen vorfinden können und welches nicht nur die Entwicklung und den Verfall der Menschheit darstellt, sondern ebenso das Schicksal, da der Zufall als kleinerer, göttlicher Eingriff verstanden wurde, durch den die Gottheit die Menschen führte, ohne sich direkt einzumischen. Das Wort ist onomatopoetischer Natur.

TARANIS (walisisch und bretonisch *tarann* - "Donner"): Gallischer Gott, der in etwa Jupiter entspricht und dessen Wahrzeichen das Rad ist, mit dem er auch auf allen galloromanischen Abbildungen dargestellt wird. Siehe Françoise Le Roux, *Taranis, dieu celtique du Ciel et de l'Orage*, in¸*Ogham* 10, 1958, S. 30-39.

Tarbfes ("Stierfest"): Teil des um ein Stieropfer angelegten Königswahlrituals, wie es z.B. im *Serglige ConCulaind* beschrieben wird. Doch ist der Begriff zweideutig, da *tarb* oft auch als Metapher für den König selbst gebraucht wurde.

Tech Duinn ("Haus Donns"): Stelle an der der mythische Anführer der Goideln bei der Ankunft auf Irland ertrank. Der Name blieb einer kleinen Insel erhalten, die Teil einer Gruppe von drei Felsen darstellt, welche im Süden der Kenmare Bay weit ab im Meer liegt. Die Sage erzählt, daß die Toten auf ihrem Weg in die Andere Welt dort Halt machen.

Tech Midchuarta ("Haus der Mitte" - wörtlich "Haus des Mittelkreises"): Gebäude in dem der irische König das Fest von Tara abhielt. Der Name spielt auf die Zentralsymbolik der obersten Königswürde an.

Teilginn (Talcend) ("Der Tonsierte"): Spitzname, der in manchen Texten - und nicht unbedingt den Heiligenlegenden - für den heiligen Patrick verwendet wird. Später gewann das Wort die Bedeutung "Priester, Pfarrer".

Teinm laegda: Zaubergesang der *Filid*, der dem *imbas forosnai* sehr ähnlich war und sich in zwei Abschnitten vollzog. Zuerst wurde der Daumen "unter einem Zahn gekaut" und dann ein kurzes Gedicht gesungen. *Teinm* ist ein Verbalsubstantiv von *teinnid* ("Schnitt, Biß, Bruch") und *laegda* ein Adjektiv von *laid* ("Gesang"). Wörtlich bezeichnet der Ausdruck also ein "gesungenes Kauen".

Tempel: Es gab zwar galloromanische Tempel, doch keinerlei keltische Tempel vor der römischen Invasion. Ein Heiligtum oder *nemeton* bezeichnet lediglich eine heilige Stätte, die durchaus auch ein ganzer Wald sein kann, doch nie ein mit den römischen Tempeln vergleichbares Bauwerk darstellt. Der Gebrauch des Steins verbreitete sich erst durch den klassischen Einfluß in Gallien.

Theologe: Wir verstehen dieses Wort im ursprünglichen Sinn, also in der Bedeutung eines Priesters, der sich mit dem Studium der Gottheiten beschäftigte. Eigentlich müßte diese Definition allen Priestern genügen, doch deckt sie nur einen Teil der intellektuellen und spirituellen Tätigkeit der Druiden ab; ja es ist nicht einmal sicher, ob sie zu den Fachbereichen der gallischen Druiden gehörte.

Thulé: Mythischer Ort im Norden der Welt, wo die Mitternachtssonne scheint, und den die antiken Autoren in der Regel auf der nördlichsten der Shetlandinseln in Unst ansetzten. Außer in den klassischen Sprachen, die den Ortsnamen übernahmen, ist der Name nur im Altenglischen *Thylé, Thyla, Tile* bekannt. Die etymologische Worterklärung, die sich kaum nur auf das Keltische beschränken kann, ist sehr problematisch. Siehe Christian-J. Guyonvarc'h, *Notes d'Étymologie et de Lexicographie gauloises et celtiques XXIII.167, Remarques sur le nom de Thulé*, in *Ogham* 22-25, 1970-1973, S. 283-284.

Tigernach Tetbannach mac Luchta: Sagenhafter König von Munster von dem in mehreren Erzählungen wie z.B. dem *Serglige ConCulaind* ("Die Krankheit Cuchulainns") die Rede ist. *Tigernach* könnte u.U. "Herr, Herrscher" bedeuten, *Tetbannach* scheint "Der mit den tödlichen Hieben" zu heißen. Die Variante *Tetbuillech* ("wild schlagend") ist dagegen klarer.

Tigernmas, Sohn Follachs ("Herr des Todes, Sohn des Herrschers"): Mythischer König, der nach den Fragmenten von Mag Slecht im heidnischen Irland regierte.

Tir na mBân ("Erde der Frauen"). Siehe *Sid.*

Tir na mBéo («Erde der Lebenden»). Siehe *Sid.*

Tir Tairngiri («Erde der Verheißung»). Siehe *Sid.*

Tlachtgha: Hügel im Teil von Meath, der einst zu Munster gehörte. Hier entfachten die Druiden ein Opferfeuer bei jedem *Beltainefest.*

Totemismus: Glauben, der von tierischen Urahnen der Gläubigen ausgeht. Trotz einiger Götter- und Eigennamen, welche Tierformen enthalten (*matu-* "Bär", *mocco-* "Wildschwein") gibt es keine Spuren des Totemismus in der keltischen Religion. All diese Namen gehen auf einen Symbolismus zurück, die immer in Bezug zu einem ganz bestimmten Tier steht. Siehe *Zoomorphismus.*

Tradition: Die keltische Tradition kann nur durch das spirituelle Denken der Kelten definiert werden, welches (zumindest in den meisten Fällen) der Bekehrung zum Christentum vorausgeht. Sie umfaßt, wie auch die spirituelle Autorität, deren Prinzip sie verkörpert, alle Aspekte der Beziehung zwischen dem Menschen und dem Göttlichen, sowie die gesamte - menschliche sowie übermenschliche - Organisation des Kosmos. In dieser Hinsicht läßt sie keine Unterscheidung zwischen Religiösem und Profanem zu und steht in ihrer Perfektion über der Entwicklung des menschlichen Lebens. Sie ist insofern vergleichbar mit dem Brahmanismus, auch wenn wir in der keltischen Literatur keine Texte finden, die den Brahmanas oder Upanishaden entsprechen würden, und wenn die keltische Tradition als solche nicht mehr lebendig ist. Auch die große Bedeutung, die der Erziehung zukommt, darf in diesem Zusammenhang nicht vergessen werden..

Trefuilngid Treochair ("Weltenschöpfer mit der großen Schneide"): Fast sicherer Beiname Lugs in der Erzählung *Die Gründung Taras.*

Tuan mac Cairill: Urdruide, welcher durch mehrere Metempsychosen von der Sintflut bis zur Epoche des heiligen Finnian, einem der Nachfolger Patricks lebte, um wie Fintan das Wissen um die irischen Geschichte weiterzuvermitteln. Nachdem er die verschiedensten Tierformen, zuletzt die eines Lachses (Symbol der Weisheit und Wahrsagungsgabe), durchlebt hatte, wird er als Mensch, genauer gesagt, als weissagender Druide und Sohn einer Königin wiedergeboren, die vom Fleisch dieses Lachses gegessen hatte.

Tuas ("oben, südlich"): Gegenteil von *tuath* ("unten, nördlich").

Tûatha Dé Dânann ("Leute der Göttin Dana"): Allgemeine Bezeichnung der irischen Götter, wie sie im *Cath Maighe Tuireadh* beschrieben werden. Ihre Anordnung entspricht ziemlich genau der, die Cäsar in seinem *De bello Gallico* gibt:

Merkur ("Gott der Künste"):

Lug Samildanach ("Polytechniker"), der Gott, der über allen Klassen und Spezialgebieten steht, da er sie alle zugleich verkörpert.

Bereich der Priester:

Jupiter ("Himmelsherrscher")

Dagda, Gottdruide, Gott der Freundschaft, Wissenschaft und der Verträge und Herr der Elemente.

Bereich der Krieger:

Mars ("Kriegsführer"):

(1) Auf der Ebene der Kriegsmagie:

Ogme, der Gott der Bindungen, der Schrift, Zauberei und der Redegewandtheit und Herr des Krieges.

(2) Auf der Ebene des großzügigen und ausgleichenden Königtums:

Nuada, König, der durch den Verlust eines Armes und seine Ersetzung seine Herrschaft zunächst verliert und dann wiedererlangt.

Bereich der Handwerker:

Keine Nennung bei Cäsar:

- ***Goibniu***, Schmied
- ***Credne***, Bronzeschmied
- ***Luchta,*** Zimmermann

Kein Name entspricht dem Ackerbau.

Aus allen drei Bereichen:

Apollo ("Krankheitsvertreiber")

(1) In seiner medizinischen Funktion - Der Arzt *Diancecht* und seine Kinder ***Airmed, Miach*** und ***Ormiach***.

(2) In seinem jugendlichen Aspekt - ***Mac Oc*** oder ***Oengus***, Sohn des Dagda.

Minerva ("Vermittlerin der Grundlagen aller Künste") Die einzige Göttin, Mutter, Gattin, Schwester und Tochter der anderen Götter:

In Irland trägt sie mehrere Namen:
- ***Brigit***, Tochter des Dagda, Göttin der Dichter, Schmiede und Ärzte
- ***Etain (Eithne)***, Königin Irlands und Mutter der Götter.
- ***Boand (Boyne)***, Gattin Elcmars (Ogmes), Gefährtin des Dagda und Mutter des Mac Oc.

Tuathal Techtmar: Sagenhafter König und Gründer des Königreiches Meath bzw. eines Königreiches im Norden Leinsters. Der Name geht von einer alten Form **teuto-valo-s* ("Anführer des Volkes") aus. *Techtmar* bedeutet "der aus dem Meer kommt" oder "großer Reisender".

Tuireann: Vater der "drei Urgötter" und Feinde Lugs, Brian, Iuchar und Iucharba, die Hauptfiguren des *Oidhe Chloinne Tuireann* ("Tod der Kinder Tuireanns"). Das irische *tuirenn* hat drei verschiedenen Bedeutungen: "Weizen", "Kompanie, Truppe" und "Span, Metallspäne". Das Wort hängt mit den Formen *Tuirill Piccreo, Biccreo, Bigrenn, Bricrenn, B(r)iccreo*, oder dem Namen *Bricriu,* Varianten von *brecc* ("bunt"), zusammen.

Tul Tuindi ("Hügel der Wellen"): Mythischer Name der Stelle, an der Fintan, von den Wogen getragen, während der Sintflut schlief. Es gibt einen Hügel namens *Tul Tuindi* oberhalb von Shannon in Limerick. Siehe Hogan, *Onomasticon Goidelicum,* S. 658a.

Twrch Trwyth: Wundersamer Eber, den Arthur vergeblich in den walisischen Grafschaften Kulhwch und Olwen jagte, da er über wertvolle Talismans verfügt, die zur Heirat des Helden unerläßlich sind. Er entspricht dem irischen *Torc* oder *Orc Treith*, dem "Herreneber". So bedeutet das irische *triath* zugleich "Anführer, Herrscher" als auch "Wildschwein" und "Welle" und entspricht der Priestersymbolik des Wildschweins. Im Walisischen wäre eine Form *trwyt* oder *trwyd* anzunehmen.

U

Uaithne ("Harmonie"): Harfe und Harfenist des Dagda. Das Wort verfügt noch über mehrere Bedeutungen: "Holz, Säule", "Mühe, Arbeit", "Naht", "Verbindung, Vereinigung, Übereinstimmung", "Musikakkord, Harmonie". Die große Spanne zwischen den einzelnen Bedeutungen dürfte eine Folge des metaphorischen Gebrauchs sein.

Überlieferung: Die irischen Texte, die im Hochmittelalter von den Mönchen in den Schreibstuben kopiert wurden, überliefern uns die keltische Tradition zumindest als toten Stoff. Die Mönche jedoch verstanden sie nicht als solche, sondern vielmehr als Teil der Nationalgeschichte Irlands oder gelegentlich auch als poetische Fiktionen. Das erklärt letztlich auch, warum der keltische Christianismus der vorchristlichen Religion nicht feindlich gegenüberstand, sondern sie vielmehr als Geschichte verstand, die sie mit der des Alten Testaments verglichen. Die Vergeschichtlichung der Götter war reine Formsache und zahlreiche Zwistigkeiten zwischen Druiden und Heiligen sind fiktive und nachträgliche Rechtfertigungen der Heiligengeschichten.

UCUETIS: Name einer gallischen Göttin, dessen Dativ- *(Ucuete)* und Genetivform*(Uc[u]etin)* in der gallischen Inschrift von Alise-Sainte-Reine zu lesen ist. Der Begriff ist sonst nirgends bekannt, so daß es unmöglich ist, eine sichere Etymologie zu erstellen.

Uile-icéadh ("Allesheiler"): Gaelischer Name der Mistel, der somit der lateinischen Übersetzung eines gallischen Wortes entspricht, welches Plinius zwar nicht eigens erwähnt, das er jedoch in übersetzter Form *(omnia sanantem)* bei seiner Beschreibung des Pflückrituals erwähnt. Alle drei Formen beziehen sich auf die heilenden Eigenschaften der Pflanze. Das Wort, selbst schon eine Ersatzform ist im Britannischen nicht mehr erhalten, was als Zeichen des Verschwindens eines religiösen Vokabels gewertet werden kann. Siehe *Mistel.*

Uisnech: Hügel im Teil Connaughts, der der Zentralprovinz Meath einverleibt wurde. Die englische Schreibweise lautet *Usney* oder *Usnagh Hill.* Es ist dies überdies auch der Buchstabe, der in der Oghamschrift dem U entspricht.

Ulad ("Ulster"). Siehe *Provinz.*

Unsichtbarkeitsmantel: Kleidungsstück, welches die Götter davor beschützt, von den Menschen gesehen zu werden. Das wichtigste und klarste Beispiel dazu finden wir in der Erzählung der *Krankheit Cuchulainns*, in der Manannan gegen Ende der Geschichte mit dem Einverständnis der Druiden seinen Mantel zwischen Cuchulainn und Fand schwingt, auf daß sich diese nie mehr wieder treffen. Dadurch läßt er Fand auf immer für Cuchulainn unsichtbar werden. Siehe *feth flada.*

Unsterblichkeit der Seele: Druidische Lehre, die bei Cäsar und anderen antiken Autoren erwähnt wird, deren Definitionen alle zwischen zwei verschiedenen Möglichkeiten schwanken:

- Einkehr der Seele in ein ewiges Leben in der Anderen Welt
- Wiedergeburt der Seele in einem anderen Körper durch Seelenwanderung

Aus den Inseltexten ist jedoch klar ersichtlich, daß die Verstorbenen ewiges Leben in Freude und Vollendung im *Sid* ("Frieden") erlangen, während die Seelenwanderung lediglich zwei außergewöhnlichen Persönlichkeiten zugeschrieben wird.

Urahne: Der Ausdruck bezieht sich auf einen Ahnen oder einen Archetypus, der, vergleichbar mit den biblischen Patriarchen der erste Stellvertreter eines Geschlechts, eines Volkes oder eines Gesellschaftsstandes ist. Die Urahnen der irischen Legende sind die Schöpfer des Volkes (Partholon, Nemed, Eber, Donn, usw.), die ersten Druiden und vor allem all die, die in göttlichem Auftrag das Urwissen weitervermittelten (Fintan, Tuan mac Cairill). In gewissem Sinne ist jeder Druide im Bezug auf die übrige Menschheit ein Urahne, da er an der Schöpfung und der Weiterentwicklung des Kosmos teilhat.

V

Vate: Eine Lehnform des lateinischen *vatis*, welches selbst aus dem Walisischen kommt und dem irischen *fâith* und dem walisischen *gwawd* entspricht. Die Bedeutung des lateinischen Wortes weist allein schon auf seinen keltischen Ursprung hin: "Wahrsager(in); Prophet(in); Orakel" und, da die Prophezeiungen in der Regel in rhythmischer Reimform vorgetragen wurden, auch "Dichter". (Ernout-Meillet, *Dictionnaire étymologique de la langue latine*, ed. 1959, S. 715a.) Die griechische Transliteration *ouateiz* war schuld an den Kakographien *eubages* und *euhages*, besonders bei Timagenes, dessen Text Amminus Marcellinus ins Lateinsiche übersetzte. Das Wort konnte sich im Bretonischen jedoch nicht halten. Es geht auf den Stamm **uat-* ("inspiriertes oder besessenes Wesen; erzürnen"), der auch dem germanischen *Wotan* (skandinavisch *Odhinn*) und dem deutschen *Wut* zugrundeliegt.

VELLEDA: Prophetin der Brukteren, von der Tacitus berichtet. Auch wenn sie zu den Germanen gehört, trägt sie einen keltischen Namen, der dem der irischen *Filid* nahesteht. Siehe Annex.

Ver sacrum ("Heiliger Frühling"): Lateinische Übersetzung eines religiösen Wortes, welches mangels eines besseren recht ungenau auf die beiden Züge angewandt wurde, welche die beiden Neffen des gallischen Herrschers Ambigatus, Bellovesus und Segovesus, zugleich in Richtung cisalpines Gallien und Harzer Wald unternahmen. Das lateinische *ver sacrum* geht von einer Schuldsühne oder einem Nationalschwur aus, der nach irgendeiner Plage ausgeführt werden mußte, während die wahren Gründe dieser Expansionsbewegung im raschen Anwachsen der Bevölkerung durch eine längere Wohlstandsperiode lagen. Ursprünglich bezeichnete es ein Opfer all dessen an die Götter, was im Frühling geboren worde: Früchte, Tiere und Kinder.

VERCINGETORIX: Anführer der Arverner, Sohn des Celtillus und Organisator des großen Gallieraufstandes 52 v. Chr., der mit der schlimmen Niederlage von Alesia endete. Sein Name setzt sich aus der verstärkenden Vorsilbe *ver-*, dem Stamm *cingeto-* ("Krieger") und dem angehängten Substantiv *-rix* ("König") zusammen. Er bedeutet folglich "König der großen Krieger".

Vergessenstrunk: Pflanzenmischung, die die Druiden Cuchulainn verabreichten, um seine Liebe für Fand, der Gattin des Gottes Manannan zu vergessen und ihm seinen Verstand wiederzugeben. Auch seine Frau Emer mußte davon trinken, um ihre Eifersucht zu vergessen.

VERGOBRETUS: Höchstes Amt der Häduer, welches unter Aufsicht der Druiden für ein Jahr verliehen wurde. Der Vergobretus entschied über Leben und Tod seiner Untertanen. Wir haben es hier mit einem der wenigen gallischen Worte zu tun, die Cäsar im *Gallischen Krieg* übernahm. Wegen eines etwas unklaren Satzes wurde es fälschlich nur als Name des Beamten verstanden, es bezeichnet jedoch auch das Amt selbst. Es besteht aus dem Stamm **vergo-*, der ebenso dem irischen *ferg* ("Zorn") zugrundeliegt, und aus *bretu-* ("Urteil").

VIDU- : Stamm für das Wort "Baum", "Holz" und "Wald" - altirisch *fid*, walisisch *gwydd*, bretonisch *gwez*. In den gaelischen und britannischen Dialekten sind dies fast deckungsgleiche Homonyme für "Wissen" (irisch *fet-*, walisisch *gwydd*, bretonisch *gouez*). *Vidu-* hat sich in Ortsnamen wie *Vidu-briga* erhalten, welches zu *Vobridium, Vouvray* wurde und auch den *Vidukassen*, einem Volk im Calvados, ihren Namen gab. Siehe *Viducasses.*

VIDUCASSES ("Schön durch das Holz"): Gallisches Volk im Calvados, welches sich mehr oder weniger mit dem der Bajokassen vermischte. Ihr Name erhielt sich in ihrer Hauptstadt *Vieux* (Calvados). Siehe *vidu-*.

VIROTUTIS: Gallischer Beiname Apolls und Variante von *Virotoutis* ("Mann der Nation"), wobei *touta* die kontinentale Entsprechung des irischen *tuath* darstellt. Siehe Christian-J. Guyonvarc'h, *Notes d'Étymologie et de Lexicographie gauloises et celtiques XXIV. 103. Apollon VIROTUTIS, irlandais tûath et tûas, breton tus, gallois et breton tud,* in *Ogham* 18, 1966, S. 311-323.

VOCONTII (Vokontier): Stamm in Narbonnegallien, welcher die heutigen Departements Isère und Drôme nördlich der Durance, zwischen Alpes Maritimes und der Rhône bewohnte. Ihre Hauptstadt war *Vasio*, heute Vasion-la-Romaine. Dottin sieht in seinem Werk *La langue gauloise* eine Verbindung zum bretonischen *ugent* ("zwanzig"), doch handelt es sich dabei um eine unbewiesene Hypothese.

Vögel: Die wichtigsten Vögel der keltischen Sagen sind:

- Der **Schwan**, der oft eine vorübergehende Form der Botinnen der Anderen Welt darstellt.
- Der **Rabe**, Bote Lugs und in der Regel die Erscheinungsform der Kriegsgöttin Bodb ("Krähe").
- Der **Zaunkönig**, der der Druide der Vögel ist.

Vortigern, ältere Form von **Guorthigern, Guorthigirn** ("Großer Herrscher"): Name des bretonischen Fürsten, welcher zur Zeit der ersten Sachseninvasionen über die Bretagne herrschte. Doch sind alle Informationen, die wir zu dieser Person besitzen, eher legendärer als geschichtlicher Natur, besonders die Episode, in der die Anführer der Sachsen Hengist und Horsa bei einem Festmahl hinterhältig die bretonischen Fürsten ermorden ließen. Vortigern ist auch für seine Beziehung zu Merlin bekannt.

W

Wahrsager: Die gallischen Vaten und die irischen *faith* sind für den gesamten Bereich der praktischen Anwendungen der Religion besonders hinsichtlich der Wahrsagung und des Zaubergesangs zuständig, Gebiete, die über ihre heutige Bedeutung weit hinausgingen. Siehe Annex.

Wald: In den keltischen Sprachen gibt es kein Wort, welches für "Heiliger Wald" stünde. Die Bezeichnung *nemeton,* irisch *nemed* konnotiert an und für sich schon die Bedeutung "heilig". Der Wald ist also in seiner tiefsten Essenz bereits Träger heiliger Symbolkraft, da alles Heilige in Beziehung zum Holz steht und erst durch das Holz seinen Ausdruck findet. Die "Familien" der Oghamischen Lettern sind "Hölzer" (*fedha*), ebenso wie die gallischen *simulacra* aus Holz sind. Der Baum stellt die kosmische Verbindung zwischen Himmel und Erde her, und die Früchte, die er trägt (Äpfel, Eicheln, Nüsse und Beeren) verleihen Wissen und Erkenntnis. Die am häufigsten erwähnten Gattungen sind die Eiche, die Eibe, die Birke, der Haselnußstrauch, die Eberesche, die Espe und die Esche. Doch wurden wahrscheinlich viele andere Pflanzen zu religiösen Zwecken verwendet. Dem Wald ist das Heilige also inhärent, auch wenn er gelegentlich der Kriegsmagie dienen kann. Vgl. die Geschichte des Todes des Konsuls Postumius im cisalpinen Gallien oder die in Krieger verwandelten Bäume, von denen die Erzählung von Cuchulainns Tod berichtet. Siehe *nemeton.*

Wales, walisisch: Deutsche Bezeichnung für das englische *Welsh*, welches auf dem germano-romanischen Namen der *Volcae* basiert, welcher ab dem Ende der Antike bis zum Beginn des Mittelalters in abwertender Weise von den keltisch oder romanisch sprechenden Germanen verwendet wurde. Der Name bezeichnet die britannisch sprechenden Kelten, die in Großbritannien verblieben waren und sich in die drei Zweige walisisch, cornisch und britannisch gespalten hatten. Die Waliser nennen sich selbst *Cymry (*kom-brog-es)* ("Kompatrioten"). Der Ortsname *Gwales*, der auf dem englischen *Wealas, Wales* basiert, ist der Name den die Sachsen im Allgemeinen den Briten gaben. In den Mabinogi bezeichnet der Name Gwales die Stadt Gresholm im Pembrokeshire.

Waschung: Es gibt konkrete Spuren einer vorchristlichen Waschung, in denen entweder das Kind sofort nach der Geburt oder der Körper eines Verstorbenen rituell gereinigt wurde. Auch anläßlich des Festes vom ersten Februar wird von allgemeinen Waschungen berichtet, die vom Winter reinigen sollten. In den beiden ersten Fällen wird dasselbe Wort, *fothrucad*, das Verbalsubstantiv von *fothraicid* ("er wäscht, badet") gebraucht. Im letzten Fall steht der Name des Festes *Imbolc*, aus *imb-* und *folc* ("sich waschen") dafür. Das Wort selbst jedoch ist archaisch.

Wasser: Wichtigstes Element der Schöpfung, in welches sich alles Leben wieder zurückverwandelt, da es immer wieder zu seinem Ursprung zurückkehren muß. Das Wasser ist das Element des Ertränkungsopfers, welches mit dem Erhängen eine der beiden unblutigen Opferweisen darstellt, die den Priestern vorbehalten waren.

Weissagung: Das Keltische verfügt über kein eigenes Wort für die Weissagung. Es kennt nur abstrakte Abwandlungen, die auf die Namen der Fachleute zurückgehen, die bestimmte Spezialgebiete beherrschen: *filidecht, druidecht, faitsine.* Doch bezeichnet ein jedes dieser Worte zugleich auch "Dichtung, Druidentum oder Zauberei, Wahrsagerei". Die Weissagung steht in engem Zusammenhang zur Opfertätigkeit, welche sich in bestimmten Formen aus Weissagungstechniken entwikkelte.

Weiß: Das irische Adjektiv *find, finn* steht wie das britannische (walisisch *gwyn,* bretonisch *gwenn*) und das gallische *vindos* für die deutschen Adjektive "weiß, schön, brillant und glücklich". Die Farbe Weiß stellt überdies und vor allem die Farbe der Priester (und Könige) dar, auch wenn sie technisch gesehen nur das Fehlen aller Farben ist. Die Tunika und der weiße Umhang der Druiden unterstreicht diese Bedeutung.

Weißdorn *(scé, sceach, sciach)*: Laut einer Stelle im *Book of Ballymote* wurde dieser Strauch von den *Filid* bei Zauberritualen, insbesondere im *glam dicinn* verwendet, bei dem es sich um die höchste und schlimmste Form des Fluchs handelte. Der Weißdorn wurde offenbar bei keinem anderen Ritual hinzugezogen, weder bei Taufen, noch bei Hochzeiten oder Bestattungen.

Weltliche Macht: Sie steht der geistigen Macht gegenüber, der sie als komplementäres Gegenstück untergeordnet ist. Bei den Kelten wird die spirituelle Macht von den Druiden verkörpert, während die weltliche vom König verwaltet wird, welcher von der *flâith* unter Aufsicht der Druiden zum Anführer der Kriegerklasse gewählt wird. Jegliche weltliche Macht fällt in den Bereich des Königs. Cäsar bezeichnet die Regierung der Häduer als *regia potestas* ("Königsmacht"). Siehe *Spirituelle Autorität, Vergobretus.*

Wildschwein: Symbol der Priester, das dem königlichen Symbol des Bären gegenübersteht. Siehe *Twrch Trwyth* und *Arthur.*

Wurm: Winzigste Form des Daseins, in die Fuamnach z.B. Étain verwandelte und sie so zwang, danach Menschengestalt anzunehmen, um wieder mit ihrem Gatten, dem Gott Midir, in die Andere Welt zurückkehren zu können. Einige

Helden oder Könige werden mit einem Wurm in jeder Hand geboren, was darauf schließen läßt, daß das Motiv einen Bedeutungswechsel erfahren hatte. Doch entspricht ein in einem Getränk zu sich genommener Wurm immer einer oralen Empfängnis. Siehe *cuil.*

Y

Yder: Walisischer Held und Sohn Nutts (Nudds). In einer Episode der Artussage fällt er einer Krankheit zum Opfer, welche zwar von drei irischen Ärzten geheilt wird, ihn jedoch so verstümmelt, daß er wie der Ire Morann ohne Kopf und ohne Gesicht weiterlebt.

Z

Zeitlosigkeit (der Druiden): Die Frage der Druiden stellt ein echtes Problem der modernen Geschichtswissenschaft dar, da sie sich nicht genau zeitlich einordnen lassen und so dem historischen Urteil entkommen, weil sie lediglich aus mythischen Strukturen zu erahnen sind, welche sich außerhalb der Geschichte befinden.

Zoomorphismus: Den Kelten wird manchmal die Verehrung tiergestaltiger Götter zugeschrieben (Bär, Pferd, Widder, Rabe, usw.), da in den galloromanischen Inschriften und Zeichnungen oft Tiergestalten abgebildet sind oder die Götternamen sich oft um Tiernamen ranken: *artos* ("Bär"), *epos* ("Pferd"), *mokko-* (Schwein") usw. Doch ist das Tier gleich der Pflanze wie z.B. im Falle der Druiden lediglich die Grundlage einer religiösen Symbolik und verkörpert nie das Prinzip oder das eigentliche Wesen der Religion. Totemismus und Zoolatrie sind im Falle der Kelten falsche Interpretationen des Zoomorphismus.

Zwölf Tage, *bretonisch* ***gourdezioù*** ("große Tage"): Fragment des alten, keltischen Kalenders. Der Ausdruck bezeichnet heute in etwa die letzten sechs Tage des Dezembers und die ersten sechs Tage des Januars. Doch gibt es den Zwölftageszyklus in allen keltischen Ländern und ist auch noch in einem Teil der europäischen Folklore erhalten.

ETYMOLOGISCHER ANHANG

I. Der Name des Druiden

Im *De Bello Gallico* erwähnt Cäsar die im Gallien des ersten Jahrhunderts v.Chr. gebräuchlichen Namen der Druiden. Er beugt ihn nach der dritten lateinischen Deklination:

- Nominativ Plural	*druides*	(BG VI, 14, 21)
- Genitiv Plural	*druidum*	(BG VI, 13)
- Dativ / Ablativ Plural	*druidibus*	(BG VI, 13, 16, 18)

Die Einzahlform kommt nicht vor. Wir müssen also **druis* ergänzen und werden unten sehen, daß die Formen **druis / druides* eng mit den mittelalterlich-irischen Formen *druí / druíd* verwandt sind.

Doch ist Cäsar der einzige Autor, der sich dieser Form bedient. Erst vier Jahrhunderte später stoßen wir auf einen Ausnahmefall, in dem Ausonius in seiner *Commemoratio Professorum Burdigalensium* X, 22-30 den Genitiv *druidum* verwendet. Alle anderen lateinischen Schriftsteller aus oder nach der Zeit Cäsars gebrauchen eine Form, die nach der ersten oder a-Deklination gebeugt wird:

- Nominativ Plural	*druidae*	(Cicero, *De Divinatione* I, 41, 90; Plinius der Ältere, *Nat. Hist.* XVI, 249; XXIV, 103-104; XXIX, 52; Tacitus, *Hist.* IV, 54; *Annales* XIV, 30; Lucanus, *Pharsalia* I, 451)
- Genitiv Plural	*druidarum*	(Suetonius, *Claudius* 25)
- Dativ / Ablativ Plural	*druidis*	(Plinius, *Nat. Hist.* XXX, 54)
- Akkusativ Plural	*druidas*	(Pomponius Mela, *De Choreographia* III, 2, 18, 19)

Alle diese Formen stammen aus der klassischen Epoche (I. Jahrhundert v. Chr. - II. Jahrhundert n. Chr.).

Erst später tauchen die verschiedensten lateinischen Formen auf:

männlich		
- Nominativ Plural	*drasidae*	(Ammianus Marcellinus XV, 9, 4)
	driadae	(*Commenta,* Usener)
- Akkusativ Plural	*drasidas*	(Ammianus Marcellinus XV, 8)
	driadas	(*Commenta,* Usener)
weiblich		
- Nominativ Singular	*dryas*	(Lampridus, *Alexander Severus* LIX, 5; (Vopiscus XXX, 14, 2)

- Ablativ Singular	*dryade*	(Vopiscus XXX, 14, 2)
- Dativ / Ablativ Plural	*dryadibus*	(Vopiscus XLIII, 4-5)
- Akkusativ Plural	*dryadas*	(Vopiscus XLIII, 4-5)

Daraus kann nicht unbedingt der Schluß gezogen werden, daß all diese lateinischen Formen außer denen Cäsars dem Griechischen entlehnt oder nachgeahmt wurden, dessen Register wesentlich einfacher ist:

- Nominativ Singular	*druidhz*	(Aristoteles, *Fragmenta* 30)
- Nominativ Plural	*druidai*	(Clemens von Alexandrien, *Stromata* 1, 15; Strabo, IV, 4,4)
- Genitiv Plural	*druidwn*	(Strabo, IV, 5)
- Akkusativ Plural	*drouidaz*	(Diodor von Sizilien V, 31, 4)
	druidaz	(Dionos Chrysostomos, *Oratio* XLIX; Diogenes Laertius, *Leben der Philosophen* 1, 5)

Es ist tatsächlich kaum von der Hand zu weisen, daß die lateinischen Formen der ersten Deklination auf dem griechischen Modell basieren, das außer dem *druidhz* des Aristoteles nur in der Mehrzahlform überliefert ist. Das griechische Lehnwort wiederum wurde im Griechischen wie ein Maskulinum auf *-a* behandelt, wie z.B. *polithz* ("Bürger") oder *dikasthz* ("Richter") (Plural *politai, dikastai*). Dieses Lehnwort wurde bereits vor dem IV. Jahrhundert v.Chr. übernommen, da Aristoteles, der es als erster benutzte, von 384-322 lebte. Seit Cicero verwendeten auch die Römer nur mehr die hellenistische Lehnform und ließen die keltische Lehnform Cäsars fallen.

Schließlich müssen wir auch alle "Druiden" und "Druidinnen" des anormalen Typs *dryas / dryades / driadae* von der Diskussion ausschließen. Sie gehen ganz offensichtlich auf die "Dryaden" *(druadez)* zurück, deren Schicksal mit dem der Bäume in Zusammenhang stand. Die Form *drasidae* ist höchstwahrscheinlich nur ein Kompromiß zwischen *dryas* und *druidae / druidai.*

Es bleibt der etymologischen Studie also nur eine einzige antike Form erhalten, und zwar die, die Cäsar als direkter Zeuge zwischen 58 und 52 v. Chr. in Gallien festhielt:

Singular	**druis*
Plural	**druides*

Diese Form Cäsars drängt sich umso unabdinglicher auf, da sie ältesten irischen Formen entspricht. In den Glossen, den ältesten - und auch den christianisiertesten - Quellen, hatte sich die Wortbedeutung nach der christlichen Doktrin gewandelt: "Magier, Weiser, Wahrsager", mit dem allgemeinen Sinngehalt des lateinischen *magus*. Doch verfügen wir nur über zwei:

- *dogéna sáibfirtu et sáibarde amal dondrigensat druid triitsom*

"Er [der Antichrist] wird Wunder und verlogene Zeichen machen, wie es bereits die Druiden durch ihn getan haben" (Würzburg 26a, 20; *Thesaurus Paleohibernicus* I, S. 166).

- *.i. da druith ogeptacdi robatar ocimbresun frimmoysi et nistuirmi recht act senchassom fadesin arropo eola som na huili fetarlice*

"Zwei ägyptische Weise hatten sich mit Moses gestritten, was nicht im Gesetz erwähnt wird, sondern nur in seiner eigenen Überlieferung, da er Fachmann für das gesamte Alte Testament war." (Würzburg 30c, 17; *Thesaurus Paleohibernicus* I, S. 695).

In keiner der beiden Glossen ist die Rede von der alten Priesterklasse. Im christlichen Kontext ist das Wort zu einer leeren Hülle geworden. Doch ist die Morphologie nach wie vor korrekt: In beiden Fällen *druid / druith* handelt es sich um einen Nominativ Plural, wobei der Wechsel zwischen *d* und *th* rein orthographischer Natur ist. Hier wird der Kontrast klar zwischen der Antike, die uns ein Wort mit einer einzigen Bedeutung doch in mehreren Formen überliefert, und dem keltischen Mittelalter, aus welchem uns ein einziges Morphem erhalten ist, dem jedoch mehrere Bedeutungen zukommen.

Wir wollen nun die irischen Formen anführen, deren Bedeutung nicht von der ursprünglichen abweicht. Sie stammen aus den beiden wichtigsten Fassungen der großen epischen Erzählung der *Tain Bo Cualnge* im *Book of Leinster* und im *Lebor na hUidre* :

- Nominativ Singular:

druí (Book of Leinster II, ed. Best-O'Brian, Dublin, 1967, S. 257, Blatt 64b, 10-11, Zeilen 8476, 8488; S. 265, Blatt 55b, 20, Zeile 7724; S. 288, 64b, 44, Zeile 8505; *Lebor na hUidre*, ed. R.I. Best-Osborn Bergin, Dublin, 1929, S. 158, Blatt 61a, Zeile 5035; S. 150, 57b, Zeile 4752)

draoi (Version Stowe, ed. Cecile O'Rahilly, S. 6, Zeile 188)

Cathbad caomdhraoí "Cathbad, der liebenswerte Druide" (*ibid.*, S. 142, 4494-4496)

- Genitiv Singular

druad (*Book of Leinster* II, S. 265, Blatt 55b, 19, Zeile 7723; ed. O'Rahilly, S. 5, Zeile 174-175)

druagh (Version Stowe, ed. O'Rahilly, S. 6, Zeile 186)

- Nominativ Plural

druídi (*Book of Leinster* II, S. 367, 91b, 11, Zeile 11265)

druidi (*ibid.*, S. 368, 91b 44, Zeile 11289)

druid (*ibid.,* S. 317, 75b 14, Zeile 9540)
druíd (*Lebor na hUidre,* S. 142, Blatt 55a, Zeile 4503)
draoithi (Version Stowe, S. 17, Zeile 503)
dráoithe (*ibid.,* S. 84, Zeile 2618)

- Genitiv Plural

drúad (*Book of Leinster* II, S. 377, Blatt 95a, 36, Zeile 11621)
druad (*Lebor na hUidre,* S. 150, Blatt 57b, Zeile 4742)
druadh (Version Stowe, S. 142, Zeilen 4500-4501)

- Dativ Plural

druidib (*Book of Leinster* II, S. 372, Blatt 93b 23, Zeile 11453)
draoithibh(Version Stowe, S. 142, Zeile 4494)

- Vokativ Plural

drúide (*Book of Leinster* II, S. 275, Blatt 58b 20, Zeile 8051)
druide (*ibid.,* S. 279, Blatt 60a 21, Zeile 8175; *Lebor na hUidre,* S. 150, Blatt 57b, Zeile 4750)
draoithe (Version Stowe, S. 22, Zeile 635)

- abstraktes Suffixderivativ

druidecht (*Book of Leinster* II, S. 296, Blatt 68b 38, Zeile 8820)
druidechta (*ibid.,* S. 278, Blatt 64b 12, Zeile 8479; *Lebor na hUidre*, S. 158, Blatt 61a, Zeile 5036)
druídechta (*Book of Leinster* II, S. 324, Blatt 78b 28, Zeile 9785)

Es ist jedoch nicht sicher, ob letztere Ableitung mit ihrer angefügten Endung, die meist mit "Zauberei" *(wizardy, magie)* übersetzt wird, sehr weit in der Geschichte des Namens der Druiden zurückgeht.

Im Vergleich mit dem irischen *druí* und dem walisischen **druis / druides,* können die Formen anderer keltischer Sprachen als sekundäre Nebensprachen bezeichnet werden. Auch das walisische *derwydd*, Plural *derwyddon* (*Geiriadur Prifysgol Cymru*, S. 933) ist nicht wirklich beachtenswert. Es handelt sich hier um ein Wort ohne Einrichtung, denn wir kennen in der Tat weder historische noch mythische Druiden an walisischen Höfen des Mittelalters. Das seltene Wort *derwydd* ist das erste Mal scheinbar im XII., auf alle Fälle vor dem XIII. Jahrhundert belegt. Man findet es in seiner Pluralform *derwyddon:*

Derwydon doethur
Darogenwch y Arthur
Yssit yssyd gynt

"Weise Druiden,
prophezeit dem Arthur:
Hier ist das, was am ältesten ist."
(*Kat Godeu*, ed. F. Skene, *Four Ancient Books of Wales,* Edinburg, 1868, II, S. 144).

Auch im Bretonischen haben wir keine bemerkenswerten Formen: *drouiz* taucht das erste Mal im *Dictionnaire Breton-Français* von Le Gonedic, überarbeitet von La Villemarqué, ed. Prud'homme, Saint-Brieuc, 1859, S. 292 auf. In der Auflage von 1821 wurde das Wort nicht angeführt. La Villemarqué nimmt an, daß es sich dabei wahrscheinlich um eine zusammengezogene Form von *derouiz* handelt, welches noch heute in Wales gebräuchlich ist. Im irischen und schottischen Gaelisch sagt man *drouiz*, welches man fälschlicherweise *druidh* schreibt. In Wirklichkeit erfand er jedoch selbst das Wort, welches zum ersten Mal im *Barzaz Breiz*, einem Gedicht aus den *Séries*, ed. 1939, S. 2 ff, verwendet wurde. Man kann hierin kaum etwas anderes sehen, als eine moderne, bretonische Form des cäsarischen **druis*. 1732 gebrauchte Grégoire de Rostrenen, *Dictionnaire François-Breton ou François-Celtique,* Rennes, S. 309 ab, das griechische Wort unter Einfluß des plinischen *drus*, Plural *drused* ("Druide, Zauberer"), welchen er ausdrücklich auf *drus* ("Eiche") zurückführte. Das seriösere Wörterbuch von Armerye aus Vannes, ed. 1744, S. 118a schrieb von einer Anlehnung an *huricin, huricineréss (urisin, urisinerez)* ("Zauberer, Wahrsager, Astrologe") und beschied sich mit der Anmerkung "Druide und Driade, Zauberer und Zauberin der Alten, sind völlig vergessen", was in der Bretagne des XVIII. Jahrhunderts auch der Wahrheit entsprach.

Das große etymologische Mißgeschick geschah jedoch schon vor neunzehn Jahrhunderten, als Plinius das keltische *drus* implizit durch das griechische *druz* zu erklären suchte. Diese Interpretation hielt sich bis ins XIX. Jahrhundert als die Waliser, allen voran John Davies und seine Nachfolger im Druidentum und Bardismus *derw* ("Eiche") und *derwydd* ("Druide") eine gemeinsame Wurzel zuordneten, indem sie der Morphologie etwas nachhalfen, damit letzteres Wort aussehen konnte wie eine Ableitung des ersteren. Den Schlußpunkt stellt die wissenschaftlich unglückliche *Palinodie* Rudolf Thurneysens, einem der bedeutendsten Forscher der Keltologie, dar, welcher, nachdem er bereits die richtige Etymologie gefunden hatte, die das Wort aus der verstärkenden Vorsilbe **dru-* und **vid* zusammensetzte, wieder zur Worterklärung des Plinius zurückgekehrt war und dadurch praktisch alle keltisierenden Gelehrten nach sich zog.

Aber der Name der Eiche erklärt sich im Keltischen sehr eindeutig: Er geht auf die Wurzel **dervo-* zurück, welches häufig im Walisischen und auch in einigen französischen Worten keltischen Ursprungs belegt ist (vom Typ *drouille, druille, drille,* W. von Wartburg, *Französisches Etymologisches Wörterbuch* III, S. 50);

ganz zu schweigen vom bretonischen *derv*, dem walisischen *derw* und dem irischen *dair, daur*, in denen die Thematik des "Wissens" *(*vid-)* ziemlich verloren dastünde. Die einzig mögliche Verbindung zwischen dem Druiden und der Eiche, wäre, im *dru-* des Druiden eine Verkürzung von *dervo-* durch **d(e)ru(o)-* zu sehen. Als mögliche Nebeninterpretation ist dies nicht gänzlich zu verwerfen, doch ist sie für eine etymologische Hauptinterpretation etwas weit hergeholt. Denn, stellt die Eiche auch einen natürlichen Bestandteil des heiligen Wissens dar, so genügt dies noch kaum, den Druiden mit dieser Pflanze gleichzusetzen. So weigern wir uns auch, was uns betrifft, den Ortsnamen *drunemeton* automatisch als "Eichenwald" oder den gallischen Eigennamen *Drutalus* (in einer Töpferunterschrift, CIL XIII, 10010, 825abc) als "Eichenstirn" zu verstehen. Wir denken hier eher an ein "sehr großes Heiligtum" und an eine "sehr große Stirn". Eine weitere Interpretation Thurneysens, welche den Namen der Druiden auf das irische *druailnithe* ("verdorben") und *druailnid* ("verderben") zurückführt, ist mit großem Vorbehalt zu verstehen, auch wenn sich das Gegenargument auf die Unvereinbarkeit eines religiösen Begriffes mit der Verderbnis beschränken mag. In beiden Worten stellt *dru-* eine Variante von *tru-* "schlecht, böse, elend" dar. Die Erklärung muß also notwendigerweise eine andere sein.

Wir bewegen uns auf wesentlich festerem Grund, wenn wir die pflanzliche Gleichnamigkeit - denn sie ist sehr wohl vorhanden - nicht im ersten, sondern vielmehr im zweiten Teil des Wortes suchen: *-vid, veid-* ist der Name des *Wissens*, dem wir auch im lateinischen *videre,* dem gotischen *wîtan* oder dem Namen der *vedas* begegnen (Julius Pokorny, *Indogermanisches Etymologisches Wörterbuch*, S. 1127). Die Aufrechterhaltung des labiodentalen Anlauts kann als Beleg für das hohe Alter dieser Homonymie gewertet werden, da die Formen des inselkeltischen Namens für das "Wissen" fast alle über **vissu-* auf **vidsu-* zurückgehen. So steht es auch um das irische *fis,* das neuirische *fios* ("Wissenschaft") oder auch um den gallischen Eigennamen *Visurix* ("König der Wissenschaft" bzw. "würdiger, weiser König") (CIL XIII, 5295 in Augst, Schweiz), so daß die beiden Wurzeln **vesu-* und **vissu-* nicht unbedingt voneinander getrennt werden müssen. Wir zeigten bereits auf, daß der Name des "Holzes" in allen keltischen Sprachen auf **vidu-* zurückgeht und sich die Wortnähe trotz kleinerer Divergenzen der Schreibweisen erhalten konnte: irisch *fid* ("Baum") und *(ro)-fetar* ("ich weiß"), walisisch *gwydd* ("Baum") und *gwybod* ("Wissen"), der konjugierte Stamm *gwydd-, gwyddon* ("Gelehrter"), das bretonische *gwez(enn)* ("Baum") und *gouzout* ("Wissen"), vom Stamm *gouez-, gouiziek* ("Gelehrter").

In Irland werden die in Familien eingeteilten Buchstaben der Oghamschrift *feda* genannt (*Royal Irish Academy Dictionary,* F / 1, 125-127), Plural *fid* ("Baum"). Es darf also nicht wundernehmen, wenn wir die tiefe Wortbedeutung des Namens der Druiden auch in dem der indischen *Vedas* wiederfinden, oder auch im - dem Keltischen wesentlich näheren - lateinischen *videre*, dessen ursprüngliche Bedeutung untrennbar war von der "Kenntnis" und nicht nur vom Akt des "Sehens" oder "Betrachtens" (Ernout-Meillet, *Dictionnaire étymologique de la langue latine*, 1959, S. 733)

Die Wurzel **wid-* ist dem Britannischen und dem Irischen gemein, auch wenn sich daraus verschiedene Zusammensetzungen ergeben. Das altbretonische *dorguid*, welches mit der Glosse *pithonicus* beschrieben wurde (Léon Fleuriot, *Dictionnaire des gloses en vieux-breton,* Paris, 1964, S. 150ab) und ein Vorläufer des walisischen *derwydd* ist, bevor es durch *derw-ydd* mit *derw* ("Eiche") in Verbindung gebracht wurde, dieses *dorguid* also ließe auf eine sehr alte Ausspracheform auf [w] schließen, welches schließlich in **do-are-wid-* vokalisiert wurde, bei dem zuletzt das End-[d] zu einem [d] wurde. Die Vorsilbe bildete sich entweder als **do-are-wid-* oder als **do-ro-wid,* wobei die zweite Form unserer Ansicht nach wahrscheinlicher ist. Es handelt sich dabei, vor allem im Falle von *ro-* (von **pro-*) um verstärkende oder superlativierende Wortteile. Die Bedeutung birgt keinerlei Geheimnis.

In der Folge lüften sich auch die Mysterien Irlands. In dieser Sprache gibt es keine Vorsilbe **dru-*. Doch ist *druíd* bereits eine Verkürzung von **dru-uid*, und auch *dru-* selbst ist eine solche, da es aus **do-ro-* entstand, wodurch wir wieder ins Altbretonische hinübergelangen. Die Vorsilbe-Präverb-Präposition *ro-* kommt wie die Präverb-Präposition *to (do)* im Altirischen recht häufig vor (siehe Rudolf Thurneysen, *Grammar of Old Irish,* Dublin, 1946, S. 531 ff.) Während das *-u-* des *druíd* aus der Zusammenziehung von **dru-uid* entstand, ist das *-u* von *dru-* entweder ursprünglich (*ru-* für ein früheres *ro-*) oder aber auch eine abgewandelte Form von *-o* und *-ro*, welche durch den Kontakt mit dem Folgevokal entstand. Eines jedoch steht fest: Wenn es hier ein Wunder gibt, dann nicht das einer endlich freigelegten Etymologie, sondern daß die gallische Morphologie zur Zeit Cäsars bereits der irischen der Würzburger Glossen achthundert Jahre später entsprach. Denn es ist wahr, daß kaum ein anderes Wort aus dem Sakralbereich eine beweglichere Etymologie kannte. Deshalb ist es auch kaum vonnöten sich breit über die Bedeutung von *d(o)-* ("nach, zu, in Richtung") auszulassen, welches aller Wahrscheinlichkeit nach dem irischen *do* ("to, towards") ähnelt und ihm vergleichbar ist. Über das Gallische wissen wir jedoch leider nicht genug, um seine grammatikalischen Werkzeuge gewinnbringend untersuchen zu können.

Eine solche morphologische Starrheit ist jedoch nicht der einzige Umstand, der uns zu denken gibt: Der britannische Begriff, dessen Form dem neuirischen Wort für Druide *(draoí)* am ähnlichsten ist, ist das walisische *dryw* ("Zaunkönig") bzw. das bretonische *drev* ("froh, beschwipst"). Die Etymologie steht hier jedoch nicht zur Debatte, da *draoí* im Genitiv *druádh* seinen (gehauchten und stummen) Dentallaut beibehält. Auch kann es kaum ein Zufall sein, daß der Zaunkönig in der gesamten irischen Folklore der "Druide der Vögel" ist.

Abschließend sollten noch die anderen nicht-keltischen Namen erwähnt werden, mit welchen die klassischen Autoren die Druiden bezeichneten; ein Bereich, der noch näher zu untersuchen wäre. Wenn wir bei Cäsar auch oft auf *sacerdos* und bei Titus Livius auf *antistes* stoßen, stammen die Hauptbegriffe aus dem Griechischen:

Filosojoi	"Philosophen"	
Qeologoi	"Theologen"	Diodor von Sizilien
Semuoqeoi	"Heilige durch die Götter"	Diogenes Laertius

Diese Worte weisen auf religiöse Funktionen hin, dienen jedoch nicht unbedingt der Klassifizierung. Die Druiden können nur durch keltische Begriffe der Priesterklasse und durch ihren eigentlichen, grundlegenden Namen **dru-wid* ("der sehr Gelehrte") wirklich klassifiziert werden, welchen kein anderes Wort zu ersetzen vermag.

II. Der Name des Barden

Die Form des Namens des Barden ist eine der beständigsten des gesamten Wortschatzes, der uns aus der keltischen Antike überliefert ist:

In den lateinischen Quellen:		
Nominativ Singular	*bardus*	(Festus 43, 11)
Nominativ Plural	*bardi*	(Lucanus, *Pharsalia* I, 449 und *Berner Scholien*, ed. Usener)
Genitiv Plural	*bardorum*	(Prudentius, *Apoth.* 296)
Akkusativ Plural	*bardos*	(Timagenes in Ammianus Marcellinus XV, 9, 8)
In den griechischen Quellen:		
Genitiv Singular	*bardouz*	(Diodor von Sizilien V, 31)
Nominativ Plural	*bardoi*	(Hesychius)
	bárdoí	(Posidonius in Athenäus VI, 49 und Strabo IV, 4)

Die Existenz eines kontinentalkeltischen oder gallischen Wortes *bardos* ist unbestreitbar. Es wurde ins Griechische *(bárdoz)* und Lateinische *(bardus)* übernommen und als lateinisches Lehnwort zum französischen *barde*, ein Wort, welches in fast allen europäischen Sprachen in dieser Form anzutreffen ist.

Im Gegensatz zum Namen der Druiden ist der der Barden nicht bei Cäsar belegt, doch fand man ihn als Eigenname in einigen römischen Inschriften, jene jedoch alle außerhalb Galliens und Britanniens. Auch hier gibt es nur eine einzige Form, den Filiationsgenitiv *Bardi (filius* oder *filia*), also Sohn bzw. Tochter eines Barden.

- CIL III D III — in Geiselbrechting (Bayern)
- CIL III, 4575 — in Wien (Österreich)
- CIL III, 4838 — in Feistritz (Kärnten)
- CIL III, 5473 — in Knitterfeld (Steiermark)
- CIL X, 3468 — in Misena (Italien)

Eine weitere Genitivform *BARDO(nis)* wurde in einer Töpferinschrift CIL XIII, 100010, 3313a entdeckt. Im Frauennamen *Bardo* CIL III 11657 in Sankt Peter ob Reichenfels im Oberen Lavanttal (Kärnten) ist der Name im Nominativ erhalten. Bei den anderen Zeugnissen der Eigen- und Ortsnamen ist die Zugehörigkeit zum Keltentum fraglich und sie bedürften einer längeren, philologischen Diskussion. Dagegen können die beiden folgenden, zusammengesetzten Formen als sicher betrachtet werden:

- *bardocucullus*, eine Art Tunika mit Kapuze oder ein weitarmiger Mantel, der bis zu den Knien reichte: *Gallia Santonico vestit te barducucullo / Cercopithecarum paenula nuper erat* (Martial XIV, 128) (siehe Waldemar Deonna, *De Télesphore au "Moinne Bourru", Dieux, génies et démons encapuchonnés,* Brüssel, 1955, S. 89). Es ist also "Bardenkapuze" zu verstehen.

- *Bardomagus,* Ortsname, wörtlich "Bardenfeld", außer *Bardo-* wäre als Eigenname zu verstehen. Der Ortsname ist in der Nähe von Meiland in Form zweier Inschriften anzutreffen: CIL IV, 5872 und 5878 (H. D'Arbois de Jubainville, *Recherches sur l'origine de la propriété foncière,* Paris, 1890, S. 167.)

Kurz, die antiken Belegstellen des keltischen Namens der Barden sind nicht sehr zahlreich. Sie genügen jedoch allemal, das Überleben des Wortes und der Bedeutung seit der römischen Epoche im gesamten kontinentalkeltischen Raum zu bestätigen.

Im Alt- und Neuirischen stimmt der Name des Barden mit dem des latinisierten Gallisch überein:

Nominativ Singular	*bárd*	*(bardo-s)*
Genitiv Singular	*báird*	*(bardi)*

(*Royal Irish Academy Dictionary,* B, 36-37).

Die wichtigste Ableitung ist *báirdne, báirtne* ("Kunst, bardische Komposition") *(R.I.A. Dictionary,* B, 17-18). Doch vor allem die Namen der verschiedenen Grade in der Hierarchie der irischen Barden verdienen Beachtung. Die Handschrift H. 2.12 des Trinity College von Dublin führt sie in absteigender Reihenfolge an, wobei es einige Varianten des *Book of Ballymote* und von Laud 610 der Bodleian von Oxford aufweist:

(a) In der Kategorie der *soerbáird* ("freie Barden")

- *rigbárd* ("königlicher Barde") oder *ollam bairdne* ("Doktor der bardischen Komposition")
- *anruth báirdne* ("Meister der bardischen Komposition")
- *sruth di aill* ("Flut des Felsens"), eine Metapher, die die Dauerhaftigkeit der Würde und Wissenschaft des Barden unterstreicht.
- *tigernbárd* ("Herrenbarde")
- *admall* ("sehr Langsamer"), eine Anspielung der Langsamkeit eines Barden, welcher noch nicht den Gipfel seiner beruflichen Fähigkeiten erreicht hat.
- *túathbárd* ("Kantonalbarde")
- *bóbárd* ("Viehbarde"), d.h. viehbesitzender Barde
- *bárd áne (aine)* ("Adelsbarde"), ein erblicher Ehrentitel

(b) In der Kategorie der *doebáird* ("unfreie Barden"):

- *culbárd* ("Schutzbarde"), Übersetzung und Bedeutung sind hier unsicher
- *sruthbárd* ("Barde mit dem Fluß der Wissenschaft (oder der Poesie)"
- *bárd lorge* ("Barde des Astes"), eine eindeutige Anspielung auf den Stammbaumbarden, der der Königsfamilie unterstand.
- *drisiuc, driseoc*, Abkürzung oder Variante des *drisbárd* ("Stachelbarde"), die sich auf die Satire der *Filid* bezieht.
- *cromluatha*, aus *crom* ("Kreis, Biegung, Beugung") und *luath* ("schnell"), die Wortzusammensetzung ist noch nicht mit Sicherheit geklärt, ebensowenig das End-*a*.
- *sirti ui*, unerklärte Worte, außer es handelt sich dabei um *sirid* ("reisen, fortbewegen"), was somit eine Anspielung auf die Reisen und Irrfahrten der rangniedrigeren Barden wäre.
- *rindaid*, der hier enthaltene Verbalstamm *rind* ("schneiden, verletzen") spielt auf die satiristische Funktion des Barden an, welche diese Hierarchie abermals mit der der *Filid* vergleichbar werden läßt.
- *longbárd*, aus *long* ("Schiff" ein "Gefäß" oder "Becken" bezeichnend): Rangniedriger Barde, dem bei Festen in einem kleinen Kelch von jedem Getränk eingeschenkt wurde.

Streng genommen sind jedoch all diese Ausführungen ungenau, oder besser unvollständig. In Irland kam den Barden nicht derselbe Stellenwert zu wie den *Filid*, was aus einem Abrutschen ihres Berufsstandes zugunsten der *Filid* während der Christianisierung zu erklären ist. Allein das Vorhandensein einer bardischen Hierarchie läßt jedoch darauf schließen, daß die Barden einst der Priesterklasse angehörten.

In Wales stellten sich diese Umstände völlig anders dar. Der älteste Beleg ist hier das Adjektiv *bardaul* in einer Glosse des Martianus Capella: *o'r bardaul leteinepp*, welches mit der Glosse *epica pagina* überschrieben wurde (J. Loth, *Vocabulaire vieux-breton*, Pais, 1884, S. 51.) Im Neuwalisischen wurde diese Form zu *barddol* ("dichterisch"), welche somit noch eng mit dem Keltischen in Verbindung steht: Aus dem gemeinkeltischen *bardo-s* entstand *bardd* und im Plural durch Umlautung *beirdd* aus *bardi*, neben den Doppelmehrzahlformen *berddion* und *berddiaid*. Doch im großen Unterschied zu Irland wurde seine Bedeutung hier völlig banalisiert: "Barde, Sänger, Dichter, Schreiber" und alle Wortzusammensetzungen bzw. -ableitungen gehören einem Bereich an, der jegliche religiöse Tendenz oder Erinnerung an eine vorchristliche Zeit ausschließt:

(a) Als Komposita (die Bedeutung des zugefügten Begriffes wird ohne seine syntaktische Abwandlung nach jedem Wort angeführt):

- *barddair* ("dichterische Komposition"), - *gair* ("Wort")
- *barddawd* ("Dichtung, Gedicht"), - *gwawd* ("Dichtung, Musik")
- *barddglwm* ("Gesang, Dichtung"), - *clwm* ("Gesang, Melodie")
- *barddget* ("Gabe, Dichtung, Eingabe"), - cet ("Gabe, Gunst")
- *barddgyfreu* ("Wort, Gesang"), - cyfreu ("Schmuck, Gesang")
- *barddlef* ("Gesang, Loblied"), - *llef* ("Stimme")
- *barddles* ("Wohltat des Barden"), - *lles* ("Profit, Gut, Vorteil")
- *barddlyfyr* ("Dichtung"), - *llyfr, lyfyr* ("Buch")
- *barddrin* ("bardische Literatur"), - *rhin* ("Geheimnis")
- *barddwas* ("Junger Barde"), - *gwas* ("Junger Bursch")
- *barddwawd* ("Dichtung, Gedicht"), - *gwawd* ("Dichtung, Musik")
- *barddwedi* ("Gebet, gesungene Anrufung"), - *gweddi* ("Gebet")
- *barddonllyd* ("dichterisch anspruchsvoll"), - *llyd* ("Größe, Ausdehnung")

(b) Als Ableitung:

- *barddaeth* ("Bardismus")
- *barddas* ("Dichtung, Bardismus, bardisches System")
- *barddoniaeth, barddonaeth* ("Dichtung, Bardismus")
- *barddoni* ("Dichtung, Dichtkunst")
- *barddoneg* ("Dichtkunst, Gedicht")
- *barddones* ("Dichterin")
- *barddonig* ("bardisch")
- *barddonol* ("dichterisch, bardisch")
- *barddonwyr* ("Barde, Versdichter")
- *barddor* ("Barde, Versdichter")
- *barddoriaeth* ("Dichtung")

(*Geiriadur Prifysgol Cymru,* 257a-258c; J. Lloyd-Jones, *Geirfa Barddoniaeth Gynnar Gymraeg* I, Oxford, 1931, S. 31b-32a)

Schließlich gibt es auch Komposita wie *prifardd* ("erster Barde") oder *meddfardd* ("Metbarde") (*Geirfa*, S. 51-52). Sie haben jedoch keine religiöse Bedeutung mehr. Seit dem Mittelalter ist der walisische Bardismus eine gesellschaftliche Einrichtung, die sich streng ans Christentum lehnt, weshalb er auch so leicht die Reformation überleben konnte.

Im Neukornischen gibt es *barth* nur mehr als Lehnwort aus dem Walisischen oder Neubretonischen. Das ursprüngliche, altkornische Wort ist nur an zwei Stellen des *Vocabularium Cornicum* des XII. belegt:

- *barth hirgorn*, glossiert mit *tubicen* ("Barde mit Horn") (ed. Eugene van Tassel Graves, *The Old Cornish Vocabulary*, University Microfilms, Ann Arbor, 1962, S. 121.
- *barth,* glossiert mit *mimus vel scurra* ("Mimiker oder Narr") (*ibid.,* S. 125), eine Bedeutung, die wir auch im Bretonischen antreffen.

In den Wörterbüchern des literarischen Neubretonisch, welches weit davon entfernt ist, den tatsächlichen Stand der Sprache widerzuspiegeln, gibt es eine sehr reichhaltige, lexikalische Reihe von Begriffen, die fast mit den walisischen vergleichbar sind, jedoch auf keine überlieferte oder volkstümliche Grundlage zurückgehen: *barzh* ("Dichter") ist ein Rückgriff auf das Walisische. Im Mittelbretonischen des *Catholicon* von 1499 gibt es ein *barz,* doch bedeutet es hier "Dorfmusikant, Mimiker" (Christian-J. Guyonvarc'h, *Celticum* 22, S. 18b). Hat sich das Wort in Eigennamen wie *Le Bartz, Le Barz* oder der Verkleinerungsform *Le Barzic* erhalten, so immer in der mittelbretonischen Bedeutung, in Form eines ironischen oder abwertenden Beinamens und nicht in der des "Dichters".

Die Etymologie geht auf die Wurzel **gwrd(h)os* zurück, welche wiederum vom indoeuropäischen **gwer(¶)* ("die Stimme erheben, loben, willkommen heißen") ausgeht (Julius Pokorny, *Indogermanisches Etymologisches Wörterbuch*, S. 478). Die einzigen kohärenten Beziehungen bezüglich der Form und Bedeutung sind sanskrit oder avestisch: sanskrit *grnati* "anrufen, loben", *gír* ("Loblied"), avestisch *gar-, aibig¶r¶nte* ("feiern, loben"), usw. (Monier-Williams, *Sanskrit-English Dictionary,* Oxford, 1964, S. 363a; Manfred Mayerhofer, *Kurzgefaßtes Etymologisches Wörterbuch des Altindischen*, Heidelberg, 1956, I, S. 343). Der Barde ist also ein Druide, der sich für die offizielle Dichtung des Königs und seines Hofes der Sprache, aber nicht der Schrift bedient.

Abschließend sei noch der *barditus* erwähnt, den Tacitus Germania 3 den Germanen zuschreibt: *Sunt illis haec quoque carmina, quorum relatu, quem barditum uocant, accendunt animos futuraeque pugnae fortunam ipso cantu augurantur* "Sie verfügen auch über Gesänge, welche sie Bardit nennen und mit denen sie sich Mut machen und deren Klang ihnen Aufschlüsse zum Ausgang einer bevorstehenden Schlacht gibt." (in: J. Perret, *Les Belles Lettres*, Paris, 1949, S. 71-72). Man ersetzte hier häufig *barditus* durch *barritus* ("Trompetenklang"), doch läßt sich eine solche Substitution nicht philologisch rechtfertigen. Es handelt sich um ein keltisches Lehnwort, auch wenn *barditus* selbst nicht in Gallien belegt ist. Die Wurzel *-bardo* ist also nicht germanischer Herkunft, das Suffix *-itu-* kommt im Kontinentalkeltischen häufig vor.

III. Die *velleda* der Brukterer und der Name des *file*

Es ist oft die Rede von der Stelle in Tacitus' *Germania*, in der er von einer Prophetin der Brukterer berichtet, einem Volk welches im Nordwesten Germaniens etwa entlang des Laufs der Lippe lebte. *Vidimus sub divo Vespasiano Veledam diu apud plerosque numinis loco habitam. Sed et olim Albriniam et complures alias venerati sunt, non adulatione nec tamquam facerent deas* "Zur Zeit des göttlichen Vespasian gab es Veleda, welche viele Menschen lange Zeit für eine Wahrsagerin ansahen. Seitdem verehrten sie auch Albrinia und mehrere andere, doch nicht aus Lobhudelei oder um sie zu Göttinnen zu machen." (Ed. J. Perret, Les Belles Lettres, Paris, 1949, S. 75; vgl. auch *Historiae* IV, S. 61, 65; V 22, 24 und Stacus *Silvae* I, 4, 89-93.)

Die Gestalt ist zwar germanisch, doch ist ihr Name unwiderlegbar keltischen Ursprungs. Die männliche Form wäre **veleto-s* gewesen, welche im Oghamischen *VELITAS* belegt ist, bei welchem im Eigennamen der Brukterer das *-t-* durch die Germanisierung zu einem *-d-* wurde. Das entspricht sehr genau dem walisischen und bretonischen *gweled* "sehen, Sicht" und ist etymologisch gesehen durch das Keltische erklärbar: *Velleda* ist also eine "Seherin".

Die irische Entsprechung der *Velleda* ist männlich und geht auf **veleto-s*, d.h. *file*, Plural *filid* zurück, welches wiederum keine direkte, weibliche Form hat, die nur durch ein vorangestelltes *bán* ("Frau") gebildet werden kann. In den Texten ist also fast ausnahmslos von *bán-file* "Dichterfrau" oder *bán-fháid* ("Prophetenfrau") die Rede. So auch in der Version des *Book of Leinster* der *Tain Bo Cualnge*, wo die *bán-fháid* erwähnt wird:

Feidelm banfhaid cia fhacci ar sluag "Prophetin Feidelm, wie siehst Du unser Heer?" (Ed. Best-O'Brien II, S. 267, 56 a 20, Zeile 7772), während es in der Fassung des *Lebor na hUidre banfili* heißt: *Fedelm banfili do Chonnachtaib mo ainmsea or ind ingen* "Ich heiße Fedelm, Dichterin Connaughts, sagte das Mädchen" (Ed. Best-Bergin, S. 143, Zeilen 4524-4525).

Velleda ist ganz offensichtlich ein Substantiv, welches zu einem Eigennamen wurde; die Iren hätten es sicher mit *ban-file* übersetzt. Denn in Irland ist *file* ein Beruf und kein Eigenname. Wie im Fall der Druiden gibt es nur eine gleichbleibende Form (mit mehreren verschiedenen Schreibweisen), doch zahlreichen Bedeutungen.

Hier eine repräsentative Auswahl der irischen Formen. Sie bleiben die ganze Sprachgeschichte hindurch gleich:

- Nominativ Singular	*fili*	(Würzburg 31b, 19, (Sankt Gallen 29a3)
- Dativ Singular	*filid*	(Sankt Gallen 140a1)
- Genitiv Singular	*filed*	(Sankt Gallen 71b16)
- Akkusativ Singular	*filid*	(*Lebor na hUidre* 10944)
- Nominativ Plural	*filid*	(Sankt Gallen 63a14) (Meiland 26b10)
- Genetiv Plural	*filed*	(Rawlinson 124a46)
- Dativ Plural	*filedaib*	(O'Mulconry 830)
- Akkusativ Plural	*fileda*	(Sankt Gallen 63b4)
Abstrakte Ableitung:		
- Nominativ Singular	*filidecht* *filedacht*	(Rawlinson 107b18) (Sankt Gallen 213a10)
- Genitiv Singular	*filidachtae*	(Meiland 46b8)

Die etwas komplexeren, modernen Schreibweisen weisen auf keine morphologischen Änderungen hin:

- Nominativ Singular	*file*
- Genitiv Singular	*file, fileadh*
- Dativ Singular	*file, filidh*
- Nominativ Plural	*filidh, filí, fileadha*
- Genitiv Plural	*file, fileadh*

(*Royal Irish Academy Dictionary*, F / 1, 132-133, Dinneen, *Folclóir Gaedhilge agus Béarla*, ed. 1927, S. 454a).

Die ältesten Wortbedeutungen, die der mythischen und epischen Texte sind "Seher, Wahrsager, Zauberer, Geschichtsforscher, Lobredner, Satiriker, Richter, Professor". Im allgemeinen bezeichnet das Wort einen Gelehrten - oder Druiden - der in der traditionellen Dichtkunst und "Literatur" bewandert ist. Daraus erklärt sich auch die breite Streuung der Begriffe, die den *File* in den mittelalterlichen Texten bezeichnen. Als "Seher" unterscheidet er sich vom Barden durch den Gebrauch der Schrift, weshalb er auch leicht christianisiert werden konnte und als *laidneor* ("Lateiner") auch zum Fachmann der christlichen Wissenschaften wurde, wobei er einer genauen Abgrenzung der Disziplinen folgte. Das Zusammenleben christlicher und vorchristlicher Vorstellungen in Irland ist schließlich auch der Grund für die zahlreichen Zwiespältigkeiten. Eine davon ist die häufige Übersetzung des Wortes *file* durch das lateinische *poeta*, wobei diese dichterische Eigenschaft jedoch in erster Linie der Satire diente, wie sie in Kapitel III. 4 & 5 beschrieben wurde.

Und wieder liefert uns der Glossenschreiber von Sankt Gallen 29a3 die gängigste und abgemildertste Lesart:

Asagnintar as nduine 7 as fili intan asberar uirgilius ist überschrieben mit *si dicam Virgilium intellego hominem et poetam*

"Wenn ich von Vergil spreche, so verstehe ich darunter den Mann und den Dichter".

Die einzige Erklärung, die den Iren selbst dazu gekommen war, entbehrt jeglichen linguistischen Wertes, doch zeugt sie unwillkürlich und unbewußt von sehr alten, religiösen Vorstellungen, die durch diese analogischen Etymologien schimmern:

Fili graece a filei amat dicitur .i. seircid foglamo. No fi-li .i. fora aeir 7 li fora molad. No li fial .i. secht ngrad filed: ollam, anruth, cli, canae, dos, mac fuirmid, focluc

"Filid kommt aus dem griechischen *filei amat*, das heißt 'der das Studium liebt', oder von *fi-li*, das heißt 'der mit der vergifteten Satire', in dessen Sprache Gift ist; oder aber Farbe der Dichtung, das heißt die sieben Dichtergrade [...]" (siehe Kapitel II. 1).

Um das zu beleuchten und zu vervollständigen, wollen wir einen kurzen Auszug aus der irischen Abhandlung zitieren, welche das offizielle Lehrsystem beschreibt. Wir entlehnen das Zitat Rudolf Thurneysens *Mittelirischen Verslehren, Irische Texte* III, S. 49-50:

Is hí da foglaim na hochtmaide bliadna .i. fiscomarca filed .i. duili berla 7 clethchor choem 7 reicne roscadach 7 laide .i. tenmlaída 7 immas forosnai 7 dichetal do chennaib na tuatithe 7 dindshenchus 7 primscela Hérend olchena fria naisneís do righaib 7 flaithib 7 daghoínib. Ar ni comlán in fili chena, sicut dixit poeta:

Nibadúnad cenrígu. ni ba fili cescéla
níbaidingen manib fial. nimaith ciall neich natléga

"Und hier die Lehre des achten Jahres, das heißt die Forschungen der Filid, die Bestandteile der Sprache, der clethchor coem, der reicne roscadach, die Gesänge, das heißt der tenmlaída, der immas forosnai, der dichetal do chennaib na tuaithe, die dindshenchas und die wichtigsten Geschichten Irlands, um auf die Fragen der Könige, Fürsten und der Männer von Ruf antworten zu können. Denn ohne sie ist der File nicht vollendet, wie der Dichter sagt:

'Schlecht ist eine Festung ohne König so wie ein Dichter ohne Erzählung. Ein schlecht erzogenes Mädchen ist ebenso schlecht wie die Intelligenz dessen, der nicht studiert.'

Beim *clethchor coem* handelt es sich um die "angenehme Aufteilung der Balken", eine Metapher aus dem Bereich der Architektur, welche einen ganz bestimmten Stil bezeichnet. Ein weiteres Fragment dieser Abhandlung (II, 94) spielt in dieser Beziehung auf den Baus des *Midchuarta* ("Haus der Mitte") an, in dem die Feste von Tara stattfanden.

Der *reicne roscedach* ist laut derselben Abhandlung (II, 93) ein "metaphorisches Gedicht" oder eine "Rhapsodie", eine Art verpflichtender Lobgesang auf den mythischen *File* Amorgen. Die anderen Namen sind Titel von Zaubergesängen, welche in Kapitel III. 4 behandelt wurden.

Zusammenfassend kann also gesagt werden, daß alles Wissen der Kelten insofern priesterlich ist, als daß es durch die Druiden (siehe dazu die Anmerkungen zum Namen des Druiden) und durch die *Filid* in einem Maß erteilt und kontrolliert wurde, das weit über die Rolle des lateinischen *poeta* hinausgeht. Der Name, der sich an die Wurzel **uel-* lehnt, verfügt über eine außerordentliche Kraft und Intensität, die das lateinische *vultus* ("Gesicht") bei weitem übertrifft (Julius Pokorny, *Indogermanisches Etymologisches Wörterbuch,* S. 1136; Ernout-Meillet, *Dictionnaire étymologique de la langue latine, op. cit.,* S. 751.) Wir können also folgendes herausstreichen:

- Der wissende Druide	:	**dru-wid-* (siehe oben)
- Der sehende Druide	:	**ueleto-s*
- Der handelnde Druide	:	**uati-s* (siehe unten)

Eine solche Klassifizierung ist traditionell, und so germanisch und entlehnt die *Velleda* der Brukterer auch sein mag, so stellt sie doch einen recht charakteristischen Aspekt dar. Der *File* ist also sowohl Druide als auch "Seher".

IV. Der Name des Vaten

Der Name der keltischen Vaten wurde uns von Strabo IV, 4, 4 überliefert, der sich des gräzisierten Nominativs bediente und sie als "Opferer und Naturinterpreten" bezeichnete (*ouateiz de ierpoloi kai jusiologoi*). Bei Plinius, *Nat. Hist.* XXX, 13 finden wir die Form des lateinischen Genitiv Plurals *vatum*, Lucanus verwendet in seiner *Pharsalia* I, 448 die Nominativ Pluralform *vates.* Zuletzt gibt es noch einen Beleg für den Akkusativ Plural *vatis* bei Ammianus Marcellinus, XV, 9.

Diese wenigen Belegstellen genügen jedoch, die gleichbleibende Form genau zu verfolgen und vom kakographischen Ausrutscher der späteren Epoche *ouageiz* "euhages" bzw. "eubages" (siehe Kapitel I. 1) abzugrenzen, oder neodruidische oder neobardische Phantasiegebilde wie die *ovates*, irisch *oibid*, walisisch *ofydd*, bretonisch *oviz* als solche zu erkennen, bei denen es sich lediglich um mittelalterliche Lehnwörter des Namens Ovid handelt. (Siehe Joseph Loth, *Mélanges,* in *Revue Celtique* 9, 1888, S. 276; *Les Mabinogion,* 1913, I, S. 408; siehe auch das *Royal Irish Academy Dictionary,* NOP, 81.

Für die etymologische Studien müssen wir also folgende Formen festhalten:

Im Griechischen:

- Nominativ Plural	*ouateiz*

Im Lateinischen:

- Nominativ Plural	*vates*
- Genitiv Plural	*vatum*
- Akkusativ Plural	*vatis*

Dem gallischen *vatis* entspricht das irische *fáith.*

- Nominativ Singular	*fáith, fáid*	(Würzburg 13a23; Meiland 64c2)
- Genitiv Singular	*fatho*	(Meiland 74d13)
	fátha	*(Lebor na h Uidre* 1416*)*
	fáda	(*Book of Leinster* 8bz)
- Nominativ Plural	*fádi*	(Würzburg 5a1)
	fáithi	(Würzburg 21c5)
	fáde	(*Lebor na hUidre* 1990)
- Genitiv Plural	*faithae*	(Würzburg 21b13)
	fáthe	(*Missel de Stowe, Thesaurus Paleohibernicus* II, 253, 1)
	fátha	(*Lebor Breacc* 171b5)
	fádi	(*Book of Leinster* 360)
- Dativ Plural	*fáithib*	(Würzburg 13a36)
- Vokativ Plural	*a fáthe*	(*Lebor na hUidre* 177)

Maud Joynt und Eleanor Knott, die Autoren des *R.I.A. Dictionary* F/1, 33 definieren ihn als "a seer, prophet, used in wide sense, both of heaven seers and druids and of prophets of scripture". Daß die Christen sich diesen Begriff dienbar machten, während sie den des Druiden verwarfen, ist durchaus bedeutsam. In der Handschrift Rawlinson B 515, Blatt 42b2 heißt es von König David *augtorem esse omnium psalmorum,* also "er sei der Verfasser aller Psalmen gewesen", *arbafaith arbafile / forlan dorath inspiruta noib*, "da er ein Wahrsager und Dichter voll der Gnade des Heiligen Geistes war". Der Gebrauch des Wortes *faith* zog demnach den des *File* nach sich.

Die Existenz des Wortes *bánfaith*, welches nach dem bereits geschilderten Modell der *bándruí* gebildet wurde, beweist, daß die prophetische Laufbahn den Frauen keineswegs verschlossen war: *ni hinsa em, Feidelm banfáid a sid Chruachna atamchonnaicse* "Das ist wirklich nicht schwer, ich bin Feidelm, die Prophetin des Sid von Cruachan" (*Tain Bo Cualnge*, Fassung des *Book of Leinster* II, S. 266, Blatt 56a5-6, Zeilen 7750-7751). Bedeutsam ist auch das Kompositum *fáthlaig* ("Wahrsagearzt"), mit dem Fingen, der Arzt Conchobars bezeichnet wird (*Book of Leinster* II, 362-363, Blatt 89b, Zeile 11097, 11099, 11101, usw.).

Allen anderen voran stehen hier also die Techniken des Hellsehens, der Weissagung und der Medizin. Es genügt, an dieser Stelle auf die Berufsfähigkeiten hinzuweisen, die Fingen zugeschrieben werden:

As é sin do ber aithne ar galar in duine tre diaig in tigi imbí d'faicsin no tre na cnet do closstin.

"Er erkennt die Krankheit eines Menschen, wenn er den Rauch betrachtet, der aus dem Haus aufsteigt, in dem jener sich befindet, oder wenn er dessen Seufzer hört." (Version Stowe, ed. Ernst Windisch, *Irische Texte* V, S. 795, Zeilen 5507-5509; ed. O'Rahilly, Blatt 62a, Zeilen 4514-4515).

Im Walisischen konnte sich ein Wort von bestechender Klarheit halten: *gwawd* "Gesang, Kunst, Dichtung, Lobrede, Lobgesang" (*Geirfa Barddoniaeth Gynnar Gymraeg, op. cit.*, S. 634b-635b). Nur im Bretonischen fehlen solche lexikalischen Belege.

Der indoeuropäische Ursprung steht außer Zweifel, doch wird vor allem die Verwandschaft mit dem Germanischen ersichtlich: gotisch *woths*, altenglisch *wodh*, altnordisch *odhr* ("besessen, inspiriert"), altenglisch *wods* ("Gesang"), altnordisch *odhur* ("Dichtung") und vor allem die Götternamen *Odhinn* und *Wotan* (vgl. das deutsche *Wut*) (S. Feist, *Vergleichendes Wörterbuch der gotischen Sprache*, 1939, S. 572-573). Der etymologische Schlüssel liegt in der Wurzel **uat-* ("inspiriert, besessen, wütend sein"), wie sie J. Pokorny *op. cit.*, S. 1113 definierte. Diese Wurzel erklärt überdies auch die Haltung und die Sakraltechnik des berühmten Druiden Mog Ruith in einem wichtigen Augenblick der *Belagerung von Druim Damghaire*:

Tabhur mh'agaidh risin cnoc ar Mogh Ruith ocus tagadh on co hinilldireac 7 co thugad dochoid-sium i muinighin a dhea 7 a cumhachta 7 ro aidhbligh he fein cu nar bhó nemhairdi he anas in cnoc, 7 ro mheduigh a chenn co mba meidether re hardchnoc ara mbiath daire cailli moire, gur ghabhustar uamon cid a muinir fein roime

"Man wende mein Gesicht dem Hügel zu," sprach Mog Ruith, und man drehte schnell sein Gesicht. Nachdem man ihn so hingedreht hatte, begann er seinen Gott und dessen Macht anzurufen; er selbst wurde größer, so groß wie der Hügel selbst und sein Kopf wurde ebenso groß wie ein hoher von Eichenwäldern bedeckter Hügel, so daß sogar seine eigene Begleitung Angst vor ihm hatte." *(Revue Celtique* 43, S. 76)

Mog Ruith ist ein mächtiger und respektierter Druide, doch handelt er in diesem Fall wie ein Vate, indem er sich eines Verfahrens magischer Verwandlung bedient, die sich als erfolgreich erwiesen hatte. Als Herr über die Elemente hat der Wahrsagedruide die Macht, seinen eigenen Körper wie einen Fluß, einen See oder eine Quelle anschwellen oder versiegen zu lassen.

Wir können also zusammenfassen, daß der handelnde Druide (**uatis*) theoretisch und praktisch zugleich ein wissender (**druis*) und ein sehender (**ueletos*) Druide ist. Der oberste Druide vereint immer alle Tugenden, Möglichkeiten und Fähigkeiten des Priestertums in sich. Das ändert natürlich nichts an den Fachbereichen und großen inneren Unterteilungen der Priesterklasse, sondern trägt vielmehr der Einheit der Priesterschaft Rechnung (siehe dazu auch unser Werk *Le vocabulaire sacerdotal du celtique,* Kapitel I., *Le sacerdoce*).

V. Der Name des gallischen *gutuater*

Im *Gallischen Krieg* VIII, 38 ist die Rede von einem karnutischen Priester, den Cäsar hinrichten läßt, da er die Rolle eines "Kriegsanstifters" *(concitator belli)* gespielt hatte. Er gewährt sich die Genugtuung, ihn von dessen eigenen Landsleuten verraten und hinrichten zu lassen, und läßt ihm eine militärische Folter zuteil werden: Nachdem er ausgepeitscht wird, wird er mit der Streitaxt hingerichtet *(adeo ut verberibus exanimatum corpus securi feriretur)*. Er nennt ihn *Gutuater*, wobei dieser Name zweimal, in seiner Akkusativform *Gutuatrum* und als Ablativ *Gutuatro* auftaucht.

Doch bezeichnet dieser Eigenname wie der der *Velleda* auch einen Aufgabenbereich. Er ist überdies durch vier galloromanische Inschriften belegt. In einer davon ist *Gutuater* wieder ein Eigenname:

- CIL XIII, 1557 in Puy-en-Velay (Haute-Loire), wo von einem *Gutuater praefectus colon[iae]* die Rede ist.
- CIL XIII, 11225 in Autun (Saône & Loire), eine Widmung an Augustus und einen *Deo Anvallonaco* von einem gewissen *P. Baneius Thalus Gutuater*.
- CIL XIII, 2585 in Mâcon (Saône & Loire): Eine relativ lange Beschreibung durch einen Würdenträger, der sich selbst *dei Moltini gutuatr[i] Mart[is]* nennt.
- CIL XIII, 11226 in Autun (Saône & Loire), eine Widmung an Augustus und dem *Deo Anvalo* von einem *C[aius] Secund[us] Vitalis Appa gutuater*.

Das genügte D'Arbois de Jubainville, *Les druides et les dieux celtiques à forme d'animaux*, S. 2 zur Feststellung, daß es sich bei den *gutuatri* um Priester der Gallier gehandelt hatte, bevor sie zu Anhängern des großbritannischen Druidentum wurden. Doch ist das frei erfunden. Viel wichtiger und bedeutsamer jedoch ist die Tatsache, daß sich der Verfasser der Widmung von Mâcon CIL XIII, 2585 *gutuater Martis* nennt.

Um uns hier unzählige Erklärungen, Interpretationen oder Kommentare zu ersparen, genügt es, hier kurz zu festzustellen, daß es sich bei der Wurzel *gutu-* um den Namen des keltischen "Wortes" handelt (irisch *gúth* - "Stimme", nahe verwandt mit dem Neutrum **ghu-tó-n,* welches in allen germanischen Sprachen das Wort "Gott" (engl. "god", usw.) ergab. Dieses Wort kann also nur religiöser Natur sein und bezeichnet den Druiden in seiner Funktion als Gottesanrufer. Andererseits ist es jedoch sehr unwahrscheinlich, daß es sich im zweiten Wortteil *-atir* um das keltische Wort für Vater handelt (welches uns weder im Gallischen noch im Britannischen erhalten ist). Es könnte da viel eher ein Suffix für einen Unterhändler gewesen sein, welches im Keltischen von alleine ausstarb, sich jedoch in einer starreren Wortverbindung halten konnte. Erinnern wir daran, daß die Beredsamkeit dem zweiten Aufgabenbereich, der des Ogmios, zukam (nähere Details siehe *Le vocabulaire du celtique*, Kapitel I, *Le sacerdoce*).

Der Klassiker nonkonformer Kulturphilosophie!

Julius Evola

Revolte gegen die moderne Welt

Das Hauptwerk des Kulturphilosophen Julius Evola
zeigt in beschwörender Weise
das unaufhaltsame Versinken
der jahrtausendealten spirituellen und kulturellen
Weltordnung auf.

Die *Moderne Welt*,
die die Welt der Tradition ersetzte,
stellt er in ihrer ganzen inneren Gehaltlosigkeit bloß.

Evola bezieht hier offen und vehement Stellung
gegen die materialistischen Anschauungen,
bringt dabei aber keine sanftmütigen Phrasen,
sondern trifft mit klaren und oftmals harten Worten.

Kaum ein anderes Buch wird uns erlauben,
an der modernen Zeit
und vor allem an uns selbst
so genau Maß zu nehmen!

424 Seiten, gebunden, Schutzumschlag.
ISBN 3-927940-11-9
49,80 DM, 390,00 DM, 48,50 SFR.

Wagner neu gesehen!

Karl Richter

Richard Wagner - Visionen

Werk - Weltanschauung - Deutung

Im Mittelpunkt dieser hervorragenden Biografie steht die Gesamtdarstellung der ästhetischen, geistesgeschichtlichen, historischen und politischen Aspekte Wagnerschen Schaffens.

Es geht hier nicht um biografische Details oder musikwissenschaftliche Fachstudien, sondern um die zentralen Ideen und Visionen, sowie die originäre Art, sich mit dem Aufgang der Moderne auseinanderzusetzen.

Ich habe die Textproben aufmerksam zur Kenntnis genommen ...
Es ist mir ein Bedürfnis, dem Buch den bestmöglichen Erfolg
und breite öffentliche Resonanz zu wünschen.

Wolfgang Wagner, Festspielhaus Bayreuth